Ludwig Berekoven
Erfolgreiches Einzelhandelsmarketing

Erfolgreiches Einzelhandelsmarketing

Grundlagen und Entscheidungshilfen

von

Prof. Dr. Ludwig Berekoven

2., überarbeitete Auflage

C.H. Beck'sche Verlagsbuchhandlung
München 1995

Die Deutsche Bibliothek – CIP-Einheitsaufnahme

Berekoven, Ludwig:
Erfolgreiches Einzelhandelsmarketing : Grundlagen und Entscheidungshilfen / von Ludwig Berekoven. – 2., überarb. Aufl. – München : Beck, 1995
 ISBN 3 406 38219 3

ISBN 3 406 38219 3

Satz und Grafik: Herbert Kloos, München
Umschlagtypografie nach Entwürfen von Uwe Göbel, München
Druck: Wagner GmbH, Nördlingen
Gedruckt auf säurefreiem, aus chlorfrei
gebleichtem Zellstoff hergestelltem Papier

Vorwort

Mit zunehmendem Wettbewerb besteht für alle Anbieter der Zwang, sich verstärkt mit der „Philosophie" und den Methoden des Marketing vertraut zu machen. Zwar ist dessen Grundanliegen, nämlich eine konsequent auf den Absatzmarkt ausgerichtete Angebotspolitik, weder neu noch irgendwie geheimnisvoll, aber zwischen der bloßen Einsicht in seine Notwendigkeit und dem Umsetzungs**willen** sowie dem Umsetzungs**können** liegen in der Praxis vielfach Welten. Zu oft mangelt es bereits an der Grundeinstellung der Beteiligten, oder es fehlt das entsprechende Knowhow; und nicht zuletzt erfordert Marketing nicht nur gute Ideen, sondern eben auch Geld – und das in zunehmendem Maße.

Bekanntlich spielt die Markenartikelindustrie seit Jahrzehnten in diesem Metier eine Vorreiterrolle. Infolgedessen orientiert sich alles, was in anderen Wirtschaftszweigen in diesem Zusammenhang gedacht und getan wird, zunächst einmal daran, und zwar vollkommen zu Recht.

Geht es dabei – wie hier – um eine Darstellung des Marketing im Einzelhandel, so bemißt sich deren Qualität daran, inwieweit es gelingt, die bereits vorhandenen Erkenntnisse zu nutzen und gegebenenfalls so zu modifizieren und durch neue zu ergänzen, daß daraus ein Konzept mit einem den Erfordernissen der Einzelhandelspraxis entsprechenden Zuschnitt entsteht.

Eine solche Zielsetzung liegt dem vorliegenden Werk zugrunde. Nach zehn Jahren praktischer Verkaufstätigkeit in Einzelhandel, Großhandel und Industrie sowie einem halben Leben in der universitären Marketing-Forschung und -Lehre erschien es dem Autor reizvoll, eine vom Umfang her vertretbare Gesamtdarstellung zu erarbeiten. Es galt deshalb, allzu Banales und allzu Unausgegorenes zu vermeiden und unter Verzicht auf Fallbeispiele und Erfolgsstorys möglichst geradlinig zum Kern des jeweiligen Themenbereichs vorzustoßen, und das in einer möglichst verständlichen Sprache.

Das ist bekanntlich nicht leicht, denn „retail is detail", und erfolgreiches Marketing beschränkt sich, gerade im Einzelhandel, beileibe nicht in erster Linie auf die große Strategie, sondern umfaßt zahlreiche, möglichst gut aufeinander abgestimmte Einzelaktivitäten, die – jede für sich betrachtet – Außenstehenden sehr simpel erscheinen mögen, wie übrigens die Einzelhandelstätigkeit überhaupt. Aber Verkaufen ist bekanntlich auch eine Kunst, und zwar eine, die sich aufgrund ihres spekulativen und käuferverhaltensbezogenen Charakters wissenschaftlich nur schwer erschließen läßt. Man braucht nun nicht gerade das Kind mit dem Bade auszuschütten, und Paul Valerys bissiger Bemerkung, Wissenschaft sei lediglich eine Sammlung erfolgreicher Rezepte, beizupflichten; dennoch dürfte dem Leser bei der Lektüre durchaus klar werden, auf wie wenig generalisierbarem Wissen das Marketing basiert, und welche Rolle deshalb eigene und fremde (Vergangenheits-)Erfahrungen bei der Entscheidungsfindung in der Praxis spielen.

Infolgedessen hat auch das Ausprobieren – anspruchsvoller als Trial-and-error-Methode bezeichnet – eine so große Bedeutung. Probieren – so der Volksmund – geht zwar über Studieren, aber, so ließe sich fortfahren, auch das Probieren will studiert sein! Deshalb wird in allen einschlägigen Kapiteln der Versuch gemacht, entsprechende Entscheidungsabfolgen bzw. Experimentieranordnungen darzustellen, um eben nicht nur die Fragestellungen und Probleme, sondern auch die Lösungsmöglichkeiten aufzuzeigen. Dabei sollten auch die Grenzen des praktisch Machbaren erkennbar werden, denn ohne zeit- und geldmäßige Beschränkungen läßt sich natürlich vieles mehr ausdenken.

Man muß heute nicht mehr unbedingt der Nürnberger Schule entstammen, um zu wissen, wie wichtig fundierte Marktforschungsdaten für Marketingentscheidungen sind. Hier herrschen im Handel bekanntlich noch beträchtliche Defizite; teils fehlen die Einsicht in die Bedeutung, teils aber auch das Know-how sowie die Möglichkeit bzw. die Bereitschaft, auch in die Marktforschung Geld zu investieren.

Deshalb wurde der Marktforschung nicht nur ein eigenes Kapitel gewidmet, sondern in den einzelnen Abschnitten auch immer wieder auf die Anwendungsmöglichkeiten, aber auch ihre Grenzen, hingewiesen. Zwar stammen die meisten der erwähnten Datenbeispiele aus dem relativ transparenten Lebensmittelbereich, doch sollte dieses nicht den Eindruck erwecken, als ginge es in diesem Buch nur um diese Branche. Es wurde vielmehr Wert darauf gelegt, die Ausführungen so zu halten, daß sie für den (stationären) Einzelhandel, gleich welcher Branche und Betriebsform, Gültigkeit haben.

Aber ein solcher Anspruch auf Generalität hat natürlich insofern auch seinen Preis, als gerade der Praktiker ja bevorzugt nicht in diesen Kategorien zu denken gewohnt ist und deshalb sog. Rezept-Literatur bevorzugt, in der er seine speziellen Entscheidungsprobleme möglichst genau wiederfindet.

Das Gesamtwerk ist in vier Kapitel untergliedert; im ersten Teil werden Entwicklung, Struktur und Bedeutung des Einzelhandels sowie dessen rechtliche Rahmenbedingungen skizziert und ferner auch die begleitenden wissenschaftlichen Bemühungen im Rahmen der Handelsforschung dargestellt.

Dem zentralen Marketing-Anliegen wird im folgenden Kapitel breiter Raum gewidmet, und hier insbesondere den zehn Instrumenten bzw. Attraktivitätsfaktoren des Handelsmarketing. Die beiden letzten Kapitel behandeln die Spezifika der Marktforschung und der strategischen Planung im Einzelhandel.

Kenner der Marketing-Literatur wissen um die Schwierigkeiten, die Interdependenzen und die Koordinierungsprobleme der einzelnen Instrumente bzw. Attraktivitätsfaktoren in einem entscheidungsorientierten Ansatz integriert zur Darstellung zu bringen. Letztendlich bleibt es wohl stets dabei, die einzelnen Aktivitätsbereiche hintereinander abzuhandeln und immer wieder auf die Zusammenhänge zu verweisen.

Und natürlich stellt sich stets das Problem im Rahmen solcher Gesamtdarstellungen, aus der Fülle der Themen die wichtigsten auszuwählen, so daß sich – ob nun originär oder auch anderswo bereits nachlesbar – der Leser ein möglichst abgerundetes Bild machen kann. Lücken bleiben also fast zwangsläufig und manche aktuellen Themen mußten es sich gefallen lassen, auf das Maß zurechtgestutzt zu werden, das ihrer tatsächlichen Bedeutung entspricht.

Um die gute Lesbarkeit zu fördern, wurden die einschlägigen Quellen – nach Themenkreisen geordnet – im Literaturverzeichnis zusammengefaßt und nur in Ausnahmefällen auch im Text erwähnt.

Das Werk richtet sich an Leser, die im Einzelhandel bzw. im Marketing bereits vorgebildet sind. Es werden vornehmlich Einzelhandelsunternehmer, Handelsmanager in Führungspositionen und Stabsstellen sowie Studierende in höheren Semestern im Fach Marketing oder Handelsbetriebslehre angesprochen. Daß sie möglichst viel Nutzen aus dieser Lektüre ziehen mögen, ist das verständliche Anliegen des Verfassers.

Die erfreuliche Resonanz auf die Ersterscheinung (1990) erforderte inzwischen eine Neuauflage. Das bewährte Grundkonzept wurde beibehalten, die Inhalte wurden aktualisiert, der neuen Rechtsentwicklung angepaßt, ergänzt und z.T. auch gestrafft.

Nürnberg, im Frühjahr 1995   Ludwig Berekoven

Inhaltsverzeichnis

Darstellungsverzeichnis XVIII

1. Kapitel: Grundlagen

A. Der Einzelhandel im Wirtschaftsprozeß 1
   I. Funktionen und Institutionen der Absatzwirtschaft 1
   II. Handelsfunktionen 2
      1. Überblick 2
      2. Binnenhandelspolitik 3
      3. Funktionsverteilung und -verlagerung 4

B. Historischer Überblick 6
   I. Abriß der Entwicklungsgeschichte des Einzelhandels 6
      1. Entwicklung des modernen Einzelhandels im 19. Jahrhundert . . 6
      2. Die Zeit zwischen den Weltkriegen 8
      3. Wachstumsdynamik im Zeichen des Wirtschaftswunders 8
   II. Entwicklung und Stand der Handelsbetriebslehre 11
      1. Historischer Abriß der Forschungsphasen 11
      2. Handelsbetriebslehre als Einzelwirtschaftslehre 13
      3. Methodische Ansätze zur Handelsforschung 15
         3.1 Katalogartiger Überblick 15
         3.2 Skizzierung der wesentlichsten methodischen Ansätze . . . 16
      4. Einzelhandelstheorien 17
         4.1 Wesen 17
         4.2 Einzelne Ansätze 18

C. Bedeutung und Struktur des Einzelhandels 22
   I. Der Einzelhandel als Wirtschaftszweig – Stellung in der Wirtschaft 22
      1. Umsatz, Unternehmen und Konzentration 22
      2. Beschäftigte 26
      3. Verkaufsfläche 26
   II. Betriebsformen 28
      1. Konstitutive Merkmale 28
      2. Marktanteile der Betriebsformen 32
   III. Organisations- und Kooperationsformen 33
      1. Filialunternehmen 33
      2. Die klassischen Verbundgruppen des Handels 34
         2.1 Einkaufsgenossenschaften 34
         2.2 Freiwillige Ketten 34
         2.3 Probleme 35
      3. Das Kontraktmarketing zwischen Hersteller und Händler . . . 35
         3.1 Vertriebsbindung 36
         3.2 Vertragshändler 36
         3.3 Franchising 36
         3.4 Agenturvertrieb 37

D. Die zentralen handelsrelevanten Wettbewerbsgesetze 39
  I. Gesetz gegen den unlauteren Wettbewerb (UWG) 41
    1. Überblick 41
    2. Wesentliche Bestimmungen 41
  II. Gesetz gegen Wettbewerbsbeschränkungen (GWB, „Kartellgesetz") 43
    1. Überblick 43
    2. Wesentliche Bestimmungen 43
      2.1 Kartellverträge und -beschlüsse (§§ 1 bis 14 GWB) sowie Wettbewerbsregeln von Wirtschafts- und Berufsvereinigungen (§§ 28 bis 33 GWB) 44
      2.2 Sonstige Verträge (§§ 15 bis 21 GWB) 45
      2.3 Marktbeherrschende Unternehmen (§§ 22 bis 24 GWB) . . 46
      2.4 Wettbewerbsbeschränkendes und diskriminierendes Verhalten (§§ 25 bis 27 GWB) 49
  III. Mittelstandsspezifische Gesetze und Regelungen 50
    1. Überblick 50
    2. Wesentliche Bestimmungen 51
      2.1 Die Mittelstandsgesetze 51
      2.2 Die Mittelstandsvereinbarungen (Mittelstandskartelle) . . . 51
      2.3 Die Mittelstandsempfehlungen 52
  IV. Ladenschlußgesetz 53
    1. Überblick 53
    2. Wesentliche Bestimmungen 53
  V. Zulassungsregelungen 55

E. Grundlagen des Handelsmarketing 56
  I. Marketing 56
  II. Begründung für ein eigenständiges Handelsmarketing 58
    1. Spezialisierungs-Aspekt 58
    2. Emanzipations-Aspekt 60
    3. Macht-Aspekt 61
  III. Attraktivitätsfaktoren des Handels 61
  IV. Marketing-Mix des Handels 62
  V. Betriebstypenkonzeptionen 65
  VI. Organisatorische Aspekte 67
    1. Grundlagen 67
    2. Umsetzung 69

2. Kapitel: Instrumente des Handelsmarketing

A. Sortimentspolitik 73
  I. Bedeutung 73
  II. Sortimentsmerkmale 74
    1. Sortimentsbausteine 74
    2. Sortimentsdimensionen 75
    3. Betriebsinterne Unterteilungen 75
  III. Betriebsstrukturelle Bestimmungsfaktoren 76
    1. Sortimentsausrichtung 76
    2. Preis- und Qualitätsniveau 77
    3. Grad der Selbstverkäuflichkeit 78
    4. Betriebsform 78
    5. Betriebsfläche 78
    6. Standort 79
    7. Kosten 80

Inhaltsverzeichnis

IV. Sortiment und Kundenpotential 81
V. Probleme der Sortimentsoptimierung 83
VI. Sortimentsverbund 85
   1. Arten 85
   2. Problemanalyse 87
   3. Möglichkeiten und Grenzen 87
VII. Konstitutive Planung neuer Sortimente 89
   1. Sortimentsidee 89
      1.1 Ideengenerierung 91
      1.2 Zielgruppenaspekte 93
         1.2.1 Segmentation 93
         1.2.2 Segmentationskriterien 94
   2. Sortimentsumfang 98
      2.1 Grundsatzprobleme 98
      2.2 Vorgehensweisen 100
VIII. Sortimentssteuerung 101
   1. Operative Sortimentsplanung 101
      1.1 Grundsätzliche Überlegungen 101
      1.2 Sortimentsimage/Kompetenz 103
      1.3 Image-Ertrags-Portfolio 104
      1.4 Limitrechnung 106
         1.4.1 Limitplanung auf Warengruppenebene 107
         1.4.2 Limitkorrektur 109
         1.4.3 Limitkontrolle 109
   2. Sortimentskontrolle 109
      2.1 Kontrolle des Umsatz- und Renditebeitrags 110
         2.1.1 Analysen im Rahmen der kurzfristigen Erfolgsrechnung auf der Grundlage der Bruttoertragsrechnung 110
            2.1.1.1 Gesamtumsatzanalyse 111
            2.1.1.2 Teilumsatzanalyse 112
            2.1.1.3 ABC-Analyse 112
            2.1.1.4 Handelsspanne 112
            2.1.1.5 Umschlagshäufigkeit 113
            2.1.1.6 Bruttorentabilität 115
         2.1.2 Deckungsbeitragsanalysen 116
            2.1.2.1 Grundtypen der Deckungsbeitragsrechnung .. 116
            2.1.2.2 Direkte Produktrentabilität 119
         2.1.3 Faktorbezogene Analysen 124
      2.2 Sortimentsüberwachung 126
         2.2.1 Altersanalyse 126
         2.2.2 Fehl- und Nichtverkaufskontrolle 126
      2.3 Sortimentsverbundsanalyse 127
         2.3.1 Analyse der Einkaufspositionen 128
         2.3.2 Korrelationsmodell 129
         2.3.3 Wahrscheinlichkeitsmodell 130
         2.3.4 Kundenbefragungen 130

B. Handelsmarkenpolitik 131
  I. Wesen und Erscheinungsformen 132
   1. Formalrechtliche Aspekte 132
   2. Absatzwirtschaftliche Aspekte 132
   3. Erscheinungsformen 133
      3.1 Markeneignerschaft 133
      3.2 Markentypen 134

3.3 Beschaffungsart	136
3.4 Produktqualität und Produktpreis	136
II. Volumen und Marktanteile	137
III. Ziele der Handelsmarkenpolitik	138
1. (Historische) Anlässe und Motive	138
2. Zielkatalog	139
IV. Entscheidungsaspekte	141
1. Grundsatzüberlegungen	141
2. Strategie-Alternativen	142
3. Kriterien zur Auswahl von Sortimentsbereichen	143
4. Produktgestaltung	144
5. Bedeutung der Marktforschung	145
6. Markenführung	146
V. Erfolgskontrolle	147
VI. Möglichkeiten und Grenzen der Handelsmarkenpolitik	148
C. Qualitäts- und Qualitätssicherungspolitik	150
I. Ausgangsproblematik	150
II. Qualitätskenntnis bzw. -beurteilung	152
III. Qualitätssicherung	153
1. Wareneingangsprüfung	153
2. Qualitätsprüfung i.e.S.	153
IV. Qualitätspolitik	154
1. Qualitätsrichtlinien	154
2. Qualitätsgestaltung	155
2.1 (Ver)Packung	155
2.2 Handelseigene Spezifikationen	157
2.3 Handelseigene Produktkonzeptionen	158
V. Organisatorische Eingliederung	158
VI. Qualitätserfolgskontrolle	161
VII. Qualitätsmangel-Haftung	161
VIII. Reklamations-Behandlung	163
IX. Ausblick	163
D. Servicepolitik	164
I. Begriffliche Grundlagen	164
II. Arten	165
III. Bedeutung	167
IV. Entscheidungsbereiche	169
1. Festlegung des Kundendienstprogramms und der Servicequalität	170
2. Die Wahl des Berechnungsmodus und die Festsetzung von Servicepreisen	171
2.1 Unentgeltliches Serviceangebot	171
2.2 Entgeltliches Serviceangebot	173
3. Die „Make-or-buy"-Entscheidung	174
V. Problembereiche	175
E. Preispolitik	177
I. Bedeutung und Besonderheiten	177
1. Stellenwert des Preiswettbewerbs	177
2. Preispolitische Handikaps	178
3. Preiseinflußnahme der Vorstufen	179
II. Rahmendaten preispolitischer Entscheidungen	180
1. Preisverhalten der Verbraucher	180

1.1 Überblick	180
1.2 Preisbewußtsein	181
1.3 Preiswahrnehmung	182
1.4 Preisbewußtes Verhalten	183
1.5 Preisorientierte Käufersegmentierung	184
1.6 Preis-Qualitäts-Zusammenhang	187
1.7 Preiskenntnis und Preisurteil	188
1.8 Preisoptik	190
2. Preisverhalten der Konkurrenz	192
2.1 Allgemeine Situation	192
2.2 Phasenverlauf des Preiswettbewerbs	193
3. Rechtliche Bestimmungen	195
3.1 Gesetz gegen Wettbewerbsbeschränkungen (GWB)	195
3.2 Gesetz gegen den unlauteren Wettbewerb (UWG)	196
3.3 Rabattgesetz	198
3.4 Umsatzsteuergesetz	199
III. Konzeptionelle Aspekte der Preispolitik	200
1. Preisstrategie	200
1.1 Bedeutung	200
1.2 Strategiealternativen	201
2. Preistaktik	202
2.1 Bedeutung	202
2.2 Defensive Preismaßnahmen	204
2.3 Offensive Preismaßnahmen	206
2.4 Sonderangebotspolitik	208
IV. Probleme und Methoden der Preisbestimmung	212
1. Ermittlung von Preiselastizitäten	212
1.1 Einzeloptimierung	212
1.2 Sortimentsoptimierung	214
2. Preiskalkulation	215
2.1 Ansätze zur Preisfindung	215
2.2 Kalkulationsarten	216
2.3 Preisstellung	219
2.3.1 Verfahren	219
2.3.2 Preisdifferenzierungen	219
2.3.3 Skonto	220
2.4 Preis und Betriebstyp	220
F. Werbepolitik	222
I. Einleitung	222
II. Werbeaufwendungen des Einzelhandels	223
III. Besonderheiten der Werbung des Einzelhandels	225
1. Prinzipielle Besonderheiten	225
2. Graduelle Besonderheiten	228
IV. Betrachtung der Einzelhandelswerbung nach Medien	231
1. Anzeigenwerbung des Einzelhandels in Tageszeitungen	231
1.1 Bedeutung	231
1.2 Gestaltungsüberlegungen	232
2. Anzeigenblätter	233
2.1 Ursprünge	233
2.2 Begriff und Bedeutung	234
3. Beilagenwerbung	237
4. Schaufensterwerbung	238
4.1 Bedeutung	238

4.2 Gestaltungsaspekte	240
5. Außenwerbung	241
5.1 Begriffsabgrenzung	241
5.2 Formen der Außenwerbung	241
5.2.1 Plakatanschlag	242
5.2.2 Verkehrsmittelwerbung	243
5.3 Gestaltungsaspekte	244
5.4 Erfolgskontrolle	245
6. Lokaler Hörfunk	246
6.1 Grundsatzüberlegungen	246
6.2 Beurteilung aus Handelssicht	249
6.3 Gestaltungsfragen	250
7. Direktwerbung	251
7.1 Überblick	251
7.2 Schriftliche Ansprache	252
7.3 Vorzüge der Direktwerbung	254
7.4 Auswahl des Adressenmaterials	254
V. Neuere Formen der Kundenansprache	257
1. Kundenkarten und Kundenclubs	257
1.1 Ziele und Konzepte	257
1.2 Aufbau und Organisation	259
1.2.1 Bestimmung der Adressaten	259
1.2.2 Leistungsangebot	259
1.2.2.1 Kreditierung	259
1.2.2.2 Rabattgewährung	260
1.2.2.3 Sonstige Leistungen	261
1.3 Aufwand	262
1.4 Wirkung	263
1.4.1 Verhaltensaspekte	263
1.4.2 Emotionale Aspekte	264
1.5 Ausblick	264
2. Homeshopping	265
2.1 Wesen und Entwicklung	265
2.2 Erfahrungen im Ausland	267
2.3 Teleshopping als spezielle Variante	267
G. Verkaufsförderungspolitik	268
I. Grundlagen	268
II. Ziele der Verkaufsförderungspolitik	269
III. Arten der Verkaufsförderung	270
1. Akquisitionsorientierte Aktionen	270
1.1 Preisorientierte Aktionen	270
1.2 Produktorientierte Aktionen	272
1.3 Gewinnspielaktionen	274
2. Imageorientierte Aktionen	274
2.1 Prominentenaktionen	275
2.2 Themenaktionen	275
IV. Wirkungsmessung von Verkaufsförderungsaktionen	275
H. Verkaufsraumgestaltung und Warenpräsentation	276
I. Laden- bzw. Einkaufsatmosphäre	277
1. Grundsatzüberlegungen	277
2. Aktuelle Tendenzen	279
II. Nutzungs- und Gestaltungsaspekte	283

Inhaltsverzeichnis

1. Betriebsraum-Aufteilung (Flächen-Management)	283
2. Gestaltungsbereiche im Verkaufsraum	284
2.1 Grundanforderungen	284
2.2 Einteilungsgesichtspunkte	284
2.3 Laden-Layout	286
2.4 Regalanordnung	287
3. Flächenzuteilung	287
3.1 Qualitative Flächenzuteilung	287
3.1.1 Qualitative Flächenzuteilung von Warengruppen	287
3.1.2 Qualitative Plazierungsaspekte von Artikeln	293
3.1.3 Verbundplazierung	295
3.1.4 Mehrfachplazierung	296
3.2 Quantitative Flächenzuteilung (space-management)	296
3.2.1 Grundsätzliche Überlegungen	296
3.2.2 Prioritätsregeln zur Planung der Artikelplazierung	301
3.3 Empirische Untersuchungsergebnisse	302
4. Shop-in-the-shop-Konzept	305
4.1 Organisatorische Gestaltung	305
4.2 Entwicklung und Tendenzen	306
4.3 Partner-Interessen	307
4.4 Plazierung der Shops	308
4.5 Konzessionäre in Großmärkten	308
5. Gestaltung der Verkaufsstätten-Peripherie	309
6. Verkaufsraumgestaltung als Kostenfaktor	309
6.1 Betriebswirtschaftliche Grundlagen	309
6.2 Store-erosion	310
6.3 Ertragsproblematik	311
J. Verkaufspersonalpolitik	**313**
I. Bedeutung	313
1. Betriebswirtschaftliche Aspekte	314
1.1 Wahl der optimalen Bedienungsform	314
1.2 Personalprobleme	318
2. Absatzwirtschaftliche Aspekte	318
II. Personalplanung	320
1. Personalbedarfsplanung	320
2. Personalbeschaffungsplanung	321
3. Personalausbildungsplanung	321
4. Personaleinsatzplanung	322
4.1 Qualitative Personaleinsatzplanung	322
4.2 Verfahren der quantitativen Personaleinsatzplanung	322
4.2.1 Personaleinsatzplanung auf der Grundlage globaler Kennziffern	323
4.2.2 Personaleinsatzplanung auf der Grundlage des Multimomentverfahrens (Ratio Delay Studies)	325
4.3 Praktische Möglichkeiten zur Anpassung des Personalbestandes an die Beschäftigungsschwankungen	327
5. Maßnahmen zur Personalbindung	327
III. Personalbeurteilung	330
1. Voraussetzungen der Mitarbeiterbeurteilung	331
1.1 Beurteilungsverfahren	331
1.2 Methoden der Anforderungsermittlung	331
2. Beurteilungsverfahren	332
2.1 Wahl der Bewertungskriterien	332

Inhaltsverzeichnis

2.1.1 Kriterien für die Leistungsverhaltensbeurteilung	332
2.1.2 Leistungsergebnisbeurteilung	333
2.2 Einzelne Verfahren	333
3. Beurteilungsergebnis	334
IV. Personalentlohnung	335
1. Zeitbezogene Entlohnung	335
2. Leistungsbezogene Entlohnung	335
2.1 Arten und Wirkungen	335
2.2 Anforderungen an die Leistungsentlohnung	336
2.3 Probleme im Einzelhandel	336
2.4 Kombination Zeitlohn/Leistungslohn	337
2.4.1 Einzelprämie	337
2.4.2 Gruppenprämie	339
2.4.3 Lohnzulagen	339
3. Incentives	339
K. Standortpolitik	342
I. Wesen und Ziele	342
II. Standortfaktoren	345
1. Absatzwirtschaftliche Aspekte	345
1.1 Kaufkraftstruktur	347
1.2 Einkaufsstätten-Attraktivität	350
1.3 Konkurrenzaspekte	351
1.4 Verkehrslage (Mikro-Standort)	353
III. Standortforschung	355
1. Empirisch-induktive Verfahren	355
1.1 Kreismethode	357
1.2 Zeitdistanzmethode	357
1.3 Ökonometrische Methode	358
1.4 Punktbewertungsverfahren	361
1.5 Standortprofilvergleich	362
IV. Entscheidungs-Procedere	362
V. Rechtliche Rahmenbedingungen	363
1. Bundesraumordnungsgesetz (BROG)	363
2. Baugesetzbuch (BauGB)	364
3. Baunutzungsverordnung (BauNVO)	365
4. Gesetzliche Regelungen zur Stellplatz- und Garagenbaupflicht .	366

3. Kapitel: Marktforschung im Einzelhandel

A. Bedeutung und Besonderheiten	367
B. Informationsbereiche	369
I. Nachfrageorientierte Forschung	369
1. Kundenforschung	369
1.1 Kundenbeobachtung	370
1.2 Kundenlaufstudie	370
1.3 Kundenanalyse	373
2. Lokale Nachfragestruktur-Analyse	376
2.1 Einkaufsstättenwahl	376
2.2 Einkaufsstättenimage	379
2.2.1 Informationsbedarf	379
2.2.2 Methoden der Informationsgewinnung und -auswertung	381
II. Konkurrenzorientierte Forschung	387
1. Einzelhandelsrelevante Konkurrenzbeziehungen	387

Inhaltsverzeichnis XVII

  1.1 Konkurrenzebenen 387
    1.1.1 Güterbezogene Konkurrenz 388
    1.1.2 Einkaufsstättenbezogene Konkurrenz 390
  1.2 Strategische Aspekte 391
 2. Lokale Konkurrenz 392
  2.1 Identifikation der Konkurrenten 392
  2.2 Konkurrenzbeobachtung und -analyse 393

4. Kapitel: Strategische Planung

A. Bedeutung der strategischen Planung 396
B. Einzelaspekte der strategischen Planung 397
 I. Planungsbereiche 397
  1. Unternehmensphilosophie 397
  2. Ist-Analyse 399
  3. Prognosen/Projektionen 400
 II. Schwerpunkte der strategischen Planung 403
  1. Strategische Betriebsformenplanung 403
   1.1 Grundsatzfragen und Betriebsformenportfolio 403
   1.2 Kreation innovativer Betriebsformen 407
  2. Strategische Sortimentsplanung 408
   2.1 Grundsatzfragen und Sortimentsportfolio 408
   2.2 Betrachtung des Gesamtzusammenhangs 410
   Exkurs: Erfolgsforschung 412
 III. Markenprofilierung der Einkaufsstätte als strategische Entscheidung 416
  1. Wesen und Bedeutung 416
  2. Maximen der Markenprofilierung 417
   2.1 Herleitung der Maximen 417
   2.2 Prägnanz 418
   2.3 Konstanz 420
   2.4 Methodisches Vorgehen 421
 IV. Internationalisierung als strategische Entscheidung 422
  1. Grundlegende Aspekte 422
  2. Anlässe und Ziele 425
  3. Probleme der Länderwahl 426
  4. Internationalisierungsstrategien 428

Literaturverzeichnis 433

Stichwortverzeichnis 449

Weitere Buchveröffentlichungen des Verfassers 452

Darstellungsverzeichnis

Darst. 1: Synopse der Handelsfunktionen 3
Darst. 2: Systematisierung der Ansätze zur Erklärung der Entstehung und Veränderung von Betriebsformen im Handel 21
Darst. 3: Nominale Umsatzentwicklung im deutschen Einzelhandel 1970-1993 23
Darst. 4: Einzelhandelsumsatz nach Umsatzgrößenklassen in der Bundesrepublik Deutschland (West) 1990 24
Darst. 5: Entwicklung der Umsatzkonzentration im Einzelhandel ... 25
Darst. 6: Beschäftigte im Einzelhandel in der Bundesrepublik Deutschland (West) 1960-1990 26
Darst. 7: Verkaufsfläche und Marktanteile nach Betriebsformen in der Bundesrepublik Deutschland 1984 im Vergleich zu 1965 .. 27
Darst. 8: Systematik des institutionellen Einzelhandels 28
Darst. 9: Anforderungskatalog „Fachhandel" 30
Darst. 10: Anwendung des funktionalen „Fachhandels"-Begriffes auf institutionelle Erscheinungsformen 31
Darst. 11: Marktanteile der Angebotstypen des Einzelhandels in der Bundesrepublik Deutschland 32
Darst. 12: Kooperationsformen im Rahmen der Distribution 38
Darst. 13: Beispielkatalog des Bundeswirtschaftsministeriums für wettbewerbsverzerrende Tatbestände (Sündenregister) 45
Darst. 14: Zielsystem von Einzelhandelsunternehmen unter besonderer Berücksichtigung der Marketingziele 64
Darst. 15: Sortimentspyramide 74
Darst. 16: Sortimentsdimensionen 83
Darst. 17: Sozialmilieus in der Bundesrepublik Deutschland 95
Darst. 18: Pluralisierung von Lebensstilen und allgemeine Verhaltensmuster der Konsumenten 96
Darst. 19: GfK-Bekleidungsstile 97
Darst. 20: Beispiel für einen Fragenkomplex zur Warengruppenbeurteilung 105
Darst. 21: Positionierung von zehn Warengruppen eines SB-Warenhauses 106
Darst. 22: Vergleich zwischen Direct Costing und Einzelkostendeckungsbeitragsrechnung 118
Darst. 23: Beispiel für die DPR-Rechnung eines Artikels 120
Darst. 24: Überblick erfaßter Kostenarten in bestimmten Tätigkeitsbereichen 122
Darst. 25: DPR-Artikel-Datenstamm 123
Darst. 26: Maßnahmen in Abhängigkeit von DPR und Umschlagshäufigkeit 124
Darst. 27: Beispiel einer Korrelationsmatrix mit fünf Warengruppen bei der Analyse des Sortimentsverbundes 129
Darst. 28: Mengenmäßige Marktanteile der Handelsmarken bei ausgewählten Warengruppen im (Non-)Foodbereich 137
Darst. 29: Mengenmäßige Marktanteile der Handelsmarken bei ausgewählten Gebrauchsgütergruppen 1983-1993 138
Darst. 30: Ziele der Eigenmarkenpolitik 140

Darstellungsverzeichnis XIX

Darst. 31: Auswahlkriterien für die Aufnahme von Handelsmarken in Sortimente 144
Darst. 32: Kommunikative Maßnahmen bei der Markenführung von Handelsmarken 147
Darst. 33: Entwicklung der Gütesicherung am Beispiel des Großversandhauses QUELLE 156
Darst. 34: Durchlaufplan der Qualitätssicherung des Großversandhauses QUELLE unter Berücksichtigung der Einkaufsfunktionen ... 160
Darst. 35: Kategorisierungsansätze für Kundendienstleistungen 166
Darst. 36: Systematisierung der Serviceleistungen 167
Darst. 37: Haushalte in der Bundesrepublik Deutschland (West) nach Preislagenkauf 185
Darst. 38: Haushalte in der Bundesrepublik Deutschland (West) nach Preislagenkauf und Alter der Hausfrau 186
Darst. 39: Durchschnittspreis und Durchschnittsabsatz von Universalwaschmitteln in Normal- und Sonderangebotswochen 207
Darst. 40: Auswirkungen von Unterstützungsmaßnahmen des Handels auf einen 10%-igen Preisnachlaß 208
Darst. 41: Handlungskosten in % vom Netto-Umsatz nach Betriebsformen 221
Darst. 42: Unterschiede in der Kalkulationsbasis zwischen Facheinzelhandel und Discountern 222
Darst. 43: Stufen der Werbepolitik 226
Darst. 44: Beispielhafter Leistungsvergleich von Tageszeitungen und Anzeigenblättern auf Basis des Tausend-Leser-Preises 236
Darst. 45: Reichweitenentwicklung der Mediengattung Hörfunk 1971-1992 247
Darst. 46: Entwicklung des täglichen Zeitaufwandes für die Nutzung tagesaktueller Medien 1974-1990 247
Darst. 47: Verlaufskurve der durchschnittlichen Hörfunk- und Fernsehnutzung an einem Werktag 248
Darst. 48: Überblick über die Verkaufsförderungsmaßnahmen des Handels 271
Darst. 49: Zielhierarchie der erlebnisbetonten Ladengestaltung 280
Darst. 50: Erlebnis-Anmutungsprofile 282
Darst. 51: Problembereiche der Ladengestaltung 285
Darst. 52: Grundprinzipien der Regalanordnung 288
Darst. 53: Übersicht über die verschiedenen Plazierungsarten und Einteilungsmerkmale im Rahmen der Artikelplazierung 297
Darst. 54: Umsatz und Flächenleistung nach Artikelgruppen 299
Darst. 55: Übersicht über empirische Untersuchungen zur Wirkung von Maßnahmen der internen Standortpolitik 302
Darst. 56: Verkaufsraumgestaltung unter Aufwands- und Ertragsaspekten 310
Darst. 57: Verteilung der Umsätze nach Wochentag und Tageszeit ... 323
Darst. 58: Berechnung des Personalbedarfs auf der Basis von Umsatz und benötigten Arbeitsminuten im Tagesablauf 324
Darst. 59: Personalbesetzung nach Voll- und Teilzeitkräften im Tagesablauf 325
Darst. 60: Ablauf der Personaleinsatzplanung 326
Darst. 61: Grundsätzliche Maßnahmen der Frequenzanpassung bei der Verkaufspersonalpolitik 328
Darst. 62: Grundsätzliche Maßnahmen zur Personalbindung 330
Darst. 63: Grundsätzliche Verfahren der Personalbeurteilung 334

Darst. 64: Theorie und Praxis eines Wettbewerbskonzepts im Rahmen eines Incentive-Programms 342
Darst. 65: Zeitdistanzmethode zur Bestimmung des Einzugsgebietes einer Einkaufsstätte 359
Darst. 66: Ökonometrische Methode zur Bestimmung des Einzugsgebietes einer Einkaufsstätte 360
Darst. 67: Beobachtungsbogen für Kundenlaufstudie 372
Darst. 68: Rechnerische Auswertung einer Kundenlaufstudie nach der Kundenfrequenz an 33 Stellen 374
Darst. 69: Ergebnisse einer Kundenlaufstudie in einem SB-Warenhaus . 375
Darst. 70: Wichtige Kaufbarrieren im bundesdeutschen Lebensmitteleinzelhandel 382
Darst. 71: Imageprofile zweier Einzelhandelsgeschäfte 383
Darst. 72: Überblick über güter- und einkaufsstättenbezogene Konkurrenzbeziehungen im Einzelhandel 389
Darst. 73: Leitbild der Coop Schweiz 398
Darst. 74: Katalog möglicher Erfolgsfaktoren im Einzelhandel 401
Darst. 75: Betriebsformen-Portfolio-Matrix 407
Darst. 76: Sortiments-Portfolio-Matrix 410
Darst. 77: Internationalisierungsstrategien im Einzelhandel 430

1. Kapitel: Grundlagen

A. Der Einzelhandel im Wirtschaftsprozeß

I. Funktionen und Institutionen der Absatzwirtschaft

Die Gesamtheit des konkreten Wirtschaftsgeschehens ist ein gewaltiger, vom Menschen organisierter, arbeitsteiliger Umwandlungs- und Umordnungsprozeß, ausgehend von den nicht unbeschränkt gegebenen natürlichen Ressourcen in Richtung auf die zivilisatorischen und kulturellen Bedürfnisse der Menschen. Endziel aller Aktivitäten ist also die Bedarfsdeckung der privaten Haushalte mit Gütern; die Steuerung erfolgt dabei unter Knappheitsgesichtspunkten, d. h. Angebot und Nachfrage richten sich nicht nach Kilogramm oder Stück, sondern nach (Tausch-)Werten.

Dieser Umordnungsprozeß vollzieht sich meist in Form mehrerer aufeinanderfolgender **Leistungsstufen**. Dabei handelt es sich einmal um alle Arten von Sachgütergewinnung bzw. -erzeugung. Je technisch anspruchsvoller diese ist und je größer der Wettbewerb, um so mehr kommt es hier zu zwischenbetrieblicher Arbeitsteilung und Spezialisierung, um kostengünstige Massenfertigung zu realisieren.

Ergänzend zur **Produktionswirtschaft,** in deren Rahmen Güter entstehen, sind Distributionsprozesse erforderlich, um diese Güter den Bedarfsträgern zuzuführen. Zu diesen Aufgaben der **Absatzwirtschaft** zählen also nicht nur die mit dem **Güterabsatz,** sondern auch die mit der **Beschaffung** verbundenen Aktivitäten, also alles was den Güteraustausch **zwischen** den Wirtschaftssubjekten bewirkt. Die Gewichte können hier sehr unterschiedlich sein: Große Einkaufsaktivitäten der Nachfrager erlauben geringe Verkaufsbemühungen der Anbieter, bei starkem Wettbewerb ist jedoch gerade die umgekehrte Gewichtung erforderlich.

Gesamtwirtschaftlich betrachtet, sind die Umgruppierungsleistungen dabei um so höher, je „naturfremder" und differenzierter die Bedarfe einerseits sind und je mehr andererseits die Herstellung nach Spezialisierungs- und Massenausstoßgesichtspunkten erfolgt. Je höher die Anforderungen sind, um so mehr Zwischenglieder bilden sich i. d. R., um Teilaufgaben zu übernehmen.

Es kommt also auch im Bereich der Güteraustauschprozesse zur **Arbeitsteilung,** denn neben den Produzenten selbst werden Unternehmen und sonstige Institutionen tätig, die sich darauf spezialisiert haben. Im Zentrum stehen dabei die **Handelsbetriebe**, eingeschaltet sind aber auch sog. **Marktveranstaltungen** wie Märkte, Messen und Auktionen. Sie alle wieder können Teilaufgaben an sog. **Absatzhelfer** delegieren, also etwa an selbständige Handelsvertreter oder auch an Speditionen oder Lagerhausgesellschaften u. a. m.

Aus der Zuordnung bestimmter Funktionen zu einem Betrieb entsteht dessen charakteristische Benennung, die Außenstehende über dessen Art und Zweck informiert. Betriebe, die also auf eigene Rechnung nachhaltig und mit Gewinnabsicht Waren ausschließlich oder überwiegend einkaufen, um sie (unbearbeitet) wieder zu verkaufen, sind aus **institutioneller** Sicht Handelsbetriebe.

Ein **Einzelhandelsbetrieb** ist demgegenüber ein Unterfall insofern, als er ausschließlich oder überwiegend an **Endverbraucher** verkauft und damit in **haushaltsüblichen Mengen**.

Was auf Anhieb so eindeutig aussieht, führt in der Praxis jedoch mitunter zu Unklarheiten, wenn es darum geht, genau zu definieren, wer denn nun eigentlich Endverbraucher sind, und wie groß haushaltsübliche Mengen sein dürfen. So überflüssig die Begriffsklaubereien in den juristischen Auseinandersetzungen erscheinen mögen, so haben sie doch ihren Grund darin, daß es etwa für die Tarifpolitik, für die Preispolitik oder auch für die Ladenschlußzeiten usw. notwendig ist, festzustellen, wer Einzelhändler ist und wer nicht. Letztlich ist solches immer dann die Folge, wenn der Gesetzgeber Betriebsformen festschreibt und damit den Drang der Unternehmer zu Vielfalt und zu Elastizität einengt.

II. Handelsfunktionen

1. Überblick

Seit den Anfängen der handels- und absatzwirtschaftlichen Literatur hat sich für diese Umgruppierungsleistungen der etwas mißdeutbare Begriff **„Handelsfunktionen"** eingebürgert, obwohl ja nicht nur der institutionelle Handel an dieser Aufgabe beteiligt ist, sondern auch die Produzenten und die Verwender derartige Funktionen wahrnehmen.

Bis in die sechziger Jahre dieses Jahrhunderts gehörte das Suchen nach und das Klassifizieren von immer neuen Handelsfunktionen zu den beliebtesten Forschungsanliegen des Faches. Grob gesehen, lassen sich drei Betrachtungsebenen unterscheiden (vgl. Darst. 1), nämlich

(1) Funktionen, die angeben, welche Grundaufgaben die Unternehmen im Zuge des Verteilungsprozesses bewältigen müssen [z. B. Kommissionieren (= Menge) oder Lagern (= Zeit)];

(2) Funktionen, die angeben, welche Leistungen die Unternehmen in Verfolgung dieser in (1) genannten Aufgaben vollbringen, denn

A. Der Einzelhandel im Wirtschaftsprozeß

schließlich „verteilen" sie ja nicht nur, sondern müssen sich im Wettbewerb durchsetzen (z. B. Werbefunktion);

(3) Funktionen, die angeben, welche gesamtwirtschaftlichen, gleichsam dem Gemeinwohl dienenden Wirkungen von (1) und (2) ausgehen (können) (z. B. Versorgungsfunktion/Kulturfunktion).

Ein Blick auf den nachstehenden (gekürzten) Gesamtkatalog der gefundenen Funktionen (vgl. Schenk, Ordnungstheorie ... S. 167, und Schenk, Marktwirtschaftslehre ... S. 62 ff.) macht das deutlich.

Darstellung 1: Synopse der Handelsfunktionen

Raumüberbrückungsfunktion Zeitüberbrückungsfunktion Quantitätsfunktion Qualitätsfunktion Sortimentsfunktion	(1)	Beratungsfunktion Werbefunktion Kreditfunktion Markterschließungsfunktion	(2)
Preisausgleichsfunktion Ausrichtungsfunktion Koordinationsfunktion Interessenwahrungsfunktion Kulturfunktion Erhaltungsfunktion	(3)	**im gesamten sozialistischen Schrifttum:** Versorgungsfunktion Bedarfsforschungsfunktion Bedarfslenkungsfunktion Produktionslenkungsfunktion Ideologische Funktion	

Wie ersichtlich, war das Bemühen um Vollständigkeit beträchtlich, aber gerade in dieser Hinsicht auch ziemlich nutzlos.

Natürlich bedeutet diese Kritik nicht eine Verurteilung jeder Art von Funktionsbetrachtung. Schließlich dient sie ja z. B. der Charakterisierung der verschiedenen Betriebsformen im Handel oder auch der Analyse der (gesamtwirtschaftlichen und/oder sozialen) Wirkungen, die im einzelnen davon ausgehen.

Lange Zeit wurde der Handel z. B. als unproduktiv bezeichnet; vieles wurde damals also zu seinem richtigen Verständnis und zu seiner Rechtfertigung geschrieben.

2. Binnenhandelspolitik

Aber auch jenseits einer generellen Rechtfertigungsdiskussion bleibt das Thema aktuell; den Wirtschaftspolitikern kann es auch in einer freien Marktwirtschaft, soweit sie eben auch sozial sein soll, nicht egal sein, welche Rolle ein so bedeutender Wirtschaftsbereich spielt und welche Entwicklung er nimmt. In möglichst genauer Kenntnis dessen, was der Handel leistet, und was er leisten sollte, ist es Aufgabe der sog. staatlichen

Binnenhandelspolitik, gegebenenfalls korrigierend einzugreifen. Die Schwierigkeiten, Lösungen zu finden, welche weder den Wettbewerb zu stark gängeln, noch das Gemeinwohl auf Dauer schädigen, sind hinlänglich bekannt (vgl.: Schenk, Marktwirtschaftslehre ... S. 491).

E. Dichtl hat 1979 in seinen „Grundzügen der Binnenhandelspolitik" die Problembereiche beschrieben, die u. U. einer politischen Lösung bedürfen. Im wesentlichen handelt es sich um folgende:
- die anspruchsgerechte Versorgung von Konsumenten und gewerblichen Bedarfsträgern mit Gütern und Dienstleistungen
- die Schaffung und Erhaltung leistungsfähiger Versorgungseinrichtungen (vgl.: Finck, Versorgungszufriedenheit ...),
- die Harmonisierung binnenhandelspolitischer Ziele mit konkurrierenden gesellschaftlichen Anliegen,
- die Regelung der Beziehungen der Binnenhandelspolitik
  - zur Gesundheits-, Kultur- und Sicherheitspolitik,
  - zur Raumordnungs- und Verkehrspolitik,
  - zur Außenhandels-, Rohstoff- und Agrarpolitik,
- die Steuerung des Zugangs zum Handel,
- die Stärkung der Leistungsfähigkeit mittelständischer Handelsbetriebe durch Überwindung systembedingter Wettbewerbsnachteile,
- die Schaffung von Rahmenbedingungen für den Einsatz absatzpolitischer Instrumente,
- die Sicherung des Leistungswettbewerbs.

3. Funktionsverteilung und -verlagerung

So weit in aller Kürze die sog. klassischen Handelsfunktionen, die eigentlich nur zum Grundverständnis der Aufgaben der Absatzwirtschaft dienen.

Vor diesem Hintergrund geht es konkret um die Art der Arbeitsteilung, also um die Frage, wer welche Funktionen in welchem Ausmaß übernimmt. Grundsätzlich gilt dabei, je umfänglicher und komplizierter sich die Umordnungs- und Umgruppierungsaufgaben darstellen, um so mehr Betriebe und Institutionen sind hintereinander geschaltet (= Länge der Absatzkette), um diese Aufgabe zu bewältigen. Bis z. B. die Bananen von der Plantage in Kuba auf dem Küchentisch in Deutschland landen, habe sie mehr Stationen durchlaufen als die Kohlköpfe des fränkischen Vorstadtbauern bis zum Nürnberger Haushalt.

Grundsätzlich gilt ferner, daß sich mit zunehmendem Wettbewerb bei den beteiligten Wirtschaftssubjekten die Akzente von den Beschaffungs- auf die Absatzaktivitäten verlagern; der Anbieter muß sich also jeweils mehr bemühen als der Nachfrager. Während es in Zeiten knapper Angebote wie folgt aussieht

A. Der Einzelhandel im Wirtschaftsprozeß

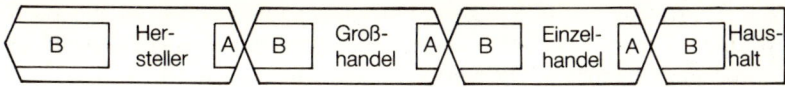

ist es bei starkem Angebotsdruck umgekehrt:

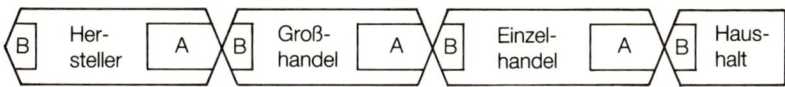

(A = Absatz; B = Beschaffung)

Angebotsknappheit führt schließlich auch dazu, daß sich vergleichsweise viele Absatzglieder einschalten können; ändern sich solche Verhältnisse dagegen in Richtung Angebotsüberfluß, verschwinden diese Übersetzungserscheinungen, es kommt sowohl zur Ausschaltung von Zwischengliedern, also zu einer Verkürzung der **Absatzketten** (**Absatzwege**), als auch zu einem Ausleseprozeß innerhalb dieser Glieder.

Die wechselvolle Geschichte des Einzelhandels (vgl. nächsten Abschnitt), speziell in den letzten hundert Jahren, spiegelt getreulich diese Tendenzen wider.

Die absatzwirtschaftlichen Leistungen des Einzelhandels als letztem Glied der Kette sind inzwischen unverzichtbar und die historischen Zweifel an seiner Berechtigung längst verstummt. Es gibt eben keine nennenswerten Alternativen für die gebotenen Auswahl- und Einkaufsbequemlichkeiten. Insofern spielen alle Formen der Direktvermarktung (Hersteller/Erzeuger →Haushalte) eine immer unbedeutendere Rolle, bezogen auf das Gesamtvolumen der Haushaltseinkäufe.

Diese starke Position des institutionellen Einzelhandels ist auch der Grund dafür, daß der traditionell vorgelagerte Großhandel mittlerweile vielfach ausgeschaltet wurde und dessen Funktionen teils von den Lieferanten, insbesondere aber vom Einzelhandel übernommen wurden.

Die sog. **mehrstufigen** Einzelhandelsunternehmen bzw. Zusammenschlüsse bestimmen mittlerweile in den meisten Branchen das Geschehen.

Die Übernahme von Großhandelsfunktionen erfordert dabei u. a. stärkere Beschaffungsaktivitäten; die inzwischen erreichten großen Einkaufsvolumina lassen es dabei überaus interessant erscheinen, möglichst alle noch vorhandenen Zwischenstufen (etwa beim Import) auszuschalten, um leistungsfähige, aber vertriebsschwache Erzeuger aufzuspüren.

Zur Absatzseite hin muß sich der Einzelhandel unter dem zunehmenden Wettbewerbsdruck immer weniger als Warenverteiler, sondern mehr als Akquisiteur verstehen. Die Verkaufsstätten selbst wandeln sich zu Verkaufsbastionen, die von allen übrigen Aufgaben möglichst freigehalten werden, um sich ausschließlich dem Absatz bzw. der Absatzförderung widmen zu können. Entsprechend steigen auch die Anforderungen und Aufwendungen im Bereich des Marketing.

B. Historischer Überblick

I. Abriß der Entwicklungsgeschichte des Einzelhandels

Die beiden folgenden Abschnitte sollen einen Überblick sowohl über die historische Entwicklung des Einzelhandels geben als auch über die sie begleitende wissenschaftliche Handelsforschung. Viele gegenwärtige Strukturen und Probleme lassen sich eben nur historisch erklären. Dies gilt nicht nur für die Geschichte des Einzelhandels, sondern auch für die Wissenschaftsentwicklung.

Natürlich stimmt es, daß so komplexe wirtschaftliche Erscheinungen wie der Einzelhandel einem Wandel unterworfen sind und daher die heutigen Verhältnisse nicht deckungsgleich sind mit denen vor fünfzig oder hundert Jahren; nützlich wird solches Wissen deshalb auch nur dann, wenn versucht wird, gleichsam zum Grundmuster vorzudringen, nach welchem historische Entwicklungen ablaufen. Und hier sind die bewegenden Kräfte immer noch die gleichen: die gesellschaftspolitischen Verhältnisse, die konjunkturelle Situation, die Eigendynamik des Handels, der Einfluß der Industrie als Lieferant und nicht zuletzt die private Nachfrage.

Zumindest ein Blick auf die letzten hundert Jahre Einzelhandelsgeschichte zeigt zahlreiche Parallelen zur Gegenwart, entsprechend ähneln sich auch viele Problemstellungen. Das Gespür dafür zu bekommen, ja vielleicht sogar etwas Trost darin zu finden, daß das Geschäft nicht erst in unseren Tagen oft ein so mühevolles ist, diesem Zweck also soll der nachfolgende historische Abriß dienen.

Stärker Interessierte seien auf die „Geschichte des deutschen Einzelhandels" des Verfassers hingewiesen.

1. Entwicklung des modernen Einzelhandels im 19. Jahrhundert

Bis ins 19. Jahrhundert war der Einzelhandel – gemessen an modernen Vorstellungen – unbedeutend, denn der Selbstversorgeranteil der Bevölkerung blieb sehr hoch – die Direktvermarktung landwirtschaftlicher Erzeugnisse durch die Bauern auf den städtischen Märkten war üblich und überdies die Kaufkraft der Bevölkerung sehr gering. Die ländlichen Gebiete – und hier wohnten die meisten Menschen – wurden im übrigen auch weiterhin vom **Wanderhandel** versorgt.

Erst die industrielle Revolution brachte auch hier einen erheblichen Wandel; steigende Massenproduktion und eine zunehmende Verstädterung bei gleichzeitig starker Zunahme der Bevölkerung führten zu Massenbedarf und Massenkaufkraft, die mit den traditionellen Verteilungsstrukturen nicht mehr zu bewältigen waren. Insbesondere in den Städten erfolgte eine stürmische Kleinhandelsentwicklung unter gleichzeitiger Herausbildung eines entsprechenden **Großhandels** als Bindeglied zwischen Industrie und Einzelhandel. Es kam in dieser Zeit zu der auch heute noch geläufigen Differenzierung in die verschiedenen Einzelhandelsbranchen, und zwar zunächst ausgehend von der **Warenherkunft** bzw. dem **Material** (Textil/Eisenwaren/Drogeriewaren/Kolonialwaren usw.), später auch in Richtung verschiedener **Preislagen**, reichend vom Luxusgeschäft bis zum Billigladen.

Aber es gab vor diesem Hintergrund auch neuartige Organisationsformen; aufgrund der teilweise durch die wirtschaftliche Umstrukturierung bedingten erheblichen Verarmung des entstehenden Industrie-Proletariats beschritt man seitens der Verbraucher den Weg der Selbsthilfe in Gestalt der **Konsumgenossenschaften,** die sich – von England kommend – schnell auch über den Kontinent verbreiteten.

Neuartig war ferner die **Filialbildung,** also die Expansion erfolgreicher Einzelhändler durch Eröffnung weiterer eigener Verkaufsstellen unter einheitlicher Leitung. Schließlich kam man durch Ausweitung der Sortimente, die wiederum durch die Verbreiterung des industriellen Angebots ermöglicht wurde, zu stationären, großflächigen Betrieben, nämlich zu den **Waren- und Kaufhäusern.** Daneben entwickelte sich in Gestalt der **Versandgeschäfte** eine ganz neuartige Konkurrenz für den stationären Einzelhandel; entsprechende postalische Einrichtungen boten die Voraussetzungen für eine Belieferung der privaten Haushalte und das Inkasso. Es handelte sich in dieser Zeit um einen **Fach- bzw. Spezialversandhandel,** der überwiegend von Erzeugern oder Importeuren betrieben wurde.

Die totale Übersetzung des mittelständischen und kleingewerblichen Einzelhandels sowie die Konkurrenz der vorab geschilderten Betriebsformen führten Ende des vorigen Jahrhunderts zu Selbsthilfemaßnahmen der Betroffenen. Das inzwischen praktikabler gestaltete Genossenschaftsgesetz erlaubte die Gründung der **Einkaufsgenossenschaften,** um so durch gemeinsamen Einkauf insbesondere den Konsumgenossenschaften, aber auch den stark expandierenden Warenhäusern und Filialisten Paroli bieten zu können.

2. Die Zeit zwischen den Weltkriegen

Der erste Weltkrieg bremste eine jahrzehntelange ungestüme Einzelhandelsentwicklung; diese hatte aber bis dahin die meisten all jener Betriebsformen hervorgebracht, die auch heute noch von Bedeutung sind.

Krieg und Inflation brachten zwar herbe Rückschläge, dafür begann Mitte der zwanziger Jahre eine neue Expansion um so stürmischer. Im wesentlichen bezog sich das auf den Ausbau der bekannten Einzelhandelsbetriebsformen, wobei die Warenhauskonzerne, die Handels- und Fabrikfilialisten, aber auch die Einkaufsgenossenschaften besonders stark nach vorne drängten. Als neuartige Wettbewerber etablierten sich – einem erfolgreichen amerikanischen Konzept folgend – die sog. **Einheitspreisgeschäfte**, vor allem in den Großstädten; weniger von ihrer umsatzmäßigen Bedeutung her als vielmehr durch ihre aggressive Preispolitik schufen sie viel Unruhe, insbesondere im mittelständischen Einzelhandel.

Ausgelöst durch die Weltwirtschaftskrise 1929 wurden die wirtschaftlichen Verhältnisse in Deutschland desolat, und darunter hatte auch der Einzelhandel erheblich zu leiden. Die von der Weimarer Republik eingeleiteten Notmaßnahmen in Gestalt eines **Expansionsstops** in Teilbereichen des Einzelhandels wurden von den Nationalsozialisten 1933 verstärkt fortgesetzt, konnten aber Zusammenbrüche, insbesondere bei den Warenhäusern und den Konsumgenossenschaften, nicht verhindern. Die Wirtschaftspolitik dieser Jahre war betont mittelstandsfreundlich, so daß die Großbetriebsformen des Einzelhandels z. T. erhebliche Schwierigkeiten hatten.

Nach kurzen Jahren eines erstaunlichen Wirtschaftsaufschwungs, an dem auch der Einzelhandel entsprechend partizipierte, erfolgte sehr bald die Ausrichtung auf die Kriegswirtschaft, die den Einzelhandel aufgrund der einsetzenden Warenverknappung zu einer reinen Verteilerorganisation degradierte. Unter solchen Verhältnissen blieb natürlich kein Raum für eine dynamische Entwicklung.

3. Wachstumsdynamik im Zeichen des Wirtschaftswunders

Die totale Niederlage 1945 hatte den Einzelhandel weit schwerer getroffen als am Ende des ersten Weltkriegs. Neben den katastrophalen Versorgungsmängeln waren viele Verkaufsstätten zerstört oder – in den östlichen Gebieten Deutschlands – enteignet und verstaatlicht. Erst die Währungsreform 1948 schuf in der damaligen Tri-Zone die Voraussetzungen für geordnetere Verhältnisse, die dann in den fünfziger Jahren in gewaltige Wiederaufbauleistungen – dem sog. Wirtschaftswunder – einmündeten.

Mit Macht versuchten vor allem die Großbetriebsformen zu expandieren,

B. Historischer Überblick

aber bei diesem Wachstumsdrang war eine schnelle Übersetzung im Einzelhandel, insbesondere aber auch im Großhandel, unvermeidlich. Teile des mittelständischen Einzelhandels, die sich alleine nicht mehr behaupten konnten, schlossen sich gleichsam als Pendant zu den Einkaufsgenossenschaften mit leistungsfähigen Großhandelsfirmen zu sog. **freiwilligen Ketten** zusammen, um durch einen solchen Verbund der stärker werdenden Konkurrenz der Großbetriebsformen zu trotzen. Klein- und Kleinsthändler gerieten, soweit sie nicht in solchen Organisationen Unterschlupf fanden, mehr und mehr ins Abseits und bildeten Nachfragepotential für eine neue Großhandelsform, den sog. **Cash-und Carry-Betrieb**.

Die fünfziger Jahre führten auch zu einem Wandel im Versandhaussektor; neben den Tausenden von Fach- und Spezialversendern gelang es **Universalversendern,** sich erfolgreich durchzusetzen. Mit immer neuen Angeboten zu sensationell niedrigen Preisen machten sie von sich reden und sorgten für Unruhe im übrigen Einzelhandel.

Die Einführung der **Selbstbedienung** im Einzelhandel – anfangs von vielen belächelt – erwies sich in der Folge als eine Änderung, die zu erheblichen Umstrukturierungen führte. Die Substitution von Personal durch Verkaufsfläche und die Delegation des Bedienungsvorganges auf die Käufer selbst brachte erhebliche Rationalisierungsvorteile für alle jene, die sich umstellen wollten und konnten.

Das bisher relativ homogene Preisgefüge wurde aufgebrochen, und in vielen Bereichen zeigten sich dadurch erhebliche Absatzstockungen, nicht nur im Einzelhandel, sondern auch in den vorgelagerten Stufen. Diese Diskrepanz zwischen Angebot und Nachfrage schuf sich Luft in einer ersten **Discountwelle,** die insbesondere bei Gebrauchsgütern höherwertiger Art zu ständigen Verstößen gegen die vertikale Preisbindung verführte (sog. Beziehungskäufe).

Selbstbedienung, Filialisierung, Rationalisierung sowie eine aggressive Preis- und Werbepolitik waren das Erfolgsrezept, mit dem im Lebensmittelbereich die **Discounter** vordrangen.

Inzwischen war es aufgrund der zunehmenden Motorisierung in den Innenstädten sehr eng geworden, dafür war die Bevölkerung wesentlich mobiler. Dies führte zu einem neuen Einzelhandelskonzept, den **Verbrauchermärkten und SB-Warenhäusern,** also den großflächigen Verkaufsstätten auf der grünen Wiese oder in Stadtrandlagen mit einem entsprechenden Parkplatzangebot.

Niedrige Preise, ein zumindest im Lebensmittelbereich umfassendes Sortiment und eine intensive Umwerbung der Verbraucher ließen es in wenigen Jahren zu einem regelrechten Boom dieser Betriebsformen kommen, mit den entsprechenden Einbußen im traditionellen (Lebensmittel-) Fachhandel, insbesondere aber auch bei den Warenhäusern und Kleinpreisgeschäften. Die **vertikale Preisbindung** wurde immer häufiger durchbrochen, so daß nach langen wirtschaftspolitischen Debatten Anfang 1974 ihre Aufhebung erfolgte, die Markenartikelhersteller also hinfort den Endverbraucherpreis nicht mehr vorschreiben durften. Aus Rücksicht gegenüber dem mittelständischen Einzelhandel, im weiteren aber auch aus Gründen der Strukturpolitik der Kommunen, wurde 1977 durch Änderung der **Baunutzungsverordnung** der weitere Aufbau großflächiger Betriebsformen in den Stadtrandgebieten stark erschwert und damit ihrer weiteren Expansion Einhalt geboten.

Inzwischen führte die Verschärfung des Wettbewerbs zu erheblichen Einzelhandels**konzentrationen.** Insbesondere die Filialisten wuchsen stark, sowohl durch eine Vermehrung ihrer Verkaufsstellen, aber eben auch durch Aufkäufe von direkten Wettbewerbern, die in diesem Wettlauf nicht mehr mithalten konnten. Solches wiederum traf sowohl die Konsumgenossenschaften als auch die Einkaufsgenossenschaften erheblich; ihre Verkaufsstätten- bzw. Mitgliederzahl war für eine rationelle Warendistribution vergleichsweise viel zu groß. Gleiches galt für die Zahl ihrer regionalen Großhandelszentralen. Unter erheblichen Schwierigkeiten wurde zusammengelegt und zusammengestrichen, so daß insbesondere im Lebensmitteleinzelhandel der sog. **Abschmelzungsprozeß** z. T. dramatische Dimensionen annahm.

Mit einer gewissen Zwangsläufigkeit wandte man sich vor allen Dingen in den siebziger Jahren – den Vorbildern im Lebensmittelhandel folgend – dem Discountprinzip auch in vielen anderen Einzelhandelsbranchen zu. Während die **Baumärkte** noch insofern mit einem neuen Konzept aufwarten konnten, als sie ein ganz neues Kundensegment, nämlich das der Do-it-yourselfer erkannten und für sich nutzten, waren z. B. die **Drogeriemärkte** allein darauf abgestellt, der traditionellen Fachdrogerie große Teile ihrer Kundschaft abzujagen. Innerhalb von etwa zehn Jahren gelang dies in unerwarteter Weise, denn die Zahl der klassischen Drogerien reduzierte sich in diesem Zeitraum um etwa die Hälfte.

Was bei den Drogerien gelang, war Ansporn für entsprechende Versuche in anderen Branchen, wie etwa im Bereich der Wohnmöbel. Mittlerweile boomen die **Fachmärkte** in allen wichtigen Branchen (Oberbekleidung, Schuhe, Elektrogeräte, Unterhaltungselektronik, Bücher, Sportartikel, Spielzeug usw.). Das gute alte Fachgeschäft erlebt also eine Art Renaissance, nur eben großflächiger, preisaktiver, professioneller, personalärmer und filialisiert. Prognostiker geben ihnen eine große Zukunft, ähnlich wie den Discountern.

Das Konzept der **Vertragshändlerschaft** ist seit langem gebräuchlich und bekannt; solche stärkeren Beziehungen zwischen Lieferant und Handelskunde existieren etwa beim Absatz von Bier an die Gastronomie, von

Kosmetik an Parfümerien und im Automobilhandel. In den USA wurde dieses Konzept intensiviert. Insbesondere im Dienstleistungsbereich, speziell in der Gastronomie, war dieses sog. Franchising (vgl. ausführlicher S. 36) bereits seit langem erfolgreich und wurde deshalb auch verstärkt auf den Einzelhandel übertragen.

Rückblickend betrachtet, hat der Einzelhandel eine Entwicklung durchlaufen, die getreulich die teilweise stürmischen Zeitläufe widerspiegelt. Massenproduktion und Massenkaufkraft bescherten ihm ein immer größeres Distributionsvolumen; allerdings gab es auch scharfe Einbrüche durch Kriege und Wirtschaftsflauten. Zeiten der Warenknappheit trafen den Einzelhandel dabei weniger als Perioden mit rückläufigen Haushaltseinkommen. Gerade letztere führten zu scharfen Ausleseprozessen im Rahmen einer ohnehin laufenden Ausdünnung über die Jahrzehnte. Auch die betont mittelstandsfreundliche Gesetzgebung und die vertikale Preisbindung der Markenartikel-Industrie (bis 1974) konnten diesen Prozeß nur verlangsamen. Spätestens seit dieser Zeit setzte – ausgehend vom Lebensmittelhandel – ein starker **Auslese-** und **Konzentrationsprozeß** ein. Die Vielzahl der Mittel- und Kleinexistenzen und auch die der jährlichen Neugründungen täuschen dabei darüber hinweg, daß das Geschäft heute allenthalben von den Großbetrieben bestimmt wird.

Höchste Anforderungen stellt in diesen Jahren die Anpassung des Einzelhandels in den neuen Bundesländern an die modernen Erfordernisse. Die volkseigene Handelsorganisation (HO), die Konsumgenossenschaften (V.d.K.) sowie sonstige staatliche Organisationen bewältigten vor der Wiedervereinigung fast 90% des gesamten Einzelhandels-Volumens, bekanntlich mehr schlecht als recht. Charakteristisch war das Überwiegen von Klein- und Kleinstläden und die vergleichsweise schwache Struktur im Non-food-Bereich. Attraktive großflächige Geschäfte fanden inzwischen längst neue Eigentümer oder Kooperationspartner, zahlreiche neuerbaute „Flachmänner" in Stadtrandgebieten lassen z. T. bereits eine Übersetzung befürchten, aber im übrigen wird die Zahl der Verkaufsstätten erheblich zurückgehen, teils strukturbedingt, teils weil sich die Immobilien als untauglich erweisen (vgl. Bunge/Bienert).

II. Entwicklung und Stand der Handelsbetriebslehre

1. Historischer Abriß der Forschungsphasen

Im vorausgegangenen Abschnitt wurde die Entfaltung des Einzelhandels zu einem Wirtschaftsbereich vielfältiger Formen skizziert.

Natürlich wurde diese Entwicklung von einer zunehmenden literarischen bzw. wissenschaftlichen Bearbeitung begleitet. Je komplizierter die Tätigkeit des Kaufmanns nämlich war, um so mehr Informationen darüber mußten gesammelt, systematisiert und letztendlich weitervermittelt werden.

Kaufmännisches Wissen bezog sich dabei bis weit ins vorige Jahrhundert in erster Linie auf die **Handelstätigkeit**. Natürlich kamen forscherische Impulse dabei nicht aus dem Bereich der Höker und Krämer, der Gemischtwarengeschäfte und fliegenden Händler, sondern aus der Tätigkeit der großen Handelshäuser. Der Schwerpunkt lag also über die Jahrhunderte auf der Beschäftigung mit dem **Groß-** bzw. **Fernhandel**.

Die einzelnen historischen Forschungsphasen sollen im folgenden nur kurz Erwähnung finden, um zügig auf die jüngere Entwicklung hinzuleiten.

Als Vorstufe der Handelsbetriebslehre gilt die sog. **Kommerzienkunde** (ca. 12.-17. Jh.). Schriftliche Aufzeichnungen aus dieser Zeit enthalten kaum mehr als das Notwendigste für die praktische Arbeit des Kaufmanns, nämlich einfache Rechenoperationen, Maß-, Gewichts- und Münztabellen sowie Angaben über Warenkunde, Marktveranstaltungen, Transportverhältnisse u. ä. Diese auf den Alltagserfahrungen basierenden Aufzeichnungen waren für den internen Gebrauch der einzelnen Kaufmannsfamilien bestimmt und wurden somit geheimgehalten. Die ersten veröffentlichten und z. T. bedeutenden Aufzeichnungen, wie etwa die **doppelte Buchhaltung** (1494), stammen vornehmlich aus Oberitalien als Europas Handelszentrum z.Zt. der Renaissance.

Die Zeit der **Merkantil-** und **Handlungswissenschaften** (ca. 17.-19. Jh.) war geprägt durch einen starken geistesgeschichtlichen Wandel. Das individuelle Erwerbsstreben wurde bejaht (Absolutismus/Merkantilismus), der Staat förderte, überwachte aber auch die Wirtschaft. Infolgedessen erschienen vermehrt Abhandlungen über Handelstechniken. Der herausragendste Publizist jener Zeit war zweifellos Jacques **Savary** (Le Parfait Négociant, 1675) mit seiner systematischen Beschreibung aller kaufmännischen Tätigkeiten in einem Handelsbetrieb. Aufbauend auf diesem Werk folgte eine Reihe weiterer Publikationen, auch aus deutscher Feder (P.J. Marperger, C.L. Ludovici, J.M. Leuchs).

Mit der Verdrängung des Merkantilismus durch die liberalen und individualistischen Anschauungen der klassischen Nationalökonomie (A. Smith) wurde die Merkantilwissenschaft von der **Handlungswissenschaft** abgelöst und zu einer Art unabhängiger Disziplin entwickelt. Charakteristisch dafür war Johann Michael **Leuchs'** Hauptwerk „System des Handels" (1804), in dem eine Trennung der eigentlichen Handelswissenschaft von der praktischen Handelskunde, also den Handels- und Rechentechniken, der Warenkunde usw. vollzogen wurde.

Mit dem Übergang von der vorwiegend handwerklich organisierten Fertigung zur Massenproduktion in neu entstandenen Industriebetrieben veränderten sich im 19. Jahrhundert auch die kaufmännischen Anforderungen. Den komplizierten innerbetrieblichen Vorgängen in Großunternehmen und den neuartigen Problemen in den Bereichen Produktion, industrielle Kostenrechnung, Kalkulation und Finanzierung entsprachen nun weder der damals vorhandene wissenschaftliche Erkenntnisstand noch das in den Handelsschulen vermittelte Wissen.

Dieser veränderten Situation versuchte man um die Jahrhundertwende sowohl in institutioneller als auch in theoretischer Hinsicht Rechnung zu tragen.

Ein wesentlicher Anlaß für die Gründung sog. **Handelshochschulen** in der Zeit zwischen 1898 und 1919 war auch der Bedarf an Handelslehrern, der mit Einführung der Berufsschulpflicht entstand. Bezeichnenderweise wurden also **Handels**lehrer an **Handels**hochschulen in **Handels**wissenschaften, wie das Fachgebiet von nun an hieß, ausgebildet, obgleich bei dieser Entwicklung die Industrie Pate gestanden hatte.

Die Schwerpunkte lagen fortan auf den Gebieten des Rechnungs- und Finanzwesens, und dies war damals (ab 1920) und ist auch bis heute der Kern dessen, was man mit der Bezeichnung **Allgemeine Betriebswirtschaftslehre** verbindet. So „allgemein" wie ihre Bezeichnung war sie in Wirklichkeit jedoch nicht, denn unausgesprochen ging es im Grunde primär um den Industriebetrieb.

Der Ausweitung anderer Wirtschaftsbereiche wie Banken, Versicherungen, Verkehr und deren jeweils sehr unterschiedlichen Fragestellungen wurde dadurch Rechnung getragen, daß etwa zu Beginn des 20. Jh. in Forschung und Lehre der „allgemeinen" Betriebswirtschaftslehre eine Reihe von sog. **Einzelwirtschaftslehren** zur Seite gestellt wurde. Damit war ein erster Weg zur heutigen Spezialisierung innerhalb des Fachs beschritten.

2. Handelsbetriebslehre als Einzelwirtschaftslehre

Die Fortsetzung der wissenschaftlichen Entwicklung auf dem hier besonders interessierenden Gebiet des Handels im Sinne einer „Einzelwirtschaftslehre" ist vor allem durch Johann Friedrich **Schär** geleistet worden. Sein Hauptwerk „Die Handelsbetriebslehre" (1911) gab dem Fach seine auch heute noch gültige (akademische) Bezeichnung. Er grenzte sie endgültig von den „Fächern" wie Buchhaltung, Kalkulation, Handelskorrespondenz ab und versuchte, wissenschaftlich-generalisierende Einsichten für eine erfolgreiche Handelstätigkeit zu gewinnen.

Der weitere Ausbau der Handelsbetriebslehre war im wesentlichen das Werk von drei Wissenschaftlern: Josef **Hellauer** befaßte sich in seiner Arbeit „System der Welthandelslehre" (1919) mit den Entwicklungsbedingungen des internationalen Handels, der Organisation des Export-

und Importhandels, ferner den Kaufverträgen, ihren Konditionen und den ihnen zugrundeliegenden Handelsbräuchen. Hingegen widmete sich Julius **Hirsch** in „Der moderne Handel, seine Organisation und Form und die staatliche Binnenhandelspolitik" (1918) der Analyse der institutionellen Seite des Handels. Somit weist dieses Werk weitgehend die Züge einer Handelsstrukturlehre auf. Die Bedeutung von Karl **Oberparleiter** liegt vor allem in seinem Bemühen, den Handel in funktioneller Hinsicht zu untersuchen. Seine „Funktionen und Risiken des Warenhandels" (1930) öffneten den Blick zu einem besseren Verständnis der Probleme der Handelsfunktionen, der Handelsspannen und -kosten sowie der Handelsrisiken.

Diese drei Standardwerke zum Handels**verkehr,** zur Handels**struktur** und zum Handels**prozeß** bilden also gleichsam das Fundament des Fachs.

In den fünfziger Jahren wurde die Handelsbetriebslehre in der Bundesrepublik Deutschland vor allem von dem Kölner Ordinarius Rudolf Seÿffert nachhaltig geprägt. Seine stark deskriptiven und enzyklopädienhaften Arbeiten waren teilweise auch Vorbild für seine zahlreichen Schüler, die als Hochschullehrer auf dem Gebiet der Handelsforschung tätig waren oder noch tätig sind. Dazu zählen u. a. Robert Nieschlag (München), Edmund Sundhoff (Köln), Hans Buddeberg (Saarbrücken), Fritz Klein-Blenkers (Köln) sowie Bruno Tietz (Saarbrücken). Noch auf R. Seÿffert geht auch das Institut für Handelsforschung (Univ. Köln) zurück. Weitere Zentren der deutsch-sprachigen Handelsforschung sind in Berlin (Forschungsstelle für den Handel (FfH) e. V.), in Saarbrücken (Handelsinstitut an der Universität des Saarlandes), an der Universität Münster (Institut für Handelsmanagement IfHM), an der Wirtschaftsuniversität Wien (Institut für Handelsforschung) und an der Hochschule St. Gallen (Schweizerisches Institut für gewerbliche Wirtschaft (IGW). Von den außeruniversitären Instituten sind insbesondere die Betriebswirtschaftliche Beratungsstelle für den Einzelhandel (BBE) in Köln und das Deutsche Handelsinstitut Köln (DHI) e. V. zu nennen.

Bereits nach dem ersten Weltkrieg zeichnete sich ab, daß statt der institutionellen die **funktionale** Fachuntergliederung der Betriebswirtschaftslehre üblich werden würde.

Spätestens nach dem zweiten Weltkrieg hatte sich diese endgültig durchgesetzt; gelehrt und erforscht wurde nun Absatz(wirtschaft), später Marketing, Fragen des Handels wurden dabei im wesentlichen nur insoweit behandelt, wie sie im Zusammenhang mit den Vermarktungsaktivitäten der (Markenartikel-)Industrie erforderlich waren. Ausnahmen waren hier weiterhin die oben bereits erwähnten Fachvertreter, wobei sich insbesondere B. Tietz im Laufe der Jahre besonders profilieren konnte.

Entsprechend der zunehmenden Bedeutung des Handels wuchs das einschlägige Schrifttum im Laufe der letzten Jahrzehnte beträchtlich, und zwar weniger das wissenschaftliche, als mehr das unmittelbar praxisbezogene. Spätestens in den achtziger Jahren hat sich das geändert; höhere Ansprüche an Führungsqualitäten im Handel hatten den Bedarf an Betriebswirtschaftlern zur Folge; umgekehrt wurde für diese, die früher bevorzugt in die Industrie oder zu Werbeagenturen drängten, inzwischen auch der Handel ein akzeptabler Arbeitgeber. Das Universitäts-, aber auch Fachhochschul-Angebot ist mittlerweile diesem Trend gefolgt, auch wenn sich, zumindest an den deutschen Universitäten, die speziellen Handelslehrstühle derzeit noch auf weniger als ein Dutzend belaufen.

3. Methodische Ansätze zur Handelsforschung

3.1 Katalogartiger Überblick

Im folgenden werden in katalogartiger Kürze die vielfältigen Untersuchungsansätze aufgeführt, die im Rahmen der Handelsforschung bisher zur Anwendung kamen. Im Grunde geht es dabei jeweils um eine bestimmte Blickrichtung, unter der das Thema „Handel" in Gänze oder auch nur in Teilen wissenschaftlich bearbeitet wird. Die wichtigsten Ansätze werden anschließend kurz erläutert:
- institutional
- funktional
- warenanalytisch
- entscheidungs-(aktions-)analytisch
- morphologisch
- katallaktisch
- klassifikatorisch(typologisch)
- organisch-ganzheitlich
- ordnungstheoretisch
- ethisch-normativ
- transaktionskosten-analytisch
- historisch-soziologisch
- mathematisch
- demoskopisch
- juristisch

Die Vielfalt der Forschungsansätze zeigt, daß der Erkenntnisfortschritt auf zahlreichen Wegen gesucht wird. Insbesondere an der modernen Fachzeitschriftenliteratur wird die Spezialisierung deutlich, denn Absatzwirtschaftler, Kostenrechner und Organisationsfachleute liefern hier ebenso Beiträge wie Wettbewerbsrechtler, Datenverarbeiter, Marktforscher und Logistiker. Dabei liegen die Akzente heute verstärkt auf dem unmittelbaren Anwendungsbezug, während man früher – zumindest in der universitären Lehre – dann besonders beeindruckt war, wenn ein einziger Ansatz konsequent dargeboten und durchgehalten wurde. Solches gab Anlaß für die Bildung von „Schulen", die heute insofern als überholt gelten, als sie letztendlich doch immer nur eine einseitige Sicht boten. Insbesondere bei Gesamtdarstellungen – etwa einer Einzelhandelsbetriebslehre – werden mittlerweile entscheidungsorientierte Werke bevorzugt, welche alle einschlägigen Teilbereiche jeweils möglichst problemlösungsbezogen abhandeln.

3.2 Skizzierung der wesentlichsten methodischen Ansätze

Wie bereits erwähnt, ist der **institutionale Ansatz** die älteste Vorgehensweise. Ausgangspunkt sind also die betrieblichen Erscheinungsformen des Handels. Sie werden zunächst beschrieben, dann klassifiziert oder typologisiert (statisch-deskriptive Institutionsanalyse). Da die Ergebnisse derartiger Analysen aufgrund des Wandels im Handel natürlich veralten, hat sich eine andere Richtung der Institutionslehre gerade dieses dynamischen Aspektes der Entwicklung von Betriebs- und Integrationsformen angenommen.

Beim **funktionalen Ansatz** hingegen wird untersucht, welche Anforderungen der Markt stellt, und welche Handelsleistungen nach Art und Umfang demnach erbracht werden müssen. „Funktionen" werden in diesem Zusammenhang nicht kausal, sondern final interpretiert. Funktionen können dabei in makroökonomischer Sicht als gesamtwirtschaftliche Aufgaben aufgefaßt werden, die zur Überwindung von Spannungen zwischen Produktion und Verwendung zu lösen sind; aus mikroökonomischer Perspektive werden dagegen in den Funktionen mehr die einzelbetrieblichen Ausprägungen dieser Aufgaben betrachtet. Der funktionale Ansatz ermöglicht also eine ordnende und klärende Durchdringung des marktlichen Tätigkeitsfeldes der Unternehmen.

Die zahlreichen Funktionskonzepte unterscheiden sich durch ihren Differnzierungsgrad, durch die Sichtweise, nämlich mehr gesamtwirtschaftlich oder mehr einzelbetrieblich orientiert, und durch den methodischen Ansatz ihrer Gewinnung. Ihre konkrete Anwendung liegt dabei im wesentlichen in der Aufgabenanalyse, weniger im Instrumentaleinsatz.

Beim **warenanalytischen Ansatz** wird primär davon ausgegangen, daß die Waren selbst unterschiedliche Anforderungen an die zu leistenden Absatzaufgaben stellen. Hier wird also die Problematik untersucht, welche Wareneigenschaften in welcher Weise die Vermarktungsprozesse bedingen. Das führt zwangsläufig zu spezifischen Absatzlehren für verschiedene Warenarten. Infolgedessen haben Untersuchungen dieser Art mangels Generalisierbarkeit der Ergebnisse nur eine beschränkte Aussagefähigkeit. Dieser Mangel wird durch ein warentypologisches Vorgehen gemildert, mit dem versucht wird, durch eine abstrahierende Zusammenfassung problemrelevanter Warenmerkmale eine Anzahl „typischer" Absatzkonstellationen zu gewinnen.

Die Aufgabe der Wissenschaft besteht bekanntlich nicht nur in der Ordnung der realen Erscheinungen und der Erklärung der Zusammenhänge, sondern auch in der Gestaltung der Wirklichkeit. Der **entscheidungsorientierte (aktionsanalytische) Ansatz** geht daher der Frage nach, welche Handlungsmöglichkeiten eine Unternehmung im gegebenen Umfeld überhaupt hat, und welche Alternative zieladäquat ist. Dieser pragmatische Ansatz des „how to ..." ist bekanntlich sehr aktuell geworden, weil es in der Praxis nicht ums „Philosophieren", sondern ums Problemlösen geht. Die situationsbedingte Vordergründigkeit von Fall-Lösungen läßt allerdings leicht vergessen, daß diese ohne Kenntnis der generellen Zusammenhänge auch nur Stückwerk bleiben.

4. Einzelhandelstheorien

4.1 Wesen

Ziel einer jeden Wissenschaft ist die systematische Erkenntnisgewinnung von bisher noch nicht Gewußtem bzw. noch nicht Erklärbarem.

Am Anfang solchen Bemühens steht – speziell in sog. Erfahrungswissenschaften – dabei stets das Registrieren, Beschreiben und Klassifizieren der tatsächlichen Sachverhalte.

Darauf aufbauend wird mit Hilfe von Theorien versucht, unter Loslösung von den Einzelerscheinungen – also auf einer höheren Abstraktionsebene – Begründungen für deren Existenz und deren Veränderungen zu liefern, und zwar eben solche, die generelle Aussagekraft haben. Durch solche „Wenn-dann-Aussagen" werden Sachverhalte also erklärbar und im Prinzip auch prognostizierbar.

Je komplexer dabei die Begründungszusammenhänge sind, und je weniger naturgesetzlichen Charakter sie haben, um so schwieriger ist es, solche generell gültigen Erklärungen zu finden. Das ist z. B. auch die Ursache für die Theorienarmut im gesamten Bereich der Betriebswirtschaftslehre.

Auch die Handelswissenschaft begann mit solchen Beschreibungen und Klassifizierungen der Handelsszene und der Darstellung der Positionen und Funktionen der einzelnen Betriebsformen im Rahmen der Distribution. Bald wurde jedoch auch nach übergreifenden, generalisierenden Aussagen gesucht, durch die man das Einzelhandelsgeschehen im Gesamtzusammenhang zu erklären und zukünftige Entwicklungen zu prognostizieren versuchte (vgl. dazu ausführlich Gümbel R.).

Wie stets im Aufbaustadium einer Wissenschaft, war auch hier das

Bemühen um eine Theoretisierung des Fachs unverkennbar; z. T. wurde solches initiiert vom Streben der Beteiligten nach „höheren Einsichten" und „höheren Weihen", z. T. war es Ausfluß einer mitunter naiven Hoffnung auf eine möglichst alles umfassende Erklärung der Wirkungszusammenhänge.

Aber auch die Beantwortung vieler Teilaspekte macht Schwierigkeiten. Beispielsweise wird die Entwicklung von Prognosen durch die Vielzahl von politischen, gesellschaftlichen, rechtlichen, technologischen und wirtschaftlichen Rahmenbedingungen erschwert, die auf die Handelsbetriebe selbst und ebenso auf ihre Beschaffungs- und Absatzmärkte einwirken und ihrerseits einem ständigen Wandel unterliegen.

Im Rahmen des Fachs interessieren natürlich primär Fragen aus einzelwirtschaftlicher Sicht. Die einschlägigen Theorienansätze konzentrieren sich deshalb im wesentlichen auf das Zustandekommen von Betriebsformen und deren unterschiedliche Entwicklung sowie ferner auf die Begründung der Betriebsformenvielfalt.

4.2 Einzelne Ansätze

Erste Versuche, die Entwicklung von Betriebsformen gesetzmäßig zu formulieren, wurden von McNair (1931) mit dem „wheel of retailing" und von Nieschlag (1954) mit der „Dynamik der Betriebsformen" unternommen. Diese sog. **Verdrängungstheorien** gehen davon aus, daß neue Betriebsformen preisaggressiv am Markt auftreten und damit die Aufmerksamkeit der Konsumenten erwecken. Im Laufe der Zeit nimmt die Attraktivität der Betriebsformen jedoch ab, es wird ein trading-up von Sortiment und Qualität begonnen, wodurch die ehemaligen Innovatoren zunehmend verletzbar durch neue, preisaggressive Markteinsteiger werden. Schließlich besitzen die ehemaligen Innovatoren nicht mehr genügend Ideenreichtum und unternehmerische Energie und gleichen sich den etablierten Betriebsformen an (= Assimilation). Eine neue Betriebsform tritt dann wiederum preisaggressiv auf. Eine von den Grundlagen her ähnliche Argumentation wurde in der **Marktlückentheorie** von Woll entwickelt.

Es lassen sich in der Geschichte des Handels aber genügend Beispiele finden, die diesen Theorien widersprechen. Weder begannen alle innovativen Betriebsformen (z. B. Boutiquen) mit Niedrigpreisen, noch betrieben bzw. betreiben alle Niedrigpreis-Anbieter ein trading-up. Eine besonders große Zahl solcher „nonconforming examples" läßt sich in Schwellen- und Entwicklungsländern finden. Der von den Verdrängungstheorien beschriebene Entwicklungsverlauf kann also weder als gesetzmäßig noch als interkulturell gültig bezeichnet werden. Es handelt sich vielmehr um die Beschreibung eines besonders in westlichen Industrienationen häufig beobachtbaren Phänomens.

Die sog. **Lebenszyklus-Theorien** basieren auf einer gewissen Zwangsläufigkeit des Werdens und Vergehens sozialer Gebilde in Analogie zu biologischen Abläufen. Nachdem eine Betriebsform sich mit deutlichen Wettbewerbsvorteilen am Markt durchgesetzt und schließlich ein schnelles Wachstum eingesetzt hat, beginnt ein Veralterungs- und Verschleißprozeß, der zum Niedergang der Betriebsform führt. Solche Verläufe lassen sich zwar feststellen, allerdings scheinen Aussagen über die Dauer der einzelnen Zyklusphasen sowie des Gesamtzyklus kaum möglich. Darüber hinaus beeinflussen Umweltveränderungen den Lebenszyklus von Betriebsformen deutlich, wie die Unterbrechung der Wachstumsphase des Supermarktes in den USA durch den zweiten Weltkrieg beweist.

Die **Anpassungstheorie** Mosers (1974) versteht den Handel als adaptives, soziales System und versucht Wandlungsprozesse mit Hilfe der Kybernetik zu erklären. Das System Handel kann nur überleben, wenn es gelingt, Umweltveränderungen (es werden die Umweltsegmente Konsumenten, Produzenten und Staat unterschieden) frühzeitig zu erkennen und die betriebliche Struktur schnell an diese Veränderungen anzupassen. Die Entstehung neuer Betriebsformen wird mit der Übertragung amerikanischer Betriebsformen auf den bundesdeutschen Markt mit einem time-lag erklärt.

Mit dem **ganzheitlichen Ansatz** wurde von Glöckner-Holme (1988) versucht, die Erklärungsaspekte der bekannten Theorien in einem Modell zu integrieren. Die generelle Umwelt (Gesellschaft, Politik, gesetzliche Regelungen, Wirtschaft, Technologie und Ökologie) bestimmt danach den Bezugsrahmen wirtschaftlichen Handelns. Die Marktpartner des Handels (Marktpartner, Konkurrenten und Marktbeeinflusser auf der Beschaffungsseite) beeinflussen sich gegenseitig, zusammen mit den betriebsinternen Faktoren (Motivation, betriebliche Rahmenstruktur).

Die über eine Beschreibung möglicher Bestimmungsfaktoren hinausgehende Aufdeckung der Zusammenhänge bleibt bei den Ansätzen von Moser und Glöckner-Holme gering. Insbesondere erleichtern solche ganzheitlichen Ansätze aufgrund ihrer Komplexität speziell zukunftsbezogene Aussagen natürlich nicht.

Der Versuch, die Betriebsformenentwicklung als Ergebnis der **Polarisierung** zwischen Grund- und Zusatznutzen und damit zwischen Erlebnishandel und Discountvertrieb zu erklären, trägt einige interessante neue Aspekte zum Verständnis der derzeitigen Handelssituation (Ausdünnung der Mittelpreisanbieter) bei. Dieser Ansatz wurde allerdings noch nicht explizit als Theorie formuliert.

Während es den genannten Theorien gelingt, in die Ursachen der Entstehung und Veränderung von Betriebsformen einzudringen, werden häufig auch Theorien mit wesentlich geringerer Argumentationstiefe zur Erklärung der Betriebsformenentwicklung herangezogen.

Galbraith (1952) versuchte mit der **Theorie der Gegenmacht** die Entwicklung von Betriebsformen als Gegenpol zur Vermachtung der Industrieunternehmen zu erklären. Diese Argumentation kann aber allenfalls für Großbetriebsformen herangezogen werden; die Anwendbarkeit für den Handel wurde von Galbraith selbst später deutlich eingeschränkt.

Auch der Versuch, die Strukturwandlungen im Handel mit Hilfe einer **Modellanalyse** zu erklären, kann aus der Sicht der Handelsbetriebslehre als gescheitert bezeichnet werden. Der von Wilke (1970) entwickelte Ansatz kann weder als Entscheidungshilfe für die Handelspraxis dienen, noch als ausreichend exakte Beschreibung der Realität bezeichnet werden.

Mit dem **General-Specific-General-Zyklus** wird die tendenzielle zyklische Veränderung der Handelslandschaft von Betriebsformen mit breiten flachen Sortimenten zu schmalen und tiefen Sortimenten beschrieben. Es handelt sich hierbei um eine Tendenzaussage, an der zu kritisieren ist, daß weder über die Dauer der Phasen noch über die Ursachen der Verlagerung generelle Aussagen gemacht werden.

Der Versuch, die Handelsentwicklung auf noch abstrakterem Niveau als **dialektischen Prozeß** (aus einer These und einer als Negation entwickelten Antithese entwickelt sich eine Synthese) zu erklären, scheitert an der Annahme, die Betriebsformenentwicklung sei völlig umweltabhängig.

Gleiches gilt für die Anwendung von biologischen Analogien. Die **Anpassungstheorie** Darwins scheint auf Wirtschaftsprozesse kaum anwendbar. Die aktive, zielgerichete Anpassung im Sinne Lamarcks ist mit dem Handeln von Einzelwirtschaften zwar eher vergleichbar, der Forderung nach Erhöhung der Erkenntnis und des Verständnisses für Realität wird aber auch dieser Ansatz kaum gerecht.

Die vorausgegangenen Aussagen zeigen zur Genüge die Grenzen generalisierender Aussagen. Eine differenzierte Betrachtung der bisherigen Handelsentwicklung zeigt, daß jede der genannten Theorien geeignet ist, bestimmte Aspekte der Handelsentwicklung zu beleuchten. Eine Theorie, die übergreifend zur Erklärung aller Entwicklungen im Handel herangezogen werden kann, existiert jedoch nicht.

In der Darstellung 2 sind die Theorieansätze noch einmal in einer gewissen Systematik zusammengefaßt.

B. Historischer Überblick

Darstellung 2: Systematisierung der Ansätze zur Erklärung der Entstehung und Veränderung von Betriebsformen im Handel

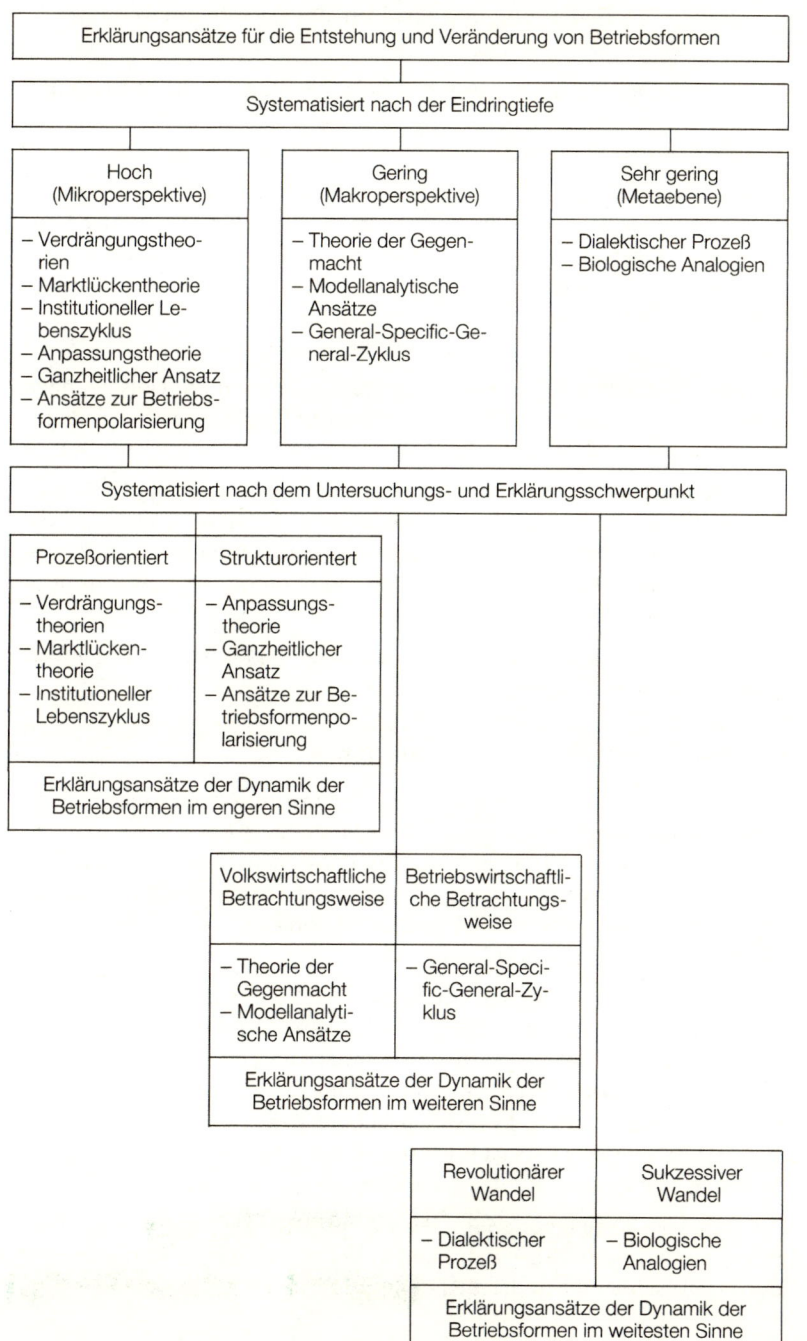

C. Bedeutung und Struktur des Einzelhandels

I. Der Einzelhandel als Wirtschaftszweig – Stellung in der Wirtschaft

Von der Historie und der Theorie nun zu den Fakten unserer Tage.

In diesem Kapitel wird in gedrängter Form an Hand von Zahlen und Graphiken ein Überblick über die Bedeutung des Einzelhandels in der Bundesrepublik Deutschland gegeben. Aus der Vielzahl der vorhandenen und z. T. leider auch widersprüchlichen Angaben wurden diejenigen ausgewählt, die dem Leser wohl am plastischsten die Größenverhältnisse nicht nur vermitteln, sondern auch im Gedächtnis behalten lassen.

Der Einzelhandel ist in der Bundesrepublik, gemessen am Umsatz, nach der Industrie und dem Großhandel der drittgrößte Wirtschaftszweig. Innerhalb der letzten Jahrzehnte hat sich seine Struktur sehr stark verändert.

Der zunehmende Wettbewerb, starke Unternehmens- und Umsatzkonzentrationen, Verschiebungen zwischen Branchen-, Betriebs- und Angebotsformen, Veränderungen im Standortgefüge u. ä. hatten ständige Veränderungen in der gesamten Distribution und damit auch beim institutionellen Einzelhandel zur Folge.

Diese Entwicklung soll im folgenden anhand vergleichender Daten verdeutlicht werden.

1. Umsatz, Unternehmen und Konzentration

Über die letzten Jahrzehnte hinweg ist der institutionelle Einzelhandelsumsatz kontinuierlich gewachsen. Die Darstellung 3 (S. 23) verdeutlicht die Entwicklung seit 1970. Im Jahre 1990 flossen mehr als 700 Mrd. DM in die Kassen des westdeutschen Einzelhandels. Ohne den Kfz-, Brenn-, Kraft- und Schmierstoffhandel und die Apotheken (= EH im engeren Sinne) waren es knapp 600 Mrd. DM.

Durch die Wiedervereinigung wuchs die Bevölkerung in der Bundesrepublik um ca. 15,6 Mio. auf insgesamt 81,3 Mio. Einwohner (davon 76,9 Mio. Deutsche). Dementsprechend veränderten sich auch die Einzelhandelsumsätze, zusätzlich vermehrt um die Einkäufe der Bürger aus den östlichen Anrainer-Staaten. In Ostdeutschland wurden 1993 120 bis 130 Mrd. DM umgesetzt (das ist etwa soviel wie 1989 in der DDR in deren Währung); in Westdeutschland waren es 1993 etwa 760 Mrd. DM.

Der Anteil des Einzelhandelsumsatzes am privaten Verbrauch (= alle Ausgaben der Haushalte, also incl. Mieten, Versicherungen, sonstige Dienstleistungen) schwankt in der BRD um die 50% mit leicht fallender Ten-

C. Bedeutung und Struktur des Einzelhandels

Darstellung 3: Nominale Umsatzentwicklung im deutschen Einzelhandel 1970–1993

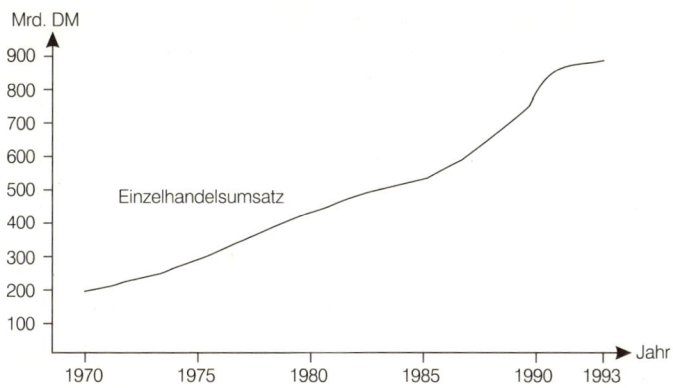

denz. An diesem Volumen partizipieren die verschiedenen Einzelhandelsbranchen natürlich sehr unterschiedlich. Ferner kommt es zu Anteils-Verschiebungen auf Grund von Einkommens-, Preis- und/oder Bedarfsänderungen. So liegen die Ausgaben-Anteile für Nahrungs- und Genußmittel in Westdeutschland inzwischen bei nur noch 20%, in der ehemaligen DDR waren sie dagegen etwa doppelt so hoch.

Aus Einzelhandels-Sicht ist es also immer ungünstig, wenn die eigene Branche – u. U. trotz Umsatzsteigerungen – bei steigenden Haushaltseinkommen nicht mitwächst, also Marktanteile verliert.

Der Anteil des privaten Verbrauchs am Bruttosozialprodukt liegt bei etwa 50%.

Überschlägig betrachtet, ergeben sich demnach folgende Relationen:
– Bruttosozialprodukt (= 100%)
– davon privater Verbrauch ca. 50%
– davon wiederum Einzelhandelsumsatz ca. 50%

Die Zahl der Einzelhandelsunternehmen ist während der siebziger Jahre kontinuierlich abgesunken. Besonders dramatisch verlief dieser Rückgang im Lebensmittelbereich. Hier nahm die Zahl während dieser Dekade um über 50 000 Geschäfte ab, das entspricht einem Rückgang von mehr als 30%. Während der achtziger Jahre war die Zahl jener Geschäfte weiterhin abgesunken, wenn auch nicht mehr ganz so dramatisch; dennoch stieg die Zahl der gesamten Einzelhandelsunternehmen leicht an. In der Umsatzsteuerstatistik für 1990 wurden rund 400 000 Einzelhandelsunternehmen in Westdeutschland gezählt. Um 20–25% höher liegt – wegen der Filialunternehmen – die Anzahl der Einzelhandels-Verkaufsstellen.

In der ehemaligen DDR existierten im gleichen Jahr übrigens rund 75 000

Verkaufsstellen. Davon besaßen etwa 9/10 weniger als 100 qm Verkaufsfläche.

Die amtliche Statistik unterteilt den gesamten Einzelhandel in neun übergeordnete Kategorien mit nicht weniger als insgesamt 82 **Branchen**. Das ergäbe rechnerisch einen Durchschnitt von ca. 6000 Verkaufsstätten pro Branche, in Wirklichkeit reicht die Spanne jedoch von etwa 550 Gartencenter bis zu rund 77 000 Lebensmitteloutlets.

Die Umsatzsteuerstatistik wird häufig zur Darstellung der **Konzentration** in einer Branche bzw. einem Wirtschaftszweig herangezogen. Die Darstellung 4 zeigt eine solche Auswertung für den Einzelhandel.

Darstellung 4: Einzelhandelsumsatz nach Umsatzgrößenklassen in der Bundesrepublik Deutschland (West) 1990

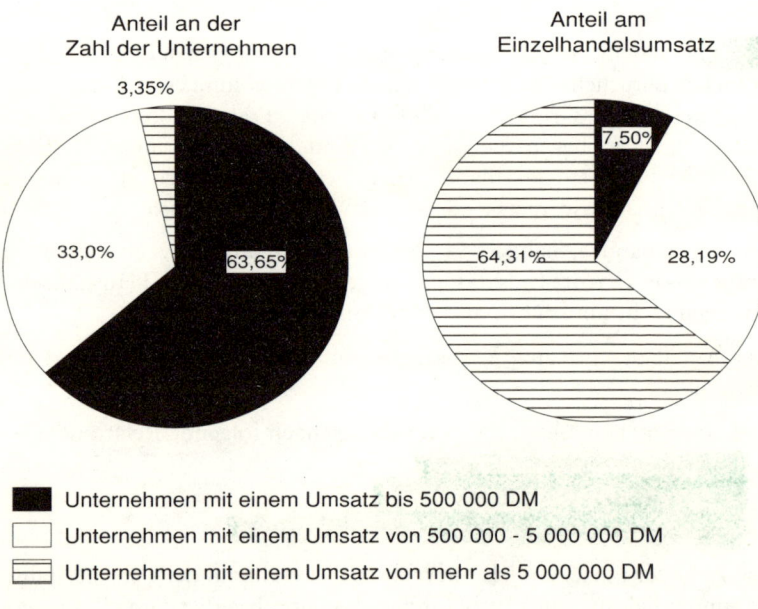

Deutlich zu erkennen ist die große Anzahl kleinerer Einzelhandelsunternehmen mit geringen Umsätzen. So erzielen knapp 2/3 aller Unternehmen lediglich 7,5% des gesamten Einzelhandelsumsatzes. Auf der anderen Seite erwirtschaften nur 3,35% aller Unternehmen fast 2/3 des Gesamtumsatzes. Speziell im Lebensmittelhandel sind die Relationen noch drastischer; hier bestreiten allein die 10 Größten gut 60% des Umsatzes.

Unverkennbar zeigt sich die strukturpolitische Brisanz der Unternehmenskonzentration im Einzelhandel auch daran, daß ca. 190 000 der in der Statistik aufgeführten Unternehmen einen Umsatz von unter 250 000 DM p.a. tätigen und damit unterhalb des betriebswirtschaftlichen Existenzminimums liegen.

Wie sich die stetig fortschreitende Umsatzkonzentration im Einzelhandel graphisch verdeutlichen läßt, zeigt Darstellung 5.

Darstellung 5: Entwicklung der Umsatzkonzentration im Einzelhandel

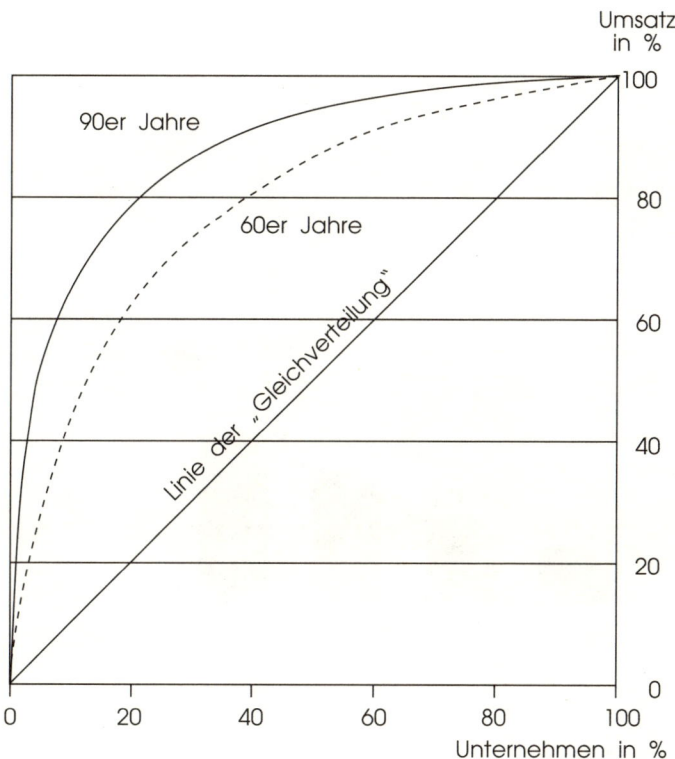

Während in Westdeutschland das Ladensterben im Lebensmittelhandel ziemlich abgeschlossen sein dürfte und sich die Zahl der Verkaufsstellen auf gut 60 000 einpendelt, dürften viele der noch 18 000 outlets in Ostdeutschland die nächsten Jahre nicht überleben. Erstaunlich ist demgegenüber die Zunahme von Neugründungen von (Klein-)Betrieben in zahlreichen anderen Branchen.

2. Beschäftigte

Stark zugenommen hat im betrachteten Zeitraum die Zahl der Beschäftigten. Dies ist jedoch ausschließlich auf die starke Zunahme der Teilzeitbeschäftigten zurückzuführen. Deren Zahl hat sich zwischen 1960 und 1990 weit mehr als vervierfacht. Die Zahl der Vollzeitbeschäftigten ist hingegen um 130 000 gesunken. Von den insgesamt etwa 2,7 Mio. Beschäftigten in Westdeutschland arbeitet also mittlerweile rund ein Drittel als Teilzeitkraft. In der DDR gab es vor der Wende fast 400 000 Beschäftigte im Einzelhandel.

Darstellung 6: Beschäftigte im Einzelhandel in der Bundesrepublik Deutschland (West) 1960–1990

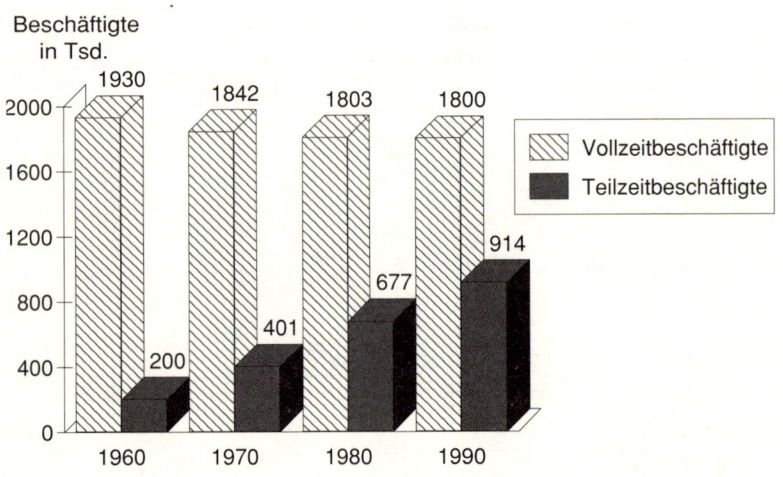

3. Verkaufsfläche

Die Einzelhandels-Verkaufsfläche ist allein zwischen 1965 und 1985 auf mehr als das Zweifache angestiegen. 1984 waren es bereits weit mehr als 60 Mio. Quadratmeter, wobei an den Zuwächsen vor allem die Verbrauchermärkte und SB-Warenhäuser beteiligt waren (vgl. Darst. 7).

Die Darstellung zeigt auch deutlich die starke Zunahme der Flächenproduktivität; während im betrachteten Zeitraum die Verkaufsfläche um knapp über 100% anstieg, hat sich der Umsatz (nominal) fast vervierfacht.

C. Bedeutung und Struktur des Einzelhandels

Darstellung 7: Verkaufsfläche und Marktanteile nach Betriebsformen in der Bundesrepublik Deutschland 1984 im Vergleich zu 1965

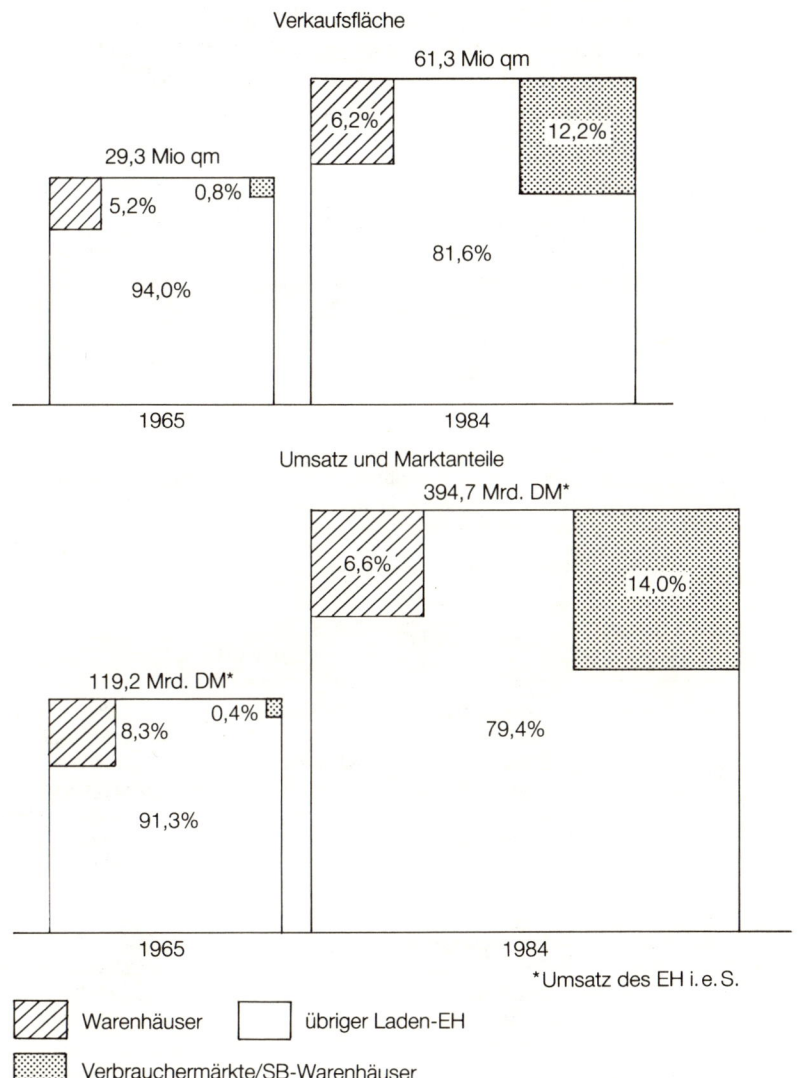

II. Betriebsformen

1. Konstitutive Merkmale

Bekanntlich bietet sich der institutionelle Einzelhandel in z. T. recht unterschiedlichen Erscheinungsformen dar. Es handelt sich dabei um sog. **Betriebsformen**, mitunter auch **Betriebstypen** genannt, wie sie im Grunde jedermann grob zu unterscheiden weiß. Sie sind jeweils durch eine Reihe von Merkmalen bzw. eine bestimmte Merkmalskombination charakterisiert, wie Standort, Sortiment, Preisniveau, Verkaufsfläche etc.

Darstellung 8 enthält eine Auflistung und einfache Klassifikation der bekanntesten Betriebsformen.

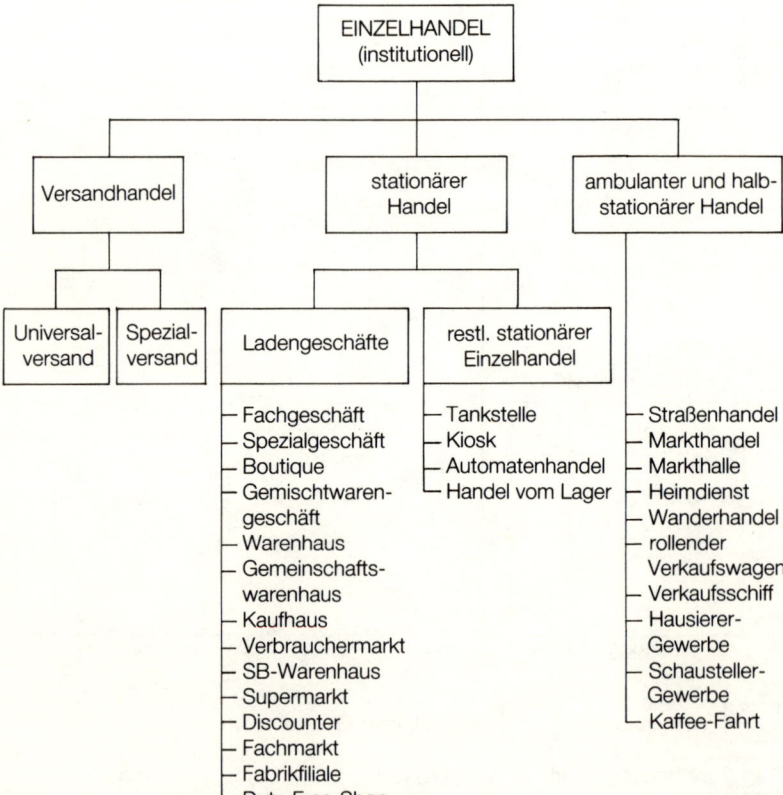

Darstellung 8: Systematik des institutionellen Einzelhandels

Diese Auflistung läßt sich erheblich erweitern; so zählt Schenk z. B. 127 Betriebsformen. Auch die Gleichsetzung von Betriebsform und Betriebstyp wird m. u. als verfeinerungsbedürftig erachtet und etwa folgende Unterscheidung vorgeschlagen ((Drexel): Betriebsform ... z. B. Fachmarkt; Betriebstyp (abstrakt) ... z. B. Baumarkt; Betriebstyp (kompetitiv) ... z. B. OBI-Baumarkt).

Je gröber der Raster, um so leichter gelingen trennscharfe Unterscheidungen, und das heißt umgekehrt, daß – zum Leidwesen insbesondere der Statistiker und Marktforscher – die Übergänge nach unten immer fließender und die Trennungen immer willkürlicher werden, insbesondere wenn Größenangaben (z. B. bis 1000 qm/über 1000 qm Verkaufsfläche) zur weiteren Unterscheidung dienen.

Diese Schwierigkeiten beruhen auf der Tatsache, daß die Unternehmer ihre Betriebe nicht nach den Wünschen der Statistiker oder Wissenschaftler ausrichten, sondern nach den marktlichen Erfordernissen, und das vielfach sogar mit dem Ziel, neuartige Betriebsformen zu bilden. Und im übrigen nehmen sie es mit den gewählten Bezeichnungen auch nicht sehr genau, bedienen sich vielmehr solcher am liebsten, die ihnen vom Niveau her eigentlich (noch) nicht zukommen.

Die maßgebenden Betriebstypenbeschreibungen sind im Katalog E (Ausschuß für Begriffsdefinitionen aus der Handels- und Absatzwirtschaft) festgeschrieben worden. Im folgenden seien drei Beispiele zur Veranschaulichung angeführt:

Ein **Warenhaus** ist ein Einzelhandelsgroßbetrieb, der in verkehrsgünstiger Geschäftslage Waren aus zahlreichen Branchen – Hauptrichtungen: Bekleidung, Textilien, Hausrat, Wohnbedarf sowie Nahrungs- und Genußmittel – anbietet und auch einen Gastronomiebetrieb umfaßt. Der Verkauf erfolgt überwiegend mit Kundenvorwahl, aber auch mit Bedienung und Selbstbedienung.

Ein **Verbrauchermarkt** ist (soweit nicht Discounter) ein großflächiger Einzelhandelsbetrieb mit mindestens 1500 qm (ab 1994 mindestens 800 qm) Verkaufsfläche, der vor allem Nahrungs- und Genußmittel, darunter auch Frischwaren anbietet und ergänzend als Randsortiment Waren anderer Branchen (Nonfood) führt, die für Selbstbedienung geeignet sind. Verbrauchermärkte befinden sich häufig in Stadtrandlagen und verfügen über weiträumige Kundenparkplätze.

Der **Fachmarkt** ist ein branchenbestimmtes, großflächiges Einzelhandelsgeschäft mit einem breiten und tiefen Sortiment. Selbstbedienung herrscht vor, jedoch werden den Kunden auf Wunsch auch Beratung und Bedienung angeboten.

Auch die Unterscheidung zwischen Fachmarkt und Fachgeschäft macht Probleme, denn in der Praxis wird der Begriff „**Fachhandel**" oft übergreifend verwendet, ohne dessen Charakter genauer zu definieren. Um hier zu einer inhaltlichen Abgrenzung des „Fach(handels)"-Begriffs zu gelangen, muß man sich zunächst vom institutionellen Vorstellungsbild lösen und eine funktionale Sichtweise wählen. Dazu sind zunächst jene Funktionen (Funktionalbereiche) zu suchen bzw. zu bestimmen, die den „Fach"-Charakter determinieren. Erst aufgrund eines solchen funktionalen „Fach"-Verständnisses kann die Frage gestellt werden, welcher der bestehenden (und denkbaren) Institutionen eine derartige „Fachhandels"-Funktion zuzubilligen ist. Eine Beantwortung dieser Frage sollte sinnvollerweise anhand eines Merkmalskataloges, wie er in Darstellung 9 gezeigt wird, erfolgen.

Darstellung 9: Anforderungskatalog „Fachhandel"

Sortiment	Service	Verkaufsatmosphäre	Standort
– Schwerpunktsortiment – Vollständigkeit im Kernsortiment, das hohen Auswahlansprüchen gerecht wird – Qualitativ hochwertiges Sortimentsniveau – Überwiegend beratungsintensive Waren – Hohe Aktualität und damit auch Flexibilität in der Sortimentsgestaltung – Große Auswahl – Umfangreiches Markenangebot – Auf das Kernsortiment abgestimmte Randsortimente	– Fachlich kompetentes und gut geschultes, spezialisiertes Personal – Besondere Bedienungs-/Beratungsleistungen in zeitlicher und qualitativer Hinsicht – Fremdbedienung – Herausragende, verkaufsbegleitende Kundendienstleistungen – „Seriöse" Informationsvermittlung – Umfassende aktuelle Marktkenntnisse	– Sortimentsadäquate, hochwertige Warenpräsentation (Dekoration, Anwendungsmöglichkeiten) – Offene Warenpräsentation mit umfassender Probier- und Testmöglichkeit – Angenehmes Ambiente – Klare, übersichtliche Themengliederung innerhalb des Verkaufsraumes – Anspruchsvolle Gestaltung der Ladenausstattung – Angenehme Verkaufsatmosphäre wird nach außen projiziert	– Gewachsene Standorte in Innenstädten und/oder in vorstädtischen Geschäftsagglomerationsräumen; Ausnahmen bei Großbetrieben mit großvolumigen Warengruppen bei entsprechend attraktiven Angebotsleistungen (Verselbständigung) – Hohe Kundenfrequenz am Ort – 1a- bis 2a-Lagen
▼ Zubilligung von Fachkompetenz durch den Verbraucher			

Entscheidend für die Vorstellung des abstrakten „Fachhandels"-Begriffs ist zunächst die vollständige Kombination all dieser Anforderungskriterien. Ohne diese ist also nicht vom Vorhandensein des Angebotskonzeptes „Fachhandel" auszugehen. Unter Berücksichtigung dieser Erkenntnis-

C. Bedeutung und Struktur des Einzelhandels

se läßt sich der institutionelle „Fachhandel", entwickelt aus einem funktionalen Ansatz, folgendermaßen darstellen:

Darstellung 10: Anwendung des funktionalen „Fachhandels"-Begriffes auf institutionelle Erscheinungsformen

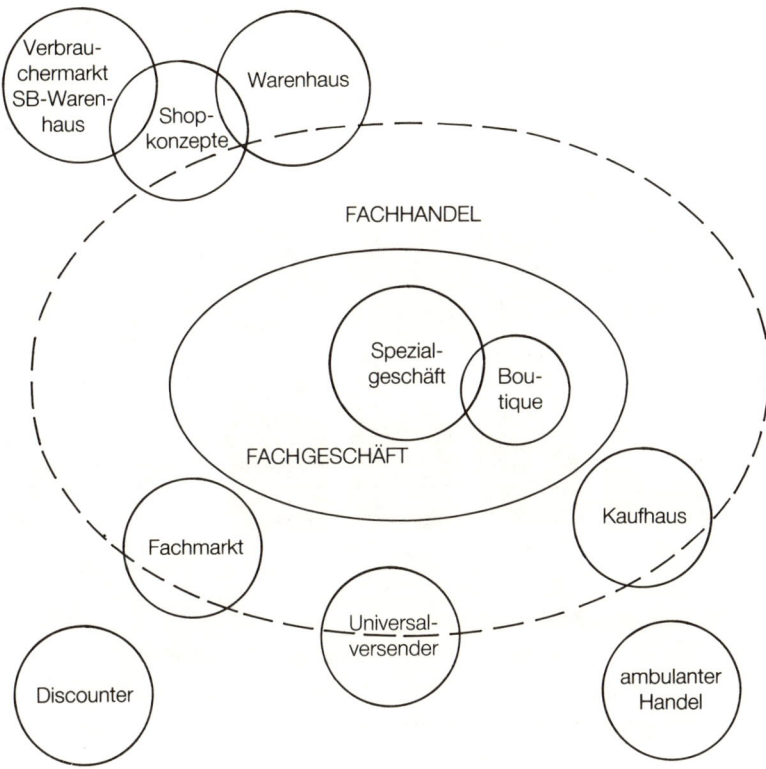

Die hier abgebildete Positionierung der Betriebsformen muß als Modell zur Darstellung des Fachhandels angesehen werden. Aufgrund der Einzigartigkeit jedes Geschäftes und der Vielzahl von Angebotskonzeptionen muß die Überprüfung des „Fachhandels"-Charakters individuell erfolgen.

1. Kapitel: Grundlagen

2. Marktanteile der Betriebsformen

Die unterschiedliche Bedeutung der verschiedenen Einzelhandelsbetriebsformen am gesamten Einzelhandelsumsatz verdeutlicht deren wertmäßiger Marktanteil.

Darstellung 11: Marktanteile der Angebotstypen des Einzelhandels in der Bundesrepublik Deutschland [1)]

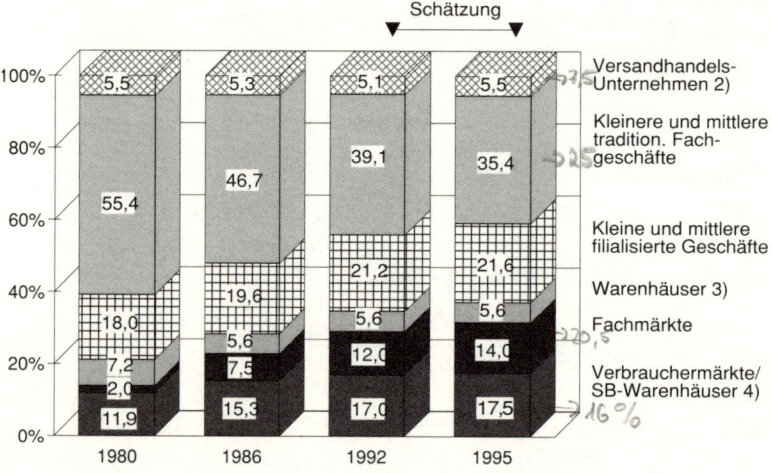

1) Gebiet der alten Bundesländer.
2) Mit dem Gesamtumsatz (einschließlich stationärer Einzelhandel).
3) Nur die vier Warenhausunternehmen (bzw. Konzerne) und Woolworth.
4) Nur Verbrauchermärkte und SB-Warenhäuser mit Lebensmittelabteilungen.

Berechnungen und Schätzungen des Ifo-Instituts anhand von Unterlagen des Statistischen Bundesamtes, Verbänden, Verbundgruppen, Institutionen und Unternehmen.

Quelle: Ifo-Instituts f. Wirtschaftsforschung, Schnelldienst 14/91

Nicht unbeträchtliche Einkaufsvolumina – insbesondere im Nahrungs- und Genußmittelbereich – werden außerhalb der „klassischen" Betriebsformen abgesetzt, und zwar in steigendem Maße. Die Spanne reicht von Landwirten und Winzern über Imbißstuben bishin zu den sog. Kaffeefahrten.

Die nachfolgenen Zahlen (BBE Köln) vermitteln einen hinreichenden Eindruck.

Umsätze 1990 in Mrd. DM (alte Bundesländer)			
Wochenmärkte	20	Verkaufswagen	5
Automatenverkauf	13	Kioske	4
Spezialversand	13	Tiefk.-Heimdienste	3
Tankstellen	10	Sonstige (z. B. Behinderten-	
Ab-Hof-Verkauf	9	werkstätten, Televerkauf)	3

Sollte also die Zukunft im Betriebsformen-Wandel nicht nur vom derzeit allenthalben zu beobachtenden und prognostizierten Wachstum von Fachmärkten und Discountern geprägt sein, sondern vielleicht auch von einer beträchtlichen Vermehrung von Kleinverteilerstellen mit individueller und persönlicher Atmosphäre?

III. Organisations- und Kooperationsformen

Beschaffungs- und absatzwirtschaftliche Ökonomisierungsbestrebungen führten im Einzelhandel zu vielfältigen und vielgestaltigen Organisationsformen. Dabei lassen sich vor allem – einmal abgesehen von der Einzelunternehmung – die Filialunternehmen, die Einkaufsgenossenschaften sowie die freiwilligen Ketten unterscheiden. Um das Bild zu vervollständigen, werden im folgenden außerdem vertragliche Kooperationssysteme zwischen Hersteller und Händler erläutert (vgl. ausführlicher z. B. Zentes).

1. Filialunternehmen

Filialen sind räumlich getrennte, aber zentral geführte und wirtschaftlich unselbständige Verkaufsstellen eines Handelsunternehmens oder Herstellers, d. h. sie stellen – auch im rechtlichen Sinne – integrierte Teile der Absatzorganisation dar.

Vorteile entstehen – analog zu den betriebswirtschaftlichen Vorteilen von Großunternehmen – aus der Zentralisation von Einkauf und Logistik, dem Risikoausgleich durch mehrere Standorte, der kommunikativen Wirksamkeit eines geschlossenen Marktauftritts, des qualifizierteren Managements mit dem direkten Durchgriff auf alle Filialaktivitäten wie Ladengestaltung, Preispolitik, Werbung.

Begonnen hatte die Filialisierung seinerzeit mit Kaffee und Konfitüren, bald darauf auch in den Bereichen Lebensmittel, Schuhe und Tabakwaren. Auch die damaligen Konsum-Genossenschaften waren ja filialmäßig organisiert, ebenso die Warenhaus-Konzerne. Mittlerweile sind nahezu alle Branchen und Betriebsformen mit Filialisten durchsetzt, oft spielen sie dort eine dominierende Rolle.

2. Die klassischen Verbundgruppen des Handels

2.1 Einkaufsgenossenschaften

Den Filialisten paroli zu bieten, war seinerzeit Anlaß zur Gründung von Einkaufsgenossenschaften, der „klassischen" Form von Einzelhändler-Kooperationen. Gebündelte Einkaufsvolumina sollten und sollen entsprechende Preisvorteile ergeben und damit konkurrenzfähige Verbraucherpreise gewährleisten. Inzwischen beschränken sich die Genossenschaften, ob es sich nun um EDEKA, REWE, VEDES, INTERFUNK oder EUROPA-Möbel handelt, längst nicht nur mehr auf den gemeinsamen Einkauf, sondern bieten ihren Mitgliedern vielerlei Dienst an, angefangen von der Finanzierung über die Nachwuchsausbildung bis hin zu Betriebs- und Marketingberatung. Zwecks Standortsicherung und/oder Expansion wird zentralseitig mitunter auch das sog. **Eigengeschäft** betrieben, welches dem ursprünglichen Genossenschaftsgedanken eigentlich widerspricht.

Ob nun als Genossenschaft, oder (mittlerweile) oft auch in anderen Rechtsformen organisiert – diese horizontalen Einzelhändler-Kooperationen vereinigen, was die Zahl der Mitglieder, aber auch was die Umsätze angeht, in den einzelnen Branchen oft beträchtliche Anteile auf sich (vgl. Batzer et al., ifo-Untersuchung). Nicht selten teilen sich Branchen auf in eine Gruppe von Top-Händlern, die im Rahmen von Exclusiv-Zirkeln kooperieren, dem Gros der Händler in den traditionellen Verbundgruppen und einem mehr oder weniger großen Rest unorganisierter bzw. unorganisierbarer (Klein-)Händler.

2.2 Freiwillige Ketten

Im Gegensatz zu den Einkaufsgenossenschaften wird eine freiwillige Kette von zwei selbständigen Handelspartnern getragen. Es handelt sich hierbei um eine Form der Kooperation, bei der sich ein sog. **Leitgroßhändler** mit selbständigen **Einzelhändlern** zur gemeinsamen Geschäftstätigkeit unter einem einheitlichen Organisationszeichen zusammenschließt. Die Unterscheidung zu den Genossenschaften liegt also weniger in der Organisation und den Zielen, sie liegt vor allem in der unterschiedlichen Rechtsgrundlage. Wie bei den Genossenschaften, werden auch hier oft nationale und sogar internationale Zentralen gebildet, wie etwa bei der SPAR.

Sowohl bei Einkaufsgenossenschaften als auch bei freiwilligen Ketten rekrutieren sich die Mitglieder aus dem traditionellen mittelständischen

Fachhandel. Ihre Mitgliederstrukturen entsprechen heute vielfach nicht mehr den Wettbewerbsanforderungen, weil zu viele kleine und schwache Betriebe mit durchgezogen werden müssen. Infolgedessen erfolgten nicht nur Selektionsprozesse, sondern man suchte die Marktbehauptung auch auf dem Wege zentralseitig gegründeter und geführter Großbetriebsformen oder durch Zukauf von (Filial-)Unternehmen. Bemerkenswert sind deshalb auch die starken Konzentrations- und Abschmelzungsprozesse gerade in den großen Verbundgruppen des Lebensmittelhandels. So reduzierte sich bei EDEKA, REWE, und SPAR zwischen 1960 und 1990 die Zahl der (Regional-)Zentralen von 375 auf 57 und die der Mitglieder von 67 000 auf 27 400.

2.3 Probleme

Grundsätzlich gilt, daß derjenige, der Kooperationen eingeht, sich davon mehr Vorteile verspricht, als er sich durch die damit verbundene Beschränkung der eigenen Handlungsfreiheit und der Übernahme von Pflichten einhandelt. Aus dieser Polarität „Selbständigkeit contra Solidarität" ergeben sich die gleichsam system-immanenten, typischen Probleme der Verbundgruppen. Das sind vor allem schwierige und zeitaufwendige Entscheidungprozesse, mangelndes Verständnis für langfristige Strategien und mäßige Beteiligung an den zentralseitig initiierten Aktivitäten. Rosinenpicker-, Vollsortiments- und Gebietsschutz-Mentalität u. ä. stellen die gewünschten Synergie- und Kostendegressionseffekte in Frage oder machen sie sogar zunichte.

Je größer die Zahl der Kooperationspartner und – vor allem – je heterogener deren Einstellungs- und Interessenlage, um so größer sind diese Probleme und je mehr wächst die Unzufriedenheit untereinander und gegenüber dem zentralen Kooperations-Management. Infolgedessen kommt es innerhalb solcher Organisationen nicht selten zu Selektions- und Segmentationsprozessen, also etwa zum Herausdrängen der inaktiven Partner und/oder zu Spezialprogrammen bzw. -leistungen für bestimmte (homogenere) Mitgliedergruppen.

3. Das Kontraktmarketing zwischen Hersteller und Händler

Nicht nur zwischen Händlern untereinander, sondern auch zwischen Herstellern und Händlern gibt es eine Reihe von Kooperationsformen, die über die üblichen Lieferanten-Abnehmer-Beziehungen hinausgehen. Mit ihrer Hilfe wird seitens der Hersteller versucht, stärkeren und relativ dauerhafteren Einfluß auf den Handelsbereich zu nehmen. Die damit verbundene Schmälerung der Dispositionsfreiheit der Händler wird von diesen natürlich nur akzeptiert, wenn auch für sie Vorteile aus der Kooperation erwachsen.

3.1 Vertriebsbindung

Vertriebsbindung bedeutet, daß ein Lieferant (Hersteller) seine direkten Abnehmer (z. B. Großhändler) vertraglich verpflichtet, ihrerseits nur bestimmte Abnehmergruppen (z. B. Einzelhändler) oder nur bestimmte Firmen zu beliefern. Die Initiatoren wollen damit erreichen, daß ihre Produkte nur an solche Abnehmer weiterverkauft werden, die bestimmten produktadäquaten Voraussetzungen hinsichtlich Sortiment, Ausstattung, Kundenkreis, fachlichem Können, Beratung usw. genügen.

3.2 Vertragshändler

Im Rahmen einer Vertragshändlerschaft verpflichtet sich ein wirtschaftlich und rechtlich selbständiger Einzelhändler vertraglich gegenüber dem Hersteller zu längerfristigem – mitunter ausschließlichem – Bezug des gesamten Produktionsprogrammes.

Im Rahmen solcher Verträge wird seitens des Herstellers häufig auch auf die Angebotspolitik der Vertragshändlers Einfluß genommen. Dafür werden umgekehrt aber auch bestimmte Unterstützungen gewährt sowie auch sonstige Vorteile geboten, wie etwa eine Belieferungsexklusivität (Gebietsschutz).

Typische und traditionelle Vertragshändlerschaften sind die sog. Bierlieferungsverträge (Brauerei-Gastronomie), die Firmenvertragshändler im Kraftfahrzeuggeschäft sowie die sog. Depotverträge im Kosmetikbereich.

3.3 Franchising

Das Franchising läßt sich als eine Intensivierung der Vertragshändleridee begreifen. Es ist eine langfristige vertikale Kooperation, bei der der Franchisegeber nicht nur Waren, sondern das gesamte **Marketingkonzept** liefert. Der Franchisenehmer wird also eine Art Ausführungsorgan. Aufgrund des Vertrages hat der Franchisenehmer gegen Zahlung eines einmaligen Betrages und/oder laufender Beträge das Recht bzw. die Pflicht zur Benutzung der Marke oder des Firmennamens, zur Erzeugung und/oder zum Vertrieb bestimmter Waren und/oder Dienstleistungen. Der Franchisenehmer handelt im eigenen Namen und auf eigene Rechnung und trägt damit das gesamte Geschäftsrisiko.

Der Fanchisegeber unterstützt dabei den Kontraktnehmer als eine Art Konzessionär einerseits beim Geschäftsaufbau sowie andererseits bei der laufenden Betriebsführung.

Das Franchising erlaubt also, erfolgreiche Angebotskonzepte vergleichsweise schnell zu multiplizieren. Das liegt sowohl im Interesse der Franchisegeber, denen zum Aufbau eines eigenen Filialsystems das Potential fehlt, als auch in dem vieler selbständiger Händler oder Dienstleister, denen damit zur Erhaltung ihrer Existenz oder zum Aufbau einer solchen verholfen wird.

3.4 Agenturvertrieb

Der sog. Agenturvertrieb basiert auf einem Handelsvertretungsvertrag, der zwischen einem (Einzel-)Händler und einem Hersteller geschlossen wird. Damit ist also der Handelspartner nicht selbständig im Sinne eines Eigenhändlers, sondern wird zum **Handelsvertreter** (wie z. B. Tankstellen-Pächter).

Daraus erwächst die Verpflichtung, gegen Entgelt Geschäfte zu vermitteln oder sie im Namen und auf Rechnung des Unternehmens abzuschließen (§§ 84, 86 HGB). Der Einzelhändler erwirbt also kein Eigentum an den vom Hersteller übergebenen Waren und trägt damit auch kein Absatzrisiko.

Da kein Kaufvertrag, sondern ein Dienstvertrag, der eine Geschäftsbesorgung zum Inhalt hat, vorliegt, ist der Einzelhändler mit seinem rechtlich selbständigen Gewerbebetrieb gleichsam in die Vertriebsorganisation des Herstellers eingegliedert. Für die Abverkäufe wird eine Umsatzprovision vergütet. Darüber hinaus werden besondere Leistungen, wie z. B. Werbung, Lagerhaltung usw., mitunter gesondert honoriert.

Einzelhändler zu Vertretern zu machen, wie etwa im „Telefunken-Partner-System", ist eine etwas ungewöhnliche Konzeption, zumindest in den meisten Branchen. Mit ihrer Hilfe sind Hersteller in der Lage, für ihre Erzeugnisse Preisdisziplin im Markt durchzusetzen. Freilich ist der dafür notwendige Aufwand für sie nicht unerheblich. Wettbewerbsrechtlich ist das Vorgehen auch nicht unumstritten.

Zusammenfassend betrachtet ist für viele, insbesondere kleine und mittelgroße Händler die Mitgliedschaft in einer Kooperation heute zur unabdingbaren Voraussetzung des Überlebens geworden. Auch ist das Arbeitsfeld der Kooperationen längst über den gemeinsamen, preisgünstigen Einkauf (Zentraleinkauf, Lagerhaltung, Musterung, etc.) hinausgewachsen und erstreckt sich heute auch auf Verkauf, Organisation und Beratung; manche Einkaufsverbände sind auf dem Weg zum Marketingverbund.

So ist die Marktbedeutung der kooperierenden Unternehmen des Einzelhandels in den vergangenen Jahrzehnten ständig zu Lasten der „Unorganisierten" gewachsen und erreicht in einigen Branchen Umsatzanteile von über 70%. Die Einkaufsbindung der Händler an ihre Kooperationen ist dabei oft ebenfalls sehr stark und beträgt nicht selten um die 70% ihrer Gesamteinkäufe.

Die Darstellung 12 (S. 38) ist eine vergleichende – und gleichzeitig

1. Kapitel: Grundlagen

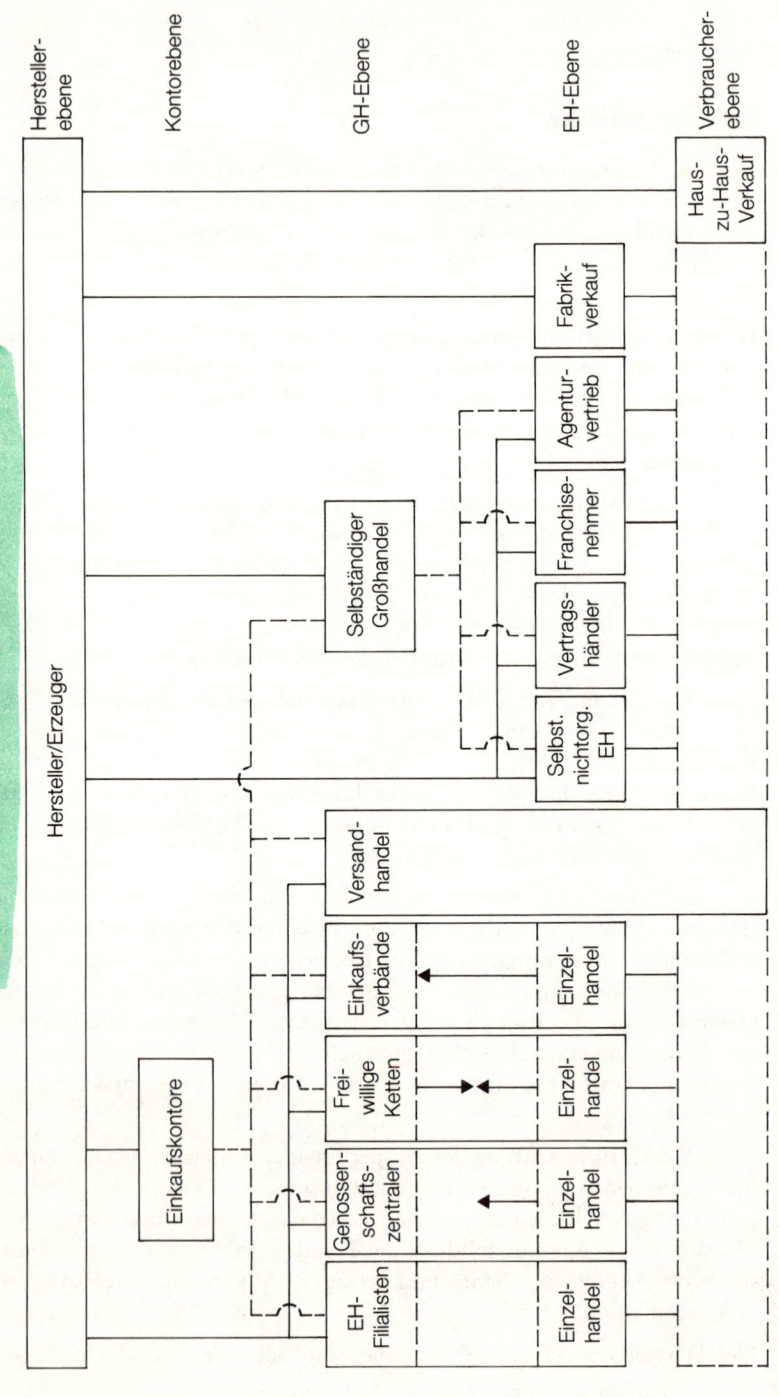

Darstellung 12: Kooperationsformen im Rahmen der Distribution

zusammenfassende – Abbildung der aufgeführten Kooperationsformen im Rahmen der Distribution.

D. Die zentralen handelsrelevanten Wettbewerbsgesetze

In der Bundesrepublik Deutschland gilt die sog. **soziale Marktwirtschaft;** diese ist im Grundgesetz jedoch nicht festgeschrieben, vielmehr wird darin das Prinzip der wirtschaftspolitischen Neutralität vertreten. Die soziale Marktwirtschaft stellt somit lediglich eine der nach dem Grundgesetz möglichen Wirtschaftsordnungen dar.

„Marktwirtschaft" bedeutet dabei, daß die Wirtschaft in erster Linie durch die freien Entscheidungen jedes einzelnen bestimmt wird, weil dies durch die ordnende Kraft der Märkte einer allgemeinen Wohlstandsförderung am dienlichsten sei.

Das Attribut „sozial" steht für Gerechtigkeit und Ausgleich; die entsprechenden Sozialparagraphen im Grundgesetz gerieten – fast verständlich – wenig operational. Immerhin besteht von dort her Raum für eine sozialere Marktwirtschaft als diejenige, die sich tatsächlich entwickelte.

Ohne einen vom Staat geschaffenen Ordnungsrahmen – so die Erfahrungen – sind eine soziale Marktwirtschaft und insbesondere ein wirksamer Wettbewerb nicht gewährleistet. Der staatlichen Wettbewerbspolitik erwächst also die Aufgabe, die gesetzlichen Grundlagen zur Sicherung des Wettbewerbs zu entwickeln und durchzusetzen.

Dazu dienen in der BRD in erster Linie das Gesetz gegen unlauteren Wettbewerb von 1909 (UWG) sowie das Gesetz gegen Wettbewerbsbeschränkungen von 1957 (GWB), jeweils mit ihren zahlreichen Novellierungen.

Ihre Ziele sind:
- Die Bekämpfung unlauterer Wettbewerbshandlungen (vor allem im UWG geregelt),
- die Sicherung des freien Wettbewerbs (vor allem im GWB geregelt).

Neben GWB und UWG bildet eine Reihe weiterer Gesetze, Verordnungen und Bestimmungen das Fundament des Wettbewerbsrechts. Zu nennen sind hier u. a. (vgl. ausführlich dazu Schenk, Marktwirtschaftslehre):
- Zugabeverordnung
- Rabattgesetz
- Preisauszeichnungsverordnung
- Ladenschlußgesetz
- bauplanrechtliche Bestimmungen
- Mittelstandsgesetze.

Vorschriften mit wettbewerbsrechtlichem Inhalt finden sich darüber hinaus in verschiedenen weiteren Gesetzen, wie etwa dem

- Warenzeichengesetz
- Handelsgesetzbuch
- Lebensmittelgesetz
- Arzneimittelgesetz.

Wie der Katalog zeigt, existieren also nicht nur staatliche Vorschriften, die für alle Wirtschaftssubjekte gelten, sondern darüber hinaus auch solche mit speziellem Einzelhandelszuschnitt. Betraf die Gewerbeordnung von 1869 noch alle Gewerbetreibenden in gleicher Weise, so änderte sich dieses im Laufe der darauffolgenden hundert Jahre beträchtlich. Insbesondere zum Schutz des mittelständischen (Klein-)Handels wurden z. B. den Großbetrieben des Einzelhandels Beschränkungen auferlegt und ferner – je nach herrschender (wirtschafts)politischer Meinung – die Einzelhandelstätigkeit durch gesetzlich verankerte Zuverlässigkeitsprüfungen, Errichtungsverbote, Bedürfnisprüfungen u. ä. kanalisiert. Mal ging es dabei um den Arbeitsschutz für die im Einzelhandel Beschäftigten, mal um den Schutz der Verbraucher vor Übervorteilung; im Hintergrund waren dabei aber häufig Mittelstandsinteressen im Spiel.

Wie stets führen solche Gesetze nicht nur zu einer Beschränkung der Handlungsfreiheit der Betroffenen, sondern letztlich zu einer Festschreibung der gegebenen Verhältnisse. Der Gestaltungsspielraum kreativer Einzelhändler wird eingeschränkt, den wirtschaftlichen Verhältnissen angepaßte Entwicklungen werden unterdrückt und die Gerichte in vielfältiger Weise bemüht. Wenn beispielsweise rechtlich fixiert wird, wodurch sich ein Großhändler von einem Einzelhändler unterscheidet, bleibt damit zwangsläufig wenig Raum für Mischformen, wie sie sich im Markt oftmals als notwendig erweisen.

Nach Gründung der Bundesrepublik Deutschland wurde im Zuge der freien Marktwirtschaft eine gewissen Deregulierung der Einzelhandelsgesetzgebung durchgeführt; dennoch blieb bisher vieles an überkommenen Beschränkungen erhalten, wie ein Vergleich mit anderen Staaten zeigt.

Ein Beispiel dafür ist die auch nach der Einführung des Dienstleistungsabends weiter anhaltende Diskussion um das Ladenschlußgesetz.

Das größte Problem ist seit Jahren jedoch die Konzentration im Einzelhandel und die damit verbundene Gefahr einer Beeinträchtigung des Wettbewerbs. Insbesondere die Möglichkeiten, durch Aufkauf oder Fusionen diesen Konzentrationsprozeß zu forcieren, wurden bei der Konzeption des GWB nur unzureichend bedacht und führten deshalb zu ständigen Gesetzesnovellierungen und zahlreichen gerichtlichen Auseinandersetzungen – jedoch ohne durchgreifende Wirkung.

D. Die zentralen handelsrelevanten Wettbewerbsgesetze

I. Gesetz gegen den unlauteren Wettbewerb (UWG)

1. Überblick

Das UWG von 1909 hat trotz mehrfachen Wechsels der Staatsform und der damit verbundenen Änderung der Gesellschafts- und Wirtschaftssysteme Form und Inhalt bis heute im wesentlichen beibehalten. Mehrere Novellierungen brachten es jeweils auf den aktuellen Stand.

In den Anfängen war das UWG primär als reiner **Individualschutz** der einzelnen Mitbewerber konzipiert worden. Erst in den dreißiger Jahren setzte sich eine mehr sozialrechtliche Auffassung durch, die auch einen **Schutz der Allgemeinheit** für notwendig erachtete. Nach heutiger herrschender Meinung dient das UWG dem Schutze aller Marktbeteiligten und dabei insbesondere dem des einzelnen Verbrauchers.

2. Wesentliche Bestimmungen

Der Aufbau des UWG weist, abgesehen von den Schlußbestimmungen der §§ 21-29, eine Zweiteilung auf:

Der erste Teil (§§ 1-12) bezieht sich auf Wettbewerbshandlungen gegenüber einer **unbestimmten** Zahl von Mitbewerbern. Besonders einzelhandelsrelevant sind dabei:

- das Verbot des Kaufscheinhandels (§ 6b),
- das Verbot progressiver Kundenwerbung (Schneeballsysteme (§ 6c),
- das Verbot der Werbung mit mengenmäßig beschränktem Angebot (§ 6d), aufgehoben 1994,
- das Verbot der blickfangmäßigen Werbung mit Preisgegenüberstellungen (§ 6e), aufgehoben 1994,
- die Regelung des Sonderveranstaltungswesens (§§ 7 und 8).

Der zweite Teil (§§ 14-20) bezieht sich hingegen auf Wettbewerbshandlungen gegenüber **bestimmten** Mitbewerbern, wie z. B. das Anschwärzen (§§ 14 und 15), die Benutzung fremder Bezeichnungen (§ 16) sowie der Verrat von Geschäfts- und Betriebsgeheimnissen (§§ 17-20a).

§ 13 in der Mitte des Gesetzes regelt, wer zur Verfolgung von Wettbewerbsverstößen nach dem UWG berechtigt ist. Bei den in Teil 2 genannten Verstößen sind dies **ausschließlich** die jeweils unmittelbar verletzten Gewerbetreibenden, bei den in Teil 1 genannten Tatbeständen **zusätzlich** noch die Mitbewerber gleicher oder verwandter Branchen, Verbände zur Förderung gewerblicher Interessen sowie bestimmte Verbraucherschutzorganisationen. Dem einzelnen Verbraucher steht dagegen keine Klagebefugnis zu.

Beherrscht wird das UWG durch die große Generalklausel des § 1. Danach sind Handlungen verboten, die

- im geschäftlichen Verkehr
- zu Zwecken des Wettbewerbs vorgenommen werden und
- gegen die guten Sitten verstoßen.

Der Gesetzgeber hat den § 1 UWG bewußt in Form einer relativ elastischen **Generalklausel** gefaßt, da die Vielfalt der sich ständig wandelnden Formen wettbewerbswidrigen Verhaltens eine vollständige Auflistung sämtlicher Einzeltatbestände im Gesetz unmöglich macht. Diese Auslegung des UWG als Richterrecht macht es zu einem äußerst flexiblen Instrument, das sich neuen Entwicklungen sehr schnell anpassen kann. Ob eine konkrete Wettbewerbshandlung lauter oder unlauter ist, wird somit erst durch das Gericht entschieden.

Im Laufe der Zeit haben sich durch die Rechtsprechung jedoch **bestimmte Verhaltensnormen** herausgebildet, wodurch die Generalklausel das nötige Maß an Rationalität und Berechenbarkeit gewonnen hat. So lassen sich die Wettbewerbsverstöße nach § 1 in folgende Kategorien einteilen:
- Kundenfang, z. B. durch Anreißen, psychologischen Kaufzwang oder bezugnehmende (vergleichende) Werbung;
- Ausbeutung des Wettbewerbers, z. B. durch unerlaubte Nachahmung fremder Erzeugnisse (Markenpiraterie) oder fremder Werbung (anlehnende Werbung);
- Vorsprung vor dem Wettbewerber, z. B. durch Mißachtung der Vorschriften des Lebensmittelrechts oder Verkauf von preisgebundenen Verlagserzeugnissen unter Festpreis;
- Behinderung des Wettbewerbers, z. B. durch ruinöse Preisunterbietung, geschäftsschädigende Äußerungen oder Boykottmaßnahmen.

Insbesondere der systematische **Verkauf unter Einstandspreis** zur Schädigung des Geschäftsbetriebs von direkten Mitbewerbern hat sich im Handel lange Zeit als ernstzunehmendes Problem erwiesen. Gerade Großbetriebsformen des Lebensmitteleinzelhandels versuchten damit gezielt, kleine und mittelständisch strukturierte Einzelhändler vom Markt zu drängen. Nicht zuletzt verfolgt auch das Bundeskartellamt mit kritischen Augen ein solches Preisgebaren, das nicht nur gegen § 1 UWG verstößt, sondern auch auf der Grundlage des GWB geahndet werden kann. (Zu den übrigen preispolitisch relevanten Aspekten des UWG vgl. Kap. Preispolitik, Abschn. II.3.).

Abschließend sei noch kurz § 3 UWG, die sog. kleine Generalklausel, erwähnt. Verboten sind irreführende Angaben, z.B. in der Werbung, in Preislisten usw. Mit der geplanten Änderung des Rabattgesetzes soll dies auch in bezug auf (Brutto-)Preisangaben bei der Rabattgewährung gelten.

D. Die zentralen handelsrelevanten Wettbewerbsgesetze

II. Gesetz gegen Wettbewerbsbeschränkungen (GWB, „Kartellgesetz")

1. Überblick

Im Gegensatz zu den USA, wo seit dem Sherman Act von 1890 die Antitrust-Gesetzgebung bereits auf ein generelles Verbot von Kartellen abzielte, stellte in Deutschland der Gesetzgeber erst 1923 das Kartellwesen zumindest unter staatliche Aufsicht. 1933 setzte unter dem nationalsozialistischen Regime sogar eine Zwangskartellierung ein – die Kartelle wurden zu Trägern staatlicher Wirtschaftspolitik.

Nach dem Zweiten Weltkrieg führten die Besatzungsmächte im Jahr 1947 ein allgemeines Kartell- und Monopolisierungsverbot ein, das dann nach über 10 Jahren von einem deutschen Gesetz gegen Wettbewerbsbeschränkungen abgelöst wurde. Es enthält – von einigen Ausnahmen abgesehen – ein **Kartellverbot** (gemildertes Verbotsprinzip).

In der Folgezeit stellt sich jedoch heraus, daß die getroffenen Regelungen nicht ausreichten, um einen funktionsfähigen Wettbewerb zu gewährleisten und insbesondere der zunehmenden Vermachtung der Märkte entgegenzuwirken. Aus diesem Grunde wurde das GWB durch insgesamt fünf Novellen in den Jahren 1965, 1973, 1976, 1980 und 1989 geändert bzw. ergänzt. Vor allem der **zweiten Novelle** kommt wegen der Einführung einer vorbeugenden Fusionskontrolle, der Abschaffung der Markenwarenpreisbindung und des Verbots eines aufeinander abgestimmten Verhaltens eine hohe wettbewerbspolitische Bedeutung zu.

2. Wesentliche Bestimmungen

Seiner Bezeichnung entsprechend soll das GWB den **Beschränkungen des Wettbewerbs durch Unternehmen** entgegenwirken. Erfaßt werden nicht nur Beschränkungen des Wettbewerbs durch vertragliche Vereinbarungen (z. B. Kartelle, vertikale Preisbindungen), sondern auch durch abgestimmte Verhaltensweisen oder durch entsprechende Empfehlungen. Marktbeherrschende Unternehmen sind, da sie nicht der Kontrolle eines wirksamen Wettbewerbs unterliegen, einer besonderen Mißbrauchsaufsicht und einem Diskriminierungsverbot unterworfen. Um die Vermachtung der Märkte durch übermäßige Unternehmenskonzentration zu verhindern, sieht das Gesetz zudem eine Fusionskontrolle vor.

Das Kernstück des Gesetzes von insgesamt 107 Paragraphen bildet der erste Teil (§§ 1 bis 37), der unter dem Titel „**Wettbewerbsbeschränkungen**" diejenigen materiellen Vorschriften enthält, die den Wettbewerb sicherstellen sollen. Eine Beschränkung des Wettbewerbs liegt immer dann vor, wenn sich mehrere Unternehmen bei ihren Entscheidungen solidarisch (d. h. nicht mehr selbständig) verhalten, oder ein oder mehrere Unternehmen aufgrund ihrer Marktmacht ohne Rücksicht auf Wettbewerber agieren können. In beiden Fällen ist für die Marktpartner die Möglichkeit, zwischen den Alternativen zu wählen, eingeengt oder ausgeschlossen, so daß der Wettbewerb als Regulator für die wirtschaftlichen Beziehungen zwischen Anbietern und Nachfragern nicht mehr funktioniert. Solche Auswirkungen auf den Markt zu verhindern, ist ein Hauptanliegen des GWB.

2.1 Kartellverträge und -beschlüsse (§§ 1 bis 14 GWB) sowie Wettbewerbsregeln von Wirtschafts- und Berufsvereinigungen (§§ 28 bis 33 GWB)

Nach § 1 GWB sind deshalb alle Verträge, die Unternehmen oder Vereinigungen von Unternehmen zu einem gemeinsamen Zweck schließen, unwirksam, soweit sie geeignet sind, die Erzeugung oder den Verkehr mit Waren oder gewerblichen Leistungen durch Beschränkungen des Wettbewerbs zu beeinflussen.

Das GWB geht also von einem **grundsätzlichen Kartellverbot** aus, jedoch läßt der Gesetzgeber in den §§ 2 bis 8 eine Reihe von **Ausnahmen** zu, wie Konditionen- und Rabatt-, Strukturkrisen-, Rationalisierungs-, Spezialisierungs- sowie Export- und Importkartelle. Zulässig sind ferner u. a. die sog. **Mittelstandsvereinbarungen** (Mittelstandskartelle).

Im Bereich des Handels versucht das Bundeskartellamt als oberste Aufsichtsbehörde, insbesondere gegen die Zusammenlegung der Einkaufsaktivitäten großer Handelsunternehmen (sog. Einkaufskartelle) sowie die Mitgliedschaft von Großunternehmen in ursprünglich mittelständisch strukturierten Einkaufskooperationen vorzugehen. Verhindert werden soll damit zum einen die Entstehung von Nachfragemacht bereits im Ansatz und zum anderen, daß die Handelsriesen ihre Wettbewerbsvorteile weiter ausbauen und festigen.

Die Vorschriften des Kartellgesetzes über Wettbewerbsregeln (§§ 28 bis 33 GWB) eröffnen Wirtschafts- und Berufsvereinigungen die Möglichkeit, im Interesse einer Unterbindung unlauteren und nicht leistungsgerechten Wettbewerbs für ihren Bereich Regeln zur Sicherung des Leistungswettbewerbs aufzustellen. Diese Vorschriften fanden mit der Eintragung der Wettbewerbsregeln des Markenverbandes im Jahre 1975 ihren praktischen Niederschlag. Mit Hilfe eines sog. „Sündenregisters" sollten wettbewerbsverzerrende Praktiken auf dem Wege der Selbsthilfe eingedämmt werden (vgl. Darst. 13).

D. Die zentralen handelsrelevanten Wettbewerbsgesetze

Darstellung 13: Beispielkatalog des Bundeswirtschaftsministeriums für wettbewerbsverzerrende Tatbestände (Sündenregister)

Tatbestände, bei denen es zu Wettbewerbsverzerrungen kommen kann:
1. Eintrittsgelder für Erstaufträge
2. Regalmieten
3. Werbekostenzuschüsse
4. Sonderleistungen bei Neueröffnungen
5. Verlagerung der Regalpflege
6. Verlagerung der Preisauszeichnung
7. Inventurhilfe
8. Listungsgebühren
9. Deckungsbeiträge für Umsatzausfälle
10. Darlehen zu nicht marktgerechten Bedingungen
11. Investitionszuschüsse
12. Beteiligungen an Geschäftseinrichtungen
13. Buß- und Strafgelder
14. Fordern eines „Bündels" von Sonderleistungen
15. Preisfallklausel
16. Jederzeitige Kontrolle des Abnehmers im Betrieb des Herstellers
17. Rabattkumulierung
18. Nachträgliche Erhöhung der vereinbarten Rückvergütungssätze für die Umsatzprämie
19. Besonders lange Zahlungsziele
20. Abwälzung von Kosten organisatorischer Betriebsumstellungen auf Lieferanten
21. Lieferverpflichtungen in ungewisser Höhe
22. Ausschluß der Kreditsicherung durch Forderungsabtretung
23. Gespaltener Abonnementspreis
24. Gespaltener Anzeigenpreis
25. Kostenlose Werbeexemplare über längeren Zeitraum

2.2 Sonstige Verträge (§§ 15 bis 21 GWB)

Im Gegensatz zu den Kartellverträgen, die zu einem gemeinsamen Zweck geschlossen werden und daher gewöhnlich horizontale Bindungen enthalten, sind die sonstigen wettbewerbsbeschränkenden Verträge auf den bloßen Austausch gegenseitiger Leistungen gerichtet, beschränken jedoch einen Vertragsbeteiligten in seiner Freiheit, Verträge mit Dritten abzuschließen (vertikale Bindung).

Zu erwähnen ist in diesem Zusammenhang insbesondere das **Verbot der vertikalen Preisbindung,** das seit der zweiten GWB-Novelle auch für Markenwaren gilt (§ 15 GWB). (Zu den Ausnahmen vgl. Kap. Preispolitik, Abschn. II.3.1.) Die Markenartikelindustrie darf dem Handel lediglich noch **unverbindliche Preisempfehlungen** geben, was jedoch ebenfalls an eine Reihe von Bedingungen geknüpft ist.

2.3 Marktbeherrschende Unternehmen (§§ 22 bis 24 GWB)

Das GWB steht dem Problem der Marktbeherrschung zunächst **wertneutral** gegenüber, d. h. es ist vollkommen legitim, eine marktbeherrschende Stellung auf dem Markt einzunehmen oder zu erringen.

Als **marktbeherrschend** gilt ein Unternehmen in zwei Fällen:

1. Wenn es gegenüber den Marktpartnern als Anbieter oder Nachfrager einer bestimmten Art von Waren oder gewerblichen Leistungen ohne Wettbewerber oder keinem wesentlichen Wettbewerb ausgesetzt ist (§ 22, Abs. 1, Nr. 1 GWB), oder
2. wenn es eine im Vergleich zu seinen Mitbewerbern überragende Marktstellung hat, wobei dies anhand einer Reihe von Kriterien, wie etwa Marktanteil oder Finanzkraft, zu beurteilen ist (§ 22, Abs. 1, Nr. 2 GWB). Im Rahmen der fünften GWB-Novelle von 1989 sind diese Kriterien deutlich erweitert worden, um dem fortschreitenden Konzentrationsprozeß insbesondere im Lebensmitteleinzelhandel Rechung zu tragen.

Marktbeherrschende Unternehmen unterliegen nach § 22, Abs. 4 GWB einer **Mißbrauchsaufsicht**. Die Kartellbehörde kann solchen Unternehmen, wenn sie ihre Marktstellung mißbräuchlich ausnutzen, dieses Verhalten untersagen und einen entsprechenden Vertrag für unwirksam erklären. Als Beispieltatbestände hierfür nennt das Gesetz:

– Behinderungsmißbrauch, d. h. die Wettbewerbsmöglichkeiten anderer Unternehmen werden in einer für den Wettbewerb auf dem Markt erheblichen Weise ohne sachlich gerechtfertigten Grund beeinträchtigt.
– Preis- und Konditionenmißbrauch, d. h. es werden Entgelte oder sonstige Geschäftsbedingungen gefordert, die von denjenigen abweichen, die sich bei wirksamem Wettbewerb mit hoher Wahrscheinlichkeit ergeben würden; hierbei sind insbesondere die Verhaltensweisen von Unternehmen auf vergleichbaren Märkten mit wirksamem Wettbewerb zu berücksichtigen.
– Marktspaltung, d. h. es werden ungünstigere Entgelte oder sonstige Geschäftsbedingungen gefordert, als sie das marktbeherrschende Unternehmen selbst auf vergleichbaren Märkten von gleichartigen Abnehmern fordert, es sei denn, daß der Unterschied sachlich gerechtfertigt ist.

Anders als das Bundeskartellamt, haben die Gerichte in den zur Entscheidung anstehenden Fällen der letzten Jahre zunehmend die Auffassung vertreten, daß den bundesweit führenden Lebensmittelhandelsunternehmen als Nachfrager von Lebensmitteln **keine** Marktbeherrschung nachzuweisen sei. Zum gleichen Ergebnis gelangte auch die Monopolkommission in ihren Sondergutachten zur Nachfragemacht im Handel und zur Konzentration im Lebensmitteleinzelhandel, was insbesondere aus den

Reihen der deutschen Ernährungsindustrie starke Kritik hervorrief. Die Monopolkommission ist derzeit nämlich der Ansicht, daß der Preiswettbewerb gerade im Lebensmitteleinzelhandel vorzüglich funktioniere, und der Verdacht überhöhter Preise durch Machtkonzentration oder Absprachen nicht gegeben sei. Die Gefahr, daß bei weiterer Konzentration solche Erscheinungen tatsächlich auftreten, wird zwar nicht geleugnet, dennoch sieht die Monopolkommission bei Abwägung aller Umstände keinen weiteren Handlungsbedarf für die Gesetzgebung.

Ausgangspunkt für die konkrete Bestimmung der Marktmacht von Unternehmen ist in diesem Zusammenhang die Abgrenzung des „**relevanten Marktes**". Unterschieden werden der „räumlich" und der „sachlich" relevante Markt. Im Rahmen des GWB besteht der **räumlich** maßgebliche Markt entweder aus dem gesamten Gebiet der Bundesrepublik Deutschland oder einem kleinen regionalen oder lokalen Teilbereich, z. B. einem Bundesland oder einer Stadt, letzteres vor allem im Einzelhandel. Gerade in kleineren Gebieten tritt hier jedoch häufig das Problem der Erfassung von Einkaufspendlerströmen auf. Der **sachlich** relevante Markt besagt, welche Unternehmen mit welchen Waren oder Leistungen miteinander in einem Wettbewerbsverhältnis stehen. Wettbewerb gibt es nicht nur zwischen Gütern gleicher Art, sondern zwischen allen Waren, die aus der Sicht der Verbraucher dieselben Zwecke erfüllen, d. h. funktionell austauschbar sind (Bedarfsmarktkonzept). Auf den Lebensmitteleinzelhandel übertragen heißt dies beispielsweise, daß die Abgrenzung des sachlich relevanten Marktes nach dem Sortiment erfolgt, das für den Verbraucher ein entscheidender Faktor für die Wahl einer Einkaufsstätte ist. Zum sachlich relevanten Markt gehören damit alle Geschäfte, deren Sortiment aus Nahrungs- und Genußmitteln, Körperpflege-, Wasch- und Reinigungsmitteln sowie sonstigen Non-Food-Artikeln besteht. Spezialgeschäfte, die nur Waren eines bestimmten Sortimentsbereiches (z. B. Obst und Gemüse), jedoch in größerer Sortimentstiefe anbieten, zählen nicht zum relevanten Markt.

Auch die eigentliche **Marktanteilserfassung** erweist sich im Handel als sehr schwierig. Weder der Marktanteil eines **Artikels** oder einer Warengruppe noch der Marktanteil eines **Betriebstyps** mit Waren, die auch von konkurrierenden Betriebstypen angeboten werden, vermögen vollständig zu befriedigen.

Mit der Einführung der **Fusionskontrolle** im Rahmen der zweiten GWB-Novelle hat der Gesetzgeber 1973 dem Umstand Rechnung getragen, daß die zunehmende Konzentration in vielen Wirtschaftsbereichen z. T. zu einer erheblichen Beeinträchtigung des Wettbewerbs führte. Mittlerweile gilt die Fusionskontrolle wohl als das wichtigste Instrument gegen das Entstehen von Anbieter- und Nachfragermacht (§§ 23 bis 24 GWB).

Fusionen sind Zusammenschlüsse von Unternehmen, bei denen die Beteiligten ihre Selbständigkeit ganz oder teilweise aufgeben und eine neue, auf Dauer angelegte unternehmerische Verbindung eingehen. Die Kartellbehörde kann insbesondere dann einen Unternehmenszusammenschluß untersagen, wenn zu erwarten ist, daß dadurch eine marktbeherrschende Stellung entsteht oder verstärkt wird und die beteiligten Unternehmen nicht nachweisen, daß durch den Zusammenschluß Verbesserungen der Wettbewerbsbedingungen eintreten und daß diese die Nachteile der Marktbeherrschung übertreffen (§ 24, Abs. 1, 2 GWB).

Zusammen mit der Einführung der Fusionskontrolle wurde die Bildung eines unabhängigen, aus Vertretern der Wissenschaft und Praxis zusammengesetzten Expertengremiums (Monopolkommission) gesetzlich verankert (§ 24b GWB). Die **Monopolkommission** hat die Aufgabe, die Entwicklung der Unternehmenskonzentration in der Bundesrepublik Deutschland sowie die Anwendung der Vorschriften der Fusionskontrolle und der Mißbrauchsaufsicht regelmäßig zu beobachten. Die Arbeitsergebnisse der Monopolkommission werden in Form von Gutachten veröffentlicht.

Verschärft wurde die Fusionskontrolle mit der vierten GWB-Novelle im Jahre 1980 u. a. durch die Einführung spezieller **Marktbeherrschungsvermutungen,** die an die Überschreitung bestimmter Umsatz- und Marktanteilsschwellen gekoppelt sind. Konglomerate und vertikale Zusammenschlüsse, die durch das Vordringen großer Unternehmen auf mittelständisch strukturierte Märkte, durch die Kombination von Unternehmensgröße mit Marktbeherrschung oder durch großes Umsatzvolumen gekennzeichnet sind, sollen dadurch besser erfaßt werden (§ 23a GWB).

So hat das Bundeskartellamt beispielsweise Anfang der achtziger Jahre gegen eine Reihe von Zusammenschlussvorhaben Untersagungen ausgesprochen, die damals beträchtliches Aufsehen in der Fachwelt erregten. Lediglich die beiden ersten der im folgenden genannten Fälle sind allerdings rechtskräftig geworden.

- Coop AG/Holtscheider (1982)
- Schaper/Böser Wolf (1983)
- Metro/Kaufhof (1983)
- Coop Schleswig-H./Dt. Supermarkt (1983)
- Coop AG/Wandmaker (1984)

Das relativ starre Festhalten der Gerichte am Marktanteilskonzept zur Bestimmung von Marktmacht im Handel hat – wie die Fälle Metro/Kaufhof, CoopAG/Wandmaker und Asko/Massa deutlich zeigten – letztlich dazu beigetragen, daß die im GWB verankerten Möglichkeiten der Fusionskontrolle durch die Rechtsprechung stark eingeschränkt worden sind.

2.4 Wettbewerbsbeschränkendes und diskriminierendes Verhalten (§§ 25 bis 27 GWB)

Als leistungswidrige und wettbewerbsverzerrende Verhaltensweisen werden im Handel vornehmlich **Verkäufe unter Einstandspreis** sowie die „Rabattspreizung", d. h. das mißbräuchliche Durchsetzen von Vorzugskonditionen, angesehen. Es gilt hierbei jedoch zunächst zu beachten, daß einem Unternehmen die Ungleichbehandlung (Diskriminierung) seiner Marktpartner in einer Wettbewerbswirtschaft grundsätzlich erlaubt ist, ja sogar erlaubt sein muß. Ungleiche Preise, Rabatte und sonstige Konditionen im Verhältnis zwischen einem Lieferanten und seinen Abnehmern (Konditionendiskriminierung) oder die Verweigerung der Belieferung bestimmter Händler durch einen Hersteller (Lieferdiskriminierung) fallen erst dann unter das sog. **Diskriminierungsverbot** des § 26, Abs. 2 GWB, wenn sie mißbräuchlich, d. h. von marktbeherrschenden Unternehmen ohne sachlich gerechtfertigten Grund ausgesprochen werden. Durch das Diskriminierungsverbot wird somit die Vertragsfreiheit marktmächtiger Unternehmen zugunsten des Schutzes der schwächeren Marktpartner begrenzt.

Im Rahmen der zweiten GWB-Novelle 1973 ist das Diskriminierungsverbot im Vertikalbereich auf relativ marktmächtige Unternehmen ausgedehnt worden. Dabei handelt es sich um solche Unternehmen, von denen Anbieter oder Nachfrager einer bestimmten Art von Waren oder gewerblichen Leistungen im Vertikalverhältnis derart abhängig sind, daß für sie ausreichende und zumutbare Möglichkeiten, auf andere Unternehmen auszuweichen, nicht bestehen (§ 26, Abs. 2, Satz 2 GWB).

Die vierte und fünfte GWB-Novelle in den Jahren 1980 bzw. 1989 verbessern die Möglichkeit, auch im Horizontalverhältnis unbilligen Behinderungen kleiner oder mittlerer Wettbewerber durch Konkurrenten mit deutlich überlegener Marktmacht wirksamer zu begegnen (§ 37a, Abs. 3; jetzt: § 26, Abs. 4). So kann die Kartellbehörde aufgrund dieser Vorschrift Unternehmen mit überlegener Marktmacht den **dauernden und systematischen Verkauf unter Einstandspreis** untersagen, wenn dadurch kleine und mittlere Wettbewerber unbillig behindert werden und der Wettbewerb gefährdet wird. Das Bundeskartellamt hat diese Möglichkeit erstmals im Jahre 1983 gegenüber drei Unternehmen in der Region Bremen, darunter Coop, wahrgenommen.

Die Problematik solcher Verhaltenskontrollen besteht jedoch darin, im Einzelfall nachweisen zu müssen, daß tatsächlich ein Verkauf unter Einstandspreis vorliegt. So wurde dem Bundeskartellamt beispielsweise im Fall Massa detailliert vorgerechnet, daß es sich bei den im Sommer 1985 beanstandeten Aktionen keineswegs um Untereinstandspreisverkäufe handelte. Es wurden vielmehr lediglich bestimmte Vergütungen der

Industrie, die für die Verkaufsförderung über einen längeren Zeitraum gedacht waren, in einzelne kurzfristige Aktionen gesteckt.

Nicht zuletzt trägt die Industrie durch ständige neue Rabatt- und Vergütungssysteme in erheblichem Maße dazu bei, daß das Problem der Konditionendiskriminierung kaum in den Griff zu bekommen ist. Dahinter steht jedoch häufig nichts anderes als die verständliche Befürchtung vieler Hersteller, bei Verweigerung der gewünschten Nachlässe bedeutende Handelskunden zu verlieren.

III. Mittelstandsspezifische Gesetze und Regelungen

1. Überblick

Neben den bisher geschilderten wettbewerbsrechtlichen Rahmenbedingungen existieren noch Gesetze und Regelungen, die speziell dem Schutz und der Förderung **mittelständischer Betriebe** dienen.

Die Akzente der Mittelstandspolitik liegen dabei hauptsächlich auf der **Wettbewerbs-** und der **Sozialpolitik**. Das sozialpolitische Anliegen ist die Erhaltung einer gesellschaftlich erwünschten Schicht selbständiger Unternehmer; wettbewerbspolitisch geht es darum, die Funktionsfähigkeit des Wettbewerbs auch durch eine genügend große Zahl solcher Unternehmen zu sichern.

Gekennzeichnet sind mittelständische Unternehmen durch zwei Hauptkriterien, nämlich durch die zentrale Stellung der Unternehmerpersönlichkeit sowie ferner durch das personale Wirtschaftsprinzip in Gestalt von persönlichem Einsatz, Übernahme von Verantwortung und Risiko sowie Selbständigkeitsstreben.

Als weitere Merkmale mittelständischer Unternehmen gelten:
- eine enge Verbindung mit dem privaten Haushalt des Unternehmers, oft die Mitwirkung von Familienangehörigen,
- eine schwache Verhandlungsposition bei der Beschaffung von Produktionsfaktoren und Finanzierungsmitteln und beim Absatz der Marktleistungen,
- kein direkter Zugang zum organisierten Kapitalmarkt.

Die Gefährdung speziell des mittelständischen Einzelhandels beruht dabei vor allem auf der zunehmenden Konzentration und der damit verbundenen Tendenz zu immer aggressiverem Einkaufsverhalten der Einzelhandels-Großunternehmen sowie deren häufig als zu hart bewerteten Verdrängungsstrategien in den Absatzmärkten.

Der Abbau bzw. die Untergrabung mittelstandsfördernder Hilfen wie Preisbindung, Preisempfehlung oder selektiver Vertrieb, tragen ebenfalls zum Ausscheiden von kleinen und mittleren Unternehmen bei.

D. Die zentralen handelsrelevanten Wettbewerbsgesetze

Grundgedanke der mittelstandsspezifischen Gesetze und Regelungen ist somit der **struktureller Nachteilsausgleich:** Die Betroffenen sollen danach in die Lage versetzt werden, unternehmerische Möglichkeiten zu erschließen, wie sie für Großunternehmen selbstverständlich sind.

Die größte Bedeutung kommt in diesem Zusammenhang den Mittelstandsgesetzen, den Mittelstandsvereinbarungen (Mittelstandskartelle) sowie den Mittelstandsempfehlungen zu.

2. Wesentliche Bestimmungen

2.1 Die Mittelstandsgesetze

Seit Mitte der siebziger Jahre wurde in der Bundesrepublik Deutschland von den Länderparlamenten eine Reihe auch für den Einzelhandel relevanter Mittelstandsgesetze erlassen, die z. T. durch entsprechende Richtlinien ergänzt wurden.

Die Gesetze und Richtlinien sollen die Wettbewerbsposition der kleinen und mittleren Unternehmen sichern und die Gründung neuer Existenzen erleichtern. Zur Erreichung dieser Ziele wurden zwei Schwerpunkte gesetzt: Ein Maßnahmebündel betrifft den Bereich der **Betriebsführung,** z. B. verstärkte Aus- und Fortbildung, Betriebsberatung, Förderung kooperativer Maßnahmen oder die zunehmende Beteiligung mittelständischer Unternehmen an Messen und Ausstellungen. Dazu kommen Maßnahmen zur Verbesserung der Kapitalversorgung, d. h. Finanzierungshilfen, Kreditgarantien oder Kapitalbeteiligungen. Abgerundet werden diese beiden Bereiche durch eine Vielzahl weiterer Einzelmaßnahmen, wie etwa der Förderung der Mittelstandsforschung.

2.2 Die Mittelstandsvereinbarungen (Mittelstandskartelle)

Mit der zweiten GWB-Novelle strebte im Jahre 1973 der Gesetzgeber die Verbesserung der Chancengleichheit zwischen kleinen Unternehmen und Großunternehmen an, indem die Kooperationserleichterungen der §§ 5 und 5a GWB (Rationalisierungs- und Spezialisierungskartelle) durch § 5b GWB (Erlaubnis sog. Mittelstandskartelle) erweitert wurden.

Der § 5b GWB ermöglicht Verträge und Beschlüsse, die der Rationalisierung durch zwischenbetriebliche Zusammenarbeit dienen. Zulässig ist der Abschluß bindender Verträge, sofern die Kooperationsvereinbarungen
– die Rationalisierung wirtschaftlicher Vorgänge durch eine andere als die im § 5a GWB bezeichnete Art der zwischenbetrieblichen Zusammenarbeit zum Gegenstand haben;
– den Wettbewerb auf dem Markt nicht wesentlich beeinträchtigen und

dazu dienen, die Leistungsfähigkeit kleiner oder mittlerer Unternehmen zu fördern;
- bei der zuständigen Kartellbehörde angemeldet werden, und die Behörde innerhalb einer Frist von 3 Monaten nicht widerspricht.

Eingefügt wurde im Zuge der fünften GWB-Novelle noch der § 5c, der den gemeinsamen Einkauf kleiner und mittlerer Unternehmen zur Förderung ihrer Wettbewerbsfähigkeit ermöglicht (allerdings ohne Bezugszwang für die beteiligten Unternehmen!).

Die Freistellung der Mittelstandskartelle vom (generellen) Kartellverbot hängt also primär davon ab, daß keine wesentliche Beeinträchtigung des Wettbewerbs zu erwarten ist. Als kritische Grenze gilt – je nach Umfang der zwischenbetrieblichen Zusammenarbeit – ein Marktanteil von bis zu 15 Prozent.

2.3 Die Mittelstandsempfehlungen

Unter den verschiedenen kartellrechtlich zulässigen Möglichkeiten der zwischenbetrieblichen Zusammenarbeit im Handel spielen Mittelstandsempfehlungen eine besondere Rolle. Sie haben sich in den letzten Jahren als das wichtigste Kooperationsinstrument von Einkaufszusammenschlüssen des Handels erwiesen und finden vor allem bei Lebensmitteln, Möbeln, Eisen- und Hausratswaren, Spielzeug, Uhren sowie Sportartikeln Anwendung. Bereits in seiner alten Fassung erlaubte das GWB mittelständischen Zusammenschlüssen des Handels, Mittelstandsempfehlungen auszusprechen. Diese durften sich allerdings ausschließlich auf den preislichen und kalkulatorischen Bereich beziehen.

Im Rahmen der zweiten GWB-Novelle wurde auch der Anwendungsbereich der Mittelstandsempfehlungen erheblich erweitert. Durch die Novellierung des § 38, Abs. 2, Nr. 1 GWB haben seit August 1973 kleine und mittlere Unternehmen die Möglichkeit, durch alle Formen gemeinsamer Geschäftspolitik ihre Wettbewerbschancen gegenüber Großunternehmen zu verbessern. Im Gegensatz zur früheren Regelung können sich Mittelstandsempfehlungen heute auf sämtliche unternehmerische Aktionsparameter beziehen, wobei nach den bisherigen Erfahrungen im Einzelhandel die gemeinsame Werbung, die gemeinsame Verkaufspolitik einschl. der Preise, der gemeinsame Einkauf und die gemeinschaftliche Sortimentsgestaltung im Vordergrund stehen.

Inzwischen werden Mittelstandsempfehlungen nicht nur im horizontalen, sondern auch im vertikalen Bereich praktiziert. So finden sich Groß- und Einzelhändler, die im Wettbewerb mit mehrstufigen Großunternehmen des Handels stehen, in Mittelstandsvereinigungen zusammen und geben entsprechende Empfehlungen.

Ein wichtiges Kriterium für die Zulässigkeit von Mittelstandsempfehlun-

D. Die zentralen handelsrelevanten Wettbewerbsgesetze

gen ist ihr **Unverbindlichkeitscharakter,** d. h. es darf zu ihrer Durchsetzung kein wirtschaftlicher, gesellschaftlicher oder sonstiger Druck ausgeübt werden. Eine Kennzeichnungspflicht gegenüber dem Endverbraucher besteht jedoch nicht. Mittelstandsempfehlungen brauchen nicht bei den Kartellbehörden angemeldet oder genehmigt zu werden, sie unterliegen lediglich der sog. **Mißbrauchsaufsicht** und können bei Nichterfüllung der gesetzlichen Vorschriften von den Kartellbehörden untersagt werden.

IV. Ladenschlußgesetz

1. Überblick

Die Regelung der Geschäftszeiten im Einzelhandel hat eine lange Historie. Von Anfang an ging es vor allem um den **Arbeitsschutz der Beschäftigten,** mitunter aber auch um **Schutz vor unerwünschtem Konkurrenzverhalten.** In Deutschland wurde 1919 eine zum damaligen Zeitpunkt modern anmutende Regelung mit der Einführung des 8-Stunden-Tages für Angestellte gesetzlich verankert, der Ladenschluß auf 19 Uhr fixiert und die Öffnung an Sonn- und Feiertagen grundsätzlich untersagt.

In der Bundesrepublik Deutschland wurde 1956 ein neues Ladenschlußgesetz beschlossen. Mit ihm wurden zwei generelle Zielsetzungen verfolgt, wobei der sozialpolitische Aspekt Vorrang vor wirtschaftspolitischen Überlegungen hatte. Eine allgemeine Festlegung der Ladenschlußzeiten sollte zum einen eine Überschreitung der für das Verkaufspersonal geltenden Arbeitszeit verhindern, d. h. den Arbeitnehmern Schutz vor Verstößen gegen die Arbeitszeitbestimmungen bieten.

Zum zweiten sollte das Gesetz die Chancengleichheit im Wettbewerb des Einzelhandels sichern, wobei anzumerken ist, daß sich der Geltungsbereich des Ladenschlußgesetzes **ausschließlich auf stationäre Einzelhandelsbetriebe** erstreckt, wohingegen Nicht-Ladeneinzelhandlungen (auch Großhandelsbetriebe) ihre Geschäftszeit frei gestalten können.

2. Wesentliche Bestimmungen

Das Ladenschlußgesetz umfaßt insgesamt 31 Paragraphen, von denen die bedeutendsten im folgenden kurz dargestellt werden sollen:

Die beiden ersten Paragraphen nehmen im Sinne von Legaldefinitionen Begriffsbestimmungen vor: „Verkaufsstellen" sind nach § 1 insbesondere Ladengeschäfte, wenn in ihnen Waren zum Verkauf an jedermann angeboten werden. Der Hinweis **„Verkauf an jedermann"** im Ladenschlußgesetz besagt, daß die Verkaufsstelle der Allgemeinheit zugänglich sein muß. Bei einer sachlich begründeten Abgrenzung des Kundenkreises (z. B. Studenten in einem Studentenwohnheim) gilt das Ladenschlußgesetz also nicht.

§ 2 besagt lediglich, daß als Feiertage die gesetzlichen Feiertage gelten.

Die **eigentlichen Ladenschlußzeiten** sind Gegenstand der §§ 3 bis 16. Als Kernpunkt gilt der § 3, demzufolge Verkaufsstellen für den geschäftlichen Verkehr mit den Kunden generell zu folgenden Zeiten geschlossen werden müssen:

- an Sonn- und Feiertagen,
- montags bis freitags bis 7.00 Uhr und ab 18.30 Uhr, donnerstags ab 20.30 Uhr,
- sonnabends bis 7.00 Uhr und ab 14.00 Uhr, am ersten Sonnabend im Monat oder, wenn dieser Tag auf einen Feiertag fällt, am zweiten Sonnabend im Monat sowie an den vier aufeinanderfolgenden Sonnabenden vor dem 24. Dezember ab 18.00 Uhr, in den Monaten April bis September ab 16.00 Uhr.
- am 24. Dezember, wenn dieser Tag auf einen Werktag fällt, ab 14.00 Uhr.

Das Ladenschlußgesetz bestimmt demnach nur, wann die Verkaufsstellen geschlossen gehalten werden müssen, zwingt aber nicht zum Offenhalten außerhalb dieser Zeiten. Es bleibt also jedem Einzelhändler freigestellt, über die vorgeschriebenen Ladenschlußzeiten hinaus die Ladenöffnungszeiten weiter zu verkürzen!

Die §§ 4 bis 16 regeln die zahlreichen Ausnahmetatbestände vom generellen Öffnungsverbot des § 3, so z. B. für bestimmte Regionen (Kur- und Erholungsorte), Betriebsformen (Apotheken, Kioske, Tankstellen), Sortimentsbestandteile (Milch, Konditoreiwaren, Blumen) und Anlässe (z. B. „Marktsonntage").

Im Jahre 1985 erfolgte eine Neuregelung der §§ 8 und 9 Ladenschlußgesetz. U. a. sollen danach die obersten Baubehörden der Bundesländer die „Offenhaltung von Verkaufsstellen innerhalb einer baulichen Anlage, die der Verknüpfung zwischen dem Personennah- und Fernverkehr dient, ..., an allen Tagen von 6.00 Uhr bis 22.00 Uhr bewilligen können". Den Anstoß zu dieser Änderung gaben u. a. die Auseinandersetzungen um den vielbeachteten Modellversuch der Klett-Passage in Stuttgart.

Inzwischen ist die grundsätzliche Diskussion erneut aufgeflammt; debattiert wird eine grundsätzliche Liberalisierung, die die Öffnungszeiten am Abend in das Belieben jedes Einzelhändlers selbst stellen soll.

Die Gesichtspunkte, um die die Diskussionen kreisen, sind seit Jahrzehnten im wesentlichen die gleichen. Sie lassen sich kurz in folgenden Fragen formulieren:

Wem nützen liberalisierte Öffnungszeiten?

Den Verbrauchern?
- Werden deshalb bessere Bedarfsdeckungsmöglichkeiten geboten?

- Sollte man die Bequemlichkeit der Verbraucher weiter unterstützen? (trotz kürzerer Arbeitszeit, wegen verstärkter Berufstätigkeit der Hausfrauen?)

Dem Einzelhandel?
- Steigen deshalb die Gesamtumsätze?
- Wer profitiert in erster Linie von einer Liberalisierung? (Die Großbetriebe, weil sie u. U. leichter einen Schichtbetrieb organisieren und verkraften können? Die mittelständischen Betriebe, weil sie eventuell flexibler sind und dadurch Wettbewerbsvorteile erreichen können?)

Den Einzelhandelsmitarbeitern?
- Sind solche (Schicht-)Arbeitszeiten zumutbar bei dem ohnehin herrschenden Mangel an gutem Personal im Einzelhandel?
- Ist das Einzelhandelspersonal damit nicht noch mehr benachteiligt im Vergleich zum Gros der übrigen Arbeitnehmer?

Der Gesellschaft insgesamt?
- Werden damit mehr Bedarf, mehr Verbrauch und mehr Wohlstand erzielt?
- Werden damit mehr Arbeitsplätze geschaffen?
- Wie wird der Lebensrhythmus der Bevölkerung beeinträchtigt? (Mehr abendliche, (sonntägliche) Unruhe?)

Wie ersichtlich, gibt es also eine ganze Reihe von kontroversen Gründen und interessenpolitischen Gegensätzen. Rein aus absatzwirtschaftlicher Sicht sind starre Ladenöffnungszeiten natürlich alles andere als bedarfsbezogen; eine flexible Anpassung, zugeschnitten auf das jeweilige Angebot, den Standort bzw. die Art der Kundschaft, wäre aus dieser Sicht natürlich das Optimale.

V. Zulassungsregelungen

Nach Artikel 12 des Grundgesetzes hat jeder Deutsche das Recht der freien Berufs- und Arbeitsplatzwahl. Daher gilt allgemein der Grundsatz der Gewerbefreiheit (§ 1 Gewerbeordnung), was bedeutet, daß die Erlaubnis zum Betrieb eines Gewerbes nicht davon abhängig gemacht werden darf, ob dafür ein öffentliches oder volkswirtschaftliches Interesse besteht. Ebensowenig dürfen Herkunft, Religion, Geschlecht oder politische Einstellung als Versagungsgründe aufgeführt werden.

Aufgrund der Pflicht des Staates, für Sicherheit, Ordnung und Gesundheit im Lande zu sorgen, können aber bestimmte Gewerbe verboten, eingeschränkt bzw. ihre Ausübung an gewisse Voraussetzungen geknüpft sein, so daß eine Genehmigung durch die zuständige Behörde erfolgen muß. Der Betrieb eines Einzelhandelsgeschäftes erfordert eine solche Genehmigung, unterliegt also der sog. Erlaubnispflicht.

Mit dem Gesetz über die Berufsausübung im Einzelhandel (EHG) von 1957 machte der Gesetzgeber seinerzeit die Erlaubnis von zwei Voraussetzungen abhängig (§ 3 EHG):

(1) Der Unternehmer oder eine zur Vertretung des Unternehmers gesetzlich berufene oder eine vom Unternehmer mit der Leitung des Unternehmens beauftragte Person müssen die erforderliche Sachkunde nachweisen können.

(2) Es dürfen keine Tatsachen vorliegen, aus denen sich der Mangel der für die Leitung des Unternehmens erforderlichen Zuverlässigkeit einer der oben genannten Personen ergibt.

Dieses Gesetz erwies sich nach einem Urteil des Bundesverfassungsgerichts vom 6. Nov. 1972 aber als unvereinbar mit dem Grundgesetz. Prinzipiell gibt es somit im Handel keinen Sachkundenachweis und keine Zuverlässigkeitsprüfung mehr. Dieser Grundsatz gilt jedoch nur, soweit andere Gesetze keine Sonderregelungen enthalten. Wichtige Ausnahmen bilden beispielsweise der Betrieb einer Apotheke, der Einzelhandel mit freiverkäuflichen Arzneimitteln und ärztlichen Hilfsmitteln, der Handel mit Waffen und Munition sowie mit Giften.

E. Grundlagen des Handelsmarketing

I. Marketing

In Zusammenfassung der vielen, im Grunde jedoch wenig voneinander abweichenden Interpretationen läßt sich der Begriff „Marketing" allgemein verständlich und hinreichend genau erklären als eine **konsequent auf den Absatzmarkt ausgerichtete Unternehmenspolitik**. Eine solche ist überall dort erforderlich, wo infolge des Wettbewerbs die Vermarktung der betrieblichen Leistungen besondere Anstrengungen erfordert.

Marketing ist dabei zunächst einmal eine (unternehmerische) **Grundeinstellung**; möglichst alle Mitarbeiter sollen in der Zufriedenheit von Kunden das (End-)Ziel ihrer Bemühungen sehen.

Marketing als **Konzept** beinhaltet dagegen die Planung und Koordinierung der Ziele sowie des Einsatzes der einschlägigen absatzpolitischen Aktivitäten.

Marketing als **Methode** ist schließlich Ausdruck für eine Entscheidungsfindung auf der Basis systematisch beschaffter **Marktinformationen** und einen institutionalisierten Ablauf der Entscheidungsprozesse.

Das Gegenteil von Marketing wäre also eine wenig kundenbezogene

E. Grundlagen des Handelsmarketing

Einstellung, ein mehr zufälliges Vorgehen und ein lediglich auf Nachahmung bzw. Anpassung beruhendes, defensives Agieren im Markt.

Bei aller Bedeutung oder gar Priorität hat natürlich auch das Marketing insofern nur **Mittelcharakter**, als es letztendlich zur Erreichung der Unternehmungsziele, nämlich **Gewinn** bzw. **Rentabilität**, und im weiteren zur **Sicherung** des Unternehmenspotentials und zum eventuell gewünschten **Wachstum** dienen soll. Auch sog. **nichtmonetäre** Ziele wie Marktmacht oder Prestige können für das Marketing (mit)bestimmend sein.

Es bestehen somit im Unternehmen über- bzw. untergeordnete Zielsetzungen (**Zielhierarchien**), die – aufeinander abgestimmt – in Richtung auf wirtschaftlichen Erfolg (Gewinn) ausgerichtet sein müssen. Dabei können die **Einzelziele** zueinander komplementär, neutral oder auch konkurrierend sein.

Wie bei jeder unternehmerischen Entscheidung, stellt sich auch im Marketing häufig das Problem, aus mehreren Alternativen die in bezug auf das Unternehmensziel optimale auszuwählen. Die Diskussion darüber was man erreichen will, ist dabei in mehrfacher Hinsicht von Bedeutung, denn

- sie ermöglicht das Erkennen und Definieren von Problemen;
- sie bietet den Maßstab zur Beurteilung einzelner Handlungsalternativen und ermöglicht damit eine rationale Wahl;
- sie ermöglicht die Kontrolle eingeschlagener Maßnahmen im Wege eines Soll-Ist-Vergleichs. Zielsetzungen sind also Voraussetzungen für Kontrollen.

Ziele müssen deshalb nach Inhalt, Ausmaß und zeitlichem Bezug fixiert und operational formuliert werden.

Nach dem **Ziel(-System)** sind die **Handlungsalternativen** zu analysieren; gefragt wird hier also nach den u. U. zeitlich gestaffelten Mitteln und Wegen, mit denen die Ziele erreicht werden können bzw. sollen.

Dabei ist wiederum klar, daß Ziele und Handlungsalternativen vom dritten Element der Marketingentscheidung, nämlich dem **Unternehmensumfeld**, maßgebend geprägt und insbesondere auch eingeschränkt werden. Hierzu zählen in erster Linie die marktlichen Gegebenheiten i. e. S. wie Nachfrage, Konkurrenz und Lieferanten, sowie alle unternehmensrelevanten wirtschafts-, rechts- und gesellschaftspolitischen Aspekte.

Marketingentscheidungen weisen jedoch auch einen **prozessualen Charakter** auf. Unterscheiden lassen sich – analog zu jeder anderen Managemententscheidung – die Phasen Planung, Organisation und Kontrolle:

Bei der **Marketing-Planung** geht es zunächst um das Erkennen, die Analyse und die Definition von Marketingproblemen. Nach der darauffolgenden Fixierung von Marketingzielen werden Handlungsalternativen entwickelt, die zur Problemlösung bzw. Zielerreichung geeignet erscheinen. Aus diesen Handlungsalternativen wird dann mit Hilfe einer Wirkungsprognose die optimale Variante ausgewählt.

Die Marketing-Organisation beinhaltet vor allem die Aufteilung von komplexen unternehmerischen Gesamtaufgaben in (mehr oder weniger) exakt abgegrenzte Marketingteilaufgaben. Diese werden im nächsten Schritt konkreten und für deren Erfüllung verantwortlichen Aufgabenträgern im Unternehmen zugewiesen. Daneben bedürfen die verschiedenen Marketingmaßnahmen einer genauen Koordination, um ein in sich geschlossenes Agieren am Markt zu gewährleisten.

Die Marketing-Kontrolle umfaßt schließlich im wesentlichen die Ermittlung der Abweichungen von den Marketingzielen (Soll-Ist-Vergleich) sowie die Erforschung der Abweichungsursachen.

Soviel zu den Marketing-Grundlagen in der gebotenen Kürze. Wer Marketing betreiben will, braucht – so ließe sich zusammenfassen – nachfragebezogene(n) Gestaltungswillen, Gestaltungsspielräume, Gestaltungsziele, Gestaltungspotentiale und Gestaltungs-Know-how.

II. Begründung für ein eigenständiges Handelsmarketing

Der Begriff „Handelsmarketing" tauchte anfangs der siebziger Jahre zum ersten Mal in der deutschen Fachliteratur auf. Mit der Prägung des Begriffs wurde der steigenden Bedeutung des (Einzel-)Handels im Konsumgütermarkt, welche in der traditionellen Marketingliteratur nur sehr kurz und durchweg aus industrieller Sicht abgehandelt wurde, Rechnung getragen. Handelsunternehmen wurden bis dahin vornehmlich als „Objekte industrieller Absatzstrategien" (Schenk) begriffen.

1. Spezialisierungs-Aspekt

Ein eigenständiges Einzelhandelsmarketing läßt sich in mehrfacher Weise begründen. Ein erstes Argument leitet sich ab aus den überall anzutreffenden Spezialisierungsüberlegungen bzw. Notwendigkeiten. Ausgehend vom Grundanliegen des „allgemeinen" Marketing, erfolgt eine stärker anwendungsbezogene Auffächerung etwa in Konsumgüter-, Investitionsgüter-, Hotel- oder eben auch in Einzelhandelsmarketing. Das läßt sich branchen- oder betriebstypenmäßig noch weiter herunterbrechen (z. B. Apotheken- bzw. Tankstellenmarketing) und führt schließlich zu der Unterscheidung zwischen einzelnen Unternehmen.

Der Sinn einer solchen Spezialisierung liegt im Grunde auf der Hand, denn je allgemeiner die Aussage, um so mehr muß der Anwender selbst seinen Kopf anstrengen, um die Erkenntnisse auf seine Verhältnisse zuzuschneiden und umzusetzen.

Die Diskussion über ein eigenständiges Handelsmarketing erhält aber auch dadurch Nahrung, daß das allgemeine Marketing bisheriger Prägung ebensowenig „allgemein" war wie die „allgemeine" Betriebswirtschaftslehre. Letztere war im Grunde nämlich immer mehr eine Industrielehre, während das Marketing durchweg – wie bereits zu Anfang erwähnt – als ein ausschließliches Anliegen der Konsumgüterindustrie, und hier speziell der Markenartikelindustrie behandelt wurde. In beiden Fällen ist dies historisch begründet, denn die Industrie war der Motor der Entwicklung, und nicht etwa der Handels- oder der Dienstleistungsbereich. Vieles läßt sich hier ganz einfach bereits durch die unterschiedlichen Betriebsgrößen erklären. Wer als Industriebetrieb 100 000 DM für Marktforschung und 10 Mio. DM für Werbung ausgeben kann, entwickelt und verwendet eben ganz andere Instrumente, Methoden und zuarbeitende Marktforschungs- und Werbebetriebe als mittelständisch strukturierte Wirtschaftszweige wie der Handel.

Die Frage nach den Besonderheiten des Einzelhandelsmarketing beantwortet sich also bereits zu großen Teilen mit den begrenzten (finanziellen) Möglichkeiten der einzelnen Betriebe aufgrund ihrer lokalen oder allenfalls regionalen Bedeutung und dem begrenzten Know-how infolge geringer Arbeitsteilung.

Einige substantielle Besonderheiten liegen im Wesen der Einzelhandelstätigkeit begründet. Ihre Mittlerfunktion schafft enge Abhängigkeiten von den Lieferanten, die „Produktionstiefe" ist gering, erfordert im Prinzip wenig spezifisches Know-how und ist deshalb auch vergleichsweise leicht imitierbar. Die Standortgebundenheit bietet wenig Ausweich- bzw. Ausweitungsmöglichkeiten hinsichtlich des potentiellen Kundenkreises; eine intensive Ausschöpfung des Einzugsgebietes muß daher das wesentlichste Bestreben des Händlers sein.

Der lokale Charakter der Einzelhandelstätigkeit und der direkte Kundenkontakt erleichtern im Prinzip die Marktkenntnis, die Werbung und auch die Erfolgskontrolle von Marketingmaßnahmen. In praxi sind die Grenzen jedoch unverhältnismäßig eng gezogen, weil bestimmte Instrumente der Marktbearbeitung nicht oder ungenügend (kosten-)„miniaturisiert" werden können.

Charakteristisch ist – zumindest im Vergleich zur Konsumgüterindustrie –, daß der Einzelhandel mit den typischen Dienstleistungsanbietern einige wesentliche Merkmale teilt, nämlich den raum-zeitlich synchronen Kontakt zu den Abnehmern bzw. Verwendern. Die Einkaufsstätte wird seitens der Verbraucher vorübergehend „in Anspruch genommen", und das bedeutet einerseits gute Kontakt- und Beeinflussungsmöglichkeiten, andererseits aber auch kurzfristige **Beschäftigungsschwankungen** und damit die Notwendigkeit schnellen Agierens.

2. Emanzipations-Aspekt

Die Begründung eines eigenständigen Einzelhandelsmarketing läßt sich auch als eine Art emanzipatorische Forderung oder gar Notwendigkeit begreifen.

Man will sich – wenn auch in unterschiedlichen Graden – seitens des Handels befreien von der „Bevormundung" der Markenartikelindustrie, mit der gerade der mittelständische Fachhandel über Jahrzehnte gut leben konnte, weil es die Industrie verstanden hatte, durch ihre vielfältige Händlerunterstützung eine Art Interessenharmonie herbeizuführen.

Der härtere (Preis-)Wettbewerb ist vor allem dafür verantwortlich, daß diese Beziehungen inzwischen stärkeren Belastungen ausgesetzt sind und damit kritischer hinterfragt wird, in welchem Umfang sich die Interessen zwischen Markenartikelindustrie und Einzelhandel tatsächlich (noch) decken.

Die Antworten fallen je nach Branche und Betriebsform unterschiedlich aus. Viele Handelsbetriebe können – ja müssen – mit Markenartikelsortimenten leben und haben damit auch die Möglichkeit, sich selbst zu profilieren, indem sie – ganz im Sinne der Industrie – die Marken pflegen. Andere Händler benutzen die Marken lediglich als Vehikel, um damit ihre Preiswürdigkeit zu dokumentieren. Und eine dritte Gruppe schließlich versucht sich mehr oder weniger von Markenartikeln zu lösen, aufgrund der Vorstellung, daß eine echte, eigenständige Profilierung eben nicht in Abhängigkeit und in Ableitung von Industriemarken gelingen kann.

Aber es ist damit auch klar, daß die um Markenpflege bemühten Händler der ersten Gruppe nur dann auf Dauer erfolgreich operieren können, wenn ihre Preise nicht von den Niedrigpreisanbietern ständig unterboten werden. Mit einer mengen-(tonnage-)orientierten Absatzpolitik seitens der Markenartikelindustrie und der bloßen Hoffnung, ihre Marken würden überall vom Handel weiterhin akzeptiert, ist dem Problem also nicht beizukommen.

Bei diesen unterschiedlichen Interessenlagen innerhalb des Handels ist es auch kein Wunder, daß die im Grunde üblichen Konfliktpotentiale gegenüber der Industrie stärker zum Tragen kommen. Der Stammplatz im Regal ist längst nicht mehr gesichert, vielmehr ist der **Plazierungswettbewerb** hart entbrannt.

Die Aufnahme **neuer Artikel**, und seien es auch die bekannter Hersteller, erfolgt sehr restriktiv, und mit der Ausmusterung ist man auch schneller als früher bei der Hand. Schließlich zeigt man sich seitens des Handels auch bezüglich der industrieseitigen Ladenpromotions oft sehr zurückhaltend, in der Sorge, daß damit das angestrebte eigenständige Einkaufsstättenprofil in Frage gestellt werden könnte.

Auf einen kurzen Nenner gebracht steht dem Produkt-Interesse der Industrie also das Sortiments-Interesse des Handels entgegen. Weil ja letzten Endes beiderseits aufeinander angewiesen, erfolgt die Zusammenarbeit in einer Art Streitbindung. Statt in ständiger Konfrontation zu leben, empfehlen Wohlmeinende ein kooperatives Marketing zwischen Industrie und Handel, was natürlich voraussetzt, daß auch beim Handel Marketing-Konzeptionen vorhanden sind.

3. Macht-Aspekt

Für ein eigenständiges Handelsmarketing spricht schließlich auch die inzwischen erfolgte Kräfteverschiebung zwischen Industrie und Handel. Es ist – so ließe sich formulieren – (längst) der Zeitpunkt gekommen, wo viele Unternehmen des Handels Größenordnungen erreicht haben, die sie jenseits aller theoretischen Betrachtungen einfach in die Lage versetzen, ein Marketing zu betreiben, das diesen Namen auch verdient. Gemeint ist damit, daß man hier über ein Marktgestaltungspotential, ein Knowhow und ein Selbstbewußtsein verfügt, die mit denen der Markenartikelindustrie vergleichbar sind. Das zu Anfang angesprochene Handikap der geringen Unternehmensgröße ist also zunehmend nicht mehr gegeben. Vorteilhaft kann dazu die Tatsache ausgespielt werden, daß mit wachsendem Wettbewerb der Kontakt zum Verbraucher an Gewicht gewinnt; und diese Position besitzt der Handel mit seiner „Regalmacht", und nicht die Industrie.

III. Attraktivitätsfaktoren des Handels

Welches sind nun die Wettbewerbsparameter, mit denen sich ein Handelsbetrieb gegenüber seinen Konkurrenten Vorteile zu verschaffen vermag? Es sind die sog. Attraktivitätsfaktoren, die wiederum nichts anderes darstellen als einen auf den Einzelhandel speziell zugeschnittenen Katalog der bekannten Marketinginstrumente.

Dieser wiederum ergibt sich ohne Mühe aus den Alltagsüberlegungen bzw. Erfahrungen der Verbraucher. Befragungen, warum bestimmte Einkaufsstätten präferiert werden, fördern nämlich im wesentlichen folgende Antworten zutage:

    die führen so gute Qualität,
    die haben eine so gute Auswahl,
    die haben immer so günstige Preise,

da komme ich so bequem hin,
da kann ich so gut parken,
da werde ich immer gut bedient,
da kann ich so ziemlich alles gleichzeitig einkaufen,
die haben einen guten Service,
da brauche ich nie lange zu warten,
das ist so ein adretter (mondäner, anheimelnder usw.) Laden,
da ist immer so gutes Publikum,
da ist immer „action" im Laden,
da gehe ich schon immer hin (allg. Zufriedenheit/Treue).

Zu ergänzen wäre die Medienwerbung, weil es ziemlich unwahrscheinlich ist, daß hier Nennungen erfolgen etwa im Sinne „weil die so viel (so schöne) Werbung machen". Das liegt darin begründet, daß Werbung seitens der Verbraucher kaum als echte Vorteilhaftigkeit empfunden wird.

Dieses Antwortrepertoire – das sich je nach den Gegebenheiten noch um einige Facetten erweitern bzw. modifizieren ließe – zeigt also, welche Bewertungsmaßstäbe beim Einkauf angelegt werden, worauf es den Kunden demnach bei der Einkaufsstättenwahl ankommt. Je mehr solche positiven Nennungen dabei erfolgen, in um so günstigerem Licht steht das betreffende Geschäft im Urteil des Befragten, um so weniger besteht die Gefahr der Abwanderung zur Konkurrenz (vgl. zur Messung der Attraktivität von Einkaufsstätten das Kapitel Marktforschung, S. 367 ff.).

Aus diesen Antworten lassen sich unschwer die einschlägigen Attraktivitätsfaktoren ableiten; im wesentlichen sind es also:
- Warenqualität
- Sortiment,
- Preis/Konditionen
- Standort,
- Service i. w. S.,
- Verkaufspersonal,
- Ladenatmosphäre,
- Ladenpromotion und
- Werbung.

Es ist dabei eine Frage der Praktikabilität und der Notwendigkeit im einzelnen, ob man es bei diesen neun Faktoren beläßt oder sie weiter unterteilt (Tietz listet z. B. 16, Schenk sogar deren 23).

IV. Marketing-Mix des Handels

Marketing ist nun bekanntlich weit mehr als das Streben nach Perfektionierung einzelner Attraktivitätsfaktoren; das Ziel ist vielmehr deren ge-

genseitige Abstimmung bzw. Koordinierung zu einem Gesamtoptimum unter Ausrichtung auf die (jeweiligen) Kundenbedürfnisse.

Das erfordert die Bestimmung und Gestaltung der Attraktivitätsfaktoren nach Art, Umfang, Qualität und deren zeitlichem Einsatz, um die gesetzten Umsatz- und letztlich Renditeziele zu erreichen. I. d. R. bedeutet dies Forcierung bestimmter Aktivitäten einerseits und Beschränkung bei anderen. Das ist unmittelbar einleuchtend, denn ein Handelsbetrieb kann weder gleichzeitig spottbillig und hochnobel sein, noch intim wirken und dabei ein Riesensortiment führen., Das „Weltstadtwarenhaus zu Niedrigpreisen, gleich um die Ecke" ist und bleibt eine Utopie.

Um sich von der Konkurrenz abzuheben, ist also vielmehr die Konzentration auf einen oder einige wenige Wettbewerbsparameter zu empfehlen, während die übrigen auf einem Niveau zu bieten sind, das seitens der Verbraucher noch akzeptiert wird. Freilich bedeutet ein solches Vorgehen immer dann eine mehr oder weniger unfreiwillige Beschränkung der potentiellen Kundschaft, wenn deren Erwartungen hinsichtlich des Gewichts und der Ausprägung der einzelnen Attraktivitätsfaktoren recht unterschiedlich sind. Infolgedessen ist der Drang im Handel, es eigentlich jedem rechtmachen zu wollen – wenn auch auf Kosten eines prägnanteren Einkaufsstättenprofils – nur allzu verständlich.

Analog zum Produktmarketing der Industrie ist für den Einzelhandel ein **Betriebsstätten-Profil-Marketing** zu fordern. Es geht dabei also um das Ziel der Vermarktung einer Einkaufsstätte als Ganzheit, also als Attraktivitätsbündel, weil es so auch von den Konsumenten wahrgenommen und erlebt wird. Sortiment, Preisniveau und u. U. auch Standort dürften in diesem Zusammenhang die wesentlichsten Bestimmungsfaktoren darstellen, denn durch sie wird eine Einkaufsstätte wohl primär geprägt (vgl. dazu ausführlicher das Kapitel Strategisches Marketing).

Die Darstellung 14 (S. 64) soll die Zusammenhänge verdeutlichen. Es werden dabei sowohl die unterschiedlichen Zielebenen als auch die Interdependenzen im Marketing-Mix ersichtlich. Ausgangspunkt ist ein Einzelhandelsunternehmen mit verschiedenen Vertriebsschienen (Betriebstypen).

Nach den Unternehmenszielen sind die Ziele der einzelnen Funktionalbereiche aufgeführt, von denen nur die Marketingziele näher betrachtet werden. Den Marketingzielen untergeordnet sind die Ziele der einzelnen Betriebstypen. Hervorzuheben ist die auf der Ebene der Betriebstypen erfolgte Aufteilung in quantitative und qualitative Ziele, die sich prinzipiell auf alle Ebenen der Zielhierarchie übertragen läßt. Den Betriebstypenzielen folgen die Instrumentalziele des Marketing, von denen beispielhaft an dieser Stelle nur die Sortimentsziele aufgeführt werden.

Die später in den einzelnen Kapiteln erfolgende isolierte Behandlung

1. Kapitel: Grundlagen

Darstellung 14: Zielsystem von Einzelhandelsunternehmen unter besonderer Berücksichtigung der Marketingziele

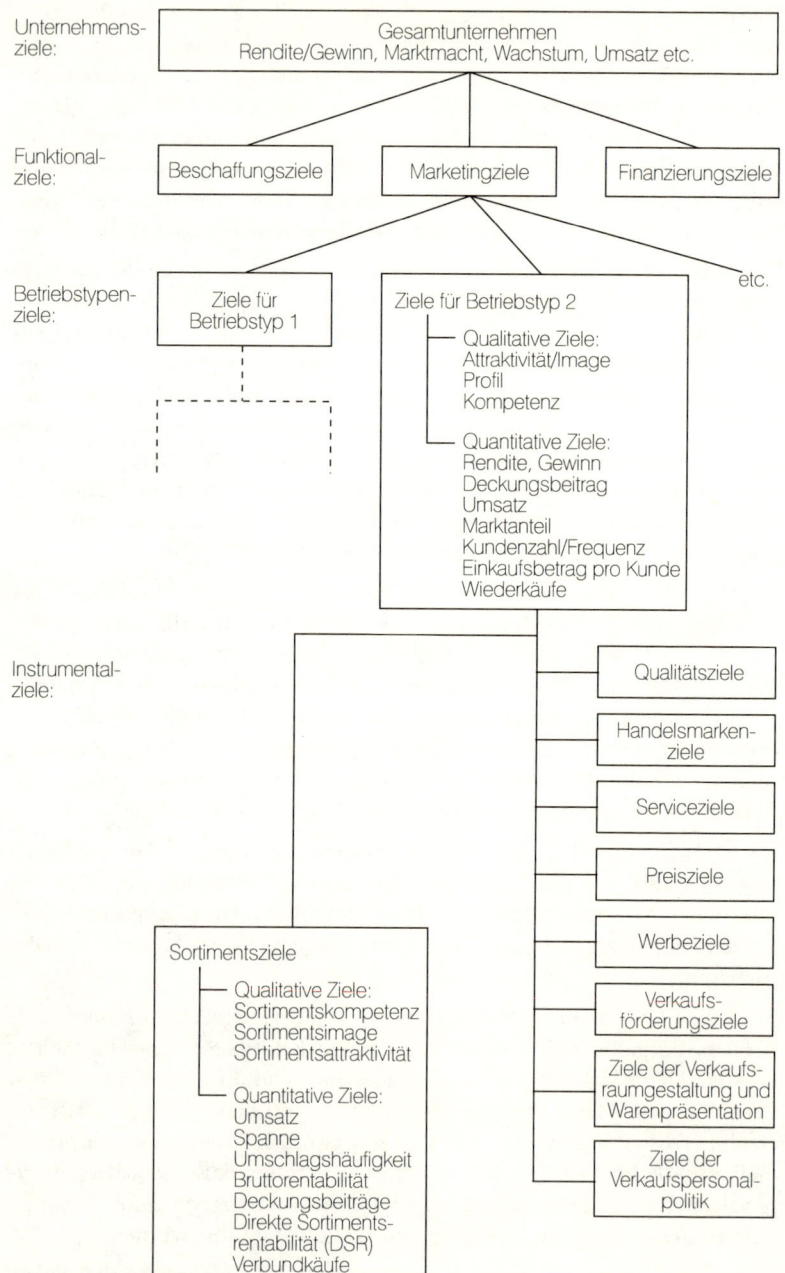

sollte also nicht vergessen lassen, daß es für ein optimales Marketing-Mix entscheidend ist, die Instrumente so aufeinander abzustimmen, daß das angestrebte Marketingziel mit einem vertretbaren Gesamtaufwand erreicht wird.

Große, weitgehend ungelöste und z. T. unlösbare Probleme liegen in der exakten (Voraus-)Bestimmung der Ursache-Wirkungs-Verhältnisse jedes einzelnen Instruments. Man ist mit anderen Worten also im voraus nur auf Schätzungen darüber angewiesen, welcher Aufwand welchen Ertrag bringt. Diese Schwierigkeiten potenzieren sich weiter dadurch, daß es ja letztlich nicht auf die isolierte Wirkung einzelner Instrumente ankommt, sondern auf die Beantwortung der Frage, wie sie gemeinsam wirken werden. Und eben dieses ist eine Optimierungsrechnung mit vielen Unbekannten, zumal die Konkurrenz nicht selten die eigenen Absichten zu durchkreuzen versucht.

V. Betriebstypenkonzeptionen

Die stärkere Akzentuierung des Planungsgedankens und des konzeptionellen Vorgehens im Marketing führt inzwischen auch im Handel dazu, Betriebsstättenkonzepte auf dem Reißbrett zu entwerfen bzw. vorhandene zu überarbeiten (Relaunches).

Vor allem letzteres ist häufig erforderlich, weil insbesondere viele Facheinzelhändler – z. T. sogar ganze Branchen – erkennen müssen, daß sie mit ihrem traditionellen Marktauftritt immer stärker in den Windschatten meist großflächiger und preisaggressiver Mitbewerber geraten. Diesen gegenüber gilt es also, sich stärker zu profilieren.

Aufgerufen dazu ist natürlich zunächst einmal der Händler selbst, aber vielfach fehlt es am Know-how, aber auch am Abstand zum täglichen Geschehen, um solche Neuorientierungen erfolgreich zu konzipieren und durchzusetzen.

Deshalb helfen dabei – z. T. seit Jahrzehnten – Beratungsdienste der Verbände, vor allem auch die Kooperationszentralen den Einzelhändlern, wobei die Beratungsschwerpunkte jedoch im wesentlichen auf der betriebswirtschaftlichen Seite liegen.

Erst in jüngerer Zeit werden vermehrt Unternehmensberater, Werbeberater und -agenturen mit entsprechendem Spezialwissen eingeschaltet, um gemeinsam mit den Händlern oder auch mit Einzelhandelskooperationen wettbewerbsfähige Konzepte zu erarbeiten, und zwar eben mit dem Schwerpunkt Marketing.

Und schließlich machen sich mittlerweile auch manche Hersteller vermehrt Gedanken darüber, welche Nachteile auch für sie entstehen, wenn ihre angestammte Kundschaft, nämlich ihre Fachhändler, zunehmend von den Großbetrieben verdrängt werden. Sie suchen deshalb einen engeren Schulterschluß zum Fachhandel, z. T. unter Ausschaltung des vorgelagerten Großhandels. Es entstehen daraus dann die bereits an anderer Stelle erwähnten herstellerbezogenen sog. **Partnerschaftsmodelle,** wie sie etwa in der Unterhaltungsselektronik inzwischen erfolgreich Eingang gefunden haben. Im Grunde handelt es sich dabei um einen selektiven Vertrieb mit sog. autorisierten Händlern. Das Prinzip ist nicht neu, die Kooperationen sind aber i. d. R. intensiver gestaltet als in früheren Zeiten, weisen also stärker in Richtung auf Vertragshändlerschaft bzw. Franchising.

Auf den kürzesten Nenner gebracht, besteht das Interesse seitens des Fachhandels dabei vor allem an einer Exklusivbelieferung, was die (Marken-)Hersteller dazu veranlassen müßte, zumindest zwei unterschiedliche Produktlinien zu führen, nämlich eine für ihre angeschlossene Händlerschaft und eine für die preisaggressiven Großbetriebsformen (etwa in Form von Zweitmarken).

Während im Zentrum der industrieseitigen Bemühungen natürlich stets das Interesse des einzelnen Herstellers als Lieferant steht, geht es den Einzelhandelskooperationen – ihrem Auftrag gemäß – um die Förderung möglichst aller ihrer Mitglieder. Infolgedessen werden hier – meist unter Heranziehung externer Spezialisten – Betriebsstättenkonzepte erarbeitet und die Händler angehalten, diese zu übernehmen. I. d. R. kommt es dabei zur Entwicklung mehrerer **Betriebstypenversionen** innerhalb einer Branche. Damit wirkt zum einen die Branche dem Verbraucher gegenüber stärker strukturiert, denn statt der bisher üblichen Einheitlichkeit und Austauschbarkeit der Geschäfte sollen die Nachfrager nunmehr gezielter diejenigen Einkaufsstätten ansteuern können, die ihrem Bedarf und ihren Ansprüchen jeweils am besten entsprechen. Zum anderen ist ein solches Mehrversionenkonzept aber auch insofern erforderlich, als damit den unterschiedlichen Gegebenheiten bei der Händlerschaft insbesondere hinsichtlich Standort, Konkurrenzumfeld und Verkaufsfläche Rechnung getragen wird.

Haben sich solche Konzepte erst bei Pilotprojekten bewährt, wird auf rege Beteiligung seitens der Händlerschaft gehofft, was natürlich bedeutet, daß diese Händler etwa im Rahmen von Franchiseverträgen Teile ihrer Selbständigkeit opfern, denn wer unter einer einheitlichen Flagge segelt, kann natürlich nicht mehr machen, was er will. Das führt auf längere Sicht zu einer Stärkung der Zentralen und u. U. auch zur Herausbildung eines sog. Eigengeschäfts separat von dem der Mitglieder.

Die Planung solcher Betriebstypenkonzepte basiert naturgemäß sehr stark auf den jeweiligen Nachfrage- und Konkurrenzgegebenheiten. Ähnlich wie bei einer Produktentwicklung, wird zu Anfang nach einer Art

„unique selling proposition" (USP) gesucht und darauf die einzelnen Attraktivitätsfaktoren zugeschnitten. Nicht unwichtig, aber vergleichsweise vordergründig ist dabei die Gestaltung des gesamten **Kommunikationsbereichs,** angefangen bei einer einprägsamen Firmenbezeichnung (z. B. Watt & Volt), über die Ladenfassade, die Innenraumgestaltung, bis zu den Werbe- und Promotionsmaßnahmen. Hieran ist deutlich die Handschrift der Marketingexperten zu erkennen, die früher weitgehend fehlte.

Weniger ins Auge springend, aber von größter Bedeutung sind die **Sortimentskonzepte,** denn von deren Stimmigkeit hängt es vor allem ab, ob sich der Erfolg einstellt oder nicht. Sortimentsbreite und -tiefe sind hier ebenso zu planen wie Qualitäts-, Preislagen- und Markenschwerpunkte.

Mitunter wird bei der Ausarbeitung solcher Betriebstypenversionen auch mit sog. **Modulen** gearbeitet. Erprobte Leistungsbündel bestimmter Sortimentsteile oder auch Ladeneinrichtungssets werden komplett übernommen und mit anderen nach Baukastenart zu einer neuen Kombination zusammengefügt. Auf diese Weise kann Erfolgreiches mehrfach genutzt werden, aber es lassen sich damit auch notwendige Anpassungen an lokale Gegebenheiten, an die Geschäftsgröße und auch an das vorhandene Fachwissensniveau des jeweiligen Händlers erreichen.

VI. Organisatorische Aspekte

1. Grundlagen

Wenn sich im Rahmen der betrieblichen Leistungsfunktionen die Schwerpunkte stärker in Richtung Marketing verlagern, so erfordert dies nicht nur mehr und besseres Fachwissen und Fachpersonal sowie eine verstärkte Inanspruchnahme von Marketingberatern und Werbeagenturen, sondern auch eine marketingorientierte Unternehmensorganisation.

Persönlich geführte Betriebe mit wenigen Mitarbeitern haben im Hinblick auf Marketingerfordernisse im Prinzip keine schlechten organisatorischen Voraussetzungen; es bestehen einerseits unmittelbarer Kundenkontakt und andererseits ständige Einkaufstätigkeit und dazu eine einheitliche Willensbildung mit entsprechender Durchsetzungskraft.

Je größer die Zahl der Mitarbeiter und je verschiedenartiger deren Tätigkeiten, um so mehr bedarf es einer Organisation, also einer (dauerhaften) Regelung der Zuordnung von (Teil-)Aufgaben zu Personen für einen zielgerichteten und effizienten Leistungsvollzug. Damit ergeben sich aber nicht nur Vorteile, sondern auch die mit jeder Aufgabentrennung verbundenen Gefahren, wie einseitige Informiertheit, fehlende Integration in das gemeinsame Ganze, Unkenntnis der Zusammenhänge, Ressortdenken,

Kompetenzüberschneidungen usw., die letztlich mangelnde Effizienz und fehlenden Schwung zur Folge haben.

Organisationen sind arbeitsteilig strukturiert; das setzt eine entsprechende (Vorher-)Bestimmbarkeit der Tätigkeiten nach Art und Umfang voraus, um die notwendige Einteilung der Arbeitskräfte abzuschätzen.

Im Prinzip läßt sich der Arbeitsanfall entweder gliedern nach unterschiedlichen Tätigkeitsarten (= **Verrichtungen**) oder nach unterschiedlichen **Objekten**, also auf das, worauf sich Verrichtungen inhaltlich beziehen. Werden etwa die Einkaufs- von den Verkaufstätigkeiten getrennt, handelt es sich um eine Verrichtungs-(= **Funktions-**)Gliederung, wird der Einkauf dagegen nach verschiedenen Warengruppen unterteilt, so handelt es sich um eine Objekt-(= **Sparten-**)Gliederung.

Stehen beispielsweise insgesamt nur zwei Arbeitskräfte zur Verfügung, so ergeben sich folgende Möglichkeiten: Ein Mitarbeiter erledigt den Ein- und Verkauf für die Warengruppe A, der andere für B, oder eben einer übernimmt den Einkauf, der andere den Verkauf, aber dies jeweils für beide Warengruppen zusammen.

Die richtige Entscheidung hängt stets davon ab, welche Spezialisierung gegebenenfalls effizienter ist, die nach Funktion oder die nach Sparte, hier also nach Warengruppe.

Je größer und damit i. d. R. arbeitsteiliger die personale Betriebsorganisation ist, um so mehr **Koordination**serfordernisse bestehen, um die verschiedenen Tätigkeiten im Hinblick auf das gemeinsame Ganze nicht auseinanderdriften zu lassen. Und natürlich bedarf es auch einer Festlegung der **Hierarchien** (Instanzenaufbau) und der Ordnung der **Kommunikationsbeziehungen**.

Vergleichsweise hohe Organisationsanforderungen stellt die **Filialisierung**, also das Arbeiten mit mehreren, räumlich getrennten Einkaufsstätten. Im einen Extrem – nämlich bei völliger **Dezentralisation** – läßt sich jede Filiale organisatorisch so strukturieren wie das Stammgeschäft, arbeitet also völlig selbständig, womit notwendige Spezialisierungs-, vor allem aber auch Synergieeffekte natürlich überhaupt nicht genutzt werden. Im anderen Extrem (= **Zentralisation**) werden alle Arbeiten zentralseitig bewältigt, bis auf diejenigen ausführenden Tätigkeiten (Verkauf, Regalbeschickung, Kassieren usw.), die nur in der Filiale getätigt werden können. Die einzelnen Verkaufsstätten sind hier also aller Tätigkeiten enthoben, die nichts mit dem Kundenkontakt i. w. S. zu tun haben.

Wie leicht einsehbar ist, erwachsen aus der Zentralisation erhebliche Vorteile, aber eben auch nur insoweit, wie es zentralseitig nötig und möglich ist, den unterschiedlichen Anforderungen in den einzelnen Filialen (anderer Bedarf, andere Kunden, andere Raumverhältnisse usw.) gerecht zu werden. Das wiederum ist um so schwieriger, je mehr Ehrgeiz besteht, die verbleibenden Tätigkeiten des Filialpersonals auch noch zu reglementieren.

Diesen im Prinzip seit langem geläufigen Vor- und Nachteilen von extrem zentralistischen bzw. von extrem dezentralistischen Organisationen wird in der Praxis durch entsprechende Abstufungen Rechnung getragen, indem etwa den Filialen oder den vorgelagerten Bezirks- bzw. Gebietsleitern gewisse Freiräume seitens der Zentrale zugestanden werden, um sich besser an die regionalen oder lokalen Verhältnisse anzupassen.

Offenbar tendiert die Entwicklung – nicht zuletzt der Beschaffungsvorteile wegen – seit Jahren jedoch in Richtung auf eine stärkere Zentralisation und Standardisierung unter (weitgehender) Nichtberücksichtigung (noch) bestehender lokaler und regionaler Marktunterschiede. Die Egalisierung der Nachfrage- und Konkurrenzverhältnisse in geographischer Hinsicht kommt diesem Bestreben dabei entgegen, aber das gilt natürlich nicht für jedes Filialunternehmen in gleicher Weise, sondern ist sehr stark betriebstypen-, sortiments- und zielgruppenabhängig.

Zusätzliche Organisationsprobleme entstehen, wenn Filialunternehmen mit mehreren **Vertriebslinien** arbeiten, etwa mit sortimentsverwandten, aber unterschiedlichen Betriebstypen (z. B. Supermarkt und Verbrauchermarkt) oder mit branchenunterschiedlichen Filialnetzen (Baumärkte und Schuh-Discounter). Auch hier ist zu analysieren, bei welchen Aufgaben bzw. Tätigkeitsebenen (noch) Gemeinsamkeiten gegeben sind, die Synergieeffekte versprechen und deshalb organisatorisch gebündelt werden können. Wo nicht, müssen die Vertriebslinien jeweils separat als Divisionen mit einer kompletten, eigenständigen Organisation betrieben werden. Bestehen innerhalb einer Vertriebslinie noch gravierende Unterschiede zwischen den Outlets, so ist dieses u. U. organisatorisch noch gesondert zu berücksichtigen, etwa durch sog. Kopf- oder Leitfilialen, die für eine Reihe von Satelliten-Filialen in räumlicher Nähe bestimmte Funktionen (Einkauf, Lagerung, Werbung etc.) übernehmen.

2. Umsetzung

In dem vorab skizzierten Rahmen organisatorischer Erfordernisse und Möglichkeiten stellt sich nun die Frage, wie speziell das Handelsmarketing organisatorisch Berücksichtigung finden kann.

Eine Pauschalantwort fällt noch leicht, nämlich in Gestalt der Forderung, daß der **Zuschnitt** der gesamten Organisation in Richtung auf den Absatz bzw. auf den Kunden zu erfolgen hat, und somit alle diejenigen Funktionen zu fördern und auszubauen sind, die dazu verhelfen.

I. w. S. gehört dazu eine entsprechende Motivation bzw. Einstellung aller Mitarbeiter in Gestalt eines **Marketing-Bewußtseins,** denn Marketing ist – wie bereits ausgeführt – zunächst einmal eine unternehmerische Grundhaltung, eine Maxime. Erforderlich sind also einschlägige Schulungsmaßnahmen, aber auch alle Incentives monetärer und nicht-monetärer Art, wie sie im Kapitel über die Verkaufspersonalpolitik zur Sprache kommen. Je wirkungsvoller dies geschieht, um so größere Selbständigkeit läßt sich den Stelleninhabern einräumen, die wiederum Voraussetzung dafür ist, daß man gerade an der Verkaufsfront flexibel zu reagieren vermag.

Zur Verwirklichung des Marketing dient auch das Bestreben, die insbesondere für den Verkauf vor Ort zuständigen Mitarbeiter möglichst ausschließlich für diese Aufgaben freizumachen und freizuhalten, damit sie sich ganz darauf konzentrieren können. Das ist in kleinen Betrieben mit einem kleinen Mitarbeiterpotential nicht immer leicht.

Anders als bei der Industrie sind im Handel **Einkauf** und **Verkauf** enger ineinander verwoben. Liegen beide nicht mehr in einer Hand bzw. einer Verantwortung, gibt es Interessendivergenzen, die sich mit der Frage ausdrücken lassen: Soll der Verkauf das vermarkten, was der Einkauf von sich aus ordert, oder soll der Einkauf das ordern, was der Verkauf von ihm verlangt? Das Problem ist natürlich nicht erst seit den Tagen des Marketing bekannt und wurde zu allen Zeiten durch mehr oder weniger gute, oft informelle Zusammenarbeit zu lösen versucht, wobei freilich der Einkauf – frei nach der alten Kaufmannsweisheit: „Im Einkauf liegt der Gewinn" – dominierte, und andererseits der Verkauf meist nicht mehr bieten konnte als (vergangenheitsbezogene) Abverkaufserfahrungen.

Im Zuge einer stärkeren Absatzorientierung, besserer innerbetrieblicher leistungs- bzw. erfolgsbezogener Warendaten und von mehr Markt- und Konkurrenzinformationen aus externen Quellen sind die Entscheidungsgrundlagen wesentlich breiter und fundierter geworden.

Die Verkaufsleitung – bei Filialbetrieben in der klassischen hierarchischen Abstufung untergliedert in Gebiets-, Bezirks- und Marktleiter – müßte also mehr einschlägige Informationen an den Einkauf liefern. Erforderlich wäre folglich eine sehr enge Kooperation zwischen den beiden Funktionalbereichen (Ressorts).

Nun war der Verkaufsbereich traditionell eigentlich nicht nur für den Absatz zuständig, sondern mehr oder minder für das gesamte **Shop-Management**, also für das „Operating". Bezeichnenderweise hießen die Mitarbeiter im „Außendienst" deshalb vielfach auch Filialrevisoren. Sie hatten neben der Disziplinar- meist auch die Ergebnisverantwortung für ihre Geschäfte. Nur bei größeren Verkaufsstätten lag dies meist bei deren Geschäftsführern oder Marktleitern selbst; der „Revisor" hatte hier also lediglich eine Beraterfunktion.

Weil bei einer solchen Organisation ein anspruchsvolles Marketing schwierig zu realisieren war und ist, liegt eine stärkere Trennung zwischen Shop-Management (Operating) und Marketing nahe. Wie aber läßt sich das organisatorisch verwirklichen?

Naheliegend ist eine stärkere Abgrenzung zwischen der **Shop-Verantwortlichkeit** und der **Absatz- bzw. Warenverantwortlichkeit.** Etwas vergröbert formuliert, ist erstere für die Ausführung und Umsetzung in den Filialen zuständig, während absatzseitig bestimmt wird, nach welchen Richtlinien die Vermarktung erfolgen soll.

Die Absatz- bzw. Warenverantwortlichkeit wiederum läßt sich u. U. ganz auf den Einkauf verlagern, der damit eine Funktionserweiterung erfährt und unter der Bezeichnung **Merchandising** inzwischen Eingang in die Praxis gefunden hat. In entsprechend weiter Fassung ist ein solches Ressort dann u. U. zuständig nicht nur für den Einkauf, sondern auch für die Sortimentierung, die Preise, die Plazierung, bis hin zur Regalmeterrendite (= Warengruppen- oder Category-Management).

Vorteilhaft daran ist, daß damit die bereits erwähnten Divergenzen zwischen Einkauf und Verkauf vermieden werden, denn die „Einkäufer" neuen Stils können nun eben nicht mehr primär in bloßen Beschaffungskategorien denken; nachteilig ist demgegenüber die Tatsache, daß es bei einer solchen Regelung vor Ort nunmehr zwei Weisungsbefugte gibt, nämlich einmal den Disziplinarvorgesetzten (Shop manager) und zum anderen den Fachvorgesetzten (Merchandiser). Solche **Mehrfachunterstellungen** werden deshalb in Organisationen soweit wie möglich vermieden. Das geht aber eben immer dann nicht, wenn versucht wird, mehrere (konkurrierende) Einzelinteressen oberer Ebenen auf der Ausführungsebene unmittelbar durchzusetzen. Der Marktleiter bzw. das Filialpersonal müssen dann also gleichzeitig mehreren Herren dienen (= Funktionsmeisterprinzip). Das ließe sich nur dann verhindern, wenn mehr vor Ort entschieden werden dürfte, die Einzelinteressen also nur in Beratungsform an die Shop-Verantwortlichen herangetragen werden können.

Das verkompliziert sich in dem Maße, wie versucht wird, der besseren marktlichen Durchsetzung wegen die Merchandisingfunktion **nach Warenbereichen** (= Objekte) weiter zu unterteilen. Eine solche **Spartenbildung** vermehrt auf Verkaufsstättenebene die (rivalisierenden) Zuständigkeiten, denn Verkaufsraum, Regalflächen und Personal sind nun einmal begrenzt. Das damit programmierte Konfliktpotential in solchen **Matrix-Organisationen** mit den zahlreichen Schnittstellen setzt – positiv interpretiert – konstruktive Kräfte frei, erfordert aber in jedem Fall viel Koordinationsarbeit und guten Willen.

Betriebswirtschaftlich konsequent zu Ende gedacht, lassen sich Konflikte z. T. auch dadurch lösen, daß die begrenzten Ressourcen in den Verkaufsstellen (Personal, Fläche, Schaufenster usw.) zu innerbetrieblichen Verrechnungspreisen von den einzelnen Sparten „gemietet" werden können.

Die notwendige Sortimentsharmonie ist damit aber zumindest gefährdet. Gleiches gilt bereits bei einer ausschließlichen Fixierung auf die Regalmeterrentabilität der einzelnen Produkte bzw. Produktgruppen, so erzieherisch sie im Prinzip auch ist.

Existieren verschiedene **Vertriebslinien** (z. B. Fachgeschäfte und Fachmärkte), so benötigen diese auf der Führungsebene i. d. R. jeweils eine gesonderte Interessenvertretung. Auch dies ergibt im Grunde eine Spartengliederung, die „Objekte" sind hier die Betriebstypen. Führen diese z. B. gemeinsame Sortimentsteile, so kommt neben den dafür zuständigen Merchandisern und dem Shop-Managment also noch eine weitere Kraft ins Spiel, die speziell die betriebstypenspezifischen Aspekte bis auf die untere Ebene durchzusetzen hat.

Zusammenfassend betrachtet, findet der Marketingaspekt seinen Niederschlag also insbesondere durch die Aufwertung der Sparten, oft bis auf die Ebene der traditionellen Funktionsgliederung. Damit soll trotz allen Konfliktpotentials auch eine engere Zusammenarbeit mit dem Shop-Management in Richtung Marketing forciert werden.

Eine organisatorische Fixierung der obersten Marketingverantwortlichkeit, insbesondere aber die Schaffung entsprechender Abteilungen oder Stellen für einschlägige Unterfunktionen, wie Werbung, Promotion, Ladengestaltung usw., erübrigt sich damit natürlich nicht.

Marketing ist eine Führungsfunktion, ist also Chef- oder Vorstandssache; eine entsprechende Unternehmensgröße vorausgesetzt, erfordert dies deshalb eigentlich keine klassische Marketingabteilung, sondern einen Stab mit Servicefunktion. Dieser hätte dann die nötigen Planungsarbeiten sowie die Abstimmungen mit den Vertriebslinienverantwortlichen, dem Merchandising und dem Shop-Management vorzunehmen und wäre darüber hinaus u. U. auch für Soll-Ist-Vergleiche zuständig. Daß ein solcher Stab damit sehr leicht in Quasi-Linienfunktionen hineinwächst, ist naheliegend und – als eine Art von „Integrationszentrum" – mitunter sogar erwünscht.

2. Kapitel: Instrumente des Handelsmarketing

A. Sortimentspolitik

I. Bedeutung

Das Handelssortiment ist eine Mehrheit (Vielheit) von Waren, die vom Handelsbetrieb als eine nachfrage- und auswahlgerechte Angebotsgesamtheit gleichzeitig geführt wird.

Wohl zu Recht läßt es sich als der zentralste Leistungsbereich bezeichnen. Das Sortiment ist nämlich – bei allen Interdependenzen – maßgebend für die Gestaltung der übrigen Leistungsbereiche; ob Raumbedarf, ob Ladengestaltung, ob Einkauf oder Preisgestaltung, fast alles ist primär ausgerichtet an der Sortimentspolitik des Händlers.

Je umfangreicher und je differenzierter das Warenangebot der Industrie ist, um so größer sind damit zwangsläufig auch die Umgruppierungs- bzw. Bündelungsaufgaben des Handels. Die moderne Einzelhandelsentwicklung – insbesondere die der letzten Jahrzehnte – stand ganz im Zeichen stark zunehmender Artikelzahlen und Verkaufsflächen.

Aufgrund dieses Trends und der damit oft verbundenen Ausuferung der Einzelhandelssortimente erkannten ideenreiche Händler bekanntlich die Chance, durch eine rigorose Sortimentsstraffung entsprechende Kosten- und Preisvorteile zu erzielen und sich damit als Discounter im Markt durchzusetzen. Spätestens mit deren Etablierung ist der Wettbewerb im Einzelhandel heftiger denn je entbrannt; vordergründig geht es dabei zwar um die Preise, zu großen Teilen verbirgt sich dahinter aber eine geschickte und kontrastreiche Sortimentspolitik.

Was die Größe der Sortimente betrifft, bieten sich unendlich viele Möglichkeiten, reichend vom „Monosortiment" der Brezelfrau, den Kleinsortimenten beispielsweise der Autohändler und Tankstellen, den Magersortimenten der Discounter (ca. 600 Artikel) über das der SB-Märkte und Supermärkte (ca. 6500), der Verbrauchermärkte (ca. 13 000) und SB-Warenhäuser (ca. 25 000) bis hin zu den Universalsortimenten der großen Waren- und Versandhäuser mit über 80 000 Artikeln.

Eine monokausale Erklärung für eine solche Variation an Sortimentsumfang gibt es nicht, es sei denn die Tatsache, daß die Verbraucher auf sehr unterschiedliche Sortimentsgrößen ansprechen und zwar nicht nur inter-, sondern auch intrapersonell. Wäre nämlich der Wunsch nach Warenfülle alleine maßgebend, gäbe es nur Warenhauskunden.

II. Sortimentsmerkmale

1. Sortimentsbausteine

Größe und Zusammensetzung von Sortimenten lassen sich unter verschiedenen Aspekten charakterisieren. Zunächst dient dazu eine Reihe von Bezeichnungen, die eine Gesamtheit aller Waren an Hand immer geringerer Unterscheidungsmerkmale untergliedert. Die Darstellung 15, eine sog. Sortimentspyramide, macht dies deutlich. Über die Bezeichnung der untersten Einheit (Pyramidenspitze) herrschen dabei verschiedene Auffassungen: Manche nennen sie Position, andere Artikel; die letztere Bezeichnung ist inzwischen offenbar die gebräuchlichere.

Darstellung 15: Sortimentspyramide

Artikel
Beispiel:
Marke X, 750 ml

Sorte
Beispiel:
dt. Sekt

Artikelgruppe
Beispiel: Schaumweine

Warengruppe
Beispiel: alkohol. Getränke

Warengattung
Beispiel: Getränke

Warenbereich
entspricht weitgehend der üblichen Branchengliederung
Beispiel: Lebensmittel (food u. nonfood)

Alle Einzelhandelswaren

2. Sortimentsdimensionen

Grundsätzlich wird auf dieser Basis ein Sortiment durch zwei Dimensionen charakterisiert, nämlich durch Breite und Tiefe.

Je breiter, um so mehr verschiedenartige Warenbereiche umfaßt ein Sortiment, wie im Extrem bei Warenhäusern und Universalversandhäusern. Die Kunden können hier also sehr viel verschiedenartige Bedarfe gleichzeitig decken.

Die Sortimentstiefe weist dagegen auf die Zahl gleichartiger Artikel hin, die geführt werden. Sie bestimmt bei ensprechender Ausprägung, was landläufig als „gut sortiert" oder „große Auswahl" bezeichnet wird, ist also charakteristisch für Fach- und insbesondere für Spezialgeschäfte. Natürlich lassen sich Breite und Tiefe zwar in Artikelzahlen ausdrücken, was aber als „gut" oder „mäßig" empfunden wird, bemessen die Verbraucher an den ihnen zur Verfügung stehenden Vergleichen.

Es fällt nun nicht immer leicht, diese Dimensionen voneinander zu trennen, da sie beide auf Substitutionsmöglichkeiten abstellen können (allerdings zielt die Sortimentsbreite eher auf additive Kaufmöglichkeiten). Ob Güter als Substitute angesehen werden, kann je nach Person verschieden sein und hängt u. a. von der Konkretisierungsstufe des Kaufwunsches ab. Will ein Käufer etwa ein Geschenk kaufen, so können Cognac und ein Reisewecker durchaus Substitute sein. Ein Geschäft mit einem entsprechenden Angebot würde sich mithin durch eine große Sortimentstiefe auszeichnen.

Im Regelfall wird der Kaufwunsch jedoch konkretisierter sein, so daß diese Substitutionsmöglichkeiten entfallen. Statt der Substitutionsmöglichkeit wird deshalb meist auf die Artverwandtschaft abgestellt. Beide Kriterien müssen nicht übereinstimmen, denn für den Kaufinteressenten einer Quarzuhr kann jede anders angetriebene Uhr uninteressant sein. Danach zeigt die Sortimentstiefe also an, wieviele artverwandte Artikel im Sortiment sind. Die Unterscheidung der Artikel kann anhand zahlreicher Merkmale vorgenommen werden (z. B. Größe, Farbe, Verwendungszweck), so daß es nicht exakt möglich ist, zu sagen, ein Betrieb verfüge über die größere Sortimentstiefe, wenn er nicht in bezug auf alle Merkmale die größere Artikelzahl bietet.

3. Betriebsinterne Unterteilungen

Es gibt nun noch eine Reihe von Bezeichnungen, mit denen betriebsintern die Sortimente bzw. die Sortimentsteile näher charakterisiert werden. Die wichtigsten sind folgende:

– nach der Bedeutung innerhalb des Sortiments: Standard-(Grund-, Kern-, Basis-), Zusatz-Sortiment;

- nach der Aktualität im Sortiment: Stapel-, modisches, Tages-(Frische-) Sortiment;
- nach der Verweildauer im Sortiment: Dauer-, Saison-, Aktionssortiment;
- nach dem Lebenszyklus im Sortiment; Test-, Trend-, Auslauf-, Nachverwertungssortiment;
- nach der Präsenz der Waren: Lager(Loko)-, Bestell-Sortiment;
- nach der Dispositionsfreiheit des Verkaufsstättenleiters: Muß-(Pflicht-), Soll-, Kann-, Frei-Sortiment.

Speziell die letzte Einteilung bedarf noch einer kurzen Erklärung. In allen mehrstufigen Einzelhandelsunternehmen bzw. -kooperationen wird das Sortiment nicht oder nicht ausschließlich vor Ort bestimmt. Weder die Einzelhändler in einer Einkaufsgenossenschaft oder freiwilligen Kette noch gar die Vertragshändler, Franchisenehmer oder die Marktleiter eines Filialisten haben völlige Dispositionsfreiheit, sondern sind zu Teilen oder in Gänze an die Vorgaben der Zentralen gebunden. Zentrale Ordersätze bestimmen hier also den Rahmen, und je stärker sich im Einzelhandel die Vertikalisierung und der Zentralismus durchsetzen, um so geringer wird der Dispositionsspielraum an der Basis. Standortbedingte lokale oder regionale Nachfrageunterschiede finden dann nur noch entsprechend geringe Berücksichtigung.

III. Betriebsstrukturelle Bestimmungsfaktoren

1. Sortimentsausrichtung

Bevor auf die Sortimentsgstaltung näher eingegangen wird, und hier vor allem auf die einschlägigen Nachfrage- und Konkurrenzaspekte, müssen nachfolgend die übrigen Bestimmungsfaktoren zumindest skizziert werden. Sie beinhalten z. T. historisch gewachsene Gestaltungselemente, insbesondere aber zeigen sie die engen Zusammenhänge bzw. Wechselbeziehungen auf, die zwischen der Sortimentsgestaltung und den übrigen Attraktivitätsfaktoren herrschen.

Der Einzelhandel war historisch – und ist auch noch heute – überwiegend **branchenmäßig** strukturiert. Dies besagt zunächst nur, daß ein Ausschnitt aus dem gesamten Warenangebot gemeint ist. Keine Einkaufstätte ist heute mehr in der Lage, das insgesamt verfügbare Warenangebot zu führen, auch Warenhäuser nicht.

Typische Branchensortimente sind traditionell **herkunftsbezogen;** die gemeinsame Klammer bzw. den Auswahlgesichtspunkt bilden hierbei entweder die gleichen Materialien (Textil, Porzellan usw.) oder die gleiche Technik (Kraftfahrzeuge, Unterhaltungselektronik usw.). Je stärker hinsichtlich Beschaffung, Beratung und Service vom Handel Fachverstand erforderlich bzw. gewünscht wird, um so mehr bleibt es auch weiterhin bei einer solchen Sortimentierung.

Herkunftsbezogen in ganz anderem Sinne sind Sortimente aus bestimmten Ländern, Regionen oder Orten und/oder aus bestimmten Zeiten, also China-Waren, Antiquitäten aus dem 18. Jahrhundert oder Gebraucht- bzw. Zweite-Wahl-Ware.

Herkunftsorientiert, speziell bezogen auf die Einkaufsquelle, sind natürlich die Fabrikfilialen und herstellereigene Franchise-Organisationen, eben weil sie das Programm des Herstellers führen müssen. Analoges gilt auch für den Handwerkshandel und die sog. Selbstvermarkter wie Landwirte oder Winzer.

Hinkunftsbezogene Sortimente überspringen dagegen gleichsam diese Grenzen und fassen Waren(gruppierungen) verschiedener Herkunft zu Bedarfs- oder Erlebniskreisen zusammen. Aus dem Möbelgeschäft wird ein Einrichtungshaus, aus dem Sportartikelgeschäft ein Freizeitgeschäft. I. d. R. werden damit also die Sortimente breiter und verlieren an Tiefe.

Aber mit diesen Beispielen sind die zahlreichen Möglichkeiten einer hinkunfts- bzw. bedarfsorientierten Sortimentsgestaltung nur angedeutet. Der Phantasie sind kaum Grenzen gesetzt, wenn zielgruppenspezifische Vorstellungen zur Hilfe genommen werden. Im Extrem treten die traditionellen herkunftsbezogenen Aspekte völlig zurück, das Sortiment ist dann eine totale Mischung verschiedenartiger Waren, deren Zusammenstellung allein nach dem Bedarfskreis des angepeilten Abnehmersegments (z. B. Jugendliche, Touristen usw.) erfolgt.

2. Preis- und Qualitätsniveau

Vielfach werden Sortimente (ergänzend) auch nach einem bestimmten Preisniveau ausgerichtet. Eine solche durchgängige Preisstrategie (hoch-, mittel- und niedrigpreisig) korrespondiert i. d. R. mit einem entsprechenden Level hinsichtlich der Warenqualität, der Ladengestaltung und des Services, läuft also damit auf bestimmte **Betriebsformen** hinaus (vgl. übernächsten Abschnitt, S. 78).

Auch innerhalb eines Handelssortimentes können Preisklassenabstufungen angestrebt werden, etwa nach der Devise:
- hochpreisiger Sortimentsanteil (als Ausweis für Exklusivität und Fachkompetenz),
- Mittelpreislage (vernünftiges Preis-Leistungs-Verhältnis für die Durchschnitts-Kundschaft) und
- Niedrigpreislage (als Ausweis für die besondere Leistungsfähigkeit).

Es wird damit zwar für jedes Portemonnaie etwas geboten, aber es besteht

3. Grad der Selbstverkäuflichkeit

Aufgrund der Rationalisierungsbemühungen im Einzelhandel hat insbesondere in den letzten Jahrzehnten der Trend zur **Selbstbedienung** stark zugenommen. Je nach gewähltem Ausmaß mußten auch die Sortimente danach ausgerichtet werden. Gerade der mittlständische Facheinzelhandel hat viel zu lange an der Vorstellung festgehalten, daß es ohne Bedienung nicht ginge und mußte deshalb erleben, daß die selbstbedienungsaktiven Betriebsformen große Umsatzerfolge erzielten. Mittlerweile werden die Alles-oder-Nichts-Konzepte weniger bevorzugt, und statt dessen wird nach der Devise verfahren: Soviel (Teil-)Selbstbedienung wie möglich und soviel Bedienung wie nötig.

4. Betriebsform

Mit den geläufigen Betriebsformen – wie z. B. Warenhaus oder Fachgeschäft – verbinden die Verbraucher bestimmte Vorstellungen auch bezüglich der Breite und Tiefe des Sortiments; umgekehrt läßt sich auch der Handel bei der Sortimentsgestaltung von solchen Stereotypen leiten, in der Annahme, damit die geläufigen Kundenerwartungen zu erfüllen. Betriebstyp und Sortiment bedingen sich also wechselseitig, entsprechend groß war zumindest das Risiko gänzlich ungewohnter Sortimentsinhalte.

Inzwischen werden duch das vermehrte Auftreten neuartiger Sortimente im Einzelhandel die traditionellen Vorstellungen der Konsumenten hinsichtlich Betriebstypus und dazugehörigem Sortiment langsam abgebaut. Auch ungewohnte Sortimentskombinationen werden akzeptiert, zumal wenn diese den Verbrauchern durch intensive Werbung und/oder durch besonders günstige Preise nahegebracht werden. Anders wären die großen Erfolge nicht denkbar, die z. B. die Kaffee- und Lebensmittelfilialisten inzwischen mit ihren fachfremden Aktionsangeboten **(Partiegeschäfte)** erzielen. Auf den gesamten Einzelhandel bezogen, wird allerdings das Ausmaß solcher „Sortimentsverwilderungen" oft überschätzt (vgl. Panzer).

5. Betriebsfläche

Die Betriebsgröße – hier verstanden als die zum Vollzug der Handelsleistung dienenden Räumlichkeiten – mißt sich in erster Linie an der zur Verfügung stehenden Verkaufsfläche. Diese wird also im Prinzip vom geplanten Sortimentsumfang bestimmt. Weil die Fläche selbst aber selten beliebig variierbar ist, finden eventuell notwendige Sortimentserweiterungen häufig ihre Grenzen im Mangel an Verkaufsfläche.

Gerade der Trend zur Selbstbedienung, aber auch das erweiterte Industrieangebot haben in der Vergangenheit ganz entscheidend zur **Flächenexpansion** im Einzelhandel geführt und andererseits viele der traditionellen, kleinflächigen Betriebsformen zum Untergang oder zumindest zum Siechtum verurteilt, soweit sie im Bereich der Massendistribution tätig waren. Sie halten sich umgekehrt dort mit mehr Erfolg, wo es sich um hochpreisige (und möglichst kleinvolumige) Produkte handelt, die weitgehend mit Bedienung verkauft werden.

6. Standort

Je kürzere Wege die Nachfrager für ihre jeweiligen Einkäufe zurücklegen wollen oder können, um so mehr bestimmt der Standort auch den potentiellen Kundenkreis. Je mehr dies also der Fall ist, um so enger sind die Beziehungen bzw. Abhängigkeiten zwischen Standort und Sortiment. Auf eine Kurzform gebracht, sind dabei zwei Ausgangsüberlegungen möglich: Entweder wird für einen gegebenen Standort ein entsprechendes Sortiment gesucht, oder man sucht für ein gegebenes Sortiment einen entsprechenden Standort (vgl. auch 2. Kapitel, Abschnitt K zur Standortpolitik, S. 342 ff.).

I. d. R. korrespondiert die Güte eines Standorts mit seinen Kosten; je besser die Lage, um so höher ist vergleichsweise die Miete bzw. der Kaufpreis, und um so höher muß also die Flächenproduktivität sein. Die teuersten Geschäftslagen waren daher traditionell primär von solchen Einzelhandelsgeschäften besetzt, die begrenzte (Fach)Sortimente mit hochpreisigen, vergleichsweise kleinvolumigen Produkten anboten. Insofern besteht ein Zusammenhang zwischen Standort, Sortimentsumfang und Sortimentsniveau.

Nachdem inzwischen Mietpreiserhöhungen in früher nicht bekanntem Maße erfolgten, haben sich mittlerweile Veränderungen ergeben, denn es gilt nicht mehr durchgängig die Formel „Nobellage = Nobelsortiment" und umgekehrt. In vielen Citylagen kommen z. B. auch Einzelhandelsbetriebe mit mittel- oder niedrigpreisigen Sortimenten zum Zuge, deren hohe Flächenproduktivität durch hoch kalkulierte, sich aber vor allem auch schnell umschlagende Artikel erzielt wird.

Vereinzelt werden die Zusammenhänge zwischen Standort und Sortiment näher untersucht und auch veröffentlicht. In einer BBE-Studie zu diesem Thema heißt es etwa zum Schuhfachhandel:

„In den zentralen Lagen der Groß- und Oberzentren erzielen Damen- und Herren-Straßenschuhe einen Umsatzanteil zwischen 80 und 90% vom Umsatz. Insbesondere in Kinderschuhen und Turnschuhen werden nur marginale Anteilswerte ausgewiesen. Folgerichtig sind Kinderschuhe und Turnschuhe wichtige Umsatzsäulen in Vorortlagen und kleinen Städten ..."

Und zum Uhren- und Schmuck-Einzelhandel wird festgestellt:

„Generell läßt sich – und dies gilt für alle Zentrentypen – feststellen, daß mit sinkender Standortwertigkeit der Anteil des Uhrensortiments am Gesamtumsatz steigt. Der Verkauf höherwertigen Echt-Schmucks konzentriert sich stärker in den Hauptverkehrslagen. Eine Ausnahme bilden hier die Hauptverkehrslagen in den Großzentren ..." (Der Einzelhandelsberater, 9/1987).

7. Kosten

Je umfangreicher das Sortiment hinsichtlich Breite und/oder Tiefe, um so größer sind – absolut betrachtet – auch der Wareneinsatz und der Platzbedarf, um so umfangreicher ist das Handling der Ware und um so größer ist i. d. R. auch das Absatzrisiko.

Mit steigendem Sortimentsumfang kommt es meist auch zu einer Verlangsamung der Lagerumschlagsgeschwindigkeit mit der Folge, daß die durchschnittliche Kostenbelastung pro Artikel zunimmt. Das gilt insbesondere, je tiefer ein Sortiment ist, je mehr Auswahl also geboten wird. Auswahl ist also vergleichsweise aufwendig, infolgedessen muß hier entsprechend hoch kalkuliert werden in der Erwartung, daß die Verbraucher die Auswahl auch honorieren. Je preisbewußter das Publikum aber wird, um so schwerer haben es solche Anbieter.

Eine konsequent niedrigpreisorientierte Sortimentsstrategie erfordert darum umgekehrt fast zwangsläufig eine Sortimentsbeschränkung auf die gängigsten Artikel, insbesondere also eine Reduzierung der Auswahl zugunsten des Preisniveaus. Eine solche Angebotspolitik hat bekanntlich weitreichende Konsequenzen für die übrigen Anbieter. Diese verlieren nämlich ihre „Butter- und Brotartikel" weitgehend an die Discounter mit der Folge, daß sie noch höher kalkulieren müssen, sofern sie ihre Auswahl beibehalten wollen. Infolgedessen besteht die Gefahr der Polarisierung im Einzelhandel, denn das Mittelfeld wird geschwächt.

Seit einer Reihe von Jahren zeichnet sich jedoch eine neue Entwicklung ab, die scheinbar Unvereinbares ermöglicht. Die Devise heißt: große Auswahl, gute Qualitäten, trotzdem geringe Kosten, deswegen auch günstige Preise. Die nachfolgende, vergleichende Gegenüberstellung aus dem Bereich der Unterhaltungs-Elektronik läßt erkennen, wie sich die Leistungskennziffern mit Sortiments- und Flächenerweiterungen verändern:

Betriebstyp	Fachgeschäft	Fachmarkt
durchschn. Verkaufsfläche	220 qm	1650 qm
Umsatz je qm Verk. Fläche	11 350 DM	9000 DM
Umsatz je Mitarbeiter	240 000 DM	600 000 DM
durchschn. Lagerbestand	720 000 DM	3 300 000 DM
durchschn. Lagerumschlag	3,5 mal	4,5 mal

IV. Sortiment und Kundenpotential

Noch bevor den Fragen der inhaltlichen Bestimmung eines Sortiments nachgegangen wird, sollten einige grundsätzliche Überlegungen zu den Zusammenhängen zwischen „Sortimentsdimension" und „Kundenpotential" angestellt werden. Welche Nachfrageselektion ergibt sich zwangsläufig aus dem gewählten Sortimentszuschnitt?

Obgleich beim Sortiment in Wirklichkeit ja immer eine Zweidimensionalität vorliegt, lassen sich die Zusammenhänge nur mittels isolierter Betrachtung darstellen.

In bezug auf die **Sortimentsbreite** ergibt sich dabei folgendes:
- Je breiter ein Sortiment ist – im Extrem also alle Warengruppen umschließt –, um so umfassender wird das gesamte Bedarfsspektrum aller Bedarfsträger (Haushalte) angesprochen. Je breiter also ein Händler sein Sortiment wählt, um so größer ist sein potentieller Kundenkreis im Einzugsgebiet, sofern er nicht bereits im Grundbedarf (z. B. Brot) angesiedelt ist. Die Verbreiterung der Sortimente ist für Händler also tendenziell eine stete Verlockung, weil sie sich daraus im Prinzip einen größeren Kundenkreis versprechen.
- Je enger bzw. schmaler ein Sortiment dagegen ist, ein um so partielleres Bedarfsspektrum der Bedarfsträger wird damit anvisiert, denn im Extrem kann ja nur eine Art von Bedarf gedeckt werden. Auch hier gilt wieder, daß sich damit die Zahl der dafür in Frage kommenden potentiellen Kunden nicht automatisch verkleinern muß; während etwa für Brot jeder Haushalt als Nachfrager betrachtet werden kann, engt sich bei Angelhaken die Zielgruppe entsprechend ein.

Je spezieller also die Bedarfsart ist, auf die sich ein Händler konzentriert, ein um so vergleichsweise größeres Einzugsgebiet benötigt er im Grund, kann es aber nur dann tatsächlich ausschöpfen, wenn eine genügend große Zahl von Bedarfsträgern bereit ist, dafür entsprechende Distanzen zu überwinden. Die sich hier auftuenden Grenzen sind auch der Grund dafür, daß extrem enge Sortimente im Spezialversandhandel vergleichsweise besser reüssieren oder aber – im stationären Geschäft – an solchen

Standorten erfolgreich sind, wo sich eine gleichartige Nachfrage massiert.

Nun zur **Sortimentstiefe** – ebenfalls in isolierter Betrachtungsweise. Hier gilt:

- Je tiefer ein Sortiment ist, d. h. je mehr Auswahl von artverwandten Artikeln besteht, desto größer ist das Ausschöpfungspotential, und zwar in der/den betreffenden Artikelgruppe(n). Immer mehr Käufer finden also hier das gerade für sie Geeignete. Je tiefer folglich ein Sortiment ist, um so stärker signalisiert es den betreffenden Nachfragern die sog. Sortimentskompetenz. Hierin liegt bekanntlich die Stärke der Fach- und Spezialgeschäfte, weil sie im Extrem jeden Bedarf in der betreffenden Artikelgruppe zu decken in der Lage sind. Die Gefahren liegen auf der anderen Seite in einer zu starken Ausdifferenzierung des Angebots. An irgendeinem Punkt ist die volle Ausschöpfung pro Kunde erreicht, und irgendwann auch die der Zahl der Kunden, mit der Folge, daß jede weitere Sortimentsvertiefung die durchschnittliche Umschlagsgeschwindigkeit reduziert.
- Je flacher ein Sortiment dagegen ist, um so mehr potentiellen Bedarfsträgern (der entsprechenden Artikelgruppe) ist die Auswahl zu gering. Wer also etwa nur eine Sorte Brot oder einen Typ Rasenmäher führt, muß als Händler auf alle jene potentiellen Kunden verzichten, die damit ihre Wünsche nicht verwirklicht sehen, und sei es auch nur deshalb, weil sie einfach mehr Auswahl erwarten. Je flacher also ein Sortiment, um so geringer wird das vorhandene Bedarfspotential pro Bedarfsträger damit ausgeschöpft.

Es ist nunmehr leicht, die vorangegangenen Einsichten in die zweidimensionale Wirklichkeit zu überführen und dies am Beispiel von Extremsortimenten zu illustrieren.

Hier wäre zum einen das extrem breite und tiefe Sortiment zu nennen; ein solches „Totalsortiment" würde das gesamte Bedarfsspektrum der privaten Nachfrage abdecken und böte gleichzeitig einen maximalen Ausschöpfungsgrad pro Artikelgruppe, denn hier fände „jeder … jedes …" Einem solchen Ideal lagen näherungsweise die Warenhaussortimente zugrunde; zumindest deren Konzept einer „Fachgeschäftsansammlung unter einem Dach" versuchte ja, die gesamte Breite und Tiefe des Warenangebots abzudecken.

Stärker noch als es den Warenhäusern (mittlerweile) möglich ist, wird dieses Sortimentskonzept in künstlichen **Einkaufszentren** zu verwirklichen versucht, und zwar durch ein entsprechendes Einzelhandels-Mix aus unterschiedlichen Branchen und Betriebsformen auf engem Raum.

Das andere Sortimentsextrem wäre das „Monosortiment", bestehend also aus nur einem Artikel. Hier wird zum einen nur ein winziger

Angebotsausschnitt offeriert, der zum anderen wegen differenzierterer Bedarfswünsche auch nur zu geringen Teilen ausgeschöpft werden kann. Es müssen also schon ganz besondere Nachfrage- und Konkurrenzverhältnisse (am Standort) vorliegen, damit ein Händler mit einem einzigen Artikel erfolgreich sein kann.

Die Darstellung 16 soll das Gesagte im Hinblick auf die Abdeckung und die Ausschöpfung des Bedarfs nochmals verdeutlichen.

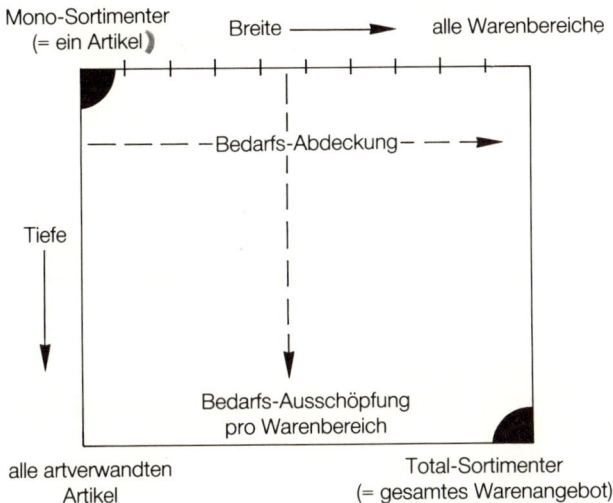

Darstellung 16: Sortimentsdimensionen

V. Probleme der Sortimentsoptimierung

Ein Sortiment kann immer nur einen Warenausschnitt bieten, der sich aus der selbst auferlegten (Branchen-)Beschränkung des Händlers, insbesondere aber auch aus den Grenzen ergibt, die ihm die Konkurrenz mit ihren Angeboten im betreffenden Markt setzt.

Wäre das nicht so, ähnelte die Zusammenstellung des Sortiments einer einfachen Additionsaufgabe, frei nach der Devise „je mehr Artikel, desto mehr Umsatz, desto mehr Gewinn".

Die marktlichen und letztendlich damit die betriebswirtschaftlichen Zwänge erfordern daher die Suche nach einem möglichst optimalen Sortiment, das aufgrund seiner Attraktivität zu gewinnversprechenden Umsätzen führt. Umfang und Struktur sollen also zu einem **Gesamtgewinnoptimum** führen. Ein Sortimentsaufbau bzw. eine Sortimentserweiterung können demnach so lange erfolgen, wie der erreichte Mehrertrag durch die Aufnahme zusätzlicher Produkte den dadurch verursachten Mehraufwand insgesamt übersteigt. Es handelt sich hier um das typische Optimierungsproblem, und zwar formuliert als Marginalbetrachtung. Irgendwann wird also eine Grenze erreicht, wo mit einem Mehr an Produkten weniger Gesamtgewinn und schließlich sogar Verluste gemacht werden.

So präzise das Ziel betriebswirtschaftlich formuliert werden kann, so schwer ist es in praxi zu erreichen, weil das ==Verhalten der Nachfrager nicht annähernd exakt prognostizierbar== ist. Deren Einkaufsstättenwahl beruht ja auf einer ganzen Reihe von Gründen und Motiven, die auch nicht allein das Sortiment betreffen. Und je mehr Einkaufsalternativen die Verbraucher vor Augen haben, um so undurchsichtiger wird für den Außenstehenden die Begründung für die tatsächlich getroffenen Entscheidungen.

Zur Demonstration der Unwägbarkeiten sollen nachfolgend einige Beispiele aus der Praxis dienen:

– Ein Händler stockt in seinem Verbrauchermarkt sein bisheriges Mini-Schreibwarenangebot auf einen Schlag um das Fünffache auf und kann beobachten, daß – bei sonst gleichbleibenden Umsätzen in anderen Warenbereichen – die Schreibwarenumsätze überproportional zur Sortimentserweiterung ansteigen. Offenbar fühlte sich also erst durch die Sortimentsausweitung eine erhebliche Zahl von Kunden von dieser Warengruppe angesprochen.

– Die Umsätze eines Händlers stagnieren; er nimmt neue Artikel auf und erzielt damit erfreuliche Umsätze, dagegen bleiben die Umsätze beim übrigen Sortiment konstant. Offenbar werden also keine neuen Kunden von der Sortimentserweiterung angezogen.

– Ein Händler ergänzt sein Oberhemdensortiment durch Krawatten und sonstige Accessoires. Er stellt fest, daß nicht nur die neuen Artikel Absatz finden, sondern sogar mehr Oberhemden als bisher verkauft werden. Ein Artikel zieht also offenbar den anderen mit.

– Ein Händler vergrößert seinen schlecht gehenden Supermarkt ganz beträchtlich und erhöht seine Sortimentstiefe dabei um durchschnittlich 20%. Erfreulicherweise stellt er eine überproportionale Umsatzsteigerung fest. Offenbar finden erst jetzt viele Kunden überhaupt das, was sie gern kaufen.

– Ein Händler nimmt aus seinem Lebensmittelsortiment eine Reihe von Grundnahrungsmitteln heraus, weil er aufgrund des starken Preiswettbewerbs daran nichts mehr verdient. Er muß erleben, daß damit auch sein Gesamtumsatz überproportional zurückgeht; die Kunden bleiben offenbar aus, weil sie nicht bereit sind, für diese Artikel gesondert eine weitere Einkaufsstätte aufzusuchen.

Die vorab geschilderten Nachfragereaktionen auf vorgenommene Sortimentsveränderung beschreiben Eintrittswahrscheinlichkeiten, sind also keineswegs zwangsläufige Ergebnisse solcher Aktivitäten. Sie lassen z. B. offen, ob das Sortimentsoptimum des Supermarktes bereits bei einer 15%igen Erweiterung gelegen hätte.

Alle Beispiele unterstellen im übrigen eine Konstanz der übrigen absatzwirtschaftlichen Parameter; würde(n) also etwa das Preisniveau oder auch Einzelpreise verändert, könnten sich daraus andere (Gesamt-)Wirkungen ergeben. Gleiches gilt für geänderte Werbeaktivitäten. Schließlich kann auch die Art der Warenpräsentation eine Rolle spielen, denn der Gesamteindruck eines Sortiments entsteht ja letztendlich nicht dadurch, daß die Kundschaft die Artikel zählt bzw. addiert. Durch eine psychologisch geschickte Warendarbietung kann es also durchaus gelingen, Artikelgruppen so auszudünnen, daß dadurch der Umsatz nicht geschmälert wird.

VI. Sortimentsverbund

1. Arten

Die vorab gebrachten Beispiele zeigen plastisch die zahlreichen Wechselbeziehungen innerhalb der verschiedenen Sortimentsteile. Diese geschickt aufeinander abzustimmen, ist seit eh und je eine der Hauptaufgaben der Sortimentsgestaltung. Möglichst viele der angebotenen Artikel sollen ja von Kunden gleichzeitig gekauft werden, was einen entsprechenden Angebotszuschnitt auf den Bedarf der Käufer(zielgruppe) erfordert. Das ist insoweit nichts Neues und entspricht häufig dem Wunsch nach Einkaufsbequemlichkeit seitens der Verbraucher. Für eine berufstätige Hausfrau gelten im Zweifel andere Maßstäbe als für das Rentnerehepaar oder die wohlhabende Nur-Hausfrau. Statt des in der Literatur gebräuchlichen, aber mehrdeutigen Terminus „Einkaufsverbund" wäre die Bezeichnung **„Bequemlichkeitsverbund"** eigentlich treffender.

Je mehr ein Sortiment sich also mit dem entsprechenden Bedarf(sausschnitt) seines Kundensegments deckt, um so größer ist die Chance, daß gleichzeitig Mehreres eingekauft wird, und um so eher ist dies ein Grund für die Wahl der betreffenden Einkaufsstätte.

Vielfach versuchen Händler mit Erfolg, einen bestimmten Sortimentsteil besonders attraktiv zu gestalten. Die Einkaufsstättenwahl des Verbrauchers wird dann maßgebend von einer solchen **Magnetwarengruppe** bestimmt und dabei von ihm eingeplant, daß auch der übrige zur Deckung anstehende Bedarf dort aus Bequemlichkeit gleichzeitig mit gedeckt wird. Auch **Sonderpreisaktionen** werden häufig aus diesem Grunde veranstaltet, in der Hoffnung bzw. aufgrund der Erfahrung, daß bei dieser Gelegenheit auch Zukäufe getätigt werden.

Anbieterseitig wird also angestrebt, daß das Sortiment im allgemeinen und/oder bestimmte Teile im besonderen zum Kauf möglichst vieler Artikel gleichzeitig veranlassen, sei es im Rahmen a) ganz **gezielter** oder b) mehr oder weniger **pauschaler** Einkaufsabsichten oder eben c) aufgrund gänzlich ungeplanter **spontaner** Entschlüsse.

Bei einer solchen Zielsetzung liegt nun die Frage nahe, ob bzw. welche Artikel (welche) andere(n) Artikel nach sich ziehen, welches also Urkäufe und welches Folgekäufe sind. Wären solche Beziehungen aufdeckbar, ließen sich davon natürlich entsprechende Sortiments- und Plazierungstaktiken ableiten.

Die Antwort darauf können im Grunde nur die Kunden selbst geben, denn nur sie allein wissen, aus welchem Anlaß bzw. mit welchen Absichten sie die Einkaufsstätte betreten haben und welche Beziehungen zwischen den einzelnen Käufen bestanden. Diese können z. B. sehr eindeutig sein wie bei **komplementären** Gütern, also solchen, deren Verwendung nur gemeinsam erfolgen kann. Wer einen Pudding auf den Tisch bringen will, braucht Puddingpulver und Milch (= **Verwendungsverbund**). Daher sind gerade Komplementärgüter das klassische Feld der Verbundkäufe, auf die wegen ihrer Eindeutigkeit bestimmte Teile der Einzelhandelssortimente schon immer zugeschnitten wurden. Je unabhängiger voneinander dagegen zwei oder mehrere Produkte verwendet werden, oder – ersatzweise – je mehr sie bereits mit vorhandenen kombiniert werden können, um so geringer ist natürlich die Chance für eine solche Art von Verbundkäufen.

In praxi werden die sich hier bietenden Möglichkeiten vielfach nicht ausgeschöpft, oft aus Scheu, sich mit branchenfremden Artikelgruppen beschäftigen zu müssen. Dem absatzwirtschaftlichen Postulat, dem Kunden Problemlösungen zu bieten, entspricht das aber keineswegs. Analoges gilt im übrigen auch für die Angebotskombination von Ware und Service.

Aber der Begriff des Verwendungsverbundes läßt sich natürlich auch weiter fassen, wenn nämlich statt des Puddings ein ganzes Mittagessen geplant ist, oder noch weiter, wenn die Verpflegung für die ganze Woche sichergestellt werden soll. Das geht schließlich hin bis zu der lapidaren Tatsache, daß Verbundkäufe oft nur noch damit zu begründen sind, daß das Gekaufte überhaupt in den Bedarfskreis des Nachfragers fällt, und zwischen den Gütern keinerlei Verwendungszusammenhang besteht, sondern der Kunde sie lediglich gemeinsam kauft.

Die Spannbreite, innerhalb der sich Verbundkäufe abspielen, reicht also vom warenspezifischen Funktionszusammenhang (Verwendungsver-

A. Sortimentspolitik

bund) bis hin zum allgemeinen Verwenderzusammenhang und kann jeweils ganz gezielt, pauschal beabsichtigt oder spontan erfolgen.

2. Problemanalyse

Zur Frage, welche Rolle jede einzelne Artikelgruppe im Sortiment als (eventueller) Verursacher sowie als (eventueller) „Verursachter" spielt, kann – wie bereits erwähnt – nicht der Artikel selbst Auskunft geben, sondern nur der Kunde, denn nur er allein weiß ja letzen Endes, welche Zusammenhänge zwischen seinen Einkäufen jeweils bestanden. „Jeweils" bedeutet dabei, daß wechselnde Ursachen(-Kombinationen) die Regel sind, also die Bequemlichkeit, die Verwendung, die Kaufstimmung, die Nähe oder Ferne zum Monatsersten, die Werbung, die Preise etc. Weil das so ist, ist der Nachweis, welche Artikel als Verursacher für welche anderen Käufe in Frage kommen, exakt auch kaum zu erbringen, wie im einschlägigen Abschnitt im Rahmen der Sortimentskontrolle noch zu zeigen sein wird. Darüber aber auch nur näherungsweise mehr Kenntnisse zu haben als bisher, wäre für den Händler sehr wichtig.

Der Anlaß, sich mit solchen Fragen zu beschäftigen, ist oft eine (im Vergleich zur Branche) unbefriedigende **Artikelzahl pro Kassenvorgang**. Vielfach drängt er sich aber auch geradezu auf, wenn nämlich unrentable Artikel oder ganze Artikelgruppen zur Auslistung anstehen, aber eben unklar ist, inwieweit davon auch andere Sortimentsteile in Mitleidenschaft gezogen werden.

Die möglichen Negativa sind zahlreich; sortimentsbezogen dürften im wesentlichen folgende maßgebend sein:

Das Sortiment
- bietet einen (zu) geringen Ausschnitt aus dem gesamten Bedarf der Zielgruppe,
- deckt in (zu) geringem Maße die zeitgleichen Bedarfe der Kundschaft,
- berücksichtigt (zu) wenig die Verwendungsverbunde,
- ist (zu) wenig auf Kunden mit höherer Kaufkraft zugeschnitten,
- ist (zu) wenig auf Kunden, die bequem und schnell einkaufen wollen, ausgerichtet,
- forciert (zu) stark die Sonderangebots-Jäger,
- bietet hinsichtlich Warenpräsentation und -plazierung (zu) wenig Kaufanreiz.

3. Möglichkeiten und Grenzen

Die größeren Chancen für eine intensive Sortimentsausschöpfung seitens der Kunden bieten sich den Anbietern mit vergleichsweise **breiten** Sortimenten, denn je enger der Sortimentszuschnitt ist, um so geringer ist ja per se die Möglichkeit, Verschiedenartiges gleichzeitig einzukaufen. Bei entsprechender Auswahl(tiefe) erhöht sich hier allenfalls die Einkaufsmenge pro Kauf, lediglich noch unterteilt nach Sorten bzw. Positionen, soweit beim Kunden nicht enge Sättigungsgrenzen gegeben sind.

Auch damit kann ein Händler bekanntlich leben, denn generell betrachtet geht es ja wohl primär um die Höhe der Einkaufsbeträge pro Einkauf und nicht um die Zahl der Positionen, sofern eben von allen Käufern das Sortiment insgesamt ausgeschöpft wird. Und ganz zu Ende gedacht, könnte diese Kundschaft ja auch für jeden Artikel einzeln zum Einkauf kommen, die Hauptsache wäre, sie kommt immer wieder (= Kundenbindung). Die Verbundkaufintensität korrespondiert also mit den **Einkaufsintervallen** der jeweiligen Kundschaft. Viele Handelsbetriebe können auf Grund ihres Sortimentszuschnitts im übrigen überhaupt nicht mit nennenswerten Verbundkäufen rechnen und sind dennoch erfolgreich. Das gilt für alle jene, die primär von der sog. Laufkundschaft leben, oder auch diejenigen, die sehr teure Objekte führen. Verbundkäufe erfordern ja auch eine entsprechende zeitpunktbezogene **Zahlungsfähigkeit**; je hochpreisiger also jeder einzelne Artikel im Verhältnis zur vorhandenen Kaufkraft ist, um so geringer ist die Chance und umgekehrt. Ein Teppichhändler wird also diesbezüglich viel bescheidenere Erwartungen hegen dürfen als ein Lebensmittelhändler.

Welche Perspektiven lassen sich zum Thema „Verbundkauf" aus übergeordneter Sicht erkennen?

Positive Impulse resultieren aus dem Wunsch nach Einkaufsbequemlichkeit i. w. S., wie er vorwiegend bei solchen Einkäufen, die als „notwendiges Übel", als aufwendig und zeitraubend empfunden werden, gegeben ist. Nicht umsonst hat das **One-Stop-Shopping** per Auto am Wochenende so zugenommen.

Positiv wirkt ferner die zunehmende **Differenzierung** des Angebotes und auch der Nachfrage, denn damit wachsen automatisch die Verbundkaufmöglichkeiten.

Die erhöhte Kaufkraft der Haushalte führt dabei weg vom **Zwangsverbund-** und hin zum **Spontanverbund-Kauf.** Einkaufen und Konsumieren können zeitversetzter erfolgen, sind also nicht mehr eine so enge „Von-der-Hand-in-den-Mund-Aktion" wie in früheren Zeiten. Wessen Tiefkühltruhe oder Kleiderschrank gefüllt ist, braucht nicht jetzt zu kaufen – braucht es eigentlich überhaupt nicht (dringend); das ist vermehrt die Situation, in der viele Einkäufe heute getätigt werden oder eben auch (zunächst) unterbleiben, und das ist auch die Chance, der sich der Händler gegenüber sieht, wenn der Kunde schon einmal im Laden ist.

VII. Konstitutive Planung neuer Sortimente

1. Sortimentsidee

Ziel der Sortimentspolitik ist die Bestimmung der Sortimente nach Zusammensetzung und Umfang unter Berücksichtigung der Unternehmensziele und unter ständiger Anpassung an die Nachfrage- und Konkurrenzverhältnisse. Voraussetzung dafür ist ein entsprechender Handlungs- bzw. Entscheidungsspielraum bei den Sortimentsdispositionen.

Die Sortimentsstrategie beinhaltet dabei die langfristige Grundkonzeption und ist notwendigerweise eng verflochten mit der Unternehmensstrategie. Am Beginn steht die Sortiments**planung,** an die sich im laufenden Geschäft die Sortiments**steuerung** bzw. **-kontrolle** anschließen.

Im Rahmen der **Sortimentstheorien** wird versucht, allgemeine, also generell gültige (theoretische) Einsichten zu gewinnen; gefragt wird dabei nach Wirkungszusammenhängen und – darüber hinaus – nach Entscheidungshilfen und/oder -modellen. Das wiederum erfordert u. a. die Entwicklung von einschlägigen Meßkriterien und Meßmethoden. Die starke Abhängigkeit einer einzelnen sortimentspolitischen Entscheidung von vielen Faktoren wie Betriebstyp, Preis, Werbung, Standort, Kundensegment usw. läßt dabei aber zu Recht vermuten, daß die Theorie hier nur Ansätze zu bieten vermag, zumal das Käufer- und auch Konkurrenzverhalten ohnehin vielen situativen Einflüssen unterliegen.

Vom Start weg ist die Sortimentsplanung keineswegs eine Angelegenheit eines reißbrettartigen Kalküls. Das gilt insbesondere für die Entwicklung der Sortimentsidee. Grobe Vorstellungen ergeben sich i. d. R. aus bisherigen Berufserfahrungen des „Beginners", in riskanteren Fällen existiert lediglich viel Selbstvertrauen oder ein Faible für bestimmte Waren, vielleicht auch ein erfolgversprechender Standort bzw. eine Immobilie, aus der sich möglicherweise sogar der Sortimentskern einigermaßen zwingend ableiten läßt.

Verständlicherweise stehen dabei stets die Vorstellungen bereits geläufiger Betriebstypen bzw. Sortimente Pate. Das ist nicht nur naheliegend, sondern auch folgerichtig, denn dafür spricht deren Durchsetzung und Verbreitung, also letztlich Akzeptanz und Vertrautsein seitens der Verbraucher.

Dieses recht simpel anmutende Procedere gilt nun durchaus nicht nur für den kleinen Newcomer, sondern auch für die Großunternehmen des Handels, nur mit dem Unterschied, daß diese inzwischen systematisch in der ganzen Welt nach neuen erfolgversprechenden Sortimentsvorbildern suchen.

Auch bei der Sortimentszusammensetzung im einzelnen dienen die einschlägigen Vorbilder oft als Vorlage. Hierzu wird abgeschaut und abgezählt, oder – was zumindest hinsichtlich der Umsetzung noch einfacher ist – es werden vorhandene Order- oder Bestandslisten „abgekupfert" und zunächst einmal so übernommen. Schließlich gibt es zunehmend auch einschlägige Hilfen von Einkaufszentralen und sonstigen Lieferanten, aus Betriebsvergleichen und speziellen Untersuchungen von Handelsinstituten oder auch von seiten der Industrie. In aller Regel ist es dann im Laufe des Geschäftsganges nötig, Korrekturen vorzunehmen, um sich den Marktgegebenheiten besser anzupassen, was nicht selten bis zur Änderung des ursprünglichen Sortimentskonzeptes geht.

Neu ist in solchen Fällen also nicht das Sortiment an sich (meist auch nicht der Betriebstyp), neu mag es (er) aber u. U. am Standort sein. Es müssen, um die Chancen beurteilen zu können, also Antworten auf im wesentlichen folgende Fragen gefunden werden:

- Welche Nachfragestrukturen und -volumina sind am Standort (Einzugsgebiet) gegeben – permanent – vorübergehend? Mit welcher Entwicklung ist in überschaubarer Zukunft zu rechnen?
- Wie ist die Sortimentsstruktur der Konkurrenz beschaffen – sehr (un)differenziert?
- Wie wird das Angebot seitens der Verbraucher bewertet – gibt es (viele) Anbieter mit ausgesprochener Sortimentskompetenz? Werden bestimmte Sortimente bzw. Sortimentsinhalte vielleicht gänzlich vermißt? Findet man, daß es andernorts besser damit bestellt ist? (Wo? Warum?)

Aus solchen Kenntnissen ergeben sich gegebenenfalls Hinweise auf etwaige Chancen für eine weitere Sortimentsspezialisierung – für neuartige Warenbündelungen – für einen Massenauftritt – für ein Angebot anderer, bisher noch kaum oder überhaupt noch nicht präsentierter Ware.

Was für die Betrachtung auf lokaler Ebene gilt, läßt sich auch auf die regionale oder nationale Ebene übertragen, freilich mit der Einschränkung, daß viele Sortimente dennoch besondere Standortgegebenheiten erfordern, oft also nicht oder nur modifiziert geeignet sind.

Wirklich neue Sortimentsideen sind demgegenüber selten und auch meist der Kern eines neuen Betriebstypenkonzeptes, wie etwa seinerzeit – in Anlehnung an den uralten Basarstil – das „Alles-unter-einem-Dach"-Sortiment der Warenhäuser oder das Baumarkt-Konzept mit seiner neuartigen Sortimentsbündelung speziell für den Heimwerker. Auch Boutiquen, Weindepots, Abholmärkte und einige andere mehr wären in diesem Zusammenhang zu nennen.

So leicht es im nachhinein auch ist, die Ursachen für deren erfolgreiche Durchsetzung zu finden, so wenig waren und sind solche Konzepte das Ergebnis wissenschaftlichen Kalküls, sondern Ausdruck von Marktkenntnis, Kreativität und Durchsetzungswillen. Im übrigen sind sie – im nachhinein betrachtet – vielfach auch von geradezu verblüffender Einfachheit.

Soll dennoch versucht werden, das Zustandekommen von neuen Sortimentsideen zu hinterfragen, so läßt sich dies noch am überzeugendsten durch das Auftreten **neuer Waren**(gruppen) begründen. Die Industrie gibt also hier die Initialzündung, wie etwa bei der Automobilisierung, beim Rundfunk und Fernsehen oder – in jüngerer Zeit – bei Personal-Computern. Das schafft über kurz oder lang entsprechende Einzelhandelssortimente und – weil so naheliegend – meist auch einen schnellen Anbieterboom.

Andere Impulse kommen aus „neuen" **Vertriebssystemen,** also aus Veränderungen im Rahmen des Kommunikations-, Bestell- und/oder Zustellwesens, wie etwa beim Versandgeschäft, den Heimdiensten oder dem Teleshopping. Auch die stark gewachsene Motorisierung der Verbraucher hat hier bekanntlich einen starken Einfluß auf die Sortimente ausgeübt (One-Stop-Shopping).

Neue Sortimentsideen erwachsen ferner aus der Ausrichtung an neuen **Bedarfsbündeln** (Heimwerker, Sport, Freizeit usw.), bei der die überkommene Herkunftsorientierung der Sortimente durch eine hinkunftsbezogene Ausrichtung ersetzt wird.

Als neu mag auch noch gelten, antiquierte Fachhandelssortimente so zu aktualisieren, zu verengen oder zu erweitern, daß sie mit denen ihrer Vorgänger kaum noch zu vergleichen sind. Gerade für Filialisten waren und sind „lahme" Branchen ja ein beliebter Ansatzpunkt für solche Sortiments-(und Betriebstypen-)**Relaunches.**

Schließlich muß in diesem Zusammenhang auch das **Shop-in-the-shop-**Konzept erwähnt werden (vgl. dazu ausführlicher S. 305 ff.) als eine Ergänzung des Kernsortiments durch fach- oder spezialgeschäftsähnlich präsentierte Randsortimente sowie ferner die – ebenfalls längst bekannte – Anreicherung des Warensortiments durch spezielle **Dienstleistungsangebote.**

1.1 Ideengenerierung

Aus dieser Rückschau leitet sich im wesentlichen der Rahmen ab, innerhalb dessen auch neue Ideen angesiedelt sein müssen.

Die Ideensuche erstreckt sich dabei im Grunde auf nur zwei Dimensionen: Einmal betrifft das den Sortiments**umfang,** also die Gesamtzahl der Artikel. Neu wären also (gegenwärtig) ungewohnte Sortimentsgrößen. Zum zweiten betrifft das die Sortiments**zusammensetzung,** also das Artikel-Mix. Bei mutmaßlich vielen Millionen verschiedenartiger Konsumgüter, die auf der Welt zur Verfügung stehen, bestehen unendlich viele Kombinationsmöglichkeiten hinsichtlich Inhalt und Umfang. Deren Zahl wird noch größer, wenn die Warensortimente zusätzlich mit Dienstleistungsangeboten angereichert werden.

Viele Möglichkeiten sind hier bereits realisiert, einige davon haben sich auch bereits bewährt. Neue Sortimente sind demnach nur dann erfolgversprechend, wenn sie aus Nachfragesicht als bedarfs- bzw. einkaufsgerechter empfunden werden als die bereits (im Marktgebiet) bestehenden. Es sollte allerdings nicht vergessen werden, daß sie in ein entsprechend abgestimmtes Betriebstypenkonzept eingebunden sind; die isolierte Betrachtungsweise in diesem Kapitel hat also zwangsläufig ihre Schwächen.

Genau genommen bedeutet eine neue Sortimentsidee eigentlich nur eine andersartige Bündelung von bereits existierenden Waren. In praxi läuft das „neu" jedoch vielfach auf eine Auswahl von Artikeln hinaus, die (im Marktgebiet) bisher noch nicht angeboten wurden. Es wird also nicht Altbekanntes neu sortimentiert, sondern Neues in bekannter Weise. Die kreative Leistung liegt hier darin, attraktive Waren zu finden, die andere Händler (noch) nicht führen. Deshalb existiert im Handel auch der starke Wunsch nach Exklusivbezug und der Hang und Drang zu Eigenmarken. Die Idee erwächst hier also primär aus dem Beschaffungsbereich. Je höher dabei die Attraktivität der Ware ist, um so geringer stellt sich dabei im Grunde das Problem der Sortimentierung. Dies gilt im übrigen analog auch bei wirklich konkurrenzlos niedrigen Preisen.

Solche Gegebenheiten jedoch sind die Ausnahme, der Ideensucher hat es normalerweise mit weit geringeren Unterschieden zu tun. Es geht ihm dabei ganz ähnlich wie dem Neuproduktentwickler in der Industrie. Beide müssen daher – ausgehend von einer möglichst genauen Kenntnis der gegebenen Angebots- und Nachfragesituation – nach „Verbesserungen" suchen, die sich wiederum aus der Kenntnis (latenter) Defizite bei den Nachfragern ergeben. So jedenfalls stellt sich der gedankliche Ablauf bei einer geplanten Neuentwicklung dar.

In der Praxis sieht es jedoch häufig anders aus; brauchbare Ideen kommen Fachleuten vielfach scheinbar spontan. In Wirklichkeit basieren solche Einfälle jedoch auf subtilen Marktkenntnissen und einem ständigen Problembewußtsein. Eine solche Idee ist dann also der Ausgangspunkt, und von dort her wird anschließend zu überprüfen versucht, ob die unterstellten Annahmen real sind. Das Zustandekommen neuer Sortimentsideen in der Vergangenheit dürfte ausschließlich auf die zuletzt beschriebene Weise erfolgt sein. Diesen Eindruck jedenfalls vermitteln die einschlägigen Unternehmer- bzw. Firmenbiographien.

Inzwischen wird natürlich vermehrt versucht, die Ideengenerierung zum Gegenstand systematischer Planung zu machen. Geradezu verwegen muß es dabei erscheinen, die Gesamtheit des Warenangebots mittels Datenverarbeitung auf ihre Kombinationsmöglichkeiten hin durchzuspielen und dabei die Hoffnung zu hegen, auf diese Weise zu brauchbaren neuen Ideen zu gelangen.

1.2 Zielgruppenaspekte

1.2.1 Segmentation

Die Suche nach Sortimentsideen wird u. U. erleichtert durch sog. **Segmentationsüberlegungen.** Sie beinhalten die Unterteilung einer Gesamtheit – hier aller Verbraucher in einem Marktgebiet – in unterschiedliche Teilmassen mit jeweils gleichen Merkmalen bzw. Merkmalskombinationen. Wird eines dieser Segmente vom Anbieter speziell angepeilt bzw. bearbeitet, so ist dieses seine **Zielgruppe.**

Oft ist es auch so, daß ein Anbieter eigentlich keine spezielle Zielgruppe vor Augen hatte und es sich dennoch herausstellt, daß sich seine Kundschaft durch bestimmte einheitliche Merkmale auszeichnet. Das Angebot hat sich also sein Segment quasi selbst gesucht.

Eine zielgruppenspezifische Angebotsausrichtung bedeutet stets eine **Kundenpotential-Beschränkung,** und eine solche ist im Prinzip eine schmerzliche Vorstellung für jeden Anbieter. Sie hat also nur dann einen Sinn, wenn die **Ausschöpfung** der Zielgruppe mehr Käufer bringt als eine total gemischte Kundschaft. Und dieses wiederum basiert auf der Hoffnung, daß sich die Zielgruppe eben durch diesen Angebotszuschnitt stärker angezogen fühlt (= Profilierungs-Effekt) als von Einkaufsstätten undifferenzierterer Art.

Je mehr Anbieter also zielgruppengerecht vorgehen, genauer gesagt, je mehr die gesamte Verbraucherschaft tatsächlich auch so reagiert, um so zwangsläufiger müssen dann am Ende auch die übrigen Anbieter nachziehen. Das zielgruppenspezifische Vorgehen macht also vielfach aus der Not eine Tugend und bedeutet letztendlich eine Gratwanderung. Idealer wäre jedenfalls ein Sortiment, welches von jedermann akzeptiert und auch entsprechend ausgeschöpft würde.

Die Gefahr, daß die mit einem zielgruppenspezifischen Vorgehen verbundene Einengung nicht durch eine bessere Ausschöpfung überkompensiert wird, ist u. U. beträchtlich. Händler, die auf „Größe" ausgelegt sind und in einer Warengruppe beträchtliche Umsatzvolumina auf sich vereinigen müssen, um existieren zu können, stellen sich deshalb fast zwangsläufig auch nur auf die kaufkräftige „Mitte" ein und hoffen, daß diese sich als breit genug erweist.

1.2.2 Segmentationskriterien

Die strategische Zielsetzung zielgruppenspezifischen Vorgehens wurde oben erläutert. Welche **Segmentationskriterien** stehen nun dafür grundsätzlich zur Verfügung?

Bei der Untergliederung von Märkten wird i. d. R. vom tatsächlichen **Nachfrageverhalten** ausgegangen. Die Verbraucher werden also gruppiert nach Käufern, Nicht-Käufern (einer bestimmten Warengruppe), des weiteren nach ihren Einkaufsmengen, den gewählten Preislagen, ihren Einkaufsstätten sowie den Einkaufsintervallen. Um Veränderungen im Zeitablauf erkennen zu können, erfolgt dies meist in wiederholten Erhebungen mittels Haushalts- bzw. Individualpanels. Solche Daten strukturieren also den Markt.

Eine Erklärung für das Verhalten liefern solche Untergliederungen aber nicht. Darin liegt die eigentliche Aufgabe der Segmentation. Hierzu zählen alle Kriterien, die eine möglichst zutreffende und vollständige **Begründung** für das Entscheidungsverhalten der Verbraucher liefern (sog. verhaltensrelevante Variablen). Es geht also um die Frage: Warum wird (nicht) gekauft?

Mitunter drängen sich Begründungen auf, weil die Art der Verwendung des Produktes geradezu zwangsläufig bestimmte Gegebenheiten voraussetzt, wie etwa den Besitz eines Autos (Benzin) oder eine Krankheit (Arzneimittel). Von sehr unterschiedlicher Relevanz sind dagegen die **demographischen Merkmale** wie Alter, Geschlecht, Einkommen, Beruf, Ausbildung, Haushaltsgröße und Wohnortgröße. Ihr Vorteil, nämlich leicht erhebbar zu sein, macht ihre Verwendung so naheliegend, ihr Erklärungsbeitrag zum Verhalten ist aber – je nach Produkt – sehr unterschiedlich und in einer pluralistischen Wohlstandsgesellschaft generell im Abnehmen begriffen.

Je stärker seitens der Industrie das Warenangebot ausdifferenziert wird, um so mehr Wahlmöglichkeiten haben die Verbraucher und um so mehr Entscheidungsaspekte muß es zwangsläufig geben, und zwar speziell auch solche, denen nur noch schwer auf die Spur zu kommen ist, wie etwa Geschmackspräferenzen, Markenpräferenzen u. ä. Das erklärt die vermehrte Suche nach **psychographischen Variablen** – trotz Kenntnis der mit der Suche verbundenen beträchtlichen Erhebungs- und Meßschwierigkeiten.

Die vielen Defizite, die hier häufig noch bleiben, werden gerade in jüngerer Zeit dadurch zu beheben versucht, daß nach produktübergreifenden Grundmustern menschlichen (Kauf-)Verhaltens gesucht wird. Welchem **Lebensstil** fühlt sich jemand verpflichtet, welche Werthaltung steht dahinter und prägt damit mehr oder weniger durchgehend auch den Konsum? Ist man ein Konformist oder ein Protestler, einer mit Aufsteigermen-

A. Sortimentspolitik

talität oder mit Sparsamkeits- oder gar Entsagungsphilosophie? Die Marktforschung geht hier also den Strukturwandlungen der Gesellschaft nach und überprüft sie auf ihre Konsumrelevanz.

Wenn eine betontere Ausrichtung der Sortimente an psychographischen Merkmalen Erfolg haben soll, setzt das die Kenntnis einschlägiger **Einstellungen** und **Motive** in der Bevölkerung voraus. Basiseinsichten hierzu liefern Spezialuntersuchungen in Gestalt von allgemeinen, meist aber warengruppenspezifischen Käufer- bzw.. Verwender**typologien.**

Die Darstellung 17 zeigt eine solche Segmentierung nach dem Sozialmilieu in der Bundesrepublik Deutschland. Im Unterschied zur traditionellen Schichteinteilung handelt es sich hierbei um eine inhaltliche Klassifikation; grundlegende Wertorientierungen, die Lebensstil und Lebensstilstrategie bestimmen, gehen dabei ebenso in die Analyse ein wie Alltagseinstellungen (zur Arbeit, zur Familie, zum Konsum) oder Wunschvorstellungen, Ängste und Zukunftserwartungen (vgl. Spiegel-Verlag (Hrsg.) 1986, S. 22).

Darstellung 17: Sozialmilieus in der Bundesrepublik Deutschland

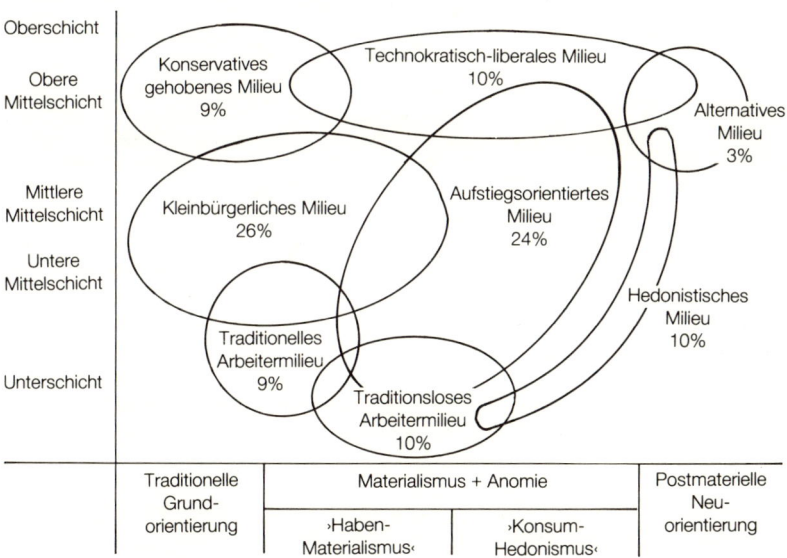

Mit einer ähnlichen Thematik, nämlich mit Lebensstil-Zielgruppen sowie Zielgruppen des allgemeinen Verbraucherverhaltens, befaßten sich Wiedmann/Raffée. Darstellung 18 (S. 96) gibt ihre Ergebnisse wieder.

96   2. Kapitel: Instrumente des Handelsmarketing

Darstellung 18: Pluralisierung von Lebensstilen und allgemeine Verhaltensmuster des Konsumenten

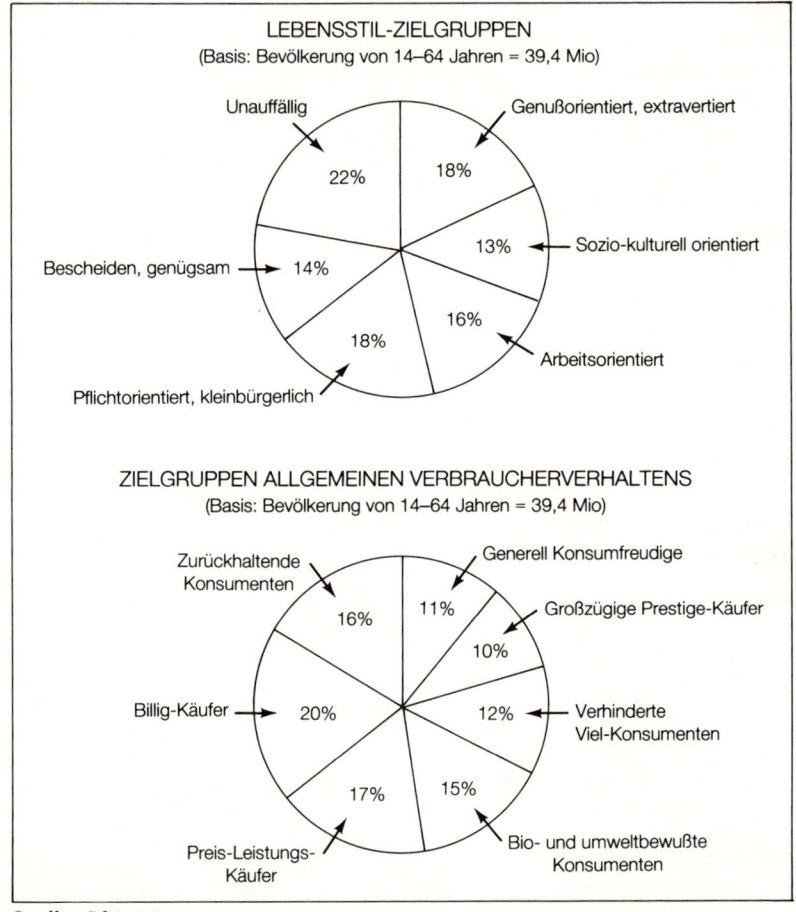

Quelle: GfK 1987

Segmentierungshinweise liefern darüber hinaus auch produktbezogene Typologien. Ein Beispiel dazu bieten die GfK-Bekleidungstypen (weiblich – 1993), wie dies aus Darstellung 19 ersichtlich ist.

Im Idealfall stellt die Marktforschung also nicht mehr fest, daß es eine Gruppe von Käufern gibt, die sich durch diese oder jene kaufrelevanten Merkmale auszeichnet, sondern sie findet bestimmte Segmente, zu denen sich die Anbieter dann etwas einfallen lassen müssen bzw. können, um diese gezielt zu bearbeiten. Viele innovative Angebotskonzepte in Industrie und Handel beruhten ja im Grunde schon immer auf solchen Überlegungen, im Rahmen derer an Hand oft nur vager Indizien das

A. Sortimentspolitik

Darstellung 19: GfK-Bekleidungsstile
Prozentuale Verteilung der DOB-Typen 1993

Typ		%-Anteil
I	Unauffällig gekleidete ältere Dame	15,3
II	Korrekt Gekleidete	8,4
III	Zweckmäßig-sportlich	18,0
IV	Anspruchsvolle Damen	7,8
V	Weibliche-charmante	10,3
VI	Modeorientierte	8,0
VII	Unkonventionelle	13,5
VIII	Junge sportlich Modische	9,7
IX	Junge modisch Amüsante	9,0

Vorhandensein bzw. das Anwachsen eines bestimmten Segments vermutet und entsprechend bearbeitet wurde.

Bei allem sollte nun nicht der Eindruck entstehen, als könnten durch solche Segmentationsüberlegungen neue Sortimentsideen am laufenden Band produziert werden, denn dazu sind insbesondere die soziopsychologischen Einsichten in die Verhaltens(hinter)gründe zu wenig operational. Mitunter drängt sich auch der Eindruck auf, als ließe sich vieles davon aus sehr viel handfesteren Daten unmittelbarer ableiten, etwa durch einen Blick in einschlägige Statistiken zum Bevölkerungsaufbau, zur Einkommenshöhe und -verteilung, zur Haushaltsgröße, zur Freizeit, zum Pkw-Bestand, zur Ausbildungs- und Berufsstruktur, zur Frauenarbeit und ähnlichem.

Einschließlich der hierzu jeweils vorliegenden Prognosen und vor dem Hintergrund des zunehmenden Genuß- und Anspruchsdenkens läßt sich – wenn auch grob – eine Reihe unterschiedlicher Segmente finden und auch größen- bzw. anteilmäßig bestimmen.

In der Praxis läuft das Ganze – soweit erkennbar – im Handel im wesentlichen auf drei Grobsegmente hinaus:

Im Zentrum stehen die **gutverdienenden Verbraucher** mittleren Alters, ausgabefreudig und dem Konsum aufgeschlossen. Sie sind eine Art Idealsegment für sehr viele Anbieter.

Seit geraumer Zeit ist auch das Segment der **Jugendlichen** bzw. der jungen Leute entdeckt worden. Unreflektierteres und spontanes Kaufverhalten, Aufgeschlossenheit für alles Modische, Fetzige bzw. Aufregende erlauben gerade hier auch ganz ungewöhnliche Sortimentskombinationen, und zwar vorwiegend im unteren und mittleren Qualitäts- und Preisbereich.

Erst in jüngerer Zeit findet auch das Segment der **Senioren,** und hier insbesondere das der „jungen Alten" verstärktes Interesse, und zwar einmal im Hinblick auf dessen Wachstum, vor allem aber im Hinblick auf dessen beträchtliche Kaufkraft. Sortimentszuschnitte auf alte Leute sind zwar auch im Handel nicht neu, aber für dieses Segment der 55- bis 70-jährigen sind noch keine überzeugenden Lösungen gefunden worden, und zwar vermutlich deshalb, weil diese Menschen selbst den Anschluß an das „Mittelalter" nicht verlieren wollen.

Im Rahmen dieses dreiteiligen Grobrasters läßt sich weiter differenzieren, indem die Sortimente jeweils einen engeren Zuschnitt erfahren, etwa in Richtung auf Einkommensextreme oder auch auf Zielgruppen nach speziellen Auswahlbedürfnissen, Einstellungen zum Einkauf sowie nach besonderen Stil- und Geschmacksansprüchen. Je weiter dieses in sehr subtile psychographische Merkmale hineinreicht, um so schwieriger ist es, die tatsächliche Größenordnung der so definierten Segmente im Einzugsgebiet noch zutreffend zu ermitteln.

2. Sortimentsumfang

2.1 Grundsatzprobleme

Ist die Sortimentsidee fixiert und damit im Prinzip der Sortimentskern inhaltlich umrissen, so stellt sich anschließend die Frage nach dem Sortimentsumfang. Die Frage seiner Planbarkeit, also seiner möglichst exakten Vorausbestimmung, setzt einige grundsätzliche Überlegungen voraus.

Anbieterseitig handelt es sich hier um das altbekannte Problem der Dimensionierung eines einzelnen Attraktivitätsfaktors, welcher weder für sich alleine stehen kann noch i. d. R. hinsichtlich seine Erfolgsbeitrages zum Kaufentscheid der Nachfrager exakt betimmbar ist.

Wie eine exakte Lösung aussehen müßte, läßt sich an einer einfachen (theoretischen) Experimentieranordnung erläutern:

> Man verfüge über drei absolut gleiche Einkaufsstätten (an gleichwertigen Standorten, mit den gleichen Preisen, der gleichen Ausstattung, den gleichen Sortiments-Inhalten usw.), halte in einem Geschäft den Sortimentsumfang nach Breite oder Tiefe konstant und erhöhe bzw. reduziere ihn in den beiden übrigen Geschäften um z. B. 10 bzw. 20%. Ergeben sich Umsatzabweichungen, ergäben diese eine Art Sortimentsgrößenelastizität der Nachfrage. Diese ließe sich aber nicht verallgemeinern, sondern wäre beschränkt auf die betreffenden Einkaufsstätten und den Untersuchungszeitraum.

Filialbetriebe mit sortimentsgleichen Betriebstypen können noch am ehesten in dieser Weise operieren, müssen aber zumindest standortbedingte Konkurrenz- und Käuferstrukturunterschiede in Kauf nehmen, die die Genauigkeit der Ergebnisse in Frage stellen.

A. Sortimentspolitik

Ein einzelner Händler kann dagegen nicht gleichzeitig, sondern nur im zeitlichen Nacheinander „experimentieren". Vorteilhaft ist dabei zwar einerseits, daß seine Verkaufsstelle identisch bleibt, nachteilig ist dagegen andererseits, daß sich die Nachfrageverhältnisse u. U. im Zeitablauf verändern (können).

Das Problem der zeitlichen Dimensionierung solcher Experimentier- bzw. Probierphasen bleibt ohnehin offen. Reichen zwei Wochen oder müssen es vielleicht drei Monate oder mehr sein, bis sich die Ergebnisse stabilisieren?

Bei Überlegungen dazu wäre auszugehen von der Tatsache, daß die Veränderungen der Sortimentsdimensionen zunächst einmal seitens der Nachfrager registriert werden müssen; mutmaßlich erfolgt das bei kleinen Sortimenten (vier statt drei Sorten Benzin) eher als bei großen (130 statt 100 Armbanduhren), wobei eine Verbreiterung, also die Hinzunahme neuer Artikelgruppen, eher ins Auge springen dürfte als eine geänderte Auswahl.

Natürlich erhöht sich die Wahrnehmung u. U. beträchtlich durch entsprechend auffällige Warenpräsentationen oder aber durch werbliche Bekanntmachung.

Veränderungen wahrnehmen kann dabei nur die bisherige Kundschaft, Neukunden kennen das „Vorher" ja nicht. Erstere kauft im Fall der Sortimentserweiterung u. U. zusätzlich auch solche Artikel, die sie sonst anderswo kauft, letztere kaufen sie eben mehr oder weniger zufällig, weil sie den nunmehr gegebenen Sortimentsumfang einfach akzeptabel empfinden.

Aber es kann natürlich bei einer Reihe bisheriger Kunden auch ganz anders sein; sie kaufen gezielt, haben also keine höheren Ansprüche, oder sie kaufen bei größerer Auswahl nur anders, nicht mehr. U. U. nehmen sie auch die gebotene größere Angebotsbreite nicht in Anspruch. In solchen Fällen ergäben sich also keine Umsatzveränderungen.

Ein Vergleich mit der Preiselastizität der Nachfrage drängt sich auf; wie mit jeder Preissenkung die Absatzchancen tendenziell zunehmen, so ist es auch mit jeder Sortimentserweiterung. Die Verbraucher empfinden eine große Angebotsbreite und viel Auswahl i. d. R. bereits rein optisch eindrucksvoll und kaufanregend. Große Sortimente haben aber auch ganz reale Vorteile, denn damit wächst die Chance, das (unbestimmt) Gewünschte bzw. das (gezielt) Gewollte gleichzeitig zu finden. Andererseits denken die Nachfrager nicht isoliert, sondern in Einkaufszusammenhängen, wägen also ab, wieviel ihnen z. B. eine geringere Wegstrecke oder günstigere Preise wert sind gegenüber einem umfangreicheren Angebot.

Eine erfolgversprechende Sortimentsausweitung stünde also nur dann auf einer soliden Entscheidungsbasis, wenn jeder Verbraucher im Einzugsgebiet im voraus präzise beantworten würde, wie sich eine solche Erweiterung (um 10 oder 20 oder 50%) auf sein bisheriges Einkaufsverhalten auswirken würde. Gerade das sind aber Fragestellungen, bei denen die Auskunftsfähigkeit der Konsumenten und damit auch die Marktforschung überfordert sind.

Die tatsächlichen Verbraucherreaktionen wären mutmaßlich sehr unterschiedlich, denn erfahrungsgemäß differieren die Sortimentsansprüche inter- und intrapersonell je nach Warengruppe, Dringlichkeit und Zielgerichtetheit. Wer genau weiß, was er will, ist nicht zu vergleichen mit demjenigen, der sich beim Einkaufsbummel von der üppigen Warenauslage spontan zum Kauf verleiten läßt oder auch nur willig den Empfehlungen des Verkaufspersonals folgt.

Der gerade derzeit hohe Stellenwert üppiger Warenfülle sollte aber auch die Schattenseiten nicht ganz vergessen machen, wie die oft als erdrückend empfundene Vielfalt, die vergleichsweise hohe Publikumsfrequenz, die oftmals mäßigen Orientierungsmöglichkeiten sowie die nicht selten sehr unpersönliche bzw. sterile Atmosphäre.

Die theoretischen Einsichten bzw. Methoden zur Bestimmung der Sortimentsdimensionen sind also sehr unergiebig und weit entfernt von praktischer Relevanz. Im Prinzip kann nur gelten, daß die (Un)Attraktivität der vorhandenen Konkurrenzsortimente eine maßgebende Rolle spielt. Eine geringe Wettbewerbsintensität am Standort erleichtert vieles und stellt insbesondere an die Überlegungen zur Sortimentstiefe nur vergleichsweise geringe Anforderungen. Je mehr Konkurrenzbetriebe am Standort dagegen schon ausgesprochene Sortimentskompetenz besitzen, um so weniger hat es noch einen Sinn, insbesondere bei relativ ausgeschöpftem Nachfragepotential mit gleichen Sortimentsdimensionen anzutreten.

Je mehr die Verbraucher zum One-stop-shopping tendieren, um so breiter sollten und um so flacher können tendenziell die Sortimente sein; letzteres insbesondere dann, je austauschbarer die Produkte (Marken) aus Verbrauchersicht werden.

2.2 Vorgehensweisen

Doch nun zurück zur Bestimmung des Sortimentsumfanges. Entspricht das Sortimentskonzept gängigen Vorbildern, so gibt es genügend Anhaltspunkte bei der Konkurrenz. Handelt es sich dagegen um eine neue Sortimentsidee, so muß versucht werden, den Angebotsumfang daraus, nämlich aus den antizipierten Wünschen der angepeilten Zielgruppe(n) abzuleiten. Auszugehen ist dazu von den zentralen Artikeln bzw. Artikelgruppen; ihre Sortimentstiefe richtet sich im Prinzip danach, ob sich die Attraktivität des Sortiments in erster Linie aus der Spezialisierung herleiten soll. Ist das der Fall, dann muß die gebotene Auswahl für die Verbraucher jedenfalls deutlich größer sein als die in denjenigen Geschäften im Einzugsgebiet, die solche Artikel „auch" führen.

Es folgt die zwangsläufig sehr unsichere Abschätzung des voraussichtlichen Umsatzes sowie des Bruttoertrages bei der als notwendig erachteten Sortimentstiefe der Kernartikel(-gruppen). Erweisen sich diese Werte als zu gering im Vergleich zum zu erwartenden Gesamtaufwand (für Einrichtung, Mieten, Personal usw.), muß nach ergänzenden, zum Sortimentskern passenden Artikeln gesucht werden, und zwar so lange, bis diese Berechnungen zu einem mutmaßlich insgesamt tragfähigen Betriebsergebnis führen. Es muß also durch die Sortimentsbreite dann das erreicht werden, was die Sortimentstiefe alleine nicht schafft.

Ist die Sortimentsidee dagegen auf Breite ausgelegt, und zwar segmentspezifisch (bestimmter Geschmack/Geschenke o. ä.), so gibt es u. U. keinen Sortimentskern, der in Richtung Breite ausgebaut werden kann, sondern es kommen eben alle Waren in Frage, die sich der Sortimentsidee möglichst eindeutig zurechnen lassen. Gelänge eine solche Zusammenstellung perfekt, so fände die Zielgruppe also hier ausschließlich das für sie Geeignete und würde keinen Mangel an Auswahl(tiefe) empfinden. In der Praxis wird ein solches Ideal selten erreicht, weil sich kaum solche homogenen Zielgruppen einfinden. Deshalb dient die Ergänzung solcher Sortimente in Richtung Tiefe dazu, das an Umsätzen beizusteuern, was durch die Sortimentsbreite alleine nicht erreicht werden kann. Auch hier ist das Planungsprocedere, also der überschlägige Aufwands- und Ertragsvergleich, im Grunde das gleiche; die Umsatzvorausschätzungen sind jedoch schwieriger, weil sie sich i. d. R. auf ein viel größeres Warenspektrum erstrecken.

VIII. Sortimentssteuerung

1. Operative Sortimentsplanung

1.1 Grundsätzliche Überlegungen

Die Neukonzeption eines Sortiments ist in aller Regel weit schwieriger als dessen Steuerung im Rahmen des laufenden Geschäftsganges. Statt – wie im vorausgegangenen Abschnitt gezeigt – im wesentlichen auf Vermutungen und unsichere Schlußfolgerungen angewiesen zu sein, lassen sich nun **Erfahrungen** verwerten. Das gilt in erster Linie natürlich für die **Umsatz-** und Ertragsentwicklung als Basisdaten, die letztendlich über Erfolg oder Mißerfolg entscheiden; das gilt in zweiter Linie für die **Kundenfrequenz** sowie die Untersuchung darüber, ob sich das u. U. angepeilte **Kundensegment** auch einstellt. In dieser ersten Phase ist – sobald der Strom der nur Neugierigen nachgelassen hat – auch das

Verhältnis von Besuchern und tatsächlichen Käufern interessant und auch, wie viele potentielle Interessenten im Sortiment nicht finden, was sie suchten bzw. erwarteten.

Insbesondere interessiert zu Anfang natürlich, wann das Sortiment im speziellen und die Einkaufsstätte im allgemeinen so ausreichend vom Publikum „angenommen" werden, daß der nachhaltige Geschäftserfolg als sicher erscheinen darf. Enttäuschende Ergebnisse in der Startphase sind natürlich erst einmal auf Sondereinflüsse des Marktes hin zu überprüfen, also auf solche, die alle Anbieter mehr oder weniger gleichmäßig treffen. Gründe dafür wären z. B. eine allgemein gedrückte Kaufstimmung der Verbraucher oder spezielle Brancheneinflüsse wie eine schlechte Modesaison, Kaufzurückhaltung aufgrund erwarteter technischer Neuerungen, eine mäßige Reisesaison oder gar nur schlechtes Wetter.

Auch wenn solche Einflüsse nicht vorlagen oder gedanklich eliminiert wurden, muß i. d. R. mit z. T. beträchtlichen Anlaufzeiten gerechnet werden, die natürlich um so größer sind, je stärker der Wettbewerb ist und je mehr man sich nur über einen Verdrängungswettbewerb einen ausreichenden Marktanteil sichern kann. Je größer dieser ist, um so länger sind deshalb i. d. R. auch die Anlaufzeiten, hier bezogen auf Kundenfrequenz und Umsatz. Die Zeiten, in denen z. B. die ersten Verbrauchermärkte gleichsam vom Start weg reüssierten, sind heute vorbei. Für großflächige Betriebsformen, also solche ab 1000 qm aufwärts, muß mittlerweile schon mit mehr als einem Jahr Anlaufzeit gerechnet werden und mit gut zwei bis drei Jahren insgesamt, bis auch der Break-even-point erreicht ist.

I. d. R. werden bereits in den ersten Monaten Sortimentskorrekturen aufgrund der unterschiedlichen Abverkaufsergebnisse erforderlich sein. Je weniger umfangreich das Sortiment ist, um so schneller ist das natürlich zu bemerken. Unsicher bleibt dabei – sofern der Grund dafür nicht sehr offensichtlich ist – inwieweit sich auch mäßig florierende Artikelgruppen in der Anlaufperiode noch stabilisieren. Wird nämlich zu schnell geändert, besteht die Gefahr, daß damit die gesamte Sortimentskonzeption unterlaufen wird.

Das gesamte hier skizzierte Procedere wird natürlich sehr erleichtert, wenn es beim Durchstehen dieser Durststrecke nicht letztlich um Sein oder Nichtsein geht, und wenn als Hilfen brauchbare Vergleichszahlen zur Verfügung stehen, die dann „lediglich" standortmäßig uminterpretiert werden müssen. Aus dieser Sicht wird einmal mehr erklärlich, welche Vorteile hier die Filialisten haben.

Ist ein Handelsbetrieb erst einmal „über den Berg", so erfolgen die Sortimentsimpulse im wesentlichen aus drei Richtungen. Zum einen kommen laufend Anregungen vom **Einkauf** aufgrund seiner ständigen

Suche nach aktuellen, wachstumsträchtigen sowie auch mengen- und ertragsmäßig interessanten und möglichst von der Konkurrenz vernachlässigten Artikeln. Diese gilt es so in das Sortiment einzuarbeiten, daß dessen (zielgruppenspezifischer) Charakter gewahrt bleibt, damit es insbesondere keine ständige, unkontrollierte Erweiterung erfährt. Um letzteres zu vermeiden, wird nicht selten zu der rigiden Regelung gegriffen, daß nur dann ein neuer Artikel aufgenommen werden darf, wenn ein anderer dafür ausgelistet wird.

Zum zweiten stellen sich absatzwirtschaftliche Aufgaben sowohl in lang- als auch in kurzfristiger Sicht. Unter **strategischem Aspekt** ist in Abständen zu überprüfen, ob das Sortiment noch dem ursprünglichen Konzept entspricht bzw. infolge von Veränderungen im Markt der Korrektur bedarf. Konkret könnte dieses z. B. Niveauveränderungen, also ein durchgängiges Trading-up oder Trading-down oder auch eine Verlagerung innerhalb der Sortimentsschwerpunkte bedeuten.

Ferner ist absatzwirtschaftliche Feinarbeit angesagt, nämlich die Analyse der einzelnen Sortimentsbereiche hinsichtlich ihres Attraktivitäts- bzw. Verbundbeitrages, soweit dies eben überhaupt möglich ist.

Schließlich muß unter betriebswirtschaftlichen Gesichtspunkten der Erfolgsbeitrag der einzelnen Artikel(gruppen) ermittelt werden, um gegebenenfalls entsprechende Korrekturen veranlassen zu können.

Ein großer Teil dieser Aufgaben wird im Abschnitt „Sortimentskontrolle" abgehandelt. Die hier anfallenden Informationen müssen – soweit einschlägig – zur Sortimentssteuerung herangezogen werden.

1.2 Sortimentsimage/Kompetenz

Inhalt und Umfang des in einem Sortiment zusammengefaßten Warenangebotes werden von den Verbrauchern ganzheitlich erlebt. (vgl. zum Thema „Image" S. 379 ff.) Sinnvoller Bewertungsmaßstab für einen solchen Pauschaleindruck ist dabei der Vergleich zwischen Sortimenten gleicher oder ähnlicher Betriebsformen. Sortimentsurteile hängen dabei im wesentlichen von Erfahrungen ab, ersatzweise basieren sie auf einem „Hörensagen" oder sind von der Werbung geprägt.

Das tatsächliche Käuferverhalten im gegebenen Markt, ausgewiesen durch entsprechende Käuferstrukturanalysen (vgl. zur Kundenforschung, S. 369 ff.) gibt zwar einige indirekte Hinweise auf die Sortimentseinschätzung, Genaueres ist jedoch nur über Verbraucherbefragungen zu ergründen.

Benötigt werden also Stellungnahmen etwa zu folgenden Statements, die nach den jeweils vorliegenden Gegebenheiten entsprechend zu modifizieren sind:

- Da finde ich eigentlich immer alles, was ich an ... so brauche.
- Da bekomme ich so viele Anregungen, wenn ich mal in Einkaufsstimmung bin.
- Da gehe ich immer hin, wenn ich nicht so recht weiß, wo ich den gesuchten Artikel bekommen kann.
- Die haben die größte Auswahl an ... in der ganzen Umgebung.
- Die Auswahl ist zwar nicht üppig, aber mir reicht das Angebot völlig aus.
- Da gibt es (viele) Artikel, die man sonst nirgendwo findet.

I. d. R. ist ein solcher Themenkreis aus ökonomischen Gründen ja Teil eines größeren Fragebogens, in dem auch die übrigen Attraktivitätsfaktoren beurteilt werden sollen.

Werden – was sinnvoll ist – bei solchen Befragungen nicht nur das eigene, sondern auch die Sortimente der Wettbewerber beurteilt, so ergeben sich aus den Vergleichsmöglichkeiten u. U. wichtige Hinweise auf Stärken und Schwächen des eigenen Angebotes.

Entsprechend statistisch aufbereitet, lassen sich die Ergebnisse zu Imageprofilen verarbeiten oder auch in Positionierungsmodelle umformen. Letztere werden im Kapitel Marktforschung (S. 367 ff.) genauer dargestellt.

1.3 Image-Ertrags-Portfolio

Umfaßt ein Sortiment mehrere Warengruppen, so liegt die Frage nach deren jeweiliger Bedeutung nahe. „Bedeutung" kann sich dabei auf vielerlei Aspekte beziehen, also etwa auf den jeweiligen Umsatzanteil, den Gewinnbeitrag, die künftige Entwicklung oder die Attraktivität in den Augen der Kunden. Ein entsprechendes Rechnungswesen vorausgesetzt, ergeben sich einige Informationen dazu aus den Warenwirtschaftsdaten der Vergangenheit, wie etwa Umsatz- und Deckungsbeitragsanteile pro Warengruppe.

Geht es hingegen um Kundenurteile bezüglich allgemeiner Attraktivität oder auch einzelner Teilaspekte, so bleibt nur der Weg über Befragungen. Im Grunde handelt es sich um das gleiche Vorgehen wie bei der Sortiments-Image-Erhebung, nur eben heruntergebrochen auf einzelne Warengruppen.

Des größeren Gesamtumfangs wegen müssen dazu die jeweils gleichen Fragenblöcke gekürzt und gleichzeitig der Versuch unternommen werden, den Sortimentseindruck pauschal zu ermitteln durch Fragen zu Preis, Plazierung und ggf. Bedienung. Das kann in der Weise geschehen, wie in Darstellung 20 wiedergegeben.

Zur übersichtlichen Darstellung der Ergebnisse in ihrem Kontext kann die Portfolio-Methode gewählt werden, die bekanntlich ursprünglich für die strategische Planung in Industrieunternehmen entwickelt wurde.

Darstellung 20: Beispiel für einen Fragenkomplex zur Warengruppenbeurteilung

WARENGRUPPE:		
1. große Auswahl	o—o—o—o—o—o—o	geringe Auswahl
2. ausgesuchte Qualität	o—o—o—o—o—o—o	mindere Qualität
3. preisgünstig	o—o—o—o—o—o—o	teuer
4. übersichtlich plaziert	o—o—o—o—o—o—o	wirre Plazierung
5. kundengerechte Bedienung	o—o—o—o—o—o—o	schlechte Bedienung
6. alle bekannten Marken	o—o—o—o—o—o—o	keine bekannten Marken
7. interessante Sonderangebote	o—o—o—o—o—o—o 1—2—3—4—5—6—7	keine Aktionen

Auf Handelssortimente übertragen, werden die einzelnen Warengruppen als sog. strategische Geschäftsfelder definiert. Für deren Abgrenzung gibt es zwar keine eindeutigen und objektiven Gesichtspunkte, für eine strategische Planung sollten sie aber einerseits global, andererseits aber auch differenziert genug sein, um die Planziele auch in konkrete Entscheidungen umsetzen zu können.

Die gefundenen Imagewerte in einer Portfolio-Matrix werden auf der Ordinate eingetragen, die Ertragswerte der einzelnen Warengruppen auf der Abszisse. Deren Bestimmung erfolgt unter Zugrundelegung des Brutto- oder Nettoertragswertes aller Warengruppen in einer Geschäftsperiode (Jahr). Der ermittelte Durchschnitt erlaubt dann, ein Raster in Richtung auf positive bzw. negative Abstufungen zu bilden.

Die Darstellung 21 (S. 106) zeigt die Ergebnisse eines solchen Vorgehens. Sie lassen die Image-Ertragspositionen von zehn Warengruppen in einem Verbrauchermarkt erkennen und vermitteln durch die entsprechenden Eintragungen sehr anschaulich auch die sich daraus scheinbar relativ zwangsläufig ergebenden Teilstrategien.

Die Vorzüge einer solchen Portfolio-Darstellung liegen in ihrer großen Anschaulichkeit, die geradezu zum Nachdenken zwingt. Daraus resultierte auch die anfänglich große Begeisterung der Praxis, die sich inzwischen etwas gelegt hat. Die Schwierigkeiten liegen vielfach bereits in der Datenerhebung, aber natürlich auch in der Interpretation der Ergebnisse. So automatisch, wie sich die Teilstrategien ergeben, können in Wirklichkeit die Entscheidungen nämlich nicht fallen. Dazu bedarf es sowohl des richtigen prognostischen Gespürs als natürlich auch einer genauen

Darstellung 21: Positionierung von zehn Warengruppen eines SB-Warenhauses

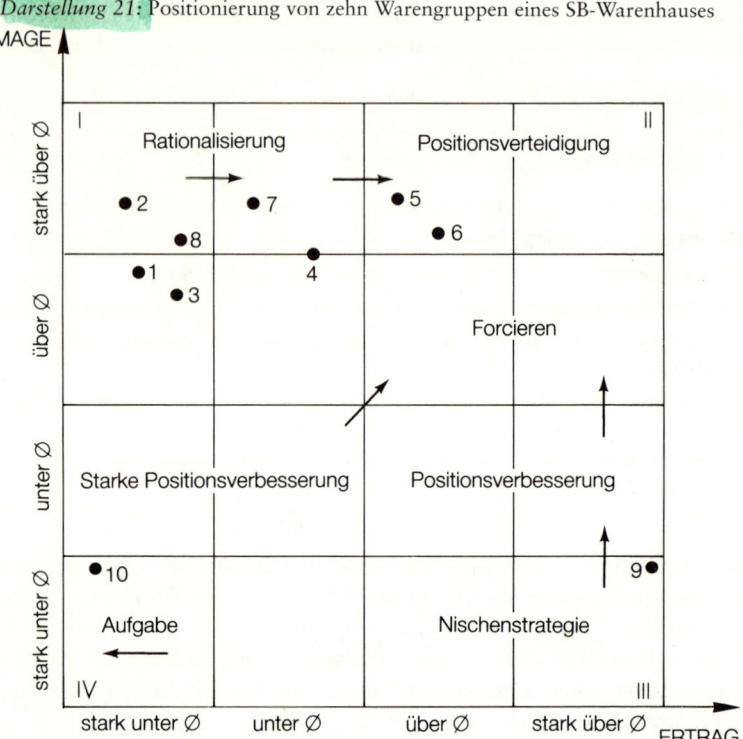

Quelle: Eigenerstellung, angelehnt an Wehrle, F.: Planung von Sortimentsstrategien mit der Portfolio-Methode. In: BAG-Nachrichten, 9/1981, S. 16

Kenntnis der Wechselwirkungen der einzelnen strategischen Geschäftsfelder untereinander. Würde es sich bei der Position 10 in Darstellung 21 etwa um die wichtigsten Grundnahrungsmittel handeln, bekäme deren Eliminierung dem gesamten Food-Sortiment wohl sehr schlecht.

1.4 Limitrechnung

Bei der Limitrechnung handelt es sich um ein kurzfristiges Planungs- und Kontrollinstrument zur Steuerung des Lagerbestands und des Sortiments.

Hierbei wird der zukünftige Wareneinkauf mit der Umsatzplanung des Unternehmens abgestimmt und rechnerisch ermittelt, wobei außer den geplanten **Umsätzen** die vorgesehenen **Spannen,** die geplanten **Lagerumschlagshäufigkeiten** und der entsprechende **Wareneinsatz,** d. h. Daten aus der kurzfristigen Erfolgsrechnung, Berücksichtigung finden (zur kurzfristigen Erfolgsrechnung und den entsprechenden Kennzahlen siehe Abschnitt Sortimentskontrolle, S. 109 f.).

Die Limitrechnung kann sowohl auf Unternehmens-, Filial-, Warengruppen- oder Artikelebene für unterschiedliche Zeitspannen (Jahr, Monat, Woche) wert- und/oder mengenmäßig durchgeführt werden. Erst eine Limitrechnung auf Warengruppen- oder Artikelebene, die mindestens monatlich durchgeführt wird, liefert allerdings die nötigen Informationen für eine entsprechende Sortimentssteuerung.

Zielsetzungen der Limitrechnung sind zum einen das Erreichen von Kostensenkungen (gebundenes Kapital im Lager, Zinsen, Abschreibungen für Altwaren etc.) und zum zweiten die Liquiditätssicherung.

1.4.1 Limitplanung auf Warengruppenebene

Die Berechnung ensprechender Einkaufslimits erfolgt in fünf Schritten, die im folgenden näher dargestellt werden sollen:

(1) Planung des Umsatzes

Aufgrund der Umsatzentwicklung der einzelnen Warengruppen in der Vergangenheit und der künftigen geschäftlichen Erwartungen wird mit Hilfe einschlägiger statistischer Prognosemethoden (z. B. Trendextrapolation, exponentielle Glättung) der voraussichtliche Warengruppenumsatz der Planungsperiode geschätzt, wobei selbstverständlich qualitative Aspekte, wie z. B. verstärkte Kommunikationsaktivitäten, die Einfluß auf die Umsatzentwicklung haben, ebenfalls Berücksichtigung finden sollten.

(2) Planung der Kalkulation

Auch für die Planung der entsprechenden Warengruppenkalkulationen sind die Ergebnisse der Vergangenheit und die Ziele für den Planungszeitraum Maßstab für die Ermittlung der Handelsspanne, wobei sich der geplante Rohertrag für die Planungsperiode, der wiederum Grundlage für die Berechnung des Wareneinsatzes ist, durch folgende Formel ergibt:

$$\frac{\text{Planumsatz (Warengruppe, in DM)} \times \text{Planspanne (Warengruppe, in \%)}}{100}$$

(3) Berechnung des Wareneinsatzes

Der geplante Wareneinsatz pro Planungszeitraum und Warengruppe ergibt sich aus der Subtraktion des entsprechenden Planrohertrages vom Planumsatz.

(4) Lagerumschlags-/Lagerbestandsplanung

Der Lagerumschlag ist im Rahmen der Limitrechnung die zentrale Bestimmungsgröße (zur Ermittlung des Lagerumschlags und dessen Bedeutung siehe S. 113 ff.). Zu bedenken ist bei der Zielfestsetzung für den entsprechenden Lagerumschlagswert pro Warengruppe und Planungsperiode, daß eine Beschleunigung der Umschlagsgeschwindigkeit des Warenlagers vor allem dann schwer zu erreichen ist, wenn keine nennenswerten Umsatzsteigerungen erwartet werden und von einem überhöhten Warenbestand ausgegangen werden muß.

Mit Hilfe des geplanten Lagerumschlags wird der durchschnittliche Plan-Lagerbestand auf der Grundlage folgender Formel ermittelt:

$$\frac{\text{Wareneinsatz (pro Planungszeitraum und Warengruppe, in DM)}}{\text{geplanter Lagerumschlag (pro Planungszeitraum und Warengruppe)}}$$

(5) Ermittlung des Limits

Das entsprechende Limit einer Warengruppe für den Planungszeitraum wird nun folgendermaßen berechnet:

Wareneinsatz (pro Planungszeitraum und Warengruppe)
+/– Lageraufbau/Lagerabbau (Anfangslager zur Einstandswerten – Endlager zu Einstandswerten)[1]

= Limit (pro Planungszeitraum und Warengruppe)

Um unterschiedlichen Liefergepflogenheiten in verschiedenen Warengruppen gerecht zu werden, empfiehlt es sich, für Nach- und Eilbestellungen bzw. Ergänzungen eine Limitreserve zu bilden, bei deren Festlegung man von Erfahrungswerten ausgeht.

Das verfügbare Limit (dasjenige Limit, das zur kurzfristigen Disposition freigegeben wird) ergibt sich schließlich nach Abzug der Limitreserve vom errechneten Limit.

---

[1] Das Endlager als rechnerischer Planungswert ergibt sich aus: [Anfangslager zu Einstandswerten – (Anfangslager zu Einstandswerten – durchschnittlichem Plan-Lagerbestand) × 2]. Der durchschnittliche Bestand stellt sich als arithmetrisches Mittel aus dem Anfangs- und Endbestand dar. Man müßte daher rechnerisch die Abweichung des durchschnittlichen Bestandes gegenüber dem Anfangsbestand in der doppelten Höhe beim Wareneinsatz berücksichtigen, damit der entsprechende Plan-Lagerumschlag auch erreicht wird. In der Praxis führt dieses Vorgehen aber i. d. R. im Falle eines Überlagers zu einer nicht vertretbaren Kürzung des Wareneinganges, da ein Überlager in aller Regel nicht innerhalb einer Planungsperiode zur Gänze abgebaut werden kann.

1.4.2 Limitkorrektur

Um Abweichungen des tatsächlichen Umsatzes vom Planungsumsatz bei der Wareneinkaufsplanung gerecht zu werden, müssen diese mit Hilfe einer Limitkorrektur dergestalt berücksichtigt werden, daß entsprechend der Mehr- oder Minderumsätze das Gesamtlimit und die Limitreserve geändert werden.

1.4.3 Limitkontrolle

Soll der geplante Lagerumschlag wirklich erreicht werden, so ist eine Überwachung der Einhaltung der Limits unumgänglich. Diese Kontrolle ist recht einfach durchzuführen, indem man alle Aufträge einschließlich der Nachbestellungen vom entsprechenden Limit des Kontrollzeitraumes abzieht. Sich ergebende Restlimits können dem nächsten Kontrollzeitraum zugerechnet werden, wohingegen ein Überschreiten des Limits zu einer Kürzung des Wertes der folgenden Periode führt.

Zu beachten ist, daß die Limitrechnung zwar ein brauchbares quantitatives Instrument zur Einkaufs- und Sortimentssteuerung darstellt, das jedoch nicht vor qualitativen Fehlern in der Sortimentspolitik schützt (z. B. falsche Artikel, nicht gängige Farben, nicht gängige Größen).

2. Sortimentskontrolle

Das Grundanliegen der Sortimentpolitik, nämlich eine nachfragegerechte Warenbündelung, ist rein absatzwirtschaftlicher Natur. Wird zu wenig an Ware abverkauft bzw. bleiben die Kunden aus, sind alle übrigen Anstrengungen vergeblich. Entsprechende Umsatzerlöse sind wiederum die Voraussetzung dafür, daß die Kosten gedeckt und Gewinne realisiert werden können. Schließlich ist aus Unternehmersicht ja nicht das größte oder ungewöhnlichste Sortiment das beste, sondern das gewinnträchtigste.

Wie die übrigen Attraktivitätsfaktoren des Handels, muß das Sortiment auch unter diesem ökonomischen Blickwinkel gestaltet werden. Je umfangreicher das Angebot ist, je mehr Artikel also an diesem Gewinnerzielungsprozeß beteiligt sein sollen, um so schwerer wird es, den (Miß-)Erfolgsbetrag jedes Artikels noch zu identifizieren, zumal zwischen den Artikeln sowohl hinsichtlich ihres Umsatzes als auch bezüglich ihres Aufwandes Wechselbeziehungen bestehen. Dessen ungeachtet muß versucht werden, ein gegebenes Sortiment daraufhin zu analysieren, um letztlich ertragsstarke Sortimentsteile zu forcieren und ertragsschwache Artikel und insbesondere Verlustbringer zu eliminieren, sofern eben klar wäre, daß dadurch insgesamt das Sortiment unter absatzwirtschaftlichen Aspekten keine Einbußen erleidet.

Die Sortimentskontrolle hat die Aufgabe, hier die notwendige Transparenz herbeizuführen und damit eine Art von Sortimentsdisziplin zu fördern, gegen die sowohl vom Einkauf wie auch vom Verkauf gern verstoßen wird.

Die Ansatzmöglichkeiten sind sehr vielfältig und reichen von der Überwachung der Warenpräsenz bis hin zu diffizilen Ertragsberechnungen.

2.1 Kontrolle des Umsatz- und Renditebeitrags

Im folgenden werden nun schrittweise alle jene Verfahren vorgestellt, die sich zur Analyse des Nutzenbeitrags des gesamten Sortiments oder einzelner Artikel der Warengruppen eignen. Das erfordert letztendlich die genaue Kenntnis des tatsächlichen Aufwandes und der daraus resultierenden Erlöse.

Grundsätzlich können die meisten der aufgeführten Maßgrößen (außer der direkten Produktrentabilität) sowohl auf Gesamtunternehmens-, Filial-, Warengruppen- oder Artikelebene ermittelt werden, wobei ein Trend – vor allem dank der Hilfe EDV-gestützter Warenwirtschaftssysteme – zur Analyse auf Artikelebene zu verzeichnen ist.

2.1.1 Analysen im Rahmen der kurzfristigen Erfolgsrechnung auf der Grundlage der Bruttoertragsrechnung

Grundlegende Daten zur Sortimentskontrolle werden von der herkömmlichen Buchhaltung aufgrund ihrer längerfristigen Ausrichtung normalerweise nicht geliefert, worin auch die Notwendigkeit begründet liegt, Kontrollgrößen zu generieren, die zeitnäher verfügbar und damit besser geeignet erscheinen, eine entsprechend flexible Beurteilung von Sortimentsteilen zu ermöglichen.

Die kurzfristige Erfolgsrechnung im Einzelhandel versucht diesem Anspruch gerecht zu werden und dient somit primär der Absicherung taktischer Unternehmensentscheidungen, in deren Mittelpunkt die Sortimentspolitik steht.

Die in der Einzelhandelspraxis verbreitetste Art stellt die kurzfristige Erfolgsrechnung als Bruttoertragsrechnung dar.

Bei der Bruttoertragsrechnung werden den Kostenträgern (i. d. R. Umsätzen nach Warengruppen oder Artikeln) die Einzelkosten direkt zugerechnet. Es läßt sich hierbei die kurzfristige Erfolgsrechnung im Einstandswertverfahren und im Verkaufswertverfahren unterscheiden, wobei sich die Erfolgsrechnung nach dem Einstandswertverfahren eher für Branchen eignet, bei denen Mengen- oder Staffelpreise üblich sind (die also nicht mit festen Verkaufspreisen pro Wareneinheit arbeiten), während das Verkaufswertverfahren sich für solche Branchen eignet, die

A. Sortimentspolitik

vorwiegend mit festen Verkaufspreisen operieren (Handelsspannen dienen als Berechnungsgrundlage).

Mit Hilfe der kurzfristigen Erfolgsrechnung nach dem Verkaufswertverfahren lassen sich die folgenden Daten ermitteln:
- Umsatz je Warengruppe/Artikel
- Wareneingang je Warengruppe/Artikel
- vorkalkulierte Handelsspanne je Warengruppe/Artikel
- Preisänderungen je Warengruppe/Artikel
- erzielte Handelsspanne je Warengruppe/Artikel
- Lagerbestand je Warengruppe/Artikel
- Lagerumschlag je Warengruppe/Artikel
- Bruttorentabilität je Warengruppe/Artikel.

Im folgenden sollen die für die Sortimentsanalyse wichtigen Größen näher erläutert werden.

2.1.1.1 Gesamtumsatzanalyse

Die am einfachsten zu ermittelnde Kenngröße stellt sicherlich der Gesamtumsatz dar, dessen Entwicklung einen allgemeinen Eindruck von der Akquisitionskraft des Sortiments liefert, wobei natürlich gerade hierbei zu beachten ist, daß die Höhe des Umsatzes von vielerlei Handelsmarketing-Aktivitäten (Problem der Erfolgsspaltung) abhängt und deshalb der Beitrag dieser Kenngröße zur Kontrolle des Sortiments nur begrenzt ist.

Eine isolierte Betrachtung der Größe „Gesamtumsatz" liefert ohnehin noch keinen Anhaltspunkt zur Sortimentsanalyse. Dazu sind zum einen Vergleiche im Zeitablauf (mit vorangegangenen Perioden) und zum anderen solche mit der Umsatzentwicklung von anderen, vergleichbaren Handelsunternehmen vorzunehmen.

Genügend große Fallzahlen vorausgesetzt, zeigen solche Vergleiche zumindest eventuell vorhandene Nachfrage-/Branchen- und/oder Betriebstypen-Trends auf, relativieren also damit das eigene Umsatzergebnis. Sollte sich etwa ergeben, daß vergleichbare Betriebe gleiche Gesamtumsätze mit beträchtlich weniger Artikeln erzielen, so deutet dies zumindest auf erfolgversprechende Möglichkeiten einer Sortimentsstraffung hin. Vermutlich weiß aber die Masse der Einzelhändler auch heute noch nicht einmal, wie viele Artikel sie selbst überhaupt im Sortiment führen.

Betriebsvergleichszahlen sind heute für alle Branchen des Einzelhandels erhältlich. Allerdings ergeben die in den Betriebsvergleichen auf Branchenebene erhobenen Daten nur recht grobe und keineswegs repräsentative Durchschnittswerte. Wünschenswert wären also detailliertere Daten, die etwa auf dem Wege des Zusammenschlusses zu Erfa-Gruppen zu gewinnen sind, um eine bessere Vergleichbarkeit zu gewährleisten.

2.1.1.2 Teilumsatzanalyse

Der Gesamtumsatz stellt also für die Sortimentsanalyse ein sehr grobes Maß dar. Vor allem bei unbefriedigendem Umsatzverlauf wird die Suche nach Mängeln im Sortiment zu einer mühevollen Angelegenheit, sofern nicht auch regelmäßig die Umsätze von Teilsortimenten, Warengruppen oder Artikeln kontrolliert werden. Der Trend geht heute zu einer gestaffelten Umsatzkontrolle bis auf Artikelebene, wobei es aufgrund der hier anfallenden Datenflut fraglich erscheint, ob eine solche Analyse sinnvollerweise in den gleichen Zeitabständen durchzuführen ist, wie z. B. die Kontrolle von Warengruppenumsätzen (z. T. wöchentliche oder sogar tägliche Kontrolle). Zur Reduktion der Datenfülle sollten deshalb detaillierte Artikelanalysen nur in größeren Zeitabständen durchgeführt werden oder fallweise bei problematischen Warengruppen.

2.1.1.3 ABC-Analyse

Eine anschauliche Methode zur Verdeutlichung der Sortimentsstruktur ist eine Reihung der einzelnen Artikel(-Gruppen) nach ihrer Umsatzbedeutung. Eine solche sog. ABC-Analyse ergibt dann beispielsweise, daß mit dem ersten Drittel (A) der (umsatzstärksten) Artikel etwa 60% des Umsatzes erzielt werden, mit dem nächsten Drittel (B) nur noch 25%, während das restliche Drittel (C) nur noch 15% Umsatzbeitrag liefert. Das gibt prima facie natürlich zu denken, eine vorschnelle Sortimentsreduzierung könnte aber u. U. zu überdurchschnittlichen Umsatzeinbußen führen (Verbund- bzw. Frequenzeffekte), und natürlich bleiben jegliche Ertragsaspekte hierbei ohnehin unberücksichtigt.

2.1.1.4 Handelsspanne

Die Handelsspanne (auch **Abschlagsspanne**) ist die Differenz zwischen dem Einstandspreis einer Ware und ihrem Verkaufspreis und wird gewöhnlich in Prozent des Verkaufspreises ausgedrückt. Der Kalkulationsaufschlag (**Aufschlagsspanne**) hingegen bezeichnet zwar absolut gesehen das gleiche, jedoch wird der Prozentsatz vom Einstandspreis aus berechnet; 50% „von oben" (= Abschlag) sind also 100% „von unten" (= Aufschlag[2]).

Die Anwendung der (absoluten) Handelsspanne zur Beurteilung des Gesamtsortiments, von Warengruppen oder Artikeln hat gegenüber der einfachen Umsatzanalyse den Vorteil, daß hier auch die Einstandskosten der Ware Berücksichtigung finden und somit schon gewisse Aussagen

---

[2] Die Formeln zur Berechnung der Abschlagsspanne und der Aufschlagsspanne lauten: Abschlag = (Aufschlag × 100) : (100 + Aufschlag); Aufschlag = (Handelsspanne × 100) : (100 - Handelsspanne)

über die Ertragskraft einzelner Sortimentsteile gemacht werden können. Problematisch bleibt jedoch die Vernachlässigung der variablen Kosten der Warenbewegung und die Inanspruchnahme der Kapazitäten. Des weiteren werden die Mengenkomponente und die Verbundeffekte nicht in die Betrachtung mit einbezogen.

Vorsicht ist bei der Analyse der Handelsspanne und des hiermit ermittelten Warenrohgewinns für das ganze Sortiment bzw. einzelne Warengruppen geboten, wenn eine Mischkalkulation zugrunde liegt. Da in aller Regel (ohne den Einsatz moderner EDV-gestützter Warenwirtschaftssysteme) nicht bekannt ist, in welchem Verhältnis zueinander die verschiedenen kalkulierten Artikel verkauft werden, bereitet die Ermittlung des durchschnittlichen Kalkulationsaufschlages einer Warengruppe, von dem aus auf den Rohgewinn geschlossen werden kann, Schwierigkeiten. Um zu aussagekräftigen Ergebnissen zu gelangen, sind detaillierte Informationen bezüglich einzelner Artikel nötig, wie sie beispielsweise von modernen, EDV-gestützten Warenwirtschaftssystemen geliefert werden können.

Auch hier sind zur relativierenden Einschätzung der eigenen Leistung und zur Erhöhung des Informationsgehaltes der zu analysierenden Daten Vergangenheitszahlen und Informationen aus Betriebsvergleichen heranzuziehen.

2.1.1.5 Umschlagshäufigkeit

Die Umschlagshäufigkeit oder auch Lagerumschlagsgeschwindigkeit (Lagerumschlag) gibt an, wie oft sich die gelieferte Ware in einem bestimmten Zeitraum umgeschlagen hat und errechnet sich durch die Division des Wareneinsatzes durch den durchschnittlichen Warenbestand.

Die Größen „Wareneinsatz" und durchschnittlicher „Warenbestand" werden dabei wie folgt ermittelt (alles ohne Vorsteuer):

```
  Warenanfangsbestand
+ Warenzugang
− Skonti
− Boni
+ Warenbezugskosten
  _____
− Warenendbestand
  _____
= Wareneinsatz
```

2. Kapitel: Instrumente des Handelsmarketing

$$\frac{\text{Anfangsbestand} + \text{Endbestand}^3}{2} = \varnothing \text{ Lagerbestand}$$

$$\frac{\text{Wareneinsatz}}{\varnothing \text{ Lagerbestand}} = \text{Umschlagshäufigkeit}$$

Folgende Angaben vermitteln eine Vorstellung von Umschlagshäufigkeiten pro Jahr im Einzelhandel:

- Lebensmitteldiscounter ca. 40-50 mal
- Supermärkte ca. 17 mal
- SB-Warenhäuser ca. 7,3 mal
- Waren ca. 3,6 mal
- Facheinzelhandel (insgesamt) ca. 3,6 mal
- Textil-Einzelhandel ca. 2,3 mal
- Uhren- und Schmuck-Einzelhandel ca. 1,0 mal

Diese starken Unterschiede machen zu großen Teilen erklärlich, wie im Einzelhandel die z. T. gravierenden Preisunterschiede zustande kommen. Durch einen hohen Lagerumschlag werden die Kapazitäten wie Raum, Personal usw. erheblich besser genutzt. Auch sind die Wirkungen auf die Kapitalbindung im Lagerbestand ganz erheblich; wer z. B. bei einem Lagerumschlag von 12 mal im Jahr erst nach dreißig Tagen (Ziel) bezahlen muß, hat (rechnerisch) kein Geld in seinem Warenbestand gebunden; bei einer höheren Umschlagshäufigkeit ergibt sich sogar eine negative Kapitalbindung. Das ist einer der maßgebenden Gründe für die hohe Liquidität und Expansionskraft von Einzelhandels-Unternehmen mit extrem hohen Umschlagshäufigkeiten. Es sind also sehr unterschiedliche Kapitalien im Warenlager gebunden, z. B. in Warenhausfilialen ca. 160 000 DM, im Lebensmittel-Supermarkt ca. 50 000 DM, im LE-Discounter dagegen nur ca. 25 000 DM (Einstandspreis o. MwSt), jeweils bezogen auf 1 Mio. DM Umsatz (Verkaufspreis incl. MwSt).

Im Rahmen der Sortimentsanalyse kann der Lagerumschlag sowohl für das ganze Sortiment als auch für einzelne Warengruppen, Abteilungen oder Artikel ermittelt werden. Die Kenngrößen liefern Hinweise darauf, ob das Sortiment in Gänze bzw. zu Teilen zügig abverkauft wird oder zu langsam „dreht"; letzteres müßte zum Anlaß genommen werden, über die Ursachen bzw. über sinnvolle Korrekturen nachzudenken.

Grundsätzlich erweist sich eine hohe Umschlagsgeschwindigkeit als günstig, weil sie den Kapitalbedarf verringert, die Kostenstruktur (Lagerhal-

---

[3] Die Formeln zur Berechnung des durchschnittlichen Lagerbestandes bei monatlicher Betrachtung lautet folgendermaßen: $\varnothing$ Lagerbest. = (Anfangsbest. + Monatsendbestände 1,...,i) : (i + 1); mit i = 12.

tung, Manipulation) verbessert und sich damit positive Wirkungen auf Liquidität und Rentabilität ergeben. Bei der Interpretation des Lagerumschlags sind jedoch folgende Fehlschlüsse naheliegend.

- Wird die Erhöhung des Lagerumschlags mit einem Umsatzrückgang erkauft, so gehen hiervon im allgemeinen nachteilige Wirkungen auf die Gesamtrentabilität aus.
- Wenn bei der Beschaffung zu geringe Mengen eingekauft und somit Einkaufsvorteile nicht genutzt werden, können die hier nicht wahrgenommenen Einsparungen die Vorteile eines hohen Lagerumschlages überkompensieren.
- Ein hoher Lagerumschlag kann durchaus mit einem bezüglich Breite und Tiefe nicht den Kundenansprüchen genügenden Sortiment einhergehen, was zu Umsatzeinbußen führen kann.

Natürlich hängt die Umschlagsgeschwindigkeit nicht nur vom Tempo der Abverkäufe, sondern auch von den Belieferungsintervallen ab. Wer z. B. täglich seine leeren Regale mit Frischwaren beschicken läßt, erzielt auf diese Weise einen Lagerumschlag, der dem der verkaufsoffenen Tage im Jahr entspricht (ca. 300 mal).

Auch läßt sich in mehrstufigen Handelsbetrieben (Filialisten) die Umschlagsgeschwindigkeit der einzelnen Verkaufsstätten dadurch ändern, daß die Lagerfunktion weitgehend auf die Zentral- bzw. Regionalläger abgewälzt wird, die Geschäfte selbst also öfter und mit kleineren Mengen bedient werden. Im Grunde muß das „Vorhalten" der Waren dann als Ganzes betrachtet werden, denn hier handelt es sich tatsächlich ja nur um eine innerbetriebliche Funktionsverlagerung.

2.1.1.6 Bruttorentabilität

Die Bruttorentabilität (Bruttonutzenziffer) zeigt an, wie die Rentabilität des Handelsbetriebes durch die ertragbildenden Faktoren Spanne und Umschlagsgeschwindigkeit beeinflußt wird.

Sie errechnet sich wie folgt, wobei Umsatz und Warenbestand jeweils zu Einstandspreisen (ESP) zum Ansatz gelangen:

$$\frac{\text{Rohertrag}}{\text{Umsatz}} \times 100 \times \frac{\text{Umsatz}}{\varnothing \text{ Warenbestand}} = \frac{\text{Rohertrag}}{\varnothing \text{ Warenbestand}} (\%)$$

oder:

$$\text{Aufschlagsspanne (\%)} \times \text{Umschlagshäufigkeit}$$

Die gefundene Kennzahl besagt, wieviel eine D-Mark einbringt, die im Jahresdurchschnitt im Warenlager investiert wurde.

Zusätzlich zur Umschlagsgeschwindigkeit wird bei der Bruttorentabilität berücksichtigt, daß gerade für die Beurteilung einzelner Sortimentsteile außer den Kosten für das gebundene Kapital auch die jeweiligen Wareneinstandskosten selbst von großer Bedeutung sind. Dies kann leicht verdeutlicht werden, da sich die Formel der Bruttorentabilität ja auch in der folgenden Form interpretieren läßt:

$$\frac{\text{Umsatz (VKP)} - \text{Wareneinsatz (ESP)}}{\text{Umsatz (ESP)}} \times 100 \times \frac{\text{Umsatz (ESP)}}{\varnothing \text{ Warenbestand (ESP)}}$$

Dennoch sind auch in dieser Größe nicht alle Kosten (z. B. artikelspezifische Kosten der Warenbewegung) erfaßt.

2.1.2 Deckungsbeitragsanalysen

In der Deckungsbeitragsrechnung wird das im Handel übliche Denken in Bruttospannen (Bruttogewinn) als Differenz zwischen Erlös und Wareneinstandskosten systematisch ausgebaut. Grundsätzlich lassen sich mit Hilfe der Deckungsbeitragsrechnung Planungs-, Prognoserechnungen und Erfolgsanalysen differenziert nach einer Vielzahl interessierender Einflußfaktoren und Aktionsparameter durchführen. Im folgenden sollen die Ausführungen jedoch hauptsächlich auf die Beurteilung des Warensortiments beschränkt bleiben.

Zur Sortimentskontrolle eignet sich die Deckungsbeitragsrechnung insbesondere als kurzfristige Erfolgsrechnung. Sie versucht dabei, eine wesentliche Schwäche der Bruttoertragsrechnung zu vermeiden, nämlich die alleinige direkte Zurechnung von Wareneinstandskosten als Einzelkosten zu den Kostenträgern, die auf eine Verteilung der variablen und fixen Handlungskosten entsprechend ihrer Zurechenbarkeit auf Warengruppen (oder Artikel) verzichtet und somit unterschiedliche Kostenstrukturen einzelner Warengruppen (bzw. Artikel) nicht sichtbar macht.

Als wichtige Bezugsgrößen im Rahmen einer solchen Deckungsbeitragsrechnung sind anzuführen:

– Gesamtumsatz
– Filialumsatz
– Abteilungsumsatz
– Warengruppenumsatz
– Artikelumsatz.

2.1.2.1 Grundtypen der Deckungsbeitragsrechnung

Grundsätzlich lassen sich zwei Systeme der Deckungsbeitragsrechnung unterscheiden. Dies sind zum einen

– die Deckungsbeitragsrechnung als Teilkostenrechnung auf Grenzkostenbasis (Direct Costing), die auf der Trennung zwischen fixen und

variablen Kosten in bezug auf die Ausbringung bzw. den Beschäftigungsgrad beruht, und zum andern
- die entscheidungsorientierte Deckungsbeitragsrechnung (nach Riebel), die auf der Trennung zwischen relativen Einzelkosten und Einzelerlösen basiert.

Beim ersten Grundtyp erfolgt lediglich eine Verrechnung der proportionalen Kosten [z. B. variable Einzelkosten wie Wareneinstandskosten Umsatzprämien, Warenausgangskosten etc. und variable Gemeinkosten, die für eine Mehrzahl von Artikeln anfallen (z. B. Warenverluste, kalkulatorische Zinsen etc.)] auf die Kostenträger (Artikel, Warengruppe), wohingegen die fixen Kosten (Kosten der Betriebsgemeinschaft wie z. B. Personalkosten, Mietkosten etc.) direkt in der Ergebnisrechnung global oder stufenweise abgedeckt werden.

Die Aussagefähigkeit dieses Grundtyps ist an die folgenden Bedingungen gebunden:

(1) Die Kosten sind eindeutig in fixe und proportionale zu trennen – außer der verkauften Mengen müssen alle anderen Einflußfaktoren konstant sein.

(2) Es ist eine eindeutige Zurechenbarkeit der proportionalen Kosten zu den einzelnen Leistungsarten und Produkteinheiten gegeben.

(3) Die Kosten bzw. Einstandspreise müssen konstant sein und den einzelnen Leistungsarten bzw. Produkteinheiten zugerechnet werden können.

(4) Die fixen Kosten sind konstant und eindeutig der Periode zuzurechnen.

Die obengenannten Prämissen lassen sich in der Praxis allerdings kaum erfüllen, so daß das Direct Costing im Einzelhandel mit großen Problemen verbunden ist, die vor allem in der Aufteilung der Einzelhandelskosten in fixe und variable Bestandteile und in der verursachungsgerechten Zurechnung der variablen Gemeinkosten auf die Kostenträger bestehen.

Das Konzept der Deckungsbeitragsrechnung auf Grundlage relativer Einzelkosten verzichtet auf eine Schlüsselung variabler Gemeinkosten. Es werden lediglich die variablen Einzelkosten den hierarchisch gegliederten Kostenträgern zugerechnet. Die verursachungsgerechte Zurechnung erfolgt dabei nach dem Prinzip, die Kosten derjenigen Stufe der Bezugsgrößenhierarchie zuzuordnen, auf der sie erstmals einwandfrei als Einzelkosten erfaßt werden können.

Der Verdeutlichung der Unterschiede zwischen Direct Costing und der Einzelkosten-Deckungsbeitragsrechnung dient Darstellung 22 (S. 118).

2. Kapitel: Instrumente des Handelsmarketing

Darstellung 22: Vergleich zwischen Direct Costing und Einzelkostendeckungsbeitragsrechnung

	Direct Costing	Einzelkostendeckungsrechnung
DB I	Bruttoumsatz ./. Rabatt	Bruttoumsatz ./. Rabatt
DB II	Einnahme ./. Mehrwertsteuer	Einnahme ./. Mehrwertsteuer
DB III	Nettoumsatz ./. primäre Kostenarten Löhne, Gehälter, Sozial- aufwand, Abschreibungen, Material, Telefon, Porti, Gebühren, Zinsen, Steuern	Nettoumsatz ./. primäre Einzelkosten
	./. sekundäre Kostenarten Raum, Handwerker, Hausmeister, Auszeichnung, Ateliers	./. sekundäre Einzelkosten
DB IV	DB ./. Variable Kosten des Verkaufs ./. Variable Kosten des Einkaufs	(nicht ausgewiesen) (nicht ausgewiesen)
DB V	DB ./. Fixkosten der Warengruppe	DB IV = DB V ./. Einzelkosten der Warengruppe
DB VI	DB ./. Fixkosten der Etagen	./. Einzelkosten der Etagen
DB VII	DB ./. Fixkosten Einkauf ./. Fixkosten Verkauf	./. Einzelkosten Einkauf Einzelkosten Verkauf
DB VIII	DB ./. Fixkosten Betrieb Grundstücke, Handwerker, Versand	./. Einzelkosten Betrieb
DB IX	DB ./. Fixkosten Versand, soweit nicht zurechenbar	
DB X	DB ./. Fixkosten Leitung und Ver- waltung	./. Einzelkosten Leitung und Verwaltung

Quelle: Tietz, B.: Der Handelsbetrieb. Grundlagen der Unternehmenspolitik, München 1985, S. 1108

2.1.2.2 Direkte Produktrentabilität

Die direkte Produktrentabilität (DPR) oder der direct product profit (DPP) ist – exakt übersetzt – eigentlich der (individuelle) Gewinnbeitrag des einzelnen Artikels. Verstanden wird darunter sowohl die Größe selbst als auch ein Modell zur Eruierung dieser Größe, d. h. eine Methode zur Beantwortung der Frage „was man eigentlich an jedem einzelnen Produkt verdient".

Wüßte man dies, hätte das verständlicherweise erhebliche Vorzüge für die Einkaufs- und Verkaufsdisposition, indem letztendlich erfolgsträchtige Produkte gefördert und schwache Artikel möglichst eliminiert würden.

Das Anliegen, nämlich eine möglichst genaue Kostenträgerrechnung, ist so alt wie die Betriebswirtschaftslehre und aus der industriellen Kostenrechnung bestens vertraut. Die Bemühungen um Exaktheit scheitern dabei in dem Maße, wie Kostenarten vorhanden sind, die sich dem einzelnen Produkt nicht zweifelsfrei zurechnen lassen, wie etwa das Gehalt des Geschäftsführers oder die Kosten des Parkplatzes. Man muß sich in solchen Fällen mit der Zurechnung der direkt vom Kostenträger verursachten Kosten bescheiden und den unzurechenbaren Rest – unter Umständen stufenweise immer weiter zusammengefaßt – auf alle Produkte verteilen, um alle anfallenden Kosten in der Kalkulation zu berücksichtigen. Sind aber wenigstens die zurechenbaren Kosten ermittelbar, so läßt sich die Differenz zu den Erlösen als sog. Deckungsbeitrag begreifen, der – wie bereits ausgeführt – mithilft, den übrig gebliebenen Kostenblock abzutragen. Das wiederum erlaubt eine flexiblere Preisstellung innerhalb des Sortiments oder des Produktionsprogramms insofern, als nicht jeder Produktpreis mit den (pauschalierten) Vollkosten kalkuliert werden muß.

Mit einer gewissen Euphorie wird gegenwärtig dieses alte Anliegen, nämlich die Gemeinkosten weiter aufzubrechen oder aufzulösen, im Handel wieder einmal bewegt. Was auch früher schon theoretisch als Problem erkannt, aber datenmäßig nicht zu bewältigen war, rückt heute datenseitig (Scanner-Kassen) in den Bereich des Machbaren. Jedoch bleiben die Grenzen der verursachungsgemäßen Zurechnung aus logischen Gründen bestehen.

Erstaunlicherweise kommen die neuerlichen Impulse in der Bundesrepublik Deutschland von Markenartikelherstellern, die dem Lebensmittelhandel zu mehr Kostentransparenz verhelfen wollen, offenbar nicht zuletzt mit dem Gedanken, daß man in einem solch „delikaten" Bereich schon mitmischen müsse; schließlich soll hier ja nachgewiesen werden, an welchen Artikeln der Handel nun (wieviel) verdient. Diese Bemühungen sind erstaunlich, da die Lieferanten im Grunde besser leben, wenn der Handel über die DPR weniger im Bilde ist. Soviel „Selbstlosigkeit" ist im Geschäftsleben wiederum nur zu erwarten, wenn sich die Initiatoren davon Vorteile versprechen und die berechtigte Hoffnung hegen dürfen, daß ihre Erzeugnisse auf Dauer gut abschneiden.

Unter Federführung des ISB (Institut für Selbstbedienung, Köln – mittlerweile DHI – Deutsches Handelsinstitut) haben sich namhafte Hersteller- und Handelsbetriebe gruppiert, um ein Modell der direkten Produktrentabilität zu erarbeiten, und zwar zunächst für das sog. Trockensortiment im Lebensmitteleinzelhandel.

Die Darstellung 23 zeigt nun zunächst einmal, worum es bei der DPR im einzelnen geht.

Darstellung 23: Beispiel für die DPR-Rechnung eines Artikels

Netto-Verkaufspreis (VKP excl. MwSt.)

./. Netto-Einkaufspreis (Rechnungs-EK)
+ sonstige Vergütungen (z. B. Werbekostenzuschüsse, Rabatte)
./. direkte Produktkosten (DPK) • **Zentrallager**
- Disposition
- Warenannahme
- Ein-/Umlagern
- Kommissionieren
- Warenausgang
- Raum/Einrichtung
- Transport

• **Einzelhandelsgeschäft**
- Disposition
- Warenannahme
- Ein-/Auslagern
- Transport zum Regal
- Auspacken
- Auszeichnen
- Einräumen ins Regal
- Kassieren
- Raum/Einrichtung

direkte Produktrentabilität (DPR)

Quelle: Hambuch, P.: Direkte Produkt-Rentabilität (DPR) – Ein Marketinginstrument für Handel und Industrie, in: ISB (Hrsg.): DPR '88 – Direkte Produkt-Rentabilität, Köln 1988, S. 53

Berechnet wird die DPR als Bruttospanne eines Artikels zuzüglich der Rabatte und Lieferanten-Vergütungen abzüglich unmittelbarer Handlungs- und Raumkosten. Aus Darstellung 23 wird deutlich, daß, da im Einzelhandel eine Aufspaltung in zurechenbare (= überwiegend variable) und nicht-zurechenbare (= überwiegend fixe) Kosten von vornherein aufgrund nicht entsprechend ausgereifter Kostenarten- und Kostenstellenrechnungen kaum möglich ist, bei der Ermittlung der direkten Produktkosten (DPK) sehr pragmatisch vorgegangen wird. Man ermittelt Kosten, die durch abzugrenzende und konkret zu erfassende Funktionsabläufe in der Zentrale und im Einzelhandelsgeschäft bedingt sind, und löst diese quasi aus dem Gesamtkostenblock heraus.

Naturgemäß verbleibt bei einer Deckungsbeitragsrechnung nach dem Prinzip der Kostenverursachung ein Restkostenblock, der alle nicht über die direkten Produktkosten verrechneten variablen und fixen Kosten enthält. Um die Größenordnung des Restkostenblocks und damit die Bedeutung der DPR richtig einschätzen zu können, sei bemerkt, daß im Lebensmitteleinzelhandel die Gesamtkosten zu ca. 80% aus dem Wareneinsatz (Warenkosten) und nur zu 20% aus funktionsbezogenen Handlungskosten bestehen. Im Endstadium der DPR-Bemühungen ist eine Erfassung dieser Handlungskosten zu etwa 70-80% geplant, d. h. im Restkostenblock verbleiben ca. 20-30% der Handlungskosten. In Branchen mit einem größeren Bedienungsanteil wäre der verbleibende Restkostenblock natürlich höher.

Bei Betrachtung der einzelnen Kostenpositionen wird weiterhin deutlich, welche hohen Ansprüche die im Modell Verwendung findenden Daten an die Erfassung stellen.

Um die Zielsetzung der Vergleichbarkeit der ermittelten Ergebnisse zu erreichen, ist es nötig, die Erhebungsverfahren für das als Datenbasis benötigte „Mengengerüst der Kosten" zu vereinheitlichen und so präzise wie wirtschaftlich vertretbar zu erfassen. Bei der Erarbeitung des Modells zur Ermittlung der DPR ging es folglich zunächst einmal darum, detailliert die im einzelnen zu erhebenden Tätigkeiten und die damit verbundenen Kosten sowie die Erfassung dieser Kosten festzulegen. Darstellung 24 (S. 122) gibt einen Überblick über die zu erfassenden Kostenarten in entscheidenden Tätigkeitsbereichen.

Die Daten des „Mengengerüstes der Kosten" werden in einem weiteren Schritt zur Ermittlung der DPK mit den „Faktorpreisen" wie Quadratmeterpreisen, Personalkostensätzen etc. multipliziert.

Genau in der Erfassung des angesprochenen Mengengerüstes, die mit Hilfe von Multimomentstudien, Zeitmessungen und Arbeitsablaufstudien sowie mit Flächen-, Volumen- und Kontaktstrecken erfolgt, liegen jedoch auch die dem Modell innewohnenden Schwierigkeiten. Bei vielen der Kostenpositionen genügt die einmalige Erfassung von Arbeitsabläufen theoretischen Ansprüchen nicht. So wird sicherlich in jeder Filiale der Transport der Ware entweder von einem Lager oder direkt vom LKW allein schon aufgrund verschiedener Wegstrecken unterschiedlich aufwendig sein, was entsprechend andere DPK bedingt.

Darstellung 24: Überblick erfaßter Kostenarten in bestimmten Tätigkeitsbereichen

Kostenarten		Berücksichtigung in den Tätigkeitsbereichen	
		Zentrallager-Stufe	Einzelhandels-Stufe
Personalkosten:	für die unmittelbar mit der Ware beschäftigten Personen einschl. aller Nebenkosten wie Sozialabgaben, Prämien, Urlaubs- und Weihnachtsgelder sowie Lohnfortzahlungen im Krankheitsfalle	• Disposition • Warenannahme • Ein-/Umlagern • Kommissionieren • Transport • Leerguthandling	• Disposition • Warenannahme • Ein-/Auslagern • Transport zum Regal • Öffnen – Auspreisen • Plazieren • Wegräumen Packmaterial • Kassieren • Leerguthandling
Raumkosten:	für die jeweils beanspruchte Fläche	• Disposition • Warenannahme • Lagerhandling: Einlagern, Umlagern Kommissionieren • Leerguthandling	• Plazierung • Leerguthandling
Gerätekosten:	für die jeweils verwendeten Geräte wie z.B. PC, Bildschirm, Fahrzeuge, Maschinen, Betriebsstoffe	• Dispositon • Warenannahme • Einlagern/Umlagern • Kommissionieren • Transport • Leerguthandling	• Disposition • Öffnen – Auspreisen • Kassieren • Leerguthandling
Einrichtungskosten:	für die jeweilige Ausstattung wie z.B. Regale, Möbel etc.	• Disposition • Warenannahme • Lagerhandling: Hochregal, Kleinmengenregal	• Einlagern–Auslagern • Plazieren • Kassieren

Quelle: Damman-Heublein, H.: Produktivitäts- und Kostenfaktoren im DPR-Modell, in: ISB (Hrsg.): DPR '88 – Direkte Produkt-Rentabilität, Köln 1988, S. 20

Dieses Beispiel mag verdeutlichen, welchen Erfassungsaufwand ein Handelsunternehmen mit mehreren hundert Filialen betreiben müßte, um mit Hilfe der DPR exakt Sortimente oder Filialen zu steuern. Weiterhin ist zu bedenken, daß bei entsprechenden Modifikationen der Arbeitsabläufe (z. B. Wechsel des Regalstandortes) eigentlich Korrekturen der zur Berechnung der DPK herangezogenen Werte notwendig wären. Der Handel wird aber in der Praxis sicherlich nicht diesen aufwendigen Weg gehen, sondern die entsprechenden Werte in ausgewählten, für seine Gesamtfilialen repräsentativen Geschäften ermitteln.

Um wenigstens die Vermessung von Paletten, Umkartons und Einzelartikeln zu rationalisieren, wurde das sogenannte „SINFOS-Projekt" der CCG (Centrale für Coorganisation, Köln) ins Leben gerufen, das es in Zukunft ermöglichen soll, standardisierte Artikelstammdaten mit Hilfe der Datenfernübertragung aus einer zentralen Artikeldatenbank zu beziehen. Darstellung 25 zeigt einen solchen DPR-Artikeldatenstamm.

Darstellung 25: DPR-Artikel-Datenstamm

Von: _____				Datum: _____
Vertriebs-Typ:				Stellen
1) Artikel-Nummer:				13
2) EAN-Nummer:				13
3) Arikelbezeichnung:				32
4) Herstellername:				32
5) Warengruppe:				32
6) Form des Artikels:	Box Dose	Glas	Flasche Tasche Tüte	antisept. Pack
7) Farbe des Artikels:	Blau Grün	Cyan	Rot Purpur Gelb	Schwarz
8) Größe und Maßeinheit:	..... ml	 l	..... g	..... kg
9) Abmessung Einzelartikel:	..... mm	..... mm	... mm •	
(immer Front nach vorn)	Höhe	Breite	Tiefe	
10) VE-Typ:	Karton Folie	Displ.- Tray	Getränke-	
	normal geschr.	Cont.	Kasten	
11) Abmessung Umkarton:	..... mm	..... mm	..... mm	
(immer Front nach vorn)	Höhe	Breite	Tiefe	
12) Anzahl Einzelartikel pro VE:	.... Stück			
13) Untereinheitentyp:	Karton Folie	Displ.- Tray	Getränke-	
	normal geschr.	Cont.	Kasten	
14) Abmessung Untereinheit Typ:	.... mm	.... mm	.... mm	
(immer Front nach vorn)	Höhe	Breite	Tiefe	
15) Anzahl Untereinheit./VE:	.... Stück			
16) Paletten-Typ: Maße	1000×1200	800×1200	800×600	44×600
Typ	Rein	Misch	Display	
17) Höhe Hersteller-Palette:	.... cm			
18) Anzahl VE pro H-P:	.... Stück			
19) MwSt.-Satz:	voll	ermäßigt		
*20) VKP (incl.) MwSt.):	......./........ DM			
*21) Netto-EK:	......./........ DM			
* Ergänzung erfolgt durch die Abteilung Einkauf				

Quelle: Schneider, A.W.: Auswirkungen der DPR-Methodik auf den Handel, in: ISB (Hrsg.): DPR '88 – Direkte Produkt-Rentabilität, Köln 1988, S. 64

Die nachfolgenden Ausführungen sollen in der gebotenen Kürze einen Eindruck von den Analysemöglichkeiten bieten, die mit Hilfe der DPR-Daten gegeben sind. Außer entsprechenden ABC-Analysen auf der Grundlage von DPR-Werten lassen sich mit Hilfe von DPR-Quadranten (Ordinate: DPR; Abszisse: Umschlagshäufigkeit) nach dem Top-Down-Verfahren, ausgehend vom Gesamtunternehmen, über Vertriebsschienen, Filialen, Sortimente, Warengruppen, bis hin zu Einzelartikeln sehr differenzierte Sortimentsanalysen durchführen.

Im Rahmen dieser Analyse werden beispielsweise die Warengruppen entsprechend ihren DPR-Werten und ihren Umschlagshäufigkeiten in eine Matrix eingetragen, deren Quadranten sich durch das Abtragen der durchschnittlichen DPR und der durchschnittlichen Umschlagshäufigkeit

124 2. Kapitel: Instrumente des Handelsmarketing

aller betrachteten Warengruppen ergeben. Um festzustellen, welche Artikel für eine Verliererposition einer Warengruppe verantwortlich sind, erstellt man für deren Artikel einen weiteren Quadranten mit gleichem Aufbau. Auf diese Art und Weise lassen sich gezielt problematische Sortimentsteile und Artikel herausfiltern. Keine Auskunft jedoch vermag der DPR-Wert über die vielfältigen denkbaren Ursachen für das schlechte Abschneiden eines Artikel zu liefern. Hierfür sind weitergehende Analysen notwendig.

Einen Überblick über mögliche Aktivitäten in Abhängigkeit der Einordnung eines Produktes in den direkten Produktrentabilitätsquadranten bietet Darstellung 26.

Darstellung 26: Maßnahmen in Abhängigkeit von DPR und Umschlagshäufigkeit

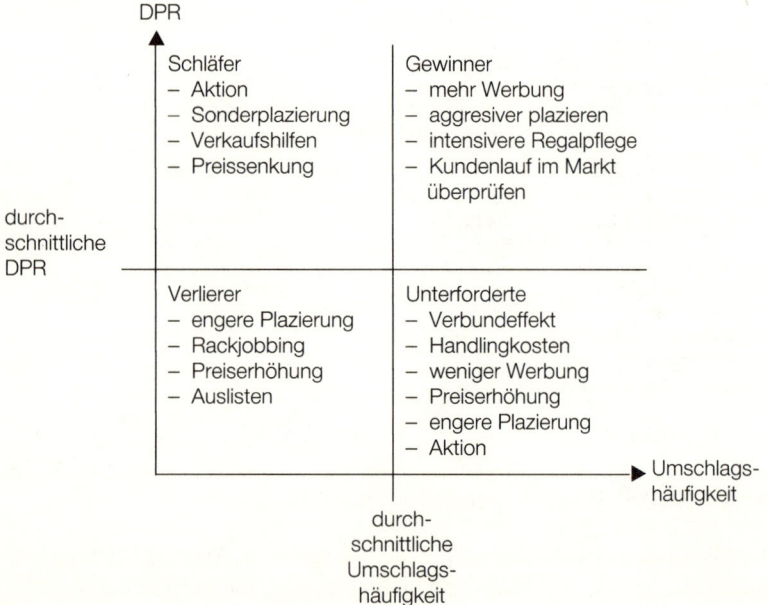

2.1.3 Faktorbezogene Analysen

Die zuvor dargestellten Kennzahlen der Sortimentskontrolle beinhalten bis auf die direkte Produktrentabilität allesamt das Problem, daß sie nicht dem Faktoreinsatz Rechnung tragen, den die einzelnen Kostenträger (Warengruppen, Artikel etc.) in unterschiedlichem Maße in Anspruch nehmen.

Sollen Aussagen über den letztlich entscheidenden Reingewinn von

A. Sortimentspolitik

Artikelgruppen oder Artikeln gemacht werden, so ist der für den Umsatz oder Deckungsbeitrag in Anspruch genommene Faktoreinsatz zu berücksichtigen, also im wesentlichen der für Personal-, für Raum- und für den Kapitaleinsatz.

Auskunft über die Effizienz des für einzelne Warengruppen oder Artikel eingesetzten **Kapitals** gibt der Quotient

$$\frac{\text{Deckungsbeitrag}}{\varnothing \text{ Lagerbestand}}$$

Diese Kenngröße wird auch als Nettorentabilität bezeichnet. Ein weiteres Maß zur Beurteilung der Vorteilhaftigkeit stellt der auf den Faktor **Raum** bezogene Deckungsbeitrag dar, der durch den Quotienten

$$\frac{\text{Deckungsbeitrag}}{\text{beanspruchte Verkaufsfläche}}$$

ausgedrückt wird (Verkaufsflächenproduktivität).

Eine Modifikation dieses Maßes ergibt sich im Bereich der Präsentation von Artikeln in Regalen. Hier wird der erzielte Deckungsbeitrag zu den durch einzelne Artikel (oder Artikelgruppen) in Anspruch genommenen Regalmetern in Beziehung gesetzt.

Fast zwangsläufig hat infolge der zunehmenden Selbstbedienung im Einzelhandel die „Flächenproduktivität" an Bedeutung zugenommen. Der Faktor „Raum" bzw. „Regalfläche" schlägt kostenmäßig stark zu Buche, und deshalb ist natürlich interessant, wieviel an Deckungsbeitrag die einzelnen Warengruppen pro qm Fläche erwirtschaften. Unterdurchschnittliche Werte sind dann vielfach der Anlaß, entsprechende Artikelgruppen zu verkleinern oder ganz aus dem Sortiment herauszunehmen. Es herrscht also eine Art Flächenwettbewerb unter den Artikeln als sehr probates, aber keineswegs gänzlich unproblematisches Mittel der Sortimentssteuerung (vgl. ausführlicher S. 101 ff.).

Zur Beurteilung der Rentabilität von Artikeln oder Warengruppen, bezogen auf das eingesetzte **Personal**, läßt sich der Quotient

$$\frac{\text{Deckungsbeitrag}}{\text{geleistete Personalstunden per Periode}}$$

berechnen.

Mit Hilfe der dargestellten kapazitätsbezogenen Maßzahlen besitzt ein Handelsunternehmen praktikable Kenngrößen zur Beurteilung der Erfolgsträchtigkeit einzelner Kostenträger und ist somit in der Lage, entsprechende Sortimentsentscheidungen zu treffen.

Würde eine Sortimentspolitik lediglich auf der Grundlage der erwähnten Kennziffern betrieben, blieben die vielfältigen Ausstrahlungseffekte, die das Wesen eines Sortiments ausmachen, völlig unberücksichtigt (vgl. Sortimentsverbundanalyse). Es müssen deshalb solche Analysen hinzugefügt werden, die diesen Mangel zumindest abzuschwächen vermögen.

2.2 Sortimentsüberwachung

Unter dieser Überschrift sollen noch jene Maßnahmen beschrieben werden, die zur Verbesserung der Warenpräsenz i.w.S. dienen und dazu keines betriebswirtschaftlichen Kalküls bedürfen. Deshalb sind sie in der Praxis am weitesten verbreitet.

2.2.1 Altersanalyse

Die Altersanalyse dient zum Aufspüren von Warengruppen mit niedrigem Umschlag und hier insbesondere von sog. Ladenhütern. Deren vermehrtes Vorhandensein kann ein Grund für einen niedrigen durchschnittlichen Lagerumschlag sein. Bei großen Sortimenten ist sie natürlich mit erheblichem Arbeitsaufwand verbunden, sofern der Anteil an schnellverderblichen, modischen und/oder technisch inaktuell werdenden Artikeln am Sortiment groß ist.

Eine laufende Sortimentsüberprüfung ist naturgemäß bei Produkten mit aufgedrucktem Verfallsdatum relativ einfach. Da diese Voraussetzung bei den meisten Produkten außerhalb von Lebensmittelsortimenten nicht gegeben ist, empfiehlt es sich, falls kein computergestütztes, geschlossenes Warenwirtschaftssystem zur Verfügung steht (hier wird das Eingangsdatum der Waren entsprechend abgespeichert), die Preisauszeichnung zur Kontrolle des Alters der Waren heranzuziehen. Die Etiketten können entweder ein verschlüsseltes Eingangsdatum aufweisen und/oder verschiedenfarbig sein (Farbwechsel nach einem gewissen Zeitraum).

Die geschilderte Verschlüsselung ermöglicht ein leichtes Erkennen solcher Überbestände, für deren beschleunigten Abverkauf dann entsprechend Sorge zu tragen ist (Sonderplazierung, Sonderpreise, Umordnung im Regal etc.).

2.2.2 Fehl- und Nichtverkaufskontrolle

Fehlverkäufe ergeben sich, wenn Artikel, die normalerweise im Sortiment geführt werden, infolge verspäteter Auftragserteilung, verspäteter Anlieferung oder verzögerter Eingangsbearbeitung zum Zeitpunkt der Nachfrage nicht vorhanden sind. Solche Präsenzlücken können mehrere Konsequenzen nach sich ziehen, nämlich:

– Umsatzausfall bei der nichtvorhandenen Ware,

- Verzicht auf weitere vorgesehene Käufe durch den Kunden,
- Totalverlust des Kunden.

Die hier angedeuteten Auswirkungen sind natürlich um so wahrscheinlicher, je häufiger sich solche Bevorratungslücken im Sortiment finden und je dringender der Wunsch nach der fehlenden Ware für den Kunden ist.

Bei **Nichtverkauf** hingegen wird der Artikel, den der Kunde nachfragt, überhaupt nicht im Sortiment geführt. Eine Verkaufschance läßt sich also nicht realisieren.

Eine Ermittlung von Fehlverkäufen und Nichtverkäufen ist besonders bei Selbstbedienung problematisch, da vielfach kaum noch Kontakt zwischen Kunden und dem Verkaufspersonal besteht. Der Käufer gibt oft nicht zu erkennen, was er vermißt. Trotzdem besteht die Möglichkeit, suchende bzw. verweilende Kunden nach ihren Wünschen zu fragen. Auch Hinweisschilder, bei fehlenden Waren das Personal zu befragen, können hilfreich sein.

Wesentlich einfacher lassen sich umgekehrt Kundenwünsche bei Bedienung oder Teilselbstbedienung ermitteln, da der Kunde dort seine Wünsche äußert. Das Personal wird angewiesen, sämtliche Fehlverkäufe bzw. Nichtverkäufe schriftlich exakt festzuhalten, d.h. in dafür vorgesehenen Listen (Ware, Marke, Größe, Menge etc.) einzutragen, die dann ausgewertet werden. Werden besonders viele Fehlverkäufe registriert, ist eine selbstkritische Überprüfung des Einkaufs bzw. der Logistik nötig, um Umsatzeinbußen zu verhindern. Ergeben sich dagegen sehr viele Nichtverkäufe, stellt sich die Frage, ob das Sortiment dem Kundenkreis (noch) entspricht, oder ob Ergänzungen erforderlich sind.

2.3 Sortimentsverbundsanalyse

Wie bereits dargelegt, geht es im Rahmen der Sortimentsverbundsanalyse um die Beantwortung der Frage, von welchen Waren(gruppen) Kaufimpulse auch auf andere Waren innerhalb eines Sortiments ausgehen. Dies zu wissen ist wichtig, um eine vorschnelle Aufgabe bzw. Auslistung unrentabler Sortimentsteile zu vermeiden, die Multiplikatorwirkung von Sonderangeboten zu beurteilen und Verbundeffekte durch entsprechende Warenpräsentations- und Plazierungsmaßnahmen zu fördern.

Die vielfach nur sehr schwachen Ursache-Wirkungszusammenhänge lassen allerdings vermuten, daß deren Aufdeckung – falls überhaupt – relativ unzulänglich bleibt bzw. mit einem hohen Erhebungsaufwand verbunden ist.

2.3.1 Analyse der Einkaufspositionen

Der Einstieg in eine Sortimentsverbundanalyse erfolgt i. d. R. über eine Erhebung der Kassenzettel bzw. Rechnungen und deren statistischer Aufbereitung und Auswertung.

Der „**Einkaufsbetrag pro Kunde**" informiert dabei zunächst nur darüber, wieviel der Kunde pro Einkauf insgesamt ausgibt. Beim Vergleich mit einschlägigen Branchenwerten weiß ein Supermarktleiter oder ein Verbrauchermarktinhaber also, ob bzw. wie stark er vom Branchenmittel abweicht.

Die durchschnittliche Zahl der Rechnungs- bzw. **Kassenzettelpositionen** gibt schon mehr Aufschluß über die Verbundbeziehungen in einem Sortiment, zeigt sie doch, wie viele Artikel gleichzeitig eingekauft wurden. Es ist also ein Unterschied, ob bei einem Durchschnittseinkaufsbetrag von 50 DM nur fünf oder eben zwanzig verschiedene Artikel gekauft wurden. Solche Informationen zeigen also zumindest, ob und von wievielen Kunden das Sortiment auch als Ganzes ausgeschöpft wird. Vergleiche mit Daten aus der Vergangenheit bzw. mit solchen aus Konkurrenzbetrieben sind natürlich auch hier von Vorteil.

Voraussetzungen für ein solches Vorgehen ist natürlich ein gemeinsamer Kassen-Check-Out, andernfalls sind nur Daten aus einzelnen Abteilungen, Stockwerken o. ä. verfügbar, womit das gewünschte Untersuchungsergebnis von vornherein erheblich unbestimmter wird.

Eine weitere Auswertung der Rechnungen bzw. Kassenzettel läßt sich nur noch vornehmen, soweit dort auch die Artikel und nicht nur die Beträge dafür ausgewiesen sind. Naheliegend ist bei solchen Gegebenheiten, diese Unterlagen auf ihren Anteil an den mutmaßlichen Hauptumsatzträgern – also bestimmte Waren- oder Artikelgruppen – hin zu untersuchen. Ist der Anteil vergleichsweise hoch, ist der plausible, aber nicht bewiesene Schluß erlaubt, daß diese Sortimentsanteile offenbar den Hauptgrund für den Einkauf darstellen.

Analoges kann gefolgert werden, wenn überdurchschnittlich häufig ausschließlich Sonderangebotseinkäufe auf den Kassenzetteln zu finden sind.

Natürlich lassen Kassenzettel noch weitere Auswertungsmöglichkeiten zu, etwa durch Verknüpfung mit Kundenmerkmalen (männlich/weiblich oder jung/alt), mit Einkaufszeiten oder auch mit dem Plazierungsort der jeweils gekauften Artikel. Der Phantasie sind hier fast keine Grenzen gesetzt. Restriktiv wirkt jedoch der mit solchen Erhebungen verbundene Aufwand.

2.3.2 Korrelationsmodell

Ausgehend von einer solchen Artikelgruppe läßt sich nun der Umfang der übrigen getätigten Einkäufe erheben, und zwar zunächst hinsichtlich der (typischen) Kombinationen. Wieviele Sakkokäufer etwa kaufen im Durchschnitt noch wieviele weitere Artikel ein, und welche sind hierbei die vorherrschenden Kombinationen?

Letztere herauszufiltern, bedeutet bei den ins Uferlose gehenden Kombinationsmöglichkeiten meist schon einen unvertretbar hohen Erhebungs- und Rechenaufwand.

Möglich sind solche Korrelationsrechnungen also überhaupt nur für Unternehmen, die Artikel- oder warengruppenspezifische Rechnungen ausstellen und entsprechend speichern. Gerade Versandhäuser verfügen in dieser Beziehung bekanntlich über die besten Daten, können also je Kunde genau nachweisen, ob dieser im Zeitverlauf z. B. ständig bestimmte Artikelzusammenstellungen wählt. Natürlich lassen sich auch aus Haushaltspanels solche Verbundkäufe im Zeitablauf ermitteln, genügend große Fallzahlen und erhobene Warengruppen vorausgesetzt. Wie sich also etwa die Aldi-Kunden verhalten, ist auf diese Weise analysierbar. Die Darstellung 27 zeigt beispielhaft das Ergebnis einer solchen Analyse auf Basis von für einzelne Artikel verausgabten Beträgen.

Darstellung 27: Beispiel einer Korrelationsmatrix mit fünf Warengruppen bei der Analyse des Sortimentsverbundes

Warengruppen	1	2	3	4	5
1	–				
2	0,67	–			
3	0,21	0,00	–		
4	0,19	0,87	0,72	–	
5	0,08	0,27	0,19	0,10	–

Quelle: Böcker, F./Merkle, E.: Die Analyse des Sortimentsverbundes, S. 186

Im dargestellten Beispiel tritt – längerfristig konstante Preise und Warengruppen mit geringer Preisbandbreite vorausgesetzt – also besonders oft die Kombination „Warengruppe 4 + Warengruppe 2" auf (Korrelation: + 0,87), hingegen scheint es ausgeschlossen zu sein, daß der Kauf eines Produkts der Warengruppe 3 mit dem Kauf eines Produkts der Warengruppe 2 verbunden wird (Korrelation: 0,00).

Auf Anhieb machen solche Erkenntnisse auch nicht viel klüger, schließlich weiß man zunächst nicht mehr, als daß bestimmte Artikel öfter oder weniger oft zusammen eingekauft werden. Es bleibt nur die schon geäußerte Vermutung, daß die Hauptumsatzträger ursächlich für die übrigen Käufe sind, und weiter vielleicht noch, daß für hochpreisige Produkte das gleiche gilt, denn der Kauf einer Krawatte wird kaum den eines Anzugs zur Folge haben.

Gesicherte Einsichten vermitteln solche Korrelationsrechnungen jedoch nicht, sie unterstellen nämlich **symmetrische** Verbundeffekte, gehen also davon aus, daß jeder Artikel für jeden weiteren Ursache oder Wirkung sein kann.

2.3.3 Wahrscheinlichkeitsmodell

Mit Hilfe des Wahrscheinlichkeitsmodells wird, jeweils von einer Warengruppe ausgehend, die Wahrscheinlichkeit für den Kauf eines Artikels einer anderen Warengruppe ermittelt. Z.B. werden zu der Warengruppe Herrenhemden mit 50%iger Wahrscheinlichkeit Krawatten gekauft, aber nicht umgekehrt.

Jedoch ist das Wahrscheinlichkeitsmodell nicht in der Lage, zwischen Urkäufen und Folgekäufen zu unterscheiden, kann also auch nicht die interessierenden asymmetrischen Verbundbeziehungen aufdecken.

Grundlage für die Ermittlung der (Verbund-)Kaufwahrscheinlichkeiten ist eine Analyse einer ausreichend großen Zahl von Kauffakten aus der Vergangenheit, etwa des letzten Monats oder des letzten Jahres. Mit steigender Zahl der einbezogenen Fälle stabilisieren sich die Verbundbeziehungen und können somit zur Ableitung von Wahrscheinlichkeiten herangezogen werden, werden also auf diese Weise prognostizierbar.

Die allgemeine Problematik der beschriebenen Ex-post-Verbundanalysen, also sowohl des Korrelations- als auch des Wahrscheinlichkeitsmodells, besteht darin, daß sich im Prinzip immer eine bestimmte Bedingungslage, also etwa das eigene Marketing, Einflüsse der Konkurrenz usw., in der Verbundmessung niederschlägt. Die Heranziehung solcher Ergebnisse zu Prognosezwecken unterstellt also stets die Annahme einer Konstanz dieser Rahmenbedingungen.

2.3.4 Kundenbefragungen

Die Mängel der vorgestellten Methoden sind also eklatant; sie verschaffen zwar einige interessante Einsichten, können aber im Prinzip die Kernfrage nach Ursache und Folge nicht beantworten. Der einzige, zumindest vom Ansatz her richtige Weg geht also nur über eine Befragung der Käufer selbst, denn nur die könn(t)en es wissen. Vorbehalte sind in dieser Beziehung angebracht, weil es eine ganze Reihe von Verbundarten bzw. -abstufungen gibt.

Erforderlich ist eine zweifache Befragung jedes (x-ten) Kunden, nämlich am Eingang nach den Kaufabsichten und beim Verlassen des Geschäftes nach den tatsächlich getätigten Käufen. Hier läßt sich dann registrieren, wie weit die anfänglich geäußerten Absichten umgesetzt wurden, und in welchem Umfang welche Artikel zu Verbundkäufen veranlaßten.

Ergebnisverzerrungen bei einem solchen Befragungsdesign liegen allerdings nahe, die Eingangsbefragung macht die Einkaufsabsichten bewußter, als sie in Wirklichkeit vielleicht sind, und beeinflussen im Zweifel auch das anschließende (Spontan-)Verhalten der Kunden. Insofern dürfte nur eine, nämlich eine Nachkauf-Befragung mutmaßlich die gleichen Dienste tun, weil davon auszugehen ist, daß die Ergebnisse ohnehin nicht exakt sein können.

Überschaubare Sortimente, die mit Bedienung verkauft werden, erleichtern natürlich sehr wesentlich die Erhebung. I. d. R. kann das Verkaufspersonal abschätzen, was vom Kunden gezielt nachgefragt wird, welche Verbundbeziehungen bestehen, und was mehr oder weniger ungeplant zusätzlich gekauft wird, z. B. aufgrund der Verkaufsberatung.

Zusammenfassend betrachtet, klafft zwischen dem Wunsch nach Transparenz hinsichtlich der Verbundkäufe und der Ermittlungsmöglichkeiten eine erhebliche Lücke. Offenbar gilt dies auch für den theoretischen Anspruch nach Perfektion einerseits und den praktischen Erfordernissen andererseits.

Letztendlich ist Sortimentsbildung ja stets nichts anderes als eine bedarfsgerechte Warenbündelung, die – wenn auch mit Unterschieden – zum Verbundkauf animieren soll. Innerhalb dieses Rahmens reduzieren sich die Gestaltungsmöglichkeiten dann auf Präsentations-, Werbe- und Plazierungsaktivitäten, um Spontankäufe zu induzieren.

B. Handelsmarkenpolitik

Die zentrale Bedeutung der Sortimentspolitik innerhalb des Handelsmarketing ist in den vorangegangenen Ausführungen hinreichend deutlich geworden. Nicht von ungefähr ist jenes Kapitel deshalb auch umfangreicher als alle übrigen. Die nun folgende Darstellung befaßt sich gewissermaßen mit einem Teilaspekt der Sortimentsgestaltung, nämlich der Handelsmarkenpolitik. Sie bietet sich – zumindest theoretisch – in besonderer Weise an, Sortimente ertragreicher und profilierter zu gestalten. Aus dieser Sicht ist es verständlich, wenn das Thema Handelsmarken in jüngerer Zeit wieder einmal stärker diskutiert wird.

I. Wesen und Erscheinungsformen

1. Formalrechtliche Aspekte

Das geltende deutsche Warenzeichengesetz (WZG) enthält zwar keine Legaldefinition der Marke, nennt aber die Voraussetzungen, die eine Marke, im juristischen Sprachgebrauch Warenzeichen genannt, erfüllen muß.

Demnach muß ein Warenzeichen, das nach dem Warenzeichengesetz ein Wort-, Bild- oder Kombinationszeichen sein kann, geeignet und dazu bestimmt sein, „…Die Herkunft von Waren von den Waren anderer Geschäftsbetriebe zu unterscheiden" (Hartgen, W.: Warenzeichengesetz). Der Gesetzgeber geht also von einer Unterscheidungsfunktion der Warenzeichen aus, die es zu schützen gilt. Dabei ist es unerheblich, ob der Markeneigner ein Hersteller- oder ein Handelsbetrieb ist, denn der Bestand des Markenrechts ist lediglich an die Innehabung eines Geschäftsbetriebes gebunden.

Die Eintragung eines Warenzeichens in die Zeichenrolle bewirkt folglich den Schutz des Markeninhabers vor unlauterem Wettbewerb durch Markenpiraterie (vgl. § 15 Abs. 1 WZG), sowie den des Verbrauchers vor Markentäuschung.

Warenzeichen sind eintragbar für **Markenwaren.** Diese wiederum stellen lt. Wettbewerbsrecht (§ 38a Abs. 2, Satz 1 GWB) Erzeugnisse dar, „deren Lieferung in **gleichbleibender** oder **verbesserter Güte** vom anbietenden Unternehmen gewährleistet wird und

1. die selbst oder
2. deren für die Abgabe an den Verbraucher bestimmte Umhüllung oder Ausstattung oder
3. deren Behältnisse, aus denen sie verkauft werden,

mit einem ihre Herkunft **kennzeichnenden Merkmal** (Firmen-, Wort- oder Bildzeichen) versehen sind."

2. Absatzwirtschaftliche Aspekte

Mit der Markierung sowie mit dem (sehr dehnbaren) Merkmal der gleichbleibenden oder verbesserten Qualität sind nur notwendige, aber nicht hinreichende Voraussetzungen für das geschaffen, was unter absatzwirtschaftlichen Gesichtspunkten als Markenbildung verstanden wird. Aus dieser Sicht ist das wichtigste Ziel der Markierung von Produkten im allgemeinen, daß möglichst viele Nachfrager das markierte Produkt mit vergleichsweise hohen **Qualitätsvorstellungen** i. w. S. assoziieren. Jeder Nachfrager, ob im privaten oder gewerblichen Bereich, hat ja nicht nur Kenntnisse von Marken, sondern kann sie hinsichtlich ihrer

Wertschätzung meist auch in eine gewisse Rangfolge bringen. Hier möglichst hoch eingestuft zu werden, ist das wesentliche Ziel der Markenpolitik.

Ob eine Markenware tatsächlich eine „Marke" im vorab beschriebenen Sinne ist, hängt folglich nicht von der Selbsteinschätzung ihres Anbieters ab, sondern allein von entsprechend positiven Einstellungen bzw. Bewertungen der (potentiellen) Abnehmer. Diese können geographisch oder gruppenspezifisch definiert werden, denn es gibt nicht nur nationale, regionale oder sogar lokale Marken (z. B. bei Bier), sondern auch solche, die nur bestimmten Publikums- bzw. Fachkreisen etwas sagen.

Ihrem Wesen nach lassen sich „Marken" also nur von ihrer **Resonanz** (ihrem Erfolg) her begreifen. Daher gibt es innerhalb der Markenware auch keine scharfen Abgrenzungen zwischen sog. Marken oder Markenartikeln und sonstigen, weniger erfolgreichen Markenwaren, sondern lediglich Intensitätsabstufungen, die in Bezeichnungen wie „große (bzw. führende) Marken", „mittlere Marken" und „sonstige Marken" zum Ausdruck kommen.

Die Markierung dient primär der **Unterscheidung** bzw. **Identifizierung** seitens der (potentiellen) Nachfrager; ein bestimmtes Produkt wird nämlich (über eventuelle sonstige Unterscheidungsmerkmale hinaus) dadurch gleichsam **individualisiert**; aus irgendeinem Mehl wird z. B. Rosenmehl, aus irgendeinem Anzug ein Boss-Anzug. Dem Markeneigner bietet sich so die (Werbe-)Möglichkeit zu einer gezielten Produktprofilierung bzw. einer Abhebung von der Konkurrenz (Image- und **Präferenzbildung**).

Ökonomisch betrachtet, soll sich also der mit der Markenbildung i. d. R. verbundene Aufwand durch eine im Vergleich zur unmarkierten oder sonstigen markierten Ware gesteigerte und stabilere Nachfrage, also höhere Absatzmengen und/oder höhere Preise auszahlen.

3. Erscheinungsformen

3.1 Markeneignerschaft

Im Prinzip braucht das Markeneigentum, also das Recht an einem bestimmten Namen oder Zeichen, weder mit demjenigen zusammenfallen, der die Markenware produziert, noch mit demjenigen, der sie weitervertreibt. Ist dies der Fall, liegen, sofern es sich nicht um unerlaubte Vorgehensweisen (sog. Markenpiraterie) handelt, entsprechende Lizenzvergaben zugrunde.

Seine überragende Bedeutung erhielt das Markenwesen jedoch durch die Konsumgüterindustrie, deren Erzeugnisse durch eine **herstellereigene Marke** gekennzeichnet sind. Historisch begründet, vermuten die Verbraucher daher hinter einer Marke(nware) im allgemeinen einen Hersteller; ihm nehmen sie auch am ehesten ab, daß er die nötige Sachkompetenz in bezug auf Aktualität und Qualität des betreffenden Produktes hat.

Vom historischen Verständnis her sind „echte" Marken(artikel) also Herstellermarken und dürften bisher auch so im Bewußtsein der Verbraucher verankert sein. Die einschlägige Industrie möchte die Bezeichnung „Markenartikel" deshalb auf ihre Erzeugnisse begrenzt sehen, insbesondere mit der Begründung, daß ein überzeugendes Qualitätsversprechen nur vom Hersteller gegeben werden könne.

Dem stehen die **Handelsmarken**, auch **Eigenmarken** genannt (englisch: store brand, private brand), gegenüber. Sie sind das Pendant zu Herstellermarken, da in diesem Falle der **Handel als Markeneigner** auftritt.

Gemeint ist hier der Handel im institutionellen Sinne, wobei es belanglos ist, ob die Produkte in eigenen Produktionsstätten gefertigt, oder ob sie von fremden Herstellern bezogen werden. Überwiegend wird darüber hinaus die Auffassung vertreten, daß auch die **Exklusivität des Vertriebs** als ein begriffskonstitutives Merkmal von Handelsmarken zu gelten habe. Exklusivität bedeutet dabei, daß diese Marken nur in solchen Verkaufsstätten abgesetzt werden, die dem eigenen Unternehmen bzw. der eigenen Handelsorganisation angehören.

Eine relativ junge Variante von Handelsmarken stellten die sog. **Generics** (auch No-names, namenlose Produkte, weiße Ware genannt) dar. Es handelt sich hierbei um problemlose Güter des täglichen Bedarfs auf der Niedrigstpreisebene, die von einer Reihe von Handelsorganisationen in einer jeweils einheitlichen, vergleichsweise schlichten und undifferenzierten Aufmachung vertrieben werden. In ihrer ursprünglichen Form sollten sie durch ihr einfaches, relativ neutrales Äußeres einen deutlichen Kontrast zu den aufwendiger gestalteten Hersteller- sowie „traditionellen" Handelsmarken darstellen. Zentrales Ziel war es, auf die Preisgünstigkeit dieser Artikel sowie des betreffenden Handelsbetriebes hinzuweisen.

Ihr Auftreten seit Ende 1978 in der BRD sorgte für viel Aufmerksamkeit und Aufregung bei Industrie und Handel, weil in rascher Folge immer mehr Artikel dieser Art auf dem Markt gebracht und bei einzelnen Erzeugnissen nicht unbeträchtliche Umsatzanteile erreicht wurden. Der Reiz des Neuen verflog bereits nach einigen Jahren: Die gleichartige Aufmachung der Produkte erbrachte den einzelnen Handelsunternehmen keine ausreichende Differenzierung ihres Angebotes gegenüber dem der Konkurrenz – und die Dauerniedrigstpreise zu wenig Gewinn. Die Umsätze gingen zurück, viele No-names wurden aus dem Markt genommen.

3.2 Markentypen

Die Markenpolitik der Anbieter läßt sich danach unterscheiden, wieviele verschiedenartige Produkte jeweils unter einer Marke angeboten werden.

In Frage kommen im Prinzip (am Beispiel von Handelsmarken)
- die **Individualmarke** (Einzelmarke/Monomarke), z. B. Tandil von Aldi,
- die **Warengruppen-** oder **Segmentsmarke**, z. B. Privileg von Quelle, sowie
- die **Sortimentsmarke**, z. B. (früher) Revue von Foto-Quelle.

Im ersten Fall wird nach der klassischen Devise verfahren „eine Marke ist ein Produkt", im letzten Fall ist die Marke die gemeinsame Klammer für die gesamte Angebotspalette.

Mit einer Individualmarke ist es möglich, ein einzelnes Produkt entsprechend seiner Besonderheiten zu charakterisieren. Die Ware löst sich in gewisser Weise vom anbietenden Unternehmen und wird (relativ) selbständig. Das Vertrauen der Verbraucher projiziert sich primär auf die Marke und weniger auf den Anbieter, im Fall von Eigenmarken also auf das Handelsunternehmen. Soll es tatsächlich zu einer hohen Bekanntheit und Wertschätzung kommen, bedarf es dafür erheblicher Werbe- und Promotionsanstrengungen.

Eine Warengruppenmarke bezieht mehrere Produkte, vornehmlich solche verwandter Art, unter einem Namen bzw. Logo ein. Insbesondere hinsichtlich Werbung bzw. Werbewirkung werden damit gewisse Synergie-Effekte angestrebt. Der Marktauftritt wird vervielfältigt, das Image eines Handelsmarkenproduktes kann auf andere übertragen werden.

Wegen dieser Vorteile sind Warengruppenmarken im Handel vergleichsweise beliebt. Darüber hinaus bieten sie die Möglichkeit, nicht nur artverwandte Produkte gemeinsam zu profilieren, sondern solche Marken auch gezielt zur Differenzierung nach Preislagen – sozusagen quer durchs (ganze) Sortiment – einzusetzen.

Warengruppenmarken und in noch weit stärkerem Maße Sortimentsmarken bergen andererseits die Gefahr der Verwässerung in sich; je heterogener die Gruppe der Produkte ist, die unter einem Markendach zusammengefaßt werden, desto weniger kann beim Verbraucher der Eindruck der Produktkompetenz entstehen.

Einzelhandelssortimente unter einer einzigen (Sortiments-)Marke sind auch deshalb inzwischen äußerst selten, es sei denn, es handelt sich um Fabrikfilialen, Franchisenehmer oder Vertragshändler, die im wesentlichen nur eine Marke führen.

Natürlich gibt es Variationen und Kombinationen einzelner Markentypen, etwa ein zusätzliches gemeinsames Logo für unterschiedliche Produktgruppen- bzw. Individualmarken oder Kombinationen von Individual- und Firmenmarken. Weit verbreitet sind die sog. Etikettenmarken im Oberbekleidungsbereich; oft sind hier gleich drei Marken eingenäht, nämlich eine Materialmarke (z. B. „Reine Schurwolle"), eine Herstellermarke und der Name des vertreibenden Händlers.

3.3 Beschaffungsart

Handelsmarken bezieht man inzwischen fast ausschließlich von fremden Erzeugern bzw. Herstellern. Vorbei ist die Zeit, wo – insbesondere zwischen den Weltkriegen – Großfilialisten, Warenhauskonzerne und Einkaufsgenossenschaften ihre (Marken-)Waren gern in Eigenproduktion herstellten mittels Aufkauf oder Aufbau eigener Produktionsstätten.

Die Suche nach einem Produzenten für geplante Handelsmarken ist offenbar inzwischen leichter zu bewältigen als in der Vergangenheit, da nicht nur viele einheimische Markenartikelhersteller bereit sind, zur Auslastung ihrer Kapazitäten Handelsmarken zu produzieren, sondern sich auch immer mehr ausländische Hersteller für diese Aufgabe anbieten.

Gerade der Auslandsbezug bringt aber u. U. eine Reihe von vorher nur schwer abschätzbaren Risiken hinsichtlich Qualität und Lieferbereitschaft mit sich.

Um diese Probleme – auch im Bereich des Inlandsbezuges – zumindest zu reduzieren, sollten mit den Handelsmarkenproduzenten möglichst nur langfristige Lieferverträge abgeschlossen werden, um so ein Vertrauensverhältnis aufbauen zu können. Das setzt natürlich voraus, daß die gesamte Handelsmarkenpolitik langfristig ausgelegt ist. Kurzfristige Wechsel im Handelsmarkensortiment sind nämlich ohnehin nur noch in eingeschränktem Maß möglich. Darüber hinaus ist seitens des Handels ein „specification buying" erforderlich, in dessen Rahmen Produktqualität, Packung und Marke festgelegt werden (vgl. hierzu das nächste Kapitel). Nicht zuletzt überwachen viele Handelsunternehmen die Qualität ihrer Eigenmarken durch Kontrollen in eigenen oder fremden Laboratorien, mitunter sogar bereits in der Fertigung.

3.4 Produktqualität und Produktpreis

Trotz der oben beschriebenen Möglichkeiten zur Qualitätssicherung bleiben natürlich oft Zweifel an der Qualität von Handelsmarken bestehen.

Einige auf Ergebnissen der Stiftung Warentest beruhende Qualitätsvergleiche von Handels- und Herstellermarken ergaben jedoch teilweise nur geringfügige Unterschiede. Wenn Konsumenten die Produktqualität von Herstellermarken dennoch durchweg höher einschätzen als die von Handelsmarken, kann dieses Urteil also nicht auf den tatsächlichen technisch-funktionalen Produkteigenschaften beruhen. Vielmehr dürften hier subjektive Beurteilungsmaßstäbe, wie z. B. Geschmack oder Prestige, eine entscheidende Rolle spielen. In diesem Zusammenhang hat sicherlich auch die Tatsache Bedeutung, daß viele Verbraucher „Marken" unmittelbar mit Herstellermarken in Verbindung bringen.

II. Volumen und Marktanteile

Soweit es die sehr unvollkommenen Statistiken erkennen lassen, hat nach einem jahrzehntelangen Schattendasein der Anteil der Handelsmarken am Gesamtumsatz des Einzelhandels erst seit den siebziger Jahren spürbar zugenommen. Die Bundesrepublik liegt dabei über dem westeuropäischen Durchschnitt, aber hinter der Schweiz und Großbritannien. Das hängt offenbar mit der dort höheren Handelskonzentration zusammen.

Nach überschlägigen Berechnungen dürfte der (wertmäßige) Handelsmarkenanteil am gesamten deutschen Einzelhandelsumsatz etwa 6 bis 10% betragen. Solche Pauschalangaben besagen nicht viel, denn unter den über 80 Einzelhandelsbranchen gibt es bekanntlich nicht wenige, bei denen Handelsmarken keine oder kaum eine Rolle spielen, wie etwa bei Obst und Gemüse, Blumen, aber auch Eisenwaren, Porzellan, Pharmazeutika und Kraftfahrzeugen.

Für den Lebensmittelhandel (food und nonfood) wird ein Durchschnitt von 7 bis 8% angegeben (lt. A.C. Nielsen); werden jedoch die ALDI-Umsätze hinzugerechnet, liegt der Wert um einiges höher. Analoges gilt, wenn nicht nur die Inlands-Haushalte erfaßt würden. Ein entsprechend differenziertes Bild bietet sich – wie folgende Beispiele zeigen – in einzelnen Waren- bzw. Artikelgruppen.

Darstellung 28: Mengenmäßige Marktanteile der Handelsmarken bei ausgewählten Warengruppen im (Non-)Foodbereich (BRD West, 1992)

Warengruppe	Gesamt in %	ALDI alleine
Sekt	15,2	13,8
Universal Waschmittel	14,4	12,4
Margarine	33,1	28,3
Röstkaffee	22,5	16,1
Teigwaren	25,3	18,7

Quelle: G&I Haushalts-Panel

Auffallend an diesen Beispielen ist die überragende Bedeutung von ALDI, die generell gilt. Sie deklassiert geradezu die übrigen Handelsmarken-Aktivitäten des Lebensmittelhandels. Diese Erfolge werden verständlich nicht zuletzt auf Grund der Tatsache, daß die Preisabstände zwischen

ALDI und den jeweils führenden Herstellermarken im Durchschnitt etwa gut 1/3 betragen, vor Jahren sogar noch höher lagen.

Ein Blick auf den Gebrauchsgütersektor (vgl. Darstellung 29) zeigt ebenfalls recht unterschiedliche Handelsmarkenanteile.

Insgesamt konnten die Handelsmarken in allen vier Warengruppen nicht unwesentliche Marktanteile erreichen. Maßgebend dafür ist sicherlich auch die Tatsache, daß diese Märkte sehr stark von einigen Großunternehmen geprägt werden (vor allem Großversandhäuser, Fachfilialisten u. ä.), deren Sortimente sich mitunter zu wesentlichen Teilen aus Handelsmarken zusammensetz(t)en. Unternehmensbezogen schwanken die Handelsmarkenanteile folglich ganz beträchtlich – je nach Firmen- bzw. Sortimentspolitik. Anbieter mit verschwindend geringen Werten stehen solchen gegenüber, die über die Hälfte und mehr ihres Umsatzes mit Handelsmarken tätigen.

Darstellung 29: Mengenmäßige Marktanteile der Handelsmarken bei ausgewählten Gebrauchsgütergruppen 1983-1993

Warengruppenkorb	mengenmäßiger Marktanteil in %		
	1983	1985	1993
„Braune Ware"	21,2	15,7	11,0
„Weiße Ware"	16,9	17,8	19,0
Elektro-Kleingeräte	13,8	13,0	15,0
Photogeräte	21,1	27,4	10,0

Quelle: GfK-Handelspanel und G & I-Haushaltspanel

III. Ziele der Handelsmarkenpolitik

1. (Historische) Anlässe und Motive

Ganz generell ist die Handelsmarkenpolitik Ausdruck des Strebens nach mehr Unabhängigkeit von den Herstellermarken. Mit letzteren wurde dem Handel ja seinerzeit insofern ein Teil seiner früheren Dispositionsfreiheit genommen, als die Verbraucher – beeinflußt von der Publikumswerbung der Hersteller – nunmehr ganz bestimmte Marken nachfragten und nicht mehr oder nur noch beschränkt den Empfehlungen des Einzelhandels folgten. In den zwanziger Jahren war das Wort von der „Handlangerfunktion des Handels" dafür bezeichnend.

Während der mittelständische Einzelhandel mit der Werbeunterstützung der Industrie, aber auch mit deren Preisbindung der zweiten Hand (vertikale Preisbindung), reüssieren konnte, fühlten sich insbesondere die preisaggressiven Großbetriebe des Handels mitunter unzumutbar eingeengt. Ihre „mangelnde Preisdisziplin" führte bereits vor dem ersten Weltkrieg gelegentlich zu Lieferboykotten der Industrie mit der Folge, daß man auf Handelsmarken auszuweichen versuchte.

Auch nach dem zweiten Weltkrieg traten mit dem Einsetzen eines verschärften Wettbewerbs die bekannten Interessenkollisionen wieder in Erscheinung. Die Markenartikelindustrie wehrte sich gegen den sog. grauen Beziehungshandel, später gegen die aufkommenden Billigvertriebsformen mittels Belieferungsbeschränkungen oder -sperren.

Einschlägig betroffene Einzelhandelsunternehmen versuchten, mit Handelsmarken diese Lücken aufzufüllen, um dem Verbraucher eine Art (Hersteller-)Markenersatz im Sortiment bieten zu können. Auf diese Weise entstand z. B. die Handelsmarke „Revue" der Foto-Quelle.

2. Zielkatalog

Vor diesem Hintergrund wird auch verständlich, daß die Ziele, die mit der Handelsmarkenpolitik verfolgt werden, sehr verschieden sein können. Während Discounter Handelsmarken hauptsächlich dazu nutzen, ihre Preisgünstigkeit unter Beweis zu stellen und gleichzeitig ihre Ertragslage zu verbessern, können Fachhändler ihre Handelsmarken z. B. auch einsetzen, um ihre eigene Fachkompetenz und ein höheres Angebotsniveau zu demonstrieren.

Trotz der Unterschiede, die zwischen den Zielsetzungen der Handelsmarkenpolitik verschiedener Unternehmen bestehen, lassen sich doch vier „Zielkategorien" erkennen, die, wenn auch mit unterschiedlichem Gewicht, von nahezu allen eigenmarkenführenden Handelsbetrieben verfolgt werden:
- Preis- und Spannensicherung,
- Optimierung des Sortimentes,
- Profilierung,
- Integration innerhalb von Handelsorganisationen.

Im einzelnen geht es dabei um folgendes: Handelsmarken sollen heute häufig der Minderung des Preiswettbewerbs, dem der Einzelhandel gerade beim Verkauf von Markenartikeln (insbesondere solchen des täglichen Bedarfs) so stark ausgesetzt ist, dienen. Man erhofft sich von der Schaffung von Eigenmarken einen größeren eigenen **Preisspielraum** und damit bessere Spannen, weil weder die Preisempfehlungswünsche der Industrie zu berücksichtigen sind, noch die Preise der Konkurrenzanbieter zu ständigen eigenen Preisreaktionen herausfordern.

2. Kapitel: Instrumente des Handelsmarketing

Im Rahmen der Optimierung des Sortimentes sollen Handelsmarken darüber hinaus häufig auch der **Sortimentsstraffung** dienen; i. d. R. treten sie dann an die Stelle des mehr oder weniger ausgeuferten Bereichs des sog. Herstellermarken-Mittelfeldes im Sortiment. Vielfach wird in diesem Zusammenhang eine Dreiteilung des Sortimentes angestrebt in:

- oberes Preis- und Qualitätssegment (= bekannte Markenartikel),
- mittleres Segment (= Handelsmarken) sowie
- Billigsegment (= markierte und unmarkierte Erzeugnisse).

Neben diesen Zielsetzungen steht häufig der Wunsch, sich als Einzelhandelsunternehmen mit Handelsmarken gegenüber den Verbrauchern zu **profilieren.** Hier wird also ein Handelsmarkenangebot angestrebt, das für die Konsumenten ein (wesentlicher) Grund (mehr) ist, gerade diese Einkaufsstätte aufzusuchen. Handelsmarken können dann der direkteren Ansprache bestimmter Kundensegmente bzw. Zielgruppen dienen und dadurch auch die Leistungsfähigkeit des jeweiligen Handelsbetriebes besser unterstreichen.

Handelsmarkenaktivitäten haben schließlich nicht selten auch den Nebenzweck, innerhalb einer Handelsgroßorganisation – sei es nun ein Massenfilialist oder eine Einkaufsgenossenschaft – eine Art **Solidaritätsfunktion** zu übernehmen. Die Mitarbeiter an der Verkaufsfront bekommen damit vor Augen geführt, daß sich die Strategen in der Zentrale etwas einfallen lassen, für das sich ein gemeinsamer Einsatz lohnt.

Darstellung 30 zeigt die Ergebnisse einer Befragung von Handelszentralen.

Darstellung 30: Ziele der Eigenmarkenpolitik

Ziele	absolut	in Prozent
Verbesserung der Ertragslage	28	73,7
Differenzierung des Sortiments gegenüber der Konkurrenz	27	71,1
Profilierung bei den Kunden	26	68,4
Preissicherung	18	47,4
Unterstützung des Firmenimages	9	23,7
Schließen von Sortimentslücken	7	18,4
Verstärkung der Kooperation von Zentrale und Einzelhandelsverkaufsstellen	5	13,2

Basis: n= 38 Handelsunternehmen (max. 4 Nennungen)
Quelle: Eigenerhebung 1988

IV. Entscheidungsaspekte

1. Grundsatzüberlegungen

Wenn im folgenden versucht wird, Art und Abfolge der Überlegungen aufzuführen, die letztendlich zu einer Entscheidung pro oder contra Handelsmarkenaktivitäten führen, so sind dem zunächst zwei grundsätzliche Aspekte voranzustellen.

Gleichsam vom Start weg geht der Handel mit einer Reihe grundsätzlicher Handikaps ins Rennen. Im Prinzip muß ihm klar sein, daß er mit der Schaffung von Marken bestimmte Funktionen an sich zieht, die traditionell von der Markenartikelindustrie ausgeübt werden, und zwar oft mit höchster Perfektion. Das gilt nicht nur für die Produktentwicklung, sondern auch für die Vermarktung und den dafür betriebenen Aufwand.

Mit seinen oft mehrere tausend Artikel umfassenden Sortimenten ist der Handel ferner nicht in der Lage, einzelnen Produkten soviel an Aufmerksamkeit und Aufwand angedeihen zu lassen, wie es der Industrie möglich ist. Immerhin ergibt sich daraus, daß Handelsunternehmen mit großen Umsatzvolumina und den damit i. d. R. verbundenen größeren finanziellen, personellen und organisatorischen Potentialen die größeren Erfolgschancen haben.

Handelsmarkenaktivitäten bedeuten meist auch einen Verlust an Sortimentselastizität: Immerhin legt sich ein Handelsunternehmen hinsichtlich Lieferant und Produkt(ausstattung) für längere Zeit fest, kann also nicht von den jeweils günstigsten Einkaufsmöglichkeiten Gebrauch machen.

Und schließlich geht man durch Eigenmarken auch aller Werbe- und Promotion-Unterstützung verlustig, die die Markenartikelindustrie zur Förderung ihrer Produkte zugunsten des Handels aufwendet.

Aber es ergeben sich auch einige prinzipielle Vorteile:

Hierzu zählt in erster Linie die Nähe zum Kunden, über die der Handel verfügt. Während sich die Herstellermarken ihren Platz im Regal erkämpfen müssen, werden Handelsmarken dort nicht selten geradezu hingebettet. Ähnliches gilt für handelseigene Promotionsmaßnahmen und die Schulung des Verkaufspersonals. Was die Industrie sich vom Handel hierzu oft vergeblich an Unterstützungen erhofft – oder dafür teuer bezahlt –, genießt bei den Eigenmarken dagegen häufig Selbstverständlichkeit. Auf diese Weise wird einiges an Handelsmarkenerfolgen verständlich. Mit echtem Marken-Appeal hat das aber in vielen Fällen nichts zu tun.

Vorteile ergeben sich auch in der Startphase; die Regel ist, daß Handelsbetriebe schrittweise vorgehen, also mit einigen wenigen Handelsmarken beginnen und im Erfolgsfall diesen Bereich dann weiter ausbauen. Bei der großen Zahl von Artikeln im Sortiment bleibt zumindest das finanzielle Risiko geringer bzw. überschaubarer und ist auch in dieser Hinsicht nur schwer mit dem der Markenartikel-Hersteller zu vergleichen.

Die vielen Flops bzw. die unbefriedigenden Ergebnisse, die im Handelsmarkengeschäft ständig zu registrieren sind, lassen vermuten, daß bereits bei diesen Grundsatzüberlegungen oft zu leichtfertig vorgegangen wird. Häufig überschätzt wird offenbar das Können der eigenen Organisation hinsichtlich Konzeption und Vermarktung von Eigenmarken, vor allem aber wird unterschätzt, welcher Anstrengungen es bedarf, um aus einem lediglich markierten Produkt eine Marke zu machen.

Sicherlich ist in diesem Zusammenhang die Behauptung nicht zu gewagt, daß in der Vergangenheit auch bei den Erfolgreichen unter den Handelsmarkenakteuren am Anfang vielfach keine echte Konzeption stand, sondern tastende Versuche stattfanden, die – weil gelungen – anschließend ausgebaut und erst im nachhinein mit strategischen Überlegungen unterlegt wurden.

2. Strategie-Alternativen

Unter Berücksichtigung der dargestellten Zusammenhänge, muß nun jedes Handelsunternehmen, das sich mit dem Problemfeld der Eigenmarkenpolitik beschäftigt, klären, was es mit seinen Handelsmarken erreichen will und welche Bedeutung es den einzelnen vorab dargestellten Zielen beimißt.

Generell kann wohl unterstellt werden, daß von Handelsmarkenaktivitäten **langfristig** bessere Geschäfte, genauer gesagt also mehr Gewinn erhofft werden.

Dieses Oberziel der Handelsmarkenpolitik kann nun mit zwei grundsätzlich verschiedenen Strategie-Alternativen verfolgt werden:

Zum einen können Handelsmarken als **Alternativen** für mittlere, selten jedoch für große Herstellermarken eingesetzt werden. Grundgedanke dieser Vorgehensweise ist es, durch günstigere Beschaffungspreise und einen entschärften Preiswettbewerb auf der Absatzseite die Spannen zu erhöhen. Als Auslöser dieser Verhaltensweise kommen z. B. auch Bezugsprobleme bei Herstellermarken in Frage.

Einige Großunternehmen im Billigsegment verfolgen diese Strategie offenbar sehr konsequent. Gerade diese Unternehmen, die wegen ihres niedrigen Preisniveaus sehr attraktiv sind, können die beschriebene Strategie mit Erfolg betreiben, und zwar ungeachtet der Tatsache, daß die Handelsmarken selbst kaum eine unmittelbare Erhöhung der Attraktivität des gesamten Handelsbetriebes bewirken. Hier geht es also letztendlich nur um das bescheidenere Ziel, dem Verbraucher die gewohnte Markenvielfalt und Buntheit im Sortiment nun eben durch eine, besser durch mehrere Handelsmarke(n) zu vermitteln.

Andererseits können Handelsmarken zur **Profilierung** eingesetzt werden. Im Rahmen dieser Strategie wird also ein echter Markenaufbau angestrebt. Die Verbraucher sollen die Handelsmarken möglichst ebenso schätzen wie die großen (Hersteller-)Marken.

Vergleichsweise gute Voraussetzungen dafür haben solche Einzelhandelsunternehmen, die sich in den Augen des Publikums in so hohem Maße profiliert haben, daß sie selbst zu einem Markenbegriff geworden sind. Handelsmarken können dann u. U. dazu beitragen, das Firmenimage zu stützen bzw. zu fördern.

Diese Profilierungsstrategie setzt folglich voraus, daß auch für den Konsumenten eine enge Assoziation zwischen Handelsbetrieb und Handelsmarke besteht. Oft wird dieser Zusammenhang seitens des Publikums jedoch nicht oder nur mäßig nachvollzogen.

3. Kriterien zur Auswahl von Sortimentsbereichen

Wenn die grundsätzliche Vorentscheidung „pro Handelsmarke" gefallen ist, geht es im weiteren um die Beantwortung einer Reihe wichtiger Einzelfragen.

Am Anfang steht die Überlegung, welche Artikel bzw. welche Artikelgruppen im Sortiment als Handelsmarken in Frage kommen sollen; wie bereits erwähnt, ist es fast unmöglich, mit einem kompletten Handelsmarkensortiment zu beginnen, vielmehr wird man sich aus Gründen der praktischen Durchführbarkeit und der Risikobeschränkung zunächst mit wenigen Artikeln begnügen müssen.

Für welche man sich entscheidet, hängt zweifellos vom gegenwärtigen bzw. auf längere Sicht erwarteten anteilmäßigen Umsatzvolumen der betreffenden Produktgruppen ab. Eine Analyse der Angebotsverhältnisse in den ins Auge gefaßten Artikelgruppen muß beantworten, wie breit das Industrieangebot gefächert ist, welche Struktur und welche Dynamik die betreffenden Herstellermarken haben, wie die Qualitäts- und Peisunterschiede beschaffen sind und welche Abverkaufsmengen in diesen Warengruppen über das Hoch-, Mittel- und Niedrigpreissegment laufen.

Es ist leicht einzusehen, daß die beiden oben beschriebenen Strategiealternativen hier völlig verschiedene Anforderungen stellen.

Werden Handelsmarken hauptsächlich als „Alternativen" eingesetzt, sind in erster Linie umsatzstarke Produkte bzw. Produktgruppen attraktiv, die darüber hinaus möglichst wenige starke Herstellermarken als

Konkurrenz haben. Geringe Anforderungen an eine kommunikative Unterstützung dieser Produkte wären weiterhin von Vorteil.

Sollen die Handelsmarken dagegen in erster Linie der Profilierung dienen, muß zunächst überlegt werden, welche Zielgruppe(n) mit diesen angesprochen werden soll(en). Deren Bedürfnisse sowie die Eignung der verschiedenen Sortimentsbereiche, das Handelsbetriebsimage zu unterstreichen, sind dann die wichtigsten Auswahlkriterien.

Darüber hinaus müssen hier aber auch Fragen hinsichtlich eventuell notwendiger Serviceleistungen, insbesondere Reparaturen, aber auch solche bezüglich strengerer Haftungsbedingungen (vgl. dazu Abschnitt C zur Qualitätspolitik, S. 150 ff.) geklärt werden.

Darstellung 31 gibt einen Überblick über die Auswahlkriterien, die von deutschen Einzelhandelszentralen grundsätzlich für besonders wichtig erachtet werden.

Darstellung 31: Auswahlkriterien für die Aufnahme von Handelsmarken in Sortimente

Auswahlkriterium	absolut	in Prozent
– Nach Eigenschaften der Warengruppe/des Sortimentsbereichs		
Ertragsstärke	23	59,0
Zielgruppenbezogenheit	17	43,6
Umsatzstärke	15	38,5
Vorhandensein starker Herstellermarken als Konkurrenz	12	30,8
Produktionsmöglichkeiten (eigene/fremde)	11	28,2
ausschließlich unbedeutende Herstellermarken als Konkurrenz	10	25,6
Lücken im Herstellermarkenangebot	9	23,1
Kontinuität der Zusammensetzung	8	20,5
geringe Anzahl von Herstellermarken als Konkurrenz	7	17,9
Langlebigkeit	5	12,8
– andere Kriterien		
Handelsmarkenangebot der Konkurrenz	7	17,9
– zusätzlich genannte Kriterien		
Differenzierungsmöglichkeit gegenüber starken Herstellermarken	1	2,6

Quelle: Eigenerhebung 1988

4. Produktgestaltung

In engem Zusammenhang mit der Auswahl geeigneter Warengruppen zur Positionierung der Handelsmarken steht die Gestaltung dieser Produkte.

Die Produktgestaltung besteht aus vier Aufgabenbereichen:
- Wahl des Markentyps,
- Wahl des Markennamens,
- Gestaltung der Produktqualität i. w. S. und
- Packungsgestaltung.

Auch hier ergeben sich in Abhängigkeit von der verfolgten Strategie unterschiedliche Anforderungen. Werden Handelsmarken als Alternativen eingesetzt, so ist es z. B. durchaus möglich, sich auf „me-too"-Produkte zu beschränken. Soll die Profilierung dagegen nicht ausschließlich über den Preis erfolgen, spielt die Produktinnovation eine immer bedeutendere Rolle. Dieser Tatsache muß der Handel Rechnung tragen, wenn er eine echte Markenbildung anstrebt. Produkte bzw. Marken müssen sich daher – um sich profilieren zu können – in ihren Eigenschaften deutlich von konkurrierenden Marken unterscheiden. Im Fall der Fremdproduktion ist daher eine enge Zusammenarbeit mit dem Handelsmarkenproduzenten notwendig.

Entsprechendes gilt für die Packungsgestaltung. Sie ist ein wichtiges Kommunikationsmittel zwischen Anbieter und Verbraucher und erfordert folglich im Rahmen einer „Profilierungsstrategie" wesentlich höhere Aufmerksamkeit als bei der Verwendung der Handelsmarken als Alternativ-Angebot. Phantasielose Packungen erwecken nämlich geradezu zwangsläufig den Eindruck, phantasielose Produkte zu enthalten. Auch die Suche nach geeigneten und schutzfähigen Markennamen erweist sich zunehmend als ein Problem.

5. Bedeutung der Marktforschung

Die Eigenmarkenpolitik des Handels erfordert sowohl im Vorfeld der Einführung von Handelsmarken als auch zur laufenden Kontrolle eine Vielzahl von Informationen.

Bei der Nutzung von Handelsmarken als Alternativ-Lösung kann es genügen, sich bei der Auswahl von Warengruppen zur Positionierung von Handelsmarken an dem Angebot an Herstellermarken einerseits und den Produktionsmöglichkeiten von Handelsmarken andererseits zu orientieren. Die Attraktivität einzelner Warengruppen bzw. Produkte kann zudem anhand der bisherigen Umsätze bzw. ihrer Umschlagsgeschwindigkeit, also anhand interner Kennzahlen beurteilt werden.

Das Ziel der Profilierung durch Handelsmarken erfordert dagegen wesentlich größere Anstrengungen bei der Informationsbeschaffung. Hier ist nämlich zuerst zu klären, welches Verbrauchersegment mit den Handelsmarken angesprochen werden soll und welche Vorstellungen dieses bezüglich bestimmter Produkte hat. Die Verknüpfung des Handelsbetriebs- und der Handelsmarkenimages erfordert außerdem Kenntnis des Handelsbetriebsimages in den Augen dieses Verbrauchersegmentes. Erst wenn diese Informationen durch Konsumentenbefragungen beschafft sind, kann über die Auswahl von Warengruppen entschieden werden.

Eine detaillierte Analyse der Konsumentenwünsche ist auch Voraussetzung für eine zielgruppenorientierte Produktgestaltung. Hier bietet z. B. das Instrument des Conjoint Measurement (CM) die Möglichkeit, den relativen Nutzen einzelner Gestaltungselemente zu überprüfen.

Beide dargestellten Strategie-Alternativen erfordern zudem eine Überprüfung der Images der zur Markierung ausgewählten Produkte, um so etwaige sachhaltige oder auch nicht sachbezogene Unverträglichkeiten einzelner Produkte unter einem gemeinsamen Markendach zu vermeiden.

6. Markenführung

Im Rahmen der „Profilierungsstrategie" genügt es jedoch noch nicht, eine Zielgruppe zu definieren und für diese ein Produkt mit einem echten USP zu entwickeln. Zu den Maximen der Markenpolitik gehört neben der Prägnanz einer Marke auch ihre Konstanz. Diese Stetigkeit der Markenpolitik ist Aufgabe der Markenführung; sie hat also dafür zu sorgen, daß das Produkt dem Grunde nach immer dasselbe bleibt. Markenführung hat aber durchaus auch eine dynamische Komponente, denn sie fordert gleichzeitig oft eine regelmäßige, stets aber behutsame Verbesserung der gesamten Produkt- und Werbekonzeption.

Der Einsatz von Handelsmarken als Profilierungsinstrument verbietet es zudem, diese als taktische Manövriermasse einzusetzen. Das bedeutet z. B., daß auf Preisaktionen zumindest so lange verzichtet werden muß, bis sich die Handelsmarke bei den Konsumenten profilieren konnte, bis also eine Markenbildung erfolgt ist.

Ein weiterer wichtiger Bestandteil der Markenführung ist die Kommunikation. Sie hat sowohl im Rahmen des Markenaufbaus als auch – soweit Handelsmarken als reine Sortimentsalternativen eingesetzt werden – für die kurzfristige Absatzförderung zentrale Bedeutung. Unabhängig von der gewählten Strategie-Alternative spielt die Kommunikation im Rahmen der Handelspolitik also eine wichtige Rolle. Diese Bedeutung wird in der Praxis jedoch offensichtlich nicht immer erkannt. Die meisten Handelsunternehmen unterstützen ihre Handelsmarken zwar durch kommunikative Maßnahmen, deren Wirksamkeit muß jedoch vielfach angezweifelt werden.

Wie die Darstellung 32 zeigt, konzentriert sich der Handel im Bereich seiner Handelsmarkenpolitik im wesentlichen auf „handelstypische" Kommunikationsmaßnahmen, wie Werbung in Tageszeitungen und Unterstützung der Handelsmarken am „Point of sale". Insbesondere wenn eine echte Markenbildung angestrebt wird, wäre es jedoch i. d. R. notwendig, auch andere Kommunikationskanäle zu nutzen.

Darstellung 32: Kommunikative Maßnahmen bei der Markenführung von Handelsmarken

kommunikative Maßnahmen	befragte Unternehmen gesamt Basis : n = 34	
	absolut	in Prozent
Inserate in Anzeigenblättern	10	29,4
Inserate in Illustrierten	6	17,6
Inserate in Tageszeitungen	21	61,8
Beilagen in Tageszeitungen	24	70,6
TV-Werbespots	1	2,9
Rundfunk-Werbespots	7	20,6
Aktionen am Verkaufsort	19	55,9
besondere Plazierung im Regal	17	50,0
besondere Plazierung im Verkaufsraum	23	67,6

Quelle: Eigenerhebung 1988

V. Erfolgskontrolle

Damit wurden die wichtigsten Entscheidungsaspekte aufgeführt sowie eine geeignete Entscheidungsabfolge dargestellt. Natürlich bedarf es im Verlauf des Entscheidungsprozesses einer ständigen Rückkopplung, die zur Korrektur ursprünglicher Zielsetzungen führen kann. Letztendlich sind alle der aufgeführten Aspekte daraufhin zu überprüfen, ob bzw. inwieweit sie sich einem Soll-Ist-Vergleich unterziehen lassen. Besondere Bedeutung hat dabei die Verbraucherresonanz.

Zunächst können die erzielten Umsätze nach Menge und Wert Auskunft über den Erfolg von Handelsmarken geben. Die Kenntnis dieser Daten ermöglicht die Beantwortung von Fragen wie: Gab es zusätzliche Umsätze durch zusätzliche Handelsmarken, oder konnten – bei einem bloßen Austausch mit Herstellermarken oder markenloser Ware – die Umsätze gehalten, aber die Erträge verbessert werden? Der Grad der Detailliertheit, mit dem solche Fragen beantwortet werden können, hängt wesentlich von der Genauigkeit der zugrundegelegten Daten ab.

Wenn Markenpolitik – wie zu anfang ausgeführt – zu einer Profilierung der betreffenden markierten Ware führen soll, so sollte der Erfolg bzw.

Mißerfolg durch entsprechende Verbraucherbefragungen in hinreichendem Maße festgestellt werden.

Das gilt einmal für die Bekanntheit der Handelsmarke(n) als notwendige, wenn auch nicht ausreichende Bedingung für eine Markenbildung. Zum anderen ist das Image der Handelsmarke(n) – etwa im Vergleich zu konkurrierenden Herstellermarken – abfragbar. Auch das gibt interessante Aufschlüsse über die Wertschätzung bzw. Präferenzen der Verbraucher insgesamt bzw. bestimmter Verbrauchersegmente.

Ein wesentlicher Indikator für den Erfolg einer Handelsmarke ist sicherlich auch die Zuordnungsfähigkeit. Wenn Verbraucher, und vor allem die jeweiligen Kunden, nämlich nicht angeben können, welche Handelsmarken von welchen Handelsunternehmen geführt werden, dann läßt sich daraus wohl zu Recht schließen, daß es um die Zugkraft dieser Marken nicht sonderlich gut bestellt ist.

Um die Wechselwirkungen zwischen Verkaufsstätte und Handelsmarken zumindest teilweise einschätzen zu können, ist es ferner nötig, im Rahmen von weiteren Verbraucherbefragungen die Bekanntheit und das Image des Handelsbetriebes bzw. der einzelnen Einkaufsstätten zu erfassen. Hier stellt sich die Frage: Geht der Verbraucher gezielt zum Handelsunternehmen X, um dort die Handelsmarke Y zu kaufen, oder geht er zu diesem Handelsunternehmen und kauft bei dieser Gelegenheit auch die Handelsmarke Y? Ist ausschließlich letzteres der Fall, sind zumindest Zweifel an der Attraktivität der geführten Handelsmarken angebracht.

VI. Möglichkeiten und Grenzen der Handelsmarkenpolitik

Im folgenden sollen die Möglichkeiten und Grenzen der Handelsmarkenpolitik – ergänzt um einige weitere Gesichtspunkte – stichwortartig nochmals zusammengefaßt werden.

Es muß zunächst einmal deutlich unterschieden werden zwischen den möglichen Zielsetzungen; „echte" Handelsmarken verlangen einen entsprechenden Image-Aufbau beim Verbraucher, bloße „Etikettenmarken" erfordern dieses nicht, entwickeln damit aber auch keine Eigenattraktivität.

Je größer Handelsbetriebe und Organisationen sind, um so größer wird grundsätzlich auch die Versuchung, sich sein Können auch mit Handelsmarkenaktivitäten zu beweisen. Es ist nicht nur mehr Spielraum für Versuche vorhanden, sondern es wächst im Handel inzwischen auch ein größeres markenpolitisches Know-how heran, welches früher nur bei der Industrie und den Werbeagenturen angesiedelt war. Dennoch werden die Anforderungen, die eine konsequente Handelsmarkenpolitik, insbesondere, wenn echte Markenbildung angestrebt wird, an den Handelsbetrieb stellt, meist unterschätzt. Ohne ein spezielles Handelsmarken-Management mit entspechendem Einfluß innerhalb des Marketing ist der Traum von Handelsmarken mit entsprechendem (Preis-)Niveau i. d. R. schnell ausgeträumt.

Problematisch ist auch die Tatsache, daß die Glaubwürdigkeit hinsichtlich Qualitäts- und Preisunterschieden in den Augen der Verbraucher in dem Maße nachläßt, wie gleiche Produktqualitäten einmal als Herstellermarke, zum anderen als Handelsmarke angeboten werden. Echte Markenbildung wird für alle Beteiligten folglich immer schwieriger, eröffnet dem Handel aber insofern eine Chance, als man ihm mehr als früher abnimmt, bei Handelsmarken auch gute Qualitäten bieten zu können.

Das Schicksal der Handelsmarken wird zudem stark vom Verhalten der Markenartikelindustrie geprägt. Offerieren die Hersteller ständig innovative Angebote, unterstützt durch starke Werbung, haben Handelsmarken nur geringe Chancen und verschwinden deshalb vielfach oder benötigen außerordentlich starke Verkaufs- und Werbeunterstützung seitens des Handelsbetriebes.

Zusammenfassend kann also gesagt werden, daß Handelsmarken in ihrer Funktion als Marken-Alternative die Möglichkeit bieten, den Kunden einen „Herstellermarken-Ersatz" zu (besonders) niedrigen Preisen zu offerieren und dabei eventuell dennoch höhere Margen zu erzielen, als dies mit vergleichbaren Herstellermarken zu Aktionspreisen möglich wäre. Dem Handel kommen dabei häufig die Überkapazitäten der Hersteller zugute, die diese veranlassen, Handelsmarken unter Vollkosten zu liefern. Handelsmarken dieses Typs sind aber i. d. R. sehr anfällig für Preisaktionen bekannter Herstellermarken. Wenn sich die Markenanbieter auf Herstellerseite also nicht auf einen reinen Leistungswettbewerb beschränken, sondern zu einem Preiswettbewerb übergehen, schmelzen die Vorteile dieser Handelsmarken schnell dahin.

Werden Handelsmarken als Profilierungsinstrument eingesetzt, wird also eine Markenbildung angestrebt, so können sie zu einem wesentlichen Attraktivitätsfaktor im Angebot des betreffenden Handelsbetriebes werden. Durch die Verknüpfung der Handelsmarkenimages mit dem Handelsbetriebsimage kann nicht nur die Markenbildung vereinfacht werden, sondern es ist vor allem auch möglich, das Handelsbetriebsimage positiv zu beeinflussen. Diese Beeinflussung kann je nach Ausgangssituation eines Handelsbetriebes in einem Imageaufbau, einer Imagekorrektur oder in der Stützung des bestehenden Images zum Ausdruck kommen. Handelsmarken sind dabei besonders dazu geeignet, durch eine entsprechende Auswahl des Produktfeldes sowie die Produktgestaltung selbst den besonderen Kompetenzanspruch eines

Handelsbetriebes zu kommunizieren. Grenzen sind dieser Strategie überall dort gesteckt, wo die zum Markenaufbau notwendigen Potentiale nicht langfristig gegeben sind. Ein zu dichtes Feld von Herstellermarken kann wiederum eine einleuchtende Produktdifferenzierung erheblich erschweren und damit ebenfalls eine Markenbildung verhindern. Eines der wichtigsten Probleme ist sicher die langfristige Aufrechterhaltung der Motivation zur Unterstützung der Eigenmarken innerhalb der eigenen Organisation.

Die Erfolgschancen sind jedoch nicht nur von der gewählten Strategie-Alternative abhängig, sondern ebenso vom jeweiligen Handelsbetriebstypus. Ganz allgemein können folgende Einsichten gelten:

– Kleine Handelsunternehmen haben es infolge ihrer geringen Umsätze im Vergleich zum erforderlichen Aufwand schwerer als Großbetriebe des Einzelhandels.
– Mehrsortimenter haben es schwerer als Fachsortimenter, weil es ihnen aus Sicht der Verbraucher an Produktkompetenz mangelt.
– Selbstbedienungsgeschäfte haben es schwerer als Bedienungsgeschäfte, weil erstere den Handelsmarken kaum eine persönliche Verkaufsunterstützung geben können.
– Filialisten haben es einfacher als Einkaufsverbände und Einkaufsgenossenschaften, weil erstere in der Lage sind, Bezug, Plazierung, Preis und Promotion zentral zu bestimmen.
– Wer vom Betriebstyp auf Auswahl (= Markenvielfalt) angelegt bzw. angewiesen ist wie Fachgeschäfte, inzwischen insbes. auch die Fachmärkte und Fachdiscounter, tut sich mit Handelsmarken vergleichsweise schwer; gerade letztere verzichten deshalb nicht selten vollständig darauf.

C. Qualitäts- und Qualitätssicherungspolitik

I. Ausgangsproblematik

In der vorindustriellen Zeit waren Erzeugung und Absatz von Konsumgütern vorwiegend jeweils in der Hand desselben Anbieters, denn was nicht für den Eigenbedarf hergestellt oder gewonnen wurde, mußte selbst vermarktet werden.

Bis heute haben sich solche Leistungskombinationen erhalten, wie etwa im **Handwerkshandel** (Bäcker, Metzger, Gärtner usw.), bei der sog. **Selbstvermarktung** der Landwirte oder den Fabrikverkaufsstellen der Hersteller. Oft handelt es sich hier jedoch bereits um Mischformen, weil deren Angebot zumeist nicht vollständig selbst produziert wird.

Die Vorteile einer solchen Kombination waren und sind offenkundig:

Kurze Informationswege zwischen Produktion und Verkauf und damit die Möglichkeit einer schnellen Anpassung an die (individuellen) Kundenwünsche; nicht zuletzt liegen **Qualitätsgestaltung** und **Qualitätsverantwortung** in einer Hand.

Verursacht durch die beginnende Massenproduktion, die Verstädterung und den stärkeren Wettbewerb, kam es in der zweiten Hälfte des vorigen Jahrhunderts bekanntlich zu einer stärkeren Arbeitsteilung zwischen Produktion und Distribution.

Hinfort mußte sich der Einzelhändler nun im wesentlichen auf die Qualität der „Fabrikwaren" bzw. auf die Qualitätsversprechen seiner Lieferanten verlassen.

Deshalb war es für den Einzelhandel damals eine große Erleichterung, als ihm das aufkommende Markenartikelwesen sowohl eine – damals durchaus noch nicht selbstverständliche – gleichbleibend hohe Qualität der Erzeugnisse bot, als auch durch eine handelsübergreifende Publikumswerbung ihm gleichsam alle Verantwortung in Sachen „Qualität" abnahm. Daran hat sich bis heute im wesentlichen auch nichts geändert. Freilich wurde damit auch die „Selbstverkäuflichkeit" dieser Produkte gefördert und damit die Beratungsfunktion des Einzelhandels zurückgedrängt.

Auf den gesamten Einzelhandel bezogen, gehören mittlerweile die Selbstvermarkter zu den Ausnahmen. Die **Qualitätskompetenz** im Sinne echter, tagtäglich praktizierter Produktionserfahrungen ist also beim Einzelhandel nicht gegeben; seine diesbezüglichen Kenntnisse bezieht er – wenn überhaupt – aus zweiter Hand; und ist – wie bei größeren Handelsbetrieben – der Einkauf vom Verkauf auch noch organisatorisch getrennt, müßten diese Kenntnisse im Grunde sowohl hier wie dort vorhanden sein.

Vor diesem Hintergrund lassen sich nun relativ leicht auch darüber Tendenzaussagen machen, unter welchen Bedingungen die Qualitätsaktivitäten und -probleme des Handels besonderes Augenmerk verdienen. Das ist um so mehr der Fall,
- je höher und je differenzierter die Verbrauchererwartungen sind,
- je differenzierter und komplizierter die Industrieerzeugnisse hinsichtlich Qualität bzw. Qualitätsbeurteilung sind,
- je unzuverlässiger die Hersteller als Qualitätslieferanten sind,
- je schärfer der Preis-Wettbewerb das industrielle Qualitätsgefüge negativ beeinflußt,
- je breiter die Einzelhandelssortimente sind,
- je gravierender die Einbußen sind, die der Einzelhandel durch Kundenreklamationen und -enttäuschungen (auch Haftungsverschärfungen) erleidet,

– je stärker der Einzelhandel auf die Produktgestaltung selbst aktiv Einfluß nehmen will.

II. Qualitätskenntnis bzw. -beurteilung

Aus einer marktbezogenen Unternehmenspolitik leitet sich für den Handel die Aufgabe ab, bedarfsgerechte und ertragverspechende Waren und Leistungen anzubieten. Dieses Ziel strebt er primär durch eine entsprechend sachkundige Auswahl beim Einkauf an. Nicht selten bedarf es auch gewisser sog. **Manipulationen** an der Ware selbst, stets aber einer entsprechend pfleglichen Behandlung bei Lagerung, Kommissionierung und Präsentation.

Erforderlich sind neben einer möglichst treffsicheren Nachfrageeinschätzung also entsprechende warenkundliche **Sachkenntnisse** beim Einkauf. Je umfangreicher die Einkaufssortimente, aber auch das industrielle Angebot, desto umfassender muß die Beurteilungsfähigkeit natürlich sein.

Neben den technisch meßbaren und damit objektiv vergleichbaren Qualitätsdimensionen, wie **Funktion, Verarbeitung** und **Material**, gibt es zusätzlich oft schwerer meßbare Qualitätsaspekte, wie Handlichkeit, Reparaturfreundlichkeit, in jüngerer Zeit auch Gesundheits- und Umweltfreundlichkeit. Andere Produktmerkmale, vornehmlich also alle jene, die „reine Geschmackssache" sind, wie etwa Form und Farbe, entziehen sich dagegen solchen Beurteilungen; dessenungeachtet spielen gerade diese bei der Kaufentscheidung vielfach eine besondere Rolle und bedürfen deshalb beim Einkauf des vielzitierten Fingerspitzengefühls. Hilfreich sind u. U. Qualitätsmerkmals- bzw. Anforderungskataloge, anhand derer der Einkauf neue Produkte auf ihre (mutmaßliche) Vorteilhaftigkeit im Rahmen des gegebenen Sortiments überprüfen kann.

Die folgenden Ausführungen haben nun diejenigen Maßnahmen des Handels zum Inhalt, die – von der Qualitätssicherung bis hin zur eigenen Qualitätsgestaltung – getroffen werden (können). Die Ergebnisse eigener Recherchen sollen dazu einen Eindruck über die tatsächliche Intensität solcher Bemühungen vermitteln, denn vielfach wird offenbar mehr darüber geredet als wirklich getan.

III. Qualitätssicherung

1. Wareneingangsprüfung

Die Wareneingangssprüfung gehört traditionell zu den Obliegenheiten des Handels. Hierunter fallen im wesentlichen:
- Überprüfungen mittels Sehen, Tasten (u. U. Vergleich mit sog. Kontermustern),
- Geschmacksprüfungen,
- Überprüfung des Labeling,

Das geschieht im Handel – wenn überhaupt – überwiegend unsystematisch durch vereinzelte Stichproben, um den Aufwand an Prüfarbeit, aber auch an erneutem Einpacken usw. in Grenzen zu halten. Erst echte Zufallsstichproben (z. B. jedes 50. Stück) würden ein systematisches Vorgehen darstellen.

Höheren Aufwand, entsprechende Einrichtungen und/oder die Inanspruchnahme Dritter erfordern dagegen genauere Prüfmethoden wie
- physikalisch,
- chemisch und/oder
- mikroskopisch orientierte Prüfungen

auf der Basis von Zufallsstichproben. Des Aufwands und des Sachverstands wegen – oft umfassen die Einzelhandelssortimente ja Tausende von Artikeln –, werden derartige Wareneingangsüberprüfungen aufs ganze gesehen vergleichsweise selten durchgeführt, obgleich es vereinzelt Unternehmen gibt, die derartiges intensiv betreiben.

Angesichts dieser Gegebenheiten muß die vielfach zu beobachtende werbliche Herausstellung solcher Aktivitäten kritisch betrachtet werden, denn Hinweise in Handelsanzeigen oder auf Packungen wie „unter ständiger Kontrolle unseres Lebensmittelchemikers" o. ä. lassen sich sehr dehnbar praktizieren und interpretieren.

2. Qualitätsprüfung i. e. S.

Die vorab skizzierten Wareneingangsprüfungen dienen im Grunde dazu, eventuelle Qualitätsabweichungen bei den disponierten Einkaufsmengen herauszufinden. Als Maßstab dienen dabei „normale" Ge- bzw. Verbrauchseigenschaften.

Ein Schritt darüber hinaus ist die vertragliche **Fixierung** einzelner **Qualitätsmerkmale** beim Einkauf, so daß die hierbei speziell zugesicherten Eigenschaften einen exakten Prüfungsmaßstab bieten. Solches setzt natürlich einen entsprechenden Fachverstand des Einkaufs voraus, aber auch die Bereitschaft des Lieferanten, sich auf derartiges einzulassen bzw. festzulegen. Aufs ganze gesehen, sind derartige Vereinbarungen selten, die Lieferverträge beschränken sich vielmehr i. d. R. auf die handelsüblichen Klauseln und machen die Hersteller ferner auf die Einhaltung der einschlägigen Gesetzesvorschriften (z. B. Lebensmittel- oder Textilkennzeichnungsgesetze) sowie auf die Erfüllung bestimmter Sicherheitsnormen (VDI/TÜV usw.) und/oder Umweltvorschriften aufmerksam.

IV. Qualitätspolitik

1. Qualitätsrichtlinien

Im folgenden sollen die wichtigsten präventiven und gestalterischen Maßnahmen erörtert werden, die zur Absicherung bzw. Erzielung bestimmter Produktqualitäten vom Handel ergriffen werden können.

Unter Qualitätsrichtlinien sind schriftlich fixierte, allgemeine oder auch produktspezifische **Normen** zu verstehen, die den Lieferanten seitens eines Handelsunternehmens vorgeschrieben werden. Derartige Richtlinien verpflichten den Lieferanten z. B. zur Durchführung diverser Prüfungen, zur Anwendung bestimmter Fertigungsverfahren, zur Verwendung ausgewählter Rohstoffe und/oder zur Wahl bestimmter Verpackungsarten und -kennzeichnungen. Sie beinhalten weiterhin i. d. R. eine Aufzählung der Kontrollmaßnahmen, deren Durchführung sich der Handelsbetrieb selbst vorbehalten will. Schließlich wird durch die Angabe von Prüfungsplänen und zulässiger Abweichungstoleranzen definiert, welche Qualitäten für den Handelsbetrieb noch akzeptabel sind.

Eine Reihe von Großbetriebsformen des Einzelhandels hat sich in den letzten Jahren verstärkt in dieser Richtung engagiert. Nach dem Motto „die Qualität ist dort zu sichern, wo sie sich noch beeinflussen läßt – nämlich während der Fertigung" wurden auch Anforderungskataloge entwickelt, die Handelsunternehmen sogar Kontrollrechte in bzw. während der Produktion einräumen.

Anbieter von **Handelsmarken** sind dabei natürlich i. d. R. stärker engagiert als solche Handelsunternehmen, bei denen der Absatz von Herstellermarken überwiegt. Letztere erwarten nach wie vor, daß der Produzent für bedarfsgerechte Qualitäten Sorge trägt.

Bei den Zielen, die der Handel mit solchen Qualitätsrichtlinien verfolgt, geht es dabei in erster Linie um

- die Anpassung des Qualitätsniveaus an den verschärften Wettbewerb;
- die Gewährleistung gleichbleibender Qualitäten (u. a. auch bei einer auf mehrere Hersteller verteilten Handelsmarkenproduktion);
- die rechtzeitige Fehlererkennung und damit direkt meßbare Kostenersparnisse beim Hersteller und im Handel;

- die Ermöglichung einer rationellen Produktionsweise für kleinere Herstellerbetriebe;
- die Festlegung qualitativer Mindestanforderungen;
- die Abstützung von Werbeaussagen durch reale technische Fakten.

Die oben genannten Ziele können sich natürlich nur solche Handelsbetriebe setzen, die auch über ein Potential verfügen, um derartiges zu verwirklichen. Weitaus die Mehrzahl hält dagegen den damit verbundenen Aufwand für nicht vertretbar.

Im Falle der Auftragsvergabe für **Eigenmarken** werden die Qualitätsvereinbarungen häufig erweitert, denn neben den allgemeinen Qualitätsrichtlinien werden ganz spezifische, produktbezogene Qualitätsaspekte zum festen Bestandteil des Liefervertrages. Sie sollen ein möglichst umfangreiches Kontroll- und Mitspracherecht bei produkttechnischen Fragen, insbesondere bei der Typenauswahl technischer Geräte, sichern. Dazu dienen gesonderte sog. Spezifikationsblätter, die detaillierte, auf einen bestimmten Artikel bezogene Qualitätsangaben enthalten. Darstellung 33 (S. 156) soll beispielhaft nochmals die Möglichkeiten der Qualitätssicherung auf einen Blick verdeutlichen; es handelt sich hierbei um die Entwicklung der Gütesicherung des Großversandhauses Quelle in historischer Abfolge.

2. Qualitätsgestaltung

2.1 (Ver)Packung

Bekanntlich bleibt es Handelsbetrieben grundsätzlich unbenommen, auch unmittelbar Einfluß auf die Produktgestaltung zu nehmen. Solches setzt aber – zumindest großen Herstellern gegenüber – eine entsprechende Nachfragemacht voraus, denn nur dann lassen sich solche Eingriffe in die Produktionssphäre durchsetzen, Gegebenheiten, wie sie allerdings tendenziell immer öfter vorliegen.

Im einfachsten und deshalb häufigsten Fall konzentriert man sich dabei auf die (Ver)packung. Betriebswirtschaftlich orientierte Ziele sind dabei im wesentlichen

- die Vermeidung eines erneuten Umpackens,
- die optimale Nutzung der (innerbetrieblichen) Transportmittel,
- eine verbesserte Lager- und Stapelfähigkeit.

Mehr qualitätsorientierte Ziele sind

- Minderung von Schwund, Verderblichkeit und Abfall
- die Erhaltung der Funktionstüchtigkeit und der Schutz vor Umwelteinflüssen,
- die Erhöhung der Produktattraktivität.

Insbesondere durch die neue Verpackungsverordnung von 1990 forciert

Darstellung 33: Entwicklung der Gütesicherung am Beispiel des Großversandhauses QUELLE

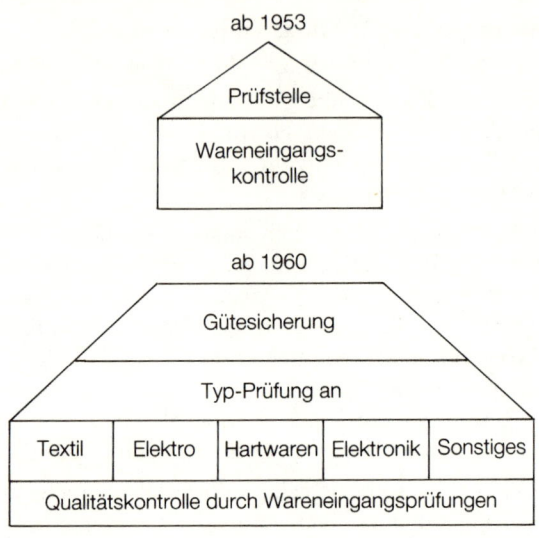

ab 1953

Prüfstelle
Wareneingangskontrolle

ab 1960

Gütesicherung
Typ-Prüfung an

| Textil | Elektro | Hartwaren | Elektronik | Sonstiges |

Qualitätskontrolle durch Wareneingangsprüfungen

ab 1970

Gütesicherung im Sinne der formulierten Qualitätsdefinition

Qualitäts-Prüfung	Überwachung von Dienstleistungsqualität und Transportsicherheit	Qualitätskontrolle	Qualitätsplanung	Umweltschutz
Textil	Qualität d. Auslieferung Qualität des Kundendienstes*	Wareneingangs-Kontrolle	Prüfplanung Prüfauswertung Fehlerverhütung Qualitätskosten-Erfassung und Beeinflussung	Lärm
Elektro	Qualität der Kundenpflege* Qualität der Warenpräsentation* Qualität des Verkaufes*	Außenprüfung mobil		Luft
Hartwaren			Datenprogramme Wertanalyse OFA Wettbewerbsvergleich neue Produkte	Wasser
Elektronik	Verpackungsprüfung lt. Bundesbahn lt. Bundespost Verpackungsentwicklg.	Außenprüfung stationär		Chemie
Verpackung	Textil-Legevorschrift Transportschadens-Untersuchung	Lieferantenbewertung	Lieferantenbewertung	Folgewirkungen (Müll)

*delegiert

Quelle: Lisson, A.: Verbraucherschutz durch Gütesicherung, 3.Aufl. Nürnberg 1977, S. 92

C. Qualitäts- und Qualitätssicherungspolitik

der Staat nach der Devise „Vermeidung – Verminderung – Wiederverwertung" die Entwicklung. Entsprechend gefordert sind Verpackungsindustrie, Weiterverarbeiter, Handel und auch die privaten Haushalte durch entsprechende Belastungen in organisatorischer, arbeits- und kostenmäßiger Hinsicht. Im wesentlichen geht es dabei um die stufenmäßige Durchsetzung folgender Maßnahmen:

- Aufbau und Durchführung des Dualen Entsorgungssystems (= haushaltsnahe Erfassung, Abnahme- und Verwertungsgarantie durch (Vor-)Lieferanten)
- Rücknahmezwang für Transportverpackungen
- Rücknahmezwang für Umverpackungen (sog. Überverpackung)
- Entsorgungszwang für Verkaufsverpackungen
- Rücknahme- und Pfandpflicht für Getränkeeinwegverpackungen, Wasch- und Reinigungsmittel und Dispersionsfarben
- Nachweiszwang für die geforderten Erfassungs-, Sortierungs- und Verwertungsquoten der einzelnen Verpackungsmaterialien.

Der „grüne Punkt" auf den Packungen signalisiert den Verwendern die Eignung als erfassungswürdiger Wertstoff; er wird als kostenpflichtige Lizenz an die Lieferanten i. w. S. vergeben und dient zur Finanzierung der Entsorgung.

Der Einzelhandel wird von diesen gesetzlichen Maßnahmen erheblich tangiert. Entsprechend wird er in zunehmendem Maße (den erhofften) Druck auf seine in- und ausländischen Lieferanten ausüben, damit der Verpackungsaufwand minimiert bzw. die Verpackungen wiederverwendbar gestaltet werden.

2.2 Handelseigene Spezifikationen

Unter entsprechenden Voraussetzungen (z. B. qualifizierte Warentechniker, Designer, Produktmanagement etc.) kann ein Handelsunternehmen auch versuchen, die substantiellen Qualitätskomponenten von Produkten autonom zu bestimmen. Abgeleitet von entsprechenden Bedarfsanalysen, werden die Produzenten zur strikten Einhaltung der in entsprechenden Spezifikationslisten beschriebenen Wareneigenschaften verpflichtet. Diese Vorgehensweise wird gemeinhin mit dem Schlagwort **„Specification Buying"** bezeichnet. Im Extrem erfolgt hier also eine völlig eigenständige Festlegung der Qualitätsmerkmale einschl. der Verpackung und Markierung seitens des Handelsbetriebs. Diese Vorgehensweise praktizieren größere Handelsorganisationen wiederum vornehmlich bei ihren Handelsmarken und hier vor allem bei der Zusammenarbeit mit kleineren Herstellerbetrieben des In- und insbesondere des Auslandes.

2.3 Handelseigene Produktkonzeptionen

Der Übergang vom vorab beschriebenen „Specification Buying" zur Realisierung eigener Produktkonzeptionen ist fließend. Über die Qualitätsmerkmale hinaus werden den Herstellern hierbei zusätzlich noch das Produktkonzept, eventuell auch noch die Materialien und die Produktionsweise vorgeschrieben. Derartige „Funktionsakkumulationen" werden allerdings nur von wenigen Handelsbetrieben praktiziert. Mitunter werden in eigenen Ateliers durch sog. Produktstylisten Modelle konzipiert, um sie anschließend von der Industrie nach exakten Vorgaben fertigen zu lassen. Ein Eingriff in die Rohstoffbeschaffung der Produzenten erfolgt i. d. R. jedoch nur, wenn die Produktkonzeption die Verwendung besonderer Materialien vorsieht.

Bezogen auf den gesamten Einzelhandel, wird von der Möglichkeit präventiver Qualitätsmaßnahmen im Sinne einer weitgehend autonomen Produktgestaltung wenig Gebrauch gemacht, und zwar aus folgenden Gründen:
- Die notwendige Warenbeschaffung über den Großhandel schließt eine Beeinflussung der Produktgestaltung (weitgehend) aus.
- Beim Direktbezug von bedeutenden (Markenartikel-)Herstellern legen diese autonom die Produktgestaltung fest und erlauben dem Handel keine Einflußnahme.
- Die (modische) Aktualität hat Vorrang vor Qualität.
- Die staatlichen Schutzvorschriften und die Fachnormen werden als ausreichend befunden.
- Es gibt genügend Ausweichmöglichkeiten auf andere Hersteller.
- Das Nachfragevolumen des Händlers ist für eigene produktgestalterische Aktivitäten und eine rentable Produktion zu gering.
- Gerade die Großsortimenter im Handel müssen ihre Aktivitäten gesplittet einsetzen und können demzufolge nicht in allen Warenbereichen kreative, schöpferische Produktgestaltung betreiben.
- Bei Qualitätsmängeln wird rigoros von der Warenretournierung Gebrauch gemacht.

V. Organisatorische Eingliederung

Wer innerhalb der Handelsunternehmung bei der Erarbeitung der Qualitätsrichtlinien beteiligt sein soll, darüber bestehen in der Praxis unterschiedliche Vorstellungen. Vornehmlich sind es die Geschäftsleitungen, die sich in Kooperationen mit sog. Warentechnikern und/oder Einkäufern dieser Aufgabe annehmen. In Einzelfällen obliegt die Verantwortung auch einer gesonderten Qualitätssicherungsabteilung.

Bei den Kooperationsformen des Einzelhandels partizipieren die Leiter

C. Qualitäts- und Qualitätssicherungspolitik

der Anschlußfirmen meist nicht direkt an der Aufstellung der Richtlinien, mitunter werden jedoch hierfür eigens Qualitätsausschüsse gebildet, in denen die Anschlußhändler aktiv mitarbeiten können.

Wie sich im einzelnen bei einem ausgebauten Qualitätssicherungssystem die Arbeits- bzw. Aufgabenfolge darstellt, und zwar unter besonderer Berücksichtigung der Einkaufsfunktionen, zeigt Darstellung 34 (S. 160).

Eine der wesentlichsten Voraussetzungen für das reibungslose Funktionieren ist dabei eine zielkonforme Organisation der qualitätssichernden Maßnahmen. Im einzelnen sind dazu folgende Voraussetzungen zu schaffen:

– Errichtung chemisch-technischer Prüfstellen im eigenen Betrieb;
– Anschaffung geeigneter Prüf- und Meßinstrumente, wenn möglich der gleichen, über die auch der Hersteller verfügt;
– eindeutige Regelung der Zuständigkeit für durchzuführende Kontrollen zwischen Handel und Industrie, um kostenerhöhende Doppelprüfungen zu vermeiden; längerfristige Festlegung bezüglich Lieferanten und Abnahmemengen;
– sinnvolle Planung des Einsatzes der Außenprüfer (z. B. Bestimmung der Anzahl der Außenprüfer unter Berücksichtigung der geographischen Verteilung der Herstellerbetriebe);
– Aus- und Weiterbildung der Mitarbeiter der Qualitätssicherungsabteilungen.

Die Qualitätssicherung (als Koordinationsstelle) übernimmt treuhänderisch für die Unternehmensleitung die Aufgabe, alle anderen Abteilungen des Unternehmens sowie seine Lieferanten für die Wahrnehmung und Erfüllung der qualitätsrelevanten Aufgaben zu motivieren, diese zu steuern und zu überwachen. Am konsequentesten ist es deshalb, diese Stelle direkt der Unternehmensleitung unterzuordnen.

Eine solche, möglichst unabhängige organisatorische Eingliederung der Qualitätssicherung erfolgt jedoch relativ selten. Wo dies geschieht, ist die Qualitätssicherung entweder als Stabsstelle der Geschäftsführung direkt unterstellt oder sogar als Direktionsbereich ausgebildet. Damit ist ein Regulativ für die oft konträren qualitativen Produktanforderungen, wie sie von Einkauf, Verkauf und Kundendienst gestellt werden, gegeben. Meist jedoch werden die qualitätssichernden Funktionen entweder an die Einkaufsabteilung delegiert oder sogar – soweit man unter diesen Voraussetzungen noch davon sprechen kann – erst durch die Anschlußhändler wahrgenommen.

160   *2. Kapitel: Instrumente des Handelsmarketing*

Darstellung 34: Durchlaufplan der Qualitätssicherung des Großversandhauses QUELLE unter Berücksichtigung der Einkaufsfunktionen

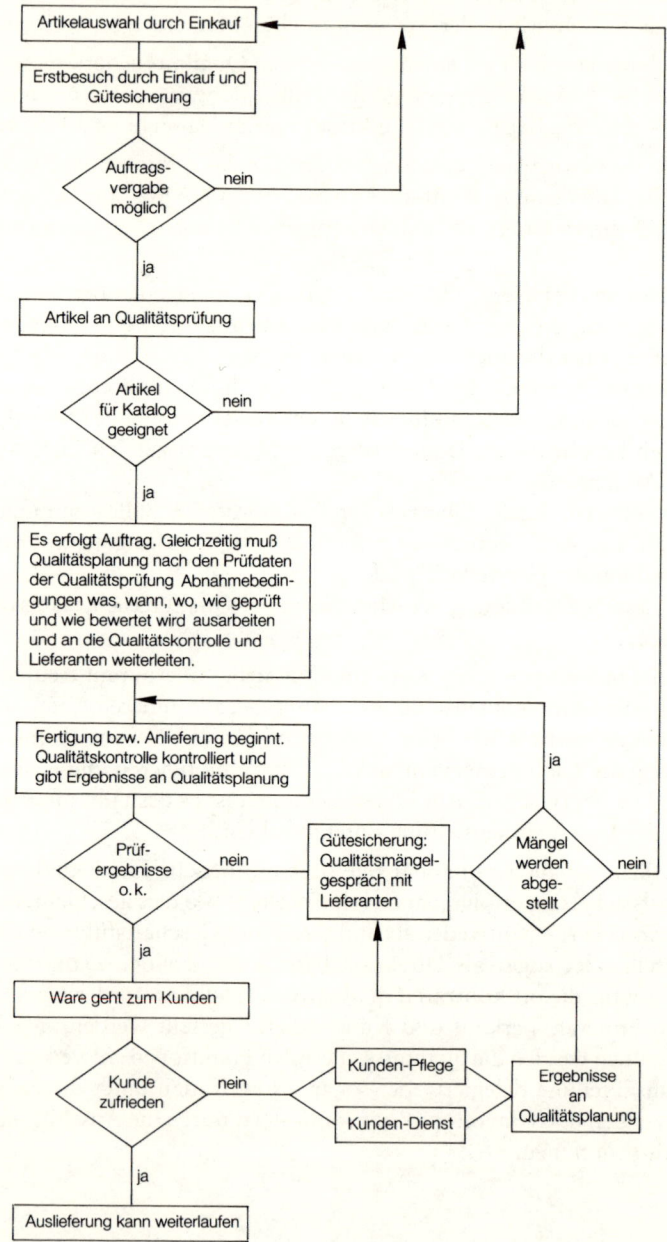

Quelle: Lisson, A.: Verbraucherschutz durch Gütesicherung, 3.Aufl. Nürnberg 1977, S.209

VI. Qualitätserfolgskontrolle

Maßnahmen zur Qualitätspolitik, hier insbesondere zur Qualitätssicherung, sind kostenverursachend; betriebswirtschaftlich betrachtet, soll der dafür getätigte Aufwand anderweitig Kosten sparen bzw. die Erträge verbessern. Insoweit geht es also insbesondere um eine Gegenüberstellung der Kosten für vorbeugende Maßnahmen mit denen, die anfallen würden, wenn keine solchen Vorkehrungen getroffen würden.

Erste Voraussetzung ist deshalb die Einführung einer separaten Kostenart für Qualitätssicherung, etwa wie folgt untergliedert:

(1) **Fehlerverhütungskosten** (für Qualitätsplanung und -schulung, Lieferantenbeurteilung, Konkurrenzproduktvergleiche, Prüf-Geräte und -Einrichtungen usw.)

(2) **Prüfkosten** (für Typprüfungen, Wareneingangsprüfungen, Außenprüfungen, Fremd-Gutachten usw.)

(3) **Fehlerfolgekosten** (für Technischen Kundendienst, Reklamationsbearbeitung, Preisnachlässe, Umrüstungen, zusätzliche Transportkosten, Lieferantenretouren, Garantiekosten usw.)

Nach der möglichst genauen Erfassung der einzelnen Kostenarten müssen diese insgesamt mit den durch die Qualitätssicherung eingesparten Kosten in Beziehung gesetzt werden. Letztere ergeben sich aus der Multiplikation der zahlenmäßig festgestellten Produktfehler, die mit Sicherheit einen zusätzlichen Aufwand verursacht hätten, mit dem durchschnittlichen Kostensatz pro Nachbesserung.

VII. Qualitätsmangel-Haftung

Bei berechtigen Qualitätsreklamationen haben die Käufer bekanntlich Anspruch auf Wandlung oder Minderung (§ 462 BGB) gegenüber dem Verkäufer, hier also dem Einzelhändler. Dieser kann wiederum diese Ansprüche im Regreß bei seinem Lieferanten geltend machen.

Insbesondere bei Händlern mit einer schwachen Nachfrageposition kommt es bei strittigen Fragen bezüglich der beanstandeten Qualitätsmängel nicht selten dazu, daß der Händler zur Vermeidung von Kundenverärgerungen wohl oder übel auch rechtlich unbegründete Reklamationen auf dem Wege der Kulanz auf eigene Kosten regelt oder sich diese bestenfalls mit dem Hersteller teilt.

Auch in solchen Fällen, in denen der Lieferant nur schwer oder überhaupt nicht zu belangen ist (z. B. in Entwicklungsländern), verbleibt die Haftung für Qualitätsmängel häufig beim Händler, so daß dieser gezwungen ist, von vornherein einen bestimmten Lieferungsanteil abzuschreiben.

Eine besondere Bedeutung kommt inzwischen der sog. **Produzentenhaftung** zu. In der Bundesrepublik Deutschland galt lange das Prinzip der „verschuldensabhängigen Haftung", d. h. eine Schadensersatzverpflichtung bestand immer nur dann, wenn seitens des Beklagten ein Verschulden vorlag, bzw. er den Nachweis des Nichtverschuldens nicht erbringen konnte (Prinzip der Umkehr der Beweislast). Geregelt wurden diese Schadensfälle zumeist nach § 823 BGB. Ein Verschulden wurde allerdings ausschließlich gegenüber industriellen Herstellern vermutet. Quasi-Hersteller (wie etwa Handelsunternehmen, die Produkte unter einer Eigenmarke vertreiben), Importeure und „normale" Händler waren hingegen grundsätzlich nicht betroffen. Sie traf nur dann eine Pflicht zur Überprüfung der Ware auf gefahrengeneigte Beschaffenheit, wenn dazu aus besonderen Gründen (z. B. Kenntnis von bereits eingetretenen Schadensfällen) ein Anlaß bestand.

Seit der Einführung des neuen Produkthaftungsgesetzes gibt es jedoch deutliche Änderungen, die z. T. auch den Handel betreffen. Dieses Gesetz basiert im wesentlichen auf der EG-Richtlinie über die Produkthaftung vom 25.7.1985 und führt insbesondere den Grundsatz der **„verschuldensunabhängigen** Haftung" ein, der ja beispielsweise bereits seit Mitte der sechziger Jahre in den USA gilt und dort teilweise zu grotesk anmutenden Gerichtsurteilen geführt hat.

Zur Haftung herangezogen werden können neben den eigentlichen Herstellern auch Importeure, die Waren von außerhalb der EG einführen, sowie Handelsunternehmen, die „... ihren Namen, ihr Warenzeichen oder ein anderes Erkennungszeichen auf dem Produkt anbringen" (§ 4 Abs. 1 ProdHaftG), bzw. die nicht in der Lage sind, einem geschädigten Verbraucher den Hersteller zu benennen. Handelsunternehmen, die Eigenmarkenpolitik betreiben, werden haftungsmäßig damit de jure Herstellern gleichgestellt.

Welche Konsequenzen ergeben sich nun für den Handel aus dieser neuen, verschärften Rechtslage? Ein Blick auf die Situation in den USA zeigt, daß aktive Anpassungsmaßnahmen des Handels wohl weitgehend entbehrlich erscheinen, da es im Schadensfall fast immer gelingt, die Schadensersatzforderungen auf die Lieferanten zu überwälzen. Das verbleibende Restrisiko läßt sich zudem relativ leicht über Versicherungen (z. B. Betriebshaftpflicht) abdecken. Einzukalkulieren sind hier mittelfristig allerdings gewisse Prämienanhebungen.

Zusätzlich anzuregen wären u. U. – insbesondere bei Importware aus Ländern mit hohem „Qualitätsrisiko" – vertragliche Rückgriffsvereinbarungen sowie eine Intensivierung der Wareneingangskontrollen, gegebenenfalls mit Hilfe einer speziellen Qualitätssicherungsabteilung, um so das Risiko eventueller Schadensfälle so gering wie möglich zu halten.

VIII. Reklamations-Behandlung

Qualitäts(sicherung)politik soll letztendlich Kunden-Reklamationen und -Enttäuschungen ersparen und damit die Zufriedenheit und Treue der Kunden fördern bzw. bestärken. Kommt es jedoch zu negativen Kundenäußerungen, sollten die Adressaten, hier also die Händler, sinnvoll zu reagieren in der Lage sein. Das sog. complaint handling (**Beschwerdepolitik**) beinhaltet dabei nicht nur, welche Vorkehrungen erforderlich sind, sondern vor allem, wie die systematische Erfassung, Analyse und Bearbeitung von Reklamationen zu erfolgen haben und welche zufriedenstellenden Lösungen bzw. Lösungsalternativen sich anbieten. Tenor der einschlägigen Fachveröffentlichungen (vgl. vor allem M. Bruhn, U. Hansen und F. Wimmer) ist dabei, daß die Verantwortlichen diesen Bereich nicht lediglich als Ärgernis begreifen und behandeln, sondern – soweit eben möglich – in des Wortes engster Bedeutung „das Beste daraus machen".

Beschwerdepolitik ist aber gleichsam nur die ultima ratio, besser wäre natürlich, die Anlässe dazu gar nicht erst zu bieten. Mittels (in zeitlichen Abständen wiederholter) Kundenbefragungen lassen sich Informationen über die **Kundenzufriedenheit** ermitteln und darüber hinaus auch Aufschlüsse über die Loyalität (Kundenbindung), die Weiterempfehlung usw. gewinnen. Wer als Filialist arbeitet oder mit Vertragshändlern bzw. Franchise-Nehmern, kann auf diese Weise die Angebotsqualität der einzelnen Vertriebsstätten, Reparaturbetriebe o. ä. vergleichend beurteilen.

IX. Ausblick

Seit eine Folge von sog. Lebensmittel-Skandalen ab Mitte der achtziger Jahre die Öffentlichkeit verunsicher(e), war bzw. ist auch der einschlägige Einzelhandel davon betroffen. Es entstand also auch hier die Notwendigkeit sowohl der aktuellen Schadensbegrenzung wie auch der Schadensverhütung in der Zukunft. „Skandalprodukte" wurden aus den Regalen genommen und retourniert, Problemartikel z. T. rigoros ausgelistet, die Qualitätsüberwachung intensiviert und den Lieferanten Qualitäts- bzw. Unbedenklichkeits-Zertifikate abverlangt.

Mittlerweile ist das Thema „Umwelt" hochaktuell und verspricht ein Daueranliegen zu werden. Die Einsicht in die Notwendigkeit eines stärkeren Umweltschutzes ist inzwischen sicherlich durchgängig verbreitet, aber das gilt längst nicht auch für das umweltbewußte Verhalten. Solches ist verständlich, denn auf vergifteten Fisch oder gepanschten Wein verzichtet jedermann schneller und leichter als auf solche Annehmlichkeiten, Bequemlichkeiten und Gewohnheiten, die zwar umweltschädlich sind, aber – weil nicht unmittelbar persönlich gefährdend – mehr (und lieber) als ein gesamtgesellschaftspolitisches Anliegen betrachtet werden. Und weil auch bei Industrie und Handel schwerlich ein originäres Interesse daran vorausgesetzt werden kann, braucht es eines entsprechenden politischen Drucks, um die Entwicklung voranzutreiben.

Insbesondere für die Produzenten bedeutet das generell eine Einengung ihrer (Produkt-)Gestaltungsfreiheit. Erforderlich sind aber auch u. U. neue oder entsprechend verbesserte Produkte. Soweit in größerem Maße Konsumeinschränkungen oder sogar -verzicht geübt werden würde (was viele Fachleute ohnehin für das Notwendigste und Effektivste halten), sind Umsatzeinbußen die Folge. Hier müßte rechtzeitig für entsprechende Kompensationsmöglichkeiten im Produktionsprogramm gesorgt werden, notfalls auch durch Wechsel in bisher fachfremde Warenbereiche.

Manche Handelsunternehmen leisten, u. a. duch entsprechenden Druck auf ihre Lieferanten, Schrittmacherdienste in Sachen Ökologie; sie fixieren solches in ihren Unternehmensrichtlinien, versuchen sich durch eine entsprechende Werbung damit zu profilieren und nehmen dafür u. U. auch Umsatzeinbußen in Kauf. Statt lediglich Verzicht auf bestimmte Produkte oder Sortimentsteile zu üben, drängen sie ihre Lieferanten zu entsprechenden Produktänderungen. Ob bzw. inwieweit solches gelingt, ist natürlich nicht zuletzt eine Frage der Durchsetzbarkeit, und diese wächst mit zunehmender Einzelhandelskonzentration auf nachfragenmächtige Großunternehmen.

Im übrigen läßt sich das Verhalten des Handels wohl eher als „zurückhaltend" bezeichnen, was nicht heißen soll, daß man nicht bereitwillig umweltfreundliche(re) Produkte ins Angebot nimmt, solange daraus keine Ergebniseinbußen befürchtet werden müssen.

Insgesamt betrachtet erwachsen vielen Konsumgüter-Anbietern aus dem verstärkten Umweltschutz ganz erhebliche Probleme, die wahrscheinlich jene am besten meistern werden, die sich als Unternehmer mit dem drängenden gesellschaftspolitischen Anliegen identifizieren.

D. Servicepolitik

I. Begriffliche Grundlagen

Wird „Kundendienst" im wörtlichen Sinne als „Dienst am Kunden" interpretiert, so könnte dies leicht dazu verleiten, diesem – ganz im Sinne des Marketinggedankens – letztlich alle absatzpolitischen Aktionsparameter zu subsumieren. Tatsächlich umfaßt der Kundendienst oder Service eines Handelsunternehmens aber solche (Dienst-)Leistungen, die **Ergänzungs-** oder **Zusatzcharakter** aufweisen, d. h. in einem Unterordnungsverhältnis zur eigentlichen Hauptleistung, hier also dem Warenverkauf, stehen.

Serviceleistungen stehen daher aufgrund ihres „Zusatzcharakters" vielmehr immer – mittelbar oder unmittelbar – in Zusammenhang mit einem bereits getätigten oder zumindest beabsichtigten Erwerb einer anderen, quasi übergeordneten Leistung, die den eigentlichen Mittelpunkt der jeweiligen Kaufentscheidung bildet. Deshalb läßt sich der Servicecharakter auch nicht aus der Art der Leistung herleiten, weil das, was z. B. für eine Änderungsschneiderei zweifelsohne die eigentliche Hauptleistung darstellt, für ein Textilgeschäft eine Nebenleistung ist.

Serviceleistungen können **freiwillig** erbracht werden, **vertraglich** fixiert oder **gesetzlich** geregelt sein. Erwähnung verdienen in diesem Zusammenhang die sog. **Garantie**verpflichtungen. Darunter wird die auf vertraglicher oder nicht vertraglicher Basis beruhende Gewähr für die Beschaffenheit bzw. Eigenschaften von gelieferten Sach- oder Dienstleistungen verstanden. Die Dauer der Garantie ist i. d. R. zeitlich befristet, doch haben in den letzten Jahren zahlreiche Hersteller- und Handelsunternehmen die Garantiefristen z. T. erheblich über die gesetzlich vorgeschriebenen Verpflichtungen hinaus erhöht. Werden aufgetretene Mängel an Erzeugnissen trotz Ablauf der vereinbarten Garantiefristen unentgeltlich behoben, so handelt es sich um sog. **Kulanzleistungen.**

II. Arten

Servicepolitik zeichnet sich durch eine schier unerschöpfliche Vielfalt an Leistungsinhalten aus, die zwischen Branchen und Betriebsformen erheblich differieren. Zu den Betriebstypen mit geringer Serviceintensität zählen verständlicherweise alle Billiganbieter, wie Discounter und Verbrauchermärkte, während zu Betrieben mit umfangreichem Service traditionell die Fachgeschäfte und Warenhäuser gehören. Speziell die Warenhäuser erweisen sich immer wieder als wahre Meister im Kreieren neuer Kundendienstleistungen. So bieten etwa gehobene Warenhäuser oft über einhundert verschiedene Arten von Diensten an, die vom Party-Service über die Pelzaufbewahrung bis hin zur Teppichbodenverlegung reichen.

Die bloße Auflistung dieses breitgefächerten und heterogenen Spektrums an unterschiedlichen Kundendienstleistungen erscheint jedoch wenig sinnvoll, da ein solcher Katalog allein aufgrund des Erfindungsreichtums des Einzelhandels immer nur kurze Zeit vollständig sein könnte. Hinzu kommt noch das Abgrenzungsproblem. Die Frage, wo Kundendienst denn überhaupt anfängt bzw. letztendlich aufhört, läßt sich gerade bei Grenzfällen, wie etwa baulichen Einrichtungen (z. B. Rolltreppen, Parkplätzen etc.) oder Sortimentsdiversifikationen (z. B. Reisebüros, Schuh- und Schlüsseldiensten etc.), nicht mehr eindeutig beantworten.

Aus diesem Grund ist einer Systematisierung der Serviceleistungen der Vorzug zu geben. Einen Überblick über gebräuchliche Kategorisierungsansätze vermittelt Darstellung 35.

Darstellung 35: Kategorisierungsansätze für Kundendienstleistungen

Differenzierungsmerkmal	Merkmalsausprägungen
Leistungsinhalt	• Technischer Kundendienst • Kaufmännischer Kundendienst
Leistungsbasis	• Freiwillig • Vertraglich • Gesetzlich
Leistungszeitpunkt	• Vor dem Kaufabschluß • Während des Kaufabschlusses • Nach dem Kaufabschluß
Leistungsort	• Beim Nachfrager/Verwender • Beim Händler • Bei Dritten
Art des Leistungsempfängers	• Abnehmerbezogene Kundendienstleistung • Produktbezogene Kundendienstleistung
Abhängigkeit von der Hauptleistung	• Warenabhängige Kundendienstleistung • Warenunabhängige Kundendienstleistung

Leistungsersteller	• Händler selbst
	• Fremdvergabe an
	  – Händlerkooperation
	  – Hersteller
	  – selbständiger Dienstleister

Berechnungsmodus	• Unentgeltlich
	• Entgeltlich
	  – Verlustbringend
	  – Kostendeckend
	  – Gewinnbringend

Die meisten dieser Ansätze erweisen sich jedoch als relativ ungeeignet, da mangels Trennschärfe eine eindeutige Zuordnung der verschiedenen Servicearten zumeist nicht gelingt. Herangezogen wird deshalb hier ein zweistufiges Konzept, das eine weitgehend überschneidungsfreie Kategorisierung ermöglicht und Kundendienstleistungen zunächst in **warenabhängige** und **warenunabhängige** Nebenleistungen unterteilt.

Auf der zweiten Stufe werden die warenabhängigen Nebenleistungen, die in unmittelbarem Zusammenhang mit der Handelsware stehen, in technische und kaufmännische Kundendienstleistungen aufgegliedert. Bei den warenunabhängigen Nebenleistungen, die in keinem unmittelbaren

D. Servicepolitik

Zusammenhang mit der Handelsware stehen, lassen sich dagegen Einrichtungen, die der Bequemlichkeit der Kunden dienen, und (quasi) selbständige Dienstleistungen unterscheiden (vgl. Darst. 36).

Darstellung 36: Systematisierung der Serviceleistungen

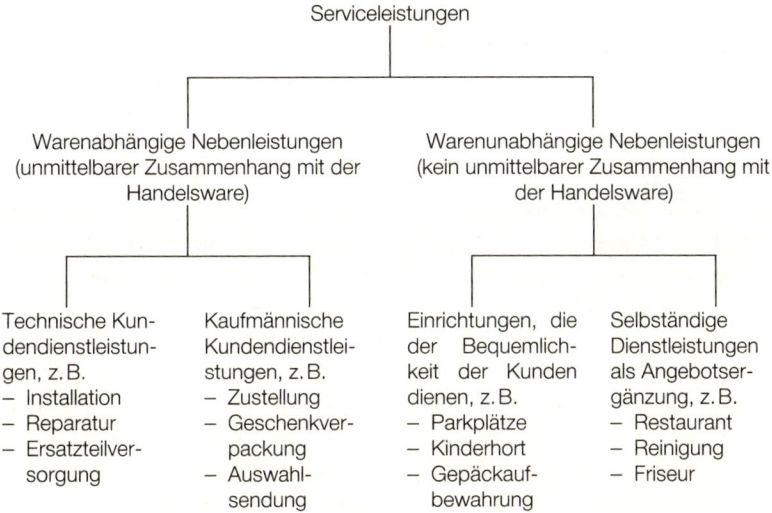

III. Bedeutung

Serviceleistungen wurden in der Vergangenheit (z. T. aber auch noch heute) aufgrund ihrer Rolle als traditionelle Minusbringer vom Einzelhandel häufig mehr als ein „notwendiges Übel" denn als absatzpolitischer Aktionsparameter betrachtet. Die im Servicebereich entstandenen Verluste wurden üblicherweise durch eine entsprechende Kalkulation der Warenverkaufspreise kompensiert, was in der damaligen klein- und mittelständisch strukturierten Einzelhandelslandschaft mit ihrem geringen Preiswettbewerb auch problemlos möglich war.

Zunehmende Personalknappheit verbunden mit steigenden Personalkosten haben dann jedoch im Lauf der Jahre vielfältige Bemühungen auf Handelsseite ausgelöst, insbesondere die personalintensiven Serviceleistungen zu reduzieren und/oder auf andere Marktteilnehmer zu verlagern.

So gelang etwa die Substitution von technischen Kundendienstleistungen bzw. deren Überwälzung auf die Industrie durch die vermehrte Produktion von weniger anfälligeren, von servicefreundlicheren bzw. wartungsfreien Waren oder – im Extrem – von Wegwerfprodukten. Auch die Zurückdrängung der Bedienung im Einzelhandel wurde nicht zuletzt durch die Entwicklung von SB-fähigen Verpackungen seitens der Industrie ermöglicht.

Und die Verbraucher mußten natürlich im Zuge des Wechsels von der Bedienung zur Selbstbedienung auf einen Großteil der ursprünglich vom Handel wahrgenommenen Beratungsleistungen verzichten und sich nun selbst – etwa anhand der Verpackung – über die Ware informieren. Mittlerweile ist in vielen Verbrauchermärkten und SB-Warenhäusern selbst das Wiegen und Verpacken von Obst und Gemüse durch die Installation „kundenfreundlicher" SB-Waagen auf den Konsumenten verlagert worden.

In bestimmten Branchen (z. B. Unterhaltungselektronik) haben zahlreiche Handelsunternehmen sogar ihren eigenen technischen Kundendienst schon vollständig aufgegeben und auf externe Servicespezialisten übertragen. Diese i. d. R. selbständigen Dienstleistungsbetriebe sind zumeist für mehrere Händler tätig und erledigen die gesamten anfallenden Reparatur- und Wartungsarbeiten.

Auf der anderen Seite setzt sich in vielen Handelsunternehmen jedoch mehr und mehr die Erkenntnis durch, daß die zunehmende Homogenisierung der Produkte und die dadurch bedingte Austauschbarkeit vieler Handelssortimente eine Profilierung gegenüber der Konkurrenz deutlich erschwert bzw. z. T. fast unmöglich macht. Kundendienstleistungen können hier ein ausgezeichnetes Mittel zur Erhöhung der Attraktivität eines Handelsbetriebes sein. Aufgrund der Vielfalt der zur Verfügung stehenden Möglichkeiten bietet der Service dabei einen ungleich größeren Handlungsspielraum als etwa die Preispolitik, auf deren Maßnahmen die Konkurrenz ja wesentlich rascher und flexibler reagieren kann.

Die Individualisierung des Angebots durch Kundendienstleistungen erlaubt vielmehr – über die Schaffung von Präferenzen – den Aufbau langfristiger Kundenbindungen und damit die Erzielung eines nicht zu unterschätzenden Wettbewerbsvorsprungs. Ganz allgemein läßt sich hier feststellen, daß der Service ceteris paribus akquisitorisch um so wirksamer ist, je mehr das Kundendienstangebot das branchen- und betriebsformenübliche Niveau überschreitet.

In bestimmten Branchen (z. B. Kraftfahrzeuge, Computer) stellt der Service für die Verbraucher sogar eines der entscheidenden Kaufmotive dar. Ein akquisitorisch wirksames Paket von Kundendienstleistungen kann es Handelsbetrieben somit durchaus ermöglichen, sich – zumindest in einem gewissen Maße – dem Preiswettbewerb zu entziehen.

Hinzu kommt, daß in vielen Fällen die Bereitstellung eines zufriedenstellenden Serviceangebotes überhaupt erst die Grundvoraussetzung für die

Belieferung des Händlers durch die Industrie ist. So wählen beispielsweise zahlreiche Hersteller der Unterhaltungselektronik im Rahmen ihrer selektiven Vertriebssysteme ausschließlich solche Handelsunternehmen aus, die ein bestimmtes (Mindest-)Serviceniveau garantieren, und zwar sowohl im Hinblick auf technischen Kundendienst als auch auf die Beratungsleistungen des Verkaufspersonals.

Nicht verkannt werden soll hier jedoch die in immer mehr Branchen zu beobachtende Polarisierung des Serviceniveaus zwischen den verschiedenen Betriebsformen. So gibt es mittlerweile genügend Beispiele für Handelsunternehmen, die mit einem bewußten Abbau von kostenintensiven Serviceleistungen und entsprechenden Preisreduzierungen beachtliche Markterfolge erzielen konnten. Maßstäbe haben hier vor allem die Discounter im Lebensmitteleinzelhandel (allen voran ALDI) oder aber IKEA im Möbelhandel gesetzt.

Einer der vielen Bausteine für den Erfolg dieser Unternehmen war und ist aber sicherlich nicht zuletzt auch die intrapersonelle Polarisierung des Einkaufsverhaltens vieler Verbraucher. Billiger, aber servicearmer „Rationalkauf" im Discounter gefolgt vom teuren, aber serviceintensiven „Erlebniskauf" anderswo sind durchaus keine Seltenheit, sondern eher die Regel. Die Serviceerwartungen der Verbraucher hängen folglich zum einen stark von der jeweiligen Branche und zum anderen vom Betriebstyp ab. Noch allgemeiner läßt sich feststellen, daß die Serviceerwartungen an ein Handelsunternehmen weitgehend von dessen Preisstellung determiniert werden.

Bedenklich und nicht unproblematisch ist diese Entwicklung allerdings dann, wenn Verbraucher etwa bei Produkten mit hoher Erklärungsbedürftigkeit (z. B. Videorecorder oder Computer) die erforderliche Beratungsleistung im serviceintensiven Fachhandel (kostenlos) in Anspruch nehmen, dann aber anschließend das empfohlene Produkt im zwar serviceärmeren, dafür aber deutlich billigeren Abholmarkt kaufen.

IV. Entscheidungsbereiche

Jedes Handelsunternehmen hat aus der Fülle der vielfältigen Servicegestaltungs- und Kombinationsmöglichkeiten ein akquisitorisch wirksames und den Kundenerwartungen entsprechendes Kundendienst-Mix auszuwählen. Bei der Erstellung einer solchen Servicekonzeption gilt es insbesondere die folgenden Fragestellungen zu berücksichtigen:
- Welche Kundendienstleistungen sind zwingend, angemessen oder akquisitorisch besonders wirksam?
- In welcher Qualität sollen diese Leistungen erbracht werden?
- Ist eine direkte oder indirekte Berechnung vorzunehmen?

- Falls direkt, welcher Preis müßte/kann verlangt werden?
- Sollen die Kundendienstleistungen selbst oder von Dritten erbracht werden?

1. Festlegung des Kundendienstprogamms und der Servicequalität

Die Frage, ob denn Service überhaupt angeboten werden muß, steht im Handel auch heute oft nicht ernsthaft zur Debatte. Häufig sind Produkte nämlich ohne die Bereitstellung von Service, und zwar speziell von technischem Service, effektiv nicht zu verkaufen (z. B. Kfz). Die Verbraucher wissen (oder vermuten zumindest), daß die Verwendung der Produkte ohne zusätzliche Hilfe kaum möglich sein wird und nehmen daher vom Kauf Abstand. Ursächlich hierfür können etwa unzureichendes technisches Know-how auf Verwenderseite oder aber das Fehlen von selbständigen Dienstleistungsbetrieben (z. B. Reparaturwerkstätten) sein, die solche Leistungen erbringen.

Hinzu kommt, daß auch der Gesetzgeber bestimmte Gewährleistungs- bzw. Garantieverpflichtungen allgemeinverbindlich festgeschrieben hat. Zu beachten ist hier insbesondere die Sachmängelhaftung aus Kaufverträgen nach §§ 459 ff. BGB, bezüglich der jeder Händler in Anspruch genommen werden kann.

Ein gewisses Mindestmaß an Kundendiensteinrichtungen ist somit für jedes Handelsunternehmen unabdingbar. Dies zeigt sich nicht zuletzt auch daran, daß selbst die preisaggressivsten Discounter ihren Kunden Serviceleistungen bieten. Zumeist handelt es sich dabei um solche Leistungen, die möglichst allen Kunden gleichermaßen zugute kommen, wie etwa Parkplätze oder äußerst großzügige Rückgabe- bzw. Umtauschmöglichkeiten.

Eine ganz entscheidende Rolle bei der Festlegung des Kundendienst-Programms spielen neben betrieblichen Faktoren, wie etwa Betriebsgröße, Finanzkraft, Personalausstattung und Standort, die Erwartungen bzw. das Anspruchsniveau der anvisierten Verbraucherzielgruppe. Wie bereits angesprochen, hängen diese sehr stark von der jeweiligen Branche und dem Betriebstyp des Handelsunternehmen ab.

Die Konkurrenz steckt natürlich ebenfalls mit ihrem Serviceangebot einen bestimmten Rahmen ab, an dem es sich zu orientieren gilt. Hier kann eine Konkurrenzanalyse wertvolle Ansatzpunkte für eine verbesserte Ausgestaltung des eigenen Service-Mix liefern, was wiederum zur Profilierung des eigenen Unternehmens gegenüber den Wettbewerbern beiträgt.

Bei der Überlegung, bestimmte Servicearten anzubieten oder nicht, ist jedoch zu bedenken, daß die Verbraucher sich zwar recht schnell an zusätzliche Serviceleistungen gewöhnen, auf die Streichung oder Reduzierung aber häufig negativ reagieren. Die Einführung von Kundendienstleistungen erweist sich somit oftmals als Einbahnstraße und läßt sich nur unter Schwierigkeiten wieder rückgängig machen.

Die Festlegung des Kundendienst-Niveaus bzw. der Servicequalität umfaßt beispielsweise Entscheidungen über die Größe des Fuhrparks, die Qualität der Beratung oder über Zahl und Ausstattung der angebotenen Parkplätze. Die Verbraucher betrachten allerdings dabei die einzelnen Serviceleistungen i. d. R. nicht isoliert, sondern als Ganzes. Weicht die Qualität einzelner Serviceleistungen nun aber zu stark vom gewählten durchschnittlichen Gesamtqualitätsniveau ab, und zwar sowohl nach oben als auch nach unten, kann dies negative Reaktionen bei den Kunden auslösen. Um solche Dissonanzen zu vermeiden, sollte deshalb ein möglichst homogenes Qualitätsniveau bei den verschiedenen Kundendienstleistungen angestrebt werden.

2. Die Wahl des Berechnungsmodus und die Festsetzung von Servicepreisen

2.1 Unentgeltliches Serviceangebot

Die Wahl des Berechnungsmodus (direkt versus indirekt) sowie die – bei indirekter Berechnung – anschließende Festlegung von Kundendienstpreisen gehören zu den diffizilsten (und immer noch ungelösten) Problemen im Bereich der Servicepolitik.

Zu klären ist dabei zunächst die Frage der direkten oder indirekten Berechnung. Indirekte Berechnung bedeutet, daß den Kunden für die Inanspruchnahme der Serviceleistungen kein gesonderter Preis in Rechnung gestellt wird. Die Nutzung der Serviceeinrichtung ist aus der Sicht des Kunden demnach kostenlos. Tatsächlich ist das unentgeltliche Angebot bei zahlreichen Kundendienstleistungen – insbesondere aus dem Bereich des kaufmännischen Services und der Leistungen zur Erhöhung der Bequemlichkeit der Kunden – eine Selbstverständlichkeit bzw. z. T. sogar fast zwingend notwendig.

Es handelt sich dabei primär um solche Leistungen,
- bei denen eine separate Berechnung allein aus organisatorischen Gründen mit größten Schwierigkeiten verbunden oder überhaupt nicht möglich wäre, wie etwa bei der Beratung oder der Anprobe,
- bei denen die Kunden eine direkte Berechnung von vornherein ablehnen und deshalb möglicherweise vom Kauf der Hauptleistung Abstand nehmen würden,
- die von allen oder zumindest vom größten Teil der Kundschaft gleichermaßen in Anspruch genommen werden,
- die aus Konkurrenzgründen nicht berechnet werden können, da sie von

sämtlichen oder den meisten relevanten Wettbewerbern kostenlos angeboten werden.

I. d. R. ist mit der unentgeltlichen Bereitstellung von Kundendienstleistungen eine höhere akquisitorische Wirkung verbunden, zumindest soweit und solange, wie sie nicht als üblich und daher als selbstverständlich empfunden werden. Dies wird natürlich insbesondere bei denjenigen Kunden der Fall sein, die die entsprechenden Leistungen auch nutzen. Naheliegend sind umgekehrt allerdings auch negative Reaktionen von solchen Kunden, die diese Leistung nicht in Anspruch nehmen, diese jedoch indirekt – über die Verteuerung der Hauptleistung – mitbezahlen. Zumindest den Nicht-Käufern unter den Nutzern wird deshalb mitunter Bezahlung abverlangt, wogegen den Kunden die Auslagen an der Kasse erstattet werden.

Die Verrechnung der Servicekosten muß letztendlich nämlich zwangsläufig über die Warenpreise erfolgen. Bei warenabhängigen Kundendienstleistungen (z. B. Anliefern von Möbeln) geschieht dies fast ausschließlich durch eine direkte (Kosten-)Belastung der zugehörigen Hauptleistung(en). Dies können Artikel, Warengruppen oder sogar Waren ganzer Abteilungen sein. Ist die Serviceleistung dagegen nicht eindeutig einer oder mehreren Hauptleistungen zuordenbar (z. B. Parkplätze), erfolgt die Umlage der Kosten im allgemeinen auf das gesamte Sortiment. Als Verteilungsschlüssel für die Kostenzuweisung könnten beispielsweise die Verkaufsfläche oder der Umsatz der Abteilungen herangezogen werden.

Den gesetzlichen Rahmen für die indirekte Berechnung bzw. ganz allgemein für preispolitische Entscheidungen im Servicebereich bildet insbesondere die Zugabeverordnung. Nach der Generalklausel des § 1, I Zugabe VO ist es nämlich verboten, „... im geschäftlichen Verkehr neben einer Ware oder einer Leistung eine Zugabe (Ware oder Leistung) anzubieten, anzukündigen oder zu gewähren. Eine Zugabe liegt auch dann vor, wenn die Zuwendung nur gegen ein geringfügiges, offenbar nur zum Schein verlangtes Entgelt gewährt wird. Das gleiche gilt, wenn zur Verschleierung der Zugabe eine Ware oder Leistung mit einer anderen Ware oder Leistung zu einem Gesamtpreis angeboten, angekündigt oder gewährt wird". Erlaubt sind hingegen nach der Ausnahmeregel des § 1, II ZugabeVO u. a. die Erteilung von Auskünften oder Ratschlägen, handelsübliches Zubehör sowie handelsübliche Nebenleistungen. Seit der Reform der ZugabeVO am 25.7.1994 ist auch eine Erstattung der Fahrtkosten im öffentlichen Personennahverkehr oder deren teilweise Übernahme durch den Einzelhandel möglich. Da das Gesetz aber ansonsten keine exakte inhaltliche Bestimmung des Begriffes „Zugabe" vornimmt, muß vom Gericht jeweils im konkreten Einzelfall geprüft werden, ob das Kriterium der „Handelsüblichkeit" erfüllt ist oder nicht. Dies geschieht weitgehend durch gewohnheitsrechtliche Überlegungen.

So gelten derzeit beispielsweise das kostenlose Anliefern und Aufstellen von Möbeln als handelsübliche Nebenleistung, während etwa die Änderung von Kleidung bzw. das Nähen von Gardinen als selbständige Nebenleistungen betrachtet werden, die dem Zugabeverbot unterliegen und deshalb separat in Rechnung gestellt werden müssen.

2.2 Entgeltliches Serviceangebot

Mit der Entscheidung zugunsten einer direkten Berechnung von Kundenleistungen wird versucht, das oft heilsame Kostendenken auch im Servicebereich zu verwirklichen. Ein Verlust an akquisitorischer Wirkung ist mit der Forderung eines Entgelts jedoch nicht zwangsläufig verbunden. Wenn der Preis dafür dem Kunden besonders niedrig erscheint, kann sogar das Gegenteil der Fall sein. Als problematisch erweist sich allerdings das ständig zunehmende Auseinanderklaffen der Preise für Güter und für individuelle Service-Leistungen. So kostet im Jahr 1955 beispielsweise eine Waschmaschine ca. 2 500 DM, eine Reparaturstunde dagegen lediglich 5 DM. Heute sind für ein wesentlich verbessertes Gerät nur noch etwa 1 000 DM, für eine Reparaturstunde z. T. jedoch bereits weit über 50 DM zu entrichten. Speziell der technische Außer-Haus-Kundendienst hat unter diesem Dilemma stark zu leiden.

Bei den selbständigen Dienstleistungen, wie etwa Restaurant, Friseur oder Reinigung, ist – nicht zuletzt aufgrund der genannten rechtlichen Aspekte – eine direkte Berechnung ohnehin unumgänglich und deshalb für die Kunden selbstverständlich. Zudem werden diese Einrichtungen ja häufig entweder von den Handelsunternehmen selbst oder von externen Anbietern als eigenständige Profit-Center geführt. Zur Profilierung gegenüber den Wettbewerbern dürfte im übrigen bei solchen Serviceeinrichtungen auch weniger der Preis als vielmehr die Angebotsergänzung in der Einkaufsstätte im Vordergrund stehen.

Die Preisbestimmungen aller übrigen, insbesondere aber der warenabhängigen Serviceleistungen, erfordern vom Händler erhebliches Fingerspitzengefühl im Hinblick auf seine erstrebten akquisitorischen Wirkungen. Was hier als kleinlich bzw. großzügig empfunden wird, bemißt sich stark an der Art der Kunden und in Relation zur Kaufsumme.

Anhaltspunkte für die eigenen Entscheidungen bieten hier das Preisgebaren der relevanten Handelskonkurrenz sowie die Preise der selbständigen Dienstleister. Weitaus wichtiger erscheint jedoch die Ausrichtung am angestrebten eigenen Unernehmensprofil (z. B. Qualitäts- versus Preisimage).

Eine rein kostenorientierte Preisstellung ist in diesem delikaten Bereich also selten angebracht, denn es kann durchaus akzeptabel bzw. absatzpolitisch sogar notwendig sein, beim Service vom Ideal der Gewinnerzielung deutliche Abstriche zu machen und ihn kostendeckend oder verlustbringend anzubieten.

Durchaus üblich ist dabei das Prinzip des kalkulatorischen Ausgleichs, d. h. Gewinne und Verluste aus den verschiedenen Kundendiensteinrichtungen sollten sich möglichst in Richtung eines positiven Gesamtergebnisses kompensieren. Tatsächlich gelingt dies in der Praxis jedoch nur in den wenigsten Fällen, da die meisten Servicebereiche nach wie vor defizitär arbeiten und deshalb durch den Warenverkauf subventioniert werden müssen.

3. Die „Make-or-buy"-Entscheidung

Die Entscheidung zwischen Eigen- oder Fremderstellung stellt sich bekanntlich immer dann, wenn sich betriebliche Teilleistungen isolieren und an Dritte u. U. günstiger delegieren lassen. Zu berücksichtigen sind dabei neben Wirtschaftlichkeitsaspekten auch qualitative Faktoren. Abgesehen davon, daß sich bestimmte Servicearten überhaupt nicht ausgliedern lassen, spricht vor allem die direkte und permanente Einflußnahme auf die Gestaltung der Serviceleistungen für die Installation eigener Kundendiensteinrichtungen. Hinzu kommt, daß oftmals allein der Hinweis auf eigene Serviceeinrichtungen eine starke akquisitorische Wirkung auf den Konsumenten ausüben kann.

Häufig stellt die Fremdvergabe jedoch effektiv die einzig gangbare bzw. wirtschaftlich vertretbare Alternative dar, um der Kundschaft bestimmte Kundendienstleistungen überhaupt anbieten zu können. Verbunden ist damit allerdings immer eine zumindest teilweise Aufgabe der Selbständigkeit sowie – wenn die Konkurrenz genauso verfährt – eine gewisse Wettbewerbsneutralisierung. Die Fremdvergabe erfolgt in der Praxis deshalb häufig verdeckt, d. h. vom Kunden unbemerkt, um das akquisitorische Potential der Serviceleistungen nicht zu beeinträchtigen.

Zu unterscheiden sind insgesamt drei verschiedene Intensitätsstufen der Fremdvergabe:

- Gemeinschaftliche Serviceeinrichtungen (Händlerkooperationen)
- Verlagerung auf den Hersteller
- Delegation an selbständige Dienstleistungsunternehmen.

Die gemeinschaftliche Erfüllung von Serviceaufgaben kann sowohl von Handelsunternehmen der gleichen Branche (z. B. Gemeinschaftswerkstatt von Rundfunk- und Fernsehhändlern) als auch von Handelsunternehmen verschiedener Branchen (z. B. gemeinsamer Kinderhort in einem Einkaufszentrum) wahrgenommen werden. Sinnvoll erscheint diese Form der Kooperation immer dann, wenn die betreffenden Leistungen weder von den einzelnen beteiligten Unternehmen selbst noch von Fremdbetrieben in der gewünschten Qualität und zu vergleichbaren Kosten erstellt werden können. Diese Art der Zusammenarbeit nimmt also eine Zwischenstellung zwischen Eigen- und Fremderstellung ein.

Speziell im Bereich des technischen Kundendienstes ist es in einigen Warengruppen (z. B. Photo, Computer, etc.) durchaus üblich, daß Markenhersteller ihre warenbezogenen Serviceaktivitäten ausdehnen und dem Handel beispielsweise die anfallenden komplexen Reparatur- und Wartungsarbeiten abnehmen. Den Herstellern gelingt es dadurch zum einen, ihren Einfluß auf Handels- und Konsumtenebene zu stärken, und zum anderen, die Qualität ihrer Produkte zu sichern.

Die weitestgehende (und auch risikoreichste) Variante der Fremdvergabe stellt jedoch zweifelsohne die Delegation von Serviceleistungen an selbständige Dienstleistungsunternehmen (sog. Third Party Maintenance (TPM)) dar, wie etwa Reparaturwerkstätten oder Speditionen. Etwaige Qualitätsmängel werden seitens der Kundschaft natürlich dem Händler angelastet. Daß sich trotz dieses Risikos der Handel vermehrt für diese Form der Fremdvergabe entscheidet, liegt hauptsächlich daran, daß Spezialunternehmen bestimmte Serviceleistungen z. T. deutlich kostengünstiger anbieten können als der eigene Betrieb oder gemeinschaftliche Serviceeinrichtungen. Der Grund dafür sind die hohen Fixkostenbelastungen, die eine „Produktion" einzelner Serviceleistungen zu vertretbaren Kosten bzw. Preisen erst ab einer Mindestauslastung ermöglichen, die zumindest von den klein- und mittelständischen Handelsunternehmen oft nicht mehr erreicht wird.

V. Problembereiche

Mehr noch als die Handelstätigkeit hat der Service reinen Dienstleistungscharakter, sofern er sich nicht auf die Zurverfügungstellung von Sachmitteln beschränkt, je weniger individuell er also ist. Daraus ergeben sich im wesentlichen folgende Probleme:

- Keine Vorratsproduktion möglich
  Der häufig unregelmäßige Anfall der Nachfrage nach personalintensiven Kundendienstleistungen (z. B. bei Saisonspitzen) und die daraus resultierenden Beschäftigungsschwankungen verursachen – da die Leistungen nicht auf Vorrat produziert werden können – zum einen höhere Kosten und zum anderen für den Kunden ärgerliche Wartezeiten.
- Individuelle Leistungen
  Bei den meisten Serviceleistungen handelt es sich um relativ individuelle Leistungen, die sich kaum standardisieren und zudem – speziell im Bereich des technischen Kundendienstes – vergleichsweise schlecht organisieren lassen. Dadurch entstehen ebenfalls beträchtliche Kosten.

- Kontakt zwischen Serviceersteller und -nehmer
  Viele Kundendienstleistungen bedingen den synchronen Kontakt zwischen dem Serviceanbieter (bzw. dessen Personal) und dem Kunden (bzw. dessen Produkt). Hieraus ergeben sich z. T. wiederum zahlreiche Transport- und Organisationsprobleme (z. B. Standortentscheidungen für Servicecenter, Festlegung von Tourenplänen, etc.).
- Hohe Investitionen
  Eine Reihe von Serviceleistungen erfordert teilweise umfangreiche Investitionen in Sachmittel(z. B. Fuhrpark, Spezialwerkzeuge, etc.) mit dem damit verbundenen finanziellen Aufwand.

Die eigentliche (und weitaus schwerwiegendere) Problematik der Servicepolitik besteht jedoch darin, den Erfolgsbeitrag einzelner Kundendienstmaßnahmen zu erfassen. Selbst wenn es nämlich gelänge, eine exakte Kostenzuweisung vorzunehmen, muß der klassische Aufwand-Ertrag-Vergleich hier zwangsläufig versagen, da sich – selbst bei einer direkten Berechnung – aufgrund des „Zusatzcharakters" der Kundendienstleistungen eine isolierte Betrachtung streng genommen verbietet.

Zu berücksichtigen sind vielmehr die äußerst komplexen Verbundeffekte zum einen innerhalb des Servicebereichs, zum anderen natürlich aber auch zwischen den angebotenen Haupt- und Nebenleistungen. Konkrete Fragestellungen wären in diesem Zusammenhang etwa:
- Wie reagiert die Nachfrage nach der Hauptleistung auf eine Erweiterung/Reduzierung des Kundendienstprogramms?
- Wie verändert sich die Nachfrage nach der Hauptleistung bei einer Verbesserung/Verschlechterung der Servicequalität?
- Wie reagiert die Nachfrage nach der Hauptleistung auf unterschiedliche Preisstellungen von Kundendienstleistungen?

Ganz allgemein geht es somit um die Messung der Akquisitionswirkung der verschiedenen Aktionsparameter der Servicepolitik. Daß sich dies in praxi gerade bei den Großbetriebsformen des Handels mit umfassenden Serviceangeboten als äußerst diffizil bzw. im Endeffekt als fast unmöglich erweist, dürfte aufgrund der hierbei einzubeziehenden vielschichtigen Ursache-Wirkungs-Beziehungen auf der Hand liegen. Bei den meisten Handelsunternehmen herrscht deshalb zwangsläufig nach wie vor das Prinzip des „Trial and error" vor, wenn die Auswirkungen einer Änderung servicepolitischer Aktionsparameter abzuschätzen sind.

E. Preispolitik

I. Bedeutung und Besonderheiten

1. Stellenwert des Preiswettbewerbs

Preistheoretisch betrachtet, spielt sich die Konsumgüterdistribution auf sehr „unvollkommenen" Märkten ab. Einmal sind die Qualitäts- und Preistransparenz beim Verbraucher relativ gering, zum anderen sind Gewohnheit und Bequemlichkeit, auch Zeitmangel und persönliche Präferenzen alles andere als Merkmale eines „homo oeconomicus" im klassischen Sinne. Deshalb verfügt jeder Händler über einen gewissen preisunelastischen Bereich, in dem er die Preise variieren kann, ohne daß ihm gleich die gesamte Kundschaft davonläuft bzw. ihm neue Kunden in Scharen zuströmen.

Diese Gegebenheiten kommen den meisten Händlern insofern entgegen, als sie i. d. R. einmal unter dem Gesichtspunkt des „Leben-und-lebenlassens" und zum weiteren wegen der Furcht vor Preiskämpfen und Preisverfall den Preiswettbewerb möglichst zu vermeiden trachten. Preisbindungen und Preisempfehlungen der Industrie waren bzw. sind für sie deshalb ebenso willkommene Maßnahmen wie preisregulierende Maßnahmen von Kooperationszentralen.

Infolge des zunehmenden Wettbewerbs ist aber inzwischen immer weniger auf eine entsprechende „Preisdisziplin" Verlaß. Spätestens seit Fortfall der vertikalen Preisbindung 1974 war mehr preispolitische Eigenverantwortlichkeit erforderlich; viele Händler haben das bekanntlich nicht bewältigt und sind deshalb von den verstärkt auftretenden Billiganbietern verdrängt worden.

Umgekehrt haben die preisaktiven Betriebsformen – nun auch befreit von den Preisbevormundungen seitens der Industrie – zeigen können, wie sich die Warendistribution rationalisieren und verbilligen läßt. Es wurden damit neue Preis-Leistungs-Maßstäbe gesetzt, an denen sich die übrigen Anbieter im Einzelhandel inzwischen messen lassen müssen.

Dies alles brachte Bewegung in die Preispolitik, und damit hat sich auch das Kräfteverhältnis zwischen Industrie und Handel mittlerweile erheblich verschoben. Die Hersteller stehen nicht nur unter erheblichem Preisdruck, sondern vielfach auch vor dem Dilemma, sich entscheiden zu müssen, ob bzw. in welchem Umfang sie zu Lasten ihrer angestammten Fachhandelskundschaft die Billiganbieter überhaupt noch beliefern können, ohne die Gefahr eines allgemeinen Preisverfalls für ihre (Marken-)Artikel heraufzubeschwören.

Hersteller, die nicht auf einen Mengenabsatz „um jeden Preis" angewiesen sind, wählen infolgedessen die Handelskundschaft vermehrt unter dem Gesichtspunkt ihrer „Preisdisziplin" aus (selektive Vertriebspolitik).

Daß die Preispolitik inzwischen so massiv eingesetzt wird, liegt an der allgemeinen Wettbewerbsintensivierung und an ihrer relativ einfachen Handhabung, denn anders als bei Werbung, Sortimentierung usw. lassen sich Umsatz- und Ertragsveränderungen mit vergleichsweise geringem zusätzlichen Aufwand bewirken.

Diese Wirkungen – das wurde schnell erkannt – können darüber hinaus durch eine entsprechende preisbetonte Werbung potenziert werden. Viele zig Millionen DM werden jährlich allein für die Propagierung von (Sonder-)Preis-Angeboten ausgegeben, so daß die Verbraucher inzwischen stärker preissensibilisiert wurden.

2. Preispolitische Handikaps

Einzelhandelspreise stellen bekanntlich nicht nur den Gegenwert für die gekaufte Ware dar, honoriert werden damit auch die handelsspezifischen Vermarktungsleistungen. Gerade auf letztere können die Verbraucher – je nach Anspruchsniveau – z. T. verzichten, indem sie selbst z. B. höheren Beschaffungsaufwand, größere Unbequemlichkeiten oder Risiken in Kauf zu nehmen bereit sind. Dadurch lassen sich – wie inzwischen jedermann weiß – oft erfreuliche Einsparungen erzielen.

Solche Möglichkeiten bzw. Vorgehensweisen wären dann vorbehaltlos zu akzeptieren, wenn sie nicht oft zu „Ungerechtigkeiten" führten. Der Handel kann sich seine Vermarktungsleistungen bekanntlich nicht separat vergüten lassen; es ist also weder üblich noch bislang durchsetzbar, dafür auch dann ein Entgelt zu verlangen, wenn kein Einkauf getätigt wurde.

Sich im Fachgeschäft ausgiebig beraten zu lassen, um dann in discountorientierten Betriebsformen zu kaufen, ist – wie an anderer Stelle bereits erwähnt – das gravierendste Beispiel in diesem Zusammenhang, aber auch der informative Einkaufsbummel oder die Inanspruchnahme von technischem Service beim Fachhändler für anderswo gekaufte Billigfabrikate gehören in diese Kategorie. Die Billigbetriebsformen profitieren also z. T. ganz erheblich von den Leistungen ihrer teureren Mitbewerber.

Nachteilig für den Einzelhandel ist auch die Tatsache, daß er seine unterschiedlichen Betriebsauslastungen nicht durch entsprechende preispolitische Maßnahmen ausgleichen kann. Anders als etwa im Hotel- oder Verkehrsgewerbe, lassen sich die Preise weder tageszeitlich noch wochentagsmäßig differenzieren. Ferner gibt es keine Touristen-, Rentner- oder Schülerpreise u. ä. Auch die im sonstigen Wirtschaftsleben gängigen preispolitischen Maßnahmen wie Treuerabatte, Jahresrückvergütungen u. ä., mit denen das Kundenverhalten beeinflußt bzw. gesteuert wird, sind im Einzelhandel nicht üblich bzw. gesetzlich weitestgehend unterbunden (vgl. S. 199).

Ob es solcher Beschränkungen, die bereits nach dem ersten Weltkrieg insbesondere zum Schutz der Verbraucher nach dem Motto „Preiswahrheit und Preisklarheit" eingeführt wurden, heute noch bedarf, ist strittig, sofern die Ansicht vertreten wird, den (mündigen) Verbrauchern mehr Eigenverantwortlichkeit zuzutrauen bzw. zuzumuten.

3. Preiseinflußnahme der Vorstufen

Grundsätzlich hat unsere Wirtschaft, somit auch der Einzelhandel, **Preisgestaltungsfreiheit**. De jure, aber auch de facto ist diese für den einzelnen Händler jedoch häufig eingeschränkt. Druckerzeugnisse, Saatgut und Pharmazeutika unterliegen als Ausnahmen vom generellen Verbot weiterhin der vertikalen Preisbindung seitens der Industrie. De facto gilt das auch für Tabakwaren aufgrund der fabrikseitigen Steuerbanderolierung. Bei vielen anderen Markenwaren legen die Hersteller als Lieferanten weiterhin großen Wert auf die Einhaltung der unverbindlichen Preisempfehlungen.

Auch in Fällen von Vertragshändlerschafts- oder Agenturverträgen zwischen Industrie und Handel spielt letzten Endes die Beeinflussung des Endverbraucherpreisniveaus eine bedeutende Rolle. Innerhalb des Handels selbst werden bei mehrstufig organisierten Handelsformen, insbesondere Filialbetrieben, aber auch Einkaufsgenossenschaften oder auch Franchisegebern, die Preise ebenfalls häufig zentral vorgegeben bzw. mit Nachdruck empfohlen. Je stärker also die Unternehmenskonzentration, die Einkaufszentralisierung und die Vertikalisation im Handel voranschreiten, um so mehr tendiert die Preisfestsetzung hin zu einer höheren Ebene. Das befriedigt (nicht nur) den Ehrgeiz der Zentralen, sondern es strafft und erleichtert auch die einschlägigen Dispositionen und die Durchsetzung der Unternehmensstrategie. Schon jegliche regionale oder überregionale Werbung mit Preisangaben würde ja nicht möglich sein, wenn jede Filiale oder jedes angeschlossene Organisationsmitglied auf die Durchsetzung ihrer eigenen Preisvorstellungen bestünden.

Abgesehen von einer wettbewerbsrechtlich nicht unbedenklichen Einengung der allgemeinen Preiskonkurrenz, liegt der Nachteil solcher Einheitlichkeit natürlich in einer oft ungenügenden Anpassung der Preise an unterschiedliche regionale Preisniveaus oder an das lokale Konkurrenzumfeld. Je nachdem wie gravierend solche Unterschiede im einzelnen sind bzw. seitens der Zentralen bewertet werden und welcher rechtliche Spielraum überhaupt gegeben ist, wird auch die Preispolitik geregelt; im einen Extrem also vollkommen einheitlich im gesamten Verkaufsgebiet, und im anderen Extrem in der Verantwortung jedes einzelnen Marktleiters bzw. Organistionsmitglieds. I. d. R. werden Kompromisse angezeigt sein dergestalt, daß im Rahmen einer einheitlichen Gesamtpreisstrategie den einzelnen Verkaufsstätten ein begrenzter Spielraum, etwa bezüglich bestimmter Artikel, bestimmter Zeiten oder bestimmter Bandbreiten eingeräumt wird. Darunter fallen auch z. B. Empfehlungen oder auch Verbote hinsichtlich eigener Reaktionen auf die Preispolitik der (maßgebenden) Konkurrenten.

Je stärker die **Preisverantwortung** dabei delegiert wird, um so mehr müssen die lokalen Entscheidungsträger natürlich weg von der reinen Umsatz- und hin zur **Gewinnverantwortung** umgezogen werden, um nicht durch allzu starke und häufige Preiszugeständnisse die Rendite zu gefährden.

Die Grenzen der eigenen Preisgestaltung sind aber enger gezogen. Maßgebend dafür sind die spezifischen Einzelhandelsgesetze und natürlich die übrigen Marktpartner, nämlich die Nachfrager und die Konkurrenz. Diese Sachverhalte sollen im folgenden ausgeführt werden. Für ein vertiefendes Studium sei insbesondere auf die zahlreichen Veröffentlichungen von H. Diller verwiesen.

II. Rahmendaten preispolitischer Entscheidungen

1. Preisverhalten der Verbraucher

1.1 Überblick

Die bereits erwähnte „Unvollkommenheit" der Konsumgütermärkte beruht nicht zuletzt darauf, daß dem „Herrschaftswissen" der Anbieter mehr oder weniger Laien gegenüberstehen, für die das Einkaufen keineswegs eine Sache beruflicher Tätigkeit und rein ökonomischen Kalküls darstellt.

Der schärfere Wettbewerb der Anbieter führte ferner dazu, daß mit dem Wunsch nach Selbstbehauptung bzw. dem Willen nach Verdrängung der Wettbewerber in der Preispolitik des Handels mit härteren Bandagen gekämpft wird und dabei auch alle Register „psychologischer Tricks" gezogen werden.

Die Verbraucher sind deshalb zunehmend irritiert, oft auch mißtrauischer geworden. Nicht bei jedem kann unterstellt werden, daß er die unterschiedlichen und auch wechselnden Preise im Handel für das gleiche Produkt als wünschenswerte Konsequenz eines florierenden Wettbewerbs begrüßt. Erzeugt wird damit vielmehr auch ein beträchtliches Unbehagen darüber, daß die Orientierungshilfe, die der Preis traditionell zur Beurteilung der Warenqualität und der sonstigen Handelsleistungen darstellte, offenbar nicht mehr durchgängig gilt. Wer sparen muß oder ökonomisch handeln will, hat also ständig Umschau zu halten und vor Mißgriffen auf der Hut zu sein. Natürlich hat das Preisgebaren des Handels auch zur Folge, daß die Verbraucher versuchen, dieses zu durchschauen und zu unterlaufen. Ob sie allgemein intelligenter werden, sei einmal dahingestellt, zumindest werden sie aber kritischer und pfiffiger.

1.2 Preisbewußtsein

Preisbewußtsein liegt vor, wenn der Nachfrager bei seiner Einkaufsplanung bzw. -entscheidung den Preis nicht einfach registrierend und unreflektiert zur Kenntnis nimmt, sondern ihn abwägt, also beurteilt.

Maßstab dafür ist einmal seine i. d. R. begrenzte **Kaufkraft.** Ist die erforderliche Ausgabe also verantwortbar bzw. vereinbar mit dem Gesamtbudget und den daraus insgesamt zu bestreitenden (notwendigeren) Einkäufen? Kann man sich diese Ausgabe leisten?

Ferner geht es um die Bemessung der **Preiswürdigkeit** bzw. **Preisgünstigkeit,** also um die vergleichende Bewertung der Preisforderungen bei unterschiedlichen Waren- und Einkaufsstättenqualitäten. Sofern Alternativen nicht nur bestehen, sondern auch bekannt sind, wird aus Kosten-Nutzen-Überlegungen eben abgewogen, welche Preise – gemessen an den gebotenen Leistungen – zumindest reell, also nicht überhöht, oder welche eben im Vergleich sogar besonders günstig sind. Zwar fließt in eine solche Beurteilung auch die Qualität der Einkaufsstätte mit ein, aber zum Leidwesen gerade des traditionellen Fachhandels orientiert sich das Preisbewußtsein der Verbraucher (viel zu) stark am Produkt selbst.

Das Preisbewußtsein resultiert meist aus dem ökonomisch bedingten Zwang zur **Sparsamkeit,** kann aber auch, wie bei Anspruchslosigkeit oder Geiz, zur Lebensphilosophie bzw. zum Selbstzweck werden. Preisbewußtsein ist also sicherlich auch teils charakterlich bedingt, teils anerzogen oder Ausfluß bestimmter Lebens- bzw. Einkaufserfahrungen.

Aus der unterschiedlichen Interessenlage von Anbietern und Nachfragern ergibt sich fast zwangsläufig, daß das Preisbewußtsein der Verbraucher nicht nur aus solchen Quellen gespeist wird. Das latente **Mißtrauen,** übervorteilt zu werden, ist sicherlich auch ein Motiv, das in dem Maße entsteht bzw. vergeht, wie sich die Verbraucher durch die Preispolitik des Einzelhandels vertrauenweckend behandelt oder eben getäuscht sehen.

Fehlendes Preisbewußtsein ist demgegenüber durch Unreflektiertheit, Spontanität und „Großzügigkeit" begründet, und solche Eigenschaften werden natürlich begünstigt durch hohe Kaufkraft. Reiche Leute konnten es sich schon immer eher leisten, „nicht auf den Preis zu schauen".

Preisbewußtsein ist ja nicht nur eine mentale Sensibilisierung, sondern drängt auch zu einem entsprechenden **Verhalten**. Zur Realisierung bedarf es also der Suche nach Marktinformationen, abwägender Überlegungen und gegebenenfalls auch zusätzlicher Beschaffungsmühen, im Extrem also einer profihaften Vorgehensweise. Nicht bei jedem verträgt sich solches mit Einkaufsfreude bzw. -erlebnis.

1.3 Preiswahrnehmung

Eine Mittlerstellung zwischen dem Preisbewußtsein und einer entsprechenden Verhaltensweise des Verbrauchers nimmt der Komplex der Preiswahrnehmung ein.

Dabei bezeichnet der Begriff der „Preiswahrnehmung" das Ausmaß, in welchem bewußt Preisinformationen von einer Person aus der Umwelt entnommen und verarbeitet werden, wobei es sich noch nicht um eine Preisbeurteilung und ihre Übertragung in das Langzeitgedächtnis handelt, sondern lediglich der Prozeß des Lesens der Preisziffern und des Verständnisses als Zahl determiniert wird.

Man unterscheidet zwei Ausprägungsformen der Preiswahrnehmung. Die Wahrnehmung der **absoluten** Preishöhe bezieht sich auf die Preise von solchen Produkten, bei denen der Konsument keine Vergleichsmöglichkeit mit den Preisen ähnlicher Produkte hat. Die Wahrnehmung der **relativen** Preishöhe kann sich dagegen entweder auf den jetzigen im Vergleich zum bisherigen Preis eines Produktes oder aber auf den Vergleich zwischen den Preisen für ein Produkt in verschiedenen Einkaufsstätten beziehen.

Es wird somit deutlich, daß insbesondere die Form der relativen Preiswahrnehmung im Hinblick auf **Sonderpreise** wichtig ist, da die Wirkung eines Sonderangebots ja hauptsächlich auf dem Kontrast zwischen dem Sonderpreis und dem Normalpreis für einen bestimmten Artikel beruht.

Möglichkeiten, den Wirkungsmechanismus der Preiswahrnehmung zu beschreiben und zu erklären, bieten einige psychophysikalische Gesetze, die die Gesetzmäßigkeiten zwischen der Intensität und Qualität bestimmter Umweltreize (z. B. wahrgenommene Preise) und dem subjektiven Empfinden bzw. Urteilen über diese Empfindungen durch die Verbraucher zum Gegenstand haben. Bezogen auf die Wahrnehmung und Beurteilung von Preisen, wird z. B. nach dem sog. Weberschen Gesetz der gleiche Preisunterschied bei einem hohen Preisniveau von Konsumenten schwächer empfunden, als bei einem niedrigen Preisniveau. Dieser Wirkungszusammenhang konnte bisher empirisch allerdings nicht eindeutig bestätigt werden. Weiter auf die Preiswahrnehmung anwendbare Gesetze der Psychophysik sind das Fechnersche Gesetz, bei dem es sich um eine Modifikation des bereits von Weber postulierten Zusammenhangs handelt, und die Adaptions-Niveau-Theorie von Helson, der die Annahme zugrundeliegt, daß der Verbraucher bei der Preisbeurteilung von einem subjektiven Referenzpreis als Bezugspunkt ausgeht, an dem neu zu beurteilende Preise bemessen werden.

1.4 Preisbewußtes Verhalten

Ist jemand preisbewußt eingestellt, wird er versuchen, sich auch so zu verhalten. Gelingt dies aus eigener Unvollkommenheit nicht, oder hindern ihn die Umstände (z. B. Zeitnot) daran, ergeben sich Konflikte oder sogar Schuldgefühle.

Wie sich preisbewußtes Einkaufen realisieren läßt, weiß im Grunde jeder. H. Diller hat die Möglichkeiten einmal abgefragt und fand dabei für den Bereich des täglichen Bedarfs folgendes (in der Reihenfolge der Wichtigkeit) heraus:

- Preisvergleiche zwischen Marken im Geschäft anstellen
- in billigen Geschäften kaufen
- die Werbung des Handels beachten
- nur das kaufen, was man sich vorgenommen hat
- im Geschäft nach Sonderangeboten suchen
- Preise verschiedener Packungsgrößen vergleichen
- für bestimmte Artikel in bestimmte Läden gehen
- Vorratskäufe bei Sonderangeboten tätigen
- sich möglichst viele Preise merken
- Großeinkäufe vornehmen
- billige Handelsmarken kaufen
- mit dem Einkauf auf Sonderangebote warten
- Großpackungen kaufen
- das günstigste Geschäft heraussuchen
- im Großhandel kaufen.

Auf einen Nenner gebracht, heißt die Devise also „sich informieren und nicht gleich jeden Preis akzeptieren", und das gilt nicht nur beim Lebensmitteleinkauf. Bei größeren Anschaffungen bieten sich weniger bzw. eben (auch) andere Möglichkeiten an, wie der Rat von Bekannten, der Blick in einschlägige Warentestberichte oder das Warten auf die Saisonschlußverkäufe.

Da auch preisbewußte Verbraucher nicht in der Lage sind, bei jedem Einkauf eines Artikels sämtliche Alternativen und deren Preise zu vergleichen, dient i. d. R. als grobe Orientierungshilfe das jeweilige **Preisimage** der verschiedenen **Einkaufsstätten**. Fachgeschäfte und Warenhäuser gelten dabei als teuer, Supermärkte als in der mittleren Preislage angesiedelt und SB-Warenhäuser sowie Discounter als billig. Da nun bekanntlich fast alle Betriebsformen mit Mischkalkulationen arbeiten, sind Fehlentscheidungen unvermeidbar.

Eine weitere Groborientierung bieten **Markenartikel,** da sie den direkten Preisvergleich zwischen verschiedenen Einkaufsstätten erlauben. Deshalb sind sie seitens des Einzelhandels als Sonderangebotsartikel – oft zum Leidwesen der Hersteller – so beliebt, denn eindeutiger läßt sich der Preisvorteil kaum dokumentieren.

Schließlich werden **Großpackungen** traditionell als billiger angesehen. Dies bedeutet allerdings nicht, daß die Konsumenten die Preise verschiedener Packungsgrößen i. d. R. durch Umrechnen tatsächlich vergleichen.

1.5 Preisorientierte Käufersegmentierung

Die vorab geschilderten Verhaltensweisen sind im Grunde wohl jedem – gewiß aber jedem Einzelhändler – im Prinzip geläufig. Deshalb interessiert anbieterseitig also stärker, welche und wie viele Verbraucher nun (besonders) preisbewußt sind, und welche weniger oder gar nicht. Da sie ihre Einstellung ja nicht auf der Stirn tragen oder in der Adressenbezeichnung führen, muß eine Charakterisierung durch einschlägige soziodemographische und psychographische Merkmale (= erklärende Variablen) erfolgen.

Bis vor einigen Jahrzehnten ließ sich das meiste mit der **sozialen Schicht** erklären, also im wesentlichen durch Einkommen, Beruf, Bildung (u. U. auch Wohnortgröße), etwa nach dem Motto:

- Untere Schichten dürfen, sollten und müss(t)en preisbewußt sein (aus Armut).
- Mittelschichten sind verschämt preisbewußt (wegen überhöhter standesgemäßer Ansprüche).
- Oberschichten brauchen und dürfen nicht preisbewußt sein (wegen ihres Reichtums und ihres Standes).

Inzwischen haben die Nivellierung der Einkommen auf vergleichsweise hohem Niveau sowie die Demokratisierung des Konsums solche Einsichten stark entwertet, wenn auch nicht so total, wie es manche Untersuchungen glauben machen wollen. Richtig ist aber einmal, daß seit Jahren in der gesamten Bevölkerung das **Preisbewußtsein durchgängig gewachsen** ist; es gibt also nicht nur ein Armuts-, sondern auch eine Art Wohlstandspreisbewußtsein. Zum anderen scheint es **intrapersonell** stärker zu differieren, d. h. der einzelne schaut bei bestimmten Produkten äußerst scharf auf den Preis und bei anderen offenbar sehr wenig. Ein solches ambivalentes Verhalten der Verbraucher macht dem Handel die Orientierung nicht eben leichter, insbesondere dann nicht, wenn er keinen persönlichen Kundenkontakt mehr hat.

Dafür ist die Marktforschung heute in der Lage, einiges an Hilfestellung zu bieten. Bei Warengruppen, die panelmäßig erhoben werden, ist es heute im Prinzip vergleichsweise leicht, die tatsächlich bezahlten Preise (und damit das Preisbewußtsein?) der Haushalte mit deren demographischen Merkmalen zu vergleichen.

Hinsichtlich des Einkaufs von Gütern des täglichen Bedarfs führte das etwa zu folgenden Einsichten, die sicherlich zumindest tendenziell (noch) der Realität entsprechen:

Besonders die Verbraucher mit kleinen bis mittleren Einkommen orientieren sich an (vermeintlich) preisgünstigen Geschäften. Ältere Konsumenten sind eher einkaufsstättentreu, wohingegen jüngere häufiger das Geschäft wechseln. Es sind vor allem die jüngeren, höhergebildeten Verbraucher mit eigenem Pkw, die offenbar gezielt preisgünstige Angebote suchen.

Großeinkauf, Kauf von Großpackungen und Vorratskauf bei Sonderangeboten sind in erster Linie bei Mehrpersonen-Haushalten mit Pkw-Besitz beliebt.

Preisorientiertes Einkaufen läßt sich sicherlich an der gewählten **Preislage** ablesen, das Preisbewußtsein dagegen nicht, denn man kann z. B. auch im oberen Preissegment sehr auf den Preis schauen. Immerhin sind die nachfolgenden Ergebnisse einer Großuntersuchung interessant, die zeigen, wie sich (bei 44 Warengruppen des täglichen Bedarfs) seit 1980 die Polarisierung der Preislagenkäufer verstärkt hat. Dabei wurde der Trend

Darstellung 37: Haushalte in der Bundesrepublik Deutschland (West) nach Preislagenkauf

	1980	1983	1986	1988
Hochpreislagen-Käufer	7,8	8,3	8,9	9,8
Mittelpreislagen-Käufer	8,5	7,9	7,4	6,0
Niedrigpreislagen-Käufer	6,0	6,3	6,7	7,4
	22,3	22,5	23,0	23,2

Angaben in Mio. Haushalten
Quelle: G & I, Nürnberg

Darstellung 38: Haushalte in der Bundesrepublik Deutschland (West) nach Preislagenkauf und Alter der Hausfrau

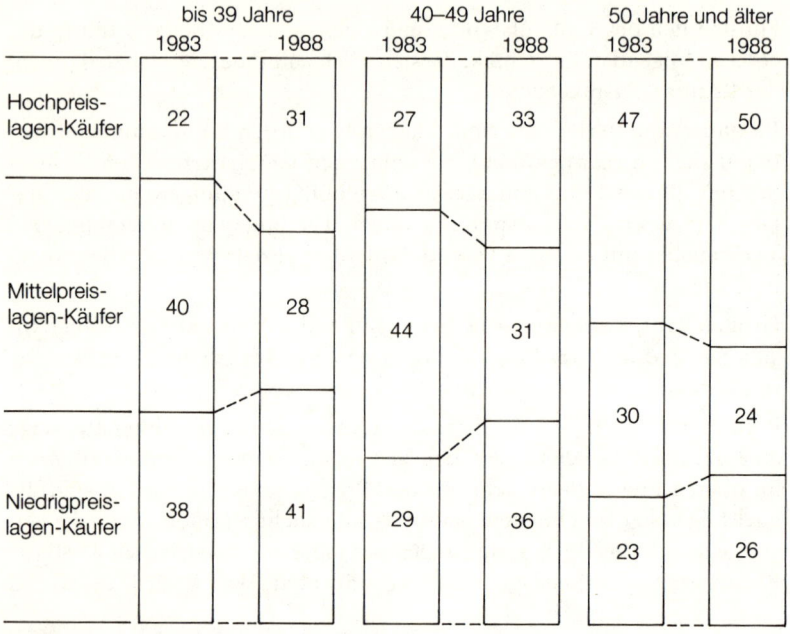

Angaben in Prozent

Quelle: G & I, Nürnberg

zur Hochpreislage von der Zunahme der Zahl junger Haushalte wesentlich beeinflußt. Inzwischen hat sich die Entwicklung stabilisiert.

Der häufig vertretenen Ansicht, daß der einzelne Verbraucher zunehmend einmal stark auf den Preis schaut, bei anderen Einkäufen oder Gelegenheiten sehr wenig, steht die Vermutung entgegen, daß es bei ihm vielleicht doch so etwas wie ein **durchgängiges Preisbewußtsein** bzw. **-verhalten** geben könnte.

Böcker et al. sind dieser Fragestellung anhand von sieben Produkten (Weinbrand, Sekt, Parfüm, Dosenmilch, Margarine, Spülmittel, Pflanzenöl) nachgegangen und konnten zumindest für diese nachweisen, daß die dafür gezahlten Preise innerhalb bestimmter Haushalte relativ homogen waren, sich die Haushalte jedoch voneinander unterschieden in

- Billig-Käufer – 26,9% Anteil
- Demonstrativ-Käufer – 23,4% Anteil
- Bescheiden-Käufer – 23,0% Anteil
- Teuer-Käufer – 26,7% Anteil

1.6 Preis-Qualitäts-Zusammenhang

Volkstümliche Sprichwörter, wie „Gutes muß auch teuer sein" oder „Was nichts kostet, ist auch nichts wert", verdeutlichen den grundlegenden Zusammenhang zwischen Preis und Qualität.

Auf die Vielschichtigkeit des Qualitätsbegriffs kann hier nicht im einzelnen eingegangen werden; normalerweise bezieht der Verbraucher ihn auf Material-, Verarbeitungs- und Funktionsaspekte, aber spätestens seit Vershofens Nutzentheorie ist bekannt, daß mit einem Produkt noch eine ganze Reihe weiterer Nutzenerwartungen verbunden werden können, wie etwa das ästhetische Gefallen oder Prestigemomente.

Um Preise an der Qualität messen zu können, muß der Verbraucher also wissen, welche (Teil-)Eigenschaften er überhaupt wünscht, und wie er diese (im einzelnen) bewertet. Ein Preisurteil „zu teuer" bemißt sich also einmal am Vergleich **unterschiedlicher Qualitäten** vergleichbarer Produkte und zum anderen an den **subjektiven Nutzenerwartungen**.

Erforderlich wären also objektive **Qualitätskenntnisse** à la Warentest und dazu ein subjektives **Bewertungsraster**. Doch damit nicht genug; persönliches Gefallen in bezug auf das Produktäußere, die Marke, die Einzigartigkeit usw. müßten auch noch ins Kalkül mit einbezogen werden. Vornehmlich aus Zeit-, Intelligenz- und Interessenmangel, aber auch aus Vertrauen und Gläubigkeit, werden die Verbraucher diesen Forderungen durchweg nur unvollkommen gerecht. Zwar will wohl jeder nicht unnötig Geld ausgeben, sich aber die Bequemlichkeit, die Kauffreude und/oder die Spontanität auch nicht immer nehmen lassen.

Infolgedessen werden – wenn überhaupt – meist nur grobe Orientierungshilfen verwendet, wie etwa die folgenden (vgl. u. a. Diller):
- Preis-Qualitäts-Zusammenhänge werden nur bei solchen Produkten dominant, bei denen die Verbraucher auch besonderen Wert auf die Qualität legen und **unterschiedliche Qualitäten** vermuten. Gerade bei zahlreichen Gütern des täglichen Bedarfs ist das heute offensichtlich nicht mehr der Fall. Die Verbraucher sind vielmehr durchweg der Auffassung, daß es hier kaum noch regelrecht schlechte Produkte gibt. Das wird im übrigen auch durch Langzeitanalysen von Warentestergebnissen bestätigt. Die Folge ist ein rasch zunehmendes Preisbewußtsein, der Verbraucher sucht verstärkt nach Billigangeboten.
- Umgekehrt werden durchaus Preis-Qualitäts-Zusammenhänge gesehen, und zwar bei **Produktneuheiten** sowie technisch komplizierten Produkten. Die Verbraucher haben i. d. R. keine Erfahrungen und sind deshalb nicht fähig, die Qualität „sicher" zu beurteilen. Ähnliches gilt für Produkte, die gesundheitliche Heilung versprechen bzw. vor gesundheitlichen Schäden bewahren sollen.
- Dieser Effekt wird noch verstärkt durch ein hohes wahrgenommenes

Ausgabenrisiko. Je hochpreisiger ein Produkt ist, desto gravierender sind die Folgen eines Fehlkaufs für das Haushaltsbudget. Das Risikobewußtsein korrespondiert dabei also auch mit der vorhandenen Kaufkraft. Ist die Ausgabe im gegenteiligen Fall so unbedeutend, daß sie im Etat keine Rolle spielt, werden Qualitätsüberlegungen oft überhaupt nicht angestellt.

- Der Preis als Qualitätmaßstab spielt natürlich überall dort eine Rolle, wo **Prestige** bzw. (Marken-)Exklusivität mit bewertet werden. Im Extrem kann der Preis bekanntlich „nicht hoch genug sein", um den Kaufentscheid zu bewirken (Snob-Effekt). Mitunter treten die materiellen Qualitätsaspekte völlig zurück, wie etwa bei Kunstobjekten, Antiquitäten, aber auch bei teuren Kosmetika.
- Der Preis kann auch zu niedrig sein. Bestehen Vorstellungen vom üblichen Preisniveau, können starke **Preisunterschreitungen** zur Kaufzurückhaltung führen, da eine (zu) schlechte Qualität vermutet wird. Umgekehrt schwindet bei Überschreitung des gewohnten mittleren Preisbandes vielfach der Glaube, daß darüber hinausgehende Preisforderungen von der Qualität her noch berechtigt sind.
- Stehen den Verbrauchern direkte **Qualitätsinformationen** zur Verfügung, so nimmt die Vermutung eines Preis-Qualitäts-Zusammenhangs deutlich ab. Das ist eigentlich nicht mehr als logisch, denn der Preis als Qualitätsindikator ist ja nur ein Ersatzmaßstab.
- Mit zunehmender Marktreife wird der Preis-Qualitäts-Zusammenhang schwächer, d. h. je länger ein Produkt auf dem Markt ist, desto weniger wird der Preis als Qualitätsindikator genutzt. Dies ist zum einen auf die größere **Produkterfahrung** und zum anderen auf das abnehmende Risiko eines Fehlkaufs durch zunehmende technische Reife der Produkte zurückzuführen.

Kenntnisse über die Beurteilungsmöglichkeiten des Preis-Qualitäts-Zusammenhangs seitens der Verbraucher sind für den Händler aus sortiments- und verkaufspsychologischen Gründen wichtig. Welches Preisniveau, welche Preislagen muß er bieten, um etwa bestimmte Nachfragesegmente gezielt anzusprechen?

1.7 Preiskenntnis und Preisurteil

Bei der Preiswahrnehmung geht es um die Aufnahme, Verarbeitung und letztlich Bewertung verschiedener Preisaspekte durch den Nachfrager. Es sind dies vor allem die aktive Preiskenntnis und die Wahrnehmung von Preisunterschieden.

Bei der Preiskenntnis geht es um die Frage, welche Preise der Verbraucher im Kopf hat, woran er sich also erinnert. Was darf z. B. ein Kilo Salz, ein Besen, ein Computer-Lexikon usw. in etwa kosten? Sind pro Artikel mehrere Preise bekannt, resultiert daraus u. U. die Kenntnis eines **Preisbandes** (gibt's schon ab ... DM, geht aber hoch bis ... DM) und der am häufigsten beobachteten Preislagen. Hier bildet sich dann ein sog. **Ankerpreis,** also eine Vorstellung vom subjektiv als angemessen empfundenen Preis, der beim Exklusivkäufer natürlich auf einem anderen Niveau liegt als beim Sozialhilfeempfänger. Wenn solches Wissen dagegen gänzlich fehlt, lassen sich weder überhöhte Preise noch Sonderangebote als solche erkennen. Deshalb war bekanntlich auch die Werbung mit durchgestrichenen „Normal"Preisen so beliebt.

Häufig eingekaufte Produkte werden verständlicherweise meist richtig(er) taxiert. Dies trifft vor allem für sog. **Indikatorartikel** zu, also für jene Produkte, die oftmals als Sonderangebote herausgestellt werden, um die Preisgünstigkeit einer Verkaufsstätte zu demonstrieren.

Es sind somit meist nur einige bestimmte Artikel, anhand derer die Verbraucher die Preiswürdigkeit einer **Einkaufsstätte** exakt beurteilen. Tankstellen sind dem natürlich extrem ausgesetzt, Geschenkartikelläden vergleichsweise wenig. Diese bis vor kurzem noch geläufige These gilt heute sicherlich nur noch mit Einschränkungen. Zumindest im Lebensmittelhandel können heute sicherlich die meisten Hausfrauen zutreffend einschätzen, ob eine Einkaufsstätte auch „durchgängig billig" ist oder nicht.

Einschlägigen Untersuchungen zufolge ist die **aktive Preiskenntnis** bei den eher niedrigen sozialen Schichten höher. Sie sind vom Einkommen her zum preisbewußten Einkaufen und damit zum Preisvergleich gezwungen. Trotz i. d. R. besserer Bildung und damit vermutlich höherer Lernfähigkeit sollen dagegen die sog. höheren Schichten schlechter über die Preise informiert sein.

Wie weit Preisunterschiede überhaupt als solche wahrgenommen werden, ist natürlich im Grunde eine Angelegenheit der jeweiligen Preiskenntnis und der Preissensibilität des Verbrauchers. Dabei spielt natürlich auch die Frage der **Vergleichbarkeit** eine große Rolle. Der gleiche Markenartikel eignet sich – wie bereits ausgeführt – dazu eben besser als markenlose Damenblusen mit unterschiedlichem Dessin. Deshalb gibt es individuelle Merkschwellen, d. h. der Preisunterschied muß vielfach eine bestimmte Höhe überschreiten, um überhaupt registriert zu werden.

Die Bildung von Preisurteilen ist – wie bereits erwähnt – abhängig vom Wissen über die gegebene Bandbreite der Preise für ein Produkt. Ob eine Zahnpasta für 2,50 DM teuer oder billig ist, kann der Verbraucher nur beurteilen, wenn er weiß, daß es solche von 1,65 DM bis 5,80 DM gibt. Ob ein Preis von 2,50 DM für ihn z. B. bereits „zu teuer" ist, bemißt sich an seinen Qualitätsvermutungen und -ansprüchen, dagegen hier wohl kaum an der zur Verfügung stehenden Kaufkraft.

Vielfach resultieren aus solchen Gegebenheiten sog. **Preisschwellen**-Vorstellungen. I. d. R. sind es ganzzahlige Preise, die eine Art Limitfunktion besitzen, also eine Ausgabenbarriere für den Verbraucher darstellen. Bekannt sind die Eine-Mark-Schwelle bei Tafelschokolade, oder – vor Jahren – die 300-Mark-Schwelle bei Herrenanzügen. Solche Preisschwellen begrenzen also die Abverkäufe bei Preisüberschreitungen überdurchschnittlich, ja mitunter wirken sie geradezu blockierend. Oft gibt es in einem Produktbereich auch mehrere solcher Preisschwellen, also etwa eine für den Billigbereich, eine andere für den mittleren Bereich und eine für das Topsegment.

Eine Anhebung von Preisschwellenvorstellungen ist erfahrungsgemäß schwierig und gelingt den Anbietern eigentlich nur bei spürbaren Produktverbesserungen. Wichtig ist dann ferner, daß die maßgebenden, d. h. preisbestimmenden Anbieter entsprechend mitziehen.

1.8 Preisoptik

Wie Preise wahrgenommen bzw. empfunden werden, ist nicht nur eine Sache der ziffernmäßigen Information, sondern auch der Art und Weise, wie akquisitorisch wirksam sie präsentiert werden. Auf letzteres haben sich geschickte Händler schon immer besonders verstanden. Das Repertoire ist sehr reichhaltig und überschreitet nicht selten die Grenzen des Seriösen und – was schlimmer ist – des rechtlich noch Zulässigen. Deshalb erfolgten inzwischen auch zahlreiche gesetzliche Beschränkungen.

Der Begriff „Preisoptik" verweist auf gewisse Unterschiede zwischen der (spontanen) visuellen Anmutung und der tatsächlichen, nüchternen Ziffernangabe. So erfreuen sich **gebrochene Preise** wie 4,98 DM oder 49,80 DM statt glatter Preise im Einzelhandel nach wie vor großer Beliebtheit. Es gibt empirische Untersuchungen, denen zufolge gebrochene Preise sowohl zu mehr Absatz pro Kaufakt als auch zu einem Zugewinn bisheriger Nichtkäufer führen; andere Untersuchungen bestätigen dagegen solche Ergebnisse nicht.

Über die Gründe für eine solche Preisstellungspraxis kann nur gemutmaßt werden; entweder werden die Endziffern tatsächlich nicht so beachtet, oder sie vermitteln damit den Eindruck einer besonders exakten Kalkulation. Ob diese **Preisillusion** nun tatsächlich stattfindet, sei also dahingestellt. Wohl aber haben sich die Konsumenten so an die gebrochenen Preise gewöhnt, daß runde (glatte) Preise sie möglicherweise (zunächst) stutzig machen würden. Gebrochene Preise über Glattpreisen, also etwa 5,02 DM oder 102,50 DM, sind äußerst ungebräuchlich und wirken – weil ungewohnt – wohl auch recht unattraktiv.

Natürlich wurden und werden im Einzelhandel auch entgegengesetzte Wege beschritten; erinnert sei an die Einheitspreisgeschäfte aus der Vorkriegszeit oder an die Versuche, glatte Preise über entsprechende

Packungsmengen zu erzielen. Beides hat sich aus mehrfachen Gründen nicht durchgesetzt, obgleich Glattpreise im Hinblick auf Preisauszeichnung, Preiswahrnehmung und Abrechnung durchaus von Vorteil wären.

Eine herausragende Rolle spielt die Preisoptik bei der Präsentation von **Sonderangeboten**. Hier wird besonders stark auf die Unvollkommenheit im Preisverhalten der Verbraucher spekuliert. Im wesentlichen geschieht das auf folgende Weise:

Semantische Färbung: Die eigentliche Preisangabe wird verknüpft mit zusätzlichen Reizworten, wie beispielsweise Fabrikpreis, Preisknüller, Abholpreis, Superangebot oder Vorzugspreis. Solche Begriffe signalisieren dem Kunden unabhängig von der tatsächlichen Preisgünstigkeit eine besonders billige Offerte. Gerade der preisbewußte Käufer wird dadurch seiner „inneren Pflicht" zum Preisvergleich enthoben.

Graphische Aufmachung: Mit der Größe der Anzeige und insbesondere mit der Letterngröße der Preisangabe selbst wächst die subjektiv vom Kunden zugeordnete Preisgünstigkeit.

„Preisschaukelei": Bei Produkten mit relativ kurzen Kaufrhythmen, also speziell bei Gütern des täglichen Bedarfs, werden die Preise regelmäßig variiert. Der Verbraucher beurteilt die Preisgünstigkeit eines Angebots häufig am zuletzt gezahlten Preis. Lag dieser vor einer Woche deutlich höher als jetzt beim aktuellen Sonderangebot, so wird das Preisurteil deutlich positiver ausfallen.

Mondpreise: Eine ähnliche Wirkung wie bei der Preisschaukelei kann durch eine Gegenüberstellung der effektiven Preise mit den vom Hersteller empfohlenen Richtpreisen erzielt werden. Hierbei sind allerdings rechtliche Restriktionen zu beachten.

Zweitplazierungen: Untersuchungen haben erwiesen, daß Zweitplazierungen an exponierter Stelle im Geschäft (z. B. als Schütte in der Kassenzone) per se als besonders preisgünstig angesehen werden. Die Verbraucher erliegen hier der Macht der Gewohnheit; Zweitplazierungen signalisieren ihnen Sonderangebote bzw. Preisgünstigkeit.

Regalstandort: Warenplazierungen speziell neben besonders hochpreisigen (Marken-)Waren signalisieren Preisgünstigkeit. Generell gilt, daß die Verbraucher, falls Artikel der gleichen Produktkategorie nebeneinander im Regal stehen, diese einfache Gelegenheit des Preisvergleichs relativ intensiv nutzen.

2. Preisverhalten der Konkurrenz

2.1 Allgemeine Situation

Die Preispolitik eines Händlers wird zu wesentlichen Teilen von der Preispolitik seiner Konkurrenten mitbestimmt, und zwar um so stärker, je preisbewußter sich die Verbraucher bei ihrer Einkaufsstättenwahl verhalten. Im Extrem führt also – wenn auch nur theoretisch – jede Preisänderung irgendeines Anbieters im relevanten Markt zur Veränderung der Umsatzanteile bei allen, sofern die mengenmäßige Gesamtnachfrage konstant bleibt.

In der Preistheorie wird die Thematik im Rahmen der sog. **Marktformenlehre** auf relativ hohem Abstraktionsniveau abgehandelt und ist daher für die praktische Umsetzung bzw. Verwertung nur von untergeordneter Bedeutung. Natürlich gibt es noch zahlreiche (standortbedingte) Einzelhandels(-Quasi)monopole, wo – aus welchen Gründen auch immer – keine Konkurrenz existiert. Generell sind die Verhältnisse dagegen polypolistischer und in jüngerer Zeit vielfach auch schon oligopolistischer Natur. Gerade im Lebensmittelhandel bestimmen mittlerweile einige wenige Oligopolisten sehr stark das Preisniveau. Deren Grenzkostenkurve wird tendenziell zur Angebotskurve der kleineren Mitbewerber.

Gestiegenes **Preisbewußtsein** der Verbraucher, mehr **Preistransparenz** durch verstärkte Preiswerbung sowie eine höhere **Mobilität** sind die wesentlichsten Gründe dafür, daß sich die Einzelhändler einerseits stärker von der Preispolitik ihrer Mitbewerber betroffen fühlen und/oder getroffen werden und sich andererseits dadurch auch stärker zu eigenen Reaktionen herausgefordert sehen.

Das gilt speziell für die Sonderangebote bzw. deren werbliche Ankündigung in den Medien. Sie sind ja nicht per se ein Ausweis für die allgemeine Leistungsfähigkeit eines Händlers, wollen diesen Eindruck aber gerade durch solche Anlockaktivitäten vermitteln. Starke Preisunterbietungen, insbesondere bei identischen Produkten, lösen deshalb bei den Mitbewerbern oft Gefühle zwischen Wut und Resignation aus, mitunter kommt es auch zu ruinösen Preiskämpfen. Insbesondere wer sein Geschäft nach traditionellen Vorstellungen führt, vermag solche Konkurrenzmaßnahmen auch nur schwer einzusehen. In der Tat ist es für diese Händler nicht einfach, ihren Kunden die beträchtlichen Preisdifferenzen begreiflich zu machen und den Verdacht auf Übervorteilung zu entkräften.

Solcher menschlich verständliche Ärger oder Frust wird dann i. d. R. an die Lieferanten weitergegeben, verbunden mit der Forderung, solche undisziplinierten Konkurrenten nicht mehr zu beliefern oder günstigere Konditionen zu bieten, um selbst auch preislich wettbewerbsfähig bleiben zu können.

2.2 Phasenverlauf des Preiswettbewerbs

Was die Preisentwicklung den Preiswettbewerb angeht, so durchleben die Einzelhandelsbranchen bzw. Warengruppen im Laufe von zehn bis fünfzehn Jahren meist ganz ähnliche Schicksale.

(1) I. d. R. sind es Newcomer im Handel, die – angelockt von den vorhandenen satten Verdienstmöglichkeiten bei Herstellern und traditionellen Fachhändlern – billigere (ausländische) Bezugsquellen erschließen und durch knappe eigene Kalkulation die bisherigen Endverbraucherpreise beträchtlich unterbieten. Das Preisband wird breiter, neue Käuferschichten werden erschlossen. Vor 1974 gelang das auch durch die (ungesetzliche) Nichteinhaltung der vertikalen Preisbindung.

Einige weitere preisaggressive Händler ziehen nach und versuchen sich gegenseitig in den Preisen zu unterbieten. Solche mit erheblicher werblicher Unterstützung durchgeführten Preiskämpfe schaffen breitere Aufmerksamkeit und mehr Preisbewußtsein bei den Verbrauchern. Mit Staunen erlebt das Publikum, wie billig solche Produkte offenbar auch sein können, wobei Qualitätsvorbehalte durchaus noch vorhanden sind.

(2) Die traditionellen, höherpreisigen Anbieter (Hersteller wie Händler) bekommen im Laufe dieser Phasen zu spüren, daß Marktanteile verlorengehen. Man gibt dem Druck auf die Preise nach in der Hoffnung, auch im unteren Preisbereich oder wenigstens knapp darüber mithalten zu können. Vielfach stellt sich dabei heraus, daß die Preise noch zu hoch sind, die Umsätze dagegen zu gering bleiben, und die Gesamtrechnung deshalb nicht aufgeht. Je nach Abhängigkeit von der betreffenden Waren- oder Artikelgruppe, wird das Gesamtergebnis also geschmälert bzw. bedeutet das auf Dauer das „Aus" für diese Unternehmen.

Andere Anbieter haben Konsequenzen in anderer Richtung vollzogen. Unter Inkaufnahme von Marktanteilsverlusten, versuchen sie ein Trading-up und konzentrieren sich auf andere, nämlich weniger ausschließlich auf Billigeinkauf eingestellte Verbrauchersegmente.

(3) In der (vorläufigen) Endphase hat sich der Markt neu geformt. Das Preismittelfeld ist stark in Mitleidenschaft gezogen, die Verbraucher leben mit der Vorstellung einer starken Preispolarisierung. Die Preiskämpfe auf der Niedrigpreisebene werden weniger und auch nicht mehr als so spektakulär empfunden. Die Preise sind zur Gewohnheit geworden.

(4) Bis dahin ist der Durchschnittspreis in der Warengruppe nominal oft nicht höher, nicht selten sogar real niedriger als vor Jahren. Das Preisinteresse im etablierten Billigbereich geht etwas zurück, einschlä-

gige Handelsunternehmen sehen darin die Chance, ihr Preisniveau bei gleichzeitiger Verbesserung ihrer Handelsleistungen leicht anzuheben. Bei entsprechender Unternehmensgröße können diese Anbieter bei kostenbewußtem Vorgehen aber auch weiterhin noch so preisgünstig sein, daß Newcomer über den Preiswettbewerb keine Chance mehr haben. Die **Markteintrittsbarrieren** sind hier inzwischen zu hoch.

Diese Ablaufphasen sind charakteristisch für die moderne Einzelhandelsentwicklung. Es ist gleichsam das typische Muster, auch wenn es von Branche zu Branche natürlich etwas variiert.

Entscheidend ist dabei immer, daß ein preisaggressiver Händler auftritt, der den Prozeß in Gang bringt, was schnelles Wachstum voraussetzt. Eine solche Preisbrecherfunktion gelingt wiederum nur, wenn das Marktvolumen im betreffenden Bereich insgesamt von einiger (Wachstums-)Bedeutung ist und sich Lieferanten finden, die unter solchen Gegebenheiten nicht nur mitmachen, sondern auch entsprechend günstige Preise bieten. Solidarität unter den heimischen Herstellern kann eine solche Entwicklung also verzögern, selten ganz verhindern.

Deshalb spielen in dieser Phase ausländische Bezugsquellen eine so starke Rolle. Ausländische Ware ist aber gerade dort, wo die Verbraucher primär bekannte Marken im Sortiment erwarten, anfänglich nur ein unzulänglicher Ersatz; entsprechend deutlich müssen die Preisunterschiede sein, und dennoch ist diese Phase oft nicht unkritisch. Entwarnung ist also erst angesagt, wenn sich – falls unverzichtbar im Handelssortiment – Markenartikler nolens volens zur Belieferung entschließen, und zwar im Hinblick auf die interessanten Absatzvolumina und/oder aus der resignierenden Einsicht heraus, daß die Entwicklung doch nicht aufzuhalten ist und man vielleicht später den Anschluß verpaßt.

Gerade infolge der zunehmenden Internationalisierung der Wirtschaft sind solche Entwicklungen durch die Mitbewerber selbst also kaum noch zu verhindern. Eigentlich sind es nur noch neue oder weiterentwickelte Produkte oder deren modische Aktualität, die Industrie wie Handel vorübergehend größere Preisspielräume verschaffen, bevor auch diese Güter – vielfach nachgeahmt – im Niedrigpreisbereich landen und damit Druck auf das Preisgefüge ausüben.

Wer als Händler nicht bereit ist, rechtzeitig an der vordersten Preisfront mitzukämpfen, muß demnach versuchen, sich über andere Leistungen zu behaupten bzw. zu profilieren. Die Masse der Unternehmen wird auch gar keine andere Wahl haben, denn Niedrigpreispolitik verlangt Massenumsätze und äußerste Rationalisierung der betrieblichen Abläufe.

Aber die Begrenzung der eigenen Preisspielräume erfolgt ja nicht nur durch den allgemeinen Preisdruck der Niedrigpreisanbieter, sondern durch die Konkurrenten der gleichen Leistungs- bzw. Preisebene. Hier wird im Bewußtsein bzw. in der Hoffnung auf eine gewisse Solidarität preispolitisches Wohlverhalten erwartet. Infolgedessen werden speziell die Aktivitäten der Fach-„Kollegen" i. d. R. daraufhin kritisch beobachtet, ob sie sich z. B. mit ihren Sonderangeboten und ihrer Preiswerbung noch im Rahmen des Fachüblichen halten.

Zusammenfassend mag sich aus dem Gesagten im wesentlichen folgendes ergeben:
- Stärker denn je wird der eigene Preisspielraum durch die Preispolitik der Konkurrenz begrenzt.
- An den Konkurrenzpreisen und deren werblicher Propagierung entzünden sich die Händler wie an kaum etwas anderem. Die Gefahr von Überreaktionen ist daher verständlich. Aber nicht das Empfinden des Händlers, sondern die tatsächlichen Verbraucherreaktionen sind entscheidend.
- Zunehmend wird der Niedrigpreisbereich in allen Branchen von Großanbietern beherrscht, die preislich unschlagbar sind. Fachhändler sollten deshalb ihre Attraktivität in anderen Bereichen beweisen.

3. Rechtliche Bestimmungen

In der Bundesrepublik Deutschland können die Preise zwischen den Vertragsparteien im Grundsatz frei vereinbart werden, sofern nicht sittenwidriges Verhalten bzw. Betrug oder Wucher vorliegen (§ 138, § 142 BGB). Zusätzlich allerdings ist für eine Reihe weiterer Verfehlungen der Vertragsparteien eine Rückgängigmachung bzw. Änderung des Kaufvertrages im Gesetz vorgesehen.

3.1 Gesetz gegen Wettbewerbsbeschränkungen (GWB)

Diese auch Kartellgesetz genannte Vorschrift verbietet u. a. Kartelle im Sinnen horizontaler Preisabsprachen. Nach §§ 16 ff. sind Verträge über Waren und Leistungen nichtig, soweit dadurch die Gestaltung der Preise und Geschäftsbedingungen beeinträchtigt werden. Eine der bereits genannten Ausnahmen war die bis 1974 erlaubte **vertikale Preisbindung** bei Markenwaren und Verlagserzeugnissen. Seit 1.1.1974 sind, wie schon erwähnt, nur noch Verlagserzeugnisse (§ 16 GWB), Pharmazeutika (Arzneimittelpreisverordnung) und Saatgut (§ 100 Abs. 3 GWB) zur Preisbindung zugelassen.

Nach wie vor erlaubt ist jedoch die **unverbindliche Preisempfehlung**; der Händler behält dabei die Preisflexibilität, da er an die Einhaltung der Empfehlung, wie dies der Name ja bereits ausdrückt, nicht gebunden ist. Zulässig sind zudem Preisempfehlungen von Einkaufsverbänden; auch Preisangaben in kollektiv eingesetzten Katalogen sind als Formen horizontaler Preispolitik zulässig. Besondere Erwähnung verdienen außerdem die sog. **Mondpreise**. Hier trat im Frühjahr 1980 eine Verschärfung des Kartellgesetzes in Kraft. So gelten nach § 38 a Abs. 3 Preisempfehlungen bereits dann als mißbräuchlich, wenn der empfohlene Preis in der Mehrzahl der Fälle die tatsächlich geforderten Preise erheblich übersteigt.

Nach wie vor grundsätzlich zulässig sind **Verkäufe unter Einstandspreis**, wobei hier jedoch durch das „Berliner Gelöbnis" eine Art freiwilliger Selbstbeschränkung der Großunternehmen des Einzelhandels vorliegt. Dauernde Verkäufe unter Einstandspreis von marktmächtigen Handelsunternehmen können durch die Kartellbehörde allerdings als ein Akt der unbilligen Behinderung des Wettbewerbs untersagt werden (vgl. hierzu auch Kapitel 1 Abschnitt D. II.2.4. zu wettbewerbsbeschränkendem und diskriminierendem Verhalten, S.49).

3.2 Gesetz gegen den unlauteren Wettbewerb (UWG)

Mit zunehmend härter werdendem Wettbewerb war das Bemühen im Einzelhandel verständlich, nicht nur durch eine entsprechende Preispolitik, sondern auch durch deren werbliche Propagierung den Eindruck besonderer Preiswürdigkeit beim Publikum zu erzeugen. Eine zunehmend in der Öffentlichkeit kritisierte Methode war die werbliche Herausstellung eines oder einiger weniger „Preisknüller", die den Konsumenten suggerieren sollten, daß das gesamte Angebot gleich oder ähnlich preisgünstig wäre. Dagegen läßt sich nicht viel einwenden, die Kritik entzündete sich vielmehr erst daran, daß solche Sonderangebote oft gekoppelt wurden mit einer mengenmäßig beschränkten Warenabgabe pro Konsument und/oder die Weigerung des Verkaufs an Wiederverkäufer. Auf diese Weise nämlich wollten die Anbieter verhindern, u. U. bereits in kürzester Zeit ausverkauft zu sein und so die anderen, später kommenden Interessenten enttäuschen zu müssen.

Der Grund für ein solches Vorgehen ist also ganz offenbar, daß es dabei um die attraktive Werbeaussage geht und nicht um die Erzielung von nennenswerten Umsätzen mit derartigen (renditeschwachen bzw. verlustbringenden) Sonderangeboten. Sonderangebotswerbung ohne eine entsprechende Lieferfähigkeit war also – knapp formuliert – was als gegen die guten Sitten verstoßend kritisiert wurde. Nach langen Diskussionen erfolgte deshalb im Rahmen der UWG-Novellierung von 1986 ein Verbot durch den neu aufgenommenen § 6d UWG.

Dieses Verbot hatte nicht lange Bestand; z. T. wurde es durch richterliche und höchstrichterliche Entscheidungen unterlaufen, z. T. engte es auch in sachlich gerechtfertigten Fällen den Handlungsspielraum der Anbieter in unzumutbarer Weise ein. Schließlich mögen auch allgemeine Deregulierungstendenzen dazu beigetragen haben, daß der § 6d UWG im Som-

E. Preispolitik

mer 1994 ersatzlos gestrichen wurde, die Sonderangebotswerbung also auch die o. g. Beschränkungen wieder enthalten darf.

Ein gleiches Schicksal war dem ebenfalls 1986 neu eingefügten § 6e UWG beschieden. Auch hier ging es dem Gesetzgeber um den Versuch, zweifelhafte Werbepraktiken des Einzelhandels in bezug auf Preisangaben zu unterbinden.

Stein des Anstoßes war die Werbung mit reduzierten Preisen in Form von Preisgegenüberstellungen. Verboten wurden solche, wenn damit der Eindruck erweckt werden sollte, daß früher ein höherer Preis gefordert wurde. Dabei war es gleichgültig, ob die Preise in ihrer absoluten Höhe gegenübergestellt wurden oder ob eine bestimmte prozentuale Verbilligung angegeben wurde. Das galt nur für die Gegenüberstellung eigener Preise, ein Vergleich mit den vom Lieferanten empfohlenen Preisen blieb dagegen weiterhin zulässig. Erlaubt war auch weiterhin, in der Katalogwerbung der Versandhäuser auf den höheren Preis in einem früheren Katalog hinzuweisen, sofern dies ohne blickfangmäßige Herausstellung geschah. Unberührt davon blieb auch die Änderung von Etiketten an der Ware, weil bzw. soweit auch hier eine blickfangmäßige Herausstellung nicht gegeben war.

Wie bereits angedeutet, war auch diesem Verbot kein langes Leben beschieden, denn auch der § 6e UWG wurde im Sommer 1994 ersatzlos gestrichen.

Der Einzelhandel hat denn auch rasch reagiert. Preisgegenüberstellungen mit zuvor geforderten Preisen sind nun wieder an der Tagesordnung. Hinfort bleibt es also wiederum dem Verbraucher selbst überlassen, welche Glaubwürdigkeit er solchen Preisgegenüberstellungen im gegebenen Fall beimißt. Man darf gespannt sein, ob diese Liberalisierung Bestand haben wird.

Von der Novelle 1994 nicht berührt sind die Vorschriften zu den Sonderveranstaltungen im Handel, welche ja i. d. R. auch mit preispolitischen Maßnahmen verbunden sind. So wird im § 7 UWG als Regel die Unzulässigkeit von Sonderveranstaltungen mit zwei Ausnahmen festgeschrieben. Diese Ausnahmen beziehen sich zum einen auf Saisonschlußverkäufe (Sommerschluß- und Winterschlußverkauf) und zum andern auf Jubiläumsverkäufe. Als weitere Ausnahme werden im § 8 UWG die Räumungsverkäufe behandelt.

Sonderveranstaltungen sind im § 7 UWG folgendermaßen definiert: Es handelt sich dabei um Verkaufsveranstaltungen, „ ... die außerhalb des regelmäßigen Geschäftsverkehrs stattfinden, der Beschleunigung des Warenabsatzes dienen und den Eindruck der Gewährung besonderer Kaufvorteile hervorrufen." Insofern ergibt sich also eine begriffliche Ausgrenzung von Sonderangeboten, die nach wie vor nicht unter das Sonderveranstaltungsrecht fallen. Erlaubt sind, eben als Ausnahmen, für die Dauer von jeweils zwölf Werktagen Winter- und Sommerschlußverkäufe sowie Jubiläumsverkäufe (jeweils nach Ablauf von 25 Jahren).

Schluß- und Jubiläumsverkäufe bedürfen im Gegensatz zu den Räumungsverkäufen keiner Anzeige bei amtlichen Berufsvertretungen von Handel, Handwerk und Industrie. Geändert wurden im Zuge der Novelle von 1986 insbesondere die zum Schlußverkauf zugelassenen Waren (z. B. Einbeziehung von Sportartikeln). Auch mit der Novelle 1994 ungelöst bleiben jedoch alte Streitfragen, wie z. B. die Abgrenzung massierter Sonderangebote von Sonderveranstaltungen (diese Praxis ist in Form von vorgezogenen Schlußverkäufen zu beobachten). Im Gegensatz zu Räumungsverkäufen besteht jedoch beim Schlußverkauf nach wie vor kein Verbot des sog. Vor- und Nachschiebens von Waren.

Unberührt blieben die Rechtsvorschriften zu den Räumungsverkäufen. Als Voraussetzung für die Zulassung von Räumungsverkäufen gelten:

1. Die Räumungszwangslage (§ 8 Abs. 1 UWG) sowie
2. die Geschäftsaufgabe (§ 8 Abs. 2 u. 3 UWG).

Räumungsverkäufe sind demnach nur zulässig, soweit diese zur Behebung einer Zwangslage (durch Feuer, Wasser, Sturm oder ein vom Veranstalter nicht zu vertretendes Ereignis verursachte Schäden bzw. wegen eines anzeige- oder genehmigungspflichtigen Umbauvorhabens) tatsächlich erforderlich sind. Unter Beachtung dieser Verhältnismäßigkeit dürfen zwangslagebedingte Räumungsverkäufe für die Dauer von höchstens zwölf Werktagen zugelassen und durchgeführt werden.

Für die Aufgabe des gesamten Geschäftsbetriebes ist wichtig, daß die Aufgabe einer Zweigniederlassung oder einer Warengattung nicht zu einem Räumungsverkauf berechtigt. Weiterhin darf ein aufgabebedingter Räumungsverkauf erst nach drei Jahren Geschäftsbetrieb abgehalten werden, es sei denn, daß besondere Umstände einen Räumungsverkauf vor Ablauf dieser Frist rechtfertigen. Für den aufgabebedingten Räumungsverkauf stehen höchsten 24 Werktage zur Verfügung. Damit wollte der Gesetzgeber dem Mißbrauch von Räumungsverkäufen im Sinne einer Täuschung des Verbrauchers sowie einer Beeinträchtigung des Wettbewerbs entgegentreten. Bei allen Räumungsfällen muß bei der Bekanntgabe der Anlaß angegeben werden. Daneben ist das Betätigungsverbot für die Zeit nach einem Räumungsverkauf zu beachten. Dieses gilt für zwei Jahre am selben Ort oder in benachbarten Gemeinden für den Handel mit den vom Räumungsverkauf betroffenen Warengattungen.

3.3 Rabattgesetz

Die Vorschriften des Rabattgesetzes regeln ausschließlich die Gewährung von Preisnachlässen an den letzten Verbraucher. Grundsätzlich darf dem

E. Preispolitik

Letztverbraucher kein Preisnachlaß eingeräumt werden. Das Gesetz sieht jedoch einige Ausnahmen vor:

Dem Letztverbraucher kann ein sog. Barzahlungsnachlaß von maximal 3% eingeräumt werden, wenn der Kaufpreis unverzüglich bar bezahlt wird. Dabei kann der Nachlaß entweder sofort durch Preisabzug oder durch Ausgabe eines Gutscheins (Sparmarke, Zahlungsabschnitt o. ä.) gewährt werden. Derartige Rabattmarken dürfen jedoch nicht auf einen höheren Betrag als 50 DM festgesetzt werden.

Nach § 7 Rabattgesetz können sog. Mengennachlässe gewährt werden, sofern diese nach Art und Umfang sowie nach der verkauften Stückzahl oder Menge als handelsüblich anzusehen sind. Dabei kann der Mengennachlaß entweder durch Hinzugabe einer bestimmten oder auf bestimmte Art zu berechnenden Menge der verkauften Ware oder durch einen Preisnachlaß gewährt werden.

Erwähnung verdienen schließlich noch die sog. Sondernachlässe. Nach § 9 Rabattgesetz unterscheidet man dabei

– den **Verwertungsnachlaß**: Personen, die Waren oder Leistungen in ihrer gewerblichen oder insbesondere auch beruflichen Tätigkeit verwerten, können einen in Art und Höhe orts- oder handelsüblichen Nachlaß erhalten.
– den **Großverbraucherrabatt**: Personen, die Waren oder Leistungen in derartigen Mengen abnehmen, daß sie als Großverbraucher anzusehen sind, können einen Nachlaß erhalten.
– den **Personalrabatt**: Mitarbeiter des eigenen Unternehmens dürfen Nachlässe eingeräumt werden, sofern Waren oder Leistungen für deren Eigenbedarf bestimmt sind. Die Personalrabatthöhen liegen je nach Betriebstyp und Warengruppe zwischen 5 und 15%, teilweise sogar noch darüber.

Verstöße gegen das Rabattgesetz gelten als Ordnungswidrigkeit und können mit Geldbußen bis zu 10 000 DM geahndet werden. Mitbewerber und Verbände können Unterlassungsansprüche geltend machen.

Im Zuge einer Deregulierung beabsichtigt die Bundesregierung die Abschaffung des Rabattgesetzes. Grundsätzliche Erwägungen spielen dabei ebenso eine Rolle wie internationale Angleichungsbestrebungen.

3.4 Umsatzsteuergesetz

Nach dem Umsatzsteuergesetz unterliegen Umsätze von Waren und Dienstleistungen an den Endverbraucher der Umsatzsteuer. Diese sog. Mehrwertsteuer ist bei der Preisstellung der Unternehmen zu berücksichtigen, der Regelsatz liegt derzeit bei 15%, der Vorzugssatz bei 7%.

Allgemein hat die Preisangabe gegenüber dem Endverbraucher im Einzelhandel die Mehrwertsteuer zu enthalten.

Ein aktuelles Problem stellt die Preisauszeichnung in den Cash & Carry-Betrieben dar, die – obwohl eigentlich unzulässig – auch von Endverbrauchern besucht werden. Hier gilt, daß die dortigen Preise sowohl mit als auch ohne Mehrwertsteuer auszuweisen sind, um den Kunden eine leichtere Vergleichbarkeit mit den Preisen der Einzelhandelsbetriebe zu ermöglichen.

III. Konzeptionelle Aspekte der Preispolitik

1. Preisstrategie

1.1 Bedeutung

Innerhalb des Beziehungsfeldes, abgesteckt durch Nachfrage, Konkurrenz und Gesetz, muß das einzelne Unternehmen versuchen, seine eigenen Vorstellungen zu entwickeln und durchzusetzen. Strategische und taktische Überlegungen zur Preispolitik spielen dabei eine zunehmend wichtige Rolle.

Die Preisstrategie ist langfristig ausgerichtet, beinhaltet also im wesentlichen die Bestimmung des **Preisniveaus** bzw. des Preisrahmens, auf dem bzw. innerhalb dessen operiert werden soll. Dieses ist zunächst einmal stark betriebstypenabhängig, weil starke Interdependenzen zu den übrigen Attraktivitätsfaktoren wie Standort, Sortiment, Ausstattung, Service usw. bestehen. Deren Aufwand bestimmt zusammen mit den Wareneinstandskosten bekanntlich langfristig die Preisuntergrenze.

Wie bereits ausgeführt, ist der Preis für die Verbraucher oft ein wichtiges Orientierungskriterium bei der Einkaufsstättenwahl (**Preisimage**). Das gilt natürlich vor allem für die Anbieter mit einem extremen Preisniveau, also einerseits für Discounter, die ja im wesentlichen „über den Preis" verkaufen, und andererseits für Geschäfte von hohem Niveau, deren Exklusivität eben auch im Preis zum Ausdruck kommt. Dazwischen liegt in entsprechenden Abstufungen ein mehr oder weniger preisneutrales Mittelfeld.

Ziel der Preisstrategie muß es also sein, den Verbrauchern eine möglichst prägnante Vorstellung davon zu vermitteln, was sie in dieser Hinsicht von einer Einkaufsstätte erwarten können. Dabei wird häufig verkannt, wie lange es dauert, bis sich beim Publikum ein nachhaltiger Eindruck bildet bzw. verfestigt hat, und wieviel Zeit wiederum vergeht, bis Änderungen von den Verbrauchern nicht nur registriert, sondern auch akzeptiert werden. Das gilt natürlich nicht, wenn es sich um die Filiale eines bereits bekannten, auch in preislicher Hinsicht vorgeprägten Unternehmens handelt.

Eine durchgängige Anhebung des Preisniveaus ist z. B. problematisch, wenn die Einkaufsstätte bereits als „Billiggeschäft" abgestempelt ist. Senkungen sind dagegen, zumindest anfänglich, weniger beschwerlich; hier besteht aber die Gefahr eines totalen Abgleitens. I. d. R. gelingen häufige Niveauwechsel überhaupt nicht, denn auch das übrige Leistungsangebot erfordert dazu ja meist einen jeweils anderen Zuschnitt. Mit der Bemerkung: „Aus dem Karton verkaufen ist auch eine Kunst!" kommentierte einmal ein Filialist sehr treffend den Grund für seinen mißglückten Abstieg zum Discounter.

Insbesondere die preisaggressiven Einzelhandelsunternehmen erwarten bekanntlich schon längst nicht mehr, daß sich ihr Preisimage gleichsam durch Mund-zu-Mund-Werbung bildet. Nach der Devise „der erste Eindruck ist der dauerhafteste" wird vielmehr durch aggressive Werbung das gewünschte Preisgünstigkeitsimage stark vorgeprägt; dies bleibt offenbar auch dann noch lange bestehen, wenn das Preisniveau selbst inzwischen zumindest in Teilen vorsichtig angehoben wurde.

1.2 Strategiealternativen

Welche Angebotsstrategien sich im Hinblick auf die Preispolitik inzwischen herausgebildet haben, hat B. Tietz sehr prägnant wie folgt zusammengefaßt:

- Hochaggressive Preispolitik mit dem Ziel, preispolitisch generell nicht unterboten zu werden,
  Beispiel: Discounter
- Aggressive Preispolitik mit differenzierten Normalpreis- und Sonderangeboten; Ziel ist eine bekannte Preisgünstigkeit gegenüber der Konkurrenz,
  Beispiel: Verbrauchermärkte
- Durchschnittspreispolitik mit eher konkurrenzunauffälliger Preisstellung und oft nur schwacher Sonderangebotspolitik,
  Beispiel: Supermärkte.
- Servicepreispolitik mit hohem Selbstbewußtsein hinsichtlich Service und Preisakzeptanz der Kunden,
  Beispiel: Fachgeschäfte und Boutiquen.
- Hochangesiedelte Preisnischenpolitik bei hoher Intensität der Kundensuche und kräftiger Durchsetzung der Servicekomponente,
  Beispiel: Spezialgeschäfte.
- Hochangesiedelte Preisinnovationspolitik für besonders hochwertige neuartige Produkte,
  Beispiel: Designer-Shops.

Die jeweils dahinterstehenden Intentionen lassen sich leicht ableiten; preisdominante, also aggressive Strategien zielen in Richtung auf Marktanteilssteigerung und damit Konkurrenzverdrängung, während Anbieter mit einer schwächeren Betonung der Preiskomponente eben mehr auf Kunden bauen, die weniger oder überhaupt nicht auf Niedrigpreise fixiert sind.

Die Wahl der erfolgversprechenden Strategie hängt dabei – wie könnte es anders sein – nicht nur von der eigenen (Preis-)Leistungsfähigkeit ab, sondern auch von den gegebenen Wettbewerbsverhältnissen, denn daran wird jeder Anbieter gemessen. Mithin ist es erforderlich, sich bei solchen Überlegungen ein möglichst genaues Bild von der Preisstrategie der Konkurrenten am (geplanten) Standort zu machen und darüber hinaus Erkenntnisse darüber zu gewinnen, welches Preisimage diese bei den Verbrauchern haben. Beispielsweise kann sich dabei herausstellen, daß Konkurrenten, die als billig gelten, es tatsächlich schon lange nicht mehr sind.

Gezielte Recherchen sind also notwendig. Geht es dabei um das lokale Konkurrenzumfeld, läßt sich das in eigener Regie bewältigen; werden dagegen regionale oder nationale Daten benötigt, können entsprechende Informationslieferanten herangezogen werden, also Spezialinstitute, Branchendienste, Marktforschungsunternehmen, auch Verbände, die laufend gezielte Preisbeobachtungen vornehmen.

Dadurch ist es etwa möglich, die eigenen (wichtigsten) Preise so zu steuern, daß der gewünschte Abstand zu den Hauptkonkurrenten in etwa eingehalten wird.

Wichtig erscheint schließlich noch, daß im Zeitablauf, entsprechend dem Lebenszyklusgedanken, verschiedene Strategien sinnvoll sein können. So besteht beim Angebot hochinnovativer Produkte für eine kleine zahlungskräftige Zielgruppe auch im Handel die Möglichkeit einer **Abschöpfungspreispolitik** mit sukzessiver Preissenkung und Marktausweitung. Diese sukzessive Preissenkung kann auch prophylaktisch erfolgen, indem durch rechtzeitige Preissenkungen versucht wird, den Markteintritt von Konkurrenten zu verhindern. Im Gegensatz dazu kann bei weitgehend etablierten Sortimenten eine **Marktdurchdringungspolitik** geboten sein. Der niedrige Preis wird hier zum vorrangigen Verkaufsargument und soll ermöglichen, über das Massengeschäft hohe Marktanteile zu erzielen.

2. Preistaktik

2.1 Bedeutung

Preistaktik läßt sich erklären als die Preisgestaltung im täglichen Geschäft mit ihren punktuellen bzw. partiellen Preisveränderungen in Anpassung an wechselnde betriebliche und/oder marktliche Erfordernisse. Sie unterscheidet sich von der Strategie dabei im Grunde nicht nur durch ihre Kurzfristigkeit, sondern soll vielmehr im einzelnen umsetzen, was die Strategie im generellen vorgibt. Es bedarf also bezüglich der Preistaktik einer gewissen Linientreue, um hier nicht Maßnahmen zu entwickeln oder zu imitieren, die eigentlich nicht in das strategische Konzept passen. Charakteristisch für die Preispolitik im Handel ist die Unruhe, die mittlerweile durch befristete Preisherabsetzungen (**Sonder-/Aktionspreise**) verursacht wird. Im Prinzip gab es Preisabschläge natürlich schon immer; das Losschlagen von Waren aufgrund von Fehldispositionen oder wegen beginnender Verderblichkeit war dafür der klassische Grund; weitere Risiken, wie die technische oder modische Veralterung der Waren, kamen hinzu. Gerade um letzterer zu begegnen, wurden nach dem ersten Weltkrieg die **Saisonschlußverkäufe** gesetzlich eingeführt, um das Preisverhalten im Einzelhandel zu kanalisieren.

Nicht zuletzt waren diese staatlichen Reglementierungen die Antwort auf eine neue Art von Preispolitik, mit der speziell die Warenhäuser Anfang dieses Jahrhunderts begannen. Berühmt-berüchtigt waren z. B. deren „weiße Wochen" mit dem Verkauf von Heimtextilien zu Spottpreisen und einem Feuerwerk von begleitenden Werbe- und Promotion-Maßnahmen. Die Preispolitik bekam hier also einen ganz neuen aggressiven Akzent mit rein akquisitorischer Zielsetzung.

In marktlicher Hinsicht war und ist ein solches Preisgebaren nicht unproblematisch. Der beabsichtigte Werbeeffekt wird seitens der Verbraucher auf Dauer ja zweifellos durchschaut und häufig auch unterlaufen (Sonderangebotskäufer). Darüber hinaus stellt sich der Einzelhandel, insgesamt betrachtet, damit auch selbst insofern ein Bein, als die „Preisaktionitis" ja Schule macht, mit der Folge, daß die Vorteile des einzelnen Händlers schwinden müssen, die Preise aber insgesamt nach unten gezogen werden. Nur wer also gut auf der Preis-, Werbe- und Promotions-Klaviatur zu spielen vermag und dabei auch das Rechnen nicht vergißt, kann sich daraus langfristig Vorteile versprechen.

Speziell die sog. **Lockvogelangebote** – poetisch formuliert als „Inseln des Verlustes in einem Meer von Gewinnen" – haben dabei per se etwas Unredliches an sich, auch wenn Händler wie Verbraucher in dieser Hinsicht inzwischen schon abgestumpft sind. Aber es ist hier wie anderswo; wenige beginnen damit, aber viele müssen schließlich mitziehen, um von der Konkurrenz nicht an die Wand gedrückt zu werden. Solche Entwicklungen schaukeln sich deshalb auch auf bis zu einem Punkt, von wo aus eine rückläufige Bewegung entweder von selbst eintritt, oder von Gesetzes wegen erzwungen wird.

Es gab und gibt im Handel bezüglich der „Aktionitis" aber nicht nur

Klagende, sondern auch Unternehmer, die sehr konsequent eine solidere Preispolitik verfechten, sei es aus moralischen Gründen, sei es, weil sie darauf bauen, daß das Vertrauen der Verbraucher langfristig nur auf diese Weise erhalten werden kann. So kommt es nicht von ungefähr, daß auch eine Reihe von preisaggressiven Handelsunternehmen ihren Erfolg einer ehrlichen, d. h. **durchgängigen Preiswürdigkeit** verdanken. Auf der gleichen Linie liegen auch die zunehmend häufiger zu beobachtenden Werbeausgaben mit dem Tenor „dauerhaft/beständig preisgünstig". So betrachtet, gehört es also durchaus zum preisstrategischen Konzept, nach welchen Gesichtspunkten die Preistaktitk im täglichen Geschäft erfolgen soll.

Für die Lieferanten, insbesondere für die Markenartikelindustrie, hat die Sonderangebotspolitik des Handels vielfach besondere Brisanz, wie an anderer Stelle schon angedeutet wurde. Mit erheblichem Aufwand aufgebaute Markenimages werden untergraben, weil die Sonderangebotspreise oft weit unter denjenigen liegen, die die Verbraucher für qualitätsadäquat halten.

Klagen der Industrie wegen unlauterem Wettbewerb bzw. geschäftsschädigendem Verhalten sind aus deren Sicht zwar mehr als verständlich, haben aber bei der herrschenden Rechtsauffassung im Grunde derzeit kaum eine Chance, bei Gericht positiv beschieden zu werden. Im übrigen ist die Industrie an derartigen Entwicklungen auch nicht unbeteiligt. Allzu viele forcieren im Streben nach Mehrumsatz die „Preisaktionitis" des Handels durch eigene Konditionenzugeständnisse. Einst gehörte es zwar zu den ehernen Gesetzen der Markenpolitik bzw. der Markenpflege, das Angebot relativ knapp zu halten, aber bei der allgemeinen Tonnagejagd ist das bekanntlich leichter gefordert als getan. Im übrigen gibt es große Marken, die sogar überwiegend über Aktionen verkauft werden und dennoch diesen Preisstreß offenbar auch langfristig überstehen. Anfälligere Marken müssen dagegen durch eine entsprechende Abnehmerselektion vor Händlern ohne Preisdisziplin bewahrt werden, was natürlich Umsatzverzicht bedeutet.

Soweit die Überlegungen zur taktischen Preisgestaltung im größeren Zusammenhang und in der gebotenen Kürze.

2.2 Defensive Preismaßnahmen

Im folgenden sollen zunächst die bereits erwähnten defensiven Beweggründe für Preisherabsetzungen etwas ausführlicher zur Sprache kommen. Neben der **Verderblichkeit** von Frischeprodukten und den Zwängen, die sich inzwischen auch durch die Verfallsdatenkennzeichnung ergeben, erwächst als drängenderes Problem die schnellere **psychische Veralterung** der Waren. Technische und modische Wandlungen erfolgen rascher – überschlagen sich z. T. –, infolgedessen wächst auch das Absatzrisiko und damit die Notwendigkeit, durch rechtzeitige Preisreduzierungen für den Abverkauf zu sorgen, bevor die Ware kaum noch abzusetzen ist. Die Tatsache, daß im Damenoberbekleidungsbereich mehr als 50% des Gesamtvolumens nur noch mit Preisabschlägen verkäuflich ist, spricht eine beredte Sprache. Auch die teilweise Vorwegnahme der Saisonschlußverkäufe kennzeichnet das Problem.

Zusätzliche Preisunruhe kommt auch dadurch in die Märkte, daß Großbetriebe des Einzelhandels wie Waren- und Versandhäuser auslaufende Warenposten an eigene oder fremde Billigbetriebsformen weitergeben, sofern sie solche Partien nicht ins Ausland „verscherbeln", um sich ihre heimische Kundschaft nicht zu vergraulen.

Nicht von ungefähr mehren sich gerade in jüngerer Zeit die Einzelhandelsgeschäfte mit solchen **Gelegenheitssortimenten,** die auch aus internationalen Quellen gespeist werden, denn mit zunehmender weltweiter Wirtschaftsverflechtung wächst natürlich auch die Zahl der auslaufenden Produktionsserien, der havarierten oder sonstwie notleidend gewordenen Warenpartien, den Lieferungen aus Gegengeschäften usw.

Erhebliche Störungen des Preisgefüges bis hin zur vorübergehenden Marktverstopfung können schließlich auch die **Partiegeschäfte** der großen Kaffeefilialisten und Lebensmittelverteiler mit ihren zeitlich begrenzten Gebrauchsgüter-Angeboten zu äußerst günstigen Preisen verursachen.

Alle die genannten Gründe zwingen die Händler, in ihrer Preispolitik flexibler zu werden, indem sie einerseits diese Risiken in der Kalkulation vorwegzunehmen versuchen, soweit es der Markt eben zuläßt, und indem sie andererseits rechtzeitig die Preise heruntersetzen. Im allgemeinen gilt hier die Devise, daß der erste Verlust der geringste ist, weil (zu) geringe Abschläge zu Beginn nur weitere und kräftigere nach sich ziehen. Straff durchorganisierte Großunternehmen gehen in dieser Hinsicht weit systematischer und rigoroser vor als mittelständische Einzelhändler, die meist länger von der Hoffnung leben.

In aller Regel diktieren die jeweiligen Absatzchancen den Zeitpunkt und das Ausmaß der vorzunehmenden **Preisabschläge.** Noch vorhandene Lagerbestände, die bisherige Lagerdauer sowie die Abverkäufe werden dabei natürlich mit berücksichtigt, sofern solche Daten überhaupt bekannt sind. Weitaus überwiegend erfolgt dies artikel- oder artikelgruppenindividuell, um den jeweiligen Marktgegebenheiten besser Rechnung zu tragen. Eine aus den USA stammende Methode, jeden Artikel im Sortiment nach einem festgelegten Zeitplan automatisch herunterzuzeichnen, und das in festen Abständen immer wieder (sog. **automatic basement**) fand in der Bundesrepublik kaum Nachahmer. Nicht einmal das normale

Basement-Konzept, also die separate Plazierung aller herabgesetzten Waren auf gesonderter Fläche im Erd- oder Kellergeschoß, hat hier bisher einen nennenswerten Eingang gefunden, und zwar teils aus organisatorischen, teils aus verkaufspsychologischen Gründen.

Zusammenfassend betrachtet, sind solche Preisherabsetzungen im Prinzip kein aktives Konzept, sondern Anpassungsmaßnahmen, auch wenn sie nolens volens in der Werbung zum Ausweis besonderer Leistungsfähigkeit umfunktioniert werden (können). Der Händler kann sich nämlich weder die Produkte noch die Preise aussuchen, es bleibt also wenig Handlungsspielraum bezüglich der Steuerung des Kundeneindruckes und des Kundenverhaltens. So muß er u. U. in Kauf nehmen, daß sich z. B. anspruchsvolle Kunden irritiert fühlen, wenn teuer erstandene Produkte nach gewisser Zeit erheblich billiger angeboten werden. Wer eine solche Kundschaft hat, tut gut daran, derartige Ware andernorts zu verkaufen oder verkaufen zu lassen.

2.3 Offensive Preismaßnahmen

Anders dagegen ist – wie bereits zu Anfang erwähnt – die aktive Sonderangebotspolitik beschaffen, zumindest was den Anlaß und den Handlungsspielraum angeht.

Hier werden ja nicht (potentielle) „Ladenhüter" ausgewählt, sondern attraktive Produkte, d. h. solche, die sich in besonderer Weise zur Dokumentation des **Preisimages,** der **Leistungsfähigkeit** und/oder zur Erhöhung der **Kundenfrequenz** und der **Impulskäufe** eignen. Vielfach werden solche **Aktionen** mit den Lieferanten langfristig in den sog. **Jahresgesprächen** geplant und – je nach Einkaufsmacht – die Industrie dabei kräftig zur Kasse gebeten in Form von Preisnachlässen, Werbekostenzuschüssen u. ä. Oft geht es dabei reihum, und das u. U. mehrmals im Jahr, d. h. alle attraktiven (Marken-)Angebote in einem Produktbereich kommen nacheinander für eine, maximal zwei Wochen zum Zuge (Rotationsprinzip).

Erfahrungsgemäß gehen die Umsätze dann jeweils stark in die Höhe und fallen nach dem Wechsel wieder stark ab, um sich dann – das ist jedenfalls die Hoffnung aller Hersteller – auf einem etwas höheren Umsatzniveau (zu Normalpreisen) einzupendeln. Wie leicht vorstellbar, kommen dabei diejenigen Anbieter fast automatisch umsatzmäßig ins Hintertreffen, die nicht mitmachen dürfen oder wollen.

Darstellung 39 vermittelt einen Eindruck von der Wirkung derartiger Preisaktionen über insgesamt 50 Wochen, und zwar im Bereich der Universalwaschmittel, einem extrem aktionspreisgeprägten Markt. Ersichtlich ist auch überdeutlich der inzwischen eingetretene Gewöhnungseffekt an Sonderangebote, denn der Verkauf zu Normalpreisen ist nur noch unbedeutend.

E. Preispolitik

Darstellung 39: Durchschnittspreis und Durchschnittsabsatz von Universalwaschmitteln in Normal- und Sonderangebotswochen

Produkt	Normalwochen		Sonderangebotswochen		Unterschied	
	Preis DM	Absatz Packungen	Preis DM	Absatz Packungen	Preis %	Absatz %
3 kg-Packung						
Ariel	10,95	15	8,92	273	−19	+1700
Persil	10,98	13	9,24	206	−16	+1500
Sunil	8,48	13	7,27	124	−14	+ 900
Omo	9,98	10	8,74	134	−12	+1200
Dash	10,72	9	8,79	143	−18	+1500
Weißer Riese	8,97	6	7,19	107	−20	+1700
Mustang	10,87	2	7,98	85	−27	+4200
Durchschnitt (3 kg)	10,14	10	8,30	153	−18	+1400
4,5 kg-Packung						
Ariel	16,22	10	13,86	86	−15	+ 800
Persil	16,98	9	13,98	134	−18	+1400
Omo	13,80	7	12,98	57	− 6	+ 700
Dash	15,98	4	11,99	136	−25	+3300
Sunil	12,98	0	9,99	136	−23	.
Durchschnitt (4,5 kg)	15,19	6	12,56	110	−17	+1700
10 kg-Packung						
Persil	34,95	2	27,98	80	−20	+3900
Dash	33,26	2	28,95	81	−13	+4000
Omo	32,81	1	27,97	53	−15	+5200
Sunil	27,95	1	23,95	34	−14	+3300
Mustang	31,95	1	25,95	59	−19	+5800
Durchschnitt (10 kg)	32,18	1,4	26,96	61	−16	+4300
2 Liter Flasche						
Vizir	9,15	12	8,15	91	−11	+ 700
Liz	9,35	5	8,23	51	−12	+ 900
Durchschnitt (2 l)	9,25	9	8,19	71	−11	+ 700

Quelle: Huppert, E.: Preis- und Markenabhängigkeit des Absatzes bei Sonderangeboten des Lebensmittelhandels, in: Die Betriebswirtschaft, 47. Jg., 2/87, S. 184–190

Um die (öffentliche) Aufmerksamkeit, die Kundenfrequenz sowie die (Impuls-)Käufe durch Sonderpreisangebote zu erhöhen, werden sie i. d. R. von entsprechenden **Werbe- und Promotion-Maßnahmen** begleitet. Schließlich soll ja damit gezielt die Preiswürdigkeit der Einkaufsstätte, gleichsam pars pro toto, hervorgehoben werden.

Im einzelnen geschieht das durch Medienwerbung, aber auch durch Ladenpromotion, und hier vor allem durch Sonderplazierungen. Entsprechend umfangreich sind deshalb auch die Planungs- und Koordinationsaufgaben.

Die Darstellung 40 (S. 208) zeigt die Ergebnisse einer US-Studie der A.C.

Nielsen und vermittelt einen Eindruck von der Multiplikatorwirkung von Promotion-Maßnahmen im Zusammenhang mit einer 10%-igen Preisreduzierung.

Darstellung 40: Auswirkungen von Unterstützungsmaßnahmen des Handels auf einen 10%-igen Preisnachlaß

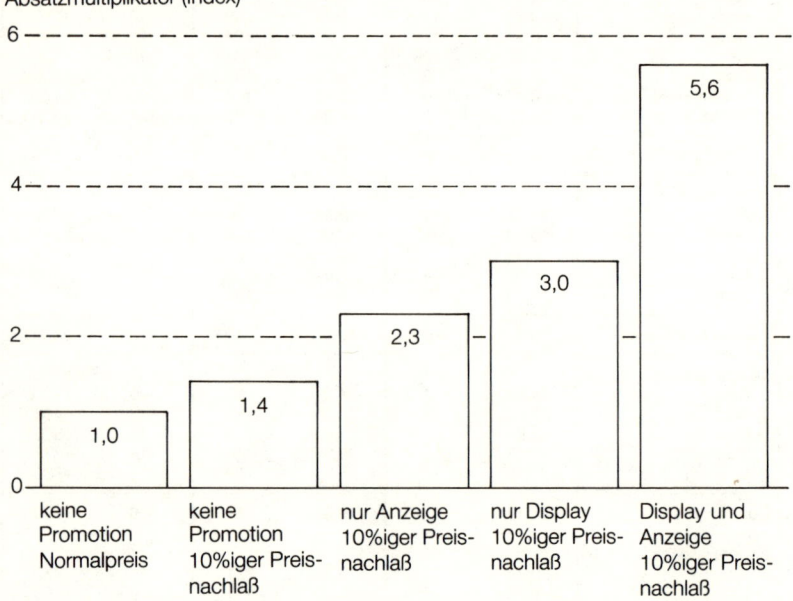

2.4 Sonderangebotspolitik

Die Sonderangebotspolitik ist inzwischen ein Metier, das beherrscht sein will. Vieles verpufft ohne Wirkung, weil die Produkte, die Preise und/oder die unterstützenden Werbemaßnahmen nicht stimmen.

Das erfolgreiche Operieren mit Sonderangeboten setzt also einiges an Überlegungen und Erfahrungen voraus. Der gebotenen Kürze wegen sollen die Probleme deshalb nachfolgend in Form von entscheidungsorientierten Fragestellungen abgehandelt werden.

Nach den Anfängen einer ungezügelten und relativ planlosen „Preisaktionitis" verfahren viele Handelsunternehmen inzwischen nach einem gewissen beständigem Konzept. Von den vielen Möglichkeiten lassen sich folgende als typisch bezeichnen:

– eine allgemein zurückhaltende Sonderangebotspolitik hinsichtlich Umfang und Preisabschlag,

- eine aggressive Sonderangebotspolitik mit vielen, stets wechselnden Sonderangeboten zu Tiefstpreisen,
- eine gezielte Sonderangebotspolitik mit permanenten Tiefstpreisen in einer (stets gleichen) Warengruppe,
- eine selektive Sonderangebotspolitik mit ständig einem Sonderangebot in jeder Warengruppe.

Für einen Händler stellt sich also zunächst die Frage, ob sich Sonderangebote mit seinem gesamten Angebotsstil überhaupt vertragen. Erwarten seine Kunden und sein angepeiltes Nachfragersegment solche von ihm, oder konzedieren sie es zumindest? Lassen sich – falls Zweifel bestehen – dezentere Lösungen finden, etwa individuelle Preisnachlässe nur für gute Kunden?

Bestehen im Prinzip keine Bedenken gegen Sonderangebote, geht es um die genauere Zielsetzung: Was soll bzw. was kann damit erreicht werden? Kommen deshalb neue Kunden? Bleiben die bisherigen nur deshalb erhalten? Kaufen die bisherigen deshalb mehr?

Auch wenn die Antwort in dieser Phase eigentlich lauten müßte: „Das kommt auf die Attraktivität der Angebote an", sind entsprechende Überlegungen nicht nutzlos. Es gibt nämlich viele Nachfrage- und/oder Angebotskonstellationen, wo diese Frage im wesentlichen verneint werden muß, weil die Nachteile für den Händler überwiegen.

Ist die Antwort dagegen positiv, so ist das „Wie", also die Art und Weise des Vorgehens, abzuwägen.

Das beginnt mit der generellen Festlegung der gewünschten Sonderangebotsintensität und eventueller Akzentuierungen innerhalb des Sortiments und richtet sich im wesentlichen nach der eigenen Philosophie sowie den jeweiligen Nachfrage- und Konkurrenzverhältnissen. Was an Konzepten etwa in Frage kommt, wurde zu Anfang dieses Abschnitts dargelegt.

Welche Artikel bzw. Artikelgruppen in Frage kommen, ist überhaupt nur dann eine freie Entscheidung, wenn nicht ständig irgendwelche Ware abgestoßen werden muß. Besteht dagegen freie Wahl und damit die Möglichkeit eines gezielten Vorgehens, so sollten es möglichst attraktive (Marken-)Produkte sein und dabei vornehmlich solche, für die viele der Kunden und/oder Neukunden Bedarf haben. Langlebige Gebrauchsgüter schränken den Käuferkreis also von vornherein stärker ein als Verbrauchsgüter und Verschleißgüter des kurzfristigen Bedarfs. Analoges gilt für die absolute Preishöhe, denn Ausgaben für wenige Mark werden leichter getätigt als für ein paar hundert. Aber diese Begründungen bedürfen insofern der Relativierung, als es ja nicht nur um Umsatzmengen geht, sondern um attraktive Preise von attraktiven Produkten. So bringt z. B. ein besonders preisgünstiger Videorecorder eben mehr Resonanz als ein noch so billiges Antennenkabel.

Die Frage, ob solche attraktiven Artikel nur aus dem laufenden Sortiment stammen sollten, stellt sich zwar grundsätzlich, viele Händler haben jedoch keine Wahl, teils, weil z. B. Großsortimenter ohnehin alle Warengruppen führen, teils, weil es die Kundschaft einfach erwartet, wie etwa im Lebensmittelhandel. Sonderangebote gehen in solchen Fällen also zu großen Teilen zu Lasten der gleichen, normal kalkulierten Artikel, schmälern also die Rendite u. U. beträchtlich. Die andere Möglichkeit besteht ggf. darin, solche Artikel als Sonderangebote zu offerieren, die nicht ins laufende Sortiment gehören. Das schafft unter der Voraussetzung hoher Frequenzen auf jeden Fall Zusatzumsätze und zusätzliche Aufmerksamkeit, vielfach auch mehr Einkaufsstättenattraktivität, birgt allerdings auch die Gefahr in sich, Läger aufzubauen.

Auf diese Weise wird im Einzelhandel ja seit vielen Jahren im Rahmen der in anderem Zusammenhang bereits erwähnten **Partievermarktung** verfahren. Genaugenommen sind es zwar keine Sonderangebote, also vorübergehende Preisreduzierungen, sie werden vom Publikum der günstigen Preise wegen aber wohl als besondere Angebote erlebt. An die Beziehungslosigkeit zum übrigen Sortiment haben sich die Verbraucher offenbar gewöhnt, jedenfalls sind die umgeschlagenen Mengen beträchtlich. Dennoch besteht die Gefahr eines Profilverlustes, und das ist auch einer der Gründe dafür, warum sich viele Händler mit solchen Aktivitäten überhaupt nicht anfreunden wollen bzw. damit auch Schiffbruch erlitten haben. Mißerfolge gehen in vielen Fällen aber auch auf das Konto eines viel zu dilettantischen und kurzatmigen Vorgehens in diesem diffizilen Metier.

Die Antwort auf die nun folgende Frage nach der Bestimmung des Sonderpreises korrespondiert natürlich eng mit dem in Frage kommenden Produkt.

Ein „attraktiver" Preis bedeutet aus Verbrauchersicht eine deutliche Differenz zum Normalpreis oder – bei häufig „veraktionierten" Artikeln – einen Preis, wie bei Sonderangeboten üblich. Wissen, Erfahrung und Erwartung spielen dabei eine Rolle. Es existiert hier mitunter ein vergleichsweise schmaler (sonder)preiselastischer Bereich; auf Preise, die darüber, aber auch darunter liegen, reagiert die Nachfrage dagegen nur schleppend.

Obgleich sich bei hochpreisigen Objekten die Ersparnis durch Sonderangebotseinkäufe absolut mehr lohnen würde als bei niedrigpreisigen, scheint sich das nicht in unterschiedlichen Preiselastizitäten niederzuschlagen, eher ist das Umgekehrte der Fall. 15-20% Abschlag im Lebensmittelsektor erscheinen attraktiv, dagegen sollten es bei Textilien und Hartwaren schon 40-50% sein. Je höher die normale Handelsspanne ist, um so kräftiger müssen offenbar die Abschläge sein, die die Verbraucher inzwischen erwarten.

Sonderangebote haben, wie bereits erwähnt, ohne besondere Hervorhebung bzw. Bekanntmachung durch Werbung, Promotion und Plazierung natürlich eine wesentlich geringere Chance, überhaupt wahrgenommen zu werden. Das gilt schon seitens der Ladenbesucher, während alle übrigen Verbraucher im Einzugsgebiet ohne entsprechende Bekanntmachung gänzlich uninformiert bleiben. Neukunden lassen sich somit nicht gewinnen.

Alle hier einschlägigen aufwandverursachenden Sonderaktivitäten belasten natürlich die ohnehin geschmälerte Spanne und erfordern deshalb besonders sorgfältige Optimierungsüberlegungen und Erfolgskontrollen.

Die obigen Fragen können zwar gestellt, aber niemals absolut und deshalb für jede Situation zutreffend beantwortet werden. Deshalb hat es auch keinen Sinn, hier einzelne Untersuchungsergebnisse vorzuführen. Abgesehen von Händlern mit ganz kleinen Sortimenten und einem sehr begrenzten Kundenstamm, scheiterte bislang der Wunsch nach mehr Transparenz, besseren Entscheidungshilfen und Diagnosemöglichkeiten durchweg am Mangel an Daten und deren sinnvollen Aufbereitungsmöglichkeiten zu vertretbaren Kosten. Verbesserungen sind vom Handel (Scannerkassen/Warenwirtschaftssysteme), von den Marktforschungsinstituten (Handelspanel/Haushaltspanel und deren Kombination) sowie von Kooperationen durch Industrie, Handel und Marktforschungsinstitute (z. B. dem Marktdaten-Kommunikationssystem MADAKOM der Centrale für Coorganisation GmbH Köln – CCG) zu erwarten.

Die Sonderangebotspolitik ist Teil der allgemeinen Preispolitik, und die Preisfindung dafür ein Spezialfall der allgemeinen Preisbestimmungsproblematik, die in den folgenden Abschnitten noch weiter zur Sprache kommt.

Hier sollen abschließend noch diejenigen Fragen aufgeführt werden, die sich im konkreten Fall heute durchaus schon mit den Mitteln der Marktforschung beantworten lassen:

– Wie hoch ist insgesamt in den verschiedenen Artikelgruppen der Anteil, der über Sonderpreisaktionen verkauft wird?
– Welche Betriebsformen haben daran welche Anteile?
– Welche Marken werden bevorzugt im Rahmen von Sonderpreisaktionen gekauft?
– Wie reagiert die Nachfrage bei diesen Marken auf unterschiedliche Sonderangebotspreise?
– Welche Sonderangebotsartikel verführen damit (bei welchen Preisen) offenbar stark zum Einkaufsstättenwechsel?

- Welche soziodemographische Struktur haben in den verschiedenen Artikelgruppen die typischen Sonderangebotskäufer?
- Kaufen Sonderangebotskäufer daneben über- oder unterdurchschnittlich viel an anderen Waren?
- Sind Sonderangebotskäufer weniger oder stärker markentreu als die übrigen Konsumenten?

IV. Probleme und Methoden der Preisbestimmung

1. Ermittlung von Preiselastizitäten

1.1 Einzeloptimierung

Die Forderung einer marktorientierten Preispolitik, wie sie in den vorausgegangenen Abschnitten zum Ausdruck kam, ist einfach gestellt, ihre Realisierung dagegen schwierig. Schließlich geht es ja nicht um karitative Werke am Verbraucher, sondern um gewinnoptimierende Preisstellungen, und zwar bezogen auf ein ganzes Sortiment.

Die alles entscheidende Lösung des Problems böte hier die Kenntnis der (zukünftigen) **Reaktionen** auf unterschiedliche Preise, und zwar einmal natürlich seitens der **Verbraucher**, und zum andern aber auch seitens der **Konkurrenz**.

Von Interesse wäre dieses daher nicht nur im Hinblick auf einzelne Artikel bzw. Warengruppen, sondern auch bezüglich der Auswirkungen auf das übrige Sortiment. Und schließlich wäre von unschätzbarem Vorteil, zu wissen, welche Reaktionen sich durch preisbegleitende Aktivitäten wie Werbung und/oder Plazierung usw. einstellen würden.

Konkret geht es also um die richtige (Voraus-)Kenntnis – ersatzweise die möglichst genaue Einschätzung – der sog. **Preis-Absatz-Funktionen**. Wird im Marktgebiet ganz allgemein vergleichsweise sensibel auf Preisänderungen reagiert? Und wie verhält es sich speziell in den einzelnen Warengruppen und beim angepeilten Kundenpotential?

Das Phänomen der **Preiselastizität** der Nachfrage ist als solches seit langem bekannt, die Zahl der möglichen Ursachen dafür fast unüberschaubar und das zugrundeliegende Nachfragerverhalten deshalb selten exakt erklärbar, geschweige denn prognostizierbar.

Mit den Allerweltserfahrungen, daß Preissenkungen i. d. R. höhere Absatzmengen zur Folge haben, daß dies in Ausnahmefällen aber auch gerade umgekehrt sein kann, oder die Nachfrage teilweise überhaupt nicht auf Preisänderungen reagiert, ist einem Händler natürlich nicht gedient. Er müßte dies eben pro Produkt in seinem Markt, in seinem Planungszeitraum und im Rahmen seines Gesamtangebotes im voraus kennen. Hinter so einfachen Ungewißheiten wie der, ob von einem bestimmten

Artikel zu 34,50 DM vielleicht nur genausoviel verkauft werden würde wie zu 38,40 DM, bei einem Preis von 29,90 DM jedoch das Doppelte, verbergen sich beträchtliche Chancen bzw. Risiken, denn die Einzelhandelsrendite beträgt bekanntlich durchschnittlich nur wenige Prozent vom Umsatz. Je größer hier die Unsicherheiten, um so schwerer läßt sich im Einkauf erfolgversprechend disponieren. Bei täglichen Gemüsebestellungen ist das bekanntlich kein Problem und fast ohne Risiko, wohl aber, wenn im Sommer ein Posten Blusen für das nächste Frühjahr geordert werden muß.

Es gibt nun leider – das sei gleich vorausgeschickt – keine annähernd exakte Methode zur Vorausbestimmung der jeweiligen Preiselastizität, und schon gar keine, die die Interdependenzen in einem ganzen Sortiment berücksichtigt. Es verbleiben also nur Näherungsversuche. Dazu gehört einmal die Berücksichtigung von Erfahrungswerten, kombiniert mit einer möglichst sorgfältigen Einschätzung der aktuellen und zukünftigen Marktsituation. I. d. R. entwickelt der Händler eine Art „Marktgefühl" dafür, wie bestimmte Warengruppen, Marken oder Preislagen auf Preisänderungen reagieren und welche Maßnahmen, wie etwa Werbung oder Plazierung, in dieser Hinsicht wirken. Er orientiert sich also an der Vergangenheit und überprüft dabei gleichzeitig, ob bzw. inwieweit die damaligen Marktgegebenheiten mit den heutigen bzw. zukünftigen noch übereinstimmen.

Die Bezeichnung „Marktgefühl" besagt schon ausreichend, daß hier im wesentlichen subjektive Vergangenheitserfahrungen und -beurteilungen zugrundegelegt werden. I. d. R. sind das punktuelle Einsichten, d. h. das mögliche Preisvariationsspektrum, das den Elastizitätsverlauf zumindest momentan genauer erkennen ließe, wird nicht ausgeschöpft.

Eine exaktere Vorgehensweise wäre demnach ein systematisches **Experimentieren,** hier also im Prinzip eine Registrierung der abverkauften Mengen bei unterschiedlichen Preissetzungen unter sonst konstanten Bedingungen, um sich damit z. B. an den angebotsoptimalen Preis heranzutasten. Auch das gelingt natürlich schon deshalb nie genau, weil innerhalb des Experimentierzeitraums die Konstanz der übrigen Variablen (z. B. Kundenfrequenz) in einer Verkaufsstätte nicht gewährleistet werden kann und zeitgleiche Versuche in mehreren Verkaufsstätten analoge Probleme aufweisen. Im übrigen lassen sich auch die Ergebnisse nicht einfach auf die Zukunft übertragen.

In der betrieblichen Praxis stoßen solche Experimente erfahrungsgemäß nicht selten auf Widerstände, und zwar wegen des zusätzlichen Arbeitsaufwands, der Störung der gewohnten Arbeitsabläufe und der möglichen Irritierung der Kundschaft. Vielfach fehlt beim Personal auch das Verständnis für derlei Aktivitäten.

Auf Dauer wird hier das Scanning mit seinen Möglichkeiten der artikelgenauen und schnellen Erfassung von Preisen und Abverkaufsmengen einige praktische Probleme reduzieren.

Insgesamt betrachtet, sind die Möglichkeiten, mittels des tatsächlichen Käuferverhaltens Erkenntnisse über die (zukünftigen) Preiselastizitäten zu gewinnen, begrenzt und die Unsicherheiten unvermeidbar. Aber letztlich geht es hier nicht um ein „Alles oder Nichts", sondern um Verbesserungsmöglichkeiten, die von der Masse der Einzelhändler bisher nur ungenügend genutzt, von modern geführten Unternehmen inzwischen jedoch sehr wohl wahrgenommen werden. Je kleiner dabei die Sortimente, um so sinnvoller erscheinen solche Bemühungen.

Wie stets, wenn aus dem tatsächlichen Käuferverhalten für die Zukunft nur sehr unsichere Schlüsse möglich sind, werden genauere Erkenntnisse dadurch erhofft, daß den Ursachen des Verhaltens nachgegangen wird. Wären also die Gründe für das Preisverhalten bekannt und dazu von genereller Gültigkeit, wäre man einer Problemlösung wesentlich näher. Hier ist also die **Verhaltenswissenschaft** permanent gefordert; die bisherigen Einsichten dazu wurden vorab bereits erläutert.

1.2 Sortimentsoptimierung

Die geschilderten Versuche einer artikelgenauen Umsatzoptimierung über die Preisstellung sind – selbst wenn sie gelängen – leider auch noch nicht der Weisheit letzter Schluß. Schließlich geht es nämlich nicht um Einzeloptimierung, sondern um das Streben nach einem **Gesamtoptimum.** Die Einzelpreise im Sortiment stehen zweifellos oft in Wechselbeziehungen zueinander (Kreuzpreiselastizität). Für viele Kunden ist ferner der Gesamteindruck vom Preisgebaren von großer Bedeutung für Akzeptanz oder Ablehnung einer Einkaufsstätte.

Bei der Behandlung des Themas „Sortimentsverbund" ist nun bereits klar geworden, wie begrenzt hier bei vertretbarem Aufwand die Erkenntnismöglichkeiten sind. Das gilt in Bezug auf die Preise in noch stärkerem Maße, eben weil hier die gemessenen Bedarfs- und Einkaufszusammenhänge (zu gegebenen Preisen) durch Preisänderungen selbst wieder Veränderungen erfahren. Schließlich ist ja der Extremfall nicht selten, wo allein wegen der (günstigen) Preise Verbundkäufe getätigt werden.

Es bliebe also zur Aufdeckung eventueller Zusammenhänge keine andere Wahl, als bei bereits nachgewiesenen Verbundkaufbeziehungen die Preise solcher Artikel zu variieren, um nachzuweisen, welchen Einfluß speziell die Preisrelationen auf die Abverkäufe ausüben.

Aber auch die Gesamtumsatzoptimierung ist, wie zu Anfang gezeigt, nur ein Suboptimum, Endziel ist vielmehr der **Gesamtgewinn.** Erforderlich ist also die Suche nach dem gewinnoptimalen Preisgesamt, was wiederum die Kenntnis der artikelbezogenen Kosten(verläufe) bei wechselnden Preisen und Umsätzen voraussetzt.

Die hier angesprochenen Probleme sind aus der betrieblichen Preis- und Kostentheorie lange bekannt. Was dort am Beispiel des Ein-Produkt-Herstellers leicht zu exemplifizieren ist, bei einer größeren Programmpalette aber schon erhebliche Lösungsschwierigkeiten bereitet, wird bei den vergleichsweise großen Handelssortimenten zur Unmöglichkeit.

Freilich hat es ein Autohändler mit seinen wenigen Modellen verhältnismäßig leicht, herauszurechnen, was er pro Modell an Deckungsbeitrag erwirtschaftet. Zumindest gibt es hier keine Verbundkäufe, denn Autos werden i. d. R. einzeln gekauft, wohl aber wird die Entscheidung durch die Preise der übrigen Modelle beeinflußt. Ganz anders hingegen verhält sich das bei den üblichen, auf Mehrfachkäufe angelegten Einzelhandelssortimenten mit ihren Tausenden von Artikeln.

Theoretiker mögen ob der hier aufgezeigten Schwierigkeiten verzweifeln, die Handelspraxis tut es bekanntlich nicht, und zwar weder beim Sortiments- noch beim Preisverbund, und auch nicht bei der Vorstellung, daß mangels entsprechender exakter Daten die sog. Gewinnplanung auf schwachen Füßen steht.

Die Devise, das zwar Unvollkommene, aber in der Praxis Erfolgreiche zu kopieren, führt letzten Endes auch nicht zur Vollkommenheit, bietet aber die Chance, ebenfalls erfolgreich zu sein. Vorhandene Betriebstypen werden also auch hinsichtlich der Preispolitik zum Vorbild genommen, eigene Zielgruppenüberlegungen und Konkurrenzaspekte erfordern u. U. einen spezielleren Zuschnitt.

Auch von den Kosten her ergibt die Wahl eines bestimmten Betriebstyps bzw. einer Branche bereits Anhaltspunkte, und damit ist auch die Höhe der durchschnittlichen Handelsspanne in etwa vorgegeben. Eine Boutique muß eben anders kalkulieren als ein Lebensmittelgeschäft. Damit liegt ein gewisser Preisrahmen fest, der überhaupt in Frage kommt und im einzelnen nach oben oder unten stärker akzentuiert werden kann oder muß.

Es sind also alles Überlegungen bzw. Anhaltspunkte, die ganz ähnlich im Kapitel Sortimentspolitik bereits zur Sprache kamen.

2. Preiskalkulation

2.1 Ansätze zur Preisfindung

Auf den kürzesten Nenner gebracht, versucht ein Händler wie jeder andere Unternehmer, mittels der Vermarktung der betrieblichen Leistungen Gewinne zu erzielen. Es soll mehr als der gesamte Aufwand über eine Ertragsposition, nämlich über die Preisforderung, vereinnahmt werden.

Das Streben nach Gewinn ist also ein dauerndes Bemühen, nämlich unter Berücksichtigung des gewählten Angebotsniveaus einmal den Aufwand so gering wie möglich zu halten, und zum andern, bei den Preisen soviel herauszuholen, wie der Markt (langfristig) hergibt.

Herrscht geringer (Preis-)Wettbewerb, gelingt die Gewinnerzielung i. d. R. durch eine im wesentlichen **spannenorientierte** Preisstellung, indem der jeweilige Wareneinstandspreis um einen einheitlichen (handelsüblichen, branchenüblichen, artikelüblichen) prozentualen Aufschlag erhöht wurde. Dieser mußte dann die Betriebskosten sowie den Gewinn einschließen. Im Falle der vertikalen Preisbindung setzte die Industrie die Endverkaufspreise von sich aus fest, „garantierte" also die Spanne.

Eine solche spannenorientierte Preisfixierung ist zwar bequem und vielfach auch heute noch ausreichend, hat aber aus betriebs- wie aus absatzwirtschaftlicher Sicht gravierende Mängel. Es finden nämlich weder die betriebsindividuellen Kosten noch die betriebsindividuellen Nachfrageverhältnisse dabei Berücksichtigung.

Exakter wäre also eine echte **Kostenorientierung,** was voraussetzt, daß die Kosten bei gegebenen Absatzmengen (pro Artikel bzw. pro Warengruppe bzw. bezogen auf das gesamte Sortiment) auch tatsächlich bekannt sind. Auch die Spannenorientierung impliziert natürlich solche Kostenaspekte, aber eben nur in sehr pauschaler Weise.

Die Kosten bestimmen aber nicht automatisch die Preise, allenfalls und auf längere Sicht die Untergrenze des Preisniveaus eines Sortiments. Je schärfer der Wettbewerb, um so stärker gilt es, sich durch eine **nachfrageorientierte** Preisgestaltung den wechselnden Marktgegebenheiten anzupassen. Das kann Preisanpassungen nach unten bedeuten, erfordert aber auch eine verstärkte Ausnutzung von Absatzchancen zu hohen Preisen. Die für den Handel ja eigentlich typischen spekulativen Aspekte seiner Tätigkeit sind also zunehmend gefragt und auch deutlich spürbar.

Je mehr ein Händler dabei über seine Kosten bzw. Kostenverläufe weiß, um so sicherer kann er natürlich auch eine nachfrageorientierte Preispolitik betreiben, weil er weiß, wann und womit er wieviel verdient, und wo eventuell Verluste anfallen und in Kauf genommen werden können oder müssen.

2.2 Kalkulationsarten

Letztlich bedürfen alle der vorab genannten preispolitischen Überlegungen der praktischen Umsetzung, d. h. für jeden Artikel muß ein Preis festgesetzt werden. Dafür stehen im Grunde als Basis drei verschiedene Verfahren zur Verfügung, nämlich

- die progressive Kalkulation,
- die retrograde Kalkulation,
- eine Kombination beider Verfahren.

Bei der **progressiven** Kalkulation, auch Kosten- oder Aufschlagkalkulation genannt, wird der Preis auf der Grundlage der Wareneinstandskosten und der Handlungskosten (inkl. Gewinnaufschlag) ermittelt. Im einzelnen wird dabei unterschieden in die

- **generelle** Aufschlagskalkulation; hier wird aufgrund der gesamten Handlungskosten und des angestrebten Gewinns ein einheitlicher Aufschlag auf die jeweiligen Wareneinstandskosten angesetzt.
- **differenzierte** Aufschlagskalkulation; hierbei wird der jeweilige Aufschlag je nach Artikel, Artikelgruppe oder Warengruppe speziell festgesetzt, und zwar im Prinzip aufgrund ihrer unterschiedlichen Kosten.

Die dabei verwendeten Aufschläge richten sich z. B. auch nach den Preisvorschlägen der Lieferanten, nach den Kalkulationshilfen von Einkaufsverbänden und vor allem nach den üblichen Aufschlagssätzen der Branche.

Die progressive Kalkulation weist aus Handelssicht zwei Vorteile auf, denn sie ist einmal einfach zu handhaben, und zum anderen minimiert sie den Preiswettbewerb, wenn sich nämlich alle Konkurrenten ähnlich verhalten. Als gravierender Nachteil muß dagegen gelten, daß die progressive Kalkulation streng genommen in keiner Weise an den Marktverhältnissen orientiert ist.

Es läßt sich damit also keine Optimierung des Preises anstreben, da eine Berücksichtigung der jeweiligen Preiselastizität der Nachfrage nicht erfolgt. Schließlich wäre die progressive Kalkulation auch nur dann exakt, wenn die Stückkosten unabhängig von der abgesetzten Menge konstant blieben.

Die **retrograde** Kalkulation geht von einem vorgegebenen oder angestrebten **Marktpreis** aus; sie versucht, die bei diesem Preis absetzbare Menge aus den Marktverhältnissen abzuleiten und rechnet von diesem Preis-Mengenvolumen unter Abzug aller Kosten auf den erzielbaren Gewinn zurück. Es werden hierbei also explizit die voraussichtlichen Kosten – und zwar mengenabhängig – berücksichtigt. Durch ein Variieren des Marktpreises mit jeweils entsprechenden Abverkaufs-Erwartungen kann also versucht werden, das Gewinnoptimum zu finden, was natürlich die richtige Einschätzung der Preiselastizität der Nachfrage voraussetzt.

Entsprechend der Ausrichtung der retrograden Kalkulation an den Marktverhältnissen, kann es also vorkommen, daß gewisse Artikel keine kostendeckenden Preise erzielen. U. U. liefern sie aber noch einen gewissen Deckungsbeitrag, sofern sie nicht eben in Gänze vom Verkauf anderer Produkte subventioniert werden (müssen), wie etwa häufig die Sonderangebote. Über das Ausmaß der Reduzierung der Durchschnittsspanne gerade durch Sonderangebote bzw. des zum Ausgleich eigentlich notwendigen Mehrumsatzes sind sich viele Händler nicht im klaren. Beträgt der Umsatz z. B. 500 000 DM p.a. und geht die durchschnittliche Spanne von 30% auf 26% zurück, so müßte (bei variablen Kosten von 6%) der Umsatz auf 625 000 DM gesteigert werden, um die gleiche Rendite zu erzielen. Die Formel zur Errechnung des erforderlichen Mehrumsatzes lautet:

$$\text{Mehrumsatz (\%)} = \frac{\text{Kalkulationseinbuße (\%)} \times 100}{\text{Erzielte Kalkulation (\%)} - \text{Variable Kosten (\%)} - \text{Kalkulationseinbuße (\%)}}$$

Die Orientierung am Marktpreis (mit Hilfe der retrograden Kalkulation) sowie die Sonderangebotspolitik sind die Ursachen für die im Handel weitverbreitete Kompensationskalkulation (kalkulatorischer Ausgleich, **Mischkalkulation**).

Da sich Einzelhändler hauptsächlich am Gesamterfolg des Sortiments orientieren, bietet der kalkulatorische Ausgleich die Möglichkeit, einen rechnerischen Spannenausgleich zwischen niedrig kalkulierten Produkten (Ausgleichsnehmer) und hoch kalkulierten Produkten (Ausgleichsträger) vorzunehmen.

Zu beachten ist schließlich noch, daß mittels der retrograden Kalkulation in ihrer ursprünglichen Form keine Optimierung der Preishöhenfestsetzung angestrebt wird. U. U. kann jedoch mittels heuristischer Verfahren in mehreren Simulationsläufen eine relativ gute Näherung erreicht werden.

Die beiden vorgestellten Kalkulationsverfahren beruhen auf Berechnungen, die entweder vom angestrebten Verkaufspreis ausgehen und dann die Kosten als einfache oder differenzierte **Abschläge** berechnen, oder aber auf Additionen, bei denen einem bestimmten Bezugspreis die Kosten als einfache oder differenzierte **Aufschläge** zugerechnet werden. Geht also die retrograde Kalkulation sozusagen von oben nach unten vor, so arbeitet die progressive Kalkulation genau umgekehrt von unten nach oben.

Eine durch die **Kombination** beider Verfahren mögliche Mischform wäre somit in der Lage, z. B. die höchst zulässigen Kosten für eine bestimmte Produktgruppe bei einem vorgegebenen Einstandspreis und einem vorgegebenen Verkaufspreis zu ermitteln. Dies wird von Vormbaum als **Differenzkalkulation** bezeichnet.

Schließlich sei in diesem Zusammenhang noch auf das Verfahren der

Bruttonutzenrechnung hingewiesen. Da es sich dabei jedoch um kein Kalkulationsverfahren i. e. S. handelt, wurde es bereits im Abschnitt „Sortimentskontrolle" behandelt (vgl. S. 109 ff.).

2.3 Preisstellung

2.3.1 Verfahren

Bei der Preisstellung im Einzelhandel wird im wesentlichen zwischen drei Verfahren unterschieden:

- Bei der **Brutto**preisstellung ist im geforderten Preis bereits die (fallweise) Gewährung bestimmter Zusatzleistungen oder Preisnachlässe vorgesehen. Sie erlaubt also dem Händler einen gewissen Preisspielraum nach unten, ohne damit gleich die Rendite zu gefährden.
- Die **Netto**preisstellung sieht solche Zugeständnisse dagegen nicht vor. Zusätzlicher Service muß also extra bezahlt werden, Preisnachlässe gehen zu Lasten der Rendite.
- Auch die sog. **Cost-plus**-Preisstellung basiert auf einem Nettopreis, bei dem für Zusatzleistungen entsprechende Zuschläge berechnet werden. Dieses Cost-plus-Vorgehen findet vor allem Anwendung bei den Verbundgruppen, nämlich zwischen den Zentralen und ihren Einzelhandelsmitgliedern bzw. -genossen. Die Preiszuschläge richten sich dann danach, welche zusätzlichen Leistungen letztere in Anspruch nehmen. Das führt letzten Endes zu einer größeren Flexibilität und gleichzeitig zur stärkeren Disziplinierung der Mitglieder.

2.3.2 Preisdifferenzierungen

Seit sich im Einzelhandel Festpreise durchgesetzt haben, sind Preisdifferenzierungen im gebräuchlichen Sinn nur noch die Ausnahme. Anders als beim „ausgehandelten Preis" gilt für alle Verbraucher der gleiche Preis. Das erzwingt die Preisauszeichnungspflicht, wird aber auch aus buchungstechnischen Gründen zunehmend erforderlich. Ausnahmen gelten für Kunstgegenstände, Antiquitäten und Gebrauchtwaren.

Persönliche Preisdifferenzen sind also de jure und de facto die Ausnahme; wenn andere Preise als die angegebenen tatsächlich zugelassen werden, handelt es sich also um Nachlässe bzw. Rabatte. Gänzlich anderer Natur sind Preisdifferenzierungen in räumlicher und zeitlicher Hinsicht. Selbstverständlich bleibt es einem Handelsunternehmen unbenommen, etwa in seinen Filialen an verschiedenen Orten (gleichzeitig) unterschiedliche Preise zu fordern, und weiterhin ist es allenthalben gang und gäbe, die Preise im Zeitverlauf zu ändern.

Die Gewährung von **Rabatten** unterliegt, wie im Kapitel „rechtliche Rahmenbedingungen" gezeigt wurde, bislang starken Beschränkungen, jedoch steht inzwischen eine Deregulierung in Aussicht.

2.3.3 Skonto

Der Skonto ist ein Preisnachlaß, der für sofortige Barzahlung oder für Vorkasse gewährt wird. Hierbei werden **Warenskonto** (= unentgeltliche Ware) und **Kassenskonto** (= Geldabzug) unterschieden. Aber der Kassenskonto, als der ursprünglich im Einzelhandel üblichere, wird heute vom Handel immer seltener offeriert und auch auf Verlangen des Kunden meist nicht gewährt.

Skontobelastungen erweisen sich bei genauerer Betrachtung als äußerst hoch. So ist für die Kondition „10 Tage mit 2% Skonto oder 30 Tage netto" ein Jahreszinssatz von 36% anzusetzen. Beträgt der Skonto 3%, so entspricht er sogar 54% p.a.

2.4 Preis und Betriebstyp

Zum Abschluß dieses Kapitels soll noch kurz auf die Kostenstruktur im Handel eingegangen werden, und zwar speziell auf die Frage, wie denn nun eigentlich die extrem unterschiedlichen Preise überhaupt zustandekommen.

Der erste mögliche Grund, daß dies nämlich an unterschiedlichen Gewinnmargen liege, mag im einzelnen zwar zutreffen, ist aber offenbar durchgängig nicht der Fall. Zumindest weisen die einschlägigen Statistiken für den Fachhandel seit Jahren Betriebsergebnisse von einigen wenigen Prozenten vom Umsatz aus, sofern dies überhaupt der Fall ist. Für ihre preislichen Kontrahenten, die Discounter, gilt ähnliches, zumindest darf – nach dem Prinzip „großer Umsatz, kleiner Nutzen" – davon ausgegangen werden, daß gerade deren Preisniveau keine Riesenmargen verträgt. Unterschiedliche Gewinne spielen zur Erklärung also keine oder nur eine sehr untergeordnete Rolle.

Was also an maßgebenden Ursachen bleibt, sind demnach die beiden Kategorien **„Wareneinsatz"** und **„Handlungskosten"**. Die gesuchte Erklärung ist daher auch naheliegend und kann hier schon vorgenommen werden, weil sie eine händlerische Binsenwahrheit darstellt.

Billiger kann nur sein, wer entweder günstiger einkauft als die Konkurrenz, oder wer geringere Handlungskosten hat als diese. Und nach Adam Riese ist derjenige preislich unschlagbar, der beides schafft.

Bezüglich der Kosten verschiedener Betriebsformen mögen folgende Werte einen Eindruck von den herrschenden Unterschieden geben:

Darstellung 41: Handlungskosten in % vom Netto-Umsatz
(= ohne MWSt.) nach Betriebsformen

Facheinzelhandel . . . 24%	SB-Warenhäuser 16–17%
LE-Discounter 11%	Warenhäuser/ Groß-Versandhäuser . . 33%

In etwa dürften diese Angaben die gültigen Relationen aufzeigen, auch wenn sie im einzelnen diskussionswürdig sind, etwa bezüglich der Berechnungsbasis (Unternehmenskosten oder Kosten im Verkaufsstellenbereich).

Möglich werden solche Unterschiede durch das Auseinanderklaffen bei den anteiligen Kosten insbesondere für **Personal** und **Verkaufsfläche**, die z. T. um mehr als das Doppelte differieren.

Nun zur zweiten Kategorie, dem Wareneinsatz, zu dem die alte Kaufmannsweisheit bekanntlich lautet: „Im Einkauf liegt der Gewinn".

Genauere Aussagen dazu erfordern Kenntnisse des Konditionsgefüges der Lieferanten, denn nur diese kennen ihre Rabattstaffeln und ihre sonstigen Preiszugeständnisse. Diese variieren im übrigen vielfach auch von Produkt zu Produkt.

Das „Konditionsgerangel" zwischen Handel und Industrie und die Existenz von Einkaufsverbänden und -kontoren deuten jedenfalls daraufhin, daß den Großabnehmern beträchtliche Nachlässe gewährt werden, und dies insbesondere nochmals für Aktionsware.

Vielfach resultieren die Einkaufspreisunterschiede aber auch aus unterschiedlichen Einkaufsquellen und damit unterschiedlicher Ware. Das Oberhemd, das Videogerät aus Ostasien oder die Schuhe aus Portugal sind eben keine deutschen Markenprodukte und damit genau genommen auch im Preis nicht „vergleichbar". Tatsache ist aber, daß dadurch viele spektakuläre Preisunterschiede erklärlich werden, weil eben die Einkaufspreise ein Drittel, oft sogar weit mehr, unter denen etwa der Bundesrepublik liegen, zumindest für direkt importierende Handelsunternehmen. Ein niedriger Handlungskostenaufschlag auf einen niedrigen Wareneinsatz ergibt dann die Möglichkeit zu entsprechend niedrigen Endverkaufspreisen, was Darstellung 42 (S. 222) im Vergleich zwischen Facheinzelhandel und Discounter grob verdeutlichen soll.

Darstellung 42: Unterschiede in der Kalkulationsbasis zwischen Facheinzelhandel und Discountern

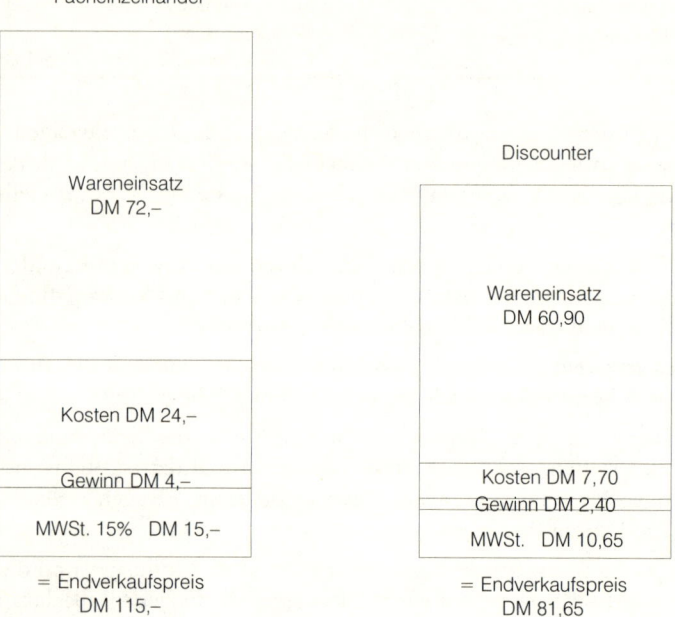

F. Werbepolitik

I. Einleitung

Im Vergleich zu allen übrigen absatzpolitischen Instrumenten ist die Werbung sehr jung, zumindest wenn man das Zeitalter der Reklame mit der Entfaltung des Presse- und Anschlagwesens, aber auch mit dem Aufkommen von Liberalismus und modernem Kapitalismus im vorigen Jahrhundert beginnen läßt. Der Einzelhandel hat dabei viel zur Entfaltung beigetragen. Sombart schrieb dazu um die Jahrhundertwende, daß „... die Reklame ohne allen Zweifel im Gebiet des Detailhandels ihre Entstehung erlebt und ihre Weihen empfangen hat."

Schrittmacher und Vorbilder waren ganz ohne Frage in Frankreich wie später in Deutschland die **Warenhäuser.** Nicht nur deren Anzeigen und Plakate, sondern auch ihre verführerischen Warenauslagen in den Verkaufsräumen und Schaufestern faszinierten damals die Menschen in heu-

F. Werbepolitik

te unvorstellbarem Maße. In Berlin galten die Firmen Rudolph Hertzog und J. Cohn bis gegen Ende des 19. Jahrhunderts als die größten Werbetreibenden im Deutschen Reich. Das Kaufhaus des Westens (KaDeWe) hatte 1909 bereits einen jährlichen Werbeetat von 450 000 (Gold-)Mark, und Angaben aus den zwanziger Jahren zufolge wendeten die deutschen Warenhäuser für „alle Art von Reklame" bereits etwa 3 bis 4% ihres Umsatzes auf.

Aber die Warenhäuser waren nicht der Einzelhandel und Berlin nicht Deutschland. Beim mittelständischen Einzelhandel waren Werbebewußtsein, Werbeaktivität und Werbequalität, von Ausnahmen abgesehen, bis weit nach dem zweiten Weltkrieg vergleichsweise bescheiden. Dennoch war der Einzelhandel in seiner Gesamtheit für spezielle Medien, wie insbesondere Zeitungsanzeigen, aber auch für Außen- und Verkehrsmittelanschläge, stets einer der größten Auftraggeber. Er galt aber auch als ein hilfreicher Sponsor, wenn es um die Förderung von Vereinen und Veranstaltungen u. ä. auf lokaler Ebene ging.

Die werblichen Aktivitäten des Handels verblaßten im Laufe dieses Jahrhunderts vor der aufkommenden **Markenartikelwerbung** der Industrie. Das galt anfänglich weniger für ihr Volumen, sondern mehr für ihren Einfallsreichtum und ihre Professionalität. Erst nach dem zweiten Weltkrieg hat sie auch volumenmäßig die Einzelhandelswerbung überholt. Aufgrund dieser Entwicklung kann sich der Einzelhandel seit Jahrzehnten sehr stark auf den werblichen Vorverkauf der Konsumgüter seitens der Industrie stützen, mit der Folge einer für ihn nicht ungefährlichen Funktionsschmälerung und Kräfteverlagerung im Bereich der Distribution und Akquisition.

Die hohe und noch zunehmende Marktmacht des Einzelhandels wird jedoch vermutlich dazu führen, daß in Zukunft auch im Werbegeschäft die Karten zwischen Industrie und Handel neu gemischt werden.

II. Werbeaufwendungen des Einzelhandels

Aus Händlersicht interessiert das Gesamtvolumen der Werbung einer Volkswirtschaft oder eines ganzen Wirtschaftsweiges (z. B. des Einzelhandels) im Grunde nur wenig. Nützlicher sind dagegen detailliertere Informationen über die eigene Branche oder über die unmittelbaren Wettbewerber. Deren Etatvolumina – oder besser – deren entsprechende Werbekostenanteile vom Umsatz werden gern als Anhaltspunkte für die eigene Werbeplanung herangezogen.

Nach den Ergebnissen des Betriebsvergleichs des Kölner Instituts für Handelsforschung betrug der Anteil der Werbekosten am Umsatz des (mittelständischen) **Facheinzelhandels** quer über alle erfaßten Branchen im Durchschnitt etwa 1,5%. An erster Stelle standen dabei der Handel mit Bettwaren, Bett- und Hauswäsche und die Branche Teppiche und Gardinen mit 3,7%; das Schlußlicht bildete der Handel mit Tabakwaren mit 0,4%.

Da der Betriebsvergleich schwerlich repräsentativ für alle Fachhändler sein dürfte, sich hier vielmehr die interessierten (und besseren?) Händler daran beteiligen, ist anzunehmen, daß der wirkliche Durchschnitt unter Berücksichtigung all der Klein- und Kleinstbetriebe, die kaum werben, etwas niedriger liegt.

Spitzenreiter innerhalb des Einzelhandels – wenn auch nicht ganz vergleichbar – ist zweifellos der Versandhandel infolge seiner teuren Katalogwerbung; Universalversender wenden zwischen 10 und 15% vom Umsatz auf, bei Spezialversendern geht der Anteil bis zu 25%. Relativ viel, nämlich 1,5–2%, dürften auch die Warenhäuser aufbringen müssen, um im Wettbewerb bestehen zu können. Als nicht nur preisaggressiv, sondern auch werbeintensiv galten bei ihrem Aufkommen die Discounter, Verbrauchermärkte und SB-Warenhäuser mit ca. 4% Werbekosten vom Umsatz. Deren Marge dürfte heute bei inzwischen erheblich gestiegenen Umsätzen pro Einkaufsstätte zwischen 1 und 2% vom Umsatz liegen. Aber das sind im Grunde wenig aussagekräftige Durchschnittswerte, hinter denen sich eine beträchtliche Bandbreite verbirgt. Für einen Unternehmer verwertbar werden solche Zahlen erst, wenn eine gewisse Vergleichbarkeit gegeben ist, und diese wiederum gilt nur bei Ähnlichkeiten hinsichtlich Betriebsgröße, Branche, Kundenstruktur, Standort u. ä. mit dem eigenen Betrieb.

Welchen Anteil haben daran nun z. B. die Massenmedien, also Zeitungen, Zeitschriften, Funk und Fernsehen?

Wie zu erwarten, ist der Einzelhandel ein guter Anzeigenkunde. Bei Tageszeitungen hat er einen Anzeigenanteil am Gesamtvolumen von ca. 45% und liegt damit an erster Stelle.

Demgegenüber ist er bei überregionalen Medien wie Zeitschriften, Fernsehen und Hörfunk nur schwach vertreten, und zwar jeweils mit nur wenigen Prozenten.

Interessant mögen schließlich auch noch die Werberiesen des Handels sein. Gemessen an den klassischen Medien, stand in der Rangfolge der Größten im Einzelhandel (1990, S + P-Daten) das Textilgroßunternehmen C. & A. Brenninkmeier mit 212 Mio. DM an erster Stelle, gefolgt von Karstadt (128 Mio. DM). Auch Hertie, Kaufhof und die Edeka lagen noch jeweils über 50 Mio. DM. Rückschlüsse auf deren jeweiligen Gesamtwerbeetat lassen sich nur schwer ziehen. Der anteilige Streuetat kann nämlich beträchtlich differieren, d. h. zwischen 20 und 50% müssen noch hinzugerechnet werden.

III. Besonderheiten der Werbung des Einzelhandels

Wirtschaftswerbung soll im wesentlichen Kunden gewinnen und Kunden erhalten. Diese sog. **Absatz**werbung bzw. **Verkaufs**werbung soll unter Außerachtlassung anderer Zielsetzungen (Beschaffungswerbung, Public Relations) im Mittelpunkt der weiteren Betrachtungen stehen.

Da es im Rahmen dieses Kapitels nicht Aufgabe und Anspruch sein kann, das ganze Werbe-Know-how unserer Zeit einzufangen und auszubreiten, erfolgt eine weitere Beschränkung auf die grundsätzlichen Besonderheiten der Einzelhandelswerbung und – bei der Darstellung der Medien – auf eine Reihe typischer Erscheinungsformen. Schließlich bleibt anzumerken, daß die Werbung des stationären Einzelhandels im Mittelpunkt der Betrachtungen steht.

Einzelhandelswerbung ist ein Teilbereich der Wirtschaftswerbung. Deshalb gibt es eine Reihe von Gemeinsamkeiten, die in den folgenden Ausführungen ausgeklammert werden können, nämlich
- ihr absatzwirtschaftlicher Instrumentalcharakter im Marketing,
- ihre marktlichen Ziele, nämlich Kundengewinnung und Kundenerhaltung,
- ihre psychologischen Ziele und Methoden, nämlich Beeinflussung von unabhängigen Wirtschaftssubjekten durch Kommunikation,
- ihre wirtschaftsethischen und rechtlichen Normen bzw. Gesetze,
- ihre im Prinzip einsetzbaren Werbemittel und Werbeträger,
- ihre Planungs- und Gestaltungsüberlegungen sowie
- ihre Ziele und Methoden der Erfolgsmessung.

Auch die grundsätzlichen Vorgehensweisen sind im Einzelhandel die gleichen wie in anderen Wirtschaftszweigen. Die Stufenfolge zeigt die Darstellung 43; im übrigen kann dazu auf die einschlägige Werbeliteratur verwiesen werden.

1. Prinzipielle Besonderheiten

Die Einzelhandelswerbung richtet sich grundsätzlich an Endverbraucher, ihre Adressaten sind keine Gewerbetreibenden o. ä., sondern Konsumenten bzw. private Haushalte. Das hat sie mit der Konsumgüterwerbung der Industrie gemeinsam. Wodurch aber unterscheidet sie sich von dieser grundsätzlich?

(1) Die Werbungtreibenden sind gleichzeitig auch die Verkäufer – die Industrie betreibt dagegen sog. Sprungwerbung. Das bedeutet, daß in vielen Fällen die Kunden bekannt sind – persönlich oder adressenmäßig – und damit auch eine gezielte werbliche Ansprache möglich ist. Vor allem hat der Einzelhandel bessere Möglichkeiten der Werbeerfolgskontrolle; zumindest den Abverkauf seiner Waren kann er

Darstellung 43: Stufen der Werbepolitik

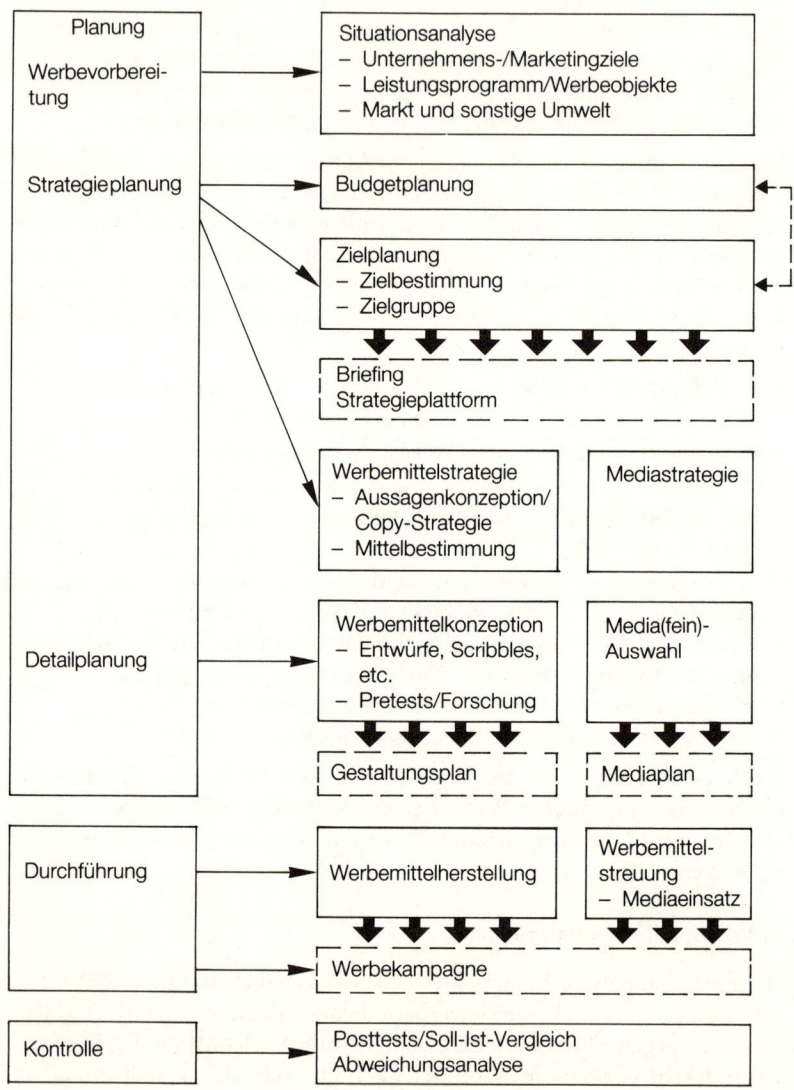

(nach erfolgter Werbung) ja unmittelbar messen und ist nicht – wie die Industrie – auf umständliche und vergleichsweise ungenaue Institutserhebungen angewiesen. Im übrigen kann der Einzelhandel auch besser abschätzen, welche betrieblichen und außerbetrieblichen Einflüsse für den Werbe(miß)erfolg mitverantwortlich waren.

(2) Die Verbraucher nehmen mit dem Einkaufsstättenbesuch gleichsam

F. Werbepolitik

auch die „Produktionsmittel" des Werbungtreibenden in Anspruch und nicht nur – wie bei den Industrieprodukten – das Ergebnis eines räumlich/zeitlich getrennten Leistungsprozesses. Der Einzelhandel kann infolgedessen eigenverantwortlich nicht nur in, sondern auch mit seiner „Produktionsstätte" werben.

Hiermit hat er einen eindeutigen Vorteil oder – besser gesagt – eine eindeutige Chance gegenüber der Industrie, denn im Rahmen des Kundenbesuchs stehen ja mehr und stärkere Beeinflussungsmöglichkeiten im Vergleich zur Medienwerbung zur Verfügung. Die ganze Einkaufsstätte kann und sollte folglich den Charakter einer „Werbeveranstaltung" haben, also auf Akquisition angelegt sein.

Dabei ist allerdings von Nachteil, daß im Gegensatz zu jeder Art von (unaufgeforderter) Streuwerbung der Kunde zur Einkaufsstätte kommen muß, um werblich angesprochen werden zu können.

(3) Die Einkaufsstätte als „Werbeträger" hat im Vergleich zu Produkten einen begrenzten Wirkungsbereich. Markenartikel signalisieren ja durch ihre Aufmachung auch eine Werbebotschaft und wirken ständig und hunderttausendfach in alle Lebensbereiche hinein. Bei den Einkaufsstätten gibt es derartiges nicht; ihre „Nutzer" sind allenfalls und sehr vorübergehend an der Einkaufstüte erkennbar; ansonsten wirken Käufer bzw. Verwender nicht als „Werbebotschafter".

(4) Der Einzelhandel wirbt für Waren, die andere hergestellt haben; Qualitätsverantwortung und Qualitätskompetenz sind also nur abgeleitet.

Speziell mit seiner Warenwerbung steht der Einzelhandel also auch in Idealkonkurrenz zur Markenwerbung der Industrie, die ihm damit einen Teil seiner Angebotsdifferenzierungsmöglichkeiten nimmt.

Die Industrie ist auch insofern in der Vorhand, als es in erster Linie um die Güter geht und nicht um die Einkaufsstätte, denn die Verbraucher richten sich nicht primär danach, „**wo** man was bekommt", sondern danach „**was** man wo bekommt". Das war in dieser Intensität nicht immer so.

Umgekehrt sitzt der Handel im Fall der persönlichen Beratung insofern am längeren Hebel, als er durch entsprechende Empfehlungen die vorgefaßte Markenentscheidung des Kunden vergleichsweise leicht in Frage stellen kann.

(5) Die Kernleistung der Werbetreibenden, nämlich die händlerisch-dispositive, ist unanschaulich und nicht materialisiert wie bei einem Sachgut. Was der Händler bieten kann an Auswahl, Beratung, Service, Preisniveau etc. ist in der Werbung vergleichsweise schlecht kommunizierbar. Entsprechend unattraktiv wirkt heute auch die früher allgemein übliche sog. Empfehlungswerbung des Einzelhandels. Infolgedessen wird die Produktwerbung der Industrie stark

kopiert; Einzelprodukte und Einzelpreise sollen gleichsam stellvertretend für die gesamte Leistungsfähigkeit des Händlers stehen.

(6) Der Einzelhandel wird in vieler Hinsicht werblich von seinen Lieferanten unterstützt.
Insbesondere die Markenartikelindustrie hat bereits seit ihren Anfängen erkannt, wie wichtig es für sie ist, mit Werbung auch bis zum Point of Sale vorzustoßen. Die Zunahme der Selbstbedienung hat sie darin bestärkt. Infolgedessen haben die industrieseitigen Verbraucherpromotions im Handel etwa seit Mitte der sechziger Jahre erheblich zugenommen. Sie werden mittlerweile seitens des Handels teilweise stark zurückgedrängt.

Statt dessen wächst seit Jahren das Verlangen nach einer industrieseitigen Unterstützung der Handelswerbung. Fachleute schätzen, daß die Werbekostenzuschüsse der (Markenartikel-) Industrie derzeit zwischen 400 und 500 Mio. DM jährlich betragen, eine Angabe allerdings, die sich kaum nachprüfen läßt.

I. d. R. sind solche Gelder an eine entsprechende produktbezogene Werbung gebunden: die Einzelhandelswerbung ist hier also nur eine Art Vehikel, um die Industriebotschaften an den Mann bzw. an die Frau zu bringen.

2. Graduelle Besonderheiten

Es gibt über die prinzipiellen Unterschiede zwischen Einzelhandels- und Konsumgüterindustrie-Werbung hinaus noch solche gradueller Natur; sie sind zwar weniger „sophisticated", haben aber dennoch große Bedeutung für die Werbepraxis des Einzelhandels. Im wesentlichen handelt es sich dabei um folgende Unterschiede:

(1) Einzelhändler haben einen begrenzteren Absatzradius.
Speziell mittels Streuwerbung lassen sich fast beliebig viele Verbraucher erreichen; daraus resultieren ja die Erfolge der Markenartikelwerbung, aber auch die des Versandhandels. Solche Chancen bieten sich dem stationären Einzelhandel infolge seines begrenzten Einzugsgebietes dagegen nicht oder nur sehr eingeschränkt. Das Ziel seiner Werbung liegt deshalb primär in einer intensiveren Ausschöpfung des vorhandenen Kundenpotentials am Standort. Somit sind zahlreiche attraktive Massenmedien, wie Zeitschriften, Rundfunk und Fernsehen, oft sogar Zeitungen, für viele Einzelhändler unwirtschaftlich.

Natürlich sind diese Restriktionen dann nicht mehr im gleichen Umfang gegeben, wenn – wie bei Filialisten oder Einzelhandelskooperationen – das Streugebiet eines Massenmediums mehrfach oder sogar flächendeckend mit Verkaufsstätten besetzt ist. Mit jeder neu eröffneten Filiale lohnt sich der Einsatz solcher Medien also mehr. Dieser

Aspekt fließt deshalb auch in die Standortpolitik der Filialisten ein und ist einer der Gründe für deren Standortballungen und Standortarrondierungen.

Seit Jahrzehnten lockern sich die ursprünglich engen Standort- bzw. Einkaufsstättenbindungen, insbesondere infolge zunehmender Motorisierung, vermehrter Berufstätigkeit von Frauen und größerer Pendlerzahlen. Entsprechend erweitert sich das Einkaufsstättenspektrum für die meisten Verbraucher, mit der Folge, daß das Einzugsgebiet jedes Händlers – wenn auch branchenunterschiedlich – um vieles größer geworden ist. Er kann also nicht länger darauf vertrauen, daß sich die Kundschaft bei ihm zufällig einstellt oder sich seine Leistungen allmählich herumsprechen. Infolgedessen muß der Handel werbeintensiver werden als in der Vergangenheit, um seine bisherigen Kunden zu halten, um aber vor allem auch ständig neue Kunden dazuzugewinnen. Der Versuch, sich hier werblich nachhaltig Gehör zu verschaffen, übersteigt aber oft die Ertragskraft des Händlers, aber auch seine Risikobereitschaft.

Leider sind viele an sich interessante Medien für den Einzelhandel nicht ökonomisch sinnvoll einsetzbar; attraktive Medien brauchen attraktive Inhalte, um gekauft und genutzt zu werden, und das wiederum erfordert hohe Auflagen und damit eine große geographische Streubreite, die für die meisten Einzelhändler zu große Streuverluste verursacht.

Von dort her werden auch der Drang und der Zwang verständlich, permanent solche Streumedien zu nutzen und auch nach neuen zu suchen, die sowohl in geographischer als auch zielgruppenspezifischer Weise den Erfordernissen und (finanziellen) Möglichkeiten besser entsprechen. Das bedeutet Werbung in lokalen Blättern und Blättchen, in Programmheften usw. mit einschlägiger Zielgruppenausrichtung, die Schaffung oder Beteiligung von bzw. an speziellen Print-Verteilern, die Nutzung von Außen- und Verkehrsmittelwerbung im Einzugsgebiet, bis hin zu eigenen direct mailings.

(2) Der Einzelhandel ist im Vergleich zur Industrie wesentlich ==kleinbetrieblicher strukturiert.==
Trotz der wissenschaftlich noch nicht völlig geklärten Zusammenhänge zwischen Unternehmungsgröße, Werbemöglichkeiten und Werbeerfolg ist klar, daß auch hier economies of scale vorliegen, die die Kleinbetriebe in dieser Hinsicht benachteiligen. Es braucht in der Werbung einfach gewisse Mindestetats, um Aufmerksamkeit zu erringen und Werbedruck zu erzeugen; ein anderthalbprozentiger Werbeetat von einem Umsatz von 800 000 DM sind lediglich 12 000 DM, aber von 8 Mio. eben schon 120 000 DM. In ersterem Fall bleibt da kaum Geld für Medienwerbung.

Es kommt daher zu den typischen Zusammenhängen zwischen Betriebsgröße und Werbepotential: Weil man so klein ist, kann man nicht genügend werben, und weil man nicht genügend wirbt, bleibt man auch so klein.

Zwar ist das nicht ganz so zwangsläufig, denn auch durch Einfallsreichtum und nicht nur durch große Werbeetats läßt sich viel erreichen, aber tendenziell trifft die Aussage natürlich zu. Je begrenzter die eigenen finanziellen Möglichkeiten sind, desto mehr Überlegungen und Phantasie wären also eigentlich erforderlich.

(3) Einzelhändler haben ein breiteres, oft auch heterogeneres Sortiment als die Industrie.

Die sich daraus ergebenden Konsequenzen für die Werbung sind offenkundig. Die (Markenartikel-) Industrie hat durch ihre beträchtlich höheren Umsätze pro Artikel nicht nur höhere Werbeetats dafür zur Verfügung, sondern kann dadurch ihre ganze Werbekreativität auf einzelne Artikel konzentrieren.

Dies kann der Händler in aller Regel nicht oder doch nur in sehr beschränktem Maße. Außerdem entspricht es im Grunde auch nicht seiner eigentlichen Werbezielsetzung, denn er sollte sich ja nicht über einzelne Produkte profilieren, sondern mit seiner Leistung als Händler, d. h. Anbieter eines Sortiments.

(4) Einzelhändler müssen in der Werbung kurzfristiger planen, agieren und reagieren als die Industrie.

Die Notwendigkeit eines langfristigen Werbekonzepts auch im Einzelhandel ist unbestritten und wird gerade in Großbetrieben unumgänglich. Dennoch besteht wohl kein Zweifel, daß im Handel auch weiterhin das Tagesgeschäft eine große Rolle spielt, um sich elastisch an die jeweiligen Markterfordernisse anpassen zu können. Es gilt, auf entsprechende Konkurrenzmaßnahmen schnell zu reagieren, Preisaktionen auch kurzfristig zu plazieren und im Hinblick auf Witterung, Feier-, Monats- und Wochentage das optimale Werbetiming, aber auch die passende Werbegestaltung und -argumentation zu finden. Die entsprechenden Medien haben sich darauf bekanntlich durch vergleichsweise kurzfristige Schaltmöglichkeiten eingestellt.

(5) Die Reaktion auf die Einzelhandelswerbung erfolgt in sehr viel kürzeren Zeiträumen.

Auf die im Prinzip besseren Möglichkeiten der Werbeerfolgskontrolle wurde bereits hingewiesen, jedenfalls soweit es sich um reine Abverkaufswerbung handelt.

Entsprechend kurz sind auch die Reaktionen der Verbraucher. Einzelhändler können das Feed-back ihrer Werbung also innerhalb weniger Tage messen, länger als eine, maximal zwei Wochen reichen die meßbaren Umsatzwirkungen i. d. R. nicht. Damit ergeben sich im

F. Werbepolitik 231

Prinzip beim Handel auch vergleichsweise gute Experimentier- bzw. Probiermöglichkeiten hinsichtlich Medienwahl, Gestaltung und zeitlichem Einsatz.

Damit dürften die grundsätzlichen und graduellen Besonderheiten der Einzelhandelswerbung hinreichend charakterisiert worden sein. Anhand der vom Einzelhandel bevorzugten Medien sollen die bisherigen Einsichten in der gebotenen Kürze nachfolgend ergänzt und vertieft werden.

Erfolgreiche Händler schaffen es trotzdem, für sich zu werben!

IV. Betrachtung der Einzelhandelswerbung nach Medien

1. Anzeigenwerbung des Einzelhandels in Tageszeitungen

1.1 Bedeutung

Anzeigen in Tageszeitungen sind nach wie vor das bedeutendste Werbemittel für die deutsche Wirtschaft. Fast die Hälfte des Anzeigenvolumens entfällt dabei auf den Einzelhandel.

Die Gründe für die Bedeutung der Tageszeitungen im Rahmen der Einzelhandelswerbung sind vielfältiger Natur. Zunächst ist in der Bundesrepublik – im Gegensatz etwa zu Großbritannien, wo die Kaufzeitung vorherrscht – die Abonnementzeitung sehr verbreitet; ein fester Leserkreis ist somit garantiert. Die meisten Abonnementzeitungen sind in Bezirksausgaben gegliedert, was gute Möglichkeiten der gezielten regionalen Ansprache eröffnet – und dies zu einem relativ günstigen Preis. Die Tageszeitung verfügt im Einzugsgebiet von Handelsunternehmen über eine sehr hohe Reichweite. Sie läßt die gleichmäßige Ansprache der verschiedensten Bevölkerungsschichten zu und ist darüber hinaus sehr flexibel einsetzbar (in buchstäblich letzter Minute kann etwa auf Konkurrenzaktivitäten oder Witterungsumschwünge reagiert werden). Der potentielle Kunde wird direkt am nächsten Tag erreicht. Auch wird die Tageszeitung von ihren Lesern intensiv und aktiv zur Informationssuche herangezogen.

Gleichwohl darf nicht übersehen werden, daß die werbliche Nutzung von Tageszeitungen auch eine Reihe von Problemen mit sich bringen kann. So besteht bei kleinen, homogenen Zielgruppen, wie sie etwa bei Fach- und Spezialgeschäften auftreten können, die Gefahr größerer Streuverluste. Verschärfter Wettbewerb zieht natürlich auch eine größere Zahl einschlägiger Insertionen nach sich, was wiederum – wie noch darzustellen sein wird – höhere Ansprüche an die Anzeigengestaltung stellt. Als weitere Nachteile können ferner die mindere Druckqualität und die kurze Lebensdauer von Tageszeitungen gelten.

Positiv zu Buch schlagen jedoch das Lese- und das Informationsverhalten der Bevölkerung, denn einschlägigen Untersuchungen zufolge soll die lokale Einzelhandelswerbung nach den Rubriken „Lokales" und „Nachrichten aus aller Welt" an dritter Stelle der Nutzung stehen. 44% der Leser nutzen diesen Teil regelmäßig. Hinzu kommt, daß die Nutzung meist morgens erfolgt und somit sehr gut zur Einkaufsplanung herangezogen werden kann. Darüber hinaus besteht bei den Abonnementzeitungen aller Erfahrung nach eine positive Leser-Blatt-Bindung, d. h., die Leser nutzen „ihre" Zeitung sehr intensiv und bringen den Inhalten großes Vertrauen entgegen.

Eine Studie der Regionalpresse e. V. ermittelte die Bedeutung verschiedener Informationsquellen für die Einkaufsvorbereitung; bei kurzlebigen Verbrauchsgütern steht demnach die Tageszeitung an erster, bei längerlebigen Gebrauchsgütern immer noch an dritter Stelle. Unter den Begriff „Tageszeitung" fallen bei dieser Untersuchung allerdings nicht nur die Anzeigen, sondern auch die Beilagen, welche – wie noch zu zeigen sein wird – zusammen mit Anzeigenblättern vom Einzelhandel stark genutzt werden.

1.2 Gestaltungsüberlegungen

Häufig wird dem Handel – nicht selten zu Recht – vorgeworfen, bei seiner Werbung die notwendige Kreativität und Konsequenz sowie wesentliche Gestaltungsregeln außer acht zu lassen. Dabei darf allerdings nicht übersehen werden, daß der Zweck von Handelsanzeigen oft ein anderer ist als etwa bei Markenartikelherstellern; nach wie vor ist nämlich die Preisinformation ein zentrales Anliegen, zumindest für die Verbraucher. Im Gegensatz zu früheren Jahren, in denen Preisgünstigkeit und Angebotsvielfalt die einzigen Werbeaussagen waren, haben sich die Schwerpunkte inzwischen jedoch etwas verlagert. Immer häufiger wird auch ein attraktives, sympathisches Bild der Einkaufsstätte vermittelt.

Über die Wahl der günstigsten Plazierung von Anzeigen gibt es zahlreiche, auch widersprüchliche Untersuchungsergebnisse. Etwas verallgemeinernd lassen sie die Feststellung zu, daß etwa die Wahl der linken oder rechten Seite von untergeordneter Bedeutung ist. Ähnlich soll es sich bei der Frage der Plazierung im redaktionellen Umfeld verhalten, zumindest wenn dies nicht gerade extrem konträr zur Werbebotschaft ist.

Eindeutig hingegen ist, daß die Größe einer Anzeige wesentlichen Einfluß auf die Beachtung hat. Eine größere Anzeige hat gegenüber einer kleineren bessere Chancen, länger betrachtet zu werden und in Erinnerung zu bleiben. Die Beachtungswahrscheinlichkeit, die bei Handelsanzeigen ohnehin vergleichsweise hoch ist, steigt allerdings nur unterproportional mit zunehmendem Format.

Hinsichtlich der Gestaltungsprinzipien ist vor allem folgendes zu beachten:

- Erkennbarkeit
Das werbende Handelsunternehmen sollte anhand der Anzeige auf den ersten Blick erkannt werden. Der Slogan bzw. der Schriftzug ist groß und eigenständig herauszustellen.
- Einheit
Die Anzeige soll klar abgegrenzt spontan als Einheit erkannt werden.
- Beschränkung und Ordnung
Eine Überlastung mit Informationen ist zu vermeiden. Gegen dieses Prinzip wird gleichwohl oft verstoßen. Die Gefahr, daß der Verbraucher von Massierung geradezu „erschlagen" wird, zumal, wenn die Informationen unübersichtlich geordnet sind, liegt auf der Hand.
- Abgrenzung
Gemeint ist hier die Differenzierung gegenüber den Mitbewerbern. Die Abhebung mit Hilfe von Slogan, Form und u. U. auch Farbe ist insbesondere auf Grund der Vielzahl von Handelsanzeigen in Tageszeitungen unabdingbar. Die Verwendung von Farbe ist dazu ein hervorragendes Mittel angesichts der meist schwarz-weiß gehaltenen redaktionellen und werblichen Zeitungsinhalte. Allerdings liegen die Mehrkosten bei 20-30% (Zweifarbdruck). Eine Verringerung der Anzeigengröße zu Gunsten von Farbe ist also nachdenkenswert.
- Variationen
Das Gesamtbild der Anzeige ist einheitlich und prägnant zu halten (Werbekonstante), der Inhalt aber sollte abwechslungsreich und dabei auf immer neue Weise attraktiv gestaltet werden.

Die geschilderten Gestaltungsprinzipien mögen z. T. selbstverständlich erscheinen, ein Blick in die Tagespresse zeigt jedoch, daß noch sehr häufig gegen diese Prinzipien verstoßen wird. Dies verwundert vor allem deshalb, weil Tageszeitungen aufgrund der geschilderten Sachverhalte gerade für den Einzelhandel ein so bedeutsames Medium darstellen.

2. Anzeigenblätter

2.1 Ursprünge

Anzeigenblätter gibt es bereits seit Beginn des 17. Jahrhunderts, also noch vor den ersten Tageszeitungen. Sie fanden vor allem in der Zeit des Absolutismus starke Verbreitung, da die Staaten das Anzeigenwesen als Einnahmequelle entdeckten. Als sog. **Intelligenzblätter** enthielten sie hauptsächlich Privatanzeigen, amtliche Bekanntmachungen und einen kleinen, unpolitischen Redaktionsteil. Erst mit der zunehmenden Verbreitung von Tageszeitungen in der zweiten Hälfte des 19. Jahrhunderts (Industrialisierung, Schulpflicht, Rotationsdruck) verloren die Anzeigenblätter an Bedeutung und wurden schließlich im Dritten Reich gänzlich verboten. Nach 1945 konnten sie sich wieder langsam im Markt etablieren und speziell in den letzten Jahrzehnten stark zunehmen. Heute existieren in West und Ost insgesamt etwa 1300 Titel, die von über 500 Verlagen herausgegeben werden und zwar zu ⁹/₁₀ wöchentlich und meist dienstags oder mittwochs erscheinen. Diese starke Verbreitung verdanken die Anzeigenblätter nicht zuletzt dem Einzelhandel, für den dieses lokal ausgerichtete Medium eine Alternative zur regionalen Abonnementzeitung darstellt.

Die Wachstumsgrenzen von Anzeigenblättern dürften Mitte der achtziger Jahre erreicht worden sein, da die rentablen Verbreitungsgebiete erschlossen sind. So finden die über 31 Mio. bundesdeutschen Haushalte wöchentlich ca. 65 Mio. Exemplare in ihren Briefkästen. Gerade in Ballungsgebieten kommt es zu Überlagerungen konkurrierender Blätter. Fünf und mehr unterschiedliche Anzeiger sind in Großstädten keine Seltenheit. Daß dies natürlich zu einer gewissen Übersättigung der Konsumenten führt, liegt auf der Hand.

2.2 Begriff und Bedeutung

Unter einem Anzeigenblatt sind Druckschriften zu verstehen, die nachfolgende Merkmale aufweisen:
- Verbreitung von Anzeigen als Hauptfunktion,
- Finanzierung ausschließlich durch Werbung,
- unaufgeforderte und kostenlose Verteilung an alle Haushalte eines lokal oder regional begrenzten Verbreitungsgebietes,
- regelmäßige Erscheinungsweise sowie
- vorwiegend ortsbezogene Themeninhalte im redaktionellen Teil.

Als Herausgeber fungieren selbständige Verlage, Zeitungsverlage und mitunter auch der Handel selbst.

Von Anzeigenblättern zu unterscheiden sind zum einen die über Verteilerorganisationen kostenlos den Haushalten zugestellten Angebots-**Handzettel** sowie zum anderen die einzelhandelsinitiierten kostenlosen **Kundenzeitschriften** und -zeitungen, die in der Hauptsache von großen Einzelhandelskonzernen, aber auch von Kooperationen des Einzelhandels herausgegeben und an die Kundschaft verteilt werden. Am bekanntesten und verbreitesten sind hier seit langem die der Apotheken und Drogerien. Charakteristisch ist hier die Verknüpfung von Einzelhandelswerbung mit aktuellen Informationen, was den Blättern einen zeitungs- oder zeitschriftenähnlichen Charakter gibt. Um die Kosten zu senken, werden vielfach auch Lieferanten-Anzeigen gegen Entgelt geschaltet.

Eine Konkurrenz im lokalen Werbemarkt ist den Anzeigenblättern in jüngster Zeit durch die sog. Offertenblätter zum Nulltarif entstanden. Diese Offertenblätter drucken private Kleinanzeigen kostenlos und verkaufen die Hefte über den Zeitschriftenhandel. Wegen der hohen Beachtung dieses neuen Mediums werden Offertenblätter auch für den Einzelhandel immer interessanter. Bereits 30% des Anzeigenraumes dieser jungen Mediengattung belegen gewerbliche Inserenten.

Welches sind nun die spezifischen Leistungen bzw. Besonderheiten der Anzeigenblätter?

Zunächst sind sie ein lokales Medium, das den Werbebedürfnissen des Einzelhandels entgegenkommt, zumal sie sich meist auch noch nach einzelnen Streubereichen weiter unterteilen, also z. B. stadtteilmäßig splitten lassen. Vor allem aber bieten sie eine totale Haushaltsabdeckung, weil sie kostenlos verteilt werden. Es werden also auch solche Haushalte erreicht, die andere lokale Medien nicht beziehen oder nutzen, wie etwa Tageszeitungen. Eine weiter verfeinerte Zielgruppen-Ansprachemöglichkeit bieten sie dagegen nicht.

Grundsätzlich teilen die Anzeigenblätter natürlich einen gravierenden Nachteil mit allen übrigen kostenlosen Medien, nämlich den, leicht nicht beachtet zu werden. Um dem zu begegnen, muß die Werbung besonders interessant sein, und/oder andernfalls der redaktionelle Teil, ähnlich wie bei den Tageszeitungen, diesen Nachteil kompensieren. Mit letzterem erhöhen sich aber die Kosten der Verlage entsprechend.

Daß in der Praxis die versprochene hundertprozentige Haushaltsabdeckung infolge einer unzuverlässigen Verteilerorganisation mitunter nicht sichergestellt ist, ist bekannt. Eine in einem bundesdeutschen Ballungsraum durchgeführte Untersuchung aus dem Jahr 1988 kam z. B. zu dem Ergebnis, daß die regelmäßige Haushaltsabdeckung lediglich bei einem Titel rund 90% erreichte, während die anderen fünf Anzeigenblätter z. T. erheblich darunter lagen. Die von den Verlagen garantierte Druckauflage kann also lediglich als Richtwert für die Entscheidung, Anzeigenblätter zu belegen, herangezogen werden.

Aufgrund ihrer lokalen Grundausrichtung eignen sich Anzeigenblätter gut für Gemeinschaftswerbeaktionen, die z. B. die Einkaufsattraktivität eines Stadtviertels und der dort ansässigen Einzelhandelsbetriebe bewerben. Auch sind Anzeigenblätter aufgrund ihrer relativ kleinen Redaktionen oftmals dankbare Abnehmer für Presseinformationen, die sie kostenlos veröffentlichen, und somit ein geeignetes Medium für PR-Maßnahmen.

Da Anzeigenblätter i. d. R. einmal wöchentlich erscheinen, liegen sie in den Haushalten mutmaßlich länger auf als Tageszeitungen. Vielfach werden sie auch aufbewahrt und zu den Einkäufen speziell von Sonderangeboten mitgenommen.

Daß dennoch die Angebote des Einzelhandels in der Aufmerksamkeit hinter anderen Informationen zurückstehen, zeigen – soweit sich so etwas überhaupt messen läßt – die Ergebnisse der bereits zitierten Studie.

Spontan nannten nämlich die Befragten folgende Rubriken (Mehrfachnennungen waren möglich):

Private Kleinanzeigen: 60%
Lokale Berichterstattung: 40%
Sonderangebote des Einzelhandels: 26%
„Klatschspalte": 16%
Bekanntschaftsanzeigen: 16%
Geschäftsempfehlungen: 10%
Veranstaltungstips: 6%

Die Belegung von Anzeigenblättern ist im Vergleich zu der von regionalen Tageszeitungen kostengünstiger, zumindest geht das aus einer Gegenüberstellung hervor (vgl. Darst. 44). Es wurde dabei unterstellt, daß Anzeigenblätter 1,5 Leser pro Exemplar (LpE) sowie eine Fehlstreuung (= nicht verteilte Auflage) von 10% haben und Tageszeitungen einen LpE von 3 aufweisen.

Darstellung 44: Beispielhafter Leistungsvergleich von Tageszeitungen und Anzeigenblättern auf Basis des Tausend-Leser-Preises

	Nominale Auflage	./. 10% Fehlstreuung	× LpE =	Reichweite pro Ausgabe	mm-Preis	1000er-Preis bezogen auf 1000 mm
Anzeigenblatt A	117 770	106 000	× 1,5 =	159 000	2,80	17,61
Anzeigenblatt B	129 000	116 000	× 1,5 =	174 000	2,54	14,60
Tageszeitung A	48 406		× 3,0 =	145 000	2,73	18,83
Tageszeitung B	9 071		× 3,0 =	27 000	1,82	67,41

Quelle: Einzelhandelsberater, Nr. 8, 1988, S. 563

Natürlich sagen derartige Gegenüberstellungen nichts aus hinsichtlich der Anzeigenbeachtung und der Vertrauenswürdigkeit der Inhalte (Leser-Blatt-Bindungs-Aspekt).

Deshalb dürfen nicht nur die Preise den Ausschlag für die Entscheidung für oder gegen Anzeigenblätter geben, sondern auch die Qualität des einzelnen Anzeigenblattes. Je besser hier das redaktionelle Umfeld ist, desto eher reizt es den Konsumenten zur Nutzung, und desto höher wird der LpE eines Objektes. Mit anderen Worten: Anzeigenblätter mit aktueller und guter Lokalberichterstattung werden besser genutzt als Blätter, die fast ausschließlich aus Werbeanzeigen bestehen. Die Stärken und Schwächen von Anzeigenblättern gerade im Vergleich zu regionalen Abonnementzeitungen müssen im Einzelfall also noch sehr sorgfältig abgewogen und – wann immer möglich – in ihrer Wirkung überprüft werden.

3. Beilagenwerbung

Beilagen (Supplements) haben in den letzten Jahren erheblich an Bedeutung gewonnen. Es handelt sich bei ihnen um Presseobjekte mit eigenem Titel und eigener Aufmachung, die – ein- oder mehrfarbig und meist mehrseitig – vor allem Tageszeitungen, aber auch Anzeigenblättern und Zeitschriften beigefügt werden. Die Streuung erfolgt also immer in Kombination mit einem anderen Printmedium.

Erhielten die privaten Haushalte im Jahr 1970 durchschnittlich nur etwa sechs Beilagen im Monat, so sind es mittlerweile über fünfzig. In vielen Fällen dürfte diese Zahl jedoch deutlich höher liegen. Die Kapazitätsgrenze liegt bei etwa vier bis fünf Beilagen je Ausgabe, denn hier scheint auch die Grenze des Zumutbaren erreicht zu sein. Einschlägigen Studien zufolge wird von 75% der Empfänger die Beilagenwerbung als „nicht störend" empfunden. In etwa 40% der Fälle wird die Beilage ungelesen weggeworfen, und 30% der Befragten bekundeten ein starkes Interesse an diesem Informationsmedium.

Aufgeschlüsselt nach Produktbereichen, dominieren die Bereiche Oberbekleidung und Geschenkideen, bei Männern zusätzlich der Hobby- und Heimwerkerbedarf. So sind denn auch die (SB-)Warenhäuser, Textilkaufhäuser und Baumärkte die Hauptwerbetreibenden.

Dem Einzelhandel bietet die Beilage die Möglichkeit einer relativ umfassenden Darstellung seines Angebots. Eine Beilage enthält im Durchschnitt z. B. auf acht Seiten um die achtzig Produktangebote. Auch die besseren Gestaltungsmöglichkeiten aufgrund von Farbe, Papierqualität und Format stellen einen Vorteil vor allem gegenüber Anzeigen in Tageszeitungen dar.

Daß die Beilagenwerbung vor allen Dingen in Tageszeitungen ein solches Ausmaß erreicht hat, liegt neben den bereits aufgeführten Gründen auch daran, daß es sich hier um ein gewolltes, d. h. akzeptiertes und beliebtes Informationsmedium handelt. Dessen positive Ausstrahlung überträgt sich auch auf die Beilage; deshalb haben Beilagen auch eine höhere Akzeptanz als reine Postwurfsendungen. Vorteilhaft ist ferner, daß die Verteilung frühmorgens erfolgt, d. h. vor dem täglichen Einkauf. Darüber hinaus sind die Zeitungs- und Zeitschriftenbeilagen nicht fest mit dem Streumedium verbunden. Hierdurch werden sowohl das Aufbewahren für spätere Kaufentscheidungen sowie die Mitnahme ins Geschäft erleichtert.

Die Kosten einer Beilagenwerbeaktion setzen sich zusammen aus den Gestaltungs-, Produktions- und Streukosten. Durch die zentrale Herstellung können besonders bei bundesweiten Aktionen beträchtliche Kostendegressionen realisiert werden. Die reinen Produktionskosten weisen aus verständlichen Gründen eine sehr große Spannweite auf, da sie nicht nur von der Drucktechnik, dem Papiergewicht und dem Format abhängen. Die Streukosten richten sich nach der Zahl der beizulegenden Exemplare und sind nach Gewichtsklassen gestaffelt. In vielen Fällen sind Teilbelegungen nach Landkreisen, Stadtgebieten oder Gemeindeteilen möglich. In den besonders werbeintensiven Zeiten des Jahres haben die Verlage teilweise Kapazitätsprobleme; deshalb müssen entsprechende Werbemaßnahmen mitunter lange im voraus geplant werden.

Beilagenwerbung ist eine relativ kostenintensive Form der Werbung; so wäre beispielsweise in vielen Fällen die direkte Hausverteilung kostengünstiger, jedoch müssen die erwähnten qualitativen Gesichtspunkte zusätzlich ins Kalkül gezogen werden.

4. Schaufensterwerbung

4.1 Bedeutung

Seit es einen stationären Einzelhandel gibt, ist man bemüht, seine Waren „zur Schau" zu stellen, um Vorübergehende zum Kauf zu veranlassen. Dieses Zur-Schau-Stellen geschah ursprünglich im wesentlichen durch eine Verlängerung oder Fortsetzung der Innenauslagen in Richtung auf die Eingänge oder die Lichtöffnungen nach draußen. In unterentwickelten Ländern ist das heute noch genau so üblich wie inzwischen auch wieder im modernen Einzelhandel, wo die Warenauslagen insbesondere bei guter Witterung oder in überdachten Anlagen vielfach wieder aus den Läden „herauswachsen".

Mit der Möglichkeit der Verglasung immer größerer Flächen entstand daraus das Schaufenster mit den Vorteilen des Waren- und Diebstahlschutzes, aber auch mit den Nachteilen einer (zwar durchsichtigen) Trennung, die z. B. das nähere Betrachten, insbesondere aber das so beliebte Befühlen der Waren verhinderte.

Das Schaufenster bzw. seine Vorläufer sind also nicht nur das älteste, sondern auch das typischste und naheliegendste Werbemittel des stationären Einzelhandels. Und natürlich ist es – nicht zuletzt durch bessere Beleuchtungsmöglichkeiten – im Laufe der Zeit immer werbewirksamer gestaltet und im Extrem zur Schaufensterkunst „hochdekoriert" worden.

So prägen die Schaufenster seit langem das Bild unserer Innenstädte, laden ein zum Bummeln und zwanglosen Informieren und sind in den Abendstunden eine Art verlängerte Öffnungszeit, wobei sich viele Händler durch allzu frühes Abschalten der Beleuchtung um eine bessere Wirkung bringen.

F. Werbepolitik

Welche zahlenmäßige Bedeutung die Schaufenster insgesamt haben, läßt sich durch eine überschlägige Multiplikation aller Einkaufsstätten (nicht Unternehmen) – es sind über 400 000 allein in Westdeutschland – mit ihrer durchschnittlichen Zahl von Schaufenstern ermitteln. Würden nur zwei Schaufenster zugrunde gelegt, wären das schon 800 000. Allein der Aufwand dafür geht also jährlich in die Milliarden und nimmt vor allem bei kleineren Händlern einen großen Teil ihres gesamten Werbebudgets in Anspruch.

Das Schaufenster ist natürlich ein **standortgebundenes Werbemittel**, erreicht also nur die zufällig oder gezielt passierenden Verbraucher, und zwar unselektiert. Stark frequentierte sog. Lauflagen bieten also zumindest hohe Kontaktchancen, aber letzten Endes kommt es auf die Passantenqualität an. Täglich vorbeihastende Pendler sind in dieser Hinsicht natürlich anders zu bewerten als ein zahlungskräftiges Publikum in gelöster Kaufstimmung.

Aus besagten Gründen sind Schaufenster in toten Lagen also ebenso unwirksam wie bei solchen Einkaufsstätten, die ohnehin nur ganz gezielt aufgesucht werden und/oder deren Umfeld nicht zum Schaufensterbummel einlädt. Das gilt insbesondere für viele isoliert gelegene „Verkaufsmaschinen" auf der grünen Wiese.

Solche negativen Gegebenheiten könnten natürlich durch eine besonders attraktive Schaufenstergestaltung kompensiert werden; auch der Eilige bliebe stehen, andere kämen extra vorbei, um die Auslagen zu bewundern.

In der Praxis sind dem jedoch relativ enge Grenzen gesetzt, und zwar in erster Linie vom Sortiment und zum zweiten vom Aufwands-Ertrags-Verhältnis her. Zwar läßt sich sicherlich auch mit Gemüsekonserven und Margarinewürfeln ein aufregendes, künstlerisch gestaltetes Erlebnisfenster machen, im Zweifel ist die absatzfördernde Wirkung aber sehr begrenzt. Sicherlich ist es aber auch umgekehrt nicht so, als wäre der vor ca. 20 Jahren einsetzende Trend vieler Massenverteiler, auf Schaufenster so gut wie ganz zu verzichten, der Weisheit letzter Schluß. Es gäbe auch hier wirtschaftlich vertretbare Kompromisse. Z.T. wird hier ja ganz auf Fensterfronten verzichtet, was vielfach eine ständige künstliche Innenbeleuchtung erfordert. Andererseits bieten die so gewonnenen Wandflächen zusätzliche Regalstellmöglichkeiten und damit eine verbesserte Ausnutzung des Verkaufsraumes.

Schließlich sind Fenster bzw. Fensterfronten zu erwähnen, die einen durch keinerlei Dekoration behinderten Blick in den Verkaufsraum gestatten. Eine solche Lösung richtet sich primär danach, wie einladend die gebotenen Einsichten sind oder – etwa mit Rücksicht auf anspruchsvolle Kundschaft – diese Außenstehenden verwehrt werden sollen.

4.2 Gestaltungsaspekte   *Warengruppenabhängigkeit*

Die Grundfunktionen eines Schaufensters sind im Prinzip nicht anders als bei den übrigen Werbemitteln und müssen dementsprechend z. B. nach der bekannten AIDA-Formel (Attention – Interest – Desire – Action) gestaltet werden. Als gleichsam „letzte Werbemöglichkeit" vor dem Verkaufspunkt sollen und können Schaufenster ja in ganz besonderem Maße „einladend" wirken, also Zutrittshemmungen abbauen.

Es gibt hierzu eine ganze Reihe von Gestaltungstypen, die sich in der Praxis herauskristallisiert haben, so etwa das **Stapelfenster**, das **bedarfsorientierte Fenster**, das **Anlaßfenster** sowie das **Phantasiefenster** mit den jeweiligen Kombinationsmöglichkeiten (vgl. Richter, H.). Was im einzelnen gewählt wird, hängt natürlich einmal von der Art des Sortiments(niveaus) und den gegebenen Baulichkeiten bzw. Flächen ab und wird natürlich mit zunehmender Sortimentsgröße auch zu einem Auswahlproblem. Erforderlich ist also u. U. ein Verteilungsschlüssel, mit dessen Hilfe bestimmt werden kann, welche Abteilungen welche Flächen in Anspruch nehmen sollen bzw. dürfen und wie sie damit innerbetrieblich jeweils belastet werden.

Entscheidend für die Gestaltung selbst sollte – wie auch sonst in der Werbung – nicht die oft grenzenlose Phantasie der Dekorateure sein, sondern die Vorstellung des Unternehmers bzw. des Marketing. Welchen Gesamteindruck soll(en) also das oder die Schaufenster als Visitenkarte des Unternehmens auf Dauer ausstrahlen, d. h., welches Profil will man in den Augen der Passanten damit gewinnen? Erfahrungsgemäß sind die Verbraucher schnell mit solchen Urteilen bei der Hand wie „überteurer Laden" oder „das führt man offenbar nicht im Sortiment".

Es ist dabei oft nicht leicht, bestimmte Anliegen wie etwa „Frische" oder „Fachkompetenz" wirksam zu kommunizieren. Es werden sich i. d. R. auch viel zu wenig Gedanken darüber gemacht, daß die Produktpräsentation und der Preis allein dem Betrachter oft nur unzureichend signalisieren, daß das Angebot gerade für ihn sinnvoll oder besonders vorteilhaft ist.

Schaufensterwerbung ist i. d. R. teurer, als es sich der Laie meist vorstellt; Fläche, Versicherung, Beleuchtung, Reinigung, Dekorationsmaterial, Arbeitszeit und u. U. auch Wertminderung der Ausstellungsware gehen ins Geld, wenn der Wechsel – wie heute üblich – alle zwei bis vier Wochen erfolgt. So betragen beispielsweise allein die Kosten für einen Dekorateur pro Tag ca. 600 DM. *800–1000*

Der Wechsel der Schaufenstergestaltung muß sich natürlich am Wechsel der passierenden Verbraucher orientieren. Je häufiger die Passanten wiederholt an einem Schaufenster vorübergehen, desto häufiger muß die

Aufmerksamkeitswirkung der Schaufenstergestaltung durch neue Auslagen und Dekorationen erzielt werden.

Entsprechend wichtig sollte die Werbeerfolgskontrolle genommen werden, auch wenn die begrenzten Möglichkeiten dazu oft nicht gerade ermutigen.

Beobachtbar ist seitens des Händlers stichprobenmäßig hier einmal die **Passantenfrequenz**, unterteilt nach Vorübergehenden ohne bzw. mit Blickwendung zum Schaufenster und Intensivbetrachtern. Gezählt werden können auch die Betrachter mit anschließendem Besuch der Einkaufsstätte, wobei offen bleibt, ob dafür das Schaufenster der (alleinige) Anlaß war. Registriert werden können schließlich alle Kunden, die sich im Laden speziell auf die Schaufensterauslage beziehen. Und schließlich lassen sich Schaufensterwirkungen auch noch an den Abverkäufen „messen", jedoch bedürfte es hier schon besonderer Experimentieranordnungen, um andere Einflüsse auszuschalten.

Langzeitwirkungen der Schaufenster sind dagegen kaum zuverlässig erfaßbar; auch gezielte Befragungen dürften hier nur anzweifelbare Ergebnisse zutage fördern.

5. Außenwerbung

5.1 Begriffsabgrenzung

Hinreichend genau lassen sich dem Begriff der Außenwerbung alle diejenigen werblichen Aktivitäten subsumieren, die unter freiem Himmel bzw. nicht in geschlossenen Räumen stattfinden.

Dem „öffentlichen Charakter" des Ortes der werblichen Darbietung entsprechend, lassen sich die Umworbenen wohl am treffendsten als Passanten charakterisieren. Die Außenwerbung ist demnach ein Massenmedium für ein meist sehr gemischtes Publikum.

5.2 Formen der Außenwerbung

I. d. R. wird zwischen **Plakatanschlag, Lichtwerbung, Verkehrsmittelwerbung** und Sonstigem (z. B. Lautsprecherwerbung, Werbung an Heißluftballons oder durch Flugzeuge usw.) unterschieden, wobei noch weiter nach der Fristigkeit der Präsentationsmöglichkeiten differenziert werden kann in **periodische** und sog. **Dauer**werbung.

Für den Handel hat speziell die Dauerwerbung, d. h. die großflächige Bemalung bzw. Bestückung an fremden Häusergiebeln, -fassaden und -dächern eine vergleichsweise geringe Bedeutung, und zwar sowohl wegen der hohen Kosten als auch wegen der restriktiven Handhabung seitens Kommunen (Umweltverschandelung). Letzteres gilt im Prinzip allerdings für jede Art von Außenwerbung. Der Einzelhandel nutzt die

Dauerwerbung dagegen bekanntlich sehr intensiv an den Außenfronten seiner eigenen Geschäftslokale. Auch dazu gibt es eine Fülle von Vorschriften, vor allem bei Innenstadtfassaden.

Im folgenden sollen der Plakatanschlag und die Verkehrsmittelwerbung als die für den Einzelhandel wichtigsten Formen der Außenwerbung dargestellt werden.

5.2.1 Plakatanschlag

Anschläge zum Ausloben von Waren- und Dienstleistungsangeboten lassen sich in der Geschichte weit zurückverfolgen. Aber erst durch die bequemen Setz- und Vervielfältigungsmöglichkeiten seit Johann Gutenbergs Erfindung (1440) wurden die Voraussetzungen für ein Massenmedium geschaffen, was Ende des 19. Jahrhunderts in einer ausgesprochenen „Plakatwut" kulminierte.

Beim Plakatanschlag ist grundsätzlich zu unterscheiden zwischen dem **Großflächen-, Ganzstellen-** und **Allgemeinstellenanschlag** als den weitgehend normierten Formen an fest installierten Säulen und Tafeln, während die Superposter oder Plakate im Cityformat den **Spezialstellen** vorbehalten sind. Schließlich gibt es noch **Kleintafeln** und – speziell in Verbrauchermärkten – die sog. **4/1 Bogen-Plakate**.

(1) Großflächenanschlag

Großflächen sind während der Belegungszeit jeweils nur **einem** Werbungtreibenden vorbehalten, stehen im allgemeinen auf privaten Grundstücken und erlauben den Anschlag von 18/1-Bogen. In Abhängigkeit von der Angebotssituation liegen die Streukosten zwischen 11 und 15 DM pro Anschlagstelle und Tag bei einer Mindestbelegungsdauer von 10 Tagen. Wichtig speziell für den Einzelhandel ist die Möglichkeit der Einzelbelegung, also etwa im näheren Umfeld der Einkaufsstätte, womit u. U. ein letzter Impuls zum Besuch gegeben wird.

Prinzipiell bestehen die Alternativen der Netz- und der freien Buchung, wobei diese Wahlmöglichkeit durch die Vergabe der Anschlagflächen in der Reihenfolge Dauerkunden, Festaufträge und freie Buchungen eingeschränkt wird.

(2) Ganzstellenanschlag

Ganzstellen (Säulen und Tafeln) stehen auf öffentlichen Grundstücken und können ebenfalls nur exklusiv belegt werden. Sie befinden sich meist an stark frequentierten Standorten (fast ausschließlich in Form von Litfaßsäulen) und bieten deshalb den Vorteil hoher Kontaktchancen.

Der durchschnittliche Tagespreis für eine Anschlagstelle liegt bei ca.

20 DM. Im Gegensatz zur Möglichkeit der Einzelbelegung beim Großflächenanschlag lassen sich Ganzstellen nur in Blöcken von mindestens 20 Säulen buchen.

(3) Allgemeinstellenanschlag

Die sog. Allgemeinstellen (Säulen und Tafeln) stehen ebenfalls i. d. R. auf öffentlichen Grundstücken, erlauben aber keine exklusive Belegung. Der Anschlagraum wird vielmehr bogenweise verkauft, wobei der sog. Bogentagspreis nach Ortsgröße der Gemeinde variiert und im Durchschnitt bei ca. 0,70 DM liegt. Die Mindestlaufzeit für einen Plakatanschlag beträgt ebenfalls 10 Tage, wobei keine Möglichkeit der Einzelauswahl von Anschlagstellen besteht. Lediglich in Großstädten ab 300 000 Einwohnern werden Teilbelegungsmöglichkeiten angeboten, die eine Reduzierung auf jede zweite, dritte oder vierte Stelle ermöglichen. Dies beschränkt die Einsatzmöglichkeit dieses Werbeträgers insbesondere für Einzelhandelsgeschäfte mit einem begrenzten Einzugsgebiet.

(4) Superposter

Superposter sind Großflächenplakate mit einer Gesamtwerbefläche von über 20 qm, die an stark frequentierten Verkehrspunkten an Hauswänden in ca. 3 m Höhe angebracht sind. In der Bundesrepublik Deutschland existiert noch kein bundesweites Netz, so daß lediglich eine Einzelbelegung der Anschlagflächen möglich ist. Die exklusive Belegung durch einen Werbungtreibenden sowie die große Grundfläche garantieren eine große Signalwirkung dieses Werbeträgers. Die Möglichkeit der Einzelbelegung verdeutlicht die besondere Eignung für Einzelhandelsunternehmen mit lokalem Einzugsgebiet.

(5) Plakat im Cityformat

Besonders expansiv hat sich in den letzten Jahren der Plakatträger im Cityformat entwickelt, der meist unter Glas und mit einer Durchleuchtung ausgestaltet ist und somit eine Tag-Nacht-Werbung erlaubt. Diese City Light-Poster finden sich meist in Innenstadtlagen an den Haltestellen der öffentlichen Verkehrsbetriebe. Die Mindestbelegungszeit beträgt 7 bis 10 Tage, und zwar nur in Blöcken (pro Tag etwa DM 14,-).

5.2.2 Verkehrsmittelwerbung

Die Geschichte der Verkehrsmittelwerbung ist unmittelbar mit dem Entstehen und dem Ausbau öffentlicher Verkehrsnetze verknüpft. Die ersten Pferdebahnen wurden in Hamburg, München und Berlin eingesetzt, und ab 1825 konnten Wirtschaftsunternehmen bereits ihre Werbeschilder auf den Rumpfflächen dieser Bahnen anbringen. Mit der Elektrifizierung und Erweiterung der Verkehrsnetze der Straßen-, S- und U-Bahnen Ende des vorigen Jahrhunderts und später der Busse intensivierte sich auch der Einsatz der Verkehrsreklame.

Die Verkehrsmittelwerbung umfaßt im allgemeinen alle Werbemaßnahmen an Außenflächen und im Innenraum von Fahrzeugen sowie an und in Gebäuden der Verkehrsbetriebe (z. B. Bahnhöfe, Wartehäuschen usw.). Entsprechend der zu Anfang erfolgten Charakterisierung der Außenwerbung soll hier eine Beschränkung auf diejenigen Werbeträger erfolgen, die am Äußeren öffentlicher und firmeneigener Fahrzeuge angebracht sind (z. B. die Rumpfflächenwerbung oder die Werbung mit Hilfe von Dachschildern). Da die Werbung an Haltestellen bzw. an Gebäuden öffentlicher Verkehrsbetriebe keine Besonderheiten gegenüber den bereits abgehandelten Formen des Plakatanschlags aufweist, erübrigen sich weitere Ausführungen dazu.

Das Werbeflächenpotential an **öffentlichen** Verkehrsmitteln von Kommunen, Bahn und Post ist beträchtlich. Die Fahrzeuge bieten dabei oft eine ganze Reihe von Anschlagmöglichkeiten. Entsprechend unterschiedlich sind die Mietkosten pro Fahrzeug und Monat. Sie reichen vom Heckfensterplakat für 20 DM bis zur Ganzbemalung für 1500 DM. Hinzuzurechnen sind natürlich die Kosten für die Werbemittel selbst. Für die Ganzbemalung eines Großraumwagens (Straßenbahn) inkl. Entwurf sind z. B. 10-15 000 DM zu veranschlagen, die sog. Neutralisierung (nach 5 Jahren) verschlingt fast noch einmal soviel.

Entsprechend kostengünstiger ist die Nutzung des **firmeneigenen** Fuhrparks als Werbefläche, und entsprechend intensiv wird davon bekanntlich auch Gebrauch gemacht. Allerdings läßt die Qualität der Werbung hier oft nicht den Eindruck entstehen, als wäre dem Händler bewußt, welche Chance ihm eine solche „kostenlose" rollende Werbefläche bietet.

5.3 Gestaltungsaspekte

Wie bei Werbung im allgemeinen, so muß bei der Außenwerbung im besonderen davon ausgegangen werden, daß der (Blick-)Kontakt sehr flüchtig ist und i. d. R. weniger als eine Sekunde dauert. Es kann hier ja nur in Ausnahmefällen mit einem besonderen Interesse gerechnet werden; die Wahrnehmung erfolgt vielmehr meist en passant und noch dazu gestört durch zahlreiche Ablenkungen. Deshalb ist eine „plakative" Werbegestaltung erforderlich, die beinhaltet, daß die Werbebotschaft auf einfachste, schnell erfaßbare Aussagen beschränkt bleibt und gleichzeitig einen hohen Aufmerksamkeitswert aufweist. Das bedeutet auffallende Farben, starke Kontraste, knappste Texte in einer einfachen, leicht eingängigen Wortfolge, und das alles mit dem Touch eines sympathischen

Aha-Erlebnisses für die Wahrnehmenden. Infolgedessen liegt der Schwerpunkt der Außenwerbung auf Bekanntheitssteigerung, Erinnerung und Imagebildung.

Ein generelles Problem der Außenwerbung besteht in der zielgruppenspezifischen Ansprache der Umworbenen, da der einzelne Außenwerbeträger – also die Plakatsäule oder ein Straßenbahnwagen – eine Vielzahl von Kontakten mit einem unspezifizierten, gemischten Publikum schafft, was hohe Streuverluste verursacht. Die Zielgruppenansprache kann aber durch eine spezifische Gestaltung der Außenwerbung zumindest teilweise verbessert werden, indem die Ansprache speziell für die Zielgruppe konzipiert wird. Besonders bei der Gestaltung von Dauerplakaten, wie sie beispielsweise in U-Bahnhöfen oder auf Sportplätzen anzutreffen sind, werden diesbezüglich große Chancen vergeben, da fast nie ein Bezug zu der augenblicklich typischen Situation des Betrachters hergestellt wird. Gerade hier würde sich nämlich ein solcher Bezug als idealer „Aufhänger" bzw. Stimulus anbieten.

5.4 Erfolgskontrolle

Die Vorteile der Außenwerbung liegen im Prinzip in den hohen Kontaktzahlen, wie sie bei stationären Anschlägen (je nach Standort), in besonderem Maße aber bei der Verkehrsmittelwerbung gegeben sind. Der Tausender-Kontaktpreis bei Verkehrsmittelwerbung liegt z. B. nur bei ca. 0,50 DM. Problematisch ist bei einer solchen Kostenbetrachtung allerdings, daß dieser Preis auf der Basis tatsächlicher Kontakte zwischen Publikum und Verkehrsmittel ermittelt wird, und diese Kontakte wohl in erster Linie von der Qualität und Auffälligkeit der Werbegestaltung abhängen. Ein weiterer Aspekt, der den extrem niedrigen Tausenderpreis relativiert, sind die verhältnismäßig hohen Streuverluste bei der Außenwerbung, da – wie bereits erwähnt – selten eine zielgruppenspezifische Ansprache möglich ist.

Dagegen bietet vor allem das Medium Plakat eine optimale geographische Trennschärfe bei der Werbemittelstreuung. Hier liegt gerade in der Einzelbelegung in Form einer regionalen Selektion der Plakatanschlagflächen eine gute und auch wirksame Möglichkeit für kleinere Einzelhändler, relativ kostengünstig Werbung zu treiben. Einschränkend muß allerdings angemerkt werden, daß eine derartige Einzelbelegung im Vergleich zur Belegung von Plakatnetzen verhältnismäßig teuer ist.

Die Kontaktqualität im Sinne der Wahrnehmung und Wahrnehmungsverarbeitung wird natürlich ganz allgemein bei der Außenwerbung in dem Maße schlechter, wie die ablenkenden anderweitigen Reize zunehmen. Hinzu kommt noch die gesteigerte Hast der Menschen selbst, vor allem aber die ständig wachsende Hektik im Straßenverkehr. Allen anderweitigen Beteuerungen zum Trotz muß deshalb von einer nachlassenden Werbewirkung ausgegangen werden.

Inwieweit tatsächlich Wirkungen erzielt werden, läßt sich durch einige einfache Verfahren zur Messung von Werbekontakten quantifizieren (Recognition- und Recall-Verfahren), die darüber Auskunft geben, ob ein Werbekontakt zustande kam und woran sich der Proband noch erinnern kann.

6. Lokaler Hörfunk

6.1 Grundsatzüberlegungen

Wurde Hörfunk vor nicht allzu langer Zeit noch als das „gute alte Dampfradio" verspottet, so erlebt dieses älteste elektronische Massenmedium gegenwärtig eine Renaissance. Zurückzuführen ist dies u. a. auf folgende Ursachen:
- Hörfunk ist das schnellste und aktuellste elektronische Medium.
- Hörfunk hat mittlerweile eine fast hundertprozentige Akzeptanz in der Bevölkerung gefunden. Speziell die Möglichkeit des mobilen Empfangs gestattet eine äußerst flexible Nutzung, die sich den wechselnden Lebensgewohnheiten anpaßt.
- Hörfunk erlaubt es in sehr viel stärkerem Maße als andere Medien, die Rezipienten in die Programmgestaltung einzubeziehen.

Diese und andere Ursachen haben dazu geführt, daß der Hörfunk das meistgenutzte Medium der Bundesbürger darstellt (vgl. Darst. 45).

Noch klarer wird diese Tendenz, wenn man die tägliche Kontaktdauer der verschiedenen Medien betrachtet, wie sie in Darstellung 46 verdeutlicht wird.

Radio wird zwar von allen Altersgruppen intensiv genutzt, ist aber besonders für Jugendliche und junge Erwachsene unter 30 Jahren von überdurchschnittlicher Bedeutung. Mit ausschlaggebend für diese führende Rolle beim Medienkonsum ist die Eigenschaft des Hörfunks als „Außer-Haus"- und „Nebenbei"-Medium. So kann Hörfunk durch Autoradios oder transportable Geräte auch problemlos außerhalb der eigenen vier Wände genutzt werden. Relativiert werden die hohe Reichweite und Kontaktdauer indes durch die überwiegende Nutzung als akustisches Hintergrundmedium. So ist das Radio primär ein Tagesbegleiter, beispielsweise beim Aufstehen, Frühstücken, bei der Hausarbeit, beim Autofahren oder im Beruf. Viele dieser Beschäftigungen lassen allerdings durchaus ein zumindest punktuell konzentriertes Hören zu.

Im Tagesablauf weist die Hörfunknutzung der Rezipienten folglich starke Schwankungen auf (vgl. Darst. 47, S. 248).

Inzwischen befindet sich der Hörfunk in einem bemerkenswerten Struk-

F. Werbepolitik 247

Darstellung 45: Reichweitenentwicklung der Mediengattung Hörfunk 1971-1992

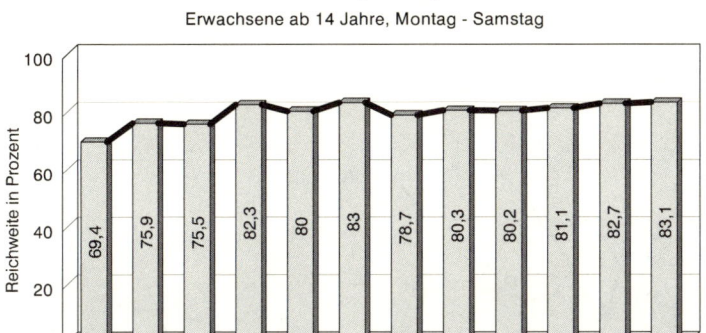

bis '90/91: BRD-West und West-Berlin

Quelle: FMA, Strukturerhebung, E.M.A., MA

Darstellung 46: Entwicklung des täglichen Zeitaufwands für die Nutzung tagesaktueller Medien 1974-1990

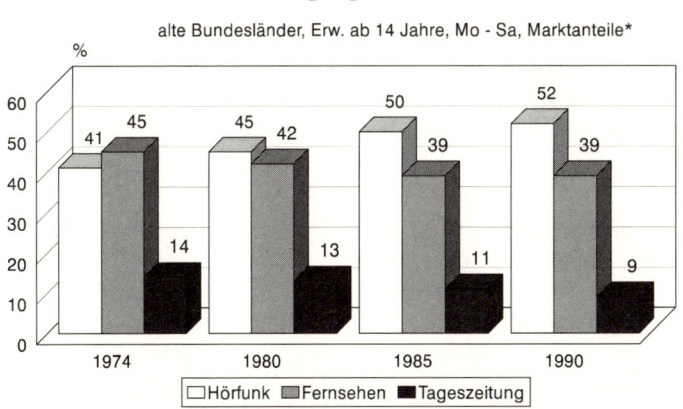

* Summe der täglichen Nutzung (in Minuten) von Radio, Fernsehen und Tageszeitungen = 100%

Quelle: Massenkommunikation '74 - '90

Darstellung 47: Verlaufskurve der durchschnittlichen Hörfunk- und Fernsehnutzung an einem Werktag

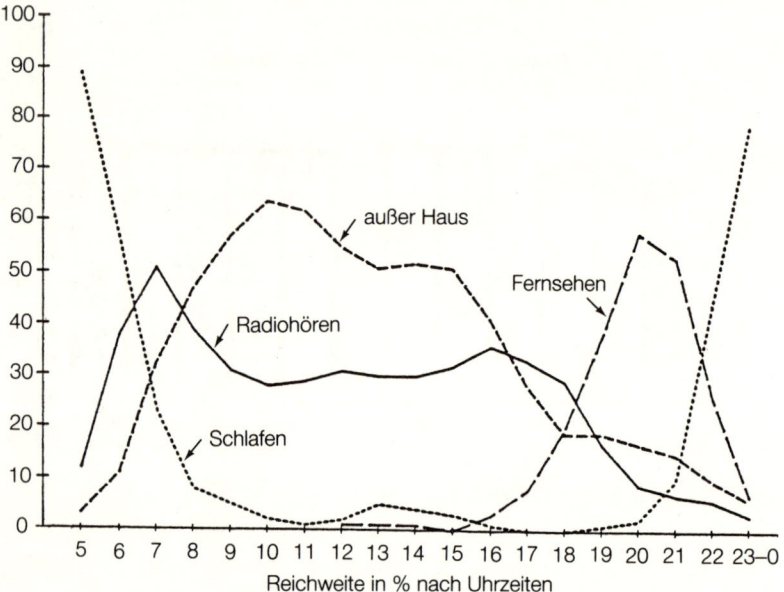

Quelle: Infratest: Untersuchung zur Hörfunknutzung in Nürnberg, 7/87.

turumbruch. Durch die Zulassung privatrechtlicher (lokaler) Hörfunkanbieter und zusätzlicher terrestrischer Hörfunkfrequenzen stieg die Zahl der werbetreibenden Sender von 12 (1981) auf ca. 200 (1994). Den privaten Veranstaltern sind dabei – als Ausgleich zur Gebührenregelung der öffentlich-rechtlichen Sendeanstalten – zur Finanzierung ihrer Programme wesentlich liberalere Rahmenbedingungen für die Werbung eingeräumt worden. Dies betrifft zum einen Werbeumfang und Werbezeiten, zum anderen aber auch Form und Art der Werbung. So darf vor allem

- die werbliche Nutzung der Programme bis zu einem Fünftel der Sendezeit eines Anbieters betragen,
- Werbung zur gesamten Sendezeit, also auch sonn- und feiertags, ausgestrahlt werden.

Dadurch gibt es zunächst also keine Abhängigkeit mehr von starren Werbeblöcken. Den Gestaltungsmöglichkeiten der Werbung sind durch die Landesmediengesetze jedoch auch Grenzen gesetzt worden. Speziell das Gebot der Trennung von Werbung und redaktionellen Inhalten haben die privaten Sender nämlich ebenso wie die öffentlich-rechtlichen Rundfunkanstalten zu beachten.

6.2 Beurteilung aus Handelssicht

Für den Handel kann lokaler Privathörfunk als Werbeträger nun u. a. aus folgenden Gründen von Interesse sein:

- Reichweite und Mobilität in der Ansprache
  Hörfunk ist das nach Reichweite und Kontaktdauer von den Bundesbürgern am meisten genutzte Medium. Es können also auf sehr ökonomische Weise insbesondere auch solche Zielgruppen erreicht werden, die kaum lesen oder fernsehen. Durch die flexiblen, mobilen Empfangsmöglichkeiten (Autoradio) können potentielle Kunden zudem ortsunabhängig erreicht werden.
- Zielgruppenorientierung
  Der lokale Privatfunk ist ein **Zielgruppenmedium**: Durch die meist starke Ausrichtung der Programme auf spezifische Zielgruppen können Werbekunden ihre Botschaft gezielter streuen. So erlaubt es lokaler Hörfunk etwa, speziell jüngeres oder älteres Publikum bzw. anders ausgewählte Zielgruppen anzusprechen – und dies alles ohne größere regionale Streuverluste. In vielen Märkten stimmt nämlich die Reichweite der Lokalradiostationen mit dem Einzugsgebiet der Werbekunden weitgehend überein.
- Beziehungsstärke und Überzeugungskraft
  Mit der Abstimmung des programmlichen Umfeldes und der persönlichen Ansprache durch das Medium wird eine positive Grundstimmung beim Rezipienten geschaffen. Diese prädisponierte Nutzungssituation erleichtert es, Produktbotschaften zu erfassen. Zudem besteht eine vergleichsweise geringe Möglichkeit, sich akustischen Reizen zu verschließen und der Werbung auszuweichen. Eine Einschränkung der Werbekontaktqualität ergibt sich jedoch durch die weitgehende Nutzung als „Nebenbei-Medium".
- Unkompliziertheit und Flexibilität
  Eine weitere Stärke dieses Werbeträgers ist die schnelle und unkomplizierte Reaktionsmöglichkeit auf das Marktgeschehen. Ideen können somit unmittelbar in die Tat umgesetzt werden. Werbezeiten sind kurzfristig und unbürokratisch zu buchen, was eine – gerade im Handel wichtige – äußerst flexible Disposition der Mediapläne erlaubt.

Diese quantitativen und qualitativen Kriterien machen den lokalen Privathörfunk zu einem relativ streuverlustarmen und zielgruppengenauen Medium. Hinzu kommen die im Vergleich zu den öffenlich-rechtlichen Veranstaltern sehr attraktiven (absoluten) Schaltkosten. So liegen die Sekundenpreise der privaten Lokalanbieter in Bayern bei etwa 10 DM, während der Bayerische Rundfunk in seinem landesweiten Programm Bayern 3 zwischen 7 und 95 DM veranschlagt.

Bedingt durch die begrenzten Sendegebiete, sind die Werbeträgereigenschaften des privaten Lokalhörfunks besonders für örtliche Werbekunden, die ihren Standort im Sendegebiet haben, interessant, da große Reichweiten hier nur zusätzliche Streuverluste mit sich bringen würden. Aber auch für nationale Handelsketten mit primär überregionalen Werbeinteressen ergeben sich Möglichkeiten für eine sinnvolle Inanspruchnahme des neuen Werbeträgers. In Frage kommt hier jedoch weniger die Belegung eines einzelnen Lokalmarktes, sondern vielmehr die Nutzung sog. Funk-Kombi-Angebote. Das sind Einrichtungen, die durch Kooperation mehrerer wirtschaftlich zusammengeschlossener, aber rechtlich unabhängiger Lokalradiostationen eine größere Flächendeckung schaffen.

Überregionalen Werbekunden kann dadurch eine zusätzliche und reichweitenattraktive Alternative zum öffentlich-rechtlichen Hörfunk geboten werden, ohne auf die Vorzüge des lokalen Hörfunks verzichten zu müssen. Eine auf Senderketten gestützte „Funk-Kombi" bietet dem Werbekunden insbesondere folgende Vorteile:
– Es werden vornehmlich Ballungszentren mit hoher Bevölkerungskonzentration abgedeckt.
– Es werden daher primär die Stadtbevölkerung mit überproportionaler Kaufkraft erreicht und eine Fehlstreuung in strukturschwache Gebiete vermieden.
– Die einzelnen lokalen Hörfunkanbieter sind eher in der Lage, die spezifisch lokalen Ansprüche zu berücksichtigen und damit eine konzentriertere Marktbearbeitung durchzuführen, als dies mit einem landesweiten Programm möglich wäre.

6.3 Gestaltungsfragen

Zur Gestaltung der Werbung können die privaten Lokalradiostationen ihren Werbekunden vielfältige Möglichkeiten bieten. Zur Auswahl stehen hier insbesondere
– Werbespots,
– Moderatoren-Live-Durchsagen,
– sonstige Sonderwerbeformen.

Die meistgenutzte Werbeform im privaten Hörfunk sind – wie auch in öffentlich-rechtlichen Sendeanstalten – allerdings nach wie vor traditionelle Werbespots, die entweder vom Werbekunden selbst geliefert oder aber – je nach Servicemöglichkeiten des Senders – im eigenen Produktionsstudio erstellt werden können. Aufgrund der anfallenden Produktionskosten sind Werbespots hauptsächlich für Kunden geeignet, die unter Verwendung dramaturgischer Musik- und Sondereffekte eine optimale Gestaltungsform ihrer Werbung für häufige Schaltungen haben möchten.

Eine andere Werbeform sind **Live-Durchsagen**, bei denen der Moderator kurze Werbebotschaften von ca. 15 Sekunden Dauer während seiner Sendung vorliest. Da hierbei kaum Produktionskosten anfallen, eignen sich Live-Durchsagen primär für kleine und mittlere Unternehmen, die mit wenig Aufwand schnelle und aktuelle Werbung, z. B. für Sonderangebote, einsetzen wollen. Die vertraute Stimme des Moderators schafft dabei zusätzliche Identifikation.

Sonderwerbeformen können in den verschiedensten Variationen durchgeführt werden. Insbesondere für Sponsoraktivitäten eröffnet sich hier ein breites Spektrum. Als Beispiel seien „pseudo-redaktionelle" Beiträge zur Eigendarstellung der Werbekunden genannt, die in Form von Telefongesprächen, Interviews oder Reportagen in die aktuelle Berichterstattung aufgenommen werden können. Andere Möglichkeiten sind gemeinsame Promotion-Aktionen zwischen Sender und Kunden, wie beispielsweise durch Verlegung von Senderaktivitäten in die Geschäftsräume des Werbetreibenden. Sponsorengagements sind ferner denkbar im Rahmen von Service- und Verbraucherinformationen, die speziell für die Zielgruppe des Kunden einen gewissen Bezug aufweisen. So werden mittlerweile in den meisten Privatsendern Verkehrsdurchsagen durch Automobilhändler gesponsert. Aber auch Hörertips, Zeitansagen, Ratgeber-Magazine oder Hörerspiele lassen sich erfolgreich mit Werbung verknüpfen.

Zusammenfassend betrachtet, bietet der lokale Hörfunk als Werbeträger für Einzelhandelsunternehmen somit folgende Vorzüge:
- größere Hörerbindung durch die lokale Berichterstattung und die zielgruppengerechte Umsetzung der Hörerbedürfnisse,
- kurzfristige und freie Verfügbarkeit von Sendezeiten (auch an Sonn- und Feiertagen),
- keine Abhängigkeit von starren Werbeblöcken,
- hohe Flexibilität und gute Umsetzungsmöglichkeit für Kampagnen,
- dadurch mehr kreative Gestaltungsmöglichkeiten,
- geringer absoluter Preis, insbesondere in der Anfangsphase, später ein
  - bezogen auf die Zielgruppe – günstiger relativer Preis,
- geringere regionale und zielgruppenspezifische Streuverluste.

7. Direktwerbung

7.1 Überblick

Wie bereits weiter vorn grundsätzlich ausgeführt, kommen mittlerweile die Einzelhandelskunden vermehrt „von überall her". Das gilt insbesondere für Interessenten an höherwertigen Gebrauchsgütern. Deshalb wäre eine großflächigere Werbung des Einzelhandels nur folgerichtig.

Abgesehen von den zunehmenden Schwierigkeiten, das jeweilige Einzugsgebiet abzugrenzen, sind solche Überlegungen dann müßig, wenn die vorhandenen Streumedien diesen Zuschnitt nicht haben, im Zweifel also darüber hinausgehen. Erheblich zunehmende Streuverluste sind unter diesem Aspekt die Regel und für viele Einzelhändler wirtschaftlich nicht tragbar.

Einen Ausweg aus diesem Dilemma bieten bekanntlich entsprechende qualitative **Zielgruppen**überlegungen. Nach der Beantwortung der Frage „Von wo kommen die Kunden, und woher könnten potentielle Kunden allenfalls noch kommen?", also nach Bestimmung des geographischen Streugebietes, muß versucht werden, die potentiellen Nachfrager im Hinblick auf das betreffende Produkt oder Sortiment zu identifizieren.

Der Traum eines jeden Werbetreibenden wäre also, zu wissen: „Wer im Einzugsgebiet könnte interessiert werden?" oder besser: „Wer im Einzugsgebiet ist bereits interessiert?" oder noch besser: „Wer im Einzugsgebiet beabsichtigt den Kauf von ...?"

Bekanntlich muß man sich i. d. R. mit mehr oder weniger allgemeinen Zielgruppenmerkmalen begnügen, die oft mehr im Wege des Ausschlußverfahrens [kommen für den Kauf von ... (bestimmt) nicht in Frage] gewonnen werden und natürlich nichts über ein spezifisches Artikelinteresse aussagen.

Je genauer dies möglich ist, um so gezielter können im Anschluß daran entsprechende Streumedien gesucht oder solche selbst organisiert werden, um diese Zielgruppe – und möglichst eben nur diese – zu erreichen.

Erforderlich wären also vielfach zumindest eine Art von Special-interest-Medien auf lokaler Basis, etwa für die Campingfreunde oder die Hobbygärtner usw., wie es sie ja zu Hunderten auf nationaler Basis gibt, weil sie für Hersteller als Werbeträger interessant sind. Für den Einzelhändler kämen sie aber nur dann in Frage, wenn es möglich wäre, die Anzeigenauflage so zu splitten, daß dadurch nur das Einzugsgebiet des jeweiligen Händlers abgedeckt werden würde. Das ist aber praktisch derzeit nur sehr begrenzt durchführbar.

Tragbar wäre ein solches Vorgehen allenfalls dann, wenn solche an sich unwirtschaftlichen Medien die Umworbenen auch zu Direktbestellungen veranlassen würden, also neben dem stationären Verkauf auch ein Versandhandel betrieben wird.

7.2 Schriftliche Ansprache

Die Suche nach einer zielgruppengenaueren Ansprache führt sehr schnell zur Direktwerbung. Von den sich hier bietenden Formen in Gestalt des face-to-face- bzw. mouth-to-mouth-Kontakts und der schriftlichen Ansprache soll hier nur die letztere weiterverfolgt werden.

Bekanntlich wird bei diesen schriftlichen Formen im Hinblick auf ihre Streuung nach solchen unterschieden, die **unadressiert** von besonderen Verteilerorganisationen in die Briefkästen gelangen (**direct** advertising), und solchen, die durch die Post gestreut werden (**direct mail** advertising). Da die Bundespost ihre Postwurf-Selektionsmöglichkeiten seit geraumer Zeit stark eingeschränkt hat und die zielgruppengenaue Ansprache mittels unadressiertem Werbematerial damit entsprechend reduziert ist, bieten sich primäre **adressierte** mailings zur Werbung an, für deren Beförderung die Bundespost bekanntlich das Monopol besitzt.

Über die verschiedenen Arten von Aussendungen gibt der nachfolgende Katalog einen hinreichenden Überblick:

- Werbebrief
- individueller Schreibmaschinenbrief (inzwischen selten)
- Automatenbrief
- gedruckter Werbebrief
- Computerbrief
- Fill-in-Brief (Normentext mit individuellen Ergänzungen)
- Prospekt
- Katalog
- Antwortkarte
- Umschlag
- Mailorder-package (meist Werbebrief, Prospekt, Antwortkarte, werbl. gestalteter Umschlag)
- Computerbooklet (Mischung aus Brief und gehefteter Broschüre)
- Self-mailer (eine Art Doppelpostkarte)
- 3D-Werbemittel wie Muster, Proben, Werbegeschenke, Gadgets, Folienschallplatten, Ton- und Videokassetten.

Die erhöhte Werbeintensität der Wirtschaft im allgemeinen und die Notwendigkeit einer genaueren Zielgruppenansprache im besonderen haben in allen Industrienationen zu einem ständig steigenden Direkt-Werbevolumen geführt. Nach Angaben des DDV (Deutscher Direktmarketing-Verband e. V.) betrugen die Gesamtaufwendungen allein für das Mailing (= Adressen, Werbemittel, Porto und Versand) im Jahr 1993 etwa 11,1 Mrd. DM.

Selbstverständlich hat vor allem die zunehmende Computerisierung dazu beigetragen, weil sie Datenverarbeitungsmöglichkeiten erlaubt, von denen man sich vor zwanzig Jahren noch kaum etwas hat träumen lassen. Das alles führte dazu, daß sich auch z. B. der stationäre Einzelhandel inzwischen solcher Hilfen bedienen muß; mit „Selbstgestricktem" ist beim heutigen Wettbewerb auch in diesem Bereich kaum noch etwas auszurichten, es sei denn, man kann sich im Hause Spezialisten dafür erlauben.

7.3 Vorzüge der Direktwerbung

Die spezifischen Vorteile der Direktwerbung stellen sich wie folgt dar (im Vergleich zur Massenwerbung):

- Vorteile aufgrund der gezielteren Streuung, Möglichkeiten der individuellen Ansprache, Eignung für kleine und kleinste Zielgruppen, Vermeidung von bestimmten Konkurrenzeinflüssen, Möglichkeiten einer genaueren Erfolgskontrolle, Selektion zwischen Umworbenen und Nichtumworbenen (Exklusivität/Geheimhaltung).
- Vorteile aufgrund der gestalterischen Möglichkeiten mit großer Gestaltungsfreiheit beim Inhalt der Aussendungen (mit Ausnahme einiger postalischen Einschränkungen), höhere Langzeitwirkungen als viele andere Medien, weil sie vielfach aufgehoben und öfter genutzt werden, wie insbesondere Kataloge.
- Vorteile aufgrund des Streuweges, vergleichsweise schnelle Streumöglichkeiten, die alle Adressaten fast gleichzeitig erreichen, vergleichsweise hohe Aufmerksamkeit und Aufnahmebereitschaft durch individuelle Zusendung, vergleichsweise geringere psychologische Kaufhemmnisse, weil der Empfänger zwar direkt angesprochen wird, jedoch als Käufer weitgehend anonym bleibt.

7.4 Auswahl des Adressenmaterials

Wie leicht einsehbar, hängt der Erfolg postalischer Direktwerbung stark von der **Qualität** des verwendeten **Adressenmaterials** ab. Läge die Response-Rate (bei bisherigen Nichtkunden) höher als bei den inzwischen üblichen 1 bis 2% der Aussendungen, so wäre diese Art Werbung effektiv nicht so teuer, wie sie es in Wirklichkeit ist.

Natürlich schwanken die Erfolgsraten je nach Art und Attraktivität des Angebots erheblich, jedoch bleibt die Qualität des Adressenmaterials stets ein wesentlicher Erfolgsfaktor.

Für den (stationären) Händler bietet sich zu Anfang u. U. die Möglichkeit, Kundenadressen systematisch zu sammeln und aufzubereiten.

Für die Anwerbung von Neukunden ist hingegen zusätzliches Adressenmaterial erforderlich. Als Bezugsquellen hierfür kommen **Zeitschriftenverlage** mit vielen Postkunden, **Versandgeschäfte** und **Direktwerbeunternehmen** in Frage, und zwar geschieht die Adressenbeschaffung entweder durch Adressen**tausch**, Adressen**kauf** oder Adressen**miete**. Letztere dominiert inzwischen und erlaubt i. d. R. eine einmalige Verwendung. Natürlich besteht bei solchen Geschäften immer die Gefahr, daß die Adressenqualität durch zu häufige Direktwerbung leidet und die erworbenen Adressensätze nicht überschneidungsfrei sind.

Wie vorab bereits erwähnt, wird die Auswahl des Adressenmaterials zweckmäßig aus zwei Blickwinkeln zu erfolgen haben, nämlich einmal von der Beantwortung der Frage her: „Welche Verbraucher bzw. Haushalte kommen wohl überhaupt nicht in Frage?" und andersherum: „Welche kommen wohl in erster Linie in Frage?". Dieser Eingrenzungsprozeß ist natürlich bei Spezialbedarfen wesentlich ergiebiger als in solchen Fällen, wo die Nachfrage eigentlich an keine besonderen Voraussetzungen gebunden ist, wie bei den vielen Gütern, die unabhängig von Geschlecht, Alter, Beruf, Einkommen, Besitz usw. verwendet werden (könnten!). Vielfach liegt es ja auch gar nicht an der Verwendung bzw. Verwendungsbereitschaft, sondern an den langen Kaufintervallen. Wer gerade einen Kühlschrank, einen Rasierapparat oder eine Sendung Wein gekauft hat, fällt hier für Monate oder Jahre als Käufer aus, und in dieser Zeit nützt dann auch die attraktivste Werbung nichs. Erforderlich wären hier also Kenntnisse über Zeitpunkt und Ausmaß der „Bevorratung", also der Haushaltsbestände.

Gewisse Hinweise bieten hier entsprechend aufbereitete Versandkunden bzw. Postkäufer-Adressen, weil sie – zumindest zu Teilen – über das Einkaufsverhalten nach Inhalt, Intensität und Häufigkeit Auskunft zu geben vermögen. Inwieweit sie jedoch für das stationäre Geschäft geeignet sind, ist natürlich die Frage.

Solange es also nicht gelingt, die Verbraucher dazu zu bewegen, selbst anzuzeigen, welche Kaufabsichten sie hegen oder – ersatzweise – das Einkaufsverhalten nicht wie in einem Haushaltspanel laufend registriert wird – solange ist es ein steiniger Weg, aus Adressenmerkmalen so viel an Informationen herauszufiltern, wie eigentlich zur Effizienzsteigerung gebraucht würde. Immerhin sind die Fortschritte der letzten Jahre beträchtlich, was die Auswertungen auch unter Zuhilfenahme quantitativer Techniken (u. a. multivariater Verfahren) anbetrifft. Aber vieles findet hier seine wirtschaftlichen Grenzen an der Fülle des zu verarbeitenden Datenmaterials.

In jüngerer Zeit wird versucht, das notwendige Adressenmaterial mittels einer **mikrogeographischen Marktsegmentierung** weiter verfeinert aufzubereiten. Diese von verschiedenen Unternehmen mittlerweile ebenfalls in der Bundesrepublik angebotenen Adressen (z. B. LOKAL von Infratest, DART von SAZ-Marketingservices, REGIO von AZ-Bertelsmann) basieren auf der Grundthese „gleich und gleich gesellt sich gern" bzw. auf der Erkenntnis, daß sich Personen gleichen Lebensstils und damit ähnlichen Kaufverhaltens (!?) in bestimmten Wohnbezirken konzentrieren.

Das Gesamtgebiet der Bundesrepublik wird dabei zunächst in möglichst kleine Wohngebietseinheiten (z. B. ca. 50 000 Wahlbezirke) mit jeweils einigen Hundert Haushalten aufgeteilt. Anschließend erfolgt eine Anreicherung dieser Einheiten mit möglichst vielen Informationen, um auf das

Informations-, Kauf- und Verwendungsverhalten dieser Haushalte schließen zu können. In Frage kommen dafür (disaggregierte) Daten aus amtlichen Statistiken, primärstatistische Daten aus Marktstudien, adressenbezogene Daten (z. B. Fremdadressen) sowie Kundendaten (z. B. über Kauf- und Zahlungsverhalten).

Im weiteren Vorgehen werden die ausführlich beschriebenen Gebietseinheiten mit Hilfe multivariater Analyseverfahren und statistischer EDV-Programme einer **Regionaltypologie** zugeordnet. Das Marktgebiet wird so durch sechs bis acht in sich homogene Gebietszellen verschiedener Regional- bzw. Geotypen abgedeckt.

Außer für die Direktwerbung bieten sich Anwendungsmöglichkeiten vor allem noch an im Zusammenhang mit

– der Planung von Handelsstandorten,
– der Bewertung bestehender Standorte,
– der Neuordnung von Einzugsgebieten,
– dem interregionalen Verkaufsstättenvergleich.

Doch zurück zur Direktwerbung: Hier bestehen Einsatzmöglichkeiten für das Neukundengeschäft und/oder für eine gezieltere (Alt-)Kundenbearbeitung.

Im Fall der Kundenbearbeitung erlaubt das zur Verfügung stehende mikrogeographische Datenmaterial einen besseren Rückschluß auf die Struktur und das Konsumverhalten der in dieser Zelle lebenden Kunden, was insbesondere dann sinnvoll ist, wenn das eigene Datenmaterial den Anforderungen nicht genügt.

Beim Neukundengeschäft lassen sich durch Vergleich des mikrogeographischen Datenmaterials mit der eigenen Kundenstruktur gezielt Adressen der jeweils dem eigenen Anforderungsprofil am nächsten kommenden Zellen beschaffen. Dabei ist es möglich, die auf diese Weise zur Verfügung gestellten Adressen mit den eigenen abzugleichen, um Dubletten, also doppelte Datensätze, zu vermeiden.

Je nach Qualität der Adressen liegt der Preis pro tausend Privatkundenadressen bei 300 bis 450 DM bzw. bei Firmenadressen bei 300 bis 500 DM, wobei als Gütekriterium zum einen die **Aktualität** der Adressen und zum anderen die Unterscheidung **Interessent** oder **Kunde** herangezogen werden.

Der Nutzen der mikrogeographischen Marktsegmentierung steht und fällt natürlich damit, wie weit die Homogenität von Wohngebieten tatsächlich zutrifft und wie gut es gelingt, das Adressenmaterial auf dem jeweils neuesten Stand zu halten.

Wie bei jedem Bemühen um eine gezieltere Marktbearbeitung darf man nicht eine Optimierung erwarten, wie sie vielleicht im Bereich der Lagerhaltung möglich ist, sondern lediglich Verbesserungen. Es ist ja ohnehin so, daß die Adressendateiführung den Verantwortlichen einiges an Knowhow und Kosten abverlangt, und zwar um so mehr, je individueller der Zuschnitt ist. Name und Familienstand, Anschriftenänderungen, natürliches Ausscheiden durch Tod oder Wegzug aus dem Einzugsgebiet sind hier nur die wichtigsten Arbeits- bzw. Fehleranlässe. Immerhin liegt die Mobilitätsquote bei Privatadressen, bezogen auf Namens- und Anschriftenänderungen, bei ca. 25% pro Jahr.

VI. Neuere Formen der Kundenansprache

1. Kundenkarten und Kundenclubs

1.1 Ziele und Konzepte

Da Aufbau und Pflege von Kundenbindungen ganz elementaren Anbieterinteressen entspringen, waren Kaufleute schon immer bemüht, vor allem ihren guten Kunden das Bewußtsein zu vermitteln, ganz besonders vorteilhaft behandelt zu werden. Voraussetzung dafür sind im Prinzip einmal ein individueller Kundenkontakt und zum zweiten ein Spielraum, der eine unterschiedliche Kundenbehandlung ermöglicht.

Speziell dem modernen Einzelhandel sind hier Grenzen gesetzt, und zwar durch die inzwischen dominierende Kundenanonymität, durch den vergleichsweise geringen Handlungsspielraum des Verkaufspersonals sowie durch gesetzliche Beschränkungen (Rabattgesetz, Zugabeverordnung usw.).

Nach dem zweiten Weltkrieg bestand im Zeichen von knappem Warenangebot bzw. ungestümer Nachfrage im Einzelhandel wenig Veranlassung und damit auch wenig Neigung, sich über Kundenbindung viele Gedanken zu machen. Selbst die einst so hochgepriesene Rabattmarkenvergabe wurde, weil zu umständlich und kostspielig, eingestellt, obgleich sie damals nachgewiesenermaßen zur Einkaufsstättentreue wesentlich beitrug. Erst als die Kunden öfter wegblieben und die einschlägigen Marktforschungsergebnisse eine immer stärkere Käuferfluktuation ergaben, besann man sich wieder vermehrt auf die alte Kaufmannsweisheit.

In Anlehnung an ausländische Vorbilder wurden in Deutschland inzwischen von Hunderten von Einzelhandels- und Dienstleistungsunternehmen Konzepte geschaffen, die im wesentlichen den Bezeichnungen **Kundenkarten** bzw. **Club-** (oder **Service-**)Karten zugeordnet werden können. Kartenherausgeber und Kartenakzeptant sind hier identisch und bilden eine Partei, die Karteninhaber die andere (= **Zwei-Parteien-System**). Die klassischen Kreditkartenunternehmen wie Eurocard, Visa, American Express oder Diners Club basieren dagegen auf einem **Drei-Parteien-Sy-**

stem, weil hier eine Trennung zwischen Kartenherausgeber, Kartenakzeptant und Karteninhaber besteht.

Nach einem vergleichsweise schleppenden Anlauf in Deutschland haben sich die „plastics" inzwischen durchgesetzt, weiteres kräftiges Wachstum wird für die Zukunft erwartet. Etwa 8-9 Mio. Kreditkarten sind derzeit in Umlauf und über 25 Mio. Kunden- bzw. Club- oder Servicekarten.

Kunden-(Service-)Karten identifizieren den Eigentümer als berechtigt zur Inanspruchnahme bestimmter Leistungen seitens des Kartenherausgebers. Um den Berechtigten ein „Wir-Gefühl" zu suggerieren, wird die Kundenkarte mitunter – amerikanischem Vorbild folgend – mit einer Mitgliedschaft in einem sog. Kundenclub (consumer club) verknüpft.

Consumer-Clubs lassen sich einteilen sowohl nach ihrem Bezugsobjekt als auch nach den (ursprünglichen) Initiatoren. **Fan-Clubs,** Fördervereinigungen u. ä. entstehen aus einer Schar Gleichgesinnter oder Begeisterter und beziehen sich auf bestimmte Personen, Produkte oder Institutionen; die Initiatoren für die Consumer-Clubs i. e. S. sind dagegen Hersteller, Händler oder Dienstleister, also Unternehmer mit kommerzieller Absicht. I. d. R. wird es – wie leicht verständlich – seitens eines Unternehmens als Glücksfall betrachtet, wenn sich bereits ohne eigenes Zutun eine organisierte Anhängerschaft gebildet hat. Naheliegenderweise wird von diesem dann auch Unterstützung erwartet und – soweit ins Konzept passend – gerne gewährt.

In sog. **Verbraucherclubs** dagegen sind Konsumenten organisiert, die ihre Interessen als Verbraucher gegenüber Handel und Industrie wahrnehmen wollen. Sie sind damit Teil der verbraucherpolitischen Aktivitäten in unserer Gesellschaft. Der ADAC beispielsweise ist ein solcher Verbraucherclub, und zwar der mit der größten Mitgliederzahl.

Kundenkarten sind – soweit sie dem bargeldlosen Zahlungsverkehr dienen – global betrachtet eine Reaktion auf das Vordringen der klassischen Kreditkarten und die damit verbundenen vergleichsweise hohen Provisonsbelastungen im Handels- und Dienstleistungsbereich. Der Absicht, hier eine gemeinsame deutsche Karte für den Einzelhandel sowie das Hotel- und Gaststättengewerbe zu schaffen, war jedoch kein Erfolg beschieden. Das anbieterindividuelle, für die Verbraucher allerdings umständliche Vorgehen (für jede Einkaufsstätte eine gesonderte Karte) resultiert aus dem Drang und Zwang, die Kundenkarten zur Kundenwerbung und Kundenbindung einzusetzen, und das verträgt sich eben nicht mit Einheitslösungen.

1.2 Aufbau und Organisation

Was zwecks Aufbau und Pflege von Kundenbeziehungen im einzelnen zu entscheiden, zu organisieren und zu bewirken ist, läßt sich in folgende Fragen fassen:
– Wer soll als Adressat in Frage kommen – Wie exklusiv soll der Kreis gezogen werden?
– Welche „Vorteilhaftigkeiten" sollen geboten werden?
– Welche Kosten entstehen dadurch?
– Welche Wirkungen sind zu erwarten – (Wie) lassen sie sich messen?

1.2.1 Bestimmung der Adressaten

Als Zielgruppe kommen naheliegenderweise zunächst einmal die langjährigen, kaufkräftigen und intensiv kaufenden Kunden in Betracht. Kritisch wäre hier zu hinterfragen, ob gerade diese Zielgruppe durch ihr bisheriges Verhalten nicht bewiesen hat, daß sie auch ohne zusätzliche Vorteile einkaufsstättentreu ist und deshalb mit einiger Wahrscheinlichkeit auch bleibt. Läßt sich dadurch also eine stärkere Bindung herstellen? Im Zweifel muß damit gerechnet werden, daß Kundenkarten für einen Teil dieser Zielgruppe ein reines „Geschenk" darstellen.

Aus dieser Sicht spricht mehr dafür, als Adressaten primär die Gelegenheitskunden oder Noch-nicht-Kunden zu wählen, freilich mit der Folge, daß man die Kundenkarten bzw. Clubmitgliedschaften auch den Stammkunden nicht verwehren kann. Gelegenheitskunden und Noch-nicht-Kunden scheinen aus diesen Gründen, soweit erkennbar, auch die hauptumworbene Zielgruppe zu sein.

Praktische Probleme liegen in der möglichst genauen Streuung, sofern nicht schlichtweg alle Verbraucher im Einzugsgebiet angesprochen werden sollen. Werbung in Massenmedien erlaubt dies natürlich nicht, direct mail erfordert den Kauf von zielgruppengerechtem Adressenmaterial bzw. die Inanspruchnahme spezieller Verteilerorganisationen, denn i. d. R. liegen Adressen über die bisherigen (Stamm-)Kunden in nur sehr unzureichendem Maße vor.

1.2.2 Leistungsangebot

Je vorteilhafter die Karten- bzw. Clubleistungen aus Verbrauchersicht sind, um so mehr werden sie natürlich akzeptiert und genutzt. Entsprechend müssen also die Art und Auswahl der Leistungen sein, entsprechend aber auch deren Auslobung.

1.2.2.1 Kreditierung

Nach Angaben des Card Report Europäischer Kartenmarkt von Hoppenstedt und Wolff dienen etwa 6% der umlaufenden Kundenkarten dem bargeldlosen Zahlungsverkehr und/oder der Kreditgewährung. Im einfachsten Fall erfolgt die Rechnungsstellung nach jedem Einkauf; der Karteninhaber muß dann den Betrag innerhalb einer bestimmten Frist überweisen oder bar einzahlen. Vielfach wird auch das Lastschrifteinzugsverfahren eingesetzt.

Eine weitergehende Form ist die Einrichtung eines **Kundenkontos** für jedes Clubmitglied, auf welchem alle Einkäufe in einem bestimmten Zeitraum gesammelt werden. Die Abrechung erfolgt i. d. R. monatlich über Rechnungsstellung mit zehn bis zwanzig Tagen Valuta oder über das Lastschrifteinzugsverfahren. Bei einer monatlichen Abrechnung und zwanzig Tagen Valuta beträgt das Zahlungsziel für das Mitglied im günstigsten Fall bis zu sieben Wochen. Anstelle einer Abrechnung der ganzen Summe ist auch eine Abzahlung in Raten möglich. Häufig wird der Kreditrahmen auf eine bestimmte Höhe beschränkt (z. B. auf 3000 DM pro Monat), jedoch erfordert dies eine ständige Abfragemöglichkeit des aktuellen Kontostandes entweder über ein Kartenlesegerät oder über den Computer bzw. die Kundenkartei.

Für die Unternehmen stellt sich natürlich immer das Problem des Forderungsausfalls. Vielfach wird deshalb vor der Kartenvergabe eine Auskunft bei der SCHUFA eingeholt. Trotzdem verbleibt ein gewisses Ausfallrisiko, das zu verkraften ist. Immerhin soll es bei unzureichender Bonitätsprüfung bei etwa einem Drittel der Forderungen zumindest Zahlungsprobleme geben.

1.2.2.2 Rabattgewährung

Die Rabattgewährung für Clubmitglieder unterliegt dem Rabattgesetz mit seinem prinzipiellen Rabattverbot (vgl. Kap. Preispolitik, Abschn. II.3.3., S. 198 f.). Als Ausnahme kommt hier lediglich der Barzahlungsrabatt von maximal 3% in Frage.

Die angebotenen Auszahlungsformen sind unterschiedlich; zum einen wird der Preisnachlaß sofort nach dem Kauf, nach entsprechender Identifizierung des Käufers als Clubmitglied, bar ausbezahlt bzw. von der Kaufsumme abgezogen, zum anderen kann der Preisnachlaß auf einem Rabattkonto gutgeschrieben werden. In bestimmten Zeitabständen erhält das Clubmitglied einen Auszug über den aktuellen Kontostand. Je nach Vereinbarung kann das Guthaben nur bei einem weiteren Kauf verwendet werden oder aber es wird bar ausbezahlt.

Besteht die Möglichkeit, alle Käufe eines Karteninhabers in einem bestimmten Zeitraum zu registrieren, so kann der Preisnachlaß auch nachträglich am Ende des Zeitraumes gewährt werden. Zusätzlich kann eine Staffelung des Preisnachlasses von 0–3% in Abhängigkeit vom Umsatz in dieser Periode vorgenommen werden, was einem nachträglich gewährten Bonus entspricht.

Kundenkreditkarten sind rechtlich allerdings nicht unumstritten. So sah beispielsweise das Landgericht Mannheim in einem Urteil aus dem Jahre 1988 speziell in der kostenfreien Kreditierung einen Verstoß gegen das Rabattgesetz.

1.2.2.3 Sonstige Leistungen

Hinsichtlich der sonstigen Leistungen kann grob unterschieden werden zwischen den einkaufs- und verwendungsbezogenen Leistungen und solchen, die unabhängig vom Erwerb der Hauptleistung gewährt werden.

Bei ersteren besteht die Schwierigkeit gerade im Einzelhandel darin, daß viele davon bereits im Rahmen des allgemeinen Kundenservices angeboten werden. U. U. könnten sie jedoch für Clubmitglieder kostengünstiger oder sogar kostenlos erbracht werden (soweit die Zugabe-Verordnung nicht tangierend), wie z. B.

– Hauslieferservice,
– telefonischer Bestelldienst, eventuell mit Lieferung,
– Geschenkverpackungsservice,
– Montage- und Reparaturdienste, z. B. ohne Berechnung der Anfahrtskosten,
– Beratung beim Kunden zu Hause,
– großzügigere Umtauschbedingungen,
– Mitnahme von Waren zur Auswahl,
– spezielle Kassen für Clubmitglieder,
– Einzelbestellungen, Maßanfertigungen,
– Reservierungen,
– schnellere Abfertigung.

Die unterschiedliche Behandlung der Kunden bringt natürlich gewisse Probleme mit sich. So läßt sich z. B. die Ankündigung „Bevorzugte Beratung für Clubmitglieder" als eine Diskriminierung der Nicht-Clubmitglieder interpretieren. Auch die oft erforderliche Rückfrage des Personals: „Sind Sie Clubmitglied?" ist umständlich und für Nichtmitglieder nicht gerade erbaulich, es sei denn, jeder kann ohne Mühe und Aufwand Mitglied werden.

An Leistungen, die unabhängig vom Erwerb der Hauptleistungen und ausschließlich den Clubmitgliedern gewährt werden können, bieten sich z. B. folgende an:

– Sonderveranstaltungen (wie etwa Sommerfeste, Ausflüge oder Reisen für Clubmitglieder),
– Clubmitgliedertelefon für Gespräche im Stadtgebiet,

- spezielle Mailings, z. B. über Mode, Produktneuheiten, Sonderveranstaltungen (Räumungs- und Schlußverkäufe) und Preisaktionen,
- kostenlose Parkflächen- oder Parkhausbenutzung,
- Treffpunkt für Clubmitglieder im Unternehmen („Club-Ecke" oder separater Raum),
- Angebot von speziellen (Versand-)Artikeln nur für Clubmitglieder.

1.3 Aufwand

Der Aufwand für die Aktivitäten der geschilderten Art besteht zum einen aus den ausgabeverursachenden Installierungs- und Organisationskosten (Personal- und Sachkosten) und zum andern aus den Erlösschmälerungen (Kreditgewährung, Rabatte usw.), die im Zusammenhang mit Kundeneinkäufen anfallen.

Mit zunehmender Zahl von (aktiven) Karteninhabern bzw. Clubmitgliedern steigen die Erlösschmälerung proportional, die Organisationskosten degressiv, und zwar meist wohl nur mäßig. Der variable „Aufwand" dürfte also weit überwiegen. Das erleichtert im Prinzip die Start- bzw. Aufbauphase.

Was Kreditierung bzw. Rabattierung pro Einkaufsbetrag prozentual ausmachen, liegt fest. Gleiches gilt für Erlöseinbußen bei den sonstigen Leistungen, falls sie anderen Kunden berechnet werden. Hinzu kommt u. U. der Aufwand für unentgeltliche Exklusivleistungen, soweit sie zusätzliche Kosten verursachen, also nicht im Rahmen der gegebenen Kapazitäten zu bewältigen sind. Müssen dafür etwa besondere Einrichtungen (z. B. Clubräume) oder Warenangebote bereitgestellt werden, fallen entsprechende Fixkosten bzw. Risiken an.

Der Aufwand für das Handling solcher Systeme, also die Ausgabe, Verwaltung, Abwicklung und Überwachung der Kunden- bzw. Clubkarten zuzüglich der notwendigen (Einführungs-)Werbemaßnahmen, darf nicht unterschätzt werden. Auch bei einem langsamen Start bedarf es ja eines Pools von einigen tausend Adressen, um eine spürbare Resonanz erwarten zu können und um beim Werbemitteleinkauf zu vertretbaren Relationen zu gelangen.

Die Abwicklung des Kartengeschäftes und die damit zusammenhängenden Aufgaben kann der Kartenherausgeber entweder selbst in seinem Haus durchführen oder er überträgt sie ganz oder teilweise unabhängigen und erfahrenen Datenverarbeitungszentren oder Banken. Diese arbeiten dann unter dem Namen des Kartenherausgebers und sind somit keine neue (dritte) Vertragspartei.

Zu solchen Servicegesellschaften zählen z. B. die Citicorp Kartenservice GmbH (CKS), Frankfurt, sowie die United Card Kundenkarten-Vertriebs- und Verwaltungs-GmbH, München. Die CKS will nicht nur das

Geschäft der konzerneigenen Kreditkartengesellschaft Diners Club managen, sondern ebenso mit Warenhäusern, Banken oder anderen Unternehmen ins Geschäft kommen, die eigene Kundenkarten ausgeben wollen. Auch bei einer solchen Delegierung bedarf es im Hause selbst entsprechender Personen oder Abteilungen, die für Leitung und Koordination zuständig sind.

Streng genommen muß ebenfalls der erhöhte Kassieraufwand noch berücksichtigt werden, denn die bargeldlose Zahlung dauert an der Kasse etwa zwei- bis dreimal so lange wie eine Barzahlung. Für Handelsbetriebe mit vergleichsweise kleinen Einkaufsbeträgen, wie etwa Supermärkte, entstehen dadurch kaum tragbare Belastungen (ca. 0,8% vom Umsatz).

Karteninhaber bzw. Clubmitglieder erfordern natürlich eine gewisse werbliche Betreuung. Gerade im Handel haben solche Systeme ja vor allem das Ziel, die Kundenbeziehungen durch gezielte Werbemaßnahmen zu pflegen und die Mitglieder zum Kauf anzuregen. Moderne Textverarbeitungssysteme erlauben dabei Mailings mit individuellem Zuschnitt, was aber voraussetzt, daß entsprechende persönliche Daten vorher gewonnen und laufend auf ihre Gültigkeit hin überprüft werden.

Auch hierfür bedarf es – je nach Mitgliederzahl und gebotenem Leistungsspektrum – eines oder mehrerer eigener Mitarbeiter, oft ebenso der Inanspruchnahme eines Spezialunternehmens.

Die Gesamtbelastungen sind also nicht unerheblich, wenn auch stark abhängig von der Zahl der Karteninhaber und dem Umfang der gebotenen Leistungen. Schätzungen, die zwischen 3 und 7% vom Umsatz liegen, dürften dem Durchschnitt wohl nahekommen. Gerade für die Abwicklung von Ratenkäufen erweist sich die Kundenkarte aus Handelssicht jedoch als äußerst vorteilhaft, da sich die ansonsten erforderliche aufwendige Bonitätsprüfung erübrigt.

1.4 Wirkung

1.4.1 Verhaltensaspekte

Kundenkarten bzw. Clubmitgliedschaften sollen
- Kunden binden, d. h. von Einkäufen anderswo abhalten,
- Kunden zu Mehrkäufen veranlassen,
- Neukunden werben.

Das erfolgt im Prinzip durch
- besondere Einkaufs- bzw. Zahlungsvorteile,
- sonstige Vorteile, unabhängig vom Einkauf,
- (werblichen) Aufbau eines Gefühls von Exklusivität, Zugehörigkeit, Zusammengehörigkeit u. ä.

Die Wirkungen solcher Bemühungen lassen sich prima facie und vergleichsweise leicht an der Inanspruchnahme der Leistungen ablesen. Das gilt bezüglich der einkaufsunabhängigen Leistungen im Prinzip ebenso wie für die ökonomisch natürlich besonders interessierenden Einkaufsvolumina der Karteninhaber. Kaufen diese also im Durchschnitt beträchtlich mehr als die übrigen Kunden, so spricht vieles dafür, daß der Kartenbesitz einkaufsfördernd wirkt.

Ob bzw. inwieweit der Kartenbesitz wirklich förderlich ist, könnten – wenn überhaupt – nur die Kunden selbst beantworten. Insofern wären einschlägige Befragungen angebracht, sofern dabei gewährleistet ist, daß die Befragten nicht gleichsam mit der Nase auf die gewünschten Antworten gestoßen werden. Empfehlenswert wäre also eine offene Frage, etwa in der Form: „Ich kaufe häufiger bei ... ein, weil ..., ..., ... etc. (in der Reihenfolge der Wichtigkeit)."

Erst wenn der Karten- bzw. Clubvorteil hier nicht genannt wird, könnte gezielt nachgefragt werden.

Wenn also beispielsweise drei Viertel der befragten Karteninhaber die daraus erwachsenden Vorteile nicht spontan nennen, spräche das nicht gerade für große Attraktivität. Aber ein solches Ergebnis könnte natürlich auch interpretiert werden als Selbstverständlichkeit, die nur noch auffällt, wenn sie fehlt, ähnlich wie die Rolltreppe im Warenhaus.

1.4.2 Emotionale Aspekte

Inwieweit es heute noch gelingen kann, durch Kundenkarten bzw. Mitgliedschaften eine über die reine Vorteilswahrnehmung hinausgehende, gefühlsmäßig getönte Beziehung zum Unternehmen aufzubauen, kann pauschal kaum beantwortet werden; dafür gibt es auch zu viele Abstufungen und nur ungenaue Meßmöglichkeiten. Zweifel ist aber angebracht, denn die Naivität der Konsumenten, auch ihre Organisierbarkeit ist erfahrungsgemäß geringer geworden. Gerade die Konsumgenossenschaften haben das in der Vergangenheit bitter zu spüren bekommen. Hinderlich ist schließlich auch die Anonymität der Großunternehmen. An Metro, an Hertie oder an Aral können beispielsweise solche Beziehungen zumindest wesentlich schwerer geknüpft werden als an ein Unternehmen, das sich durch seinen Inhaber personifizieren läßt.

1.5 Ausblick

Kundenkarten/Kundenclubs erfordern Adressen, über die der Händler normalerweise nicht oder nur ungenügend verfügt. Nur die Versandgeschäfte, Heimdienste u. ä. Betriebsformen waren in dieser Beziehung schon immer im Vorteil.

Über die einschlägigen Möglichkeiten und Probleme wurde ja bereits im

Abschnitt Direktwerbung referiert. Vorteilhaft ist hier, daß zumindest die Zahlungen der Kunden anhand der Kartenverwendung bekannt sind. Allerdings müßten die Einkäufe der Kunden einzeln oder zumindest warengruppenmäßig erfaßt werden, um ihr Einkaufsverhalten für den Händler transparenter zu machen. Die dabei anfallende Datenflut sowie die damit verbundenen Kosten sollten nicht unterschätzt werden.

Euphorie hinsichtlich der Akquisitionsmöglichkeiten ist auch dann nicht angebracht. Schließlich zeigt der in solchen Dingen erfahrene Versandhandel, wie schwer es ist, einen Marktanteil von ca. 5% zu behaupten. Trotz aller immer feineren Analysen der getätigten Einkäufe läßt sich per Distanz weiterhin nur unzureichend herausfinden, für welche sonstigen Angebote dieser Kunde als Abnehmer noch in Frage kommt. Es ist also nicht so, als würde sich dem stationären Einzelhandel nunmehr ein Akquisitionsweg eröffnen, den vor ihm noch kein anderer beschritten hat.

Die derzeitige Situation läßt sich zusammenfassend als „Aufbruchstimmung" bezeichnen. Der stationäre Handel ist in großem Umfang dabei, für sich ein neues Akquisitionsinstrument zu entdecken, und zwar aus der grundsätzlich richtigen Einsicht heraus, daß Kundenpflege und Kundenbindung beim Kampf um einen immer „treuloseren" Kunden zunehmend wichtiger werden. Hat man erst die Kundenadressen, kennt man sein Einkaufs- und Finanzverhalten, so kann man ihm dann – u. U. in Kooperation mit anderen Unternehmen – z. B. auch Fernreisen oder Versicherungen, Immobilienkredite oder Orientteppiche verkaufen, kurzum, es bieten sich theoretisch ungeahnte Möglichkeiten.

2. Homeshopping

2.1 Wesen und Entwicklung

Daß der Nachfrager zum Anbieter kommen muß und nicht umgekehrt, ist bei hohem Angebotsdruck eigentlich ungewöhnlich. Im Einzelhandel aber ist es die Regel, denn alle ambulanten Betriebsformen spielen spätestens seit Ende des vorigen Jahrhunderts eine gänzlich untergeordnete Rolle, von einigen wenigen Bereichen einmal abgesehen. Dafür bot aber die Schaffung entsprechender postalischer Einrichtungen seit etwa hundert Jahren erstmals die Möglichkeit, Einkäufe im Einzelhandel per Distanz vorzunehmen, nämlich beim Versandhandel. Der floriert in der Bundesrepublik, gemessen am internationalen Vergleich, besonders erfreulich. Die Tatsache, daß sich der anteilige Umsatz am gesamten Umsatz des deutschen Einzelhandels bei etwa 5% bewegt, und daß ferner etwa 50% der deutschen Konsumenten nie auf dem Versandwege einkaufen, zeigt jedoch, daß dieser nicht gerade als Königsweg bezeichnet werden kann.

2. Kapitel: Instrumente des Handelsmarketing

Neben Vorteilen für Nachfrager und Anbieter gibt es im Versandgeschäft auch beträchtliche Nachteile. Diese liegen im Prinzip darin, daß die üblichen Funktionen im stationären Geschäft, nämlich hingehen, informieren, auswählen, zahlen, mitnehmen und zurückgehen, durch entsprechende Transport- bzw. Übertragungsmittel ersetzt werden müssen. Je mehr es – so läßt sich weiter folgern – also gelingt, die Nachteile des Versandgeschäfts durch organisatorische und technische Vervollkommnung zu verringern, desto günstiger sind die Zukunftsaussichten, sofern sich nicht auch im stationären Geschäft positive Änderungen ergeben.

Die Ansatzpunkte für Verbesserungen des „Distanzeinkaufs" müssen dabei in die Richtung zielen, sich den Vorteilen des stationären Geschäfts anzunähern, ohne deren Nachteile mitzuübernehmen. Das Ideal wäre also, den Einkauf im stationären Geschäft daheim vom Sessel aus jederzeit erleben und abwickeln zu können. Bisher wurden die hier notwendigen Kommunikationsprozesse im wesentlichen über Printmedien i. w. S. abgewickelt, seien es die Angebote oder auch die Bestellung und Rechnung. Seit einer Reihe von Jahren spielt auch das Telefon eine zunehmend bedeutende Rolle mit dem Vorteil einer schnelleren Interaktion zwischen Anbietern und Nachfragern. Mit stärkerer Verbreitung entsprechender Geräte in den Haushalten könnten statt Gedrucktem auch Videobänder, Bildplatten u. ä. zum Einsatz kommen. Alles zielt dabei entweder auf größere Schnelligkeit und/oder auf bessere Informationsqualitäten ab.

Mit der Erfindung bzw. der Einführung des Btx haben sich die Möglichkeiten inzwischen insofern erweitert, als damit ein Dialogmedium geschaffen wurde, das – im Unterschied zum Telefon – dem Verbraucher erlaubt, gewünschte aktuelle Angebote in Text- und/oder Bildform jederzeit auf sein Fernsehgerät zu bringen und auf diesem Weg auch seine Bestellungen aufzugeben, Lieferzeiten zu erfassen usw. Anbieterseitig wird also eine Art elektronischer Minikatalog geboten. Über Erfolg oder Mißerfolg entscheiden auf Dauer die Investitionen bzw. laufenden Kosten aller Beteiligten, aber vor allem natürlich die damit zusammenhängende Verbreitung in den Haushalten und deren Bereitschaft, das Btx auch für Einzelhandelseinkäufe zu benutzen.

Der Start in der Bundesrepublik Deutschland erfolgte nach Pilotprojekten Ende 1983. Jedoch blieb die Entwicklung bisher weit hinter den hohen Erwartungen (der Techniker!) zurück und speziell hinter den ohnehin bescheidenen des Einzelhandels. Dessen Urteil lautet pauschal: zu teuer, zu umständlich, zu unergiebig. Daran wird sich mutmaßlich in näherer Zukunft wohl auch nichts ändern.

2.2 Erfahrungen im Ausland

Mit großem Interesse schauten deutsche Fachleute seinerzeit auf die Btx-Entwicklung im Ausland. In **Frankreich** erfolgte die Verbreitung von **Teletel** – eine technisch einfacherere Variante des deutschen Btx-Systems – sehr schnell, weil hier die Geräte von der Post kostenlos zur Verfügung gestellt wurden. Zu großer Publizität verhalfen auch die sog. „Messageries roses" in Gestalt von anonym austauschbaren Sex-Botschaften u. ä., die von der Presse genüßlich kommentiert und kritisiert wurden. Ihr Anteil – seinerzeit etwa 1/5 aller Anrufe – hat heute kaum noch Bedeutung. Heute können die Franzosen zwischen etwa 12 000 öffentlichen und privaten Diensten wählen. Mittelständische Betriebe stellen rund 75% der Benutzer. Private Haushalte bedienen sich des **„Minitels"** vorwiegend für Adressen und Telefonnummern und Auskünften sonstiger Art. Die damals hochgeschraubten Erwartungen des stationären Einzelhandels haben sich dagegen bislang nicht erfüllt.

In den **USA**, in denen das mit dem deutschen Btx vergleichbare **Videotex-System** angeboten wird, kann momentan eine Wende zu einer neuen Homeshopping-Generation beobachtet werden, die aus den vormals passiven Zuschauern solcher Kommunikationsdienste den aktiven Gestalter seines eigenen Programmes macht, deren Schlüsselwort somit „interaction" ist. Als Vertreter dieser neuen Generation agieren z. B. „The Electronic Mail" von Compu Serve Inc., Columbus/Ohio, und „Prodigy" von Trintex. Diese Systeme stellen eine Weiterentwicklung des Videotex-Systems dar, bei der der angeschlossene Haushalt sich über einen PC oder ein Modem Zugang zu einem Zentralcomputer und damit einem weitgespannten Informations- und Servicenetz (z. B. Beteiligung an Computerspielen, Inanspruchnahme von Bankdiensten, Einkaufsdiensten) verschaffen kann. Der zentrale Vorteil der interaktiven Systeme gegenüber dem traditionellen Homeshopping liegt darin, daß der Benutzer sich durch seine eigene Entscheidung Zugang zum gesamten Angebot der angeschlossenen Unternehmen verschaffen kann, die von Kaufhäusern, Supermärkten und Spezialanbietern bis zu Dienstleistungsunternehmen, wie Fluggesellschaften und Kartenvorverkaufsstellen, reichen.

2.3 Teleshopping als spezielle Variante

Eine weitere Form des Homeshopping ist das sog. Teleshopping, bei dem dem Verbraucher Produkte in Werbe-Verkaufssendungen im **Fersehen** vorgestellt werden. Die Präsentation kann dabei auf unterschiedliche Art und Weise erfolgen. Entweder wird ein Produkt für wenige Minuten in Form eines **Verkaufsspots** eingeblendet, oder es werden mehrere Produkte in einer Art **Verkaufs-Show** in unterhaltender Form angeboten. Nach der Produktpräsentation wird eine **Telefonnummer** eingeblendet, über die der Zuschauer das Produkt bzw. die Produkte seiner Wahl bestellen kann, wobei den Telefonservice entweder der Sender selbst übernimmt oder ein Direktanschluß zum betreffenden Händler angeboten wird.

Die Vorteile dieses Vertriebsweges liegen in der unproblematischen Anwendung durch die Fernsehzuschauer, der weiten Verbreitung des Mediums Fernsehen und des zur Bestellung notwendigen Telefons. Kostensparend wirken der Wegfall von teuren Ladenmieten und von Verkaufspersonal, denn die Auslieferungen erfolgen von Zentrallägern.

Trotz der relativ expansiven Entwicklung in den USA fand das Teleshopping in Europa eigentlich nur in Italien eine nennenswerte Verbreitung, insbesondere durch die zahlreichen privaten Fernsehsender. In Deutschland haben durch die größere Zahl von Sendern derartige Aktivitäten zwar in den letzten Jahren ebenfalls zugenommen; von einem erfolgreichen Durchbruch des Teleshopping kann aber bislang nicht die Rede sein.

G. Verkaufsförderungspolitik

I. Grundlagen

Verkaufsförderungsaktivitäten (Sales Promotions) haben in den letzten dreißig Jahren auch in Europa eine Bedeutung erlangt, die es zweckmäßig erscheinen läßt, sie unter diesem (**Sammel-**)**Begriff** in den Rang eines eigenständigen Marketinginstrumentes zu heben. Das ist so selbstverständlich nicht, denn die einzelnen, auch keineswegs neuen Aktivitäten ließen sich meist problemlos entweder der (Laden-)„**Werbung**" oder dem „**Verkauf**" subsumieren. Die gemeinsame Klammer ist die Tatsache der Kurzfristigkeit der Maßnahmen, also ihr Aktionscharakter. Aber auch das ist natürlich nicht immer ein vollkommen trennscharfes Kriterium.

Der Katalog möglicher Maßnahmen ist sehr groß und wird durch immer neue Variationen ständig umfangreicher. Mit den folgenden Ausführungen kann deshalb auch kein Anspruch auf Vollständigkeit erhoben werden; vielmehr wird versucht, die Möglichkeiten und Probleme auf das Wesentlichste zu verdichten.

Traditionell ist die Verkaufsförderung – wie eine Analyse einschlägiger Definitionsversuche zeigt – inhaltlich hauptsächlich mit dem Marketing von **Herstellern** verbunden. Der Handel wird in den meisten Begriffsklärungen eher als Zielgruppe oder als „Vehikel" zur Durchführung von produktorientierten, herstellerinitiierten Verkaufsförderungsaktionen gesehen.

Vor dem Hintergrund der zunehmenden Bedeutung des Handelszieles

„Profilierung des Betriebstyps bzw. der Einkaufsstätte" muß dieses Instrument in seiner handelsinitiierten Ausgestaltung jedoch neu überdacht und der Begriffsinhalt – bezogen auf die damit verbundenen Erfordernisse – neu gefaßt werden.

Diese Notwendigkeit leuchtet eigentlich auch unmittelbar ein, wenn man sich vor Augen hält, wie eine herstellerinitiierte Promotion-Aktion, die zwar durchaus unter Umsatzgesichtspunkten kurzfristig sehr verlockend sein mag (vgl. Kap. Preispolitik, Darstellung 40, S. 208), zur Einkaufsstättenprofilierung beitragen soll, wenn sie vom „Konkurrenten um die Ecke" eine Woche später in gleicher Art und Weise wiederholt wird.

Auch die Möglichkeit des Aufbaus eines positiven Preisimages ist vor dem Hintergrund der Gleichförmigkeit herstellerinitiierter Promotions nur bedingt gegeben und mit entsprechenden Gefahren verbunden, denn was ist einfacher, als Produkte in Aktionen eben noch etwas günstiger anzubieten, als es die Konkurrenz die Woche zuvor getan hat.

Der etwas überspitzt formulierte Sachverhalt mag verdeutlichen, weshalb das Postulat einer handelsinitiierten Verkaufsförderung, vor allem vor dem Hintergrund der Zielsetzung einer Betriebstypenprofilierung, aus Handelssicht gerechtfertigt ist.

Aus den oben genannten Gründen ist die handelsinitiierte Verkaufsförderung als ein marktsegmentspezifisch einsetzbares, eigenständiges Instrument des Handelsmarketing anzusehen. Zeitlich begrenzte Aktionen sollen sowohl kurz- als auch langfristig das Verhalten der **Endverbraucher** im Hinblick auf akquisitorische als auch imagepolitische Ziele des Handelsunternehmens beeinflussen.

Werbung und Verkaufsförderung sind im Handel oft sehr eng miteinander verwoben und werden sehr häufig kombiniert eingesetzt. Die Verkaufsförderung zeichnet sich allerdings durch einen stärkeren akquisitorischen Bezug und eine weitgehende Begrenzung auf die Einkaufsstätte oder deren unmittelbare Umgebung aus, während die Werbung – wie bereits angesprochen – mit der Hilfe von Medien weitere Konsumentenkreise anspricht.

Allerdings geht die Tendenz im Rahmen der Kommunikationspolitik zunehmend dahin, daß die Kommunikationsinstrumente Werbung, Verkaufsförderung (und auch Public Relations) im Verbund eingesetzt weden, so daß eine Abgrenzung zunehmend schwieriger wird.

II. Ziele der Verkaufsförderungspolitik

Ist das oberste Ziel des Handelsmarketing die Betriebstypenprofilierung, so ist es nur folgerichtig, wenn man die Subziele der diversen Marketinginstrumente daran ausrichtet. Bezogen auf die Verkaufsförderung bedeutet dies, daß außer akquisitorischen Zielsetzungen mit Verkaufsförderungsaktionen durchaus auch Profilierungsziele, wie die Erlangung von Preis- und Sortimentskompetenz sowie übergeordnete Imageziele, die an der Profilierung der Einkaufsstätte ansetzen (z. B. Themenaktionen), verbunden sein können.

Diese Trennung in ökonomische und außerökonomische Zielsetzungen, die auch in der Werbung vorgenommen wird, wird ebenfalls in einer von der A.C. Nielsen Company durchgeführten Untersuchung deutlich, derzufolge Handelsunternehmen mit Promotionsmaßnahmen die folgenden Ziele verfolgen:
– Umsatz- und Gewinnsteigerung,
– Nachweis der Leistungsfähigkeit einer Betriebsform,
– Gewinnung neuer Kunden,
– Erhöhung des Warenumschlags,
– Gewinnung eines Wettbewerbsvorsprungs,
– Behauptung im Wettbewerb,
– Verhinderung von Kundenabwanderung (Kundenbindung).

III. Arten der Verkaufsförderung

Entsprechend diesen Zielsetzungen, die der Handel primär mit Verkaufsförderungsaktionen verfolgt, lassen sich **akquisitions**orientierte und **image**orientierte Aktionen unterscheiden. Selbstverständlich kann eine solche Unterteilung nicht völlig überschneidungsfrei sein, da mit vielen Maßnahmen sowohl akquisitorische als auch imagepolitische Zielsetzungen verbunden sind. Darstellung 48 gibt einen Überblick über die Vielfalt der Verkaufsförderungsmaßnahmen des Handels.

1. Akquisitionsorientierte Aktionen

Die diesen zuzurechnenden Maßnahmen dienen in erster Linie der unmittelbaren Erhöhung des Absatzes, was natürlich nicht bedeutet, daß entsprechende Profilierungszielsetzungen, wie der Aufbau von Preis- oder auch Sortimentskompetenz, bei der Durchführung dieser Aktionen keine Rolle spielen.

1.1 Preisorientierte Aktionen

Im Rahmen dieser Maßnahmen ist der Preis als zentraler Aktionsinhalt anzusehen (z. B. Sonderangebote). Aktionen dieser Art spielen – zumindest im Lebensmitteleinzelhandel – eine dominierende Rolle. Allerdings sind nicht alle Produkte für diese Maßnahmen geeignet. Hier sind vor allem die Nachfragehäufigkeit sowie die Aktualität der in Frage kommenden Produkte von entscheidender Bedeutung.

Darstellung 48: Überblick über die Verkaufsförderungsmaßnahmen des Handels

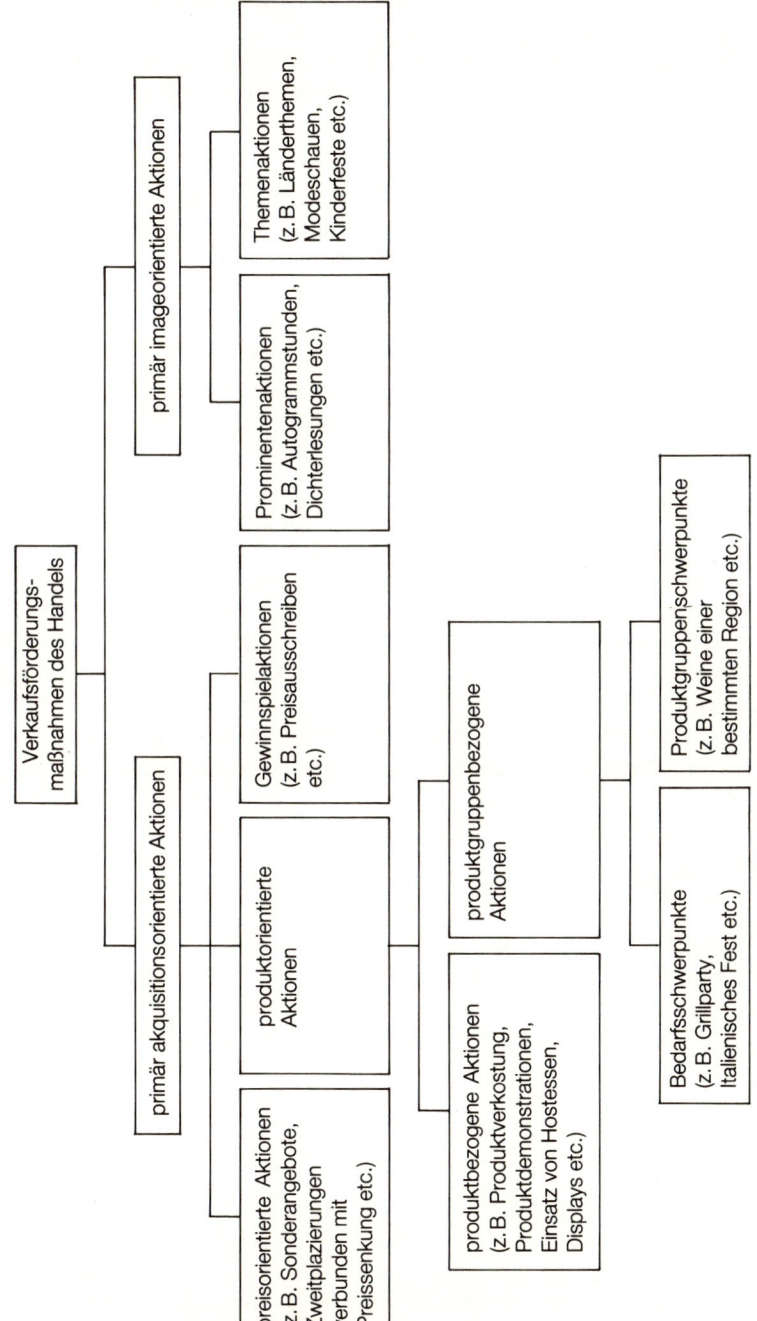

Konkrete quantitative Ziele, die mit diesen Maßnahmen verfolgt werden, sind **Umsatzsteigerung**, Steigerung der **Kundenfrequenz**, Erhöhung der Anzahl von **Probierkäufen** und das Schaffen zusätzlicher **Kaufanreize**. Als qualitative Zielgrößen lassen sich die Demonstration der Preisgünstigkeit, die Suggestion eines niedrigen Preisniveaus und die Erhöhung des Bekanntheitsgrades konstatieren.

Da entsprechende Maßnahmen ihre Wirkung nur dann entfalten können, wenn sie dem potentiellen Kundenkreis bekannt werden, ist eine entsprechende **werbliche Unterstützung** und Herausstellung aus dem normalen Angebot unabdingbar. Geeignete Unterstützungsmaßnahmen stellen dabei Tageszeitungsanzeigen, Prospekte, Handzettel, Fensterplakate, Plakate im Geschäft und Regalstopper, aber auch Zweitplazierungen dar.

Neben den schon angesprochenen positiven Wirkungen in bezug auf die Absatzsteigerung, sind Aktionen dieser Art allerdings auch mit einigen Risiken behaftet. So lassen sich beispielsweise bei zu langer Dauer von Preisaktionen und bei zu häufiger Durchführung Abnutzungserscheinungen hinsichtlich der Wirksamkeit feststellen. Weitere Probleme bestehen darin, daß man die Konsumenten bei dauerhaftem Einsatz dieses Instrumentes zu „Sonderangebotskäufern" erzieht, was Gefahren für die Rendite des Handelsunternehmens im Falle unzureichender Käufe von als Ausgleichsträger kalkulierten Produkten birgt. Problematisch sind diese Maßnahmen ebenfalls dann, wenn das Kostengefüge des Unternehmens es nicht erlaubt, Konkurrenten dauerhaft zu unterbieten. Hieraus können sich außer Renditeproblemen auch Schwierigkeiten hinsichtlich der Preiskompetenz ergeben, die man beim Verbraucher genießt.

1.2 Produktorientierte Aktionen

Verkaufsförderungsmaßnahmen, die dieser Kategorie zugerechnet werden können, bestehen einmal in der zeitlich begrenzten Herausstellung einzelner Produkte aus dem Angebot (produktbezogene Aktionen). Diese Maßnahmen werden allerdings selten isoliert vorgenommen, sondern meist in Verbindung mit den schon erwähnten Preisaktionen. Die zweite Art produktorientierter Aktionen stellen sogenannte produktgruppenbezogene Aktionen dar, im Rahmen derer entweder Bedarfs- oder Produktgruppenschwerpunkte gebildet werden.

(1) Produktbezogene Aktionen

Die Zielsetzungen der produktbezogenen Verkausförderung sind primär ökonomischer Natur. Hierunter fallen Ziele wie die Auslösung von Impulskäufen, die Beeinflussung des Kundenstromes und die Verbesserung der Flächenproduktivität. Allerdings soll mit diesen Aktionen häufig auch die Sortimentskompetenz verbessert werden. Besonders geeignet erscheinen produktbezogene Aktionen beispielsweise zur Demonstration der Aktualität des angebotenen Sortiments. Zum Erreichen dieses Zieles ist es notwendig, systematisch Produktneuheiten – etwa im Rahmen von Verkostungen mit Hilfe von Werbedamen (Hostessen), Produktvorführungen, Zweitplazierungen oder unter Zuhilfenahme von PoS-Werbematerial – den Kunden bekanntzumachen und zu präsentieren.

Die Grenzen produktbezogener Verkaufsförderungsmaßnahmen liegen vor allem in folgenden Faktoren:
- Auch produktbezogene Aktionen sind keine „Notbremse" für schlecht drehende Artikel.
- Produktbezogene Aktionen sind nur zeitlich begrenzt wirksam und verlieren recht schnell an Attraktivität für den Kunden.
- Maßnahmen dieser Art müssen in der richtigen (Laden-)Umgebung (Sortimentsbezug, keine Behinderung des Kundenflusses etc.) erfolgen, um auf die Verbraucher nicht störend zu wirken.

(2) **Produktgruppenbezogene Aktionen**

Zu unterscheiden sind bei produktgruppenbezogenen Verkaufsförderungsaktionen – wie bereits erwähnt – zum einen Maßnahmen, die sich bei der Zusammenstellung der „Aktionsware" z. B. an einer Grillparty, einer Konfirmation etc. orientieren (Bedarfsanlässe), und zum anderen Aktionen, deren Schwerpunkt in dem Herausstellen ausgewählter Produkte einer Warengruppe (z. B. „Italienische Designermode") liegt (sog. Verkaufsrunden). Hilfsmittel bei der Durchführung produktgruppenbezogener Aktionen sind außer Verkaufsständen (mit Einsatz von Verkaufspersonal) sog. Präsentationsstände (verkaufswirksame Kombination und Dekoration der entsprechenden Produkte ohne Einsatz von Verkaufspersonal) und Prospekte zur medialen Unterstützung.

Neben den allgemeinen ökonomischen Zielsetzungen, wie Umsatzerhöhung in einer bestimmten Warengruppe, Frequenzsteigerung etc., ist hier als spezielles Ziel die Forcierung von Verbundkäufen zu nennen. Die produktgruppenbezogenen Verkaufsförderungsmaßnahmen eignen sich jedoch nicht nur für ökonomische Zielsetzungen, es lassen sich auch imagepolitische Vorgaben – z. B. Sortimentskompetenz beim Konsumenten – erreichen.

Voraussetzung für die erfolgreiche Durchführung ist die Beachtung insbesondere folgender Gesichtspunkte:
- Der Zeitpunkt einer Aktion sollte langfristig geplant sein, um die richtige Auswahl der Produkte bzw. Warengruppen für die entsprechenden Anlässe zu gewährleisten.
- Auch diese Aktionen dürfen nicht zu lange beibehalten werden, da sie schnell ihre Aktualität und Attraktivität verlieren.

1.3 Gewinnspielaktionen

Die Durchführung von Preisausschreiben erfreut sich sowohl beim Handel als auch beim Verbraucher großer Beliebtheit. Grundsätzlich lassen sich zwei Arten von Preisausschreiben unterscheiden:

- Glückspreisausschreiben (hierbei sind von den Teilnehmern größtenteils einfache Aufgaben zu lösen, so daß im Prinzip jeder Mitspieler über eine Gewinnchance verfügt),
- Leistungspreisausschreiben (bei dieser Art von Gewinnspielaktion wird von jedem Teilnehmer eine Leistung verlangt, die dann von einer Jury begutachtet wird, z. B. Kindermalwettbewerb).

Neben einer Frequenzerhöhung lassen sich auch speziellere Zielsetzungen verfolgen, die beispielsweise in der Unterstützung einer Verkaufsförderungskampagne (z. B. Themenaktion) oder in der Gewinnung von Kundenadressen liegen.

2. Imageorientierte Aktionen

Die primär imageorientierten Verkaufsförderungsaktionen des Handels dienen zwar indirekt ebenfalls der Frequenzerhöhung und damit der Erhöhung der Abverkäufe, sind jedoch mehr auf die Einkaufsstätte insgesamt und weniger auf bestimmte Produkte oder Preise ausgerichtet. Solche Aktionen sollen vielmehr Attraktionen verschiedenster Art darbieten, den individuellen Charakter einer Einkaufsstätte unterstreichen und damit eine langfristig imagebildende Wirkung erzielen. Durch diese Aktionsform soll der Verbraucher quasi indirekt zu der angebotenen Ware geführt und damit der Umsatz gefördert werden.

Ein Beispiel für großangelegte Verkaufsförderungsaktionen sind die von Karstadt in seinen „Weltstadt-Warenhäusern" durchgeführten Länderthemenaktionen (z. B. Japan-Wochen, Großbritannien-Wochen), in deren Rahmen das ganze Haus entsprechend dem Motto gestaltet wird.

Bei der Durchführung imageorientierter Aktionen gilt es ebenfalls, eine Reihe wichtiger Faktoren zu beachten:

- Das Thema der Aktion sollte „einzigartig", d. h. nicht schon von Konkurrenten vorweggenommen sein.
- Die Aktion bzw. deren Ausgestaltung sollte dem Image des durchführenden Handelsunternehmens angepaßt sein.
- Die Planung der Gestaltung sowie der medialen Unterstützung ist wegen des i. d. R. hohen Aufwands entsprechend langfristig vorzunehmen.

2.1 Prominentenaktionen

Die Organisation von Prominentenaktionen stellt für den Handel ein geeignetes Mittel dar, neben einer Erhöhung der Bekanntheit und der Ansprache sowie der Gewinnung von Neukunden imagepolitische Ziele zu verfolgen. Allerdings sollte das Image des Prominenten zum angestrebten Image des Handelsunternehmens passen, damit es zum erstrebten Imagetransfer Prominenter/Handelsunternehmen kommen kann.

Als Maßnahmen, in deren Rahmen Prominente einzusetzen sind, lassen sich neben künstlerischen Darbietungen, Autogrammstunden und Talk-Shows auch die Moderation von Produktpräsentationen (z. B. Modenschau) anführen.

Die Effizienz solcher Aktionen ist entscheidend von Kontakten und genauen Planungen abhängig. Daher werden für die Organisation und Durchführung häufig die Leistungen spezialisierter Verkaufsförderungsagenturen in Anspruch genommen.

2.2 Themenaktionen

Im Rahmen der Themenaktionen werden entweder der gesamte Verkaufsraum oder einzelne Abteilungen gemäß dem gewählten Thema gestaltet, d. h. das Thema bestimmt wesentlich die Atmosphäre im Verkaufsraum. Beispiele für Themenaktionen sind neben den schon angesprochenen Länderpromotions auch Kinderfeste, Jubiläumsfeiern etc.

Zur Durchführung solcher Maßnahmen sind außer einem entsprechend gestalteten Ladenlayout auch kulturelle Darbietungen notwendig, um die gewünschten Erlebniswirkungen erzielen zu können und für die Presse interessant zu sein (PR-Wirkung).

IV. Wirkungsmessung von Verkaufsförderungsaktionen

Natürlich ist es für ein Handelsmanagement wichtig zu wissen, welche Wirkungen mit den einzelnen Maßnahmen erzielt und inwieweit damit die mit den Aktionen verbundenen Zielsetzungen erreicht wurden. Zur Wirkungsmessung bieten sich nun je nach Hauptzielrichtung, d. h. je nach Einsatz von primär akquisitionsorientierten oder primär imageorientierten Verkaufsförderungsaktionen, unterschiedliche Vorgehensweisen an.

Bei der Wirkungsmessung primär akquisitionsorientierter Promotions steht die möglichst artikelgenaue Erfassung der Abverkaufszahlen während und nach der Aktion im Vordergrund, wobei als Kontrollgröße Daten über sog. Normalwochen zur Verfügung stehen müssen. Technisch läßt sich die Forderung der aktuellen, schnellen und artikelgenauen **Abverkaufsmessung** am besten mit Hilfe von Scannerkassen erreichen. Dies heißt jedoch nicht, daß die notwendige Erfassung nicht auch mit herkömmlichen Kassensystemen vorgenommen werden kann, in die die jeweiligen Artikelnummern per Hand eingegeben werden. Mitunter lassen sich hierfür sogar eigens vom Kassenpersonal auszufüllende handschriftliche Statistiken heranziehen. Ein weiterer wichtiger Erfolgsindikator für Verkaufsförderungsaktionen ist die Kundenfrequenz, deren Erhebung sich ebenfalls empfiehlt.

Sollen mit Hilfe von Verkaufsförderungsaktionen zusätzlich profilpolitische Zielsetzungen (Preis- bzw. Sortimentskompetenz) verfolgt werden, so bietet sich – allerdings in längeren zeitlichen Abständen – die Durchführung entsprechender **Einstellungsmessungen** an (vgl. Kapitel 3 Abschnitt B.I.2.2, S. 379 ff.). Naturgemäß lassen sich Erfolge oder Mißerfolge hinsichtlich der profilpolitischen Zielsetzungen nicht mehr genau einzelnen Aktionen bzw. Marketingmaßnahmen zuweisen. Dennoch geben einschlägige Ergebnisse Aufschluß darüber, ob der gewählte Weg grundsätzlich richtig oder falsch war, und wo eventuell Detailverbesserungen und Kurskorrekturen vorgenommen werden müssen. Keinen Zweck hat diese Art der Messung dann, wenn die durchgeführten Aktionen uneinheitliche Ziele verfolgen und damit jeweils unterschiedlichen Charakter aufweisen.

Für die Wirkungsmessung der primär imageorientierten Promotions gilt prinzipiell das, was oben für die Messung von Preis- und Sortimentskompetenz ausgeführt wurde, allerdings mit dem Unterschied, daß hier das gesamte Image und nicht nur Teilaspekte zur Kontrolle herangezogen werden müssen. Selbstverständlich sind entsprechend dem Charakter von Verkaufsförderungsmaßnahmen auch hier Abverkaufs- und Frequenzmessungen durchzuführen.

H. Verkaufsraumgestaltung und Warenpräsentation

Im Gegensatz zu Fertigungsbetrieben ist beim Einzelhandel der Betriebsraum ein wichtiger Erfolgsfaktor absatzwirtschaftlicher Natur.

Durch Standort, Größe und Ausgestaltung speziell des Verkaufsraums und einer gelungenen Abstimmung mit dem Sortiment ist es dem Handelsbetrieb möglich, seine **Attraktivität** und seine **Leistungsfähigkeit** zu dokumentieren. Wachsende Sortimente, vor allem aber höhere Verbraucheransprüche und ein schnellerer Geschmackswandel erfordern dabei ständige Anpassungen. Wer aufmerksam die Einzelhandelsszenerie beobachtet, kann diese Wandlungen unschwer feststellen. Die Tatsache, daß es mittlerweile Betriebe gibt, die alle drei bis vier Jahre umbauen, ist zwar nicht die Regel, deutet aber darauf hin, welcher Stellenwert der Ausgestaltung der Einkaufsstätte heute zugemessen wird.

Eine kundenwirksame Verkaufsraumgestaltung überschreitet meist das Können des Einzelhändlers. Sie ist inzwischen das Feld von Spezialisten, also Innenarchitekten, Designern und Ladenbau-Unternehmen, die sich meist noch branchenmäßig spezialisiert haben. Der eine baut nur Brotläden, der andere nur Apotheken. Und wohl keiner schöpft dabei nur aus der eigenen Kreativität, sondern holt sich Anregungen aus aller Welt. Schließlich geht es ja darum, die zahlreichen Gestaltungselemente so zu kombinieren, daß ein Verkaufsraum entsteht, der den Geschmack des Publikums nicht nur heute, sondern möglichst über einen längeren Zeitraum trifft und gleichzeitig die betriebswirtschaftlichen Belange berücksichtigt.

Dies alles läßt zu Recht vermuten, daß zwar betriebs- und absatzwirtschaftliche Gesichtspunkte bzw. Vorgaben eine zunehmende Rolle spielen, die Umsetzung in eine akquisitorisch wirksame Verkaufsraumgestaltung jedoch letztlich eine gestalterische Aufgabe bleibt, die sich einem genauen Kalkül entzieht.

Natürlich gibt es eine Reihe von Grundregeln, die normalerweise beachtet werden sollten, wie etwa, daß der Verkaufsraum
- der Kundenzielgruppe,
- der Art der angebotenen Waren,
- der Sortimentsstruktur,
- dem Preisniveau sowie
- dem Standort-Umfeld

angepaßt werden bzw. entsprechen sollte.

Viele Beispiele zeigen jedoch, daß man sich mitunter nicht nur über einiges davon kühn hinwegsetzt, sondern damit auch durchaus erfolgreich ist.

Wechselnde, nur schwer begründbare **Geschmackstrends** lassen sich nicht übersehen; nachdem noch vor wenigen Jahren das breite Publikum von spartanisch eingerichteten Billigläden angetan war, ist inzwischen das Einkaufserlebnis stärker in den Vordergrund gerückt; Abwechslung, Buntheit, Überraschungen und Action sind also vermehrt angesagt.

I. Laden- bzw. Einkaufsatmosphäre

1. Grundsatzüberlegungen

Wenn im nachfolgenden vom Allgemeinen zum Besonderen vorgegangen wird, so muß – zumindest aus akquisitorischer Sicht – die Laden- bzw. Einkaufsatmosphäre als Generalanliegen obenan stehen.

Atmosphäre ist dabei die umgangsprachliche Bezeichnung für die Summe von Sinneswirkungen, die sich teils bewußt, teils unbewußt als individuelles (Raum-)Erlebnis niederschlagen. Solche Gesamteindrücke, die etwa mit Ausdrücken wie angenehm, antiquiert, überwältigend, primitiv u. ä. charakterisiert werden, weisen darauf hin, daß es sich hierbei stark um (gefühlsmäßige) **Anmutungen** handelt, welche die Kunden zum Kauf animieren oder eben demotivieren.

Je höher die Bedarfssättigung und je größer die Zahl der Einkaufsalternativen sind, um so bedeutender wird auch die Einkaufsatmosphäre als Kaufstimulanz. Das ist übrigens nicht erst seit heute bekannt, jedoch wird mittlerweile verstärkt versucht, durch wissenschaftliche, insbesondere (wahrnehmungs-)psychologisch orientierte Untersuchungen den Reaktionsmechanismen auf die Spur zu kommen, um daraus Gestaltungsregeln ableiten zu können.

Bescheidener hinsichtlich Methoden und Zielsetzung, aber durchaus probat, sind demgegenüber Marktforschungsuntersuchungen in Gestalt einfacher Kundenbefragungen. Immerhin ergibt die Abfrage solcher atmosphärischer Kategorien u. U. wichtige Erkenntnisse darüber, wie eine Einkaufsstätte „erlebt" wird.

Die Erlebnis-„Bausteine" selbst sind vielfältig und erstrecken sich in erster Linie auf die **Raumgestalt**, die diversen **Ladeneinrichtungen** sowie auf **Farbgebung, Dekoration** und **Beleuchtung**. Dazu zählen ferner das **Verkaufspersonal**, aber auch das **Publikum**. Außerdem spielen nichtoptische Eindrücke, wie **Raumtemperatur, Belüftung, Gerüche** und **Geräusche** eine Rolle, Zu allem liegen mittlerweile Spezialuntersuchungen vor; ihre Ergebnisse sind zwar von Wert, jedoch muß bedacht werden, daß es bei der Ladenatmosphäre letztendlich um ein **Ganzheitserlebnis** geht.

Das „store-design" zielt also auf die Vermittlung verschiedener, aufeinander abgestimmter Reize ab, die das vorhandene Kaufpotential beim Kunden aktivieren sollen. Erwiesen ist etwa, daß große Warenauslagen positiver wirken als kleine, hellere Farben und warme Töne stärker als ihr Gegenteil. Auch gibt es Möglichkeiten, mit sog. affektiven Reizen zu arbeiten, auf die der Mensch angeborenerweise oder durch entsprechende Konditionierung emotional reagiert. Dazu zählen Hintergrundmusik oder der Duft gemahlenen Kaffees oder frischen Leders.

Es besteht bei großem Gestaltungseifer natürlich die Gefahr der **Reizüberflutung**. Viele, insbesondere ältere Menschen, sind dadurch, aber auch durch Warten, Suchen, Menschengedränge, oft überstrapaziert und suchen daher nach desaktivierenden Eindrücken. Deshalb ist bei der Ladengestaltung darauf zu achten, daß ebenfalls solche Reize geboten werden, die auf den ersten Blick konträr zu den aktivierenden erscheinen, wie

– solche von geringer Intensität, also dezente Beleuchtung, geringe Raumgröße, leise Musik usw.,

- affektive Reizvariablen mit konditionierter Entspannungsreaktion, wie Bilder von Naturszenen, entspannende Musik, Pflanzen, natürliches Tageslicht usw.,
- vertraute und wohlstrukturierte Reizkonstellationen, also etwa klare Warenbereiche, viel Übersicht, einfaches und verständliches Ladenlayout.

Es müssen demnach scheinbar widersprüchliche Forderungen miteinander verbunden werden. In praxi könnte das dann so aussehen:

Ein **klar strukturiertes Warenangebot** (desaktivierend) wird zu Teilen in einer neuen unbekannten Form und auf einer überraschend gestalteten Verkaufsfläche präsentiert (aktivierend), die Ware jedoch durch eine indirekte Warenausleuchtung (desaktivierend) angestrahlt.

Der Vorzug eines solchen Vorgehens besteht darin, daß zwar angenehm empfundene Aktivierungen ausgelöst werden, diese jedoch durch desaktivierende Reize gezügelt werden und damit innerhalb des für den Kunden insgesamt als angenehm empfundenen Bereichs bleiben.

2. Aktuelle Tendenzen

Die Zauberformel **Erlebnishandel** hat dem Thema Verkaufsraumgestaltung zu neuer Aktualität verholfen. „Neu" insofern, als deren verkaufsfördernde Wirkung natürlich dem Einzelhandel von jeher bekannt war. So boten z. B. schon vor hundert Jahren die Großstadt-Warenhäuser bereits wahre Präsentations- und Dekorationsorgien. Der Auslöser – so die Fachleute – ist ein mittlerweile stärkeres Bedürfnis nach sensualer Erregung und emotionalem Erleben. In Wirklichkeit dürfte aber eine ganze Reihe von Gründen Pate stehen.

Zum ersten kommen die Anregungen bzw. Impulse vorwiegend aus den USA zu uns herüber; insbesondere in den geplanten Einkaufszentren wird dort inzwischen z. T. ein erstaunliches Maß an luxuriöser und/oder ungewöhnlicher Ausstattung betrieben, offenbar häufig als Ersatz für die fehlende Attraktivität vieler Städte und die Trostlosigkeit amerikanischer Vorortsiedlungen.

Gefördert wird die Entwicklung des weiteren vom Trend zum **großflächigen Betrieb**, der hinsichtlich der Ladengestaltung natürlich wesentlich mehr Probleme, aber auch mehr Möglichkeiten bietet, z. B. auch in Richtung auf Shop-in-the-shop-Konzepte (vgl. dazu ausführlicher S. 305 ff.).

Auch forcierter Wettbewerb gibt Impulse, denn er zwingt zu einer stärkeren **Einkaufsstättenprofilierung**. Speziell im Rahmen eines Trading up kommt dies der Verkaufsraumgestaltung besonders zugute, zumal sich die Sortimentsinhalte selbst vielfach stark angeglichen haben.

280 2. Kapitel: Instrumente des Handelsmarketing

Schließlich spielt auch das **Ausgabeverhalten** der Verbraucher offensichtlich eine Rolle; sobald das Geld etwas lockerer sitzt und sich die Nachfrage zunehmend auf großflächige, stark frequentierte Einkaufsstätten verlagert, besteht gerade für diese die Möglichkeit, mehr und öfter in die Verkaufsraumgestaltung zu investieren.

Was die Art der Ausstattung selbst angeht, so werden als Hauptzielgruppe derzeit offenbar primär jüngere, gut verdienende Haushalte mit ihrem Faible für moderne Action- und Show-Effekte ins Auge gefaßt. Ob diese Ausrichtung nicht zu einseitig ist, muß angesichts der Bedeutung auch anderer kaufkräftiger Segmente bezweifelt werden.

Die Ziele, die hinter einer solchen Präsentationsstrategie stehen, sind im wesentlichen genau die gleichen, die grundsätzlich mit jeder Form der Ladengestaltung mehr oder weniger intensiv verfolgt werden. Die Zusammenhänge macht die Darstellung 49 sichtbar.

Darstellung 49: Zielhierarchie der erlebnisbetonten Ladengestaltung

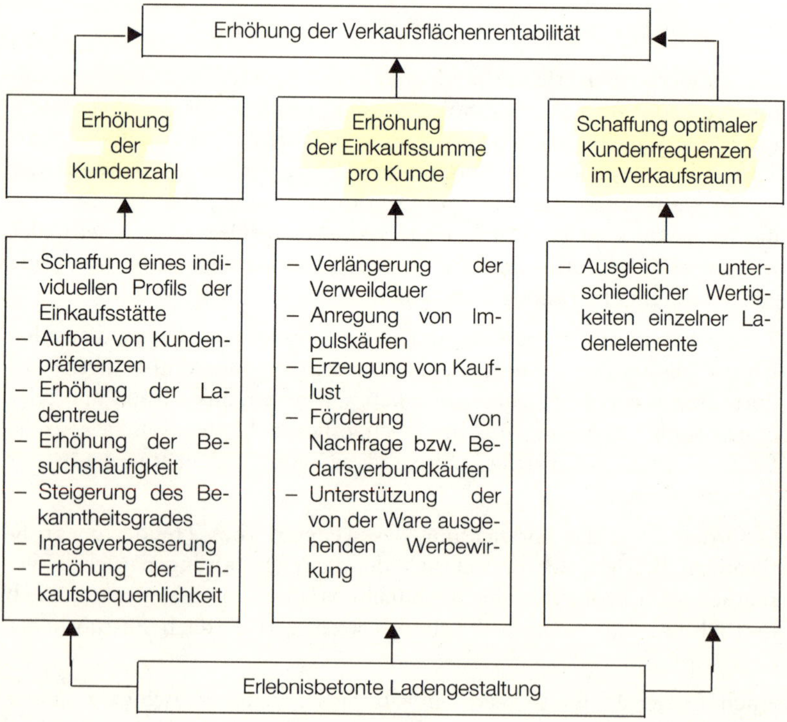

```
                    Erhöhung der Verkaufsflächenrentabilität
                                    ▲
        ┌───────────────────────────┼───────────────────────────┐
   Erhöhung                    Erhöhung                  Schaffung optimaler
      der                  der Einkaufssumme              Kundenfrequenzen
   Kundenzahl                  pro Kunde                  im Verkaufsraum
        ▲                         ▲                             ▲
```

- Schaffung eines individuellen Profils der Einkaufsstätte
- Aufbau von Kundenpräferenzen
- Erhöhung der Ladentreue
- Erhöhung der Besuchshäufigkeit
- Steigerung des Bekanntheitsgrades
- Imageverbesserung
- Erhöhung der Einkaufsbequemlichkeit

- Verlängerung der Verweildauer
- Anregung von Impulskäufen
- Erzeugung von Kauflust
- Förderung von Nachfrage bzw. Bedarfsverbundkäufen
- Unterstützung der von der Ware ausgehenden Werbewirkung

- Ausgleich unterschiedlicher Wertigkeiten einzelner Ladenelemente

Erlebnisbetonte Ladengestaltung

Quelle: Diller, H./Kusterer, M.: Erlebnisbetonte Ladengestaltung im Einzelhandel

Die Schaffung einer erlebnisorientierten Einkaufsstätte knüpft an die allgemeinen Gestaltungsregeln für Ladeneinrichtungen an. Doch eine harmonisch abgestimmte Raumgestaltung und Warenpräsentation allein gewährleisten noch kein „Erlebnis". Das stellt sich vielmehr erst ein, wenn die Räumlichkeiten zu Teilen, besser in Gänze betont auf positive Gefühlswerte hin konzipiert sind, etwa in Richtung auf überraschend, originell, anheimelnd, imposant, erfrischend, luxuriös o. ä.

Natürlich kann oft nicht das gesamte Sortiment in dieser Weise präsentiert werden. Auch eignen sich nicht alle Artikel für diese Darbietung.

Dann lassen sich aber **Erlebniszonen** schaffen, die sich durch dekorative Elemente und entsprechende Accessoires vom übrigen Verkaufsumfeld abheben. Hier wird gern mit bereits konditionierten Assoziationen bzw. Vorstellungen gearbeitet; in Marktständen präsentiertes Obst und Gemüse erweckt den Eindruck von Frische und Qualität, während eine futuristische Präsentation von HiFi-Geräten die Fachkompetenz und den technologischen Fortschritt ins Bewußtsein der Kunden rückt.

Die daraus entstehenden Eindrücke verlieren natürlich auf Dauer an Attraktivität; zum einen gewöhnen sich die Kunden schnell an diese Art der Warenpräsentation und zum anderen ist ja auch der Geschmack Wandlungen unterworfen. Eine weitere wesentliche Forderung an ein erlebnisorientiertes Konzept ist deshalb häufiger **Szenenwechsel** auf der „Verkaufsbühne".

Zusammenfassend formuliert, lassen sich für das Erlebniskonzept folgende Empfehlungen geben (vgl. Bost):
- Das Sortiment muß neue Elemente enthalten bzw. neuartig wirken.
- Es müssen originelle, überraschende Akzente bei der Ladengestaltung und Warenpräsentation gesetzt werden.
- Die Angebotsvielfalt muß dem Kunden verdeutlicht werden.
- Es müssen Bereiche geschaffen werden, die „strukturlos" wirken (vgl. „Chaos" eines Wochenmarktes).
- Es müssen Aktionen ablaufen, die Leben und ständigen Wechsel in das eher statische Erscheinungsbild der Ladenumwelt bringen.

Diller/Kusterer haben in einer 1986 durchgeführten Untersuchung zur erlebnisbetonten Ladengestaltung herausgefunden, daß
- Frauen erlebnisbetonte Einkaufsstätten bevorzugen,
- eine stärkere Kundenbindung erfolgt,
- durchschnittlich mehr Personen als sonst gemeinsam einkaufen (Familien),
- die Verweildauer erheblich verlängert wird,
- deutlich mehr Produktkontakte stattfinden,
- mehr Verbundkäufe getätigt werden,
- der durchschnittliche Einkaufsbetrag höher liegt als normal.

Deutlich wurde hierbei erstaunlicherweise auch, daß
- eine erlebnisbetonte Atmosphäre keine höheren Preise zuläßt und dadurch auch
- die Impulskaufrate nicht gesteigert wird.

Vor einer Verallgemeinerung solcher Einsichten sollte allerdings bedacht werden, daß hier Geschäfte von sehr unterschiedlicher Größe miteinander verglichen wurden. So kann es eigentlich nicht sehr verwundern, wenn ein Hifi-Geschäft mit 1700 qm Verkaufsfläche andere Ergebnisse aufweist als ein solches von 900 qm. Auch eine Buchhandlung mit 1900 qm ist mit einer mit lediglich 320 qm Verkaufsfläche nur bedingt zu vergleichen.

Für die Ergebnisse einer weiteren, ebenfalls von Diller durchgeführten Untersuchung gilt das gleiche (Frischemarkt von 2500 qm verglichen mit Supermarkt von 720 qm). Sie zeigen aber sehr anschaulich, wie das Konstrukt „Erlebnis" von der Marktforschung in Profil-Items umgesetzt wird (Darst. 50).

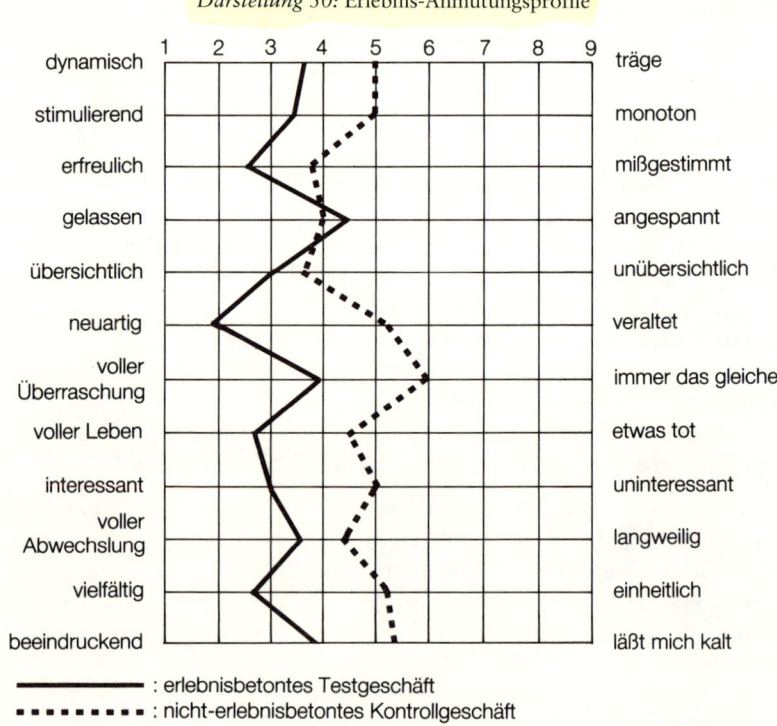

Darstellung 50: Erlebnis-Anmutungsprofile

─────── : erlebnisbetontes Testgeschäft
▪▪▪▪▪▪▪▪ : nicht-erlebnisbetontes Kontrollgeschäft

Quelle: Diller, H.: High Touch auf dem Prüfstand

H. *Verkaufsraumgestaltung und Warenpräsentation*

II. Nutzungs- und Gestaltungsaspekte

1. Betriebsraum-Aufteilung (Flächen-Management)

Der insgesamt benötigte Betriebsraum im stationären Einzelhandel dient im wesentlichen folgenden Zwecken:
- Warenpräsentation/Verkauf
- Vorführen/Anprobieren
- Lager
- Manipulation/Service
- Leitung/Verwaltung
- Personal
- Sanitäre Anlagen.

Als Faustregel galt vor Jahren einmal die Relation von zwei Drittel Verkaufsfläche zu einem Drittel Nebenräume. Aber das hängt im einzelnen natürlich ganz wesentlich von Art und Umfang des Sortiments, aber auch vom absoluten Verkaufsflächenumfang sowie von den Beratungserfordernissen ab. Schon seit langem herrscht jedenfalls aus Rationalisierungsgründen das Bestreben, die Zahl und Größe der Nebenräume zu Gunsten des Verkaufsraums so weit wie möglich zu reduzieren (vgl. z. B. Falk, B., Flächen-Management). Das betrifft insbesondere die Lagerräume, bei denen Einsparungen z. B. durch kürzere Belieferungsintervalle angestrebt werden, um die (kleineren) Warenlieferungen so weit wie eben möglich unmittelbar in die Verkaufsregale dirigieren zu können.

Auch mit ganz neuartigen Lösungen wird experimentiert, etwa mit automatischen Anlagen, die unmittelbar aus einem Warenlager im Ober- bzw. Untergeschoß mittels zwischen den Regalen angeordneten Förderschächten die Warenträger beschicken.

Quasi in gegenteiliger Richtung gehen die Bestrebungen, durch eine Reduzierung der Warenpräsentation mit weniger Verkaufsfläche auszukommen. Im Extrem werden nur noch Muster gezeigt, und die Kommissionierung dann in (billigeren) Lagerräumen separat vorgenommen (**Catalog-Showroom**). Solchen Versuchen war bisher kein Erfolg beschieden, weil die Selbstbedienung ja schließlich die billigste Kommissionierungsmethode darstellt und vom kargen Warenlayout wenig Kaufstimulanz ausgeht.

Hilfreich für Planung und Kontrolle ist die Kenntnis der sog. **Flächenleistungen**, ausgedrückt durch die Relation von Verkaufsfläche pro qm zum Jahresumsatz. Legt man solche Kennziffern zugrunde, läßt sich z. B. bei der Anmietung eines Geschäftslokals überschlägig bestimmen, welche Umsätze auf der gegebenen Verkaufsfläche erzielt werden (müßten).

Hierzu nachfolgend einige Angaben (1990/1991):

Der Durchschnitt von 13 Facheinzelhandelsbranchen betrug ca. DM 8000 pro qm, reichend von
- Möbeln mit DM 2130 bis zu Foto mit DM 16 370
- Warenhaus-Konzerne von DM 7000 bis DM 9000
- SB-Warenhäuser ca. DM 9000
- Verbrauchermärkte ca. DM 7600.

2. Gestaltungsbereiche im Verkaufsraum

2.1 Grundanforderungen

Primär dienen Raum und Einrichtung bekanntlich dazu, das **Warensortiment** attraktiv zu präsentieren und dem Publikum einen entsprechenden Zugang zu ermöglichen. Darüber hinaus soll auch ein **rationeller Betriebsablauf** und hierbei insbesondere eine möglichst störungsfreie Warenbeschickung gewährleistet sein, was insbesondere für Läden mit einem hohen Warendurchsatz eine Rolle spielt. Die Ladeneinrichtungsgegenstände selbst müssen die technischen Anforderungen hinsichtlich Fassungsvermögen, Belastungsfähigkeit, Variabilität usw. erfüllen; letzteres, um bei Bedarf möglichst ohne großen Aufwand Änderungen vornehmen zu können. Ferner soll durch entsprechende Gestaltung von Raum und Einrichtung eine für Kundschaft und Personal möglichst **überschaubare Raumordnung** erzielt werden, damit die notwendigen Verkaufs- und sonstigen Arbeitsvorgänge problemlos ablaufen können.

Nicht zuletzt sollen diese Anforderungen – wie bereits erwähnt – in einer akquisitorisch wirksamen Verkaufsraumgestaltung berücksichtigt werden, die die Vorzüge oder Besonderheiten des Sortiments bzw. des Betriebstyps unterstreicht und eine **kaufanregende Atmosphäre** schafft.

Was dazu im einzelnen am wirkungsvollsten ist, hängt von vielerlei Faktoren ab. Sicherlich sind in erster Linie die Sortimentsinhalte prägend, was beim Vergleich eines Eisenwaren-Fachgeschäfts mit einem Blumenladen oder einem Juwelier deutlich wird.

Natürlich spielt auch der Sortimentsumfang eine Rolle; kleine Spezialsortimente verlangen und erlauben i. d. R. eine intimere Raumatmosphäre, deren Gestaltung oft auch wenig Probleme macht. Schwerer haben es demgegenüber großflächige Betriebsformen mit ihren vielen verschiedenen Warengruppen. Eines der Hauptprobleme ist hier sicherlich die Vermeidung von Sterilität und Uniformität, wie sie ja insbesondere bei den Billig-Anbietern vielfach zu beobachten ist.

2.2 Einteilungsgesichtspunkte

Wie hoch der Stellenwert der Ladenatmosphäre nun auch immer angesetzt wird, eine Verkaufsstätte ist und bleibt nun einmal primär eine kommerzielle Einrichtung und kein Objekt der bildenden Künste. Infolgedessen muß eine Reihe ganz profaner Gesichtspunkte berücksichtigt werden, über deren wichtigste der folgende Katalog Aufschluß gibt:

(1) Der gesamte zur Verfügung stehende Verkaufsraum ist in verschiedene Funktionszonen aufzuteilen, d. h. es muß unterschieden werden zwischen einer Zone für die Warenpräsentation, einer Fläche, die Kundenverkehr und Kundenberatung ermöglicht, sowie gegebenenfalls einer besonderen Kassenzone.

(2) Die Funktionszonen sind so anzuordnen, daß sowohl eine möglichst hohe Kundenzirkulation als auch ein kundenfreundlicher und gleichzeitig ökonomischer Geschäftsablauf gewährleistet sind.

(3) Die einzelnen Waren(-Gruppen) sind räumlich sinnvoll (zueinander) zu plazieren; grundsätzlich zu beachten sind dabei zahlreiche Gesichtspunkte wie Warenart, Bedarfsverbund und Kundenverkehr.

(4) Der anteilige Raumbedarf der einzelnen Waren-(Gruppen) ist zu bestimmen.

Die verschiedenen Teilbereiche der Ladengestaltung faßt die Darstellung 51 nochmals zusammen:

Darstellung 51: Problembereiche der Ladengestaltung

Problemumschreibung	Kurzbezeichnung	Fachbezeichnung
1) Aufteilung des Raumes auf die verschiedenen Funktionszonen	Raumaufteilung	Layout
2) Anordnung der Funktionszonen (Anlage der Gänge)	Raumanordnung	
3) Anordnung der Warengruppen (und Artikel) innerhalb des Raumes	qualitative Raumzuteilung	Space Utilisation
4) Aufteilung der Verkaufsfläche auf die einzelnen Warengruppen (und Artikel)	quantitative Raumzuteilung	
5) Gestaltung der Raumelemente im Verkaufsraum	Raumeinrichtung	Interior Design

Quelle: Baumgartner, R.: Ladenerneuerung (store modernization)

2.3 Laden-Layout

Aufgabe der Ladengestaltung ist die Aufteilung und Anordnung der verschiedenen **Funktionszonen**. Zwar hat der Händler im Prinzip hierbei freie Hand, jedoch sind auch zahlreiche baupolizeiliche Vorschriften sowie solche der Gewerbeordnung zu berücksichtigen. Letztere vor allem beim Handel mit Lebensmitteln, gefährlichen Chemikalien oder Pharmazeutika.

Bei der Aufteilung des Verkaufsraumes in die unterschiedlichen Funktionszonen wird im allgemeinen zwischen drei Bereichen unterschieden, nämlich:

- Warenfläche
  Sie ist derjenige Teil der Grundfläche, auf der die Ware meist mit Hilfe von sog. Warenträgern präsentiert wird. Diese Warenfläche kann weiter unterteilt werden in eine Fläche, auf der dauernd mehr oder weniger fest installierte Warenträger stehen, und eine Aktionsfläche, auf der kurzzeitig ausgewählte Warenteile präsentiert werden.
- Kundenfläche
  Die Kundenfläche umfaßt die Verkehrswege, die Ein- und Ausgänge, die Treppen, die Lifte, allgemein also die Fläche, die dem Kunden als Weg zu den Angeboten zur Verfügung steht.
- übrige Verkaufsfläche
  In einem Bedienungsgeschäft gehören die Personal- und Thekenflächen zur übrigen Verkaufsfläche. Bei einem Selbstbedienungsgeschäft bilden beispielsweise die Kassenanlagen einen Bestandteil der übrigen Verkaufsfläche. Zur übrigen Verkaufsfläche werden auch gewisse Zusatzräume gerechnet, wie Vorführ- oder Anprobierräume, oft auch solche, die zwar organisatorisch nicht voll in den Laden integriert sind, aber i. w. S. dazugehören. Hier sind z. B. zu nennen: Restaurants, Kinderhorte, WC-Anlagen, Dienstleistungsbetriebe usw.

Häufig läßt sich – vor allem bei großflächigen Betrieben – jedoch keine eindeutige Abgrenzung dieser drei Funktionszonen vornehmen.

Allgemeingültige Aussagen über das beste Größenverhältnis der verschiedenen Funktionszonen sind problematisch, da eine optimale Raumaufteilung von zahlreichen Gegebenheiten und Anforderungen abhängig ist, die je nach Branche, Fläche und Kundschaft unterschiedlich sind. Zwar gibt es auch Erfahrungswerte, wie sie beispielsweise vom ISB (Institut für Selbstbedienung) veröffentlicht werden, das meiste aber ergibt sich nach entprechend sorgfältigen Vorüberlegungen und durch Experimentieren.

2.4 Regalanordnung

Ein weiteres Problem besteht in der Strukturierung des Verkaufsraums. Je größer die Fläche und das Warenangebot, um so vielfältigere Überlegungen müssen natürlich angestellt werden. Dies vor allem im Hinblick auf eine sinnvolle Anlage der **Verkehrswege**, um eine hohe **Kundenzirkulation** zu erzielen. Möglichst viele Kunden sollen also in möglichst viele Teilzonen gelenkt werden, um die Kontaktwahrscheinlichkeit mit dem gesamten Sortiment zu erhöhen.

So vielfältig wie die Verkaufsstätten in der Praxis hinsichtlich Größe, Sortiment und Bedienungsform sind, so vielfältig sind auch die möglichen Raumanordnungen. Grundsätzlich kann hier zwischen einem **Zwangsablauf** und einem **Individualablauf** unterschieden werden. Ersterer bedeutet eine geplante Kundenführung, bei welcher es nicht möglich ist, periphere Plazierungsgruppen auf alternativen Wegen zu erreichen. Beim Individualablauf hingegen sind verschiedene Wege möglich und damit natürlich auch unterschiedliche Weglängen.

Beide Formen sind Extremlösungen eines Kontinuums und beide haben ganz spezifische Vor- und Nachteile. Der Individualablauf erlaubt den Kunden einen vergleichsweise rationell durchgeführten Einkauf aufgrund der kurzen Wege. Der Zwangsablauf dagegen kann – sofern er eben als solcher empfunden wird – das Einkaufen erschweren. Die vielfältigen Möglichkeiten zwischen Zwangsablauf und Individualablauf verdeutlichen die Grafiken in Darstellung 52 (S. 288) zu den wichtigsten, gegenwärtig realisierten Regalanordnungen.

3. Flächenzuteilung

Das Problem der Flächenzuteilung (space utilisation) umfaßt zwei Aspekte: Einmal geht es um die Größenzuteilung von Verkaufsflächen auf die einzelnen Waren**gruppen**, also um eine quantitative Raumzuteilung, und zum anderen um die topographische Anordnung der Warengruppen auf der Verkaufsfläche (= qualitative Raumzuteilung).

3.1 Qualitative Flächenzuteilung

3.1.1 Qualitative Flächenzuteilung von Warengruppen

Die Anordnung der einzelnen Warengruppen innerhalb des Verkaufsraums wird oft auch als **Warenplazierung** oder verkaufsinterne Standortplanung bezeichnet.

Sie soll einerseits bewirken, daß die Kunden die gesuchte Ware leicht finden und bequem bzw. schnell erreichen, andererseits soll damit aber – wie bereits dargelegt – auch eine möglichst vollständige und intensive Nutzung der gesamten Verkaufsfläche erzielt werden. Schließlich muß

288 2. Kapitel: Instrumente des Handelsmarketing

Darstellung 52: Grundprinzipien der Regalanordnung

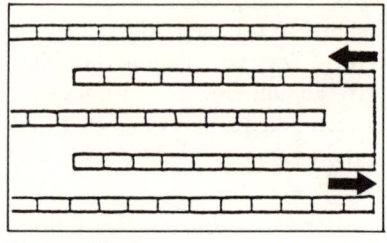

Zwangsablauf   Individualablauf

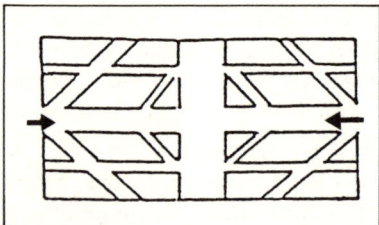 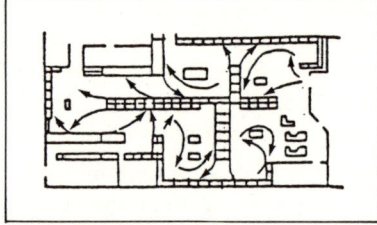

Winkelanlage   schaufelartiges Layout

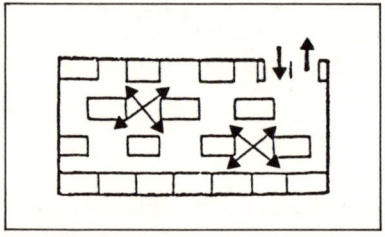 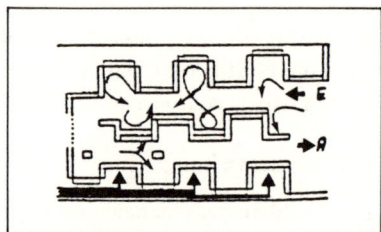

kreuzartiges Layout   kojenartiges Layout

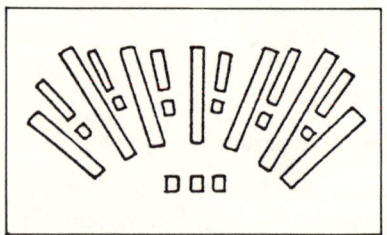 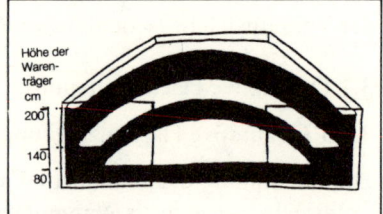

Halbkreissystem   Arena-Prinzip

Quelle: Baumgartner, R., a. a. O., S. 32; sowie Häusel, H.G.: Weg von den rechten Winkeln. Müller-Hagedorn, L./Heidel, B.: Optimale Verkaufsflächennutzung in Handelsbetrieben, Arbeitspapier Nr. 10

durch eine geschickte Warenplazierung ein kaufstimulierender Gesamteindruck erreicht werden.

Welche Waren nun konkret wohin (und damit auch in welchem Zueinander) plaziert werden sollen, ist mindestens z. T. durch den Grundriß und die eingebaute Ladeneinrichtung bereits vorgegeben bzw. einkalkuliert; dies insbesondere durch solche Einrichtungsgegenstände, die z. B. für besonders verderbliche, wertvolle, sperrige oder beratungsintensive Waren vorgesehen sind.

Die Verteilung der nicht durch Einrichtungsrestriktionen verplanten Ware auf die verbleibende Verkaufsfläche ist das zentrale Problem der qualitativen Raumzuteilung; problematisch deshalb, da zum einen unterschiedliche **Verkaufszonenwertigkeiten** existieren, zum anderen auch die einzelnen Warengruppen unterschiedliche **Attraktivität** besitzen.

Optimierungsüberlegungen müssen also darauf abzielen, hier eine **Kompensation** zu bewirken, jedoch setzt dieses die Kenntnis der unterschiedlichen Verkaufszonenwertigkeit voraus.

Es gibt dazu eine ganze Reihe von Einsichten, die aus empirischen Untersuchungen zum Kundenverhalten im Einzelhandel stammen. Nachfolgend sind die wichtigsten aufgeführt:

- Die Kunden bevorzugen die Außengänge des Ladens, halten sich rechts und laufen überwiegend entgegen dem Uhrzeigersinn. Dadurch entsteht eine „tote Ladenmitte", in der sich nur wenige Kunden aufhalten.
- Die Kunden folgen einem bestimmten Geschwindigkeitsrhythmus. Sie laufen im ersten Teil der Einkaufsstrecke schnell, werden im folgenden immer langsamer, um gegen Ende der Einkaufsstrecke ihr Tempo erneut zu steigern.
- Die Kunden vermeiden, soweit möglich, Kehrtwendungen und sparen die Ladenecken aus.
- Die Kunden blicken und greifen bei ihrem Gang durch den Laden meist nach rechts.
- Die Kunden suchen Stockwerke um so seltener auf, je weiter sie von der Eingangsebene entfernt sind. Dies gilt sowohl nach oben als auch nach unten.

Aus diesem Kundenverhalten resultieren dann unterschiedliche Verkaufszonenqualitäten oder -wertigkeiten. Besonders stark frequentiert sind diejenigen, die am bzw. um den Hauptkundenstrom liegen.

Insbesondere sind hier zu nennen:
- die Hauptwege des Geschäftes,
- die rechts vom Kundenstrom liegenden Verkaufsflächen,
- die Auflaufflächen, auf die der Kunde zugeht und auf die er automatisch blickt,

- die Gangkreuzungen, an denen die Kunden sich zu entscheiden haben, wohin sie gehen,
- die Kassenzonen, sofern die Kunden gezwungen sind, länger zu warten,
- die Zonen um die Beförderungseinrichtungen (z. B. Aufzug, Rolltreppe usw.) auf den verschiedenen Etagen.

Auf der anderen Seite werden alle diejenigen Verkaufszonen nur schwach frequentiert, in denen die Kunden keinen Einkauf zu tätigen beabsichtigen und die sie auch nicht aufgrund anderer Interessen aufsuchen. Zu solchen, für die Kunden zunächst unattraktiven Verkaufszonen zählen demnach:
- die links vom Kundenstrom liegenden Verkaufsflächen,
- die Mittelgänge des Verkaufsraumes,
- die Einlaufzonen, die schnell passiert werden,
- die Sackgassen des Verkaufsraumes,
- die Räume nach den Kassen,
- die höheren und tieferen Etagen.

Die unterschiedlichen Verkaufszonenwertigkeiten sind also ein Resultat der typischen Verhaltensweisen der Kunden, aber auch der Raumanordnung der Warenträger. Die gewonnenen Erkenntnisse sind deshalb auch zu relativieren, weil ihnen ja kaum echte Experimente zugrundeliegen, sondern vielmehr Beoachtungen an bestehenden Ladenkonzepten (vgl. dazu ausführlich „Kundenlaufstudien" S. 370 ff.).

Neben der Kenntnis der unterschiedlichen Verkaufszonenqualitäten wäre zur Optimierung der Raumzuteilung noch die Beantwortung folgender Fragen notwendig:
- Wie empfindlich reagieren die einzelnen Warengruppen auf verschiedene Wertigkeiten der Ladenzonen? Wie schnell verzichtet z. B. die Kundschaft, insbesondere bei längeren Wegen und vermehrtem Suchen, auf den Einkauf?
- An welchen Warengruppen ist der Händler selbst besonders interessiert – bei welchen würde er dagegen am ehesten (Umsatz-)Einbußen hinnehmen?

Die Praxis hilft sich mit Näherungslösungen, die teils auf Erfahrungen, teils auf Experimenten basieren. Die Ergebnisse laufen meist darauf hinaus, daß für die attraktiveren Ladenzonen die häufig gekauften Artikelgruppen des Kernsortiments vorgesehen werden; ferner kommen hier solche Artikel in Frage, die zum Spontankauf führen sollen oder an deren Herausstellung der Händler aus anderen Gründen besonders interessiert ist. Schlechtere Zonen werden dagegen i. d. R. solchen Warengruppen vorgehalten, die entweder weniger gekauft werden oder höhere Einkaufsmühen vertragen.

Dem Ziel, durch die Warenplazierung zu einem Ausgleich unterschiedlicher **Flächenwertigkeiten** zu kommen, ist damit aber nicht gedient. Dies wäre vielmehr bei umgekehrtem Vorgehen der Fall, und in diese Richtung gehen deshalb auch viele Plazierungsversuche. Mitunter läuft das sogar darauf hinaus, die Plazierungen gerade für die „Muß-Artikel" immer dann zu wechseln, wenn sich die Kundschaft an sie gewöhnt hatte. Mit Hilfe solcher „Versteckspiele" sollen die Käufer permanent zu langen Wegen gezwungen werden. Wenn solche Plazierungspraktiken jedoch nicht zur Farce werden sollen, muß im Einzelfall gut überlegt und/oder ausprobiert werden, wieviel an Lauf- und Suchpensum den Kunden zugemutet werden kann, bis sie zu den Warengruppen gelangen, wegen derer sie eigentlich hergekommen sind.

Warengruppen mit hohem **Kontaktpotential** die abgelegensten Zonen zuzuweisen ist also eine sehr „raffinierte", aber häufig erfolglose Methode, um schlechte Verkaufszonen aufzuwerten. Die Gefahr ist groß, daß die Kunden auf Dauer nicht mitmachen und somit die Frequenz auf allen Flächen letztendlich geringer wird.

Die Frage „Welche Ware wohin?" stellt sich bei großflächigen Betrieben nicht nur im Zusammenhang mit der unterschiedlichen Wertigkeit der Verkaufszone, sondern auch im Hinblick auf ein sinnvolles und gleichzeitig verkaufswirksames **räumliches Zueinander** bzw. Nebeneinander.

Welche Ordnungsgesichtspunkte maßgebend sein müssen, ergibt sich aus den Interessen der Beteiligten: Die Kundschaft sollte keine Probleme haben, die gewünschte Ware zu finden; ferner möchte sie beim gezielten Mehrfacheinkauf aus **Bequemlichkeitsgründen** die geeigneten Artikel räumlich möglichst dicht beieinander finden.

Im Händlerinteresse sollten die Kunden aber auch durch eine geschickte Plazierung zu ungeplanten **Anschlußkäufen** animiert und auf diese Weise im Idealfall gleichsam von Kontakt zu Kontakt durch die gesamte Verkaufsfläche geführt werden.

Je umfassender, insbesondere je breiter ein Sortiment ist, um so mehr Plazierungsalternativen bestehen grundsätzlich. Wo etwa könnte ein Kunde, der im Warenhaus eine Handlampe kaufen möchte, diese vermuten? In der Elektro-, der Werkzeug-, der Bastel-, der Lampen-, der Haushalts-, der Camping- oder der Eisenwarenabteilung?

Und wie wäre am günstigsten das Sortiment eines Bekleidungshauses zu gliedern? Nach der Verwenderzielgruppe – also in eine Herren-, Damen- bzw. Kinderabteilung? Oder besser: Nach der Unterschiedlichkeit der Produkte in Ober-, Unter-, Bade- und Fußbekleidung?

Diese Beispiele verdeutlichen, daß jede Ware jeweils unter verschiedenen Einteilungsgesichtspunkten gesehen (vgl. Kapitel 2, Abschnitt A zur Sortimentspolitik, S. 73 ff.) und damit auch plaziert bzw. gruppiert werden kann.

Als gemeinsamer Nenner kommen in Frage:
- die Materialart,
- die Technologie,
- die Frische,
- das Volumen,
- der Saisoncharakter,
- der Aktionscharakter,
- die Käuferzielgruppe,
- die Verwenderzielgruppe,
- der Verwendungszusammenhang,
- der Erlebniszusammenhang,
- der Markenzusammenhang.

Der vollkommensten Lösung, nämlich durch eine entsprechende **Mehrfachpräsentation** eben vielen oder gar allen Gliederungsgesichtspunkten Rechnung zu tragen, steht ganz entscheidend der erhöhte Platzbedarf entgegen. Daneben potenzieren sich auch die Bedienungs-, Logistik- und Kassenprobleme.

Je umfänglicher dabei die einzelnen Artikel- bzw. Warengruppen sind, um so mehr verbieten sich solche jeweils kompletten Mehrfachpräsentationen. Aber auch eine Teilung der Waren- bzw. Artikelgruppen auf verschiedene Plazierungsumfelder hat Nachteile, weil damit der so wichtige Attraktivitätsfaktor „Auswahl" optisch nicht mehr so eindrucksvoll umgesetzt werden kann.

Zwar wird seit Jahren im Einzelhandel gerade die Warenanordnung **nach Bedarfsgruppen** empfohlen, jedoch wird hier auch weiterhin ziemlich durchgängig nach der traditionellen Fachgeschäftsgliederung verfahren, d. h. die Warengruppen werden in der Stammplazierung komplett und geschlossen präsentiert, um die gebotene Auswahl zu dokumentieren.

Zusätzliche Teilplazierungen in anderen Warenumfeldern sind demgegenüber vergleichsweise selten. Meist geht es dabei weniger um echte Auswahl als um die **Visualisierung** von Bedarfskombinationen, wie sie sich etwa aus bestimmten Angebots- oder Bedarfsanlässen ergeben. Vielfach dient solches dann auch eher der **Dekoration** als einer Warenpräsentation im eigentlichen Sinne.

Wie steht es nun im weiteren um die Lösung eines sinnvollen Neben- und Zueinanders der einzelnen Warenbereiche? Weder theoretische Überlegungen noch die herrschende Praxis vermitteln hier überzeugend begründbare allgemeingültige Einsichten. Erkennbar sind relativ banale Vorgehensweisen dergestalt, daß das Fischangebot nicht gerade an die Kosmetik angrenzt, und der Heimwerkerbedarf nicht neben die Schmuckabteilung plaziert wird.

Offenbar wurden bislang keine so stringenten Beziehungen zwischen räumlicher Nähe und Verbundkäufen erkennbar, als daß diese bei der Plazierung vorrangig wären. Zudem dürften wohl auch andere Aspekte weitaus höhere Priorität genießen: Da ist einmal das Bemühen um Ausgleich bzw. Berücksichtigung unterschiedlicher Flächenwertigkeiten, zum anderen spielen häufig auch die Warenmerkmale eine große Rolle, wie etwa Artikelvolumen, Empfindlichkeit, Geruch usw.

Ist solches also zunächst einmal berücksichtigt, so gibt es oft schon nicht mehr viele weitere Gestaltungsmöglichkeiten im diskutierten Sinne; was an Verkaufsfläche noch übrig ist, wird – so erscheint es wenigstens – mehr oder weniger freihändig verteilt.

Immerhin zeigt die Notwendigkeit von Hinweistafeln, Wegweisern sowie der Einsatz von Auskunftspersonal, daß es offenbar keine jedermann geläufige bzw. überzeugende einheitliche Warengruppierung gibt. Festgestellte Ähnlichkeiten zwischen vergleichbaren Betrieben sind sicherlich oft nicht zufällig, jedoch besagt andererseits ein Imitieren ja noch lange nicht, ob die gewählten Lösungen auch aus akquisitorischer Sicht optimal sind.

3.1.2 Qualitative Plazierungsaspekte von Artikeln

Nach der qualitativen Raumzuteilung stellt sich schließlich noch die Aufgabe der Warenpräsentation i. e. S. Aus akquisitorischer Sicht gilt natürlich nach wie vor die Maxime, soviel Ware wie möglich zu zeigen, um Auswahl zu dokumentieren und zum Kauf anzuregen. Das erspart im übrigen auch lange bzw. häufige Wege des Personals zum Lager.

Die nun folgenden Ausführungen konzentrieren sich auf die Gegebenheiten und Probleme bei der (Teil-)Selbstbedienung. Hier muß die Präsentation ja gleichsam das Verkaufspersonal ersetzen. Deshalb bedarf es besonders sorgfältiger Überlegungen, um dem Kunden den Zugang bzw. Zugriff so leicht wie möglich zu machen.

Die optimale Warenpräsentation liegt in **Sicht-** bzw. **Griffhöhe** der Kunden; da aber die Verkaufsfläche begrenzt ist, müssen durch entsprechende Regale, Ständer u. ä. zusätzliche Ebenen geschaffen und ausgenutzt werden. Die Raumwände erlauben dabei i. d. R. höhere Aufbauten, im Raum selbst sind dagegen Höhenbeschränkungen angezeigt, um ein möglichst großzügiges Raumgefühl entstehen zu lassen.

Unterschiedliche Präsentationsebenen (Sicht-Griff-Bückzone) haben also unterschiedliche Wertigkeiten. Praktische Erfahrungen (im Lebensmittelhandel) haben zu folgenden Empfehlungen geführt, die Fehler vermeiden und gewisse Kompensationseffekte erzielen helfen (vgl. Gocha):

– Artikel, die gefördert werden sollen, gehören in die Sichtzone.
– Teure Artikel werden oben plaziert.
– Qualitativ hochwertige Artikel gehören nach oben.

- Empfindliche Artikel gehören nach oben.
- Billige Artikel und solche geringerer Qualität sind in den unteren Regalböden zu präsentieren.
- Artikel mit hohem Deckungsbeitrag gehören nach oben, solche mit niedrigem nach unten.
- Magnet- und Mußartikel sind als Ausgleich tiefer zu plazieren.
- Schwere Artikel müssen nach unten (leichtere Entnahme, kein Unsicherheitsgefühl des Fallenlassens).
- Je größer der Artikel ist, um so tiefer kann er präsentiert werden.
- Je auffälliger die Verpackung, desto tiefer ist eine Plazierung angebracht.
- Je tiefer der Artikel präsentiert wird, um so massierter muß er angeboten werden.

Dieser Katalog läßt sich als Umsetzung von Plausibilitätsüberlegungen bezeichnen, ausgehend vom Bequemlichkeitsverhalten der Käufer. Die dazu angestellten Experimente sind nicht immer so eindeutig, was auch nicht weiter verwundert. Wer nämlich etwas braucht und entsprechend sucht, verzichtet nicht deshalb auf den Einkauf, weil er mal etwa höher blicken oder sich etwas tiefer bücken muß. Aber es bleibt natürlich die Tatsache bestehen, daß Produkte, die so plaziert sind, daß sie gleichsam ins Auge springen, am ehesten die Chance haben, (spontan) gekauft zu werden.

Etwas mehr Anforderungen an die Vorstellungskraft eines Unbefangenen stellen die Untersuchungsergebnisse hinsichtlich der unterschiedlichen **horizontalen** Wertigkeiten von Regalflächen. Danach verläuft die beste Sichtzone etwa in Gestalt einer liegenden bauchigen Flasche – beginnend mit dem Flaschenhals am Regal-Anfang. Die besten Plätze liegen also im zweiten Drittel, und zwar auch in der **Vertikalen**, die sich dann gegen Ende des Regals wieder verengt. Die hier einschlägige Graphik in der Arbeit von R.H. Bufe ist offenbar so eindrucksvoll, daß sie nahezu in allen Publikationen zu diesem Thema aufgeführt ist. Auch oder gerade hier dürften Zweifel an der generellen Gültigkeit solcher Aussagen angebracht sein. Zu vieles hängt im Einzelfall von der Art der Regalbestückung, der Regallänge und -höhe ab. Eine besondere Bedeutung hat in diesem Zusammenhang die sog. **Artikelwertigkeit** als Maßstab für die vergleichbare Attraktivität, die sich wiederum aus dem Äußeren des Artikels sowie dem Bedarfs- und/oder Preisinteresse der Konsumenten zusammensetzt. Wie leicht vorstellbar, ist die Operationalisierung dieses gedanklichen Konstrukts äußerst problematisch und könnte nur durch Expertenbefragungen, Kundenbefragungen oder durch entsprechende Experimente ermittelt werden.

Die Plazierung im Regal kann – entsprechende Prämissen vorausgesetzt – nun **wertigkeitsausgleichend** oder **wertigkeitsanpassend** erfolgen. Eine wertigkeitsausgleichende Plazierung ist die Kombination von hochwertigen Artikeln mit niedrigwertigen Standorten, während die wertigkeitsanpassende Plazierung hochwertige Artikel mit hochwertigen Standorten verbindet. Wie Höller in seiner Dissertation am Beispiel eines Konservenregals emprisch nachgewiesen hat, ist tendenziell die wertigkeitsausgleichende Plazierung der wertigkeitsanpassenden deutlich überlegen.

Nicht die Frage unterschiedlicher Regalwertigkeiten, sondern deren Ausmaß im konkreten Fall ist also weiterhin das Problem. Zu Zeiten, als die Regalpfleger der Industrie (sog. Merchandiser) im Handel noch freiere Hand hatten, wurde – in des Wortes engster Bedeutung – deshalb ständig das Unterste zu oberst gekehrt, je nachdem, welcher Lieferant gerade am Werke war.

3.1.3 Verbundplazierung

Eng verwoben mit der qualitativen Flächenzuteilung (vgl. Abschnitt 3.1) und den qualitativen Aspekten der Artikelplazierung ist die sog. Verbund-Plazierung. Hier geht es also vornehmlich um Fragestellungen wie etwa: „Milchprodukte neben Milchprodukte, oder Milch neben Puddingpulver?" Grundlage einer solchen Überlegung ist also die Ausnutzung möglicher Verbundbeziehungen (vgl. hierzu ausführlich Kapitel 2, Abschnitt A. VIII.2.3, Sortimentsverbundanalyse, S. 127 ff.).

Die äußersten Grenzen der praktischen Verwirklichung sind zunächst einmal durch die Tatsache gegeben, daß nicht alle denkbaren Verbundbeziehungen auch umgesetzt werden können; zumindest bei größeren Sortimenten müßte dann – überspitzt formuliert – jeder Artikel neben jedem stehen. Es kann sich also bei der Verwirklichung nur um Ausnahmen handeln, naheliegenderweise dabei um solche, von denen angenommen wird, daß sie aus Verbrauchersicht am engsten sind. Sinnvollerweise läßt sich dieses näherungsweise bereits durch ein entsprechendes Nebeneinander der Warengruppen anstreben, in der Erwartung, daß sich der Verbraucher auch beim nächsten Regal oder in der nächsten Abteilung noch erinnert, daß er zum eben gekauften Hemd z. B. noch eine Krawatte benötigt. Besser wäre es natürlich, sie gleich daneben ins Regal zu legen, vielleicht noch besser, das Hemd mit Krawatte zusammen verpackt anzubieten.

Sollen mutmaßliche Verbundartikel also nebeneinander ins Regal, so kann es sich nur um Ausnahmen handeln, weil die bestehenden Warengruppenpräsentationen (z. B. Milchprodukte) weder unvollständig sein dürfen, noch total aufgelöst werden können – jedenfalls nicht bei Gütern des täglichen Bedarfs. Damit nämlich ginge die gewohnte Orientierung im Geschäft für die Kunden völlig verloren.

Die Nebeneinander-Präsentation im Regal unter Verbundaspekten läuft daher im wesentlichen auf eine **Zweitplazierung** hinaus, und zwar mit den engen Möglichkeiten, die eine insgesamt begrenzte Regal- bzw. Stellfläche bietet. Nur entsprechende Experimente können dabei zeigen, ob die Vermutungen richtig waren, wobei ferner zu bedenken ist, daß die zusätzlich benötigte Fläche eventuell Einbußen bei anderen Artikelumsätzen verursacht.

3.1.4 Mehrfachplazierung

Die Bedeutung dieses Themas resultiert in erster Linie nicht etwa aus Verbundüberlegungen, sondern aus der Sonderangebotspolitik des Handels. Vorauszuschicken ist dabei zunächst, daß eine „Sonderangebotsplazierung" nicht zwangsläufig eine Zweit- bzw. Mehrfachplazierung sein muß, denn die Warenpräsentation kann ja auch auf einer Verkaufsfläche mit besonders hoher Wertigkeit erfolgen.

Derartige Flächen sind vergleichsweise knapp. Von daher werden sie in der Praxis für solche Angebote genutzt, von denen man sich entsprechende Umsatzerfolge verspricht. I. d. R. handelt es sich deshalb auch um Sonderpreis-Aktionen, die erfahrungsgemäß von begrenzter zeitlicher Wirkung (drei Tage bis maximal zwei Wochen) sind.

Speziell unter Plazierungsaspekten ist zu berücksichtigen, ob solche Aktions-Angebote entsprechend werblich vorverkauft wurden oder nicht. Ist ersteres der Fall, kommt also das Gros der Kunden ohnehin entsprechend vorinformiert in die Einkaufsstätte, bedarf es einer weit weniger auffallenden Plazierung als umgekehrt.

Sonderangebotspolitik im Handel ist im übrigen, wie bereits angedeutet, immer weniger eine Hauptangelegenheit der Plazierung, sondern des kompletten Marketing-Mix und berührt deshalb auch die Sortiments-, Werbe- und Preispolitik.

Zum Schluß dieses Abschnitts sei noch ein Katalog der verschiedenen Plazierungsarten vorgestellt, der die Vielfalt der Möglichkeiten erkennen, aber auch die Vielzahl der noch ungelösten bzw. unlösbaren Probleme erahnen läßt (vgl. Darst. 53).

3.2 Quantitative Flächenzuteilung (space-management)

3.2.1 Grundsätzliche Überlegungen

Die Herstellerangebote und damit auch die Einzelhandelssortimente sind heute durchweg so umfangreich, daß die Verkaufsfläche einen Engpaßfaktor darstellt. Die Klagen „wohin mit der Ware?" sind eine Dauererscheinung im Einzelhandel, und oft bleibt als Lösung deshalb nur die rigide Regelung, daß neue Artikel nur aufgenommen werden, wenn andere dafür ausscheiden.

H. Verkaufsraumgestaltung und Warenpräsentation

Darstellung 53: Übersicht über die verschiedenen Plazierungsarten und Einteilungsmerkmale im Rahmen der Artikelplazierung

Art des Artikels Obstplazierung Fleischplazierung Konfitürenplazierung Möbelplazierung usw.	**Räumliche Beziehungen zwischen Warengruppen** Rücken-an-Rücken-Plazierung Kontraplazierung Längskontraplazierung Querkontraplazierung Nachbarschaftsplazierung Seitenwandnachbarschaftsplazierung Stirnwandnachbarschaftsplazierung Ecknachbarschaftsplazierung
Menge des Artikels Massenplazierung (mass-display)	
Häufigkeit der Plazierung am Verkaufspunkt Einstellenplazierung (Einfachplazierung) Mehrstellenplazierung (Mehrfachplazierung) Zweitplazierung (Zweifachplazierung) Drittplazierung (Dreifachplazierung) usw.	**Plazierungsstelle am POP** Regalplazierung Gondelplazierung Ausgangsplazierung Kassenplazierung Thekenplazierung Gondelkopfplazierung Gangkreuzungsplazierung Eckplazierung freistehende Plazierung usw.
Räumliche Beziehung zu anderen Artikeln Soloplazierung Verbundplazierung Stammplazierung (Standardplazierung) Bedarfsgruppenplazierung Haufenplazierung	**Dauer der Plazierung** Dauerplazierung Saisonplazierung Aktionsplazierung **Art und Weise der Plazierung** Schüttplazierung Vertikalplazierung Großplazierung im Regal

Quelle: Engel, R.: Ihre Lücke: Spezialwissen über verkaufswirksame Warenplazierung.

Je höher die Raumkosten und je geringer die Margen werden, um so drängender wird natürlich auch das Problem der Raumzuteilung. Das führt im Prinzip zu der Pauschalforderung „generell so wenig Verkaufsfläche pro Artikel wie akquisitorisch (noch) vertretbar".

Für die Überlegungen im Zusammenhang mit der quantitativen Flächenzuteilung ergeben sich keine grundsätzlichen Unterschiede bei der Warengruppen- bzw. Artikelbetrachtung. Daher besitzen die nachfolgenden Ausführungen für beide Problemkreise Gültigkeit. Allerdings ist der Flächenbedarf von Artikelgruppen, Warengruppen etc. tendenziell stärker durch Entscheidungen im Rahmen der Sortimentspolitik bedingt, als dies beim Raumbedarf einzelner Artikel im Regal der Fall ist.

Der **Flächenbedarf** pro Artikel resultiert natürlich zunächst einmal aus seinen jeweiligen Ausmaßen; eine Polstergarnitur läßt sich eben nicht auf 2 qdm unterbringen, wohl aber ein Photoapparat.

Die Flächenzuteilungsprobleme beginnen mit der Frage, wie oft **einzelne** Artikel u. U. **mehrfach** präsentiert werden sollen; damit sind akquisitorische Aspekte angesprochen. Aus Erfahrung ist bekannt, daß eine Häufung gleicher Artikel erhöhte Kaufanreize verursachen kann, vor allem, wenn sie an der Frontseite (Frontstücke = facings) dargeboten werden. Mitunter kann auf diese Weise sogar eine Auswahl suggeriert werden, die in Wirklichkeit nicht vorhanden ist. Umgekehrt zeigen aber Experimente, daß sich der Raum für die Plazierung auch verringern läßt, ohne daß davon die Nachfrage beeinträchtigt wird.

Schießlich sei noch darauf hingewiesen, daß Produkte mit individuellem Zuschnitt im Prinzip keine gehäufte Plazierung vertragen. Wer greift schon zum teuren Abendkleid, wenn es gleich fünfmal am selben Ständer hängt?

Wenn für die Flächenzuteilung weder fremde noch eigene Erfahrungswerte vorliegen, bleibt keine andere Wahl, als die Flächen probeweise so zu belegen, daß zunächst jeder Artikel (Verkaufspackung/Palette o. ä.) wenigstens einmal darauf Platz findet. Ein Mehr ist von vornherein dort angebracht, wo eine stärkere Nachfrage erwartet und dadurch ein ständiges Nachbeschicken vermieden wird.

Bei mangelnder Erfahrung wird in der Praxis natürlich häufig die vergleichbare Konkurrenz kopiert, d. h. man orientiert sich daran, welchen (Regal-) Flächenbedarf die erfolgreichen Wettbewerber pro Artikel (-gruppe) vorgesehen haben.

Nach aufgenommenem Geschäftsgang ergeben sich i. d. R. unterschiedliche **Flächenleistungen** pro Artikel oder Artikelgruppe. Im einfachsten Fall werden deshalb die Artikel(-gruppen-)umsätze pro Periode durch die von ihnen beanspruchten Flächen in qm dividiert. Das könnte beispielsweise zu Vergleichswerten führen, wie sie in Darstellung 54 fiktiv aufgeführt sind.

In letzter Konsequenz müßten solche Werte dazu führen, die Artikelgruppen A bis C gänzlich zu streichen, um die gesamte Fläche für die Artikelgruppe D zu nutzen.

Mitunter führen Ergebnisse dieser Art tatsächlich zum Ausscheiden einzelner Artikelgruppen. In aller Regel stehen dem aber folgende Gesichtspunkte bzw. Einwände entgegen:

– Die Umsätze sind nur sehr bedingt maßgebend, entscheidender sind

Darstellung 54: Umsatz und Flächenleistung nach Artikelgruppen

Artikel-gruppe	Umsatz pro Periode (DM)	Beanspruchte Fläche in qm	Flächenleistung pro qm (DM)
A	100 000	200	500
B	50 000	200	250
C	150 000	200	750
D	200 000	200	1 000
Gesamt	500 000	800	625

die Gewinnbeiträge. Die Flächenbeanspruchung ist nur ein Ersatzfaktor, der dem jeweiligen Ertrag eines(r) Artikel(-gruppe) gegenübergestellt werden muß. Im Extrem könnte ja an der Artikelgruppe D kaum etwas verdient werden, wesentlich mehr aber an den übrigen.

– Auch wenn der Gewinn bei jeder Artikelgruppe in etwa der gleiche wäre, ist unwahrscheinlich, daß die Artikelgruppe D eine solche extreme Flächenforcierung verträgt, d. h. die Flächenleistung also auch auf den gesamten 800 qm die gleiche bliebe wie auf den bisher genutzten 200 qm.

– Der Erfolg des Sortiments liegt in der Abstimmung verschiedener Waren- und Artikelgruppen: Es lassen sich also nicht ohne weiteres Teile eliminieren, ohne den Gesamterfolg zu gefährden.

Eine sachgerechte Optimierung der Flächenzuteilung pro Artikel(-gruppe) setzt also die Kenntnis der „**Flächenelastizität der Nachfrage**" voraus: Wie z. B. ändert sich der Umsatz des Artikels X, wenn er nicht einmal, sondern z. B. sechsfach präsentiert wird und dafür eben auch sechsmal mehr Fläche in Anspruch nimmt, und dies u. U. auf Kosten (welcher?) anderer Artikel?

Wie erwähnt, müßte eigentlich nicht der Umsatz pro Artikel(-gruppe), sondern der jeweilige Artikel(-gruppen-)**gewinn** die entscheidende Vergleichsgröße sein. Das Auswahlkriterium für ein entsprechendes marginal-analytisches Modell wäre also, daß für die Anzahl der zu plazierenden Angebotseinheiten eines Artikels oder einer Artikelgruppe der Gewinnbeitrag einer zusätzlich zugewiesenen Flächeneinheit (Grenzertrag der Flächenänderung eines Artikels/einer Artikelgruppe) maßgebend sein muß. Das Ziel der Gewinnmaximierung eines Sortiments ist also dann erreicht, wenn die Grenzerträge für alle Artikel den gleichen Wert annehmen.

Diese ebenso exakte wie griffige Forderung stellt den Praktiker vor schwierige Aufgaben; so ist es sehr problematisch, den Gewinnbeitrag je Artikel bei Sortimenten von einiger Ausdehnung genau zu bestimmen (siehe Abschnitt Direkte Produktrentabilität, S. 119 ff.). Auch läßt sich in einem solchen totalen Ausmaß mit dem Sortiment – bei Konstanthaltung aller übrigen Variablen – kaum experimentieren. Deshalb weisen einschlägige Verfahren des Operations Research zwar in die richtige Richtung, scheiterten in der Vergangenheit aber am Umfang und an der Genauigkeit der Daten. Allerdings bieten moderne Datenerhebungs- und Verarbeitungstechniken hier verbesserte Möglichkeiten.

Gerade in letzter Zeit stehen in diesem Zusammenhang computergestützte **Space-Management-Programme** im Mittelpunkt der Diskussion in Fachkreisen. Die Ziele solcher Programme (z. B. Spaceman/Spacemax, Apollo, Accuspace) bestehen in einer Verbesserung der Flächen- bzw. Raumerträge, indem man versucht, Lagerhaltungskosten und Fehlverkäufe zu reduzieren, die Abverkäufe und die Sortimentgestaltung zu verbessern, die Ergebnisse als Entscheidungshilfe bei der Leistung und Platzausweitung neuer Artikel heranzuziehen, und die Programme als Unterstützung für die Darstellung der Warenpräsenz und eines einheitlichen Erscheinungsbildes zu nutzen.

Eine sehr geeignete Steuerungsgröße, auf deren Grundlage die Space-Managementsysteme ertragsorientiert Verwendung finden können, ist die direkte Produktrentabilität.

Die Arbeit mit Space-Managementsystemen verlangt im Prinzip drei wesentliche Arbeitsschritte:

– Analyse einer Abteilung unter Berücksichtigung relevanter betriebswirtschaftlicher Kennzahlen (Umsatz, DPR etc., bezogen auf den Engpaßfaktor Raum).

– Durchführung der neuen Raumaufteilung. Der Vorschlag des Programms basiert zunächst ausschließlich auf quantitativen Kriterien. Auf dem Bildschirm wird die Anzahl der zu plazierenden Frontstücke je Artikel angezeigt. Auch die Auswirkungen der optischen Maßnahmen lassen sich durch die Möglichkeit des Rückgriffs auf eine Datenbank mit digitalisierten Videoaufnahmen der Artikel gut beurteilen.

– Analyse des Plazierungsvorschlags und Vergleich mit der bestehenden Abteilung.

Selbstverständlich ist von diesen Programmen keine Raumoptimierung in *einem* Arbeitsschritt zu erwarten. Vielmehr stellt die Arbeit mit den Space-Managementsystemen einen iterativen Prozeß dar – man nähert sich quasi schrittweise einer Verbesserung der Raumnutzung.

3.2.2 Prioritätsregeln zur Planung der Artikelplazierung

Eine Lösungsmethode mit generellem Gültigkeitsanspruch existiert nach wie vor nicht und kann wegen der Abhängigkeit von der jeweiligen betriebsindividuellen Situation auch nicht entwickelt werden.

Daraus folgt als gangbarer Weg die Entwicklung von Entscheidungsregeln zur Plazierungsplanung, die den Suchprozeß durch betriebswirtschaftliche Regeln strukturieren.

Dazu zählt der Vergleich der bereits erwähnten umsatz- (besser: deckungsbeitrags-)bezogenen Flächenleistung und die sich daraus ergebenden eventuellen Korrekturhinweise.

Gängig, weil scheinbar unmittelbar einleuchtend, ist auch die Flächenzuteilung entsprechend den einzelnen Artikelgruppenumsätzen. Artikelgruppe A mit 30% Anteil am gesamten Umsatz könnte demnach auch 30% der Gesamtfläche für sich beanspruchen, Artikelgruppe B mit 15% eben auch nur 15% Fläche. In Wirklichkeit kann ein solches Vorgehen aber auch nur ein ganz grober Raster sein, was nach den bisherigen Ausführungen nicht nochmals begründet werden muß. In noch stärkerem Maß gilt dies für das einschlägige Verkaufsargument der Industrie, nach dem die Verkaufsfläche im Laden mit den Marktanteilen des Herstellers in der betreffenden Artikelgruppe übereinstimmen sollte.

Bei allen diesen Schwierigkeiten verwundert es nicht, daß besonders gerne auf Erfahrungswerte zurückgegriffen wird, wie sie aus einschlägigen Untersuchungen entnommen werden können. Diese basieren auf empirischen Erhebungen bei einer mehr oder weniger repräsentativen Auswahl von Einzelhandelsunternehmen. Es geht dabei stets um eine Auflistung der einschlägigen Daten bestimmter Warengruppen (z. B. Kosmetik oder Sportbekleidung) hinsichtlich Artikelzahl – Jahresumsatz – Anteil am Gesamtumsatz – Kontaktstrecke – Flächenproduktivität – Umschlagshäufigkeit – (Netto-)Handelsspanne – Umsatzrendite.

Die Werte eines solchen Katalogs besagen im Grunde so viel und so wenig wie dies bei Betriebsvergleichen immer der Fall ist. Mangelnde Repräsentanz wiegt als Kritik hier allerdings geringer als eben die Unterschiedlichkeit der Unternehmen, die miteinander verglichen werden. Sortimente, Preise, Kunden, Standorte usw. sind ja nie identisch, insofern können die Ergebnisse erfolgreicher Verkaufsstellen eben auch „nur" Anhaltspunkte für das eigene Tun bieten.

3.3 Empirische Untersuchungsergebnisse

Hier wie bei den vorab behandelten Aspekten zeigt sich, wie schwierig es ist, die Verkaufsraumgestaltung sowie die Warenpräsentation auf wissenschaftlicher Basis zu optimieren, also letztlich damit ein Bestverhältnis zwischen Verkaufsstättenattraktivität und (wirtschaftlichem) Erfolgsbeitrag zu finden. Auch scheinbar simple Teilfragen lassen sich experimentell nur schwer beantworten, weil es nicht gelingt, dabei die Störfaktoren zu eliminieren oder z. B. Gewöhnungseffekte richtig einzukalkulieren. So sind die gefundenen Ergebnisse also mehr von der Art des hic et nunc, also weder zeitlich stabil noch z. B. auf andere Verkaufsstätten einfach übertragbar im Sinne allgemeingültiger Lösungsregeln.

Entsprechend unterschiedlich fallen dann auch die einschlägigen Untersuchungsergebnisse aus, wie sie von Müller-Hagedorn und Heidel aus der US-Literatur verdienstvollerweise zusammengestellt wurden (vgl. Darstellung 55).

Darstellung 55: Übersicht über empirische Untersuchungen zur Wirkung von Maßnahmen der internen Standortpolitik

Untersuchungsbereich (1)	Autoren (2)	Ergebnisse (3)
1. Die Response von Displays auf den Absatz		
a) Absatz = f (Displayort)	Curhan (1974)	Der Ort eines Displays wirkt sich auf den Absatz der displayplazierten Artikel aus (untersucht wurden Artikel aus dem Obst- und Gemüsesortiment).
	Chevalier (1975)	Generell gilt (bei 16 untersuchten Artikeln), daß Displayplazierung den Absatz zwischen 312 % und 1197 % gegenüber der Normalplazierung erhöht, wobei sich Displays bei neuen Produkten und bei Produkten, die mit anderen stark im Wettbewerb stehen, signifikant auswirken.
b) Absatz = f (Display) und Wirkung von Display auf Substitutionsartikel	Chevalier (1975–1976) Wilkinson, Paksoy und Mason (1981) Gagnon und Osterhaus (1985)	Bei 16 Produkten konnte keine Substitutionswirkung festgestellt werden. Bei allen vier untersuchten Artikeln aus dem Lebensmittelbereich erbrachte die Displayplazierung den höchsten Absatz. Die Substitutionswirkung war gering. 2 Artikel aus dem Drogerie-/Apothekenbereich erbrachten bei Displayplazierung signifikant höheren Absatz; keine Auswirkung auf den Absatz der gleichen Artikel im Regal.
c) Auswirkung von Displays	Kennedy (1970)	Der höchste Absatz (Zigaretten) wurde im Gang in der Nähe der Kassenzone erzielt. Die höchste Diebstahlgefahr wurde im hinteren Teil des Ladens ermittelt.

Untersuchungsbereich (1)	Autoren (2)	Ergebnisse (3)
2. Die Wirkung des Regalortes auf den Absatz		
Absatz = f (Regalort)	Colonial-Studie (o. J.)	Bei allen 12 untersuchten Artikeln, die von einem tieferen Regalbrett auf ein höheres umplaziert wurden, ergaben sich Absatzsteigerungen und umgekehrt.
	Frank und Massy (1970)	Veränderungen des Regalortes haben, wenn überhaupt, einen geringen Einfluß auf den Absatz (untersucht wurden 7 Artikel aus dem Warenbereich Lebensmittel).
3. Die Wirkung der Frontlänge auf den Absatz und den Marktanteil		
a) Absatz = f (Frontlänge)	Harris (1958)	Bei 2 Waschmitteln ergab sich kein signifikanter Zusammenhang.
	Cox (1964)	Nur bei einem der drei untersuchten Impulsartikel ergab sich ein signifikanter Zusammenhang; kein Zusammenhang bei Artikeln des Grundbedarfs.
	Kotzan und Evanston (1969)	Bei 3 Artikeln aus Grundbedarfssortiment (Nonfood-Bereich) ergab sich ein signifikanter Zusammenhang. Für den 4. Artikel, einen Impulsartikel, ergab sich kein Zusammenhang.
	Cox (1970)	Signifikanter Zusammenhang bei Impulsartikeln mit hohem Bekanntheitsgrad (p = 0,25; vgl. auch die Kritik bei Peterson und Cagley, 1973).
	Frank und Massy (1970)	Bei größeren Verkaufsstellen ergaben sich bei 7 Lebensmittelprodukten Absatzsteigerungen von ca. 60%, bei kleineren dagegen nur von 3%.
	Bates (1971)	Unterscheidung von Artikeln, die eine hohe (Impulsprodukte), eine niedrige und keine Response aufweisen. Es wurden 28 Produkte untersucht. Impulsartikel reagieren stärker als Gewohnheitsprodukte, kleine Artikel stärker als große.
	Curhan (1972)	Der Einfluß von Flächenveränderungen auf den Absatz ist sehr gering (R^2_{adj} = 0,012; Elastizitäten = 0,115 bis 0,294).
	Curhan (1974)	Bei allen 16 untersuchten Produkten aus dem Obst- und Gemüsebereich ergaben sich bei Verdoppelung der Frontlänge geschätzte (Regression) Absatzsteigerungen von 28 bis 59%.
b) Marktanteil = f (Flächenanteil)	Anderson (1979)	Bei allen 7 untersuchten Artikeln ergaben sich Elastizitäten zwischen 0 und 1.

Quelle: Müller-Hagedorn, L.; Heidel, B.: Optimale Verkaufsflächennutzung in Handelsbetrieben, Trier 1986, S. 5

Die eigenen empirischen Untersuchungen der genannten Autoren unterstreichen nicht nur die praktischen Schwierigkeiten solcher Experimente, sondern bestätigen die teilweise in der Literatur geäußerten Vermutungen, daß der Einfluß von Maßnahmen der internen Standortpolitik auf Erlösgrößen gering ist.

In einem selbst durchgeführten, großangelegten Experiment zur Wirkung von unterschiedlichen Zweitplazierungen auf die Verbundintensität von Produkten (Puddingpulver und Milch; Tortenböden und Obstkonserven; Quarkfein und Quark) zeigte sich ebenfalls kein einheitliches Bild. Die Auswirkungen sowohl auf die Verbundintensitäten als auch auf den Absatz lassen sich weder für die untersuchten Produktgruppen noch für die Filialen verallgemeinern und hängen offensichtlich auch stark von der Kundenstruktur der jeweiligen Filiale ab. Signifikante Absatzsteigerungen (allerdings keine Steigerungen der Verbundintensitäten) ergaben sich lediglich bei der Zweitplazierung von Quarkfein in räumlicher Nähe (Kühlregal) zu Quark, was darauf schließen läßt, daß den Verbrauchern ohnehin geläufige Komplementärbeziehungen (z. B. Puddingpulver zu Milch) nicht in gleichem Maße zu Absatzsteigerungen führen wie solche, die dem Kunden quasi durch die Zusammenplazierung erst richtig bewußt gemacht werden.

Links oder rechts ... hinten oder vorn ... nahe oder entfernt ... scheinen – so jedenfalls die Folgerungen daraus – keine so erhebliche Rolle beim Einkaufsverhalten zu spielen wie teilweise vermutet wird. Vielmehr sind die Verbraucher offenbar lern- und anpassungsfähig, sofern nur der Gesamteindruck der Verkaufsstätte „stimmt"; darauf wurde auch bereits zu Anfang dieses Kapitels nachdrücklich hingewiesen. Diese Anpassungsfähigkeit mag nicht zuletzt darin begründet liegen, daß die Vielfältigkeit der bisherigen Ladengestaltung und Warenpräsentation im Einzelhandel bei den Verbrauchern keinerlei normierte Vorstellungen haben aufkommen lassen und damit offenbar große Gestaltungsspielräume akzeptiert werden. Vielleicht wird auch gerade seitens der Fachleute, die es gerne genau wissen wollen, oft einfach überschätzt, wie selektiv und wie flüchtig seitens der Kundschaft Einzelheiten im Ladenlokal wahrgenommen und auch hingenommen werden. Zustimmung oder Ablehnung scheinen sich im Grunde auf einige wenige Schlüsselreize zu beschränken, wie etwa Unübersichtlichkeit, Schmuddeligkeit oder unfreundliche bzw. unwissende Bedienung.

Dies alles bedeutet nun nicht, daß im hier behandelten Zusammenhang im einzelnen nicht auch grobe Fehler gemacht werden können; die Verantwortlichen sind also gehalten, aufgrund der vorhandenen Einsichten zu planen und zu experimentieren, selbst wenn dies nur zu fallweisen Verbesserungen führt.

Ganz generell dürfte sich aus dem vorab Dargelegten aber nicht zuletzt die Empfehlung herleiten, sich stärker mit den Kostenaspekten zu beschäftigen. Wenn nämlich aufgrund der zahlreichen Experimente vermutet werden muß, daß der Einfluß von Maßnahmen der beschriebenen Art auf die Erlösgrößen vergleichsweise gering ist, so müßte also gefragt werden, wie weit der betriebene Plazierungsaufwand verringert werden kann, ohne die Abverkäufe (nachhaltig) zu beeinträchtigen. Freilich erfordert ein solcher „Sparsamkeits-Ansatz" letztlich ebenfalls Kenntnisse der zugrundeliegenden Wirkungsmechanismen.

4. Shop-in-the-shop-Konzept

4.1 Organisatorische Gestaltung

Die englische Bezeichnung läßt zu Recht vermuten, daß es sich beim Shop-in-the-shop um ein in den USA entwickeltes Konzept handelt. Es ist auch in Europa seit langem bekannt, hat aber in jüngerer Zeit erheblich an Bedeutung gewonnen.

Der Ausdruck – übersetzt „Laden-im-Laden" – besagt im Grunde schon sehr plastisch, worum es geht: Die Verbraucher treffen innerhalb einer (großflächigen) Einkaufsstätte auf Sortimentsteile, die sich durch ihre Anordnung und Darbietung optisch deutlich vom Umfeld abheben und abgrenzen.

Durch mehrere Shops unter einem Dach läßt sich dann ein Eindruck vermitteln, wie er z. B. von Bazaren oder Gemeinschaftswarenhäusern geläufig ist. Ein solches vielfältiges und buntes Angebot ist einer der Hauptgründe, warum derartige Konzepte so gut in den derzeit viel diskutierten Erlebnishandel passen.

Verantwortlicher Betreiber eines Shop-in-the-shop kann einmal der **Einzelhändler** selbst sein, der also Teile seines Sortiments nach seinen Vorstellungen präsentiert. Zum anderen kommen **fremde Unternehmen** als Partner in Frage, also Fach- oder Spezialhändler, Handwerkshändler (Bäcker, Metzger etc.), Fachfilialisten, Großhändler, Dienstleister und natürlich auch Hersteller.

Die **Partnerschaft** läßt sich dabei im Prinzip auf zweierlei Weise regeln: Entweder übernimmt der Einzelhändler vom Partner lediglich das Angebotskonzept – etwa im Wege des Franchising – und betreibt im übrigen den Shop in eigener Regie, oder aber er fungiert quasi nur als Vermieter, weil der Shop-Nehmer für alles übrige, also für Ladenbau, Sortiment, Verkaufspersonal etc., selbst verantwortlich ist.

Die vertraglichen Abmachungen mit fremden Shop-Nehmern sind i. d. R. sehr umfassend. Als Vergütung kommen Festmieten, umsatzabhängige Mieten, aber auch eine Kombination daraus in Frage. Shops, die nach dem Agentur- oder Depotsystem betrieben werden, arbeiten vornehmlich auf Provisionsbasis, deren Höhe je nach Warenart und Umschlagsgeschwindigkeit stark schwankt. Weitere Punkte regeln z. B. die Sortiments-, Preis- und die Werbepolitik, damit ein Ausgleich zwischen den oftmals divergierenden Interessen der Kooperationspartner auch auf Dauer gewährleistet ist.

4.2 Entwicklung und Tendenzen

Hauptakteur beim Shop-in-the-shop-Konzept ist natürlich der Händler, denn dieser entscheidet ja zunächst einmal darüber, ob solche Shops in sein Unternehmens- und hier insbesondere in sein Sortimentskonzept passen.

Die erwarteten Vorteile liegen dabei – pauschal betrachtet – in der bereits erwähnten, optisch deutlich signalisierten Vielfältigkeit des gesamten Warenangebots einschließlich einer Auflockerung des Layouts des gesamten Verkaufsraums. Insbesondere lassen sich bestimmte Sortimentsbereiche herausheben. Dies gilt vor allem für **Eigenmarken**-Angebote, welche i. d. R. im Sortiment unterzugehen pflegen. Handelsmarken vertragen vom Aufwand her selten eine intensive Medienwerbung; durch ihre Herausstellung im Verkaufsraum ergeben sich somit gewisse Profilierungschancen. Natürlich erfordert dies durchweg ein Mehr an Aufwand, verursacht durch bessere Ausstattung und höheren Personaleinsatz.

Häufig erhoffen sich Einzelhandelsunternehmen durch die Einbeziehung fremder Shop-Betreiber eine Erhöhung ihrer **Fachkompetenz**, zumindest in diesen Sortimentsteilen, wenn nicht sogar bezogen auf das Gesamtangebot. Von daher ist auch verständlich, daß insbesondere die großflächigen Einzelhandelsunternehmen ein Interesse daran haben. Sie können nicht nur flächenmäßig mehr Spielraum bieten, sondern streben ja verstärkt in Richtung eines Trading-up. Dies ist seit längerem sehr deutlich bei den Warenhauskonzernen, mittlerweile aber auch bei den Verbrauchermärkten und SB-Warenhäusern zu beobachten. Aber auch eine zunehmende Zahl von mittelständischen Einzelhändlern kann sich inzwischen mit solchen Konzepten anfreunden; die Angst vor Einmischung oder gar Überfremdung ist nicht mehr so groß wie sie früher einmal war.

Diese allgemeine Aufgeschlossenheit wird jedoch nur erklärlich durch einen Wandel in der Einzelhandelsphilosophie; allenthalben wachsen die Erfahrungen und damit auch die Einsichten, daß es immer schwieriger wird, bedarfsgerechte Spezialsortimente zu bilden und zu vermarkten. Auf der anderen Seite mehrt sich die Zahl erfolgreicher Spezialisten mit ausgeklügelten und erprobten (Franchise-)Konzepten.

4.3 Partner-Interessen

Das Shop-in-the-shop-Konzept würde in jüngster Zeit nicht einen solchen Aufschwung nehmen, wenn es dafür nicht auch einen großen Kreis von Interessenten aus Industrie, Großhandel und dem Dienstleistungsgewerbe geben würde. Mit einer Kooperation dieser Art partizipieren sie relativ mühelos an der **hohen Kundenfrequenz** großflächiger Einzelhandelsgeschäfte oder können sich mit ihrem Angebot in führenden Fachhandelsgeschäften selbst zur Darstellung bringen. Diese Möglichkeit besteht vor allen Dingen dort, wo es gelingt, mit Filialunternehmen Vereinbarungen über die gleichzeitige Plazierung von Shops in vielen oder sogar in allen Filialen zu treffen. Als Nachteil muß eventuell hingenommen werden, daß sich in manchen Geschäften der Shop für den Betreiber nicht lohnt, sondern nur die Attraktivität des Shop-Gebers gesteigert wird. Insbesondere **Markenartikelhersteller** waren ja seit eh und je um einen direkten Kontakt zum Verbraucher bemüht. Das Shop-in-the-shop-Konzept bietet ihnen die Möglichkeit dazu, denn nun können imagepflegende bzw. -prägende Eindrücke unmittelbar an den Verbraucher herangetragen und umgekehrt Erfahrungen am Point of Sale gesammelt werden.

Diese Bestrebungen der Industrie sind absolut nicht neu, jedoch hat man sich im Einzelhandel gegen derartig geballte Markenauftritte meist gewehrt. Dagegen wurden Werbekostenzuschüsse, Verkaufspersonalzuschüsse und Dekorationshilfen immer gerne entgegengenommen, und zwar um so lieber, je weniger Gegenleistungen die Lieferanten dafür forderten.

Mitunter sitzt aber auch die Industrie am längeren Hebel; bekannte Markenprodukte von hohem Niveau werden oft nur dann geliefert, wenn das Handelsunternehmen mit einem Marken-Shop einverstanden ist und auf diese Weise eine adäquate Präsentation und Beratung sicherstellt.

Als eine etwas bescheidenere Ausprägung des Shop-in-the-shop-Konzepts läßt sich auch die **markenspezifische Sortimentsbündelung** im Einzelhandel verstehen. Die Warengruppierung erfolgt hier nach den verschiedenen Marken, d. h. der Kunde muß Schuhe oder Elektrorasierer oder Anzüge jeweils in den verschiedenen „Marken-Abteilungen" suchen, findet sie also nicht jeweils an einer Stelle zusammengefaßt. Erforderlich sind deshalb entsprechende Hinweise bzw. Marken-Dekorationen, die jedoch nicht im Stil eines separierenden Shop-in-the-shop angelegt sind.

Die erhebliche Zunahme solcher Markengruppierungen im Einzelhandel in den letzten Jahren zeigt, daß sich viele Händler davon einiges an Profilierungsmöglichkeiten, insbesondere gegenüber ihren Billig-Konkurrenten, versprechen und die Markenindustrie solches natürlich gerne sieht und auch entsprechend honoriert.

4.4 Plazierung der Shops

Die Frage nach der Plazierung der Shops fällt unter die allgemeine Problematik der Zuweisung von Sortimentsteilen auf bestimmte Verkaufszonen. Entgegen der in diesem Zusammenhang häufig vertretenen Auffassung, daß eine innerbetriebliche Standortbestimmung stets unter der Zielsetzung zu erfolgen habe, eine gleichmäßige Kundenfrequenz in allen Verkaufszonen zu erzielen, ist diese Maxime für die Shop-Plazierung nicht aufrecht zu erhalten. Statt dessen gilt es, den innerbetrieblichen Standort stärker in Abhängigkeit vom jeweiligen Shop-Angebot zu bestimmen. Besteht z. B. eher das Bedürfnis, das präsentierte Angebot in einer abgeschlossenen bis intimen Atmosphäre auf sich wirken zu lassen, können derartige Angebote oft denjenigen Plätzen zugeordnet werden, die sich in der Vergangenheit als wenig frequentiert erwiesen haben, während Angebote, die „im Vorbeigehen" nachgefragt werden, auf die Plätze verteilt werden müssen, die im Hauptstrom der Kunden liegen.

Eine Besonderheit der Shop-Plazierung ist die Massierung gleichartiger Anbieter. Diese Bündelung bzw. Agglomeration von Shops präferieren vorrangig die Warenhäuser, z. B. bei Nahrungs- und Genußmitteln oder bei Kosmetik. Dabei kommt es mitunter zu einer Art von Desintegration dieser Bereiche aus dem Gesamtsortiment, dem durch entsprechende räumliche Anordnung, aber etwa auch durch separate Eingänge, durchaus gezielt nachgeholfen wird.

4.5 Konzessionäre in Großmärkten

Weit weniger „sophisticated" als vorab dargelegt wird das Shop-Prinzip in den großflächigen SB-Geschäften, also in Verbrauchermärkten und SB-Warenhäusern betrieben. Wie für jeden Besucher erkennbar, ist die Zahl der Betreiber, der sog. Konzessionäre, in und außerhalb der Checkout-Zone und vor den Märkten inzwischen erheblich; im Rahmen einer umfangreichen Spezialstudie des ISB in Köln (1988) wurden insgesamt 52 verschiedene Branchen bzw. Mietertypen gezählt. SB-Warenhäuser (ab 7000 qm) etwa beherbergen im Durchschnitt 10 Konzessionäre, viele davon sind wiederum filialisiert und z. T. auf diese Großmärkte spezialisiert. Soweit erkennbar und auch verständlich, spielen bei den Vermietern diffizile Image-Überlegungen weniger eine Rolle als Rendite-Aspekte. Die Mieteinnahmen sind z. T. beträchtlich (Candy-Shops und Eis-Shops zahlen die höchsten qm-Preise) und erreichen bzw. übertreffen nicht selten den betriebswirtschaftlichen Erfolg, den der Vermieter auf der betreffenden Fläche selbst erwirtschaften würde. 76,6% aller Mieteinnahmen beruhen auf Festmieten, 19,2% sind Sockelmieten plus Umsatzbeteiligung und die restlichen 4,2% reine Umsatzmieten. Je größer die Märke selbst, um so mehr werden die Verträge auf Basis „Sockelmiete plus Umsatzbeteiligung" abgeschlossen.

5. Gestaltung der Verkaufsstätten-Peripherie

Nach Darstellung der verschiedenen Aspekte der Verkaufsraumgestaltung soll noch ein Blick auf die Peripherie der Einkaufsstätte geworfen werden. Mit dem **Gebäude**, der **Ladenfront**, aber auch dem benachbarten Umfeld gewinnt der Verbraucher einen ersten Eindruck. Wie häufig im Leben, schließt er von dort auf das Angebot im Inneren des Geschäftes. Wird er bereits hier abgeschreckt, so ist die erste Chance vertan.

Die architektonische Gestaltung der Außenfront eines Geschäftes (häufig eingeschränkt durch baurechtliche Verordnungen) spiegelt als erstes den Stil des Hauses wider.

Die Ladenfront hat eine Fern- und eine Nahwirkung. Aus der Ferne wirkt das Gebäude als Ganzes, hier wirken vorrangig die oberen Stockwerke; steht der Kunde dagegen vor der Einkaufsstätte, so spielt in erster Linie die Erdgeschoßebene mit ihren Schaufenstern die wichtigste Rolle.

Neben den **Schaufenstern** sind die **Eingänge** entscheidende optische Signale für den Kunden. Hierbei wirken verwinkelte, kleine Eingänge nicht nur unmodern und veraltet, sondern – was noch viel schlimmer ist – sie verstärken die natürliche **Schwellenangst**. Wesentlich sinnvoller sind deshalb solche Lösungen, bei denen die Eingänge möglichst so groß und offen gestaltet sind, daß sich der Kunde bei der Betrachtung der Auslagen in den Schaufenstern beinahe automatisch in das Ladeninnere hineingezogen fühlt.

6. Verkaufsraumgestaltung als Kostenfaktor

6.1 Betriebswirtschaftliche Grundlagen

Den gestalterischen Möglichkeiten sind, wie die vorangegangenen Ausführungen erkennen ließen, kaum Grenzen gesetzt, aber zum Leidwesen phantasiebegabter Ladendesigner muß sich das Ganze auch „rechnen". Fläche und Ausstattung verursachen bekanntlich Aufwand, mit dem ein entsprechender Ertrag erwirtschaftet werden soll. Die dafür erforderliche Investitionsrechnung bereitet in der Praxis aber ganz erhebliche Probleme, da oft weder der gesamte **Aufwand** noch vor allem der daraus resultierende **Ertrag** im voraus eindeutig bestimmt werden können. Zu unsicher sind die hierzu benötigten, in Darstellung 56 aufgeführten wichtigsten Rechengrößen.

Im allgemeinen wird derzeit in der Praxis davon ausgegangen, daß an Einrichtungskosten im Durchschnitt etwa DM 800 pro qm zu veranschlagen sind. Dieser Richtwert muß natürlich im einzelnen in Abhängigkeit

Darstellung 56: Verkaufsraumgestaltung unter Aufwands- und Ertragsaspekten

Aufwand:	Ertrag
Einmaliger Investitionsaufwand? Laufende, zu Betrieb, Pflege und Reparatur notwendige Ausgaben? Nutzungsdauer insgesamt bis zur Erneuerung? Restwert aus Verkauf?	Höhe und zeitlicher Anfall der durch die Ladengestaltung bewirkten Ertragsanteile?

von der Branche und dem Geschäftsniveau gesehen werden. Entsprechend anspruchsvolle Ausstattungen können leicht das Doppelte kosten.

6.2 Store-erosion

Im Rahmen der Aufwandsermittlung steht die Frage nach der mutmaßlichen Nutzungsdauer im Zentrum, denn es ist ein Unterschied, ob eine Ladeneinrichtung für 800 000 DM nun fünf oder fünfzehn Jahre genutzt werden kann. Gefragt wird also nach der wirtschaftlichen Nutzungsdauer, die sich bekanntlich von der steuerlichen unterscheidet.

Für den Bereich des Einzelhandels hat sich für den Abnutzungsvorgang die Bezeichnung Store-erosion eingebürgert. Verursacht wird sie zum einen durch die **physische Abnutzung** der Einrichtung und zum anderen durch die **psychische Veralterung,** die wiederum mehrere Ursachen haben kann.

Beim gesamten Veralterungsprozeß wird heute i. d. R. die technische Abnutzung die geringere Rolle spielen. Daß Regale zusammenbrechen und Fußbodenbeläge verschleißen, ist heute das kleinere Problem. Weit gravierender sind andere Faktoren, nämlich das Unmodernwerden i. w. S., also die psychische Veralterung. Wie in anderen Lebens- und Wirtschaftsbereichen hat hier das Tempo zugenommen, zumal man inzwischen dem Ladendisplay einen höheren akquisitorischen Stellenwert zumißt. Hinzu kommt, daß vielfach auch geänderte Arbeitsabläufe, neuartige Produkte usw. Änderungen der Ladeneinrichtungen erfordern, sofern diese den aktuellen Ansprüchen noch genügen sollen.

Es läßt sich im übrigen beobachten, daß das Abnutzungs- bzw. Investitionstempo offenbar in Schüben verläuft. Schon Mitte der siebziger Jahre konstatierte man eine starke Beschleunigung. Der Umbaurhythmus im Einzelhandel hat sich mittlerweile stark verkürzt; ein Turnus von zehn Jahren scheint derzeit das Maximum zu sein. Die kürzesten Intervalle liegen bei etwa drei bis vier Jahren. Freilich ist bei solchen kurzen Wechseln nicht immer ein Totalumbau gegeben, aus Rationalisierungsgründen wird heute vielfach mit „Bausteinen" gearbeitet, die variiert werden und (bei Filialisten) auch zwischenbetrieblich untereinander ausgetauscht werden können.

Darüber hinaus gibt es noch eine ganze Reihe von Ursachen für den Ladenverschleiß, der mitunter mit **exogener** Store-erosion umschrieben wird. Ein Betriebstyp kann veralten oder auch das angebotene Sortiment. Nachteilig kann sich u. U. ebenso der Standort auswirken, und zwar in erster Linie durch städtebauliche Maßnahmen, die etwa zur Verlagerung der Kundenströme oder des Einzelhandelsumfeldes beitragen.

Gegen schädigende Einflüsse durch Veränderung des Einzelhandelsumfelds am Standort ist man in vielen Fällen machtlos. Zumindest gilt dies für den einzelnen, während ein gemeinsames Vorgehen vieler Einzelhändler schon manche städte- und verkehrsbauliche Maßnahme zu ihren Gunsten hat verändern können. Auch die Öffentlichkeit erfährt ja nicht selten von einschlägigen Protesten des Einzelhandels, wenn Änderungen zur Debatte stehen.

Angeheizt durch starke Mieterhöhungen, hat sich die Struktur des Einzelhandels gerade in den innerstädtischen Lagen häufig stark zu ungunsten der dort traditionell ansässigen Einzelhändler geändert. Die Durchsetzung mit Billigbetrieben, Sex-Shops und Pommes-frites-Läden usw. hat manche hervorragende Standortlage entwertet. Mitunter hat man sich in solchen Fällen zu Interessengemeinschaften zusammengeschlossen, da auch den Gebäudeeigentümern (Vermietern) auf Dauer an einer solchen Entwicklung nicht gelegen sein kann. Vereinbarungen über eine Mieterauslese im Hinblick auf ein bestimmtes Niveau dienen in solchen Fällen als Maßnahme zur Schadensbegrenzung.

Einen absoluten Schutz gegen den Ladenverschleiß i.e.S gibt es natürlich nicht. Der naheliegende Weg, eine solche Einrichtung zu planen, die durch ihr „Mittelmaß" sowohl heute wie auch in fünfzehn Jahren noch bestehen kann, ist natürlich ein schlechter Kompromiß, auch wenn er noch häufig geschlossen wird. Auch sehr aufwendige Einrichtungen bieten heute keinen Verlaß mehr, modisch up to date zu bleiben, es sei denn, es wird abgewartet, bis sie wieder nostalgisch werden.

6.3 Ertragsproblematik

Die Vorausbestimmung der tatsächlichen Nutzungsdauer enthält also erhebliche Unsicherheitsfaktoren. Aufgrund dieser Schwierigkeiten richtet sich die Praxis dann auch nach bisherigen Erfahrungswerten oder eben nach den steuerlichen Abschreibungsmöglichkeiten. Letztere werden den betriebswirtschaftlichen Überlegungen natürlich nicht oder nur unvollkommen gerecht.

Der nicht exakt lösbare, aber leider für eine Investitionsrechnung entscheidende Teilaspekt liegt allerdings in der im voraus zu beantwortenden Frage, wieviel die Ladeneinrichtung zum Geschäftserfolg beiträgt. Es bedarf dazu einer isolierten Betrachtung gerade des Attraktivitätsfaktors „Ladengestaltung", obgleich dieser in Wirklichkeit mit den übrigen Einsatzfaktoren innig verwoben ist. Es handelt sich hierbei also wieder um das Problem der Erfolgsspaltung, welches immer dann auftritt, wenn eine Marktleistung durch den kombinierten Einsatz mehrerer Betriebsfaktoren bewirkt wird, ohne daß sich die einzelnen Erfolgsbeiträge auseinanderdividieren lassen. Andererseits sind solche Fragen nicht mehr als betriebswirtschaftlich konsequent, denn schließlich soll ja beantwortet werden, ob sich die geplanten Aufwendungen über einen entsprechenden Ertragsbeitrag angemessen verzinsen oder, volkstümlich gesprochen, ob sie sich lohnen.

Falsch, wenn auch naheliegend und deshalb oft praktiziert, ist der umgekehrte Ansatz, nämlich die Höhe des Einrichtungsaufwandes danach zu bestimmen, was der (geschätzte) Umsatz bzw. die Rendite an (jährlichen Abschreibungs-)Belastungen verkraften können. Das hat zur Fixierung der Obergrenze zwar seine Berechtigung, aber diese Art des Denkens verstellt im Grunde die Sicht auf das Kernanliegen, nämlich die Höhe der Investitionen an ihrem (mutmaßlichen) Erfolgsbeitrag auszurichten.

Ein weiterer wichtiger Faktor bei der Entscheidung über den Umfang der Neuinvestition stellt die durch die Ausgaben verursachte Liquiditätsbindung dar. Die durch die Investition im Betrieb gebundenen Geldmittel stehen für einen längeren Zeitraum ja nicht anderweitig zur Verfügung. Aus diesem Grunde müßte richtigerweise in die oben dargelegte Investitionsrechnung als weiterer Faktor die sog. Opportunitätskosten, d. h. der entgangene Gewinn einer alternativen Verwendung, berücksichtigt werden.

Natürlich sind auch eventuelle Rationalisierungsvorteile in Ansatz zu bringen; durch eine moderne Verkaufsraumgestaltung lassen sich u. U. Kostensenkungen beim Personal, beim Energieverbrauch und bei der Raumpflege erzielen.

Welche Fehler in der Praxis immer wieder gemacht werden, verdeutlicht zum Schluß dieses Abschnitts das nachfolgende Fallbeispiel (vgl. o.V.: Das A und O: Solide Finanzierung, realistische Umsatzprognose, in: Der Einzelhandelsberater, 30. Jg., Heft 2/87, S. 68 f.):

Ein Fachgeschäft, das bei einem Umsatz von 2,7 Mio. DM und einer Verkaufsfläche von 220 qm „aus allen Nähten platzte", plante eine Erweiterung um 100 qm, verbunden mit einer totalen Umgestaltung:

Kosten der baulichen Maßnahmen: 300 000 DM
Kosten der Neugestaltung: 60 000 DM
Gesamtkosten: 360 000 DM

Aufgrund des zeitlich begrenzten Mietvertrages wurde eine Finanzierung der Investition über eine Laufzeit von 6 Jahren gewählt:

Jährliche zusätzliche Kostenbelastung (Zins, Tilgung sowie höhere Raumkosten, Werbekosten, Versicherungskosten, Gewerbesteuer etc.): 110 000 DM

Erforderlicher Zusatzumsatz p.a. (bei durchschnittlich 23% erzielbarer Spanne), um zumindest die Kosten zu decken: 478 000 DM

Tatsächlich erzielter Zusatzumsatz im ersten Jahr nach dem Umbau: 324 000 DM

Auch in den Folgejahren konnte der erforderliche Mehrumsatz nicht erreicht werden. Es wurde somit eindeutig zu aufwendig investiert bzw. der mögliche Umsatzzuwachs erheblich überschätzt.

J. Verkaufspersonalpolitik

I. Bedeutung

Überschlägig betrachtet, entfallen vom Nettoumsatz des Facheinzelhandels etwa drei Viertel auf den Wareneinsatz. Mithin müssen vom restlichen Viertel alle übrigen Kosten und der Gewinn bestritten werden. Rund die Hälfte dieser Kosten muß für Personal aufgewendet werden, entsprechend gravierend schlagen die Personalkosten zu Buche.

Der Einsatzfaktor „Personal" ist infolge der Lohnsteigerungen immer teurer geworden, und zwar stiegen seit 1957 die Löhne und Gehälter im Einzelhandel um mehr als das Achtfache. Wenn die Einzelhandelspreise dennoch anteilig nur unterdurchschnittlich mitwuchsen, so lag das im wesentlichen am Vordringen der Selbstbedienung und der damit verbundenen Steigerung der Umsatzleistung pro Kopf (= **Personalleistung**).

Während diese im personalintensiven Glas-/Porzellan-/Keramik-Geschäft z. B. bei etwa 200 000 DM p. a. liegen, erreichen sie bei Fachmärkten, Verbrauchermärkten und SB-Warenhäusern gut den dreifachen Wert, nämlich zwischen 600 000 und 700 000 DM.

Natürlich beruhen unterschiedliche Kostenbelastungen nicht nur auf der Personenzahl, sondern auch auf den qualifikationsbedingten Lohnunterschieden, die bis zu 100% differieren können.

Aus diesen wenigen Angaben wird erklärlich, welchem **Rationalisierungsdruck** der Einzelhandel in den letzten Jahrzehnten ausgesetzt war. Hier liegen die Ursachen für den Substitutionsprozeß „**Verkaufsfläche statt Personal**" und die großen Kostenunterschiede zwischen den verschiedenen Betriebsformen und Branchen. Der Personalkostenanteil von Verbrauchermärkten beträgt etwa nur ein Drittel des Personalkostenanteils von Fachgeschäften der Teppich- und Gardinenbranche.

Und bekanntlich ist es im Einzelhandel auch nicht möglich, die Personalproduktivität in der gleichen Art und Intensität zu erhöhen wie in der Industrie, da aufgrund der Abhängigkeit von der Kundenfrequenz zum einen kaum eine gleichmäßige Auslastung zu erreichen und zum anderen keine vergleichbare Automation durchzuführen ist.

Immerhin nähern sich aber bestimmte Geschäftstypen bereits dem (Alp-) Traum einer vollautomatischen „Verkaufsmaschine"; es fehlen eigentlich nur doch die Selbstbedienungskassen am Check-out, mit denen jedoch bereits experimentiert wird. Je drängender also die Personalkosten sind, um so mehr muß versucht werden, mit einer systematischen Personaleinsatzplanung und entsprechend flexibel einsetzbarem Personal diesem Problem zu begegnen. Das wird auch in der starken Zunahme der Teilzeitbeschäftigten im Einzelhandel deutlich (siehe hierzu die Ausführungen im ersten Kapitel C.I.2. Beschäftigte, S. 26). Und natürlich werden die Probleme dadurch nicht eben leichter, daß es sich beim Personal ja nicht um einen beliebig disponiblen Einsatzfaktor handelt, sondern um Menschen mit zunehmend dezidierten Arbeitnehmerinteressen.

1. Betriebswirtschaftliche Aspekte

Betriebswirtschaftlich betrachtet, soll der Personaleinsatz möglichst ökonomisch erfolgen. Dies ist aus folgenden, bereits angedeuteten Ursachen nicht leicht zu bewerkstelligen, denn

– die Möglichkeiten zur Arbeitsteilung und zur Spezialisierung sind geringer als in vielen anderen Wirtschaftszweigen, da sich vor allem die individuelle Kundenbetreuung schlecht rationalisieren läßt, etwa durch Arbeitsteilung oder Einsatz technischer Hilfsmittel;
– die unterschiedlichen Kundenfrequenzen bewirken erhebliche Beschäftigungsschwankungen und damit schlechte durchschnittliche Auslastungen.

Im folgenden sollen zunächst die vordringlichen Problemfelder betriebswirtschaftlicher Natur dargestellt werden. Die absatzwirtschaftlichen Aspekte werden anschließend behandelt.

1.1 Wahl der optimalen Bedienungsform

Wie bereits erwähnt, ist der Einzelhandel vergleichsweise personal- und damit personalkostenintensiv, wenn im einzelnen je nach Betriebsform auch sehr unterschiedlich. So ist es den Lebensmittel-Discountern gelungen, die weitaus geringste Personalkostenbelastung zu realisieren. Auch der übrige Einzelhandel ist deshalb gezwungen, sich intensiv und permanent Gedanken über personalkostensparende Bedienungsformen zu machen.

Wodurch die betriebswirtschaftlichen Vorteile der Selbstbedienung zustande kommen, liegt auf der Hand; bisher vom Handelsbetrieb selbst ausgeübte Funktionen werden teilweise auf den Kunden, die Warenausstattung und den Lieferanten übertragen und damit Personal eingespart. Allerdings stehen dem i. d. R. höhere Sachinvestitionen insbesondere für Verkaufsfläche gegenüber.

Weiterhin ist es aufgrund anspruchsloserer Arbeitsinhalte im Verkaufsraum möglich, teures Verkaufspersonal durch ungelernte Kräfte zu ersetzen.

Die Beantwortung der Frage, ob bzw. in welchem Maße jeweils auf Bedienung verzichtet werden kann, ist jedoch nach wie vor oft schwierig, da entsprechend hilfreiche empirische Studien rar sind und teilweise zu konträren Ergebnissen führen.

Wie so oft liegt das Kernproblem auch hier nicht in der Aufwandsermittlung, sondern in der Ermittlung des anteiligen **Ertragsbeitrages,** hier also der des Faktors Bedienungspersonal.

Instruktiv sind in diesem Zusammenhang zwei Studien der Rationalisierungsgemeinschaft des Handels (RGH), deren Ergebnisse im folgenden kurz zusammengefaßt werden.

Die Untersuchung „Mehr Mut zu weniger Beratung"[1] wurde in elf verschiedenen Geschäften bzw. Abteilungen in den Bereichen Drogerie, Textil, Rundfunk/Fernsehen und Möbel durchgeführt. Dabei ergab sich, daß in den Geschäften dieser Branchen auf den Kundenkontakt im Durchschnitt weniger als 50% der Arbeitszeit des Verkaufspersonals entfielen. Pausen und Reserve nahmen 20-30% der Arbeitszeit in Anspruch (Tätigkeit mit Kundenkontakt im einzelnen: Drogerie-Abteilung 35,6%, Drogerie-Einzelhandel 19,1%, Textil 41,4%, Rundfunk und Fernsehen 36,2%, Möbel 42,6%). Selbst in Spitzenzeiten entfielen höchstens 50% der Arbeitszeit auf Tätigkeit mit Kundenkontakt, was also insgesamt auf Beratungsüberkapazitäten hindeutet.

Interessant sind in diesem Zusammenhang auch die folgenden Ergebnisse, hier beispielhaft bezogen auf die Rundfunk- und Fernsehbranche: 50% der Kunden, die ein Geschäft betreten, kaufen auch tatsächlich; 90% der Käufer haben Personalkontakt und 54% der Käufer lassen sich beraten.

Die Ergebnisse streuen außerordentlich stark. So beträgt das Verhältnis

---

[1] Vgl. Conz, B.: Mehr Mut zu weniger Beratung, Köln 1976

von beratenen Kunden zu Käufern in den Betrieben der Möbelbranche 1 : 1, in der Textilbranche 1 : 4, in der selbständigen Drogerie 1 : 2 und in der untersuchten Drogerie-Abteilung 1 : 16.

Die Zahlen belegen, daß je nach Branche und Verkaufssystem andere Relationen zwischen Beratung und Käufern bestehen, machen jedoch auch deutlich, daß es möglich ist, mit relativ wenig Beratung eine hohe Käuferquote zu erreichen.

In der zweiten Studie der RGH mit dem Titel „Mehr Erfolg durch Bedienung?"[2] wurde untersucht, inwieweit das häufig empfohlene Konzept des „Frische-Marktes" (Bedienungsabteilung für beratungsintensive Artikel im Frischebereich) ökonomisch sinnvoll ist.

In der Studie wurden Betriebe mit unterschiedlichen Bedienungssystemen miteinander verglichen. Als Input-Faktoren galten die Höhe des Personaleinsatzes bzw. der Personalkosten und die für die Abteilung benötigte Fläche, denen als Output der realisierte Umsatz und die Höhe der realisierten Handelsspanne gegenübergestellt wurden.

Das Ergebnis dieser Studie ist zum einen, daß Variationen im Personaleinsatz in Interdependenz mit dem übrigen Faktoreinsatz stehen. So kann z. B. eine Bedienungsabteilung gegenüber einer SB-Abteilung betriebswirtschaftlich betrachtet zwar schlechter abschneiden, der Einsatz der Bedienungsform sich jedoch positiv auf den Erfolg anderer Abteilungen auswirken. Zum anderen war erkennbar, daß die Entscheidung, ob Fremd- oder Selbstbedienung vorteilhaft ist, von der Warengruppe und den spezifischen Gegebenheiten im entsprechenden Outlet abhängt.

Aus empirischen Untersuchungen zu dem Thema „Optimale Bedienungsform" wird also leider deutlich, daß die Entscheidung pro oder contra Bedienung jeweils stark einzelfallabhängig ist. Dennoch sollen im folgenden kurz die grundsätzlichen Überlegungen und Fragestellungen zur Sprache kommen.

Die zentrale Frage ist in diesem Zusammenhang die nach der **Erklärungsbedürftigkeit** der zu verkaufenden Produkte und dem Zurechtfinden im Sortiment bzw. im Verkaufsraum. Erfahrungen und Gewohnheiten des Publikums sprechen hier für Selbstbedienung, dagegen weisen Unerfahrenheit, aber auch hochpreisige Artikel und ein allgemein hohes Geschäftsniveau in die umgekehrte Richtung. Natürlich sind die Erwartungen innerhalb der Kundschaft mitunter recht unterschiedlich, so daß – will man nicht von vornherein auf bestimmte Segmente verzichten – ein „Sowohl-als-auch" empfehlenswert ist.

---

[2] Vgl. Herder, H. von: Mehr Erfolg durch Bedienung? Trends, Kosten, Ergebnisse, Köln 1980

J. Verkaufspersonalpolitik

Natürlich ließen sich dazu auch die Konsumenten selbst befragen, entsprechend stark würden die Antworten streuen. Bis auf solche Einkaufsstätten wie etwa Lebensmitteldiscounter, in denen inzwischen wohl jedermann alleine zurechtkommt, Bedienung also entbehrlich erscheint, wird vielfach der Wunsch nach mehr (und besserem) Verkaufspersonal bestehen, denn Bedienung bedeutet für den Kunden im Prinzip kostenlosen Einkaufskomfort, auch eine belebendere Einkaufsatmosphäre. So bevorzugen selbst im Lebensmittelhandel laut einer GfM-Studie von 1988 fast drei Viertel der Befragten das Selbstbedienungsgeschäft mit einer zusätzlichen Bedienungstheke bzw. sowohl ein Bedienungsgeschäft als auch ein SB-Geschäft in ihrer Nähe.

Weitere wichtige Faktoren, die es zu beachten gilt, sind:
- Welche Vorteile bzw. Nachteile ergeben sich für die Konsumenten aus der Wahl einer bestimmten Bedienungsform (z. B. Einsparungen, Möglichkeiten zur Qualitätsprüfung etc.)?
- Ergeben sich Nachteile bei Selbstbedienung durch Diebstahl, Betasten der Ware, Unordnung im Regal/Ständer oder auch durch die notwendige Packung (Frische-Eindruck)?
- Wie werden die Produkte üblicherweise verkauft, gibt es erfolgreiche Versuche auch mit unüblichen Bedienungsformen? Hinsichtlich dieser Fragestellung liefert eine systematische Beobachtung relevanter Geschäfte und der aktuellen Fachpresse wertvolle Hinweise.
- Ist die Industrie in der Lage oder liefert sie bereits entsprechend verpackte und mit den nötigen Informationen versehene SB-fähige Produkte?
- Gibt es entsprechende SB-notwendige Kommunikationsmittel und/oder Warenträger für den PoS (Displays, die den richtigen Gebrauch der Produkte darstellen etc.)?
- Ist die bei Selbstbedienung nötige größere Fläche vorhanden oder kann sie geschaffen werden?

Falls die Beantwortung der oben aufgeführten Punkte überwiegend für den Verkauf mit Bedienung sprechen sollte, stellt sich daran anschließend die Frage nach der Zahl der Verkaufskräfte.

Erste Hinweise liefern hier entsprechende **Personalleistungsdaten** (z. B. durchschnittlicher Umsatz pro Verkäufer) aus Betriebsvergleichen oder Erfa-Gruppen, die – abgeglichen mit einer Umsatzplanung – den betriebswirtschaftlich sinnvollen Personalbestand anzeigen. Dieses Vorgehen liefert allerdings nur grobe Richtwerte. Deshalb empfiehlt es sich, die folgenden Punkte näher zu analysieren, wobei im Mittelpunkt die Frage steht, wie sich ein unterschiedlicher Personaleinsatz auf Umsatz und Deckungsbeiträge auswirkt:

(1) Wie verändert eine unterschiedliche Personalausstattung das Verhält-

nis von beratenen bzw. nicht beratenen Kunden? Wie viele Kunden werden zusätzlich beraten, wenn der Personalbestand um eine Einheit erhöht wird?

(2) Wie hoch ist der Anteil der Käufer bei den beratenen Kunden bzw. bei den nicht beratenen Kunden?

(3) Welchen durchschnittlichen Einkaufsbetrag erzielen Käufer, die beraten werden, gegenüber den Käufern, die nicht beraten werden?

1.2 Personalprobleme

Die vergleichsweise geringere Attraktivität des Handels als Arbeitgeber hat viele Gründe. Die Hauptursachen liegen wohl in den ungünstigen Arbeitszeiten und in einem im Verhältnis zur Industrie geringeren Lohn- und Gehaltsniveau. Hinzu kommen noch die Abhängigkeit von der Kundenlaune, mitunter schlechte Personalführung, geringe Sozialleistungen, fehlende Aufstiegschancen und Fortbildungsmaßnahmen. Das alles führt insgesamt zu quantitativen und qualitativen Personalengpässen, die eine hohe Arbeitslosigkeit allenfalls mildert. Die Folgen sind eine z. T. außerordentlich hohe Fluktuationsrate, die bis zu 25% aller Mitarbeiter im Jahr betragen kann, aber auch hohe Abwesenheitsraten aus allen möglichen und „unmöglichen" Gründen. Das bedeutet zusätzliche Kosten vor allem für Personalsuche und -einarbeitung.

2. Absatzwirtschaftliche Aspekte

Die folgenden, relativ umfänglichen Ausführungen zur Personalpolitik wären im Rahmen des Themas Handelsmarketing nicht gerechtfertigt, wenn nicht speziell das Verkaufspersonal zum Erfolg einen so wesentlichen Beitrag liefern könnte bzw. sollte. Längst nicht jeder Händler kann sich bekanntlich auf Selbstbedienung beschränken und in einem solchen Fall froh sein, daß dann in puncto Bedienung zumindest nichts falsch gemacht werden kann. Aber im Zweifel kennt auch er die Unterschiede zwischen einer unfreundlichen Kassiererin und einer Frohnatur an gleicher Stelle, die für jeden Kunden noch ein nettes Wort findet.

Um so gravierender sind die Wirkungen beim Bedienungspersonal. 20 bis 30% Leistungsunterschiede zwischen guten und schlechten Verkaufskräften sind bekanntlich keine Seltenheit. Gerade solche Betriebe, die nicht primär „über den Preis" verkaufen, (müßten) wissen, daß hier ganz wesentliche Profilierungsmöglichkeiten liegen. Die schönsten Marketingkonzeptionen und die buntesten Prospekte nützen nämlich nur wenig, wenn die Besucher im Verkaufsgespräch nichts von einer solchen Marketingeinstellung spüren.

Hier am Point of Sale kann also vieles gewonnen bzw. an sonstigen Angebotsschwächen überspielt werden, aber es kann auch vieles an Goodwill verspielt werden, und zwar oft „auf Nimmerwiedersehen", was hier ganz wörtlich zu nehmen ist.

Die Schwierigkeiten steigen trotz erheblicher Bemühungen weiter an, denn die Kundschaft wird natürlich ebenfalls anspruchsvoller. Und je stärker im Handel segmentspezifisch vorgegangen wird, um so mehr muß das auch im Zuschnitt des Verkaufspersonals seinen Niederschlag finden. Das erfordert gerade in auf hohem Niveau angesiedelten Geschäften Verkäufer bzw. Verkäuferinnen mit einem „standing", das mit Verkäufer- und Warenkundeschulung eigentlich gar nicht mehr zu formen ist.

Unsere pluralistische Gesellschaft macht schließlich die Situation für das Verkaufspersonal auch nicht leichter; die Kundschaft ist inzwischen auf Anhieb wesentlich schlechter zu taxieren, denn Kleidung und Auftreten haben sich zwischen den verschiedenen Bevölkerungsschichten stark angeglichen. Mithin ist es schwieriger geworden, sich im Verkaufsgespräch sogleich richtig auf sein Gegenüber einzustellen, weil immer weniger erkennbar ist, in welcher Lederjacke oder in welchen Jeans nun tatsächlich die „dicke Brieftasche" steckt.

Doch nun zum Planungs- bzw. Maßnahmekatalog: Einsatzfähigkeit und Einsatzwille sind, wie anderswo auch, die wichtigsten Anforderungen, die an das Personal gestellt werden. Im Verkauf geht es dabei vor allem um

- fachliche Qualifikation
  Die Mitarbeiter müssen das Sortiment vollständig kennen, wobei ihre Warenkenntnis im einzelnen um so besser sein muß, je mehr Beratungsintensität und fachliche Kompetenz aufgrund des Betriebstyps bzw. der Kundschaft erwartet werden.
- Kontaktfähigkeit
  Verkäufer(innen) sollten natürlich nicht nur freundlich, aufmerksam und kontaktfreudig sein, sondern möglichst eine verkäuferische Begabung besitzen. Dazu bedarf es Menschenkenntnis, aber auch eines gewissen Überzeugungstalents.
- Auftreten und Aussehen
  Das Verkaufspersonal sollte schließlich auch zum angestrebten Image und zur angestrebten Ladenatmosphäre des Unternehmens passen. Hier muß hinsichtlich Kleidung, Frisur und Auftreten von den Mitarbeitern im Verkauf ein gewisses Maß an Anpassung vorausgesetzt werden. Maßstab dafür sind auch hier die Erwartungen der anzusprechenden Zielgruppe.

Da die Tätigkeit im Handel ohnehin oft nicht als besonders attraktiv empfunden wird, ist es schwer, entsprechende Mitarbeiter zu finden und zu halten. Dies beginnt schon mit dem Problem, qualifizierte Schulabgänger zu interessieren, und liegt nicht zuletzt auch am mäßigen öffentlichen Ausbildungssystem in Handelsberufen.

Deshalb ist es heute vielfach erforderlich, eigene innerbetriebliche Ausbildungssysteme aufzubauen, um das Personal entsprechend den Anforderungen zu qualifizieren. Darüber hinaus sind Anstrengungen nötig, um die Attraktivität des Handels für gute Arbeitskräfte zu erhöhen. Dies kann jedoch nur erreicht werden, wenn es gelingt, die Nachteile, die diese Tätigkeit mit sich bringt, zu entschärfen und entsprechende Anzeizsysteme zu schaffen.

II. Personalplanung

Eine sorgfältige Planung des „Engpaßfaktors Personal" ist heute Grundvoraussetzung für eine erfolgreiche Unternehmensführung. Es gilt also, Ziele aufzustellen und Wege vorzuzeichnen, nach denen die konkreten personalwirtschaftlichen Maßnahmen zu vollziehen sind.

Grundsätzliches Ziel der Personalplanung muß dabei sein, für die jeweils anfallenden Aufgaben

– zum richtigen Zeitpunkt,
– für die richtige Zeitdauer,
– genügend viele und
– genügend qualifizierte Mitarbeiter

einsetzen zu können.

Das erfordert folgende Aufgabenbereiche:
– Personalbedarfsplanung
– Personalbeschaffungsplanung
– Personalausbildungsplanung
– Personaleinsatzplanung
– Personalerhaltungsplanung
– Personalkostenplanung.

1. Personalbedarfsplanung

Im Rahmen der Personalbedarfsplanung ist, ausgehend vom gegenwärtigen Personalbestand und unter Berücksichtigung des künftigen Bedarfs, der zukünftige Personalbestand zu ermitteln. Dabei ist folgende Rechnung aufzustellen (Falk/Wolf):

    Geschätzter Personalbedarf ab Zeitpunkt X für Zeitraum Y (Grundlage der Schätzung bildet der Absatzplan)
– Ist-Personalbestand
+ Abgänge im Planungszeitraum, davon:
    a) sichere Abgänge (Ruhestand)

b) wahrscheinliche Abgänge (durchschnittl. Kündigungsrate)
c) innerbetriebliche Abgänge (Versetzungen, Beförderungen etc.)
− feststehende Zugänge im Planungszeitraum (vertragliche Verpflichtungen)
= zu beschaffende Arbeitskräfte.

2. Personalbeschaffungsplanung

Die Personalbeschaffungsplanung soll einen aktuellen oder zukünftigen Personalfehlbestand verhindern. Das Hauptreservoir für qualifizierte Fachkräfte ist nach wie vor der Bestand an Auszubildenden. Je größer dabei die innerbetriebliche Transparenz der offenen Stellen und Aufstiegswege sowie die der individuellen Laufbahnpläne und innerbetrieblichen Stellenausschreibungen ist, um so ergiebiger ist i. d. R. auch dieses Potential.

Das „personal recruiting" von qualifiziertem Fachpersonal über den öffentlichen Arbeitsmarkt gestaltet sich mitunter so schwierig, daß sich z. B. Großunternehmen hier vielfach schon auf die Suche von **Berufsanfängern** (Auszubildende, Hoch- und Fachschulabgänger) und von Teilzeit- bzw. Aushilfskräften beschränken.

3. Personalausbildungsplanung

Eine systematische Ausbildungsplanung ist schon aufgrund der Schwierigkeiten, qualifizierte Fachkräfte aus dem Arbeitsmarkt zu rekrutieren, erforderlich, aber auch, um wachsenden Ansprüchen zu genügen und/oder Unternehmenswachstum zu gewährleisten.

Die Ausbildungsplanung erfolgt in sechs Schritten (Zech):

1. Die Ermittlung des Ausbildungsbedarfs auf der Grundlage der Personalbedarfsplanung (quantitativ) sowie der Anforderungsprofile, die durch Stellen- und Tätigkeitsbeschreibungen gewonnen wurden (qualitativ).
2. Festlegung der Ausbildungsziele und -inhalte anhand der Anforderungsprofile.
3. Auswahl der Ausbildungsmaßnahmen in Gestalt von außerbetrieblichen Kursen, innerbetrieblichen Seminaren und/oder Ausbildung am Arbeitsplatz.
4. Wahl der Ausbildungsmethoden.
5. Bestimmung der Ausbilder.
6. Erfolgskontrolle der Ausbildungsmaßnahmen.

4. Personaleinsatzplanung

Die Personaleinsatzplanung hat zwei Aspekte; bei der **quantitativen** Personaleinsatzplanung geht es darum, die vorhandene Zahl der Mitarbeiter innerhalb einer Woche bzw. eines Tages möglichst wirtschaftlich einzusetzen. Es handelt sich also um eine kurzfristige Betrachtung. Der zweite Bereich ist die **qualitative** Einsatzplanung, auf die im folgenden zunächst kurz eingegangen werden soll.

4.1 Qualitative Personaleinsatzplanung

Der Personaleinsatz stellt in qualitativer Hinsicht ein **Zuweisungsproblem** dar, weil die Mitarbeiter so auf die vorhandenen Arbeitsplätze verteilt werden sollen, daß ein optimales Verhältnis zwischen **Eignung** und **Anforderung** erreicht wird. Als Ansatz zur Lösung dieses Zuordnungsproblems eignet sich ein Modell der linearen Programmierung.

Das Ziel des zu lösenden Problems besteht in einer Maximierung der Eignungskoeffizienten e_{ij} (Grad der Übereinstimmung von Eignung und Anforderung einer Stelle) von i Mitarbeitern und j Stellen. Die unabhängige Variable Z_{ij} stellt die Zuordnung des Mitarbeiters i auf die Stelle j dar.

(1) $\sum_{i=1}^{n} \sum_{j=1}^{m} e_{ij} Z_{ij} \rightarrow \max.$

Als Nebenbedingungen gelten, daß jede Stelle nur mit einem Mitarbeiter besetzt wird und jeder Mitarbeiter nur eine Stelle besetzt (Hansen/Algermissen).

(2) $\sum_{i=1}^{n} Z_{ij} = 1$

(3) $\sum_{j=1}^{m} Z_{ij} = 1$

Kritisch ist zu diesem Modell anzumerken, daß es zum einen Interdependenzen zwischen den Stellen vernachlässigt und zum andern von Kompensationsmöglichkeiten zwischen Anforderungsüber- und -unterdeckung ausgegangen wird. Des weiteren bleiben soziale Aspekte des Zuweisungsproblems und moderne Systeme der Arbeitszeitflexibilisierung, bei denen sich mehrere Personen eine Stelle teilen (z. B. job sharing), unbeachtet.

4.2 Verfahren der quantitativen Personaleinsatzplanung

Die Beschäftigungsschwankungen im Einzelhandel in Abhängigkeit von der Kundenfrequenz sind oft immens. Ob im Tages- oder Wochenablauf, keiner weiß genau, wann wie viele Kunden kommen. So wird nolens volens in vielen Unternehmen die Personalstärke so bemessen, daß auch starker Kundenandrang bewältigt werden kann. Eine solche Vorgehensweise führt in umsatzschwachen Zeiten jedoch zu mangelnder Personalauslastung und damit zu überhöhten Personalkosten.

Ziel der Personaleinsatzplanung kann deshalb nur sein, den Personalbestand an den Arbeitsanfall (besser) anzupassen. Im Idealfall ist folglich ständig gerade nur so viel Verkaufspersonal anwesend, wie zur Bedienung der Kunden notwendig ist.

4.2.1 Personaleinsatzplanung auf der Grundlage globaler Kennziffern

Bei diesem häufig anzutreffenden Vorgehen wird durch einen Vergleich von Vergangenheitsumsätzen und eingesetztem Personal die Kennzahl „Umsatz je Verkaufskraft und Zeiteinheit" berechnet und mit einer **Umsatzprognose** abgeglichen. Die folgenden Koeffizienten können dabei Anwendung finden (Müller-Hagedorn):

Die Brutto-pro-Kopf-Leistung bzw. der Brutto-Stundeneinsatz errechnet sich wie folgt:

$$\frac{\text{Personaleinsatz in Std.}}{\text{Umsatz (in DM)}} \quad \text{bzw.} \quad \frac{\text{Umsatz (in DM)}}{\text{1 Std. Personaleinsatz}}$$

Die Größe „Personaleinsatz" kann entweder sehr weit gefaßt sein als gesamt bezahlte Zeit, also auch Krankheits-, Schulungszeiten etc. beinhalten, oder enger als Netto-pro-Kopf-Leistung, also bereinigt um die Abwesenheitszeiten. Als nützliche Hilfsmittel zur Ermittlung der nötigen Daten erweisen sich entsprechende elektronische Zeiterfassungssysteme, die allerdings auch recht hohe Investitionen erfordern.

Zur Verdeutlichung der Vorgehensweise soll ein einfaches Beispiel für eine Personaleinsatzplanung bei einem Betrieb mit 5 Mitarbeitern dargestellt werden.

Die Ermittlung der „Arbeitsmenge" ergab die in Darstellung 57 wiedergegebene Verteilung.

Darstellung 57: Verteilung der Umsätze nach Wochentag und Tageszeit

Tage / Uhrzeit	Stündliche Umsätze (in DM) in einer „Normal"-Woche								Tagesumsatz	
	8–9	9–10	10–11	11–12	12–13		15–16	16–17	17–18	DM	Anteil
Mo	140	150	190	240	220	Mittagspause	160	210	190	1500	12,0
Di	.	.	.	.	.		.	.	.	1580	12,6
Mi	.	.	.	.	.		.	.	.	1240	9,9
Do	.	.	.	.	.		.	.	.	2200	17,6
Fr	.	.	.	.	.		.	.	.	3730	29,9
Sa (kurz)	.	.	.	.	.		.	.	.	2250	18,0
										12500	100%

2. Kapitel: Instrumente des Handelsmarketing

Ermittlung des Arbeitszeitaufwandes:

Während der untersuchten Woche wurden 5 Mitarbeiter je 8 Stunden täglich beschäftigt. Der tägliche Arbeitszeitaufwand war also 40 Stunden.

Nun ist zu berechnen, wie viele Arbeitsminuten für beispielsweise je 100 DM Umsatz durchschnittlich aufgewendet wurden. Im geschilderten Fall wurden z. B. am Montag $40 \times 60 = 2400$ Minuten geleistet und 1500 DM umgesetzt, also durchschnittlich 160 Minuten Arbeitszeit pro 100 DM Umsatz.

Um die jeweils eigentlich benötigten Arbeitsminuten für die stündlichen Umsätze zu erhalten, sind diese mit den Quotienten aus 160 : 100 zu multiplizieren. Eine Division des Ergebnisses durch 60 Minuten ergibt die benötigte Zahl von Arbeitsstunden. Für die Zeit von 8.00 bis 9.00 Uhr am Montag sieht die Berechnung folgendermaßen aus:

$$DM\ 140,- \times \frac{160\ \text{Minuten}}{100,- \text{DM}} = 224\ \text{Minuten}$$

$$224\ \text{Minuten} : 60\ \frac{\text{Minuten}}{\text{Stunde}} = 3{,}73\ \text{Stunden}$$

Für die in der Stunde von 8.00 bis 9.00 Uhr umgesetzten 140 DM wurden folglich nur 3,73 Arbeitsstunden benötigt. Für den gesamten Montag errechnet sich der Personalbedarf für die einzelnen Stunden wie in Darstellung 58 wiedergegeben.

Darstellung 58: Berechnung des Personalbedarfs auf der Basis von Umsatz und benötigten Arbeitsminuten im Tagesablauf

Stunde	Umsatz	benötigte Arbeitsminuten	benötigte Arbeitsstunden	benötigte Mitarbeiter (gerundet)
8– 9	140	224	3,73	3¾
9–10	150	240	4,0	4
10–11	190	304	5,06	5
11–12	240	384	6,4	6½
12–13	220	352	5,87	6
15–16	160	256	4,26	4¼
16–17	210	336	5,6	5½
17–18	190	304	5,06	5

Eine solche Berechnung zeigt die Möglichkeiten, aber auch die Grenzen der Umsetzbarkeit auf. Gibt es nämlich nur Vollzeitkräfte, ließen sich allenfalls zwei Arbeitsstunden entbehren und z. B. mit Überstunden verrechnen. Erst durch den Einsatz von Teilzeitkräften ergäben sich rein rechnerisch Vorteile, wie die Darstellung 59 zeigt.

Darstellung 59: Personalbesetzung nach Voll- und Teilzeitkräften im Tagesablauf

Zeit	benötigte Arbeitskräfte	Vollzeitkräfte	Teilzeitkräfte
8– 9	$3\frac{3}{4}$	4	–
9–10	4	4	–
10–11	5	4	1
11–12	$6\frac{1}{2}$	4	2^+
12–13	6	4	2
15–16	$4\frac{1}{4}$	4	$-^+$
16–17	$5\frac{1}{2}$	4	$-^+$
17–18	5	4	1

$^+$ Die von 11 bis 12 und 15 bis 17 Uhr eigentlich benötigte zusätzliche Teilzeitkraft wird dadurch eingespart, daß nicht so umsatznotwendige Arbeiten zeitlich verschoben werden.

So grundsätzlich wichtig und notwendig solche Ermittlungen und Berechnungen auch sind, so sollte man sich ihrer Grenzen doch deutlich bewußt sein. Angreifbar ist bereits die Ausgangsbasis, denn sie berücksichtigt ja nicht, ob der Personalbestand überhaupt richtig dimensioniert war. Auch stellen sich Fragen hinsichtlich der Qualität der einzelnen Verkaufskräfte, ihrer zeitlichen Flexibilität sowie der Kundenfrequenz und der Wartebereitschaft der Kunden, die in diesem Zusammenhang eine große Rolle spielen.

An das Können der Personaldisponenten, etwa der Abteilungsleiter, und das Wollen der Mitarbeiter werden also vergleichsweise hohe Anforderungen gestellt. Mitunter müssen dazu zusätzliche finanzielle Anreize geboten bzw. neue Arbeitsverträge abgeschlossen werden.

Schließlich basiert die Personaleinsatzplanung ja immer auf Zukunftserwartungen, die mit den zugrunde gelegten Vergangenheitswerten nicht übereinzustimmen brauchen. Darstellung 60 (S. 326) verdeutlicht nochmals sehr anschaulich den Ablauf einer Personaleinsatzplanung aufgrund globaler Kennziffern.

4.2.2 Personaleinsatzplanung auf der Grundlage des Multimomentverfahrens (Ratio Delay Studies)

Ziel des Multimomentverfahrens, das besonders von der RGH propagiert wird, ist es, den jeweiligen **Zeitanteil** der verschiedenartigen Tätigkeiten an der Gesamtarbeitszeit einer Verkaufskraft durch eine Vielzahl von **Augenblicksbeobachtungen** festzustellen.

Beobachtet werden beispielsweise in regelmäßigen zeitlichen Abständen, welche Tätigkeiten ein(e) Verkäufer(in) gerade verrichtet. Dies geschieht

2. Kapitel: Instrumente des Handelsmarketing

Darstellung 60: Ablauf der Personaleinsatzplanung

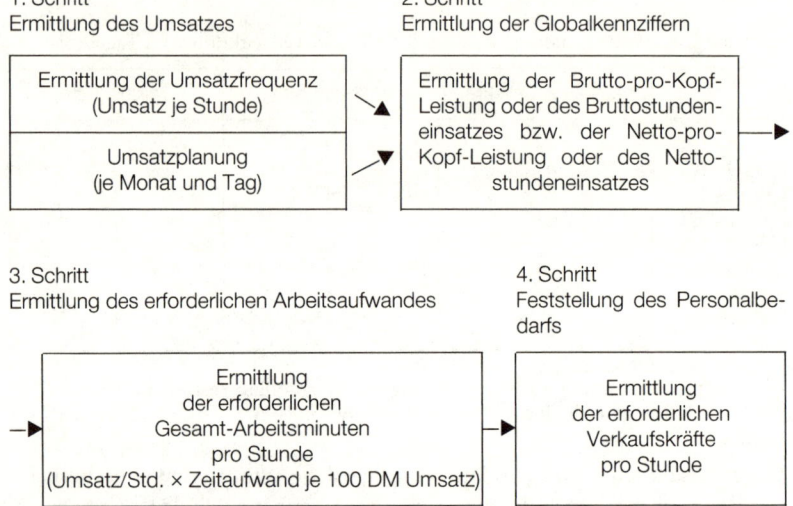

mit Hilfe eines Beobachtungsbogens, auf dem alle zeitbeanspruchenden Einzeltätigkeiten einer Verkaufskraft aufgelistet sind.

Die prozentuale Häufigkeit, mit der eine Einzeltätigkeit beobachtet wurde (Voraussetzung ist natürlich eine ausreichend große Anzahl an Einzelbeobachtungen), entspricht dem prozentualen Anteil der Tätigkeit an der Gesamtarbeitszeit.

Um den getätigten Arbeitsaufwand (Multiplikation der beobachteten Verkaufskräfte mit den geleisteten Nettoverkaufsstunden – ohne Arbeitsbereitschaft und sonstige Tätigkeiten, die nicht direkt mit dem Verkaufsvorgang zu tun haben) zu ermitteln, muß der Beobachter gleichzeitig die Arbeitszeit festhalten, die im Beobachtungszeitraum insgesamt angefallen ist. Als Richtwert für die Personaleinsatzplanung wird der getätigte Arbeitsaufwand dem erreichten Umsatz im gleichen Zeitraum gegenübergestellt, was durch die Berechnung der Kennzahl „Arbeitsaufwand je 100 DM Umsatz" geschieht. Mit Hilfe dieser Größe wird dann weiter verfahren, wie im vorigen Abschnitt 4.2.1 dargestellt.

Das Multimomentverfahren ist den in der Industrie seit langem bekannten Arbeitszeitstudien (REFA) nicht unähnlich und geht natürlich – mit den Augen des Personals betrachtet – hinsichtlich der Kontrolle schon sehr weit. Zwar werden im Handel mittels solcher Ergebnisse keine Zeitvorgaben erstellt, jedoch wird transparent, wofür ein Mitarbeiter seine Arbeitszeit im einzelnen aufwendet. Das führt allerdings bei einer unwirtschaftlichen Aufteilung zu entsprechenden Konsequenzen hinsichtlich des Personaleinsatzes.

Genau hierin liegen jedoch aus Unternehmenssicht die Vorteile des Multimomentverfahrens (als Grundlage für die Personaleinsatzplanung) gegenüber den zuvor dargestellten Methoden auf der Basis globaler Kennziffern. Deren gravierendster Nachteil, nämlich die nicht identifizierte Falschdimensionierung des Verkaufspersonals aufgrund unproduktiver Arbeitsweise oder zu starker Belastung der Verkaufskräfte mit Nebentätigkeiten (Zeiten der Arbeitsbereitschaft werden nicht erfaßt etc.), wird damit vermieden. Aufgrund der Multimomentstudien erhält das Management die Möglichkeit, entsprechende Gegenmaßnahmen zu treffen. So kann es z. B. unproduktives Personal freisetzen oder Nebentätigkeiten durch kostengünstigeres Lagerpersonal erledigen lassen.

Weitere, eher durchführungstechnische Vorteile des Verfahrens liegen darin, daß es den Arbeitsablauf nur in geringem Maße beeinflußt und einen relativ geringen Aufwand erfordert.

Außer den oben beschriebenen Methoden zur Personaleinsatzplanung bietet sich auch die Möglichkeit an, die Planung mit Hilfe von Modellen der linearen Programmierung oder entsprechenden Computersimulationen durchzuführen. Die Vorteile der Simulation liegen vor allem darin, daß man die Auswirkungen eines unterschiedlich hohen Personalbestandes gleichsam am Computer „durchspielen" kann (Müller-Hagedorn).

4.3 Praktische Möglichkeiten zur Anpassung des Personalbestandes an die Beschäftigungsschwankungen

Mit der Personaleinsatzplanung und den oben vorgestellten Methoden läßt sich das Problem der Anpassung des Personalbestandes an die Kundenfrequenz jedoch allein kaum lösen.

Über die Möglichkeiten, die sich der Handelspraxis darüber hinaus bieten, gibt die Darstellung 61 (S. 328 f.) Aufschluß.

Wie ersichtlich, lassen sich die Maßnahmen zum einen in solche einteilen, die einzeln und unabhängig voneinander je nach Situation differieren, und in strukturelle Maßnahmen, mit denen herkömmliche Arbeitszeitvorstellungen geändert werden.

5. Maßnahmen zur Personalbindung

Wie wichtig die Erhaltung der Substanz und des Leistungsstandes des Mitarbeiterstammes und hier insbesondere des Verkaufspersonals ist, braucht nicht nochmals begründet zu werden.

Es gilt also, planmäßig solche Maßnahmen zu treffen, die die Fluktuation mindern, die Leistungsbereitschaft und -fähigkeit fördern und damit allgemein die Attraktivität des Unternehmens für seine Mitarbeiter erhöhen.

2. Kapitel: Instrumente des Handelsmarketing

Darstellung 61: Grundsätzliche Maßnahmen der Frequenzanpassung bei der Verkaufspersonalpolitik

MASSNAHMEN ZUR

EINZELMASSNAHMEN

personelle Maßnahmen

1. Teilzeitbeschäftigung
   – zum Ausgleich der Spitzenzeiten (Tag und Wochen)
2. Aushilfen
   – zum Ausgleich von Saisonspitzen, Urlaubszeit; kein Dauerarbeitsverhältnis
3. Personal-Leasing
   – Spitzen, Urlaub, Krankheit
   – Alternative zu Aushilfen
4. Personal-Kooperation
   – Mitarbeiter, die für die Spitzenzeiten von Großhandel oder Industrie dem Einzelhandel bereitgestellt werden

organisatorische Maßnahmen

1. Rationalisierung der Arbeitsgestaltung
   – organisatorisch optimale Lösung des Zusammenwirkens von menschlichen Arbeitskräften und Betriebsmitteln
   – Grundlagen:
     Multimomentverfahren
     Arbeitsablaufstudien
     Arbeitsplatzstudien
     Arbeitsverteilungsstudien
     Bewegungsstudien
2. Ausführung von Nebentätigkeiten
   – Funktionsaufteilung
   – Konzentration des Verkaufspersonals auf Arbeiten im Verkaufsraum

gemischt personelle organisatorische Maßnahmen	STRUKTURELLE MASSNAHMEN (VARIABLE ARBEITSZEIT)
1. Pausenregelung a) starr – Aufteilung der Mitarbeiter in Gruppen, wovon jeweils eine während der Gesamtpausezeit pausiert – Nachteil: kein kurzfristiger Frequenzausgleich b) flexibel – Abstimmung von Pausen und Kundenfrequenz innerhalb von Richtzeiten durch Abteilungsleiter oder Personal 2. Freizeitgewährung a) System der rollierenden 5-Tage-Woche – ungeeignet zum kurzfristigen Frequenzausgleich b) Freizeitgewährung an umsatzschwachen Tagen 3. Urlaubsregelung – frühzeitige Urlaubsplanung in Übereinstimmung mit saisonalen Frequenzen – Urlaubssperren 4. Personalaustausch zwischen Abteilungen 5. Springereinsatz – Ausgleich des Tages- und Wochenrhythmus durch besonders geschultes und vielseitig ausgebildetes Personal – nur zum Ausgleich von Schwankungen zwischen verschiedenen Abteilungen möglich 6. Gestaffelte Arbeitszeit – bezweckt Ausgleich zwischen der täglichen Ladenöffnungszeit und der Arbeitszeit der Mitarbeiter unter Vermeidung überlanger Mittagspausen – Gruppen mit verschiedenem Arbeitsbeginn zu unterschiedlichen Zeitpunkten	1. Arbeitszeit nach Maß Voraussetzung: hoher Anteil kundenabhängiger Tätigkeit – individuelle Arbeitsvereinbarung mit Teilzeitbeschäftigten nach deren Wünschen – durch Bereitschaft der Teilzeitkräfte zur Arbeit zu unbeliebten Zeiten; Erleichterung für Vollzeitkräfte (Wechsel 4-Tage- mit 5-Tage-Woche; Feierabend 17.00 Uhr; langes Wochenende etc.) 2. Absprachegebundene gleitende Arbeitszeit – Bestimmung von Kernzeiten in Abhängigkeit von den Kundenfrequenzen – Verrechnung von Soll-Zeiten und Ist-Zeiten und Festhalten von Zeitguthaben und Zeitschulden – Aufrechterhalten einer Mindestbesetzung, daher sind Absprachen notwendig 3. Variierende Arbeitszeit – Def.: zeitlich vollständige Anpassung von Angebot und Nachfrage unter Berücksichtigung der Interessen von Betrieb und Mitarbeitern bei voller Wahrung aller arbeits- und tarifrechtlichen Daten – kurzfristige Arbeitszeitkorrektur in Abhängigkeit von der Frequenz

2. Kapitel: Instrumente des Handelsmarketing

Der Katalog möglicher Ansätze in Darstellung 62 vermittelt einen Überblick, zeigt aber auch indirekt, daß mit zunehmender Unternehmensgröße eine reichhaltigere Maßnahmenpalette zur Verfügung steht, woraus sich wiederum die Attraktivität solcher Unternehmen vor allem bei jungen Berufseinsteigern herleitet. Der mittelständige Einzelhandel kann also auf Dauer nicht darauf vertrauen, daß die Überschaubarkeit und Vielseitigkeit des Kleinbetriebes und der persönliche Kontakt allein ausreichen, um auch in diesem Bereich wettbewerbsfähig zu bleiben.

Darstellung 62: Grundsätzliche Maßnahmen zur Personalbindung

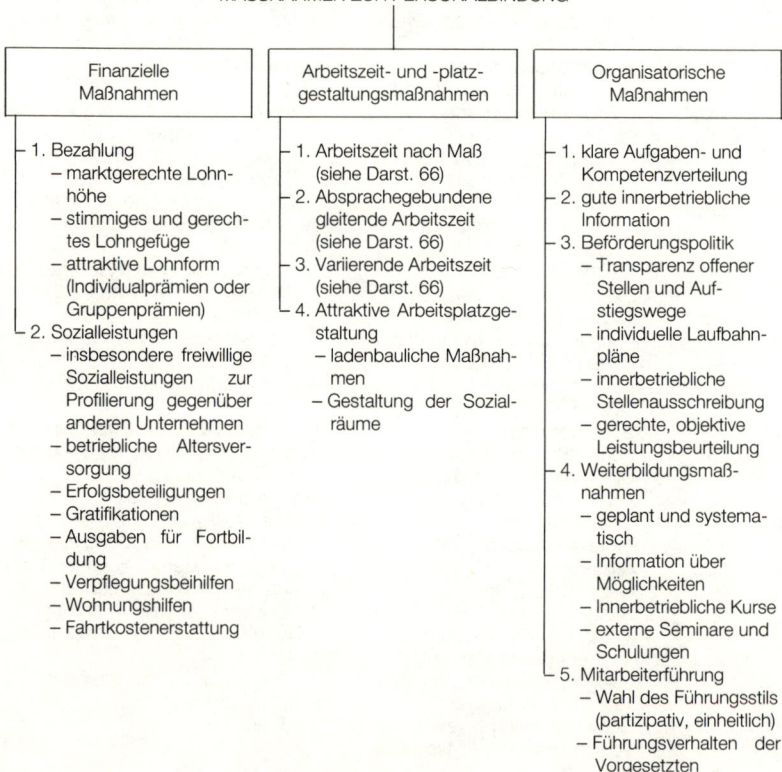

III. Personalbeurteilung

Mit Personalbeurteilungen werden die betrieblichen Leistungen der Mitarbeiter im Hinblick auf die an sie gestellten Anforderungen systematisch bewertet. Sie dienen dabei in erster Linie einer leistungsgerechten Entlohnung, aber auch für eventuelle Beförderungen und gezielte Weiterbildungsmaßnahmen.

1. Voraussetzungen der Mitarbeiterbeurteilung

1.1 Beurteilungsverfahren

Ein Personalbeurteilungsverfahren, das vor Zufall und Willkür schützen soll, muß den folgenden Anforderungen genügen:
- möglichst hoher Grad an Objektivität durch weitgehendes Ausschalten von subjektiven Spielräumen für die Beurteiler;
- Regelmäßigkeit zur Erfüllung des Informationsanspruches der Mitarbeiter und zum Erkennen der Entwicklung des Personals;
- Schriftlichkeit;
- Offenheit (§§ 82, 83 BetrVG);
- Vergleichbarkeit (interpersonell und zeitlich; Voraussetzung: gleiche Beurteilungsmaßstäbe);
- Einfachheit und Transparenz der Methoden und des Bewertungsprozesses.

1.2 Methoden der Anforderungsermittlung

Bevor jemand (gerecht) beurteilt werden kann, muß ein möglichst genauer Maßstab dafür festgelegt sein. Je genauer also die betrieblichen Anforderungen an den betreffenden Arbeitsplatz definiert sind, um so objektiver ist feststellbar, ob sie vom Mitarbeiter auch erfüllt werden oder nicht.

Erfahrungen aus der laufenden Beobachtung bzw. Zusammenarbeit sind hier das übliche Bewertungsmaß, vor allem in kleineren Unternehmen. Der Chef oder die Vorgesetzten kennen hier sowohl die Arbeitsumstände wie die Anforderungen und vergleichen sie mit den erbrachten Leistungen. So pauschal wie der Maßstab ist dann meist auch die Beurteilung. Das hat bekanntlich nicht nur Vorteile, weil damit wenig Zwang oder Drang besteht, objektiv zu sein.

Stellenbeschreibungen sollen solche Nachteile vermeiden, indem aufgrund einer genauen Betriebsanalyse jeder Arbeitsplatz (Stelle) bezüglich seiner Aufgaben, Verantwortungen und Anforderungen beschrieben und schriftlich fixiert wird. Der Beurteiler bzw. der Beurteilte wissen also von vornherein, was erwartet werden darf bzw. was geleistet werden muß. Die Interpretationsspielräume der Beteiligten sind durch ein solches Stellenbeschreibungskorsett zumindest eingeschränkt. Welchen Aufwand, welchen Formalismus und welche weiteren Probleme ein solches Organisationshilfsmittel i. d. R. mit sich bringt, läßt sich leicht vorstellen.

Die **Arbeitsbewertung** schließlich kann als ein ergänzendes Verfahren verstanden werden, mit dem die definierten Anforderungen an den Stelleninhaber speziell im Hinblick auf ihren Schwierigkeitsgrad und ihre Komplexität hin analysiert werden. Sie beantwortet also nicht die Frage, was getan werden muß, sondern was dies an geistigem und/oder körperlichem Einsatz erfordert.

Gerade die formalisierten bzw. organisierten Methoden der Anforderungsermittlung werfen einige Probleme auf. So müssen, den betrieblichen Erfordernissen entsprechend, die Profile ständig aktualisiert werden. Des weiteren ist die Anzahl der Anforderungen so zu wählen, daß einerseits eine möglichst realistische Beurteilung möglich wird, andererseits jedoch eine zu starke Differenzierung wegen ökonomischer Überlegungen (Änderungsdienst) vermieden wird. Schließlich sollte auch die Anforderungshöhe nicht übertrieben werden, um negative Auswirkungen auf die Motivation der Mitarbeiter zu vermeiden.

2. Beurteilungsverfahren

Die Beurteilung der Arbeitsleistung läßt sich u. U. am **Leistungserfolg,** d. h. an dem konkret feststellbaren Ergebnis der Mitarbeiterleistung messen. Je alleinverantwortlicher dabei die Leistungen erbracht wurden, um so leichter und objektiver ist dieses Maß anzuwenden. Wo dies nicht oder nur teilweise zutrifft, muß hingegen das **Leistungsverhalten,** also die Art und Weise des Arbeitseinsatzes zur Beurteilung herangezogen werden.

2.1 Wahl der Bewertungskriterien

2.1.1 Kriterien für die Leistungsverhaltensbeurteilung

Der folgende Kriterienkatalog dient der Leistungsverhaltensbeurteilung des Verkaufspersonals. Je nach Tätigkeitsschwerpunkt des Mitarbeiters sind verschiedene Kriterienbereiche zur Beurteilung heranzuziehen und die Kriterien entsprechend zu gewichten. Es erfolgt hier eine Beschränkung auf den Bereich Kundenkontakt. Andere Arbeitsbereiche müssen eventuell noch zusätzlich berücksichtigt werden, wie Arbeiten ohne Kundenkontakt, allgemeines Arbeitsbild, Führungsverhalten.

Kriterienbereich Kundenkontakt:
- Verhalten gegenüber Kunden
- Verkaufstechnik (-gespräch)
- Warenkenntnis
- Individuelle und fachlich fundierte Beratung
- Sprachliche Ausdrucksgewandtheit
- Äußeres Erscheinungsbild
- Anteil der Stammkundschaft
- Häufigkeit der Beschwerden von Kunden (inkl. Umtausche)
- Abwicklung der mit dem Verkaufsvorgang verbundenen administrativen Arbeiten
- Sonstige Kriterien

2.1.2 Leistungsergebnisbeurteilung

Maßstab für die Leistungsergebnisbeurteilung beim Verkaufspersonal können keine absoluten Größen sein, sondern nur **Vergleichswerte** untereinander. Ob ein Verkäufer viel oder wenig verkauft, kann am Wetter, am Sortiment oder an den Preisen liegen, alles Dinge, die außerhalb seines Einflußbereichs liegen. Er kann jedoch besser sein als seine Kollegen, aber ein gerechtes Urteil darüber ist auch nur dann gegeben, wenn seine Kollegen die gleichen Chancen hatten wie er. Selektiert die Stammkundschaft z. B. von sich aus, wünscht sich also „ihren" Verkäufer, so haben Jungverkäufer unverschuldet das Nachsehen.

Folgende Kriterien bieten sich unter dieser Einschränkung üblicherweise zur vergleichenden Leistungsergebnisbeurteilung an:

- Umsatz
- Anzahl der beratenden Kunden
- Anzahl der kaufenden Kunden
- Anzahl der verkauften Artikel
- Erzielte Spanne durch verkaufte Produkte
- Kombinationskriterien
  - wertmäßiger Umsatz und Anzahl der bedienten Kunden
  - wertmäßiger Umsatz und Anzahl der verkauften Artikel
  - wertmäßiger Umsatz und Rentabilität der verkauften Waren.

Kriterienbereich Zeitdimension:

- Zeit für den Verkauf verschiedener Artikel
- Zeit pro Kundenbedienung
- Zeit für Nebenarbeiten.

2.2 Einzelne Verfahren

Darstellung 63 (S. 334) gibt einen Überblick über die gängigen Personalbeurteilungsverfahren.

- Verfahren der Leistungsverhaltensbeurteilung
  - Bei den **Globalbewertungsverfahren** wird ein pauschales Urteil über den Mitarbeiter ohne Kriterienvorgabe abgegeben. Probleme ergeben sich bei diesem Verfahren hinsichtlich der Objektivität, der Vollständigkeit und der Vergleichbarkeit der Beurteilungsergebnisse.
  - Die **qualitativen** Verfahren bilden zwei Möglichkeiten der Bewertung, zum einen die Bewertung in Form von selbstformulierten Stellungnahmen der Beurteilenden auf festgelegte Fragestellungen und zum anderen die Einschätzung durch Ankreuzen vorgegebener Antworten. Probleme ergeben sich auch hier hinsichtlich der Objektivität und der Vergleichbarkeit.

2. Kapitel: Instrumente des Handelsmarketing

Darstellung 63: Grundsätzliche Verfahren der Personalbeurteilung

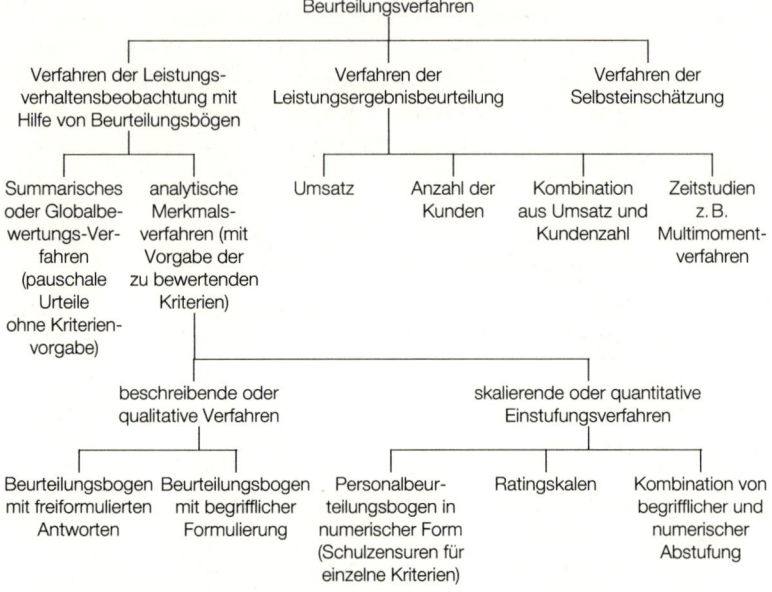

- Bei den **skalierenden** Verfahren soll durch die Nutzung von Skalen die Vergleichbarkeit gewährleistet werden, die bei den qualitativen Verfahren vermißt wird.
- Verfahren der **Selbsteinschätzung**. Der Wert der Selbsteinschätzung der Mitarbeiter liegt darin, daß man Hinweise zur Motivationslage und zur Zufriedenheit des Personals gewinnt.

3. Beurteilungsergebnis

Das Vorgehen nach Durchführung der Beurteilung kann in drei Schritte aufgeteilt werden:

(1) Bekanntgabe des Beurteilungsergebnisses

(2) Besprechung des Ergebnisses mit dem Beurteilten

(3) Auswertung des Ergebnisses.

Nicht nur die im Betriebsverfassungsgesetz aufgestellte Forderung, wonach der Arbeitnehmer verlangen kann, „daß mit ihm die Beurteilung seiner Leistungen sowie die Möglichkeiten seiner beruflichen Entwicklung im Betrieb erörtert werden", spricht für eine **Offenlegung** und **Erörterung** der Beurteilungsergebnisse. Diese sind ja kein Selbstzweck, sondern lediglich ein Mittel zur Förderung und Leistungsverbesserung der Mitarbeiter. Sinn des zu führenden Gespräches ist dabei neben der eventuellen Kritik oder – bei durchweg positiver Beurteilung – dem Lob auch, daß der Beurteilende selbst im Bewußtsein eines zu führenden Gespräches gezwungen ist, nur solche Aussagen zu treffen, die er wirklich sachlich vertreten kann. Das zwingt zu einer zusätzlichen Objektivierung der Ergebnisse.

Eine weitere wichtige Funktion des Gespräches ist letztendlich das gemeinsame Erörtern der Konsequenzen, denn das ganze Verfahren der Personalbeurteilung ist ja nur dann sinnvoll, wenn es dazu führt, daß aufgezeigte Schwachstellen beseitigt werden.

Zusammenfassend betrachtet, zwingt die regelmäßige und systematische Personalbeurteilung die Vorgesetzten dazu, sich neben den täglichen aktuellen und punktuellen Beurteilungen ihren Mitarbeiter zumindest einmal im Jahr **intensiv** mit deren Leistungen auseinanderzusetzen und sie tatsächlich umfassend und vergleichend zu beurteilen.

Voraussetzung dazu ist natürlich eine nicht erst drei Wochen vor der Jahresbeurteilung beginnende, sondern eine laufende Beobachtung der Mitarbeiter.

IV. Personalentlohnung

1. Zeitbezogene Entlohnung

Die häufigste Form der Entlohnung des Verkaufspersonals ist der reine Zeitlohn, also ein festgelegter Lohnsatz pro Zeiteinheit (Stunde, Woche, Monat), der für eine **erwartete normale Leistung** gewährt wird. Von dieser Form der Entlohnung geht grundsätzlich **kein** Anreiz für eine qualitative bzw. quantitative Leistungssteigerung aus, d. h. die einmal festgelegte Höhe des Entgeltes motiviert über den Zeitverlauf nicht, gleichgültig, ob tarifliche oder übertarifliche Leistungen geboten werden. Lediglich bei der Einstellung kann – falls überdurchschnittliche Einkommen geboten werden – von der Höhe eine stimulierende Wirkung ausgehen. Analoges gilt für in Aussicht gestellte Erhöhungen im Falle von Beförderungen.

Für das Verkaufspersonal bietet der reine Zeitlohn ein Höchstmaß an **Einkommenssicherheit**, da i. d. R. die einmal zugesagte Lohnhöhe keine Änderungen nach unten erfährt.

2. Leistungsbezogene Entlohnung

2.1 Arten und Wirkungen

Wird dagegen leistungsbezogen entlohnt, so orientiert sich das Einkommen des Personals an der erbrachten **Leistung**. Die Einkommenshöhe wird also bestimmt vom jeweiligen Ergebnis, das der Mitarbeiter erzielt.

Von den zwei grundsätzlichen Möglichkeiten, nämlich dem reinen **Leistungslohn** und der Kombination von **Zeitlohn** und **Leistungslohn,** ist im Einzelhandel nur die letztere üblich. Das Einkommen besteht hier aus zwei Teilen, einem garantierten Mindestlohn (Fixum) plus einem leistungsabhängigen Lohnanteil (Leistungsprämie, Leistungszuschlag), auf dessen Höhe das (Verkaufs-)Personal direkt Einfluß nehmen kann. Häufig orientiert sich das Fixum am Tariflohn, während für Prämien und Zuschläge Ergebnisgrößen herangezogen werden.

Ziel einer leistungsbezogenen Entlohnung ist es, zum einen den Leistungswillen der Mitarbeiter zu **motivieren,** um die Arbeitsleistung qualitativ und/oder quantitativ zu steigern, und zum anderen die erbrachte Leistung adäquat zu **honorieren** (Grundsatz: Äquivalenz von Lohn und Leistung).

Lustlose Kundenbedienung oder Beratung, fehlende Waren im Regal, private Tätigkeiten und Gespräche, vorzeitige Arbeitsbeendigung bei Geschäftsschluß („Hinausekeln der Kunden") sind Beispiele, die das Betriebsergebnis und die Personalleistung beeinträchtigen. Sicher lassen sie sich durch Kontrollen und/oder Anweisungen teilweise vermeiden, aber das erfordert den dauernden Einsatz des Vorgesetzten und führt im Extrem nur noch zum Handeln nach Anweisung. Durch Leistungsentlohnung soll dagegen eine höhere Einsatzbereitschaft des Mitarbeiters bewirkt werden, die gleichsam selbststeuernd wirkt.

2.2 Anforderungen an die Leistungsentlohnung

Eine funktionsfähige Leistungsentlohnung setzt in erster Linie folgendes voraus:

1. Eine klar definierte Leistung nach Art und Menge, die sich als Maßstab für die Lohnbemessung eignet.
2. Eine ausreichende Höhe der Leistungszulagen (Prämien), um einen wirksamen Anreiz zu bilden.
3. Ein verständliches, gerechtes und nachprüfbares Abrechnungsverfahren.

Gerecht heißt dabei, daß bei gleicher Leistung die gleiche Entlohnung erfolgt, wobei eben auch gleiche Möglichkeiten der Leistungsentfaltung für alle Mitarbeiter gegeben sein müssen.

2.3 Probleme im Einzelhandel

Die **Leistungsentlohnung** ist keine Erfindung des Handels, sondern wurde in der Industrie entwickelt. Bei vielen Arbeitsprozessen kann dort der Mitarbeiter sein Arbeitsergebnis nach Menge und Qualität (Ausschuß) selbst bestimmen, eben indem er schneller/langsamer, besser/schlechter, kürzer/länger arbeitet. Dies sind ideale Voraussetzungen für eine Leistungsentlohnung.

Im Handel sind dagegen Tätigkeiten des einzelnen i. d. R. komplexer, also nicht so klar abgrenzbar. So umfaßt die reine Verkaufstätigkeit, also der Kontakt mit dem Kunden in Bedienungsgeschäften, im Durchschnitt weniger als 50% der gesamten Arbeitszeit des Verkaufspersonals. Insbesondere aber können die Verkäuferin und die Kassiererin usw. ihr Arbeitstempo nur in geringer Bandbreite selbst bestimmen, weil das – wie schon in anderem Zusammenhang erwähnt – zumindest unmittelbar vom Kundenbesuch bzw. vom Geschäftsgang abhängt. Mit einer ausschließlich umsatzbezogenen Entlohnung würden die Mitarbeiter also für vieles belohnt oder bestraft werden, was außerhalb ihres Einflußbereiches liegt.

2.4 Kombination Zeitlohn/Leistungslohn

2.4.1 Einzelprämie

Aufgrund dieser Gegebenheiten ist der **Zeitlohn** angemessener, weil gerechter. Dennoch sollte der gute Verkäufer honoriert und der schlechte motiviert werden. Dieses wird mit einer Kombination aus Zeitlohn und Leistungslohn erreicht. Gleiche Chancen des Verkaufspersonals vorausgesetzt, wäre es also eine gerechte Lösung, zuzüglich zum Zeitlohn eine Leistungsprämie für **überdurchschnittliche** Verkaufsleistungen zu gewähren.

Erforderlich wäre dazu eine Addition der monatlichen Verkaufsumsätze jedes Mitarbeiters, die, dividiert durch die Zahl der Mitarbeiter, den Mittelwert (= durchschnittliche Verkäuferleistung pro Monat) ergibt. Alle jene, die über der Durchschnittsleistung liegen, erhalten auf dieser Basis einen leistungsbezogenen Bonus, z. B. ausgedrückt in Prozent der jeweiligen Umsatzmehrleistung.

Wie hoch und eventuell wie **gestaffelt** der Bonus sein soll, ob **Aktionsware** davon ausgenommen und eventuell **abteilungsmäßig getrennt** vorgegangen werden kann, muß aufgrund der speziellen Gegebenheiten entschieden werden. Ein sorgfältiges vorheriges Durchrechnen anhand früherer Verkaufszahlen empfiehlt sich natürlich, um herauszufinden, welche Boni insgesamt und für den einzelnen dabei mutmaßlich anfallen. Insbesondere sind alle Eventualitäten durchzuspielen (wechselnder Geschäftsgang, Lohnerhöhungen, Verkäufe an gewerbliche Abnehmer etc.), die eine Vergütungs- „Explosion" auslösen könnten.

Auch die Gefahren eines Verkaufens „auf Biegen und Brechen" (Aufschwatzen), einer Verkürzung der erforderlichen Beratungszeit sowie der Vernachlässigung anderer Abteilungen oder anderer (keinen Umsatz bringender) Tätigkeiten sind in diesem Zusammenhang zu beurteilen.

Vorsichtige Händler halten deswegen auch die Umsatzprämien bewußt niedrig, um solchen Wirkungen zu begegnen. Wegen zu geringer Prämien wird dann u. U. aber kein Anreiz mehr auf den Leistungswillen ausgeübt.

Leistungsbezogene Prämien können natürlich auch in anderer Weise organisiert und bemessen werden. Statt die **durchschnittliche** Verkaufsleistung zugrunde zu legen und damit die Schwankungen des Geschäftsganges selbst zu eliminieren, läßt sich natürlich auch die Verkaufsleistung jeder Kraft unmittelbar als Bemessungsgrundlage heranziehen. Eine solche **reine Umsatzbeteiligung,** in deren Genuß dann jeder kommt, wenn auch in unterschiedlichem Maße, ist in Form eines festen Prozent- bzw. Promille-Satzes vom Umsatz leicht durchzuführen.

Ist das Verkaufspersonal jedoch abteilungsmäßig eingesetzt, und sind dort die Durchschnittsumsätze der Verkaufskräfte von Natur aus unterschiedlich groß (z. B. Kurzwaren versus Anzüge), müssen die Prozentsätze so aufeinander abgestimmt sein, daß jede Verkaufskraft in jeder Abteilung die **gleichen Vergütungschancen** hat.

Natürlich muß unternehmensseitig bedacht werden, daß bei Umsatzprovisionen in dieser Form der Mitarbeiter für vieles belohnt bzw. bestraft wird, was außerhalb seines Einflußbereichs liegt. Kann z. B. ein Video-Verkäufer tatsächlich das Doppelte verkaufen, wenn die Gerätepreise in wenigen Jahren um die Hälfte sinken oder – wenn ihm dieses tatsächlich gelingt – muß er dafür dann nicht doppelt soviel arbeiten, um seine Prämie lediglich zu halten?

Rein psychologisch ist verständlich, daß solche Prämien sehr schnell als fester Lohnbestandteil betrachtet werden. Solange dieser etwa konstant bleibt oder sich steigert, ist alles in Ordnung, falls er aber zurückgeht, ist der Unmut programmiert, denn Arbeitnehmer denken verständlicherweise selten in Unternehmerkategorien.

Aus Unternehmersicht wiederum ist eine Koppelung der Kosten an die Umsätze nur bedingt vorteilhaft, es sei denn, sie nehmen bei fallenden Umsätzen auch tatsächlich entsprechend ab und bei steigenden Umsätzen unterdurchschnittlich zu. In praxi tritt hier aber das bekannte Problem der **Kostenremanenz** zutage, d. h. bei rückläufigen Umsätzen bleiben die Kosten relativ starr. Der Prämienmaßstab müßte also aus dieser Sicht an den Deckungsbeiträgen ausgerichtet sein, was sich in praxi jedoch – wenn überhaupt – nur sehr umständlich verwirklichen läßt.

Jede individuelle Lohnbemessung birgt – so richtig sie an sich auch wäre – natürlich immer den Kern von Eifersüchteleien und Neid in sich. Noch immer liegt mehr als ein Körnchen Wahrheit in der Beobachtung, daß keiner mault, wenn alle schlecht bezahlt werden, aber alle maulen, wenn einer – natürlich zu Unrecht – zehn Mark mehr in der Lohntüte hat.

2.4.2 Gruppenprämie

Für den Kleinbetrieb bereiten die für die Leistungsentlohnung nötigen Berechnungen zu große Schwierigkeiten, komplizierte Verfahren scheiden aus. Aber auch für Betriebe, die in Selbstbedienung geführt werden, ist eine Leistungsentlohnung für den einzelnen Mitarbeiter kaum zu realisieren, da die Umsätze weitgehend ohne direkten Verkäuferkontakt zustande kommen, eine direkte Zurechnung somit ausscheidet. Deshalb bietet es sich an, nicht die **Einzelprämie**, sondern eine sog. **Gruppenprämie** für das gesamte Personal zugrunde zu legen. Hierbei werden i. d. R. **alle** gleichmäßig beteiligt. Dabei ist zu berücksichtigen, daß u. U. das Einkommen der schlechteren Verkäufer von den besseren miterarbeitet werden muß, wodurch Unzufriedenheit innerhalb der Gruppe entstehen kann. Andererseits kann die „gemeinsame" Prämie zu einer Leistungssteigerung aller führen, sofern sich jeder der Gruppe verpflichtet fühlt. Die gleichmäßige Beteiligung kann an die tatsächliche Anwesenheit gebunden sein, d. h. die durch Krankheit oder Urlaub ausgefallenen Mitarbeiter werden von der Prämienzahlung ausgenommen.

Als Bemessungsgrundlage lassen sich sowohl der Umsatz als auch die Zahl der (bedienten) Kunden heranziehen. Die Ermittlung dieser Größen ist ohne großen Aufwand möglich und den Beteiligten schnell und auf einfache Weise bekanntzugeben.

2.4.3 Lohnzulagen

Neben dem Zeitlohn und/oder der Leistungsentlohnung wird in der Praxis **einmalig** oder **laufend** eine Reihe von Zulagen gewährt, die vielfach als Prämien im eigentlichen Sinne bezeichnet werden. Sie orientieren sich aber nicht (primär) an Leistungsverbesserungen, sondern erfolgen z. B. für Anwesenheit, Betriebszugehörigkeit, Ordnung und Sauberkeit, Fortbildung, Berufskleidung etc.

3. Incentives

Sog. Incentive-Programme sind als zusätzliches Instrument der Personalentlohnung und -motivationen zu betrachten. Unter Incentives werden dabei **attraktive Preise** verstanden, die im Rahmen eines Wettbewerbs als Belohnungen ausgesetzt werden, mit dem Ziel, Mitarbeiter zu einem zusätzlichen überdurchschnittlichen Engagement für die unternehmenseigene Sache zu bewegen. Dabei können drei grundsätzliche Kategorien von Incentives unterschieden werden:
– Geld- und Wertzuweisungen
  (z. B. Geldpreise, Unternehmensaktien, Einkaufsgutscheine, exklusive Lebensmittel, Fernsehgeräte etc.)

- Status- und Imagezuwendungen
  (z. B. Zugehörigkeit zu einem Firmenclub, Trophäen, Urkunden, Auszeichnungen etc.)
- Zuwendungen auf Erlebnisebene
  (z. B. Reisen, Teilnahme an exklusiven Ereignissen etc.)

Aufgrund veränderter Bedürfnisstrukturen haben sich in der Vergangenheit die Schwerpunkte beim Einsatz der einzelnen Incentive-Arten verschoben, und zwar hin zu den mehr erlebnis- und statusbetonten Motivatoren.

Zur Anwendung gelangen solche Programme sowohl als **Einzelprämiensysteme** als auch als **Prämien-Mix-Systeme.** Wird bei ersteren lediglich eine der Incentive-Arten als Belohnung für das Erreichen besonderer Umsatz- oder Absatzziele verwendet, z. B. in Form eines Sachpreisekatalogs, an Hand dessen der erfolgreiche Teilnehmer in Abhängigkeit von der erreichten Leistungspunktzahl auswählen kann, steht beim Prämien-Mix in aller Regel z. B. eine Incentive-Reise als Hauptgewinn für den/die Gewinner des Wettbewerbs im Mittelpunkt, umgeben von Geld- und Sachpreisen sowie sonstigen Auszeichnungen.

Eine weitere Unterscheidung erfolgt nach den am Wettbewerb teilnehmenden Einheiten. Während bei **Einzelwettbewerben** die Leistungen jedes Verkäufers für sich bewertet und belohnt werden, beispielsweise durch die Auszeichnungen „Mitarbeiter/in des Monats", treten bei **Gruppenwettbewerben** Abteilungen oder auch ganze Filialen gegeneinander an. So kann beispielsweise die Auszeichnung als „Gewinnerladen" verbunden sein mit dem persönlichen Besuch des Chefs als Zeichen dafür, daß die Geschäftsleitung den Wert solcher Wettbewerbe kennt und diese entsprechend voll unterstützt.

Nun noch zu den Maßnahmen und Problemen im Rahmen der Planung, Gestaltung und Implementierung solcher Incentive-Programme. Zunächst hat sich der für die Veranstaltung verantwortliche Mitarbeiter(bereich) Informationen über die existierenden Bedürfnisfelder der potentiellen Teilnehmer zu beschaffen. Dabei sind z. B. Faktoren wie Alter, Einkommen, Interessen der Mitarbeiter bei der Auswahl der Prämienarten und Preise zu beachten. Des weiteren ist eine genaue quantitative und/oder qualitative Zieldefinition zu erarbeiten. Denn nicht nur die Gesamtleistung eines Verkäufers oder einer Filiale kann im Vordergrund stehen, sondern beispielsweise auch die Forcierung des Absatzes einer bestimmten Warengruppe (Lagerräumung). Es muß eine gewisse Flexibilität durch Anpassung der Vorgaben an regional unterschiedliche Markt- und Kaufkraftpotentiale oder Standortgegebenheiten geschaffen werden.

Auch ist bei der Festlegung der „Gewinnschwellen" zu beachten, daß jeder Teilnehmer eine Chance hat, bei akzeptablem Einsatz einen Preis zu erreichen. Andernfalls können solche Maßnahmen schnell in Frustration und Leistungsminderung umschlagen.

Bewertungskriterien und -systeme sollten unkompliziert, also für jeden Teilnehmer leicht zu verstehen sein. Der Aktionszeitraum ist festzulegen, d. h. sowohl Einsatzzeitpunkte (Vermeidung der Urlaubszeit, keine absatzschwachen Monate) als auch Wettbewerbsdauer (zu lange Wettbewerbe erzeugen Unlust und Demotivation). Der Großteil der Unternehmen, so zeigen Erfahrungswerte, setzt häufig eine Dauer von ein bis drei Monaten fest.

Bezüglich der Finanzierung eines Incentive-Programmes sind in der Praxis hauptsächlich zwei Arten geläufig; entweder es wird ein von vornherein vorgesehener und festgelegter Pauschalbetrag aus dem gesamten Verkaufsförderungsbudget oder ein bestimmter Prozentsatz des erwarteten Mehrumsatzes, der durch das Incentiveprogramm erwirtschaftet werden soll, als Budget veranschlagt. In der Praxis werden dabei 2-10% des zusätzlichen Umsatzes genannt. Das Gesamtbudget wird aufgeteilt in:

- Gestaltungsbudget (Vorbereitung, Verwaltung, Durchführung): 10–20%,
- Prämienbudget (variable Kosten): 70–80%
- Reservebudget (variable Kosten): 10%.

Um den Erfolg eines Incentive-Programmes zu gewährleisten, ist es besonders wichtig, immer auch den Wettbewerbscharakter zu betonen, d. h. die dahinter stehende Idee also auch eindrucksvoll zu kommunizieren.

Die Wettbewerbs-Promotion ist ein entscheidender Schritt, in dem verschiedene Einzelmaßnahmen und -aktionen kreativ und phantasievoll in ein Aktionskonzept umgesetzt werden, das zur Zielerreichung beitragen soll. Die Erarbeitung eines Wettbewerbsthemas, verbunden mit einer Aktionsstory, die kontinuierliche Impulse gibt, steht dabei an erster Stelle. Das Thema und die Aktionsstory sollen dabei die ganze Kampagne verkörpern.

Die Darstellung 64 zeigt Theorie und praktische, kreative Umsetzung der Entwicklung eines Incentive-Wettbewerbs.

Des weiteren steht u. U. auch die sog. Make-or-buy-Entscheidung an, da sich auch in diesem Bereich schon eine Reihe von Spezialanbietern, sog. **Incentive-Agenturen,** am Markt etabliert haben. Auch die Information über steuer- und wettbewerbsrechtliche Tatbestände darf nicht vergessen werden. Last but not least sollte die Möglichkeit, bei der Durchführung von Incentive-Wettbewerben eine Unterstützung seitens der Lieferanten zu erhalten – beispielsweise durch Überlassung attraktiver Sachpreise

2. Kapitel: Instrumente des Handelsmarketing

Darstellung 64: Theorie und Praxis eines Wettbewerbskonzepts im Rahmen eines Incentive-Programms

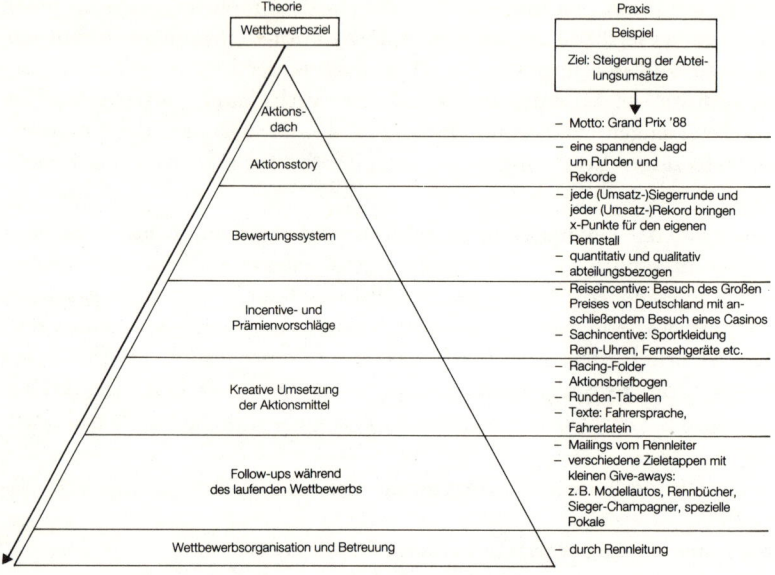

In Anlehnung an: Kunz, M., Mehler, H.A.: Wie Profis motivieren. Macht und Magie getesteter Motivationstechniken. Landsberg a.L. 1987, S. 198

oder die Einladung zu einem Werksbesuch mit interessantem Rahmenprogramm für die Gewinner – nicht unbeachtet bleiben.

Die Erfolgsbeurteilung solcher Incentive-Maßnahmen ist naturgemäß äußerst schwierig. Neben (subjektiv) direkt zurechenbaren Umsatzbeeinflussungen und indirekten Auswirkungen (z. B. Folgeumsätze bei Neukundengewinnung) müssen auch andere positive Effekte, z. B. durch die kommunikative Wirkung (Wissenstransfer, Förderung des Teamgeistes, Stärkung der Unternehmensbindung etc.) beachtet werden.

K. Standortpolitik

I. Wesen und Ziele

Drei Dinge sind – so die oft kolportierte Formulierung – für den Erfolg im Einzelhandel wichtig, nämlich erstens der Standort, zweitens der Standort und drittens noch einmal der Standort. Für zahlreiche Geschäfte

K. Standortpolitik

trifft das tatsächlich weitgehend zu, sie leben sozusagen vom Standort und können fast nichts anderes falsch machen; für solche, die auf-„gesucht" werden, ist dieser Faktor dagegen nicht ganz so dominierend.

Mit der Standortwahl wird gleichsam das betriebliche Umfeld mitgewählt – insbesondere also die potentiellen Nachfrager und die Konkurrenten. Deshalb spielt diese Entscheidung gerade im Einzelhandelsmarketing oft eine so bedeutende Rolle, wie in den vorausgegangenen Kapiteln, vor allem bei der Sortimentspolitik, ja auch stets angeklungen ist.

Beim stationären Geschäft vollzieht sich – wie der Name besagt – die Angebotstätigkeit des Einzelhandels jeweils an einem festen Standort. Dieser ist somit ein geographisch zu definierender Ort (Lage), an dem eine Verkaufsstätte (Outlet) ständig domiziliert. Grob unterteilt, sind Standorte entweder **wohn-** oder **konkurrenz-** oder **verkehrsorientiert**. Für andere, die Angebotstätigkeit ergänzenden Leistungen wie Lagerung, Service, Verwaltung usw. kommen u. U. auch getrennte Standorte in Frage; bei Filialunternehmen z. B. sind sie i. d. R. mehr oder weniger separiert bzw. konzentriert.

Von einer systematischen Standortbestimmung läßt sich dann sprechen, wenn vorhandene Alternativen nach betriebswirtschaftlich relevanten, raumbedingten Gesichtspunkten überprüft und ausgewählt werden. Auswahlkriterium ist dabei einmal die sog. **Standortanforderung;** diese bezieht sich auf solche Eigenschaften der Immobilie, die zum Vollzug der betrieblichen Leistungen in technisch-organisatorischer Hinsicht als notwendig erachtet werden.

Zum anderen handelt es sich um die sog. **Standortfaktoren** (auch Standortbedingungen), unter denen das standortspezifische Umfeld verstanden wird, und zwar vor allen Dingen im Hinblick auf die Absatzmöglichkeiten. Oft geht es dabei zunächst um die Eruierung bzw. Analyse von Regionen oder Ballungsräumen, bevor in einem zweiten Schritt das engere Umfeld bestimmter Standorte untersucht wird. Entsprechend wird in **Makro-** und **Mikro-**Standortanalysen unterschieden.

Standortentscheidungen zählen zu den **konstitutiven** Unternehmensentscheidungen, da sie in aller Regel längerfristige und aufwendige Bindungen bedeuten. Mietverträge von 10 bis 15 Jahren sind heute die Regel und entsprechen damit nicht nur den Interessen der Vermieter hinsichtlich langfristiger Einnahmen, sondern oft auch denen der Händler aufgrund der notwendigen Anfangsinvestitionen und den oft zwei- bis dreijährigen verlustbringenden Anlaufzeiten.

Für filialmäßig arbeitende Einzelhandelsunternehmen sind Standortüberlegungen und Standortplanungen Daueraufgaben von erheblicher, auch strategischer Bedeutung. Das liegt oft nicht nur am erheblichen Wachstumsbedarf. Einzelne Filialen bleiben oder werden unrentabel infolge anfänglicher Fehleinschätzungen, unakzeptabler Mietpreiserhöhungen zum Ende der Vertragslaufzeit, durch Standortentwertungen oder Betriebstypen-Veralterung.

Mitunter ist es trotz unbefriedigender Ergebnisse auch opportun, vorhandene Standorte nicht aufzugeben, z. B. wegen langer Mietverträge; oft bleibt dann nur die Suche nach gänzlich neuen Angebotskonzepten (z. B. Restpostenverkauf), um solche Geschäftslokale noch sinnvoll zu verwerten.

Filialtätigkeit bedeutet logischerweise die Präsenz an mehreren Standorten. Damit stellen sich bei geplantem Wachstum Fragen der räumlichen Stoßrichtungen und Verteilung: Will man international vertreten sein oder nur in Europa, will man die gesamte Bundesrepublik distributionsmäßig abdecken, oder soll eine Konzentration auf bestimmte Regionen, Kreise oder Städte erfolgen?

Die Filialdichte, also die Nähe der einzelnen Verkaufsstätten zueinander, hängt dabei oft nicht nur vom Nachfragepotential des betreffenden Einzuggebietes ab, sondern – insbesondere bei sog. Massenverteilern mit ihrem erheblichen Warenvolumen – von der **Logistik**. Gefordert wird unter diesem Gesichtspunkt also eine möglichst geringe Entfernung der Filialen zueinander bzw. zu den eigenen Zentral- und Regionallägern. Auch eine effizientere Mediennutzung kann eine Rolle spielen. Dies muß bei der Standortplanung im einzelnen berücksichtigt werden; mitunter gelingen notwendige Gebietsarrondierungen auch durch Filialzukauf von bzw. -tausch mit Konkurrenten.

Eine Standortwahl erweist sich dann als richtig, wenn die damit verbundenen Erwartungen des Händlers hinsichtlich **Frequenz, Struktur** und **Kaufverhalten** der Kunden in Erfüllung gehen und sich dadurch die Standortkosten in entsprechenden Umsätzen bzw. Renditen letztlich auszahlen. Bei der Entscheidungsfindung spielt also die Frage des vertretbaren Aufwands (insbesondere Miete) eine große Rolle. Wie hoch dieser im gegebenen Fall sein kann bzw. sein darf, bestimmt sich – betriebswirtschaftlich betrachtet – danach, wie genau es gelingt, den standortspezifischen Ertragsbestandteil im Voraus zu bestimmen. Worum es dabei geht, läßt sich an einer einfachen modellhaften Vorstellung verdeutlichen.

Angenommen, man verfügt über eine Reihe absolut gleicher Filialen an unterschiedlichen Standorten; erzielen diese unterschiedliche Umsätze, müssen diese logischerweise auf von einander abweichende Standortqualitäten zurückzuführen sein. Auch das ist allerdings noch nicht der Weisheit letzter Schluß, denn durch Angebotsänderungen, z. B. hinsichtlich des Sortiments, könnten ursprüngliche Standortnachteile wettgemacht werden. Damit ist indirekt gesagt, daß der Geschäftserfolg an einem bestimmten Standort auch maßgeblich von den übrigen Attraktivitätsfaktoren abhängig ist.

Die zentrale Frage ist also: Welche Umsätze lassen sich am betreffenden Standort, auf gegebener Fläche (zu gegebenen Standortkosten), mit welchem Leistungsangebot (Sortiment, Preis, Service usw.) realisieren?

Standort, **Standortkosten** und **Leistungsangebot** sind also in **wechselseitiger Abhängigkeit** zu sehen, d. h. in einer guten Lage mit hohen Kosten bringt ein mäßiges Angebot u. U. nur wenig Erfolg, während ein attraktives Leistungsangebot auch in vergleichsweise schlechten, aber kostengünstigen Lagen zu guten Erfolgen führen kann. Im Extremfall kann die Angebotsattraktivität eines Betriebes so groß sein, daß die Standortqualität fast gänzlich in den Hintergrund tritt.

II. Standortfaktoren

Standortfaktoren sind – wie bereits erwähnt – solche **Umweltgegebenheiten**, die den Geschäftsgang einer Verkaufsstätte positiv oder negativ beeinflussen. Unter den Begriff „Umwelt" fallen neben zahlenmäßig bestimmbaren Faktoren, wie z. B. die Einwohnerdichte im Einzugsgebiet oder die Zahl der hier ansässigen Konkurrenten, auch solche, die, wie etwa die Einkaufsgewohnheiten oder das Konsumverhalten, schwieriger zu quantifizieren sind (= sog. hard facts und soft facts).

1. Absatzwirtschaftliche Aspekte

Es ist einleitend sinnvoll, sich des simplen Tatbestandes zu erinnern, daß mit einer Standortentscheidung die räumliche Distanz zur (potentiellen) Kundschaft fixiert wird. Die damit notwendige Raumüberwindung ist stets mit Mühe, Zeit, und eventuell auch Kostenaufwand verbunden; größere räumliche Entfernungen bedeuten darüber hinaus i. d. R. auch weniger Kenntnis über Einkaufsmöglichkeiten im einzelnen.

Traditionelle Standortnachteile, in erster Linie also größere Entfernungen, relativieren sich somit in dem Maße, wie die physische und mentale Distanzüberbrückung erleichtert wird. Das geschieht in erster Linie durch

- eigene Motorisierung,
- bessere Verkehrsmittel(-anbindung),
- einzelhandelseigene Zubringerdienste,
- geringere Bewertung des Aufwandes an Zeit, Kraft und Geld (z. B. durch mehr Einkommen/Freizeit usw.),
- erlebnisbetonteres Einkaufen,
- bessere Informationen über entferntere Einkaufsmöglichkeiten (durch regionale/überregionale Einzelhandelswerbung),
- höhere Einkaufsvolumina.

In dem Maße, wie sich die Entfernungen relativieren, wird dann natürlich auch die Bestimmung bzw. Abgrenzung des eigenen Marktgebietes (= Einzugsgebiet), also des geographischen Raumes, aus dem das Gros der Kunden zu erwarten ist, schwieriger. Sehr viele Händler haben heute ein größeres Einzugsgebiet als etwa vor zwanzig Jahren. Allerdings gilt es zu berücksichtigen, daß speziell die Dichte von Einzelhandelsagglomerationen inzwischen stark zugenommen hat, so daß auch der motorisierte Kunde nicht mehr so weit zu fahren braucht wie früher.

In idealtypischer Abfolge beziehen sich Standortüberlegungen bzw. -entscheidungen auf nachstehende Fragen:
- Welches Land?
  (z. B. nur Inland)
- Welche Gebietsteile?
  (z. B. neue Bundesländer)
- Welche Regionen?
  (z. B. Großraum Leipzig)
- Welche Besiedlungsform?
  (z. B. Mittelstädte)
- Welche (Verkehrs-)Lage?
  (z. B. Stadtrand)
- Welche Lage-Spezifika?
  (z. B. Nähe von Aldi)

Auf allen diesen (Makro- und Mikro-)Ebenen erfolgt die Beurteilung im Prinzip in ähnlicher Weise anhand folgender Kriterien, unterteilt nach dem Istzustand und dem in überschaubarer Zukunft:
- Kaufkraftpotential und Nachfragestruktur,
- Wettbewerbsdruck und Wettbewerbsstruktur,

und zwar natürlich immer bezogen auf das eigene Angebots- und Durchsetzungspotential. Mitunter müssen auch Fragen hinsichtlich der Belieferungs-, der Steuerungs- und Kontrollmöglichkeiten, etwa bei Filialgründungen, beantwortet werden. Während nun etwa bei grenzüberschreitenden Handelsaktivitäten eine Reihe zusätzlicher Aspekte berücksichtigt werden müssen, kann umgekehrt der Entscheidungsprozeß auch verkürzt ablaufen, wenn also etwa erfahrungsgemäß feststeht, daß als Standorte nur Großstadtzentren oder Flughäfen oder Ausflugsziele in Betracht kommen. Gerade die beiden letzten Beispiele sollen darauf hinweisen, daß viele Standorte ihre Qualität aus einer ohnehin vorhandenen hohen Passanten- bzw. Besucherfrequenz herleiten, hier also die im folgenden beschriebenen Standortüberlegungen und -Methoden nicht oder nur modifiziert verwendbar sind.

1.1 Kaufkraftstruktur

Ausgangspunkt dieser traditionellen Überlegungen ist – global betrachtet – die Kaufkraft der privaten Haushalte in abgegrenzten, geographisch definierten Räumen, also Gebieten, Regionen, Städten usw. Absolut ist sie eine Ziffer, die sich aus der Multiplikation der Zahl der Haushalte mit deren jeweiligen Nettoeinkommen ergibt. Viele arme Haushalte in dichter Besiedlung können also zu gleichen Kaufkraft-Volumen führen wie ein ebenso großes Gebiet mit weniger, aber reichen Haushalten.

Praktikabler in vieler Hinsicht ist die Verwendung von sog. **Kaufkraft-Kennziffern.** Im einfachsten Fall handelt es sich um das Durchschnittseinkommen der Haushalte in einem Gebiet als Ergebnis der Division des gesamten Kaufkraftvolumens durch die Zahl der Haushalte. Im gebräuchlicheren Fall relativiert man jedoch die Werte zwecks besseren Vergleichs. Hierzu werden die Gesamteinkommen aus allen Gebieten – etwa der gesamten Bundesrepublik – gleich Hundert gesetzt und erlauben so einen direkten Vergleich mit den geographischen Untereinheiten. Diese, von der GfK-Nürnberg seit Jahrzehnten erstellten Kaufkraftkennziffern besagen also, welche Abweichungen nach oben und unten vom Gesamtdurchschnitt gegeben sind. Der Hochtaunus-Kreis liegt z. B. mit 146,1 an der Spitze, während der Kreis Prenzlau (1993) mit nur 52,9 am unteren Ende rangiert.

Die Eignung solcher Kennziffern für die Standortbestimmung im Einzelhandel geht natürlich von der Annahme aus, daß die Kaufkraft in einem Gebiet auch im dortigen Einzelhandel ihren Niederschlag findet.

Eine derart rein **wohnort**bezogene **Ableitung** bedarf der Korrektur; zum einen sind die statistischen Gebietsabgrenzungen ja willkürlich; zumindest an den jeweiligen Gebietsgrenzen fließen i. d. R. die Kaufkraftströme ja hinüber und herüber, und nur wenn sie sich ausgleichen, sind die Kennziffern genau. Zum weiteren – und gravierenderen – ist seit langem bekannt, daß auch großräumig **Kaufkraftzu- und -abflüsse** erfolgen, weil die Verbraucher – der größeren Attraktivität wegen – auch längere Wege in Kauf nehmen, um etwa in Großstädten oder großen Einkaufszentren ihren Bedarf zu decken.

Eine weitere Ursache für solche Nachfrage-Verlagerungen sind die **Berufspendler,** die die (besseren, bequemeren) Einkaufsmöglichkeiten an der bzw. auf dem Weg zur Arbeitsstätte wahrnehmen. Schließlich leben ganze Regionen, Städte und Gemeinden bekanntlich in erster Linie oder zumindest während bestimmter Zeiten vom Tourismus und nicht von der ansässigen Kaufkraft der Bewohner. Natürlich profitieren die verschiedenen Einzelhandels-Branchen hiervon sehr unterschiedlich. Das gilt analog auch für eine Vielzahl der beschaffungsorientierten Standorte. Dazu gehören z. B. die sog. Selbstvermarkter wie Landwirte und Winzer sowie

Teile des Handwerkshandels oder auch Einzelhändler, die sich im Umfeld bestimmter Produktionsstandorte angesiedelt haben und wo die Verbraucher die Erfahrung haben oder die Vermutung hegen, daß das Angebot dort hinsichtlich Auswahl, Preis, Frische usw. günstiger ist als anderswo.

Ob also z. B. eine Stadt oder Gemeinde mehr an Kaufkraft verliert, als ihre Bürger eigentlich hätten, wird durch eine Gegenüberstellung der hier vorhandenen Kaufkraft (lt. Kaufkraftkennziffer) und den hier getätigten Einzelhandelsumsätzen erkennbar. Das Ergebnis solcher **Zentralitätsziffern** (EH-Umsatz pro Einwohner : Kaufkraft pro Einwohner) zeigt also an, wieviel am Standort hinzugerechnet bzw. abgezogen werden muß. Auch für Wirtschaftsreferenten und Stadtplaner sind solche Ergebnisse interessant, zeugen sie doch von der (Un-)Attraktivität ihrer Gemeinde. Mit der Kennziffer 185 (1993) hat z. B. die Stadt Regensburg einen außergewöhnlich hohen positiven Saldo aufzuweisen, denn nicht weniger als 85% des Umsatzes fließen zusätzlich aus dem Umland in die Kassen des Regensburger Einzelhandels.

Globalangaben über die tatsächliche einzelhandelsrelevante Nachfrage in einer Region, Stadt oder Gemeinde (also einschließlich des Zu- und Abflußsaldos) geben wichtige Hinweise auf evtl. Niveau-Unterschiede. Einzelhändler wollen aber natürlich wissen, wie sich solche speziell auf ihre Branche auswirken. Rekrutiert sich die (potentielle) Kundschaft weitestgehend aus einem abgrenzbaren Wohnort bzw. Wohngebiet, so lassen sich bei Kenntnis der gegebenen Haushaltsstruktur (nach Zahl, Größenverteilung, Einkommensverteilung, Altersverteilung) auch die Nachfrage-Volumina der einzelnen Branchen bzw. Warengruppen überschlägig errechnen.

Das **Statistische Bundesamt** erhebt z. B. regelmäßig die **Verbrauchsausgabenanteile** deutscher Haushalte, und zwar unterteilt nach **drei Haushaltstypen** im Rahmen einer vergleichsweise kleinen Stichprobe. Auch die Konsumgüterindustrie verfügt natürlich aufgrund entsprechender Institutsmarktforschung über solche Zahlen, die meist sogar genauer sind. Wenn also bekannt ist, wieviel DM jährlich z. B. für alkoholische Getränke oder Drogerieartikel diese Haushaltstypen jeweils im Durchschnitt ausgeben, so läßt sich das Nachfragevolumen natürlich auch gebietsweise ermitteln, wozu lediglich die Anzahl der Haushalte mit den Verbrauchsausgaben der jeweiligen Warengruppe zu multiplizieren sind. Wenn also bekannt ist, daß das Einzugsgebiet des untersuchten Einzelhandelsstandortes 12 000 Haushalte umfaßt und diese im Durchschnitt etwa 250 DM pro Jahr für Kosmetik und Körperpflegeartikel ausgeben, so ergibt dies ein Gesamtvolumen von 3 000 000 DM.

Ein solches Ergebnis täuscht natürlich eine Genauigkeit vor, die in Wirklichkeit nicht vorhanden ist. Einmal decken sich die Kaufkraftkennziffern selten genau mit dem Einzugsgebiet eines bestimmten Standortes, sind aber immerhin bis auf Gemeinde- bzw. Stadtbezirksebene verfügbar; ferner sind viele Bedarfe auch von **geographisch** geprägten Konsumgewohnheiten abhängig; zum einen bestehen, wenn auch in abnehmendem Maße, Unterschiede zwischen Stadt und Land. Zum anderen differiert die Nachfrage u. U. auch regional bzw. landsmannschaftlich, obgleich sich auch hier die Angleichungen verstärken. Häufig liegen die Unterschiede nicht einmal so sehr in der Verwenderzahl, sondern in der Verbrauchsintensität (z. B. Bier/Wein bzw. Tee/Kaffee). Schließlich läßt sich das Einzugsgebiet zwar theoretisch definieren, aber oft keineswegs auch nur annähernd exakt ermitteln.

Natürlich versagen diese Berechnungen der Nachfrageverteilung auf einzelne **Branchen** in bezug auf die Zu- und Abflüsse, denn diese Haushalte sind ja nicht wohnortsmäßig festzumachen. Welche Personen bzw. Haushalte kaufen also anderen Orts und was speziell kaufen sie dort (bevorzugt)? Ein Vergleich der Branchenumsätze im Gebiet (u. U. abgeleitet von Zahl und Größe der Geschäfte) im Vergleich mit dem ansässigen Nachfragevolumen gibt Hinweise auf Art und Volumen der branchenspezifischen Zu- und Abflüsse und indirekt u. U. auch auf die Art der Nachfrager (z. B. Landbevölkerung, Pendler, Touristen). Mitunter geben Kundenbeobachtungen, Autokennzeichen auf Kundenparkplätzen u. a. gewisse Aufschlüsse, ansonsten helfen nur großräumige, repräsentative Befragungen über die Einkaufsgewohnheiten, ersatzweise auch Kundenbefragungen in den Einkaufsstätten weiter.

Gerade die (nicht touristisch induzierten) regionalen Nachfrage-Verschiebungen hat die Standortforscher schon lange interessiert. Mit Hilfe sog. **theoretisch deduktiver** Modelle wie die von **Reilly, Huff** oder **Converse** wurde versucht, Gesetzmäßigkeiten über den Einzugsbereich des Einzelhandels benachbarter Städte aufzustellen und die Abhängigkeit verschieden großer Zentren voneinander sichtbar zu machen. Beim **Schwerkraftgesetz des Einzelhandels** von Reilly stand das Gravitationsgesetz von Newton Pate. Die Formel läßt sich dabei wie folgt skizzieren: Zwei Städte (A und B) ziehen die einzelhandelsrelevante Kaufkraft einer zwischen den beiden Städten gelegenen Ortschaft an sich, und zwar direkt proportional zu Größe der Bevölkerung und umgekehrt proportional zum Quadrat der Entfernungen der beiden Städte zur dazwischen liegenden Ortschaft. Auch der bereits erwähnte Converse glaubt, einen berechenbaren funktionalen Zusammenhang zwischen der Einwohnerzahl und der Entfernung zwischen zwei Städten zur Bestimmung der Grenzen des Einzugsgebietes gefunden zu haben, während Huff versuchte, die Wahrscheinlichkeit zu ermitteln, welcher Grad an Attraktivität eines Einkaufszentrums welche Einkaufs-Distanzen lohnend erscheinen läßt.

Kritisch muß an diesen Modellen vor allem die Unterstellung einer eindeutigen Beziehung zwischen der Ausdehnung des Einzugsgebietes und den Determinanten Einwohnerzahl und Entfernung betrachtet werden. Weiterhin ist darauf hinzuweisen, daß die Attraktivität der jeweiligen Zentren als Summe von Sortiment, Preis, Warenqualität, Parkplätzen, Verkehrsanbindung etc. überhaupt keine Berücksichtigung findet. Sie sind allesamt ein Versuch, mit wenigen, bereits vorhandenen Daten auszukommen und damit teure empirische Erhebungen zu vermeiden.

1.2 Einkaufsstätten-Attraktivität

Der Grund für solche regionalen Zu- und Abflüsse der Nachfrage liegt auf der Hand; gewachsene städtische Einzelhandelsagglomerationen – analog auch geplante Einkaufszentren auf der grünen Wiese – werden von vielen Verbrauchern den Einkaufsmöglichkeiten in ihrer Wohnortnähe vorgezogen. Mehr Vielfalt, mehr Auswahl, günstigere Preise, mehr Erlebnis i. w. S. machen auch weitere Anfahrten „lohnend", zumal sie sich durch ein one-stop-shopping (Familien-Großeinkaufstag) auch in streng ökonomischer Sicht durchaus rechnen (können).

Eine im Vergleich höhere Einkaufsstätten(Agglomerations-)Attraktivität wirkt also gleichsam distanzreduzierend. Gerade für die Planer von Einkaufszentren kommt es bei der Standortbestimmung deshalb bekanntlich auch nicht allein darauf an, welches Kaufkraftpotential in der nächsten Umgebung angesiedelt ist, sondern auch, oder sogar vor allem, wie attraktiv i. w. S. ein solches Zentrum sein muß, um die Kunden weiträumig anzuziehen. Analoges gilt für Stadtplaner und Einzelhandels-Interessengemeinschaften, die ja ständig überlegen (sollten), wie sie die gewachsenen Einkaufszentren hinsichtlich ihrer Anziehungskraft erhalten bzw. verbessern können.

Die Attraktivität wird mittels eines sog. **Attraktivitätsindex** ermittelt. Zur Berechnung dieses Indexes für innerstädtische Zentren werden von der Marktforschungspraxis etwa folgende Kriterien herangezogen:
- Gesamteindruck des Zentrums,
- Topographie innerhalb des Zentrums,
- Dichte der Geschäftsbesetzung,
- Gebäudewirkung,
- Schaufensterwirkung,
- Parkmöglichkeit in Zentrumsnähe,
- Dimensionierung der Warenhäuser und anderer „Magneten".

Diese qualitativen Merkmale werden anhand einer mehrstufigen Skala bewertet (z. B. Gesamteindruck des Zentrums: 1 = übersichtlich – weiträumig; 7 = unübersichtlich – beengt).

Daneben werden auch quantitative Kriterien wie Verkaufsfläche und

Umsätze des Einzelhandels speziell der Einzelhandelsgroßbetriebe mit einbezogen.

Die Erhebung solcher Attraktivitätsindices kann dabei durch Beobachtungen (insbesondere bei quantitativen Kriterien wie Verkaufsfläche etc.), durch Experteneinschätzungen und/oder Verbraucherbefragungen erfolgen. Der Attraktivitätsindex eines Einkaufszentrums korreliert in aller Regel mit dem Umsatz. Dementsprechend könnten auch Rückschlüsse durch das tatsächliche Einkaufsverhalten gezogen werden. Wenn also in einer Kleinstadt 50% der Befragten angeben, daß sie beispielsweise ihre Textileinkäufe „überwiegend" in der nahegelegenen Großstadt-City tätigen, darf wohl mit Recht daraus geschlossen werden, daß diese City eine vergleichsweise hohe Attraktivität gegenüber den Einkaufsmöglichkeiten am Ort besitzt, egal, wie die Struktur der City nun im einzelnen auch sein mag. Die tatsächlichen Nachfragezu- und -abflußvolumina in die angrenzenden Gebiete bleiben allerdings weitgehend unbekannt, weil Befragungen hier erfahrungsgemäß keine Ergebnisse von hinreichender Genauigkeit liefern. Aus Kostengründen wird ohnehin sehr häufig auf Felderhebungen verzichtet.

Darüber hinaus muß eine hohe Attraktivität allerdings nicht zwangsläufig zu einem entsprechend hohen Umsatz führen, und umgekehrt. Eine Einkaufsstätte mag beispielsweise einen geringen Attraktivitätsindex aufweisen; wenn weit und breit allerdings keine Konkurrenz ist, wird sie nichtsdestoweniger die Kaufkraft an sich ziehen.

1.3 Konkurrenzaspekte

Die Frage nach den regionalen Zu- und Abflüssen von Kaufkraft ist damit beantwortet, die Bedeutung der distanzreduzierenden Attraktivität und deren Messung im Prinzip dargelegt.

Soweit nicht touristisch induziert, sind derartige Verlagerungen der Nachfrage ja bereits Ausdruck einer stärkeren/schwächeren Konkurrenz in der weiteren Umgebung der wohnortbezogenen Kaufkraft. Welche Wettbewerbs-Aspekte gilt es nun im Einzugsgebiet selbst zu beachten, also auf lokaler Ebene?

Vom Standortfaktor „Konkurrenz" können sowohl positive als auch negative Effekte ausgehen. **Positive** Wirkungen treten auf, wenn sich durch eine Konzentration von Geschäften auf engem Raum (sog. Agglomeration) die Einkaufsmöglichkeiten für die Kunden verbessern infolge größerer Auswahl, günstigerer Preise, kürzerer Wege und/oder von mehr Einkaufserlebnis.

Agglomerationen von **branchengleichen** Einzelhandelsbetrieben sind oft historisch gewachsen und auch heute noch häufig in den Stadtkernen anzutreffen, also an bestimmten Plätzen bzw. in bestimmten Straßen und Gassen.

Analoges gilt auch für Standorte, die – wie bereits erwähnt – z. B. als Reiseziele hohe Besucherfrequenzen mit gleichartigen Nachfrageanlässen aufweisen, wie etwa Ferien-, Ausflugs-, Wallfahrts-, Sportstätten oder Verkehrseinrichtungen.

Davon zu unterscheiden sind die **branchenungleichen** Agglomerationen, in denen also eine Vielzahl unterschiedlicher Betriebe angesiedelt sind. Ihre Attraktivität hängt in entscheidendem Maße von der Kompatibilität der angebotenen Sortimente ab; der Erfolg des einzelnen Anbieters ergibt sich also aus der gegenseitigen Ergänzung aller Betriebe. Die „richtige" Mischung entsteht in den gewachsenen Einkaufslagen mehr oder weniger zufällig, wird dagegen bei der Planung von Einkaufszentren und Passagen ganz gezielt angestrebt (=Branchen-Mix).

Anstelle der gezeigten positiven können sich für den einzelnen Anbieter auch **negative** Wirkungen ergeben, nämlich dann, wenn sich die Nachfrage auf zu viele Anbieter verteilt. Besteht eine solche **Standortübersetzung,** kann eine Ausweitung der individuellen Umsätze also nur über einen Verdrängungswettbewerb erfolgen. In diesem Fall wird die Konkurrenz zum negativen Standortfaktor, die alte Kaufmannsweisheit „Konkurrenz belebt das Geschäft" kehrt sich in ihr Gegenteil um. Besonders bei strukturgleichen Betriebsformen, die sich mit ihrem Angebot einem weitgehend gesättigten Bedarf gegenübersehen und die sich deshalb von ihren Konkurrenten nur durch werbe- und preisaggressives Vorgehen abheben können, wird deshalb oft eine gewisse räumliche Distanz zu solchen Konkurrenten (in Verbindung mit anderen Maßnahmen) zum bestimmenden Standortfaktor.

Nun können natürlich die wenigsten Händler erwarten, daß durch ihr Hinzukommen ein Standort insgesamt spürbar aufgewertet wird. Solche Magnetwirkungen besitzen dagegen mit einiger Sicherheit Einzelhandelsgroßbetriebe, weshalb sie für Städte und Gemeinden, insbesondere aber in geplanten Einkaufszentren i. d. R. hoch willkommen sind. Der bereits ansässige mittelständische Einzelhandel pflegt dagegen meist verhaltener bis ablehnend zu reagieren, weil eben im voraus nicht bekannt ist, ob durch einen solchen Großbetrieb zwar der lokale Markt an Attraktivität gewinnt, aber dieser generelle Vorteil durch einen Verdrängungswettbewerb im einzelnen mehr als aufgehoben wird.

Alle Überlegungen zur Standortwahl erfordern also tunlichst eine genaue Konkurrenzanalyse. Amtliche Statistiken ergeben darüber i. d. R. wenig Auskunft, deshalb empfehlen sich spezielle Recherchen.

Aus Art/Zahl/Größe/Umsätze der Konkurrenten im Einzugsgebiet ergibt sich das ansässige Wettbewerbspotential, welches bisher den Bedarf im

Einzugsgebiet deckt. Branchenkennern genügt häufig eine solche Auflistung der Konkurrenten, um die Wettbewerbsintensität abschätzen zu können.

Aber es bieten sich auch statistische Hilfsrechnungen dafür an; es werden die Einkaufsstätten der betreffenden Branche bzw. deren Verkaufsflächen gezählt, zusammenaddiert und die so ermittelte Gesamtverkaufsfläche mit der durchschnittlichen Flächenleistung pro qm (im Lebensmittelhandel z. B. ca. 8000 DM) multipliziert. Dieser so ermittelte Gesamtumsatz im Einzugsgebiet wird dem branchespezifischen Nachfragevolumen gegenübergestellt, um den Wettbewerbsdruck abzuschätzen. Existieren u. U. bereits Durchschnittswerte über die Verkaufsfläche einer Branche pro Einwohner, dann verfügt man bei solchen „Berechnungen" bereits über einen Vergleichsmaßstab.

Nachdem der Einzelhandel insgesamt heute allenthalben in Richtung „Übersetzung" tendiert, zumindest was seine Kapazität anbetrifft, spielen bei der Standortwahl die jeweilige Konkurrenzstruktur und -dichte also eine ganz entscheidende Rolle. Stimmen am ins Auge gefaßten Standort die übrigen Voraussetzungen, wie Bevölkerung, Kaufkraft usw., so muß bei der Entscheidung das eigene **Verdrängunspotential** ganz bewußt ins Kalkül mit einbezogen werden. Insbesondere die Filialisten können dieses aufgrund ihrer laufenden Erfahrungen relativ gut einschätzen, jedenfalls wesentlich sicherer als der mittelständische Einzelkämpfer. Natürlich sind auch die Großbetriebe nicht vor Fehlentscheidungen gefeit, aber im Grunde weiß man hier vergleichsweise genau, welche Betriebstypen im allgemeinen und welche Unternehmen im speziellen als Konkurrenz zu fürchten, welche zumindest in Schach zu halten und welche auf die Dauer vermutlich mattzusetzen sind.

1.4 Verkehrslage (Mikro-Standort)

Werden Bedarf und Kaufkraft in einer Region, einer Stadt oder einer Gemeinde als (perspektivisch) günstig betrachtet, gibt auch die Konkurrenzanalyse keinen Anlaß zu Pessimismus, so stellt sich mit der **Objektsuche** die Frage des günstigen Standorts i. e. S. Ganz generell genießen solche Standorte den größten Vorzug, wo ohnehin viele Menschen der jeweils gewünschten Zielgruppe fußläufig passieren oder – ersatzweise – durch günstige Verkehrsanlagen leicht hingelangen. Eine starke Passantenfrequenz hat für die Standortbeurteilung einen hohen Stellenwert; typische Lauflagen erfordern allerdings auch einen entsprechenden Zuschnitt des Angebots.

Noch höher zu bewerten sind Standorte mit hoher Frequenz und einem **kaufgestimmten** und **kaufkräftigen** Publikum, also nicht nur „Sehleuten" oder Vorbeihastenden. Dies sind eben solche Lagen, die gezielt zum Einkaufen aufgesucht werden oder spontan dazu verleiten.

Obgleich mit Ungenauigkeiten behaftet, unterteilt die Immobilienpraxis die Standorte in verschiedene **Kategorien,** nach denen wiederum die Objekt- bzw. Mietpreise differieren. Unterschieden wird hier zunächst einmal grob zwischen Großstädten über und unter 500 000 Einwohnern und Mittelstädten sowie Orten unter 100 000 Einwohner. Weiter wird unterteilt in Innenstadt-, Vorstadt- und Randgebiete und diese – soweit sinnvoll – in Haupt-, Mittel- oder Nebenverkehrslagen oder auch in Geschäftskerne und Nebenkerne. Schließlich ist natürlich speziell für die Mietpreisbestimmung auch die Ladenfläche von Bedeutung; kleine Flächen sind durchweg um 25 bis 30% teurer als große.

Spitzenlagen, sog. **Ia-Lagen,** sind demnach zu charakterisieren durch
- Großstädte über 500 000 Einwohner
- zentrale Lage
- Geschäftskernlage.

In solchen Spitzenlagen reichen die Mieten (Erdgeschoß, kleine Flächen) inzwischen bis zu DM 350 pro qm. Im Gesamtdurchschnitt des Einzelhandels dürften die Monatsmieten DM 25 bis 30 pro qm betragen.

Allgemein sind die Raumkosten in den letzten Jahren kontinuierlich gestiegen; während noch Anfang der siebziger Jahre eine durchschnittliche umsatzbezogene Kostenbelastung von 2 bis 2,5% als üblich galt, hat sich diese inzwischen auf 3 bis 4% gesteigert. Gerade der Mittelstand ist deshalb oft nicht in der Lage, mit den großen Handels-(und Gastronomie-)Filialisten speziell um die nach wie vor knappen, besonders attraktiven Standorte zu konkurrieren.

Auch generell gut bewertete Straßen, Plätze, Passagen usw. können im einzelnen recht unterschiedliche Standortqualitäten aufweisen. Parkmöglichkeiten vor der Tür, eine kaufstimulierende Nachbarschaft, breite Gehsteige und/oder Arkaden, angenehmer Publikumsverkehr, ausreichender Abstand vom fließenden Verkehr usw. sind oftmals ausschlaggebende Kriterien. Nicht selten sind schon Einzelhandelsbetriebe letztlich daran gescheitert, daß die generell gute Lage nicht im einzelnen auf solche Dinge hin untersucht wurde, also etwa nicht beobachtet und bewertet wurde, daß es sich in Wahrheit um eine tote, zugige, laute, kurz also um eine unsympathische Lage handelte, die deshalb vom Publikum mehr oder weniger unbewußt weitgehend gemieden wurde.

Wie bereits erwähnt, spielt die fußläufige Erreichbarkeit einer Einkaufsstätte infolge der gewachsenen Mobilität der Bevölkerung generell eine abnehmende Rolle. Der Autokunde relativiert die Entfernung und macht damit die Entwicklung immer größerer Einkaufsstätten auch erst möglich.

Zentrale Bedeutung hat der Autokunde für die Märkte „auf der grünen Wiese" (Verbrauchermärkte, SB-Warenhäuser), aber auch für die Shopping Center, denn für diese Betriebsformen ist ein Standort mit guter Infrastruktur, d. h. mit Anbindung an Schnellstraßen, Ausfallstraßen etc. und mit ausreichenden Parkmöglichkeiten eine wichtige Voraussetzung für den Erfolg. Daneben ist für derartige Großbetriebsformen auch eine gute Erreichbarkeit mit öffentlichen Nahverkehrsmitteln vorteilhaft.

Bei Einzelhandelsagglomerationen, insbesondere den gewachsenen Zentren in den **Innenstädten,** ergibt sich inzwischen zunehmend ein anderes Problem. Verkehrsumleitungen, Fußgängerzonen u. ä. vergrößern vielfach die Entfernung zwischen den Parkmöglichkeiten und den Einkaufsstätten in einem für die Verbraucher als unbequem empfundenen Maße. Deshalb wehrt sich der Einzelhandel mittlerweile vielerorts gegen Erweiterungen von Fußgängerzonen oder drängt auf die Schaffung nähergelegener Anfahr- bzw. Parkmöglichkeiten.

III. Standortforschung

1. Empirisch-induktive Verfahren

Aufgabe der Standortforschung ist es, das (zukünftige) Umsatzpotential von Einzelhandelsbetrieben, bezogen auf bestimmte Standorte, zu ermitteln, und zwar i. d. R. unter Zuhilfenahme von Primärdaten. Die konkrete Aufgabenstellung ist also die „Berechnung" des voraussichtlichen Umsatzes am geplanten Standort, z. B. für einen Drogeriemarkt von 400 qm Verkaufsfläche.

Im Rückgriff auf die vorausgegangenen Ausführungen ergeben sich dabei folgende Zusammenhänge:

    Standortspezifisches Nachfragevolumen im Einzugsgebiet in der (den) betreffenden Warengruppe(n)
+ Nachfragezuflüsse aus anderen Einzugsgebieten
− Nachfrageabflüsse in andere Einzugsgebiete

= Tatsächliche Gesamtnachfragevolumen im Einzugsgebiet (in der betreffenden Warengruppe bzw. Branche)
./. bereits ansässiges Wettbewerbspotential

= eigene Umsatzchancen am geplanten Standort
   bei gegebener eigener Attraktivität

So plausibel diese Überlegungen nun auch sind, so sehr hängt deren Ergebnis vom Faktor „Einzugsgebiet" ab, der bisher so behandelt wurde, als wäre er bekannt oder zumindest leicht zu bestimmen. In Wirklichkeit liegt hier der Kern des Problems. Ausgehend von einem u. U. geeignet

erscheinenden Standort stehen dazu nämlich folgende Fragen zur Beantwortung an:
- Wer wird
- in welcher Zahl
- von wo
- für welche Einkäufe
- in welchen Mengen
- zur geplanten Einkaufsstätte
- am geplanten Standort

kommen?

Die Ermittlung des Nachfragevolumens im Einzugsgebiet setzt nun gewisse allgemein zutreffende (!?) Verhaltensweisen der Verbraucher voraus. Im Zentrum stehen hier – auf den einfachsten Nenner gebracht – die lapidaren Annahmen, daß
- man nicht meilenweit geht (fährt), wenn man das gleiche Angebot i. w. S. auch um die Ecke vorfindet,
- man bei tatsächlichen (oder vermeintlichen) unterschiedlich attraktiven Angeboten i. w. S. abwägt zwischen den Einkaufsvorteilen (und dem Einkaufsvergnügen) und dem dafür notwendigen Einkaufsaufwand an Zeit, Kraft und Geld. Zugrunde gelegt werden also Verhaltensmaximen, die von Nutzen-/Aufwandsvergleichen bestimmt sind. Je nach Bewertungsmaßstab können sie bekanntlich zu sehr unterschiedlichen Verhaltensweisen führen; wer z. B. Zeit und Geld hat und motorisiert ist, wird ganz anders entscheiden – wenn u. U. auch nicht durchgängig – als derjenige, der weder über das eine noch das andere verfügt.

Natürlich lassen sich auch Tendenzaussagen dergestalt machen, daß kurze Entfernungen um so höher geschätzt werden,
- je geringer die Mobilität,
- je knapper Zeit und Geld,
- je dringender die Bedarfe,
- je kürzer die Einkaufsintervalle,
- je gleichartiger die Angebote und
- je geringer die Einkäufe sind.

Im Grunde helfen solche Einsichten aber im konkreten Fall nicht viel weiter, erforderliche Informationen müssen deshalb durch möglichst repräsentative und aktuelle Befragungen über das tatsächliche Einkaufsverhalten im mutmaßlichen Einzugsgebiet gewonnen werden (Wo kaufen Sie ein?). Ersatzweise können auch Kundenbefragungen in einschlägigen vergleichbaren Geschäften in der Nähe des geplanten Standortes hilfreich sein (Wo kommen Sie her?). Letztere empfehlen sich gerade bei Einkaufsstätten (z. B. Möbel) mit einem großen und diffusen Einzugsgebiet, bei

K. *Standortpolitik* 357

dem kaum abgeschätzt werden kann, wo die (geographische) Grenze gezogen werden soll, ob also im Umkreis von 5 oder von 50 Kilometern? Da Zeit, Geld, Mobilität und Bedarfsansprüche über die Jahrzehnte zugenommen haben, wird das Einkaufsverhalten der Konsumenten immer „willkürlicher" und macht es der Standortforschung damit nicht eben leichter.

Will sie überhaupt noch zu zutreffenden Aussagen bzw. Prognosen kommen, muß das Verhalten immer wieder empirisch überprüft werden.

1.1 Kreismethode

Geht man – zumindest im sog. Nahversorgungsbereich – von der These aus, je näher die Einkaufsstätte, desto wahrscheinlicher der Einkauf, so ergibt sich daraus die Vorstellung eines kreisrunden Einzugsgebietes, dessen Zentrum der Einzelhandelsstandort ist, mit nach außen hin immer stärker abnehmendem Kundenanteil. Je sicherer also (durch empirische Untersuchungen) wäre, daß z. B. 60% der Haushalte ihre Lebensmitteleinkäufe stets im Umkreis von 1 km tätigen, weitere 20% eine Entfernung bis zu 2 km in Kauf nehmen usw., um so aussagefähiger wäre zu prognostischen Zwecken diese sog. Kreismethode.

Wo „fußläufiges" Einkaufen unterstellt werden kann, gelangt man natürlich zu relativ überschaubaren Einzugsgebieten; bei größerer Mobilität, etwa beim motorisierten Einkaufen, ist das längst nicht mehr ähnlich präzise abzugrenzen, es sei denn, weiter entfernt liegende Einkaufsstätten (-Zentren) sind auch nicht (mehr) attraktiver als solche im Nahbereich.

1.2 Zeitdistanzmethode

Die Kreismethode läßt bereits erkennen, daß es kein exakt geographisch abgrenzbares Einzugsgebiet gibt, sondern nur Zonen mit unterschiedlichen Einkaufswahrscheinlichkeiten. Es erfordert nun nicht viel Scharfsinn, um zu erkennen, daß konzentrische Kreise um den Standort – in Luftlinie gemessen – nur ein sehr unvollkommenes Maß darstellen. In Wirklichkeit bewerten die Verbraucher ja nicht die Luftlinienentfernung, sondern die tatsächliche Wegstrecke, die sie zurücklegen müssen. Die Zeitdistanzmethode berücksichtigt also die Distanz in Zeit oder Wegstrecke, die zu Fuß oder mit Fahrzeugen zurückgelegt wird.

Auch hier müssen allgemeine Erfahrungswerte weiterhelfen. So wird in der Praxis davon ausgegangen, daß für den Weg zu einem der Nahversorgung dienenden Geschäft rund 10 Gehminuten als Obergrenze aufgewendet werden. Eine Gehminute entspricht dabei ca. 80 m. Geht man nun vom Objekt aus nach allen Himmelsrichtungen 10 Minuten, so erhält man eine Fläche von (meist) unregelmäßiger Form, die, auf einer

Karte abgetragen, in etwa das Einzugsgebiet dieses Standortes ergibt. Dabei ist allerdings festzuhalten, daß der Zeitaufwand für den Weg zu einem Einzelhandelsgeschäft stark von den einzukaufenden Gütern bzw. von der Attraktivität des Betriebes abhängt.

Auch bei der Zeitdistanzmethode wird analog zur Kreismethode nun das gesamte Einzugsgebiet in Zonen unterschiedlicher Wertigkeit eingeteilt. Es empfiehlt sich (wie aus empirischen Untersuchungen vor allem im Bereich des Lebensmitteleinzelhandels ermittelt wurde), die Gesamtzone in eine primäre, eine sekundäre und eine tertiäre Zone aufzuteilen. Für ein Lebensmitteleinzelhandelsgeschäft wurde z. B. die primäre Zone durch 5 Gehminuten zum Standort determiniert, aus der rund 80% der Kunden kommen. Auf die sekundäre Zone im Umkreis von weiteren 3 Gehminuten vom Standort entfallen 15% der Einzelhandelskunden. Die tertiäre Zone ergibt sich dann automatisch aus der Differenz zur oben genannten Grenze des gesamten Einzugsgebietes.

Natürlich kann die Zeitdistanzmethode, die am Beispiel der Gehminutenzone demonstriert wurde, auch für Einkaufsstätten angewandt werden, deren Kundschaft vorwiegend motorisiert ist, wie die von Shopping-Centern, Verbrauchermärkten, SB-Warenhäusern etc.

Für diese Betriebsformen wird das Einzugsgebiet sinnvoll abgegrenzt durch Punkte, die vom Standort aus bei ökonomischer Fahrweise (eingerechnet alle Verkehrshindernisse wie Ampeln, Bahnschranken oder das Verkehrsaufkommen) z. B. nach 10, 20 und 30 Minuten erreicht werden können. Die Verbindung der so ermittelten Punkte ergibt Zonen mit unterschiedlichen Einkaufswahrscheinlichkeiten, die allerdings nach außen hin in einem kaum abschätzbaren Maße verlaufen, also nicht annähernd so fixiert werden können wie im fußläufigen Bereich.

1.3 Ökonometrische Methode

Mittels der vorab beschriebenen Zeitdistanzmethode wird das Einzugsgebiet, unterteilt nach verschiedenen Zonen, zu erfassen versucht; innerhalb dieser Zonen läßt sich die Konkurrenzbesetzung ermitteln, woraus wieder auf die Wettbewerbsintensität im Einzugsgebiet und damit auf die eigenen Absatzchancen geschlossen werden kann. Der Maßstab ist also ausschließlich die Entfernung, gemessen als Zeitdistanz.

Damit werden also noch keinerlei Aussagen darüber gemacht, wie stark oder schwach die Konkurrenzanbieter auf den Entfernungsaufwand wirken. Sucht man das in unmittelbarer Nachbarschaft gelegene Fachgeschäft auf, oder geht man statt dessen 500 m weiter zu einem Kaufhaus? Hieraus wird deutlich, daß die Zeitdistanz eine sicherlich sehr wichtige Rolle spielt, nicht jedoch den eigentlichen Entscheidungsparameter darstellt. Die tragende Rolle fällt vielmehr der **Einkaufsstättenattraktivität**

Darstellung 65: Zeitdistanzmethode zur Bestimmung des Einzugsgebietes einer Einkaufsstätte

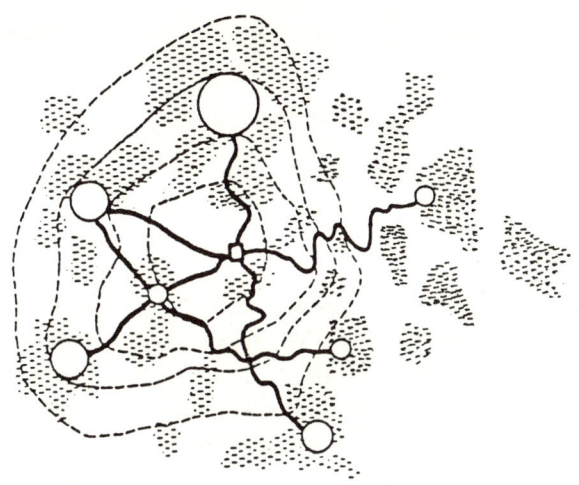

bzw. bei Einzelhandelsagglomerationen der Einkaufszentrenattraktivität zu (zu deren Ermittlung s. S. 350 f.).

Im einfachsten Fall könnte etwa ein im Vergleich doppelt so großes Einkaufszentrum eine Attraktivitätserhöhung um den Faktor 2 zur Folge haben, wodurch die Einkaufsbindung im Umkreis stärker und die Bereitschaft weiter weg wohnender Kunden zu längeren Einkaufswegen entsprechend größer sein wird. Solche Ableitungen klingen sehr kühn, werden aber in etwa durch entsprechende empirische Untersuchungen bestätigt. Freilich gilt das primär für den Lebensmitteleinkauf (bei anderen Warenbereichen kann das ganz anders sein) und bezieht sich auf die **Kundenzahl,** nicht auf die Einkaufsmengen.

Die Höhe des Einkaufs**betrages** je Einkaufsstätte hängt wiederum von folgenden Kriterien ab:
– von der der Einkaufsstätte inhärenten **Attraktivität,** die sich in qualitativen Merkmalen wie Qualitäts- und Preisniveau, Auswahl, Einkaufsstättenatmosphäre etc. ausdrückt;
– von den „**Einkaufskosten**", die dem Verbraucher durch die Distanz zwischen der Einkaufsstätte und seinem Aufenthaltsort (Wohnung, Arbeitsplatz) etwa in Form von Fahrtkosten, Fahrtzeiten, Unbequemlichkeiten etc. entstehen.

Die Verteilung der zur Verfügung stehenden Kaufkraft erfolgt damit also nicht proportional zur inhärenten Attraktivität der Einkaufsstätte, sondern proportional zu einer sog. **zeitdistanzreduzierten Attraktivität,** die man in Anlehnung an Reilly auch als Gravitation bezeichnen könnte.

Formal lassen sich diese Zusammenhänge wie folgt ausdrücken:

(1) G = A–K

G = Zeitdistanzreduzierte Attraktivität (Gravitation)
A = der Einkaufsstätte inhärente Attraktivität
K = durch die Distanz bewirkte Einkaufskosten

(2) E = f (g)

E = Einkaufsbetrag je Einkaufsstätte

Zusammenfassend läßt sich damit festhalten, daß der Einkaufsbetrag eines Kunden mit zunehmender Einkaufsstättenattraktivität und abnehmender Einkaufsstättendistanz steigt.

Aufbauend auf den Attraktivitätsindex und die Zeitdistanz, die ein Wohngebiet zum Einzelhandelsgeschäft bzw. zum Einkaufszentrum aufweist, kann unter Rückgriff auf die für dieses Gebiet ermittelte Kaufkraft (unter Berücksichtigung von Kaufkraftzu- und -abflüssen) sowie die Bevölkerungsdichte der voraussichtliche Umsatz berechnet werden. Wird diese Berechnung bezüglich jedes relevanten Wohngebietes durchgeführt, erhält man Zonen unterschiedlicher Kaufkraftabschöpfung.

Die Addition aller voraussichtlichen Wohngebietsumsätze läßt schließlich eine Prognose des Einkaufsstätten- bzw. Einkaufszentrenumsatzes zu.

Darstellung 66: Ökonometrische Methode zur Bestimmung des Einzugsgebietes einer Einkaufsstätte

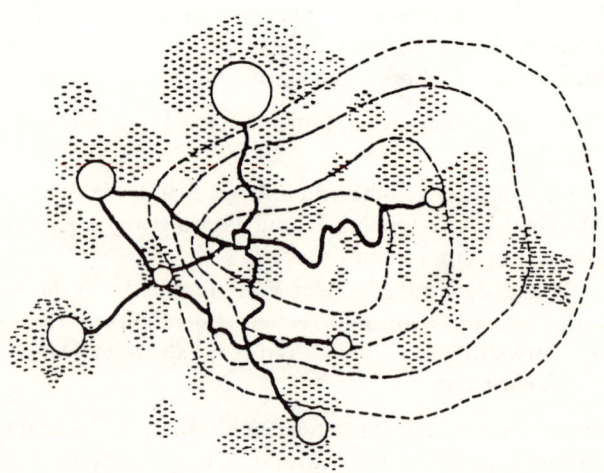

Mittels der ökonometrischen Methode lassen sich zusammenfassend damit folgende Fragen beantworten:
- Zur Standortplanung:
 Welche Umsatzerwartungen hat eine geplante Einkaufsstätte mit bestimmtem Attraktivitätsgrad bei der gegebenen Konkurrenzsituation?
- Bei bestehendem Standort:
 Welche Kaufkraftauswirkungen werden eigene Attraktivitätssteigerungen bzw. solche seitens der Konkurrenz voraussichtlich besitzen?

1.4 Punktbewertungsverfahren

Bei Einzelhandelsgruppen und -filialisten, die Standortentscheidungen laufend zu treffen haben, werden die einschlägigen Arbeitsabläufe sinnvollerweise standardisiert.

Ausgangspunkt sind die unternehmerischen Zielsetzungen, innerhalb derer die Zahl der geplanten Neugründungen, die räumliche Stoßrichtung die Bandbreite der benötigten Betriebsfläche usw. je nach Betriebstyp als grobes Raster vorgegeben werden.

Innerhalb dieses Rahmens erfolgt die **Objektsuche** und – daran anschließend – die **Objektbewertung** an Hand differenzierter Anforderungs- bzw. Merkmalskataloge. Diese berühren im Grunde alle jene Standortfaktoren und -anforderungen, wie sie vorab in diesem Kapitel dagestellt wurden, nur eben mit dem Vorteil, daß man aus den Erfahrungen mit bereits bestehenden Verkaufsstätten vergleichsweise genauer weiß, wie die Standortqualitäten beschaffen sein müssen, um erfolgreich zu sein, zumindest aus Vergangenheits-Sicht. Es existiert also ein Maßstab, an Hand dessen die zur Auswahl stehenden Objekte beurteilt werden.

Da sich viele Merkmale auf qualitative Dimensionen beziehen, empfehlen sich u. U. auch Punktbewertungsverfahren, welche natürlich subjektive Einflüsse mit einschließen. Da die Gewichtung der verschiedenen Merkmale unterschiedlich ist, lassen sich ferner Gewichtungsfaktoren bestimmen, die die Bedeutung jedes Standortmerkmals im Vergleich zu den übrigen in etwa widerspiegeln.

Eine erfolgreiche praktische Anwendung solcher Verfahren setzt also hohe Sachkenntnis und langjährige Erfahrung mit der Standortwahlproblematik bei den Entscheidungsträgern voraus und enthebt die Verantwortlichen auch wohl kaum einer ergänzenden Besichtigung vor Ort. Daneben darf bei derartigen Vorgehensweisen nicht übersehen werden, daß durch die Vielzahl der zu bewertenden Kriterien schon bei der Analyse einiger weniger Standorte ein sehr großer Informationsbedarf entsteht.

1.5 Standortprofilvergleich

Der Standortprofilvergleich ist dem Punktbewertungsverfahren sehr ähnlich und dient eigentlich nur der optischen Verdeutlichung nach Art der typischen semantischen Differentiale (vgl. S. 381 ff.).

Die einschlägigen Standortkriterien, vom Nachfragepotential über den Wettbewerbsdruck und die Verkehrsanbindung bis hin etwa zum örtlichen Gewerbesteuersatz, werden gelistet und pro Objekt auf einer Skala (hoch/niedrig, gut/schlecht usw.) bewertet, entsprechend graphisch markiert und die Punkte durch Striche verbunden. Durch die so entstandenen **Profildarstellungen** werden die Unterschiede zwischen den Objekten auch visuell erkennbar. U. U. kann zusätzlich das Profil der existierenden Spitzen-Filialen sozusagen als Ideal-Profil hinzugefügt werden, um die gegebenen Abweichungen der zur Überprüfung anstehenden Objekte zu verdeutlichen.

IV. Entscheidungs-Procedere

Objekte, also Baugrund, von Bauträgern geplante Baulichkeiten oder bestehende Immobilien, die auf diese Weise in die engste Auswahl gelangen, sind anschließend durch entsprechende Fachkräfte speziell unter dem Gesichtspunkt des geeigneten **Betriebs-** bzw. **Vertriebskonzepts** zu beurteilen. Wie müssen ggf. die bereits erprobten Laden-Typen den speziellen Standortgegebenheiten modifiziert angepaßt werden, etwa hinsichtlich Sortimentsumfang, Struktur und Preisniveau?

Die daraus resultierenden Ergebnisse bilden dann die Grundlage für die **Umsatzvorausschätzung** einerseits und die **Kalkulation** der erforderlichen Bau- und Einrichtungsmaßnahmen andererseits. Unter Berücksichtigung von Kaufpreis bzw. Miete u. ä. sind damit die Grunddaten für die notwendige **Investitionsrechnung** beisammen, natürlich unter Einbeziehung von Erfahrungswerten der laufenden Betriebskosten. Hier ergibt sich dann also, ob und in welchem Umfang sich der betreffende Standort lohnt. Dabei interessiert vor allem die pay-off-Zeit, also die Dauer, innerhalb der der Kapitaleinsatz über die Erträge zurückgeflossen ist.

In Großunternehmen sind entsprechende Fachleute bzw. Fachabteilungen mit diesen Aufgaben betraut. Durch deren entsprechende Über- bzw. Unterstellung muß versucht werden, auch organisatorisch dafür Sorge zu tragen, daß die Abwicklung nicht nur zügig vor sich geht, sondern daß die Urteilsfindungen nicht von irgendwelchen (regionalen) Sonderinteressen beeinträchtigt werden. Sofern eine aktive Objekt-Suche durch Anzeigen, Makler u. a. erfolgt, geschieht das i. d. R. zentralseitig, u. U. auch durch Einschaltung der regional zuständigen Vertriebs-Manager. Hier werden die Offerten nach den vorgegebenen Richtlinien grob gesiebt und die überhaupt in Frage kommenden Objekte unter absatz- und betriebswirtschaftlichen Aspekten von einer zweiten Zentralabteilung analysiert. Die Entscheidungen fallen dann auf der Geschäftsleitungs-Ebene in Zusammenarbeit mit den beteiligten Fachabteilungen.

Je umfänglicher bzw. anspruchsvoller der Anforderungskatalog an Standort und Immobilie ist, um so aktiver muß die Suche betrieben werden. Das gilt vor allem für großflächige Objekte. Das Angebot für kleinere und mittlere Objekte ist dagegen reichlich. Entsprechend zahlreich flattern denn auch den Einzelhandels-Großbetrieben die Offerten ins Haus. Die guten Lagen darunter sind natürlich knapp und deshalb vielfach unbezahlbar. Großunternehmen sind dennoch in der Vorhand, weil sie aus der Sicht der Vermieter eine höhere Sicherheit bei den heute üblichen langfristigen Mietverträgen bieten als Mittelständler. Entsprechende Mietgarantien solcher Unternehmen bieten für Bauherren häufig auch die Basis, seitens der Kreditinstitute entsprechende Hypotheken für Neubauprojekte zu erhalten.

V. Rechtliche Rahmenbedingungen

Der Mangel an guten Standorten einerseits und die Fülle an rechtlichen Restriktionen andererseits werden von vielen Einzelhandelsunternehmen beklagt. Ein Händler hat es einmal pointiert so formuliert: „Standortanalysen sind unproblematisch und können in vier Wochen durchgeführt werden, für ihre Durchsetzung benötigen wir vier Jahre".

Obwohl die Bau- und Planungsgesetze in der Bundesrepublik Deutschland nicht zur Wettbewerbspolitik eingesetzt werden sollten, haben sie doch in letzter Zeit eine bedeutende wettbewerbsbeeinflussende Rolle erlangt. Von den zahlreichen Regelungen im Rahmen der Baugesetzgebung sollen nachfolgend die wichtigsten Gesetze und Verordnungen kurz erläutert werden, soweit sie für standortpolitische Belange relevant sind.

1. Bundesraumordnungsgesetz (BROG)

Das Bundesraumordnungsgesetz wurde 1965 erlassen und inzwischen mehrfach novelliert. Es baut auf der Rahmengesetzgebungskompetenz des Bundes auf und liefert Richtlinien für die einzelnen Landesplanungsgesetze der Bundesländer.

Unter dem Aspekt der Einflußnahme auf die Standortpolitik ist vor allem der wichtige Grundsatz des BROG von Bedeutung, der den Erhalt und die Entwicklung gesunder Lebens- und Arbeitsbedingungen sowie einer ausgewogenen Versorgungsstruktur fordert.

Das BROG kann als allgemeine Grundlage für eine betriebsformenspezifische Standortentscheidung angesehen werden, da die Raumordnungsvorstellungen von Bund und Ländern auf dem Modell der Zentrenhierarchie basieren, das eine möglichst gleichmäßige Versorgung der Bevölkerung im gesamten Bundesgebiet zum Ziel hat. Das Modell sieht eine Einstufung der einzelnen Orte in die Kategorien Klein-, Mittel- und Oberzentrum vor, wobei den einzelnen Hierarchiestufen unterschiedliche Versorgungsfunktionen zufallen.

2. Baugesetzbuch (BauGB)

Das Bundesbaugesetz stammt aus dem Jahre 1960 und wurde mehrfach novelliert. Mitte der achtziger Jahre wurde das Gesetz nochmals völlig überarbeitet und trat unter der Bezeichnung „Baugesetzbuch (BauGB)" 1987 in Kraft. Das Baugesetzbuch verwirklicht das seit langem abgestrebte Ziel der Zusammenfassung von Bundesbaugesetz und Städteförderungsgesetz. Es regelt u. a. die sog. Bauleitplanung, wobei die Planungshoheit auf Gemeindeebene liegt. In **Bauleitplänen** wird über die grundsätzliche Nutzung einzelner Bebauungsgebiete entschieden, d. h. es wird von den Gemeinden festgelegt, ob ein Gebiet als Wohnbaufläche, gemischte Baufläche oder Sonderbaufläche ausgewiesen wird. Die Aufteilung erfolgt hierbei nach Kriterien der Baunutzungsverordnung, die für eine noch spezifischere Flächenunterteilung weitere Regelungen vorsieht.

Im Baugesetzbuch wird zwischen dem **Flächennutzungsplan,** der einen noch nicht rechtsverbindlichen Vorab-Bauleitplan darstellt, und dem **Bebauungsplan** als rechtsverbindlichem Bauleitplan unterschieden.

Die Ausweisung der einzelnen Gebiete für verschiedene Zwecke hat starke Auswirkungen für die Standortpolitik, denn abhängig von der vorgeschriebenen Nutzung des Bebauungsgebietes sind nur bestimmte Handelsbetriebe zugelassen. Ein detaillierte Regelung zu diesem Punkt, also welche Einzelhandelsbetriebsformen in welchen Gebieten zugelassen sind, sieht dagegen die Baunutzungsverordnung vor.

Neu in das BauGB aufgenommen sind die Bestimmungen des früheren Städtebauförderungsgesetzes, die sich mit Sanierungs- und Entwicklungsmaßnahmen in Stadt und Land befassen.

Für standortpolitische Belange sind die Bestimmungen zur Städtebauförderung im BauGB vor allem deswegen interessant, weil sich durch Sanierungs- und Entwicklungsmaßnahmen die Attraktivität einzelner Gemeindegebiete verändern kann. Darüber hinaus erhöhen Entwicklungsmaßnahmen i. d. R. auch die Zahl der Standortalternativen, denn der Gesetzgeber schreibt vor, bereits im Planungsstadium für neue Orte bzw. Ortsteile eine bestimmte Zahl von Einzelhandelsstandorten einzuplanen.

3. Baunutzungsverordnung (BauNVO)

Die „Verordnung über die bauliche Nutzung der Grundstücke (Baunutzungsverordnung)" stellt für die Standortpolitik des Einzelhandels die wichtigste Rechtsgrundlage dar. Im § 1, Abs. 2 BauNVO werden die Gebiete nach der „besonderen Art ihrer baulichen Nutzung" untergliedert in

- Siedlungsgebiete,
- reine Wohngebiete,
- allgemeine Wohngebiete,
- besondere Wohngebiete,
- Dorfgebiete,
- Mischgebiete,
- Kerngebiete,
- Gewerbegebiete,
- Industriegebiete,
- Sondergebiete.

Die §§ 2–11 BauNVO regeln, wozu die einzelnen Gebiete dienen und welche im Bereich des Einzelhandels relevanten gewerblichen Betriebe zugelassen sind. So wird z. B. im § 3 BauNVO festgelegt, daß in reinen Wohngebieten – das sind ausschließlich dem Wohnen dienende Gebiete – Läden nur ausnahmsweise zulässig sind, und das gegebenenfalls auch nur, wenn sie auf die Deckung des täglichen Bedarfs ausgerichtet sind.

Die für die Standortentscheidungen des Einzelhandels wohl wichtigste rechtliche Bestimmung ist der § 11 Abs. 3 BauNVO, der sich mit der Neuerrichtung von Einkaufszentren und Großbetriebsformen des Einzelhandels (insbesondere SB-Warenhäuser und Verbrauchermärkte) außerhalb der Stadtzentren befaßt. Die große Bedeutung dieses Paragraphen muß vor dem Hintergrund des Aufkommens preisaggressiver Großbetriebsformen gesehen werden, die sich ab etwa 1967 explosionsartig entwickelten. Insbesondere die mittelständischen Einzelhändler wie auch die klassischen Großbetriebsformen (Kauf- und Warenhäuser) suchten als Betroffene mit Erfolg, auf den Gesetzgeber einzuwirken, um diese Entwicklung zu stoppen. Dies geschah nach heftigen Diskussionen im Jahre 1977 mit der Novellierung des § 11 Abs. 3 BauNVO. Hierin wurde – und das war fundamental neu – eine Flächengröße fixiert und festgelegt, daß Einkaufszentren und Großbetriebsformen des Einzelhandels mit einer Geschoßfläche von mehr als 1500 qm (d. h. mit einer Verkaufsfläche von ca. 1000 qm) nur noch in Kerngebieten, also in innerstädtischen Geschäftsgebieten sowie in Sondergebieten, die von Kommunen speziell ausgewiesen werden müssen, zulässig sind. Da jedoch keine Gemeinde gezwungen werden kann, entsprechende Sondergebiete festzulegen, wurden großflächige Betriebsformen praktisch „ausgesperrt". Zudem muß das jeweils zu führende öffentliche Entscheidungsverfahren zur Ausweisung von Sondergebieten stets vor dem Hintergrund des gerade in den Gemeinden starken Einflusses der mittelständischen Vertreter gesehen werden.

Mit Wirkung vom 1.1.1987 wurde die maximal zulässige Geschoßfläche in § 11 Abs. 3 BauNVO noch weiter auf 1200 qm (und damit auf eine Verkaufsfläche von unter 900 qm) reduziert. Somit wurde eine „Spezialvorschrift" zur Ansiedlung von Verbrauchermärkten und SB-Warenhäusern geschaffen, die die für bauplanrechtliche Bestimmungen stets zu fordernde Wettbewerbsneutralität vermissen läßt.

Aufgrund dieser Novellierung ging die Zahl der Genehmigungen dann auch tatsächlich stark zurück und schuf natürlich ungewollt denjenigen Unternehmen, die zu Beginn der Entwicklung schnell zugegriffen hatten, im nachhinein einen Standortvorteil; zusätzliche Konkurrenz in ihrer Nähe wurde nun ja quasi per Gesetz weitestgehend verhindert.

4. Gesetzliche Regelungen zur Stellplatz- und Garagenbaupflicht

Die Regelungen zur Stellplatz- und Garagenbaupflicht, die in den jeweiligen landesrechtlichen Bauordnungen festgelegt sind, stellen eine weitere Möglichkeit für Kommunen dar, in die Standortpolitik der Einzelhandelsunternehmen einzugreifen.

So sieht z. B. Art. 2 der Bayerischen Bauordnung (BayBO) vor, daß bei Neuerrichtung baulicher Anlagen, die einen Zu- und Abfahrtsverkehr erwarten lassen, Stellplätze für Kraftfahrzeuge in ausreichender Anzahl, Größe und Beschaffenheit errichtet werden müssen. Ebenso müssen bei Umbaumaßnahmen oder bei Nutzungsänderungen von Bauobjekten, die zu einem erhöhten Verkehrsaufkommen führen, neue Stellplätze geschaffen werden.

Ist die Errichtung der erforderlichen Stellplätze auf dem Bebauungsgrundstück bzw. auf naheliegenden Grundstücken nicht möglich, kann der Bauherr seine Verpflichtung auch dadurch erfüllen, daß er der Kommune eine Ablösesumme zahlt, die der Höhe der Herstellungskosten für die notwendigen Parkmöglichkeiten entspricht. Diese Ablösesumme muß die Kommune dann zweckgebunden verwenden.

3. Kapitel: Marktforschung im Einzelhandel

Marketing ist – so war im grundlegenden Abschnitt E im 1. Kapitel dieses Buches zu lesen – u. a. dadurch charakerisiert, daß die Entscheidungsfindung auf der Basis **systematisch beschaffter Marktinformationen** erfolgt.

Infolgedessen sind in den Ausführungen zu den einzelnen Attraktivitätsfaktoren der Informationsbedarf und die Informationsdefizite häufig nicht nur angeklungen, es mußten mitunter einzelne Methoden auch schon eingehender behandelt werden.

Die nachfolgenden Ausführungen sollen also ergänzend und abrundend den Bereich „Marktforschung" mit all jenen Facetten aufzeigen, die speziell für den Einzelhandel von Bedeutung sind.

A. Bedeutung und Besonderheiten

Struktur und Entwicklung des privaten Verbrauchs im allgemeinen und die der einzelhandelsrelevanten Nachfrage im besonderen, tangieren den Einzelhandel ebenso wie Veränderungen auf seinen vorgelagerten Stufen, also bei Herstellern und im Großhandel. Gleiches gilt für das Konkurrenzumfeld im Einzelhandel selbst, geprägt etwa durch Konzentrationsvorgänge oder das Auftreten neuer Einzelhandelsbetriebsformen. Im weitesten Sinne müßte also hier bereits die „Marktforschung" jedes Einzelhändlers beginnen, denn jeder ist ja in diese Strukturen und Prozesse eingebunden und gleichzeitig Mitagierender.

Mit der systematischen Gewinnung und Auswertung solcher globalen Informationen ist ein kleinerer Händler i. d. R. jedoch überfordert, aber es ist keine Frage, daß durch öffentliche Medien, insbesondere aber durch Fachzeitschriften, Fachmessen usw. Derartiges an ihn herangetragen wird und in seine Entscheidungen mit einfließt. Anders dagegen ist es mittlerweile bei den Großunternehmen des Handels; hier wächst die Einsicht, daß gerade für strategische Entscheidungen auf nationaler Ebene das Fingerspitzengefühl nicht mehr ausreicht.

Auch für das Gebiet der **Bedarfsforschung,** also das (produktbezogene) Aufspüren und Erkennen neuer oder veränderter Konsumwünsche, hat sich der Handel bisher für wenig zuständig gehalten. Zwar hatte er „das Ohr am Verbraucher", aber seit langem hört die Industrie intensiver und genauer hin. Es dominiert also die Marktforschung der Hersteller, und deshalb ist man i. d. R. hier auch über die einschlägigen Bedürfnisse der Verbraucher vergleichsweise besser informiert.

Diese „Arbeitsteilung" zwischen Industrie und Handel beruht darauf, daß der Handel ja keine eigentliche „Produktverantwortung" hat; ist er mit einem bestimmten Produkt unzufrieden, wechselt er eben den Artikel bzw. den Lieferanten. Eine solche Flexibilität hat die Industrie bekanntlich nicht oder doch nur in sehr eingeschränktem Maße. Im übrigen wäre ein Händler – zumindest bei umfangreichen Sortimenten – auch nicht in der Lage, Marktforschung für einzelne Produktgruppen oder gar Produkte zu betreiben, und zwar weder vom Know-how noch vom gegebenen Kosten-Nutzen-Verhältnis her betrachtet.

Defizite hat der Einzelhandel ferner im Bereich der **Distributionsforschung** aufzuweisen, wo es um die Struktur und Veränderung der Absatzwege, die Marktanteile der einzelnen Betriebsformen in Gänze sowie für einzelne Warengruppen geht. Zwar gibt es Forschungseinrichtungen wie das Institut für Handelsforschung an der Universität Köln, die Forschungsstelle für den Handel in Berlin und andere mehr, jedoch dienen diese vorwiegend anderen Zwecken als der (Absatz-)Marktforschung. Führend auf diesem Gebiet sind vielmehr jene **Marktforschungsinstitute**, die im Auftrag der Industrie im Rahmen ihrer sog. **Handelsforschung** wie auch ihrer **Haushaltserhebungen** entsprechende Daten liefern. So stammt insbesondere alles das, was speziell an artikelbezogenen Informationen auch an den Handel selbst gelangt, im wesentlichen aus diesen Quellen.

Aufgrund des direkten Kontakts zu den Verbrauchern hält sich der Einzelhändler i. d. R. auch zugute, daß er über deren Wünsche und Verhalten bestens informiert ist. Das war und ist nur zu geringen Teilen richtig und betrifft ohnehin nur einen kleinen Ausschnitt, nämlich den der eigenen Kunden, sofern die Selbstbedienung nicht auch dieses noch illusorischer macht. Fundierte Marktkenntnis, also etwa über das eigene Einzugsgebiet und die hier gegebenen Marktstrukturen und -volumina sind bei den meisten Händlern nicht vorhanden.

Zu großen Teilen resultieren die beschriebenen Defizite aus typischen Mittelstandsproblemen: Es fehlt das Know-how, es fehlt das Geld, und nicht zuletzt mangelt es auch an Einsichten in die Notwendigkeit einer gezielten und systematischen Informationsgewinnung. „Das können nur die Großen" – dieser Einwand ist nur teilweise gerechtfertigt, manches kann auch der kleinere Händler bewegen und bewirken.

Dem kommt entgegen, daß ihn ja die „große" Marktforschung deshalb wenig interessiert, weil er auf seinen lokalen Teilmarkt fixiert ist. Nur dieser ist zwar letztendlich maßgebend für seinen Erfolg oder Mißerfolg, die notwendige Weitsicht als Grundlage für alle strategischen Entscheidungen ist dann aber nicht vorhanden.

Geht es nicht um die tatsächlichen Defizite, sondern um die bestehenden Möglichkeiten, so kann der Handel mit einigen Vorteilen aufwarten.

Dazu gehört, wie bereits erwähnt, daß sich der Händler zumindest primär nur mit einem lokalen, überschaubaren Markt auseinandersetzen muß. Vorteilhaft ist ferner, daß der Einzelhandel auf ein ausgebautes Marktforschungsinstrumentarium zurückgreifen könnte. Kaufkrafterhebungen, Ad-hoc-Umfragen, Individual-, Haushalts- oder Handelspanels mit ihren ständig verbesserten Erhebungs- und Auswertungsmethoden – alles dies hat die Konsumgüterindustrie ja längst initiiert.

Weiterhin hat der Einzelhandel, im Gegensatz zur Konsumgüterindustrie, aufgrund des direkten Kundenkontakts einen vergleichsweise leichten Zugang zu **Kundendaten** und **-befragungen.**

Aus dem gleichen Grund sind optimale Voraussetzungen für aussagekräftige Verhaltens**beobachtungen** gegeben. Ferner lassen sich **Experimental**anordnungen in der Verkaufsstätte verwirklichen, auch wenn – wie häufig gezeigt – die Kontrolle von Störvariablen erhebliche Schwierigkeiten bereitet.

Schließlich verdient in diesem Zusammenhang Erwähnung, daß speziell die Einzelhandelsgroßunternehmen z. T. in erheblichem Umfang an den Marktinformationen der Industrie partizipieren. So ist es üblich, daß sich der Handel seine Mitarbeit bzw. Teilnahme an Handelspanels durch einschlägige Marktinformationen honorieren läßt. Vieles an empirischen Untersuchungs-Ergebnissen vermittelt die Industrie ihren Großkunden auch im Rahmen der Verkaufsverhandlungen (Jahresgespräche), manches davon wird speziell zu diesem Zweck bei den Marktforschungs-Instituten in Auftrag gegeben, etwa Untersuchungen zur Kundenstruktur, zu den Preisabständen, zur Wirkung von (Preis-)Aktionen usw.

B. Informationsbereiche

I. Nachfrageorientierte Forschung

1. Kundenforschung

Im Rahmen der (Absatz-)Marktforschung des Handels ist grundsätzlich einmal alles von Interesse, was sich auf die Verbraucher als **Nachfrager** bezieht. Deren sog. offenes Verhalten ist im Prinzip beobachtbar, geht es dagegen um Verhaltensursachen i. w. S., müssen diese schriftlich oder mündlich erhoben werden.

Hinsichtlich der zu wählenden Grundgesamtheit wird i. d. R. unterschieden zwischen den **Kunden** (einer bestimmten Einkaufsstätte) und der Gesamtheit **aller** in Frage kommenden **Nachfrager** (Konsumenten) in einem definierten Marktgebiet bzw. -segment.

Beobachtungen und Befragungen sollten dabei möglichst auf repräsentativen Auswahlverfahren basieren und nicht auf subjektiven Einzeleindrücken, um die Gefahr von falschen Verallgemeinerungen zu vermeiden.

Bei der Kundenforschung i. e. S. sind die „Informationslieferanten" also die Käufer bzw. Besucher in einer bestimmten Einkaufsstätte. In kleineren Bedienungsgeschäften ergibt sich die Kunden**kenntnis** fast automatisch durch die Verkaufsgespräche. Bei großflächigen Outlets mit Selbstbedienung reduziert sie sich vielfach nur noch auf Pauschaleindrücke wie „vorwiegend Jüngere", „viel Laufkundschaft", „total gemischt" usw. Analoges gilt dann auch für das Kunden**verhalten** im Geschäftslokal.

1.1 Kundenbeobachtung

Die Kundenbeobachtung beginnt also mit der systematischen Erhebung und Auswertung der im Geschäftsablauf ohnehin anfallenden Vorgänge, wobei technische Registrier- und Verarbeitungsgeräte in zunehmenden Maße Hilfestellung leisten können.

Im einzelnen handelt es sich dabei um die
- Zahl der Besucher und deren zeitliche Verteilung
- Zahl der Käufer pro Tag/Woche/Monat
- Einkaufsbeträge je Kunde
- Artikelzahl je Kunde.

Leicht beobachtbar ist im Prinzip auch die **Struktur** der Kundschaft, zumindest nach Geschlecht und (ungefährem) Alter, so daß sich durch eine Kombination dieser Informationen bereits gewisse Aufschlüsse ergeben können (z. B. hoher Anteil älterer Frauen mit geringen Einkaufsbeträgen in den Morgenstunden).

Durch die Wiederholung solcher Untersuchungen in gewissen Zeitabständen lassen sich strukturelle Veränderungen hinsichtlich Kunden und Kaufverhalten aufdecken, die sonst kaum bemerkt würden. Sofern das typische Argument „das wußte ich ohnehin schon" tatsächlich zutrifft, mag man den Händler beglückwünschen, so wie jeden, der Marktforschungsergebnisse im voraus richtig erahnt (aber eben nicht sicher weiß).

1.2 Kundenlaufstudie

In großflächigen Geschäften geht der Überblick über das Kundenverhalten im Laden i. d. R. verloren. Im Kapitel „Verkaufsraumgestaltung" wurde aber gezeigt, wie wichtig es ist, darüber genauer informiert zu sein.

Hierzu dient also die Beobachtung der Besucher während des Aufenthaltes im Geschäft, und zwar entweder aller, oder eben – aus Organisations- und Kostengründen – einer zufälligen Auswahl (z. B. jedes Zwanzigsten).

Kundenlaufstudien müssen dabei so angelegt sein, daß der beobachtete Kunde nichts von seiner Rolle als Beobachtungsobjekt bemerkt (**biotische Situation**), um sein Verhalten nicht zu beeinflussen oder ihn gar zum Verlassen des Geschäftes zu veranlassen. Daher ist es für den Beobachter wichtig, die richtige Distanz zum beobachteten Kunden zu halten, um nicht enttarnt zu werden.

Mit Hilfe der Kundenlaufanalysen lassen sich im wesentlichen folgende Informationen gewinnen:

– den Umfang des Einzel- bzw. Gruppenbesuchs,
– die (durchschnittliche) Aufenthaltsdauer,
– die Wegewahl durch das Geschäft,
– Anzahl und Art der kontaktierten Abteilungen bzw. Warengruppen,
– die Verweildauer bei den einzelnen Abteilungen und Warengruppen,
– die Reaktion auf Sonderangebote/Sonderplazierungen,
– der Anteil der Nichtkäufer (Sehpublikum).

Hohe Anforderungen stellt dabei die Dokumentation der erhobenen Sachverhalte, da diese zeitgleich mit der Beobachtung zu erfolgen hat. Prinzipiell bieten sich die folgenden beiden Aufzeichnungsmöglichkeiten an:

– direktes Notieren der Ermittlungen auf einen Beobachtungsbogen oder
– Einsatz von Diktiergeräten, auf die der Beobachter seine Ermittlungen spricht.

Werden unmittelbar Beobachtungsbögen eingesetzt, ist besonders darauf zu achten, daß diese möglichst straff formuliert sind. Der Beobachter darf nicht durch zu lange Schreibtätigkeit von seiner eigentlichen Aufgabe abgelenkt werden. Es empfiehlt sich ein Beobachtungsbogen, auf dem er nur anzukreuzen hat. Beispielhaft zeigt Darstellung 67 (S. 372) einen Beobachtungsbogen, dem auch ein Grundriß des betreffenden Geschäftes beiliegt, in dem der Kundenlauf und die gekauften Artikel eingezeichnet werden. Damit werden aus dem Beobachtungsbogen nicht nur der Kundenlauf, sondern auch die Häufigkeit der aufgesuchten Warengruppen bzw. Einkaufskontakte ersichtlich. Auch wenn für die unmittelbare Erhebung ein Diktiergerät eingesetzt wird, müssen die Beobachtungen doch für spätere Auswertungen auf einen Beobachtungsbogen übertragen werden. Hier hat sich der Beobachter zusätzlich noch die einzelnen Beobachtungskriterien einzuprägen, um nicht wichtige Aspekte zu vergessen bzw. unwichtige mit in die Erhebung aufzunehmen.

Welche Wege im Verkaufsraum gewählt werden, welche Wertigkeit

3. Kapitel: Marktforschung im Einzelhandel

Darstellung 67: Beobachtungsbogen für Kundenlaufstudie

Store layout (top):
- Zeitschriften, Backzutaten Salz/Zucker/Mehl, Fertiggerichte Dosenmilch, Nudeln (top row)
- Obst u. Gemüse (center)
- Drogerie, Putz- und Reinigungs-, Waschm., Babykost, Waschm.
- TK-Kost, Sauerkons. Gewürze, Obst- u. Gemüsekons.
- TK-Kost, Fisch- u. Wurstkons., Suppen, Essig, Öl usw.
- Gebäck, Diät, Konfitüre, Brot und Backwaren
- Süßwaren, Tee, Kakao, Kaffee
- Eier, Bier, Säfte Knabberart., Wein und Spirituosen
- TK-Kost, Limo
- Fertiger., Frischfleisch, Molkereiprodukte
- Kasse 1, Kasse 2

Kundenlaufanalyse im Einzelhandelsgeschäft XY
Beobachtungsbogen

(1) Beobachter (Name): _____

(2) Beobachtungstag: _____

(3) Nummer der Beobachtung: _____

(4) Beobachtungsbeginn (Uhrzeit): _____

(5) ( ) Einzelbesuch   ( ) Gruppenbesuch
    ( ) weiblich   a) Anzahl Erwachsene
    ( ) männlich   ( ) weiblich
                                  ( ) männlich
                               b) Anzahl Kinder ( )

(6) Kundenlauf durch den Markt

a) Passierte Abteilung	b) Kaufabschluß + ja / – nein	c) weitere Waren beobachtet + ja / – nein	d) Aufenthaltsdauer in Min.
( ) 1	( )	( )	
( ) 2	( )	( )	
( ) 3	( )	( )	
( ) 4	( )	( )	
( ) 5	( )	( )	
( ) 6	( )	( )	
( ) 7	( )	( )	
( ) 8	( )	( )	
( ) 9	( )	( )	
( ) 10	( )	( )	
( ) 11	( )	( )	

(7) Verkehrsmittelart:
   ( ) Kfz-Benutzer, amtl. Kennzeichen: _____
   ( ) Sonstiges

(8) Beobachtungsende (Uhrzeit): _____

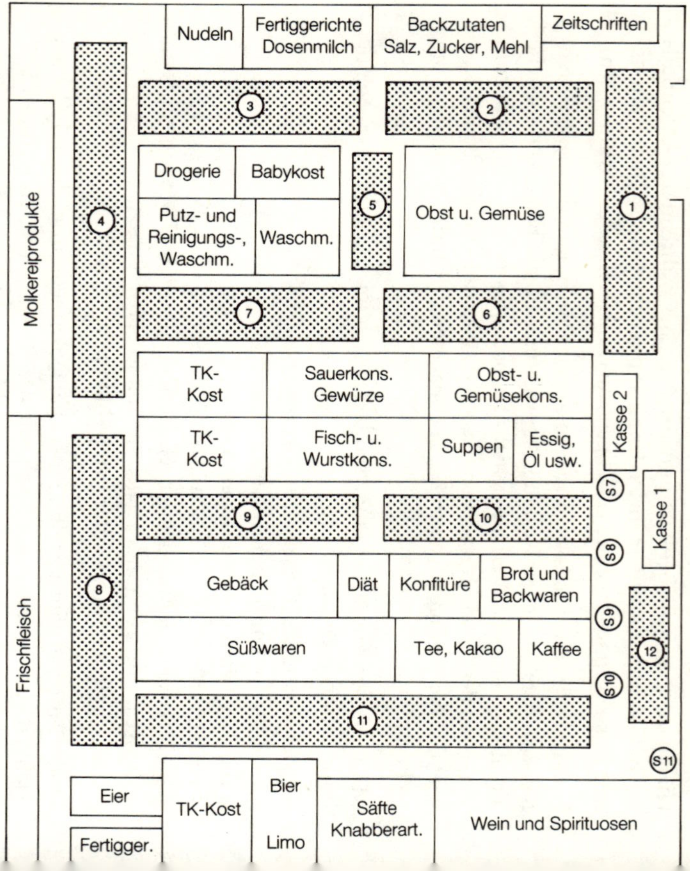

damit also die verschiedenen Flächen haben, zeigt beispielhaft Darstellung 68 (S. 374).

Aus den Ergebnissen der Kundenlaufanalyse lassen sich u. U. wichtige Schlußfolgerungen, insbesondere für Sortimentsgestaltung und Warenplazierung ziehen (vgl. dazu die einschlägigen Kapitel).

Abschließend sei beispielhaft in Darstellung 69 (S. 375) das Ergebnis einer Kundenlaufstudie in einem SB-Warenhaus wiedergegeben.

1.3 Kundenanalyse

Die Frage, **wer** die Kunden nun eigentlich sind, stand im Verlauf der bisherigen Ausführungen noch kaum zur Diskussion. Antworten dazu sind – wie bereits erwähnt – mittels Beobachtung allerdings auch nur sehr eingeschränkt zu geben. Eindeutig sind nur das Geschlecht und das ungefähre Alter, allenfalls bieten Kleidung und Auftreten noch gewisse Indizien zur Charakterisierung.

Schon solche Pauschaleindrücke können gewisse Aufschlüsse über die Kundenstruktur geben und die Frage beantworten helfen, ob z. B. das gewünschte Kunden-Mix erreicht wurde, oder umgekehrt, ob sich das speziell angepeilte Kundensegment auch tatsächlich einfindet.

Die bloße Beobachtung hat also ihre Erkenntnisgrenzen; alles was darüber hinaus interessiert, muß im Grunde mündlich oder schriftlich erhoben werden. Das gilt für alle einschlägigen **soziodemographischen** und **sozioökonomischen** Daten, wie etwa Wohnort/Wohngegend, Haushaltsgröße, Einkommensverhältnisse oder Haushaltsausstattung.

Da die hier generell in Frage kommenden Merkmale sehr zahlreich sind, muß es dem Händler jeweils um diejenigen gehen, die ihn speziell interessieren. Für einen Andenkenhändler sind es andere als für einen Apotheker oder einen Autohändler.

Das gilt natürlich auch für eine (ergänzende) Erhebung von **psychographischen** Merkmalen, die bei der Produkt-, aber auch der Einkaufsstättenwahl, eine zunehmend große Rolle spielen.

Kundenbefragungen – stichprobenmäßig sinnvollerweise am Eingang und/oder Ausgang durchzuführen – sind also je nach Informationsbedarf und Budget zu konzipieren. Neben demographischen sowie einschlägigen psychographischen Daten können sie auch kombiniert werden mit direkten Fragen zur Bewertung der Einkaufsstätte, also hinsichtlich dessen, was gefällt und was nicht gefällt. Gerade letztere geben dem Händler i. d. R. die konkretesten Hinweise auf seine Stärken und Schwächen im Urteil der Kunden.

Die Ermittlung von Kundennamen und -adressen dient vorwiegend anderen Zwecken. Sie informiert einmal über das eigene Einzugsgebiet und

Darstellung 68: Rechnerische Auswertung einer Kundenlaufstudie nach der Kundenfrequenz an 33 Stellen

Lage der unten angegebenen Hilfslinien im Supermarkt

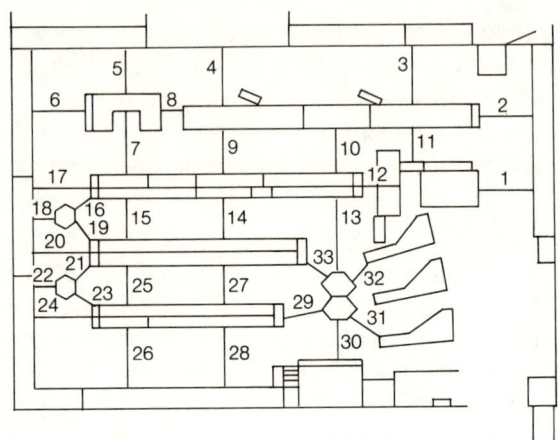

Hilfslinie	Anteil der Kunden, die die angegebene Linie durchqueren				Zahl der Bruttokontakte pro beobachtetem Kunden
	Insgesamt	darunter: von links bzw. unten Kommende	von rechts bzw. oben Kommende	aus beiden Richtungen Kommende	
1	99%	92%	–	7%	1,12
2	90%	77%	*	13,%	1,15
3	87%	79%	*	8%	1,01
4	88%	81%	*	7%	1,00
5	88%	72%	*	16%	1,17
6	88%	1%	72%	15%	1,15
7	25%	9%	8%	8%	0,35
8	8%	2%	3%	3%	0,11
9	24%	7%	8%	9%	0,38
10	22%	7%	8%	7%	0,32
11	22%	11%	2%	9%	0,34
12	24%	2%	13%	9%	0,35
13	48%	7%	32%	9%	0,63
14	34%	5%	19%	10%	0,47
15	39%	3%	20%	16%	0,59
16	50%	1%	43%	6%	0,59
17	89%	–	75%	14%	1,17
18	50%	1%	42%	7%	0,60
19	41%	7%	25%	9%	0,54
20	76%	*	62%	14%	1,00
21	43%	2%	34%	7%	0,53
22	43%	*	35%	8%	0,53
23	33%	9%	19%	5%	0,39
24	56%	1%	37%	18%	0,81
25	44%	3%	31%	10%	0,57
26	42%	*	38%	4%	0,47
27	44%	2%	31%	11%	0,59
28	42%	*	37%	5%	0,49
29	37%	6%	23%	9%	0,47
30	59%	1%	53%	5%	0,67
31	45%	9%	31%	5%	0,51
32	49%	1%	42%	6%	0,58
33	32%	7%	19%	6%	0,58

Basis: 268 Beobachtungen; *) 0,4% und darunter

Quelle: Becker, W.: Beobachtungsverfahren, a. a. O. S. 212f.

B. Informationsbereiche

Darstellung 69: Ergebnisse einer Kundenlaufstudie in einem SB-Warenhaus

Verkaufsfläche des SB-Warenhauses	7 900 m²
Zahl der beobachteten Kunden	819
Ø Einkaufsbetrag in DM höchster Ø Einkaufsbetrag in DM niedrigster Ø Einkaufsbetrag in DM	49,09 Fr. 10–11 Uhr: 72,73 Mo. 9–10 Uhr: 27,83
Kundenstruktur Ø Alter männlich weiblich Gruppen	 41,2 Jahre 30,8% 43,8% 25,4%
Ø Einkaufsbeträge in DM nach Altersgruppen bis 25 Jahre　　　　　　männl./weibl. 26 bis 35 Jahre　　　　　männl./weibl. 36 bis 45 Jahre　　　　　männl./weibl. 46 bis 55 Jahre　　　　　männl./weibl. über 55 Jahre　　　　　　männl./weibl.	 30,82/31,00 45,08/58,11 40,17/53,72 46,40/51,73 31,77/31,16
Ø Zahl der gekauften Artikel	19,0
Ø Einkaufsdauer in Minuten gesamt männlich weiblich	 28 23 28
Ø Artikelpreise in DM	2,68

Quelle: ISB Institut für Selbstbedienung (Lebensmittel-Report, S. 661)

erlaubt damit einen gezielteren Werbemitteleinsatz, speziell den von direct-mail, also die postalische Zusendung von Werbematerial. Anders als der Versandhandel verfügt der stationäre Einzelhandel ja bekanntlich nicht automatisch über entsprechendes Adressenmaterial der Kunden; deshalb werden vielfältige Bemühungen unternommen, gleichsam auf Umwegen an dieses heranzukommen. Manches ergibt sich dabei aus der Verkaufsabwicklung, wie etwa bei
- Anzahlungen/Ratenkäufen,
- schriftlichen oder telefonischen Bestellungen,
- Hauszustellungen,
- Änderungen,
- Montagen, Installationen, Wartungsarbeiten,

- Reklamationen,
- Scheck-/Kreditkartenzahlungen (nur Name).

Auch eigene Kunden(kredit)karten, Treuechecks sowie die Schaffung von Kunden-Clubs dienen, wie erläutert, z. T. diesen Zwecken.

Vorzüge und Notwendigkeit von Kundenkenntnis und Kundenverhalten wurden vorab hinreichend verdeutlicht und das methodische Vorgehen dazu erläutert. Dabei wurden auch die Informationsgrenzen solcher Bemühungen deutlich; wer nämlich als Händler wissen will, warum Verbraucher **nicht** bei ihm einkaufen, kann das logischerweise auf diesem Wege nicht erfahren. Er hat auch keine Kenntnis darüber, wer und wieviele das eigentlich sind, bekommt also – mit anderen Worten – keinen Gesamtüberblick über seinen (potentiellen) Markt.

2. Lokale Nachfragestruktur-Analyse

2.1 Einkaufsstättenwahl

Das vorab beschriebene Informationsdefizit läßt sich – wie leicht einsehbar – nur durch repräsentative Erhebungen zum Einkaufsverhalten **aller** Verbraucher im betreffenden **Einzugsgebiet** beseitigen. Im Prinzip handelt es sich dabei um eine Aufgabe, wie sie sich auch bei der Standortplanung stellt, nur eben mit dem Unterschied, daß durch die laufende Geschäftstätigkeit der eigene Betrieb ja bereits Teil des gesamten Einzelhandels-Mix am Ort geworden ist. Solche Untersuchungen ergeben – falls einmalig – den Status quo der Einkaufsstättenwahl oder lassen – bei gleichartigen Wiederholungen – entsprechende Veränderungen im Zeitverlauf erkennen. Das ist von großer Bedeutung, denn im Zeichen starken Wettbewerbs interessiert den Einzelhändler ja oft weniger die Tatsache, daß überhaupt gekauft wird, sondern eben vor allem, wo gekauft wird.

Idealerweise müßten aus Händlersicht jeweils alle Artikelgruppen abgefragt werden, die das Sortiment umfaßt; entsprechend breit wäre also etwa bei einem Warenhaus die Palette. Aus Kosten/Nutzenüberlegungen heraus sind solche Untersuchungen deshalb i. d. R. beschränkt auf einzelne Branchen, also z. B. Lebensmittel, Photo, Porzellan, Oberbekleidung usw. Auch bei der Bestimmung des Erhebungsgebietes erfolgt aus den gleichen Gründen eine Begrenzung auf das (mutmaßliche) Einzugsgebiet i. e. S.; weiter entfernt wohnende Käufer werden also nicht erfaßt.

Neben den Fragen zum tatsächlichen Einkaufsverhalten kann natürlich zusätzlich auch den **Gründen** für das Verhalten nachgegangen werden. Das beginnt ganz allgemein mit der **Bekanntheit** von Einkaufsstätten und reicht bis zu deren (vergleichender) **Beurteilung** hinsichtlich bestimmter Aspekte wie Preis- oder Sortimentsniveau.

Die Fülle der Möglichkeiten braucht im einzelnen nicht dargestellt zu werden, dafür sollte aber ein fiktives Beispiel das Gesagte verdeutlichen:

Für den Kosmetikhändler A in der Stadt X ergeben sich folgende Einsichten: Als attraktiver Anbieter hinsichtlich Sortiment und Präsentation gilt A selbst, als preislich aktivster Konkurrent D; die tatsächlichen Einkäufe bei diesen beiden Anbietern entsprechen den herausragenden Bewertungen jedoch nicht, die Gesamtumsätze verteilen sich vielmehr relativ breit auch auf die übrigen Mitbewerber. Im Durchschnitt kaufen die Verbraucher ihre Kosmetika in 5,6 verschiedenen Einkaufsstätten und wechseln häufig. Unser Händler A muß sich in erster Linie mit diesen auseinandersetzen, Konkurrent D tangiert ihn dagegen im Grunde wenig, sehr wohl tun dies aber die Spontankäufe in den fachfremden Geschäften. Seine Hauptkundschaft ist die solide, etwas überalterte Mittelschicht, junge Käufer(innen) werden dagegen bevorzugt vom Konkurrenten E angezogen und sind im übrigen überdurchschnittlich häufige Wechselkäufer(innen). Ebenfalls unterrepräsentiert ist beim Händler A die Nachfrage speziell nach Herrenkosmetik.

Zur Ergänzung dieses fiktiven Beispiels sollen nachfolgend die Ergebnisse einer 1987 vom Institut Schaefer-Marktforschung in der Stadt Kiel durchgeführten Untersuchung im Lebensmittelbereich dargestellt werden, und zwar, wegen der gebotenen Kürze, lediglich anhand der Überschriften eines Fachzeitschriftenberichts (vgl. Lebensmittelzeitung vom 27. Mai 1988). Gerade dadurch werden die Aussagemöglichkeiten solcher Untersuchungen recht plastisch:

- In Kiel liegt die co op vorn
- Große Bekanntheit wird belohnt
- Die FAMILIA im Aufwärtstrend
- KARSTADT bei Fleisch und Wurst kompetent
- co op Discount ist voll akzeptiert
- Keiner ist preiswerter als ALDI
- Bei co op Kiel fehlen als Käufer Teens und Twens
- Neben ALDI hat die co op Kiel die treuesten Kunden
- ALDI hat die meisten Stammkunden
- „CITTI" gut für Betuchte

Solche Untersuchungen sind hinsichtlich Anlage und Durchführung für Marktforschungsinstitute ein „alter Hut". Woran es i. d. R. mangelt, sind Auftraggeber für solche lokalen Erhebungen. Sie können – der Kosten wegen – wohl selten von einzelnen getragen werden; Gemeinschaftsuntersuchungen dagegen scheitern oft am mangelnden Kooperationswillen. Mitunter geht die Initiative von potenten Tageszeitungsverlagen aus, wie z. B. diese Kieler Studie; meist beschränkt man sich hier auf die Branche mit dem stärksten Anzeigenaufkommen, also auf den Lebensmittelsektor.

Zunehmend engagiert zeigen sich auch Einzelhandelsgroßunternehmen. Wer viele Millionen in einer Stadt umsetzt – sei es mit einem Warenhaus oder mit zahlreichen Filialen –, ist natürlich finanziell auch besser dazu in der Lage.

Wem Marktforschung-Methoden geläufig sind, der erkennt im übrigen, daß zumindest ein Teil derartiger Informationen, nämlich die über die tatsächlichen Einkäufe nach Art, Menge und Wert, seit eh und je von den **Individual-** bzw. **Haushaltspanels** im Auftrag der Industrie erhoben werden, und zwar einkaufsstättenbezogen und in regelmäßigen Abständen. Der Industriemanager gewinnt damit bekanntlich einen laufenden Überblick, wie sich der Absatz in seiner Warengruppe auf die einzelnen Betriebsformen und – bei entsprechender Marktbedeutung – auch auf einzelne Großunternehmen verteilt.

Er mag also beispielsweise erkennen, daß der Filialist A in der letzten Berichtsperiode bei Röstkaffee in allen Nielsen-Gebieten verloren hat, und zwar in erster Linie an seine Wettbewerber X und Y, wobei die Einkäufe der Mehrpersonen-Haushalte daran überdurchschnittlich und mit einem hohen Anteil an Sonderpreiskäufen beteiligt waren.

Einzelhandelsgroßunternehmen mit vielen, national gestreuten Filialen hätten mit den bestehenden Panels also bereits ein Instrument zur laufenden Marktbeobachtung. Daß es bisher so gut wie nicht genutzt wird, hat jedoch gravierende Gründe.

Historisch bedingt, handelt es sich bei der Panelforschung um Erhebungen im Auftrag der **Industrie.** Es ist leicht auszudenken, was geschieht, wenn der Handel z. B. erführe, daß das Markenprodukt A gegenüber dem Konkurrenzartikel B laufend an Boden verliert; denn selbstverständlich würde sich das Orderverhalten nach diesen „Renner- und Penner"-Angaben ausrichten, hier zum Schaden von Hersteller A.

Ein weiteres Handikap ist die **artikel(gruppen)bezogene** Erhebung in den Panels. Für Händler mit breiten Sortimenten machen diese oft nur einen Bruchteil ihres Angebotes aus. Selbst im Lebensmittelhandel decken die einschlägigen Haushaltspanels nur etwa ein Drittel des Gesamtumsatzes ab. Zwar interessieren auch die Abverkäufe von Röstkaffee oder Pocket-Kameras, aber weit interessanter wären eben ganze Warengruppen, im Idealfall das ganze Sortiment. Das würde bedeuten, daß die Panelhaushalte jeweils ihre gesamten Einkäufe in allen frequentierten Einkaufsstätten zu registrieren und zu melden hätten – ein bisher arbeits- und kostenmäßig nicht zu lösendes Problem.

Einen Kompromiß stellen Versuche dar, zumindest den **gesamten Einkaufsbetrag** pro Einkauf und pro (namentlicher) Einkaufsstätte zusätzlich zu erfassen. Filialist A könnte dann zumindest anhand entsprechend aggregierter Daten erkennen, an wen er z. B. umsatzmäßig an Boden verliert und auf welche Käuferkreise dies (in welchen Regionen) zurückzuführen ist. Es zeigte sich auch, welche Betriebsformen ganz allgemein im Vordringen und welche im Abnehmen begriffen sind. Brauchbar wären solche Daten also vornehmlich für die Großbetriebs-Zentralen als Grundlage für strategische Entscheidungen.

Um **lokale** Marktverhältnisse ausreichend widerzuspiegeln, reichen die bisherigen Panels dagegen nicht aus. Sie müßten dafür in einem Maße aufgestockt werden, das von der Industrie nicht als erforderlich betrachtet und vom Handel nicht bezahlt werden würde.

Für das taktische Geschäft vor Ort sind die Panelinformationen ohnehin kaum brauchbar – da im übrigen auch zu spät anfallend – und für langfristige Überlegungen werden umgekehrt nicht alle sechs Wochen solche Daten benötigt. Deshalb wird bisher – wenn überhaupt – Umfragen in Mehrjahresabständen der Vorzug gegeben, zumal diese – je nach Wunsch – mit zusätzlich interessierenden Einzelfragen zu den Gründen des Einkaufsverhaltens angereichert werden können.

2.2 Einkaufsstättenimage

2.2.1 Informationsbedarf

Mit der Erfassung des tatsächlichen Einkaufsverhaltens lassen sich die absatzpolitischen Aktivitäten besser auf das Kundenverhalten ausrichten. Da faktisch gleiches Einkaufsverhalten jedoch unterschiedliche Gründe haben kann, ist es wichtig, diese zu kennen. Der notwendige Informationsbedarf läßt sich auch durch das Stichwort „**Kaufbarrieren**" kurz charakterisieren. Da die Ursachen des Kaufverhaltens nicht direkt sichtbar sind, gestalten sich die Erhebungen – wie im einzelnen noch gezeigt wird – erheblich schwieriger als beim beobachtbaren Kaufverhalten.

Zentrale Bedeutung für die Analyse der Kaufgründe und der Kaufbarriere kommt dem **Einkaufsstättenimage** zu.

Hinsichtlich des Imagekonstruktes und des ihm verwandten Konzeptes der Einstellung herrscht in der Literatur wenig Übereinstimmung, was insofern nicht verwunderlich ist, als beide Konstrukte rein hypothetisch sind. Diese können jedoch, so lange sie nicht widerlegt sind – und dies ist bei hypothetischen Konstrukten nahezu unmöglich –, weder richtig noch falsch sein, sondern nur zweckmäßig oder weniger zweckmäßig. Hier soll eine Orientierung an der einstellungspsychologisch ausgerichteten Imagetheorie erfolgen (vgl. Trommsdorff), die zwischenzeitlich wohl am verbreitesten ist. Danach kann die **Einstellung** definiert werden als die gelernte, relativ stabile Bereitschaft einer Person, sich gegenüber einem Einstellungsobjekt **konsistent** positiv oder negativ zu verhalten. Das Image gilt hiernach als die nach Merkmalen differenzierte Struktur der Einstellung.

Wird eine Einstellung meist nur als Ausprägung auf dem Gut/schlecht-Kontinuum angesehen, so hat das Image Ausprägungen auf mehren Dimensionen, nämlich den subjektiven Eindrücken von einzelnen (auch nicht-sachlichen) Merkmalen eines Objektes. Während die **Einstellung** also **eindimensional** ist, ist das **Image** als **mehrdimensional** aufzufassen.

Weniger kompliziert und in spezieller Ausrichtung auf den Einzelhandel wird unter dem **Einkaufsstättenimage** die komplexe Gesamtheit aller Vorstellungen, Eindrücke und Gefühle verstanden, die ein Kunde oder eine Kundenmehrheit mit einem Handelsunternehmen bzw. einer Einkaufsstätte verbindet (vgl. Henseler).

Das Image stellt damit die **vereinfachte Bewertung** eines Handelsbetriebes dar, die letztlich bestimmt, warum ein Geschäft akzeptiert oder abgelehnt wird. Folglich muß ein Händler bemüht sein, seinem Leistungsgesamt ein entsprechend positives Image in der Kundenpsyche zu verleihen. Von großer Bedeutung, oftmals allerdings leicht verdrängt oder vernachlässigt, ist das Phänomen, daß ein Image auch durchaus „falsch" sein kann, d. h. den tatsächlichen, objektiv nachprüfbaren Gegebenheiten widerspricht. Der Leitsatz der Marktpsychologie, wonach der Verbraucher sein Handeln gegenüber einem Gegenstand „… nicht danach wie dieser ist, sondern danach wie er glaubt, daß er wäre" (vgl. Spiegel, S. 129), ausrichtet, gilt auch für Handelsunternehmen und bringt die Bedeutung des Images klar zum Ausdruck. Einzeln wahrgenommene Eindrücke können dabei auf das Gesamterlebnis abstrahlen (sog. Attributdominanz). So bildet sich – wie an anderer Stelle bereits erwähnt – etwa das Preisimage eines Handelsunternehmens oft auf der Basis der wenigen Artikel, die die Verbraucher im Kopf haben.

Images sind, wenn erst einmal gebildet, **relativ stabil** und können i. d. R. deshalb nur durch sehr **nachhaltige** und gezielte absatzpolitische Maßnahmen verändert werden.

Zusammenfassend erfüllen Einkaufsstättenimages für den Verbraucher folgende Funktionen (vgl. Klein-Blenkers, S. 128f.):

– Vereinfachung: Images sind überdeutliche und vereinfachte Informationsgehalte, die die Vielfalt der Einzeleindrücke unter Vernachlässigung unbedeutender Teilinformationen auf das Wesentliche beschränken.
– Ordnung: Sie ordnen diese Teilinformationen zu schematischen Gebilden und gliedern sie in das bestehende Vorstellungsgefüge ein.
– Orientierung: Durch das Verbraucherimage wird das Handelsunternehmen trotz teilweisen Fehlens objektiv ausreichender Informationen für den Verbraucher überschaubar und bewertbar.
– Entscheidung: Es erleichtert die Einkaufsstättenentscheidung, reduziert die Unsicherheit und steuert das Verhalten.

- Urteils- und Wahrnehmungsbeeinflussung: Ein stabiles Image wirkt bei der Aufnahme neuer Informationen über das Handelsunternehmen wie ein Informationfilter, der mit dem bisherigen Bild übereinstimmende Nachrichten passieren läßt und widersprüchliche Informationsgehalte ausscheidet.
- Verhaltensstabilisierung: Das aufgrund positiver Erfahrungen mit dem Handelsunternehmen stabile Einkaufsstättenimage erhöht die Einkaufsstättentreue und enthebt den Konsumenten damit der immer wiederkehrenden alternativen Bewertung und Entscheidungsfindung.
- Risikominimierung: Da jede Einkaufsstättenwahl (bzw. -entscheidung) mit bestimmten Risiken verbunden ist, verleihen Einkaufsstättenimages dem Kunden ein Gefühl der Sicherheit und machen das eingegangene Risiko kalkulierbar.

Wie bereits ausgeführt, setzt sich das gesamte Einkaufsstättenimage aus einer Reihe von Einzeleindrücken (Subimages) zusammen. Dabei werden all jene Beurteilungskriterien abgefragt, die bei der Wahl der Einkaufsstätte bzw. beim Einkaufen eine Rolle spielen.

Auf der Grundlage dieser Subimages ist es möglich, Kaufgründe und Kaufbarrieren näher zu ergründen. Welche Kriterien als wesentlichste Einkaufshindernisse beim Einkauf in Lebensmittelgeschäften seitens der Verbraucher (1985) genannt wurden, zeigt beispielhaft Darstellung 70 (S. 382).

2.2.2 Methoden der Informationsgewinnung und -auswertung

Die bewährteste und am leichtesten zu handhabende Methode zur Messung des Einkaufsstättenimages stellen das von Osgoog et al. entwickelte **semantische Differential** bzw. das von Hofstätter für Marketingzwecke weiterentwickelte **Polaritätenprofil** dar.

Das semantische Differential besteht aus einer Reihe **bipolarer** Rating-Skalen, deren beide Pole jeweils mit adjektivischen **Gegensatz**paaren (z. B. hell/dunkel) bezeichnet sind. Durch die zwischen den Polen angeordneten Abstufungen können die Befragten auch intensitätsmäßig abstufen, wie stark sie das Untersuchungsobjekt mit den jeweiligen Eigenschaften in Verbindung bringen. Charakteristisch für das semantische Differential ist eigentlich, daß die verwendeten Eigenschaften **keinen** unmittelbaren Bezug zum Untersuchungsobjekt aufweisen, sondern nur im übertragenen, sprich metaphorischen Sinne auf das Beurteilungsobjekt angewendet werden. Aufgrund der besseren praktischen Umsetzung werden jedoch heutzutage üblicherweise auch sachbezogene Eigenschaften mit aufgenommen.

Die Darstellung 71 (S. 383) zeigt beispielhaft die Durchschnittsprofile zweier Einzelhandelsgeschäfte.

Darstellung 70: Wichtige Kaufbarrieren im bundesdeutschen Lebensmitteleinzelhandel
%

Wartezeiten bei Kasse/Bedienungsabteilungen	49
Ware nicht immer frisch	47
Personal nicht/zu wenig fachkundig	37
Öffnungszeiten	34
Preise zu hoch	33
Personal nicht/zu wenig freundlich	31
Sortiment unübersichtlich	27
Keine/zu wenige Parkplätze in der Nähe	27
Atmosphäre	23
Obst und Gemüse in Bedienung	22
Qualität der Waren allgemein	20
Anzahl der Sonderangebote	19
Keine angenehme Inneneinrichtung/Ladengestaltung	18
Sortiment zu klein	15
Laden zu klein	12

Quelle: Lebensmittel-Report, S. 522

In diesem Beispiel sind aus Gründen einer übersichtlichen und leichter interpretierbaren Darstellung die ungünstigen Ausprägungen der Polaritäten alle auf der rechten Seite angeordnet. Bei der Erhebung selbst sollte eine solche Anordnung vermieden werden, auch wenn dadurch die Befragten – insbesondere ältere Menschen – stärker gefordert werden. Die Gegensatzpaare sind hier so angeordnet, daß auf der linken und rechten Seite der Siebenerskala etwa gleich viele positive wie auch negative Begriffe zu finden sind. Dadurch wird vermieden, daß sich ein befragter Kunde von vornherein auf die linke oder rechte Seite festlegen könnte (sog. Halo-Effekt). Darüber hinaus sind die einzelnen Skalen per Zufallsauswahl hintereinander anzuordnen.

Für die Auswertung eines semantischen Differentials bietet sich eine graphische Veranschaulichung des Durchschnittsprofils über alle Befragten bezüglich des Untersuchungsobjektes an, wie dies in Darstellung 71 für beide Geschäfte veranschaulicht ist. Zur noch besseren Übersicht und Aussagefähigkeit kann die doch relativ große Zahl der Kriterien mit Hilfe einer **Faktorenanalyse** auf wenige, hinter diesen Kriterien stehende, voneinander unabhängige Faktoren wie Warenangebot, Geschäftsatmosphäre, Bequemlichkeit etc. verdichtet werden.

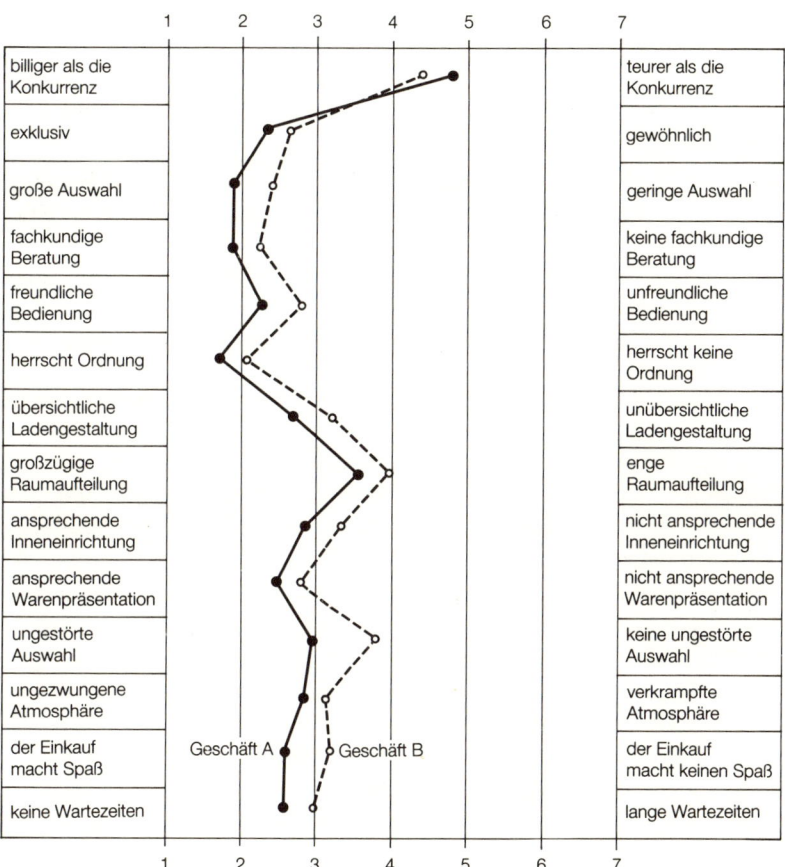

Darstellung 71: Imageprofile zweier Einzelhandelsgeschäfte

Neben der Gegenüberstellung der Profile konkurrierender Geschäfte wird häufig auch der Vergleich des Profils eines aus Verbrauchersicht idealen Geschäftes mit dem Profil eines oder mehrerer konkret einzustufender Geschäfte vorgenommen. Problematisch ist hierbei allerdings die Erhebung des Idealimages, denn die von den Befragern diesbezüglich in aller Regel gestellten Anforderungen lassen sich häufig nicht verwirklichen bzw. schließen einander sogar teilweise aus.

Eine andere wichtige Möglichkeit der Auswertung von Imagedaten ist der Vergleich von Profilverläufen in verschiedenen **Kundensegmenten** bzw. der Vergleich der Profilverläufe bei **Kunden** und **Nichtkunden**. Erscheint das Geschäft z. B. gerade jüngeren Verbrauchern als zu altmodisch und rückständig, so bietet sich bei einer segmentspezifischen Werbekampagne besonders die Betonung der Modernität an. Der Erfolg der entsprechenden Werbekampagne läßt sich zudem durch eine Vorher- und eine Nachhermessung des Geschäftsimages überprüfen.

Abschließend sei auf einige ausgewählte Probleme der Erfassung des Einkaufsstättenimages durch das semantische Differential hingewiesen (vgl. Heemeyer, S. 137ff.):

- Es ist vorab zu klären, worauf sich das zu messende Image beziehen soll (z. B. Betriebsform, einzelnes Geschäft, einzelne Abteilung eines Geschäftes).
- Es sind die Beurteilungskriterien zu eruieren, nach denen Konsumenten Einkaufsstätten beurteilen. Dabei sollte sichergestellt werden,
  – daß nicht nur alle wesentlichen Beurteilungskriterien aufgedeckt, sondern
  – auch Überlappungen bzw. Wechselwirkungen zwischen einzelnen Kriterien vermieden werden.
- Es muß abgeschätzt werden, welche Gewichtung die einzelnen Kriterien für das Gesamtimage besitzen. Sind sie gleichgewichtig oder gibt es eindeutig dominierende Kriterien, und in welchem Zusammenhang stehen die Subimages zum Gesamteinkaufsstättenimage?

Weitere Methoden der Imagemessung wie Zuordnungstests, Paarvergleiche, Ergänzungstests oder Verfahren der multidimensionalen Skalierung (MDS) spielen nur eine untergeordnete Rolle; entweder tragen sie dem Informationsbedürfnis nicht in ausreichendem Maße Rechnung und sind daher höchstens ergänzend anzuwenden oder aber sie sind im Falle der MDS relativ komplex und erfordern spezielle EDV-Programme.

Eine weitere Möglichkeit zur Ermittlung von **Einstellungen** gegenüber Einkaufsstätten stellen die sog. **Multiattributmodelle** dar, bei denen der Einstellungsgegenstand ebenfalls in einzelne Elemente zerlegt wird. So wird also beispielsweise die Einstellung gegenüber einem Einzelhandelsgeschäft dadurch eruiert, daß man die Konsumenten Urteile über die Attraktivitätsfaktoren Personal, Verkaufsraumgestaltung, Qualität der verkauften Waren, Service etc. abgeben läßt.

Selbstverständlich lassen sich mit Hilfe von Multiattributmodellen auch Einstellungen zu einzelnen Attraktivitätsfaktoren ermitteln, indem man eben z. B. den Service weiter in einschlägige Unteraspekte zergliedert.

B. Informationsbereiche

Die existierenden Modelle **aggregieren** die Einzeleindrücke zu den entsprechenden Elementen des Einstellungsgegenstandes auf unterschiedliche Art und Weise zu **einem** Einstellungswert:

- Bei einer **nicht-kompensatorischen** Verknüpfung der Einzeleindrücke kann ein nachteiliger Eindruck (unfreundliches Personal in einer Einkaufsstätte) nicht durch einen positiven Eindruck („tolle" Ladenatmosphäre) ausgeglichen werden. Das bedeutet, daß ein schlechter Eindruck bei einem einzigen Detail den Gesamteindruck verdirbt.
- Dieser Sachverhalt gilt jedoch bei einer **kompensatorischen** Verknüpfung nicht. Bei dieser Vorgehensweise kann beispielsweise langes Warten an der Kasse durch günstige Preise der eingekauften Artikel ausgeglichen werden.

Die nachfolgend aus der Fülle existierender Ansätze ausgewählten, für die Praxis gut geeigneten Modelle basieren auf der kompensatorischen Verknüpfung und gehen von zwei psychischen Komponenten aus, nämlich zum einen von der sachlichen Information bzw. **kognitiven** Komponente (das Geschäft XY hat günstige Preise) und zum anderen von deren Bewertung bzw. der **affektiven** Komponente (das finde ich wichtig). Das Gesamturteil (der Einstellungswert) entsteht über multiplikative Verknüpfung der beiden Komponente (= Eindruckswert) sowie deren Summation über alle Items. Auf diese Art und Weise ergibt sich eine Gesamtbeurteilung eines Einstellungsgegenstandes, die bei einem Vergleich z. B. mehrerer Geschäfte eine Präfenzordnung ausdrückt.

(1) Adequacy-Importance-Modell

Mit Hilfe des Modells soll ein Gesamturteil über Geschäfte, Produkte etc. erfaßt werden. Gemessen werden zum einen die wahrgenommenen Merkmale (z. B. Atmosphäre), zum anderen die Wichtigkeit dieser Merkmale für die Befragten. Diese beiden Werte werden für jeden Probanden miteinander multipliziert und dann zu einem Gesamturteil addiert. Mit Hilfe einer mathematischen Formel läßt sich dieser Sachverhalt folgendermaßen ausdrücken:

$$E_j = \sum_{k=1}^{n} x_{jk} \cdot y_{jk}$$

mit:
E_j = Urteil eines Konsumenten über die Einkaufsstätte j
x_{jk} = Wichtigkeit der Eigenschaft k (k = 1,..., n) der Einkaufsstätte j für einen Befragten
y_{jk} = Ausprägung der Eigenschaft k bezüglich der Einkaufsstätte j nach dem Urteil des Befragten

Die Vorgehensweise zur Ermittlung des Einstellungswertes mit Hilfe des Adequacy-Importance-Modells soll anhand eines Beispiels erläutert werden.

Die Eigenschaften eines Heimtextilien-Fachmarktes werden u. a. mit den folgenden Statements operationalisiert:

- Item 1: Hat viele preisgünstige Sonderangebote.
- Item 2: Hat eine große Auswahl.
- Item 3: Man findet sich gut im Laden zurecht.
- Item 4: Das Personal berät fachlich qualifiziert.
  etc.

Im Rahmen einer Befragung wird den Probanden nun diese Itembatterie mit zwei verschiedenen fünfstufigen Ratingskalen vorgelegt. Zur Erfassung der kognitiven Komponente findet beispielsweise eine Skala mit der Bezeichnung „stimme voll und ganz zu – stimme überhaupt nicht zu" Anwendung. Die Ermittlung der affektiven Komponente erfolgt durch die Vorlage der Itembatterie mit einer fünfstufigen Ratingskala mit der Bezeichnung „sehr Wichtig – überhaupt nicht wichtig". Hierbei ist anzumerken, daß für die Erfassung der Einstellung zu mehreren Geschäften die affektive Komponente nur einmal, die kognitive Komponente naturgemäß jedoch für jedes Geschäft abzufragen ist:

Hat ein Proband nun folgendermaßen geantwortet:

kognitive Komponente		affektive Komponente	
Item 1: trifft voll und ganz zu	(Wert = 1)	wichtig	(Wert = 2)
Item 2: trifft überhaupt nicht zu	(Wert = 5)	sehr wichtig	(Wert = 1)
Item 3: trifft zu	(Wert = 2)	unwichtig	(Wert = 4)
Item 4: trifft zu	(Wert = 2)	wichtig	(Wert = 2)

so ergibt sich ein Einstellungswert für den Befragten bezüglich des Geschäfts von

$$[(1 \times 2) + (5 \times 1) + (2 \times 4) + (2 \times 2)] = 19.$$

Zur Berechnung des Gesamteinstellungswertes (in unserem Beispiel: niedrigster Wert = beste Einstellung) für ein Geschäft müssen alle Einstellungswerte der einzelnen Probanden aufsummiert und daraus das arithmetische Mittel gebildet werden, das sich bei der Berücksichtigung mehrerer Geschäfte sehr gut für einen überblicksartigen, aber pauschalen Vergleich der Einstellung zu diesen Outlets eignet.

Allerdings werden hier auch die Grenzen der Aussagekraft eines einzigen Einstellungswertes, wie er durch Multiattributmodelle ermittelt wird, deutlich. Es ergeben sich bei isolierter Betrachtung der Werte für das Handelsmanagement nämlich keine Einsichten in die **Ursachen**, die zu der Einstellung führten (kompensatorisches Modell, Aggregation). Hierzu müssen wiederum die Profilverläufe näher analysiert werden. Diese Analyse ist allerdings mit den zuvor beschriebenen Vorgehensweisen (semantisches Differential, Ratingskalen) ebenfalls möglich. Weitere Probleme dieser Modelle liegen im Herausfiltern der tatsächlich relevanten Eigenschaften, die zur Einstellungsbildung gegenüber einem Geschäft beitragen.

(2) Trommsdorff-Modell

Beim Trommsdorff-Modell wird die kognitive Komponente direkt, die affektive Komponente hingegen indirekt durch Fragen nach der idealen Merkmalsausprägung und anschließenden Soll-Ist-Vergleich gemessen. Für die Messung gelangen Rating-Skalen der folgenden Art zur Anwendung:

Das Geschäft XY hat viele preisgünstige Sonderangebote:

stimme voll und ganz zu				stimme überhaupt nicht zu
(1)	(2)	(3)	(4)	(5)

Die Messung der affektiven Komponente erfolgt – wie bereits erwähnt – über die Messung der Ausprägung für das Idealgeschäft:

Das ideale Geschäft hat viele preisgünstige Sonderangebote:

sehr wichtig				überhaupt nicht wichtig
(1)	(2)	(3)	(4)	(5)

Der Gesamteinstellungswert einer Person für den Untersuchungsgegenstand ergibt sich durch die Addition der Distanzen des eingestuften Geschäfts zum Idealgeschäft über alle Merkmalsdimensionen hinweg. Es gilt also:

$$E_{ij} = \sum_{k=1}^{n} | B_{ijk} - J_{ik} |$$

E_{ij} = Einstellung der Person i zu Geschäft j
B_{ijk} = Von der Person i wahrgenommene Ausprägung der Eigenschaft k bei Geschäft j
J_{ik} = Von der Person i eingeschätzte ideale Ausprägung der Eigenschaft k

Je kleiner der berechnete Einstellungswert ist, je geringer also die Distanz zum Idealgeschäft, desto positiver ist die Gesamteinstellung.

Ein Problem speziell dieses Modells ist das häufig zu beobachtende Phänomen der Anspruchsinflation, d. h. der übertriebenen Anforderungen seitens der Befragten an „ideale" Geschäfte.

II. Konkurrenzorientierte Forschung

1. Einzelhandelsrelevante Konkurrenzbeziehungen

1.1 Konkurrenzebenen

Wenn zwei oder mehrere (Wirtschafts-)Subjekte das gleiche Ziel anstreben und dabei der Erfolg des einen zu Lasten des (der) anderen geht, entstehen Konkurrenz- bzw. Wettbewerbsbeziehungen.

Auf den Einzelhandel bezogen, ist das von allen Händlern verfolgte Ziel die Vereinnahmung der Kaufkraft der privaten Haushalte, also die Teilhabe an einem nicht unbegrenzten Ausgabevolumen.

Der Einzelhandel konkurriert dabei auf zwei unterschiedlichen Ebenen mit sich bzw. mit anderen Anbietern, nämlich einmal auf der **güter**bezogenen sowie zum anderen auf der **einkaufsstätten**bezogenen Ebene. Werden beide immer ähnlicher – also Güter wie die Einkaufsstätten – so verdichten sich zwangsläufig die Konkurrenzbeziehungen entsprechend, sofern Standort-Aspekte hier einmal außer acht gelassen werden.

Welche Zusammenhänge bzw. Abstufungen sich dabei – ausgehend von der „totalen Konkurrenz" bis hin zur direkten Konkurrenz – ergeben, soll die Darstellung 72 modellhaft verdeutlichen.

Im folgenden sollen diese Darstellung interpretiert und dabei gleichzeitig Hinweise auf den einschlägigen Informationsbedarf und die Informationsquellen gegeben werden.

1.1.1 Güterbezogene Konkurrenz

I. w. S. konkurriert der Einzelhandel als Warenanbieter mit allen anderen **Güterarten** wie Dienstleistungen, Versicherungen, Mieten usw., aber auch mit dem Sparen um die verfügbaren Haushaltseinkommen.

Informationen über die Ausgabenverteilung der privaten Haushalte liefern das Statistische Bundesamt, aber auch Marktforschungsinstitute. Besonders interessant sind in diesem Zusammenhang die Entwicklung des sog. frei verfügbaren Einkommens und seine anteilige Verwendung.

Ferner bestehen Konkurrenzbeziehungen zwischen den Anbietern verschiedener **Warenbereiche**, und zwar insoweit, wie die Haushalte bestimmte Waren zu Lasten anderer kaufen (z. B. Kamera statt Anzug).

Über die anteiligen Volumina der einzelnen Warenbereiche (Branchen) im Einzelhandel nach Menge und Wert und deren Veränderungen im Zeitablauf geben einschlägige offizielle Statistiken Auskunft, aber auch Berechnungen der Industrie und des Handels selbst. Sie zeigen z. B. auf, daß die Ausgaben für Lebensmittel und auch für Textilen in der Vergangenheit zu Gunsten anderer Warenbereiche relativ zurückgingen. Entsprechend prognostiziert, ergeben sich daraus Hinweise, welche Branchen auch in Zukunft wachsen und welche mutmaßlich schrumpfen werden.

Noch direkter ist der Wettbewerb natürlich innerhalb der gleichen **Warengattung** bzw. -gruppe. Vor dem Hintergrund der jeweiligen Gesamtumsatzentwicklung interessieren hier vor allem anteilige Verschiebungen (mehr Gemüse, weniger Brot; mehr Stehbildkameras, weniger Filmkameras etc.). Über entsprechende Daten verfügen i. d. R. die Lieferanten, ins-

B. Informationsbereiche

Darstellung 72: Überblick über güter- und einkaufsstättenbezogene Konkurrenzbeziehungen im Einzelhandel

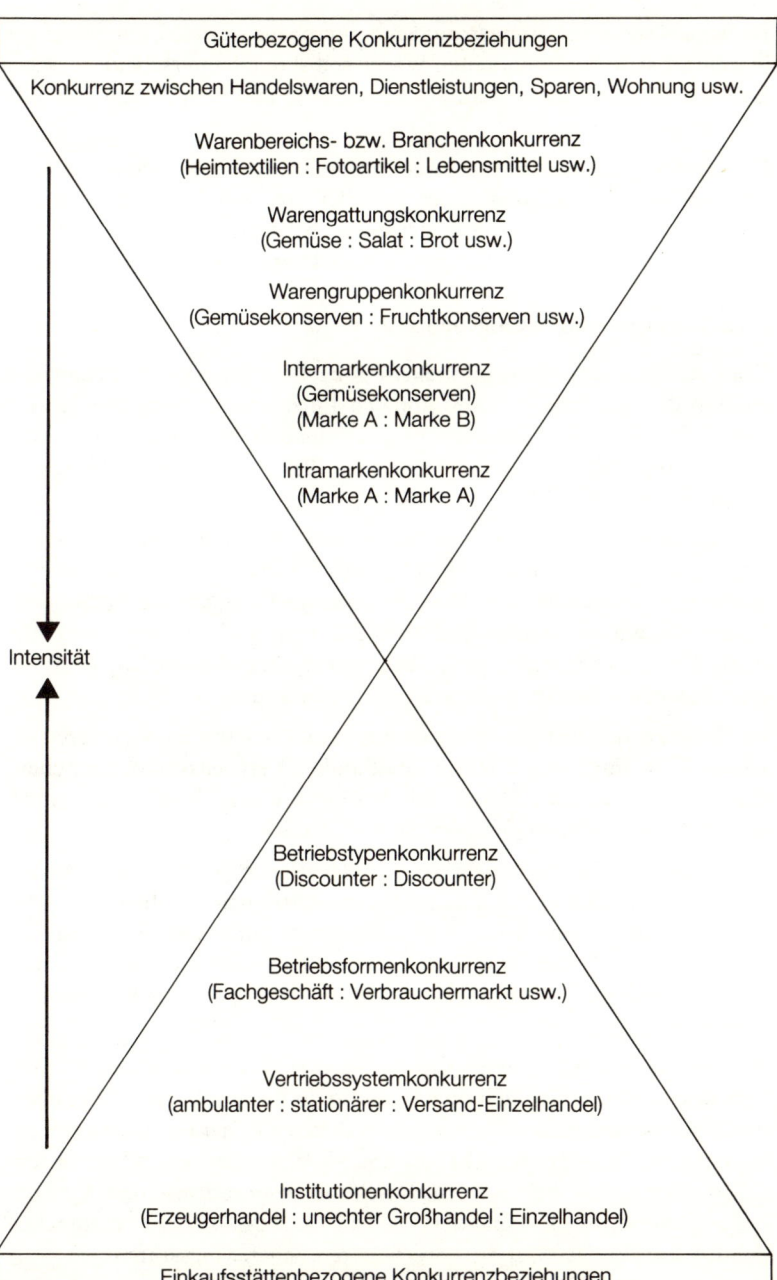

besondere die Industrie. In der Fachpresse wird vieles davon regelmäßig publiziert.

Die Konkurrenzbeziehungen auf Sachgüterebene werden immer direkter, je weniger sich die angebotenen Waren selbst noch unterscheiden. Gegen Ende geht es nur noch um unterschiedliche Qualitäten, Packungsgrößen oder Marken.

Die direktesten Konkurrenzbeziehungen sind schließlich erreicht, wenn sich das Angebot verschiedener Händler auf jeweils völlig **identische** Produkte bezieht. Dies ist vergleichsweise häufig der Fall, da der Handel bei vielen Waren auf das gleiche Lieferantenangebot angewiesen ist.

1.1.2 Einkaufsstättenbezogene Konkurrenz

Konkurrenten des (institutionellen) Einzelhandels sind hier zunächst einmal alle jene, die nur **funktionalen** Einzelhandel betreiben, also in erster Linie die sog. Direktverbraucher (Industrie/Erzeuger), aber etwa auch der (unechte) Großhandel sowie die „Privatgeschäfte" der Haushalte untereinander.

Es muß deshalb branchen- oder warenbezogen untersucht werden, wie viele Umsätze am institutionellen Einzelhandel vorbeigehen, und wer die Anbieter im einzelnen sind. Die Anteile mögen oft nicht bedeutend sein, bestimmte Warenbereiche sind aber durchaus stärker davon betroffen (z. B. Wein, Gebrauchtwagen). Angaben darüber – wenn auch oft nur sehr ungenau – liefern in erster Linie Spezialuntersuchungen.

Im Rahmen des institutionellen Einzelhandels selbst konkurrieren des weiteren die unterschiedlichen Einzelhandels-**Vertriebssysteme** miteinander, also der stationäre Handel mit den Versandgeschäften sowie mit den verschiedenen Formen des ambulanten Handels.

Deren Gesamtmarktanteile sind im allgemeinen bekannt und werden auch laufend anhand der Umsatzsteuerstatistik neu erhoben und veröffentlicht. Auf einzelne Artikelgruppen bezogen gilt das häufig schon nicht mehr. Über die besten Informationen dürfte hier die Industrie verfügen, und zwar aufgrund von Branchenstatistiken oder speziellen Verbraucheruntersuchungen.

Wesentlich unmittelbarer empfunden wird die Konkurrenz i. d. R. innerhalb des stationären Einzelhandels, und zwar hier zunächst auf der Ebene der **Betriebsformen**. Gerade infolge des Auftretens der Billiganbieter, also in erster Linie der Verbrauchermärkte, SB-Warenhäuser und der (Fach-) Discounter haben sich ja beträchtliche Konzentrations- und Verdrängungsprozesse im Einzelhandel ergeben, vielfach auch mit entsprechenden Rückwirkungen auf die vorgelagerten Belieferungsstufen.

Es ist deshalb auch nicht verwunderlich, daß gerade über Betriebsformen-

Konkurrenz wohl die meisten und besten Informationen vorliegen. Das gilt für die anteiligen Gesamtumsätze und deren Entwicklung in Vergangenheit und Zukunft, das gilt ferner für die artikelbezogenen Daten. Verbraucher- und Handelspanels haben hier inzwischen bei vielen wichtigen Warengruppen für eine hohe Markttransparenz gesorgt, weil die Industrie an solchen Daten seit langem interessiert ist.

Auf der nächstfolgenden Ebene konkurrieren **gleiche Betriebsformen** untereinander, also z. B. Fachgeschäft mit Fachgeschäft. Es handelt sich also strenggenommen um einen Wettbewerb der Betriebsform per se, zeigt also, welche Händler sich besser und welche sich schlechter mit der gleichen Betriebsform durchzusetzen vermögen.

Unmittelbare, und deshalb aus Händlersicht überhaupt erst als „Konkurrenz" empfundene Beziehungen ergeben sich aber erst aus der Kombination mit dem güterbezogenen Aspekt. Die gleichen Waren, das gleiche Sortiment sind also der Ausgangspunkt, unter dem die Wettbewerber mit den gleichen oder eben mit anderen Betriebsformen auftreten.

Zusammenfassend betrachtet, bestehen sehr vielfältige Wettbewerbsbeziehungen zwischen den und innerhalb der Waren- und Einkaufsstättenebenen.

Gerade in jüngerer Zeit konkurrieren die Großunternehmen des Handels häufig nicht nur miteinander, sondern auch mit sich selbst, so die Lebensmittel-Großverteiler mit ihren verschiedenen Vertriebslinien wie Supermärkten, Verbrauchermärkten, Discounter, oder die Warenhäuser mit ihren eigenen Fachfilialen, Fachdiscounter und Spezialgeschäften.

1.2 Strategische Aspekte

In den vorausgegangenen Ausführungen wurden die möglichen Konkurrenzbeziehungen komplett erfaßt; für viele Händler ist das Spektrum vielleicht zu weit, um sich überhaupt darüber Gedanken zu machen oder gar der Ansicht zu sein, etwaige negative Entwicklungen beeinflussen zu können. Immerhin aber ließen sich aus solchen Einsichten eigene Anpassungsüberlegungen ableiten, um auf Dauer bestehen zu können.

Gerade die globalen Wettbewerbsanalysen sind natürlich für überregional arbeitende Einzelhandelsgroßbetriebe interessant. Sie bilden die Grundlage für das eigene strategische Vorgehen, etwa der Diversifikation in Richtung ganz anderer Sortimente, Betriebsformen oder Güterkategorien.

Spezielle Konkurrenzaspekte spielen bei diesen Marktanalysen insofern eine Rolle, als mit zunehmender Konzentration das Wissen um die Aktivitäten und Absichten der anderen Großakteure (des Handels) die eigenen Entscheidungen zunehmend beeinflußt. Und je genauer die Konkurrenzdaten (z. B. Marktanteile) sind bzw. werden, um so mehr entzündet sich daran i. d. R. auch der Ehrgeiz der Beteiligten.

2. Lokale Konkurrenz

2.1 Identifikation der Konkurrenten

Zwar ist jeder in das globale Netz der „totalen Konkurrenz" eingebunden, und insofern tangiert diese den Händler in Oberstdorf genauso wie denjenigen in Husum, aber deren unterschiedliche Standorte konfrontieren sie mit jeweils ganz spezifischen Konkurrenzkonstellationen in ihrem Einzugsgebiet. Der Wettbewerb spielt sich also hauptsächlich vor Ort ab, und gemäß dem Grundsatz „retailing is local" sind auch Filialisten u. ä. letzten Endes genauso auf die Durchsetzung am jeweiligen Standort angewiesen wie jeder kleine Händler, erstere allerdings mit dem Vorteil eines möglichen Risikoausgleichs aufgrund der Vielzahl von Verkaufsstellen.

Allen gemeinsam kommen dabei die wesentlich überschaubareren Markt- und Konkurrenzverhältnisse zugute. Die lokale Konkurrenzforschung reduziert sich dabei im wesentlichen auf die Informationen über die Anbieter gleicher Warenbereiche und/oder Warengruppen und in diesem Rahmen auf jene Handelsunternehmen mit ähnlichen oder gleichen Attraktivitätsfaktoren im eigenen Einzugsgebiet.

So logisch es ist, daß eine immer größere Ähnlichkeit zu immer größeren Austauschbarkeiten führt, ja führen muß, so schwierig ist es andererseits, nun tatsächlich zu bestimmen, welche gegebenen Unterschiede von welchen Verbrauchern wie bewertet und umgesetzt werden.

Mitunter reicht dabei ein Merkmal aus, um Austauschbarkeiten mehr oder weniger zu verhindern. Verbraucher, die z. B. auf Shell-Kraftstoff oder Tchibo-Kaffee schwören, lassen sich u. U. überhaupt nicht von den fast identischen Tankstellen bzw. Kaffee-Shops der Konkurrenz nebenan beeinflussen; wer grundsätzlich nur im Fachgeschäft kauft, für den sind z. B. Warenhäuser keine Alternative, und wer sehr immobil ist, den locken auch noch so attraktive Einkaufsstätten, die weiter entfernt sind, eben auch nicht.

Ins Allgemeinere gewendet, haben also alle jene Händler eigentlich „keine" Konkurrenz, die über eine ausreichend große und unerschütterlich treue Stammkundschaft verfügen.

Aus diesen Beispielen ist zu folgern, daß ein Händler präzise Informationen über seine Konkurrenten nach Art und Intensität eben nur durch die Kenntnis des Einkaufsverhaltens der Verbraucher und dessen Gründe in seinem Einzugsgebiet gewinnt; **die Ähnlichkeit der Einkaufsstätte oder** die vermutete gleiche Zielgruppe seitens des Händlers sind dagegen nur Indizien!

Dazu nur die eigenen Kunden zu befragen, ist ungenügend und ohnehin schwierig (Wo kaufen Sie sonst noch, außer bei mir?), außerdem erfährt der Händler auf diese Weise nie, welche Einkaufsvolumina an ihm gänzlich vorbei und eben an die Konkurrenz gehen.

Damit ist man auf repräsentative Untersuchungen angewiesen, wie sie im vorausgegangenen Abschnitt „Lokale Nachfragestruktur-Analyse" bereits ausführlich beschrieben wurden.

Aus den Angaben der Verbraucher im Einzugsgebiet lassen sich für spezifische Perioden, genügend große Fallzahlen vorausgesetzt, speziell unter Konkurrenzaspekten Informationen gewinnen über

– Käuferreichweite (Prozentanteil der Käufer im Einzugsgebiet, die wenigstens einmal im betreffenden Geschäft gekauft haben),
– Kernkäuferschaften (Intensiv-Käufer bezüglich Einkaufsstätte und eventuell auch Warengruppe),
– Nebeneinanderkäufer (kaufen z. B. bei A, B und C),
– durchschnittliche Einkaufsbeträge pro Einkaufsstätte,
– Kundenstrukturen der Einkaufsstätten.

Alle derartigen Untersuchungen zeigen übrigens sehr deutlich, daß die Austauschbarkeit der Einkaufsstätten zunimmt, und somit die Konkurrenzbeziehungen sowohl enger als auch für die Einzelhändler undurchsichtiger werden.

2.2 Konkurrenzbeobachtung und -analyse

Sind die Konkurrenten nach ihrer jeweiligen Bedeutung identifiziert bzw. klassifiziert, so kann sich daran die eigentliche Konkurrenzbeobachtung anschließen, also die Informationsbeschaffung über die betreffenden Unternehmen.

Es geht dabei einmal um die Beobachtung ihrer kundengerichteten Aktivitäten, was, weil für jedermann offensichtlich, an sich keine besonderen Probleme bereitet. Dazu gehören etwa regelmäßige Konkurrenzbegehungen oder auch die systematische Beobachtung der Konkurrenzwerbung und -preise. Im einzelnen lassen sich die Beobachtungen natürlich weiter untergliedern in Richtung auf die sonstigen Attraktivitätsfaktoren wie Sortiments- und Präsentationspolitik, kurz auf das gesamte Marketing-Mix.

Aus den einschlägigen Veröffentlichungen bzw. Empfehlungen zu diesem Thema ist dabei leicht der Eindruck zu gewinnen, daß der Katalog solcher Konkurrenzdossiers gar nicht lange genug sein kann; in Wirklichkeit ist aber eine Beschränkung auf Schlüsselinformationen angezeigt.

Schwieriger zu erkennen bzw. zu erfahren sind natürlich alle Arten von Konkurrenzinterna; das gilt für die strategischen und taktischen Zielsetzungen ebenso wie für alle betriebswirtschaftlichen Leistungs- und (Miß-) Erfolgsdaten. Manches davon läßt sich oft unter dem Siegel der Verschwiegenheit in Erfahrung bringen, manches eben nur mit Methoden, die anderswo als Industriespionage bezeichnet werden.

Natürlich gehören, gleichsam als background, dazu auch einschlägige Informationen über die Unternehmensstruktur, insbesondere die personellen und finanziellen Potentiale. Zu einem groben Überblick verhelfen i. d. R. bereits die Informationen von Auskunfteien.

Selbstverständlich kommt es letzten Endes darauf an, solche Informationen nicht nur systematisch und möglichst laufend zu erheben, sondern sie auch auszuwerten. Dies einmal mit dem Ziel, erfolgversprechende Konkurrenzmaßnahmen u. U. zu kopieren, und zum anderen, um auf künftige Absichten so frühzeitig wie möglich reagieren zu können.

Normalerweise mangelt es im Einzelhandel an solchen Bemühungen; teils fehlen die Einsicht, teils auch das Personal und das Geld dafür. Auch ist es nicht leicht und zudem oft unangenehm, sich über die Folgen künftiger Konkurrenzaktivitäten nachhaltig Gedanken zu machen.

Am ehesten wird das Interesse noch geweckt, wenn der lokale Markt durch das Auftreten eines neuen bedeutenden Anbieters aufgeschreckt wird. Dies rechtzeitig zu erfahren, besser noch, es vielleicht zu verhindern, ist ebenso wichtig wie Kenntnisse über dessen Unternehmenspotential, die Größe der Verkaufsstätte und die mutmaßliche Stoßrichtung. Handelt es sich dabei um eine Filialniederlassung, so gibt es meist brauchbare Anhaltspunkte aufgrund von Erfahrungen anderen Orts. Das geht hin bis zu den praktizierten Eröffnungskonzepten.

Die Dringlichkeit eigener Gegenreaktionen wird dabei natürlich insbesondere davon abhängen, inwieweit die neue Konkurrenz auf Verdrängungswettbewerb setzt bzw. angewiesen ist, wie wahrscheinlich dieses gelingt, und wer davon (in erster Linie) betroffen sein wird. Mitunter können sich auch positive Effekte ergeben, nämlich dann, wenn der neue Anbieter zu einem zusätzlichen Attraktivitätsfaktor für den Standort wird und von der Erweiterung des Einzugsgebietes auch die Mitbewerber profitieren. Inwieweit das tatsächlich der Fall ist, hängt für den einzelnen natürlich auch von den Standortverhältnissen in dessen engerem Umfeld ab, denn nicht selten verlagern sich durch einen neuen Wettbewerber auch die Passantenströme.

Konkurrenzforschung ist zwar letztlich Chef-Sache, vielfach wird aber zu wenig Wert darauf gelegt, daß die Mitarbeiter im Verkauf ihren Teil dazu beitragen, also angehalten werden, alles ihnen wichtig Erscheinende „nach oben" zu melden. Das gilt analog oftmals sogar ganz besonders für die mehrstufig arbeitenden Einzelhandelsunternehmen. Wenn die Zentralen diesen Informationsfluß nicht fördern und institutionalisieren, erhalten sie auch nur einen unzureichenden Überblick darüber, was sich an der Verkaufsfront tatsächlich abspielt.

4. Kapitel: Strategische Planung

A. Bedeutung der strategischen Planung

Eigentlich, so ließe sich argumentieren, gehört das Thema „Langfristplanung" an den Anfang, denn alles tägliche Handeln, alle Teilpläne, sollten doch entlang einer Generallinie erfolgen, deren Richtung langfristig geplant und festgelegt ist.

Wer die Praxis kennt, weiß, daß ein solches Vorgehen zu den Ausnahmen zählt, weil der unbestimmte Drang, sich zu behaupten oder einfach vorwärts zu kommen, die Regel ist. Das Nächstliegende zu tun, ist im übrigen auch angenehmer, denn sich ständig selbst auf Plankonformität überprüfen zu müssen, erfordert Disziplin und vielfach auch Verzicht.

Aus dieser Sicht, aber auch aufgrund der Tatsache, daß die Probleme des operativen Geschäfts erst einmal bekannt sein müssen, ist das Thema als Schlußkapitel verständlich und wohl auch gerechtfertigt, zumal in den vorangehenden Ausführungen auch die langfristigen Aspekte immer wieder zur Sprache kamen.

Weitsicht war, ebenso wie die schnelle Reaktion auf sich kurzfristig bietende Marktchancen, schon immer eine Unternehmertugend. Die Antizipation zukünftiger Gegebenheiten ist dabei in dem Umfang notwendig, wie dafür jetzt schon Entscheidungen getroffen werden müssen. Der **Planungshorizont** kann deshalb also auch zu weit gezogen werden, zumal die Prognoseunsicherheiten dabei i. d. R. beträchtlich zunehmen, und das um so mehr, je dynamischer die Entwicklungen sind. Fünfjahresplanungen werden meist als vertretbar angesehen, langfristigere Perspektiven müssen dabei jedoch vielfach einfließen.

Im Vergleich etwa zur industriellen ist die Handelstätigkeit ein **kurzfristigeres** Geschäft; die Anpassung an eine veränderte Nachfrage ist durch entsprechende Sortimentsveränderungen verhältnismäßig leicht vorzunehmen. Die notwendigen Investitionen sind i. d. R. auch weit geringer und vielfach auch besser wiederverwertbar als die der Industrie.

Entsprechend gering war die Bedeutung der langfristigen Planung im Einzelhandel. Erst in jüngerer Zeit wird versucht, die für die Industrie entwickelten Planungsmethoden auch hier anzuwenden, und zwar natürlich primär seitens der Großbetriebe des Einzelhandels, die inzwischen vermehrt in nationalen und internationalen Bezügen denken müssen. Allein die Unternehmensgröße mit ihren entsprechenden Investitionsvolumina führt ja bereits zu einem gewissen **Planungsautomatismus,** und auch der Wechsel von den impulsiven und dynamischen Nachkriegsunternehmern zu Handelsmanagern trägt das seine zu dieser Entwicklung bei. Intuitive Visionen und der feste Glaube daran werden also zunehmend abgelöst von Planungsarbeit, Planungsabteilungen und Planungsstäben. Wie weit dadurch die Sensibilität zum Erkennen der „schwachen Signale" noch gewahrt bleibt, sei dahingestellt.

Die strategische Planung sollte eigentlich die Unternehmenszielsetzungen vorausschauend bestimmen. In Wirklichkeit entschließt man sich aber häufig erst dazu, wenn es im Unternehmen kriselt, weil die Umsätze stagnieren, die Marktanteile zurückgehen und die Rendite schmilzt. Dann ist der Moment der grundsätzlichen Besinnung auf die Frage gekommen: „Wie soll es langfristig eigentlich weitergehen?", und das ist dann oft auch die Stunde der Unternehmensberater, die helfen sollen, diese Frage unabhängig vom firmeninternen Interessengeflecht zu beantworten.

Die strategische Planung sollte idealerweise, unabhängig von bestehenden Planungszyklen, als **ständige Aufgabe** der Unternehmensführung aufgefaßt werden. Das erfordert Selbstdisziplin, aber auch eine entsprechende Motivation der Mitarbeiter insofern, als die strategische Planung
– die Unternehmensführung dazu zwingt, die Umwelt laufend zu beobachten und zu verstehen,
– das Verständnis der Führungskräfte für langfristige Fragestellungen im Unternehmen fördert,
– den Führungskräften verdeutlicht, daß die grundlegenden strategischen Entscheidungen nur in einem iterativen Prozeß getroffen werden können bzw. müssen,
– dazu zwingt, laufend über die Gestaltung der Organisation und des Führungskonzeptes nachzudenken,
– eine zielgerichtete Verteilung der Ressourcen bewirkt.

B. Einzelaspekte der strategischen Planung

I. Planungsbereiche

1. Unternehmensphilosophie

Die strategische Planung beginnt – genau genommen – schon mit der Frage nach der Unternehmensmaxime. Vollblutunternehmer haben – zumindest in ihrer Aufstiegsphase – dafür verständlicherweise meist nur ein Lächeln übrig, weil sie die Firmenphilosophie i. d. R. im Betrieb vorleben (sollten). Aber ab einer gewissen Unternehmensgröße erscheint es sinnvoll oder sogar notwendig, sich über die eigenen **Werthaltungen** und

Grundeinstellungen Gedanken zu machen und diese den Mitarbeitern, und hier insbesondere den Führungskräften, zu vermitteln. Nicht von ungefähr wird in jüngster Zeit das Thema **Unternehmensphilosophie** und **Unternehmenskultur** so stark diskutiert. Es wird damit also ein Denk- und Bezugsrahmen konstituiert, mit dem sich das Management identifizieren kann und soll. Dafür bedarf es u. U. entsprechender Harmonisierungsbemühungen in Gestalt von Verfahren, die relativ einfach durchgeführt werden können. Mittels Selbsteinschätzung der Führungskräfte anhand eines Fragebogens wird in einem anschließenden Diskussionsprozeß ein gemeinsames **Wertvorstellungsprofil** erarbeitet. Mitunter erwachsen daraus die „obersten Grundsätze" der Unternehmensleitung oder ein kurz gefaßtes Unternehmensleitbild, die allen Mitarbeitern und Vertragspartnern zur Kenntnis gebracht werden. Obgleich lange Zeit hierzulande nicht recht ernstgenommen, vor allem wegen ihrer stereotypen Inhalte, scheint man mit Blick auf japanische und amerikanische Erfahrungen inzwischen stärker vom Wert solcher Deklarationen überzeugt zu sein.

Als Beispiel sei in Darstellung 73 das Leitbild der Coop Schweiz wiedergegeben, in dem vor allem die Verpflichtung gegenüber der Genossenschaftsidee zum Ausdruck kommt.

Darstellung 73: Leitbild der Coop Schweiz

Leitbild der Coop-Gruppe

Die Coop-Gruppe gehört den Genossenschaftern. Sie bestimmen durch die Institutionen der Genossenschaftsdemokratie letztlich das Leitbild der Coop-Gruppe.

Das Unternehmungsleitbild dient als Grundlage aller Aktivitäten sämtlicher Unternehmungen der Coop-Gruppe.

Die im Leitbild umschriebenen leistungswirtschaftlichen, sozialen und finanzwirtschaftlichen Verhaltensgrundsätze setzen den Bezugsrahmen für unsere Entscheidungen in der Praxis.

Wesen, Ziele und Verhaltensgrundsätze der Coop-Gruppe

Leistungswirtschaftliche Grundsätze

Wir sind eine kooperative Einheit von Produktions-, Handels- und Dienstleistungsunternehmungen, die durch Beschaffen und Verteilen von Waren bzw. Erstellen von Dienstleistungen möglichst viel zur guten Lebensqualität der Konsumenten beitragen will.

Wir sind als Gruppe eine Einheit und treten als solche gemeinsam auf.

Unsere Marktleistungen richten sich nach den Bedürfnissen und Wünschen der Konsumenten. Unsere Struktur soll einfach und klar sein.

Unter Nutzung von Fortschritt und Technik wollen wir die günstigste Warenbeschaffung – einschließlich rationelle Produktion – und eine zeitgemäße, fortschrittliche Verteilung unserer Waren und Dienstleistungen gewährleisten.

Wir informieren sachlich und offen über Preise, Eigenschaften und Verwendung unserer Waren bzw. Dienstleistungen.

Wir wollen wachsen, um unsere Leistungsfähigkeit zugunsten der Konsumenten zu verbessern. Daher verfolgen wir im fairen und transparenten Wettbe-

→

werb anspruchsvolle Marktanteilsziele. Von der Konkurrenz wollen wir uns klar abgrenzen; in Fragen, welche die Branche als Ganzes betreffen, sind wir zur Zusammenarbeit bereit.

Soziale Verhaltensgrundsätze

Wir sind für die Erhaltung und Entwicklung unserer liberalen und sozialen Gesellschaftsordnung mitverantwortlich. Im Rahmen unserer Möglichkeiten arbeiten wir an der Lösung wirtschaftlicher, sozialer und ökologischer Probleme mit. Wir sind parteipolitisch unabhängig, nehmen jedoch an der politischen Entscheidungsfindung im Rahmen unserer unternehmungspolitischen Grundsätze teil.

Institutionen, die sich loyal für die Belange des Konsumenten einsetzen, stehen wir positiv gegenüber.

Unsere Zielsetzungen können wir nur durch den vollen Einsatz all unserer Mitarbeiter realisieren. Wir arbeiten zielund teamorientiert und richten uns nach dem Leistungsprinzip. Von den Führungskräften aller Stufen verlangen wir Einfallsreichtum und Dynamik in der Zielerreichung.

Berufliche Aus- und Weiterbildung, Förderung sozialer Sicherheit, Entfaltung der Persönlichkeit und leistungsgerechte Entlohnung charakterisieren unsere Personalpolitik. Unser Führungsstil ist durch Mitwirkung und Mitverantwortung unserer Mitarbeiter und durch die Grundsätze der Führung durch Zielsetzung geprägt.

Wir unterstützen als Mitglied des Internationalen Genossenschaftsbundes den Erfahrungs- und Güteraustausch mit in- und ausländischen Genossenschaftsorganisationen.

Finanzwirtschaftliche Verhaltensgrundsätze

Wir wollen langfristig unsere Marktstellung und Leistungskraft ausbauen. Deshalb wollen wir Erneuerung, Expansion und Diversifikation zu einem angemessenen Teil aus dem erarbeiteten Cashflow finanzieren.

Unsere Unabhängigkeit und wirtschaftliche Sicherheit wahren wir mit einer möglichst breiten und gesunden Finanzierungsbasis.

Wir streben eine finanzwirtschaftliche Einheit an und setzen unsere selbstarbeitenden Mittel zur Stärkung unserer Leistungsfähigkeit im Dienste der Konsumenten und unsere Mitarbeiter ein.

Quelle: Drexel, G.: Strategische Unternehmensführung im Handel, Berlin, New York 1981, S. 137.

2. Ist-Analyse

Die strategische Planung erfordert, ihrem langfristigen Charakter entsprechend, eine systematische Analyse des Unternehmensumfeldes hinsichtlich der relevanten, langfristig wirksamen Veränderungen.

Ausgangspunkt für solche Überlegungen ist der Status quo, also eine Ist-Analyse einschließlich der Begründung (Vergangenheitsentwicklung), und zwar bezogen auf
– das eigene Unternehmen,
– die Wettbewerber
– die Nachfrage(r),
– die relevanten Umweltfaktoren.

Eine solche Analyse – meist mit Hilfe von Checklisten erstellt – muß also eine Begründung dafür abgeben können, worauf sich die gegenwärtige eigene Position im Markt zurückführen läßt, sei diese nun besonders gut oder eben auch nicht zufriedenstellend. Handelt es sich etwa um unvorhersehbare äußere Einflüsse, oder waren die (Miß-)Erfolge gleichsam „hausgemacht", und welches waren die Gründe dafür im einzelnen?

Die Forderung nach einer solchen Ist-Analyse ist leicht gestellt, bedarf jedoch einer relativ breiten Informationsbasis und auch einer Menge Selbstkritik. Vielfach wäre es ein leichtes, sich speziell über die betrieblichen Schwachpunkte durch die eigenen Mitarbeiter ins Bild setzen lassen, zumindest dann, wenn es diese persönlich nicht betrifft. Aber davon wird viel zu wenig Gebrauch gemacht.

Die Ist-Analyse charakterisiert die momentane **Ausgangsposition,** gibt also an, wie gut oder wie schlecht im Prinzip die Chancen für das weitere Vorgehen im Markt sind. Und ähnlich wie ein Heerführer nicht nur seine gegenwärtige Frontlinie unter strategischen Gesichtspunkten beurteilt, sondern auch sein Potential im Vergleich zum Gegner analysiert, muß dies das Unternehmen tun in Gestalt einer sog. **Stärken-/Schwächenanalyse.** Der Katalog in Darstellung 74 zeigt beispielhaft die hier zu prüfenden Gesichtspunkte.

3. Prognosen/Projektionen

Die größeren Schwierigkeiten und Unsicherheiten liegen beim nächsten Schritt, nämlich bei der Beurteilung der zukünftigen Entwicklung. Ausgehend bzw. aufbauend auf Vergangenheits- und Gegenwartsdaten, muß also prognostiziert werden, wie sich die Nachfrage sowie die Konkurrenz entwickeln werden, und welche Umweltfaktoren hier wiederum (mit)verantwortlich sind.

Es ist klar, daß dafür die einfachen Prognosemethoden vielfach nicht ausreichen, denn auf dieser Ebene stehen Fragen an, die i. d. R. sehr vielschichtige Begründungen für eine Beantwortung erfordern. Solche Fragen wären z. B.:

- (Wie) werden sich in den nächsten Jahren die Kaufkraftströme innerstädtisch verlagern?
- Wird die Fachmärkte-Entwicklung auf Dauer die einschlägigen nonfood-Bereiche der Verbrauchermärkte und SB-Warenhäuser nachhaltig beeinträchtigen?
- Muß im Warenbereich XY mit einem weiteren relativen Nachfragerückgang – anteilig an den Ausgaben der privaten Haushalte – gerechnet werden?
- Wird die zukünftige Entwicklung im Einzelhandel tatsächlich auf die vieldiskutierte Polarisierung zwischen Erlebnishandel und Versorgungshandel hinauslaufen?

Mit einer Zahl oder Zahlenreihe ist es dabei also nicht getan, um zu

B. Einzelaspekte der strategischen Planung

Darstellung 74: Katalog möglicher Erfolgsfaktoren im Einzelhandel (Auszug)

1. **Verkaufsfront-Stärke**
   - 1.1 Standortstärke
     - a) Gebietserschließung und -abdeckung
     - b) Attraktivität und Magnetwirkung der Standorte
   - 1.2 Verkaufsstellen-Stärke
     - a) Anzahl von Verkaufsstellen (= Läden)
     - b) Total Verkaufsfläche
     - c) ∅ Größe der Verkaufsstellen
     - d) ∅ Alter der Verkaufsstellen
   - 1.3 Investitionsaktivität (Verkaufsflächenzuwachs in % p. a.)
   - 1.4 Investitionsintensität (investiertes Kapital in % vom Umsatz)
   - 1.5 ...

2. **Marketing- und Verkaufsstärke**
   - 2.1 Sortimentsstärke
     - a) Sortimentsaufbau
     - b) Sortimentsprofilierung und -positionierung
     - c) Sortimentskompetenz
     - d) Sortimentsqualität
     - e) Sortimentsaktualität
   - 2.2 Preisniveau (in % zum Hauptkonkurrenten)
   - 2.3 Preispositionierung
   - 2.4 Preis/Leistungs-Stärke
   - 2.5 Service- und Dienstleistungsstärke
   - 2.6 Werbe- und Promotionsstärke
   - 2.7 Präsentations- und Layoutstärke
   - 2.8 Kundenstruktur
   - 2.9 Kundenfrequenz
   - 2.10 ∅ Kundeneinkauf
   - 2.11 Kundenreklamationen
   - 2.12 Lagerumschlag
   - 2.13 Zielgruppen-Profilierung/Image
   - 2.14 ...

3. **Beschaffungsstärke**
   - 3.1 Beschaffungsvolumen
   - 3.2 Beschaffungsorganisation und -Know-how
   - 3.3 Lieferantenbeziehungen und -konditionen
   - 3.4 Leistungsfähigkeit der Eigenproduktion (falls vorhanden)
   - 3.5 ...

4. **Logistische Stärke**
   - 4.1 Organisation der Warendisposition
   - 4.2 Organisation der Warenannahme, -verpackung und -auszeichnung
   - 4.3 Lagerkapazitäten
   - 4.4 Organisation der Warenbereitstellung, -auslieferung und des Transports
   - 4.5 Automatisierungsgrad der Logistik
   - 4.6 ...

5. **Personelle Stärke**
   - 5.1 Personalkosten (in % vom Umsatz)
   - 5.2 Personalproduktivität (Aktivstundenleistung)
   - 5.3 Lohnniveau (in % zum Hauptkonkurrenten)
   - 5.4 Fachkompetenz des Kaders und der Mitarbeiter
   - 5.5 Kundenorientierung und Freundlichkeit des Verkaufspersonals
   - 5.6 Personalschulung
   - 5.7 ...

6. **Synergetische Stärke**
   - 6.1 Ausnutzung von Synergiemöglichkeiten durch verbesserte Zusammenarbeit mit anderen SGEs und/oder mit der Zentrale (z. B. bezügl. Warenbeschaffung, Logistik, Marketing, Corporate Identity)
   - 6.2 Nutzbarmachung unternehmensweiter (SGE-übergreifender) Erfolgspotentiale

7. ...

Quelle: Drexel, G.: Ein Frühwarnsystem für die Praxis. In: Zeitschrift für Betriebswirtschaft, 54. Jg., Heft 1/1984, S. 91

begründeten Einsichten zu gelangen. Deshalb müssen verstärkt auch subtilere Verfahren zur Anwendung kommen, wie etwa die **Delphi-Methode** oder die **Szenario-Techniken**. Trotz aller sich hier ergebenen Interpretationsspielräumen entsprechen diese jedenfalls mehr dem Erfordernis einer komplexen Betrachtungsweise.

Das Problem besteht dabei im Prinzip im Erkennen aller Einflußgrößen nach Art, Intensität und Interdependenz, und das gelingt selbst im nachhinein häufig längst nicht so eindeutig, wie es die vielgebrauchte Feststellung „daß es so kommen mußte, wie es gekommen ist" glauben machen will.

Zunehmend erschwerend wirkt die Tatsache einer verstärkten Instabilität in den Verhaltensweisen der Wirtschaftssubjekte, vor allem auch unter dem fast unberechenbaren Einfluß der öffentlichen Medien. Elefanten können hier bekanntlich zu Mücken gemacht und Mücken zu Elefanten aufgeblasen werden und damit zu nachhaltigen Veränderungen des Verbraucherverhaltens führen.

Je besser es gelingt, dieser Schwierigkeiten Herr zu werden, je „richtiger" also die Zukunft beurteilt wird, um so besser sind zumindest die Voraussetzungen für eine wirkungsvolle eigene Strategie. Auch hier drängen sich wiederum Vergleiche zum militärischen Bereich auf. Wer weiß, welche Operationen der Gegner plant und wie die sonstigen Verhältnisse (das Wetter, die Bodenverhältnisse usw.) beschaffen sein werden, ist selbst nicht auf kurzfristige Reaktionen beschränkt, sonder kann wirkungsvoll planen, und zwar unter Berücksichtigung seiner eigenen langfristigen Rahmenziele (Unternehmensleitbild) sowie des eigenen Potentials (Stärken/Schwächen).

Soweit die einfachen und wahrscheinlich nicht neuen, sondern ewig gültigen Grundüberlegungen, die jedem Menschen auch im Alltag geläufig und die bei so vielen langfristigen Entscheidungen mit dem Seufzer verknüpft sind: „Wenn ich nur im voraus genau wüßte ...".

Das A und O der Langfristplanung liegt also in der Genauigkeit der **Prognose**. Je besser diese gewährleistet ist, um so zwingender ergeben sich daraus die strategischen Folgerungen, weil sich die lediglich aus Informationsunsicherheit ins Auge zu fassenden Alternativen damit verringern.

Von den Grundsatzüberlegungen nun zur Konkretisierung. Im Prinzip ergeben sich hier zunächst zwei unterschiedliche Ausgangsfragestellungen. Die erste basiert auf einer gegebenen Unternehmenssituation und läßt sich wie folgt formulieren:

> Liegt das Unternehmen mit seiner jetzigen Zielsetzung, seinem Leistungsangebot und seiner (Kosten-)Struktur auch für die nächsten fünf (bis zehn) Jahre noch auf erfolgversprechendem Kurs?

B. Einzelaspekte der strategischen Planung

Für Newcomer, aber auch für etablierte (Groß-)Betriebe stellt sich (darüber hinaus) die Frage:

Welche Einzelhandelsbereiche versprechen in den nächsten fünf bis zehn Jahren besondere Erfolgschancen? Wo lohnt sich also vermutlich ein Einstieg?

Solche Fragen zwingen automatisch zu einer detaillierten Betrachtung der **Marktchancen** einerseits sowie der eigenen **Angebots-** und **Kostenstrukturen** andererseits.

Zwei Fragen stehen dabei wiederum im Vordergrund, nämlich:
– Wird die eigene **Betriebsform** auch auf längere Sicht noch erfolgreich sein, bzw. welche anderen wären das eher?
– Wird das angebotene **Warensortiment** auch auf längere Sicht noch erfolgreich sein bzw. welches andere wäre das eher?

Es geht also einmal um die **Angebotsform** und zum anderen um die **Angebotsinhalte,** wobei beide im Grunde natürlich im Zusammenhang zu sehen sind. Aber nicht nur das; mitentscheidend für Erfolg oder Mißerfolg sind bekanntlich auch die übrigen Attraktivitätsfaktoren, also etwa die Preispolitik, die Standorte, die Flächen, die Werbung usw. Das ist ganz ähnlich wie bei einem ansonsten bedarfsgerechten Produkt, dem es etwa an der attraktiven Packungsgestaltung mangelt.

Eingedenk dieser Zusammenhänge soll im nachfolgenden die strategische Planung der beiden genannten Schwerpunkte nacheinander abgehandelt werden.

II. Schwerpunkte der strategischen Planung

1. Strategische Betriebsformenplanung

1.1 Grundsatzfragen und Betriebsformenportfolio

Die Betriebsformenpolitik wird häufig als zentrale Aufgabe der strategischen Planung im Einzelhandel angesehen. Das mag an den klaren Unterscheidungsmöglichkeiten liegen und auch daran, daß sich der Wettbewerb hier inzwischen sehr stark als eine Konkurrenz der Betriebsformen darbietet. Sicherlich liegt es dagegen nicht an der Häufigkeit der Entscheidungsfälle, denn oft stehen im Leben einer Unternehmung solche Überlegungen gewiß nicht an.

Betriebsformen im Einzelhandel unterscheiden sich bekanntlich durch jeweils andere Merkmalskombinationen und -ausprägungen, die – weil häufig nachgeahmt – von den Verbrauchern jeweils als Typus erlebt und eben auch unterschieden werden. Jedermann kann sich unter Warenhaus, Fachgeschäft, Getränke-Abholmarkt, Strandkiosk oder Tankstelle etwas vorstellen und damit auch in etwa beurteilen, was ihn dort jeweils erwartet.

Aus den vielen Versuchen, neue Formen zu kreieren, haben sich also nur vergleichsweise wenige durchgesetzt, und zwar eben solche, die von den Verbrauchern akzeptiert werden und bei denen die Betreiber auf ihre Rechnung kommen, zumindest so lange, wie sie nicht durch andere, „bessere" Betriebsformen be- oder gar verdrängt werden.

Die verschiedenen Betriebsformen haben – bei allen individuellen Abweichungen – also jeweils ein bestimmtes **Attraktivitätspotential** seitens der Verbraucher, aber damit auch eine ähnliche Leistungs- und Kostenstruktur, denn Angebotsleistungen und Kosten korrespondieren – zumindest traditionell – sehr eng miteinander. Sinken die Attraktivität und damit die Umsätze und können die Kosten nicht entsprechend gesenkt werden, so sind die Rentabilität und schließlich die Existenz solcher Betriebstypen gefährdet.

Die Ausgangsfrage nach den Zunkunftsaussichten der verschiedenen Betriebsformen hängt natürlich in großem Maße von der vergleichenden Beurteilung (Aktzeptanz) der Verbraucher ab. Streng genommen müßte daher eine abstrahierende Bewertung erfolgen. Die läge beispielsweise vor, wenn sehr viele Verbraucher folgende Antworten geben würden: „Ich kaufe eigentlich immer weniger gern in den großflächigen Geschäften ...", oder: „Ich finde es immer angenehmer, in kleinen, überschaubaren Läden einzukaufen ..." usw.

Solche Überlegungen verhüten zumindest allzu schnelle Urteile über bestimmte Betriebsformenentwicklungen in der Zukunft. Das kleine Geschäft z. B. ist heute vielfach nicht wegen seiner Dimension hinsichtlich Raum und Angebot verschwunden, sondern wegen der Einfallslosigkeit seiner Betreiber und dem daraus resultierenden schlechten Preis-Leistungs-Verhältnis. Immerhin geht es heute gegen jeden (vermuteten) Trend, daß kleine Fach-/Spezialgeschäfte und sonstige Vertriebsstellen wie Pilze aus dem Boden schießen und – oft als Filiale bzw. im Franchise-System betrieben – offenbar auch reüssieren. Vielfach sind es also deren Absatzkonzepte und Organisationsformen, die über das Schicksal von Betriebstypen entscheiden.

Freilich gibt es auch Betriebstypen, die entweder so schwer an ihren Hypotheken aus der Vergangenheit zu tragen haben, daß eine Umstellung nicht oder zumindest sehr schwer möglich ist, oder andere, über die die Zeit inzwischen einfach hinweggegangen ist. Kurzwaren von Tür zu Tür zu verkaufen ist ebenso passé wie die früheren Lebensmittel-Stuben-Läden oder die Einheitspreisgeschäfte.

Als ein plausibles Maß für die Einschätzung künftiger Chancen einer Betriebsform bietet sich deren **anteilige** Entwicklung(s-Tendenz) am Einzelhandelsumsatz (vgl. hierzu Kap. Bedeutung und Struktur des Einzelhandels, Abschn. II.2., S. 32) an. Hier zeigten sich in der Vergangenheit ja deutliche Verschiebungen und auch gewisse zeitlich versetzte Parallelentwicklungen in den Branchen. Nichts ist naheliegender, als sich langfristige Gedanken über seine eigene Betriebsform zu machen, wenn etwa Jahr für Jahr andere Betriebsformen auf der Überholspur sind. Das gilt im Prinzip genauso für den kleinen Händler mit seinen oft allerdings nur schwachen Ausweichmöglichkeiten wie natürlich und vor allem für die Großbetriebe, von denen ja viele seit Jahren dabei sind, über ihre angestammte Betriebsform hinaus weitere Vertriebslinien – d. h. andere Betriebsformen-Netze – aufzubauen bzw. zuzukaufen. Vorreiter waren auch hier wieder die Lebensmittelanbieter, denen es wahrscheinlich inzwischen schlecht ergehen würde, wenn sie sich weiterhin auf ihre Supermärkte beschränkt hätten.

Waren es vor Jahren vornehmlich die Billigbetriebsformen, in die man investierte, so sind es derzeit vermehrt auch solche mit Fachgeschäftscharakter, insbesondere auch Fachmärkte, ein Zeichen dafür also, daß man diesem Typ als solchem inzwischen wieder mehr Chancen einräumt.

Hier beginnen also die Prognoseüberlegungen im Rahmen der strategischen Planung, und entsprechend werden die Marktforscher bemüht, die (zukünftigen) Betriebsformenpräferenzen anhand der Umsätze und der Verbrauchermeinungen zu eruieren. Tagungs- und Artikelüberschriften wie „Werden wir eine Discount-Gesellschaft?" oder – einige Jahre später – „Die Zukunft liegt im Erlebnishandel" zeigen die wellenförmige Themenentwicklung und beweisen auch, wie aktuelle Veränderung im Einzelhandel oft überschätzt werden.

Ersatzweise wäre auch schon etwas gewonnen, wenn beispielsweise folgende Tendenzaussagen richtig wären:
– Die großflächigen Betriebsformen werden überdurchschnittlich abnehmen.
– Die Discountformen werden stagnieren.
– Die gesteuerten Standortkombinationen von zwei bis drei Discount-Fachgeschäften werden zunehmen.

Lassen sich solche Prognoseergebnisse als (sehr) wahrscheinlich plausibel begründen, ergeben sich mit einer gewissen Zwangsläufigkeit daraus die **Normstrategien,** und zwar vor dem Hintergrund der eigenen relativen Wettbewerbsvor- bzw. -nachteile.

Ein Unternehmen mit mehreren Vertriebslinien muß dann also entscheiden, für welche Betriebsformen Investitions- bzw. **Wachstumsstrategien** angebracht sind, wo die Positionen lediglich **gehalten** werden sollen und wo schließlich u. U. Desinvestitions- bzw. **Schrumpfungsprozesse** einzuleiten sind.

Zur graphischen Verdeutlichung solcher Strategieüberlegungen kann die inzwischen bekannte **Portfolio-Matrix** benutzt werden.

Operative Teilbereiche eines Unternehmens, seien es verschiedene Produktionsstätten, (Auslands-)Märkte oder – wie hier – verschiedene Betriebsformen(-linien), werden zu sog. **Strategischen Geschäftseinheiten** deklariert, und es wird – unter Wahrung des Unternehmenszusammenhangs – zu bestimmen versucht, welche Entwicklung die einzelnen Strategischen Geschäftseinheiten (SGEen) langfristig nehmen sollen.

Die Ableitung der Strategien ist dabei abhängig von den jeweiligen Achsenbezeichnungen des Portfolios. Dabei wird eine Achse häufig von eher externen Größen bestimmt (z. B. Marktattraktivität), während die andere Achse eher interne Größen (z. B. eigene Wettbewerbsvorteile) berücksichtigt.

Eigentlich brauchte dabei nicht betont zu werden, daß eine solche Graphik, wie sie in Darstellung 75 beispielhaft abgebildet ist, die Probleme lediglich anschaulicher macht. Der Wert ihrer Aussage richtet sich selbstverständlich danach, wie richtig die getroffenen Analysen bzw. Prognosen sind. Ferner dürfte klar sein, daß sich um so leichter nach diesem Muster verfahren läßt, je unabhängiger voneinander die einzelnen SGEen nicht nur definiert werden, sondern es im Unternehmensverbund auch tatsächlich sind. Es darf also beispielsweise nicht so sein, daß eine forsche Wachstumsstrategie in einem Geschäftsfeld im nachhinein ergibt, daß eine andere SGE davon ungewollt nachhaltig beeinträchtigt wurde.

Wenn eine solche Positionierung der einzelnen Betriebsformen(-linien) des Unternehmens zuträfe, müßten daraus die entsprechenden Schlüsse strategischer Art gezogen, also entschieden werden, wo Ausbau, wo Abbau, wo Halten erfolgen soll. Das erfordert zweifellos Mut zum Risiko, wie jeder bei einigem Nachdenken wohl nachvollziehen kann, denn die Matrix in Darstellung 75 ist keine technische Zeichnung, die auf physikalischen Gesetzen basiert.

Die Prognosemöglichkeiten der langfristigen Betriebsformen-Entwicklung sind zweifellos sehr begrenzt. Entsprechend verkürzt verlaufen auch die Überlegungen in der Praxis. Zeichnet sich erst bei einer Betriebsform rasches Wachstum ab, und wird diese Tatsache sogar vielleicht noch durch ausländische Erfolgsbeispiele unterstrichen, wird sie schnell multipliziert und von der Konkurrenz kopiert, wobei überschlägig abgeschätzt wird, wie groß und welcher Art das notwendige Einzugsgebiet für den Standort etwa sein muß, um eine tragfähige Basis zu bieten. Natürlich gehen solche Rechnungen nur dann auf, wenn nicht gleichzeitig dort auch Konkurrenten das gleiche zu verwirklichen trachten.

Darstellung 75: Betriebsformen-Portfolio-Matrix

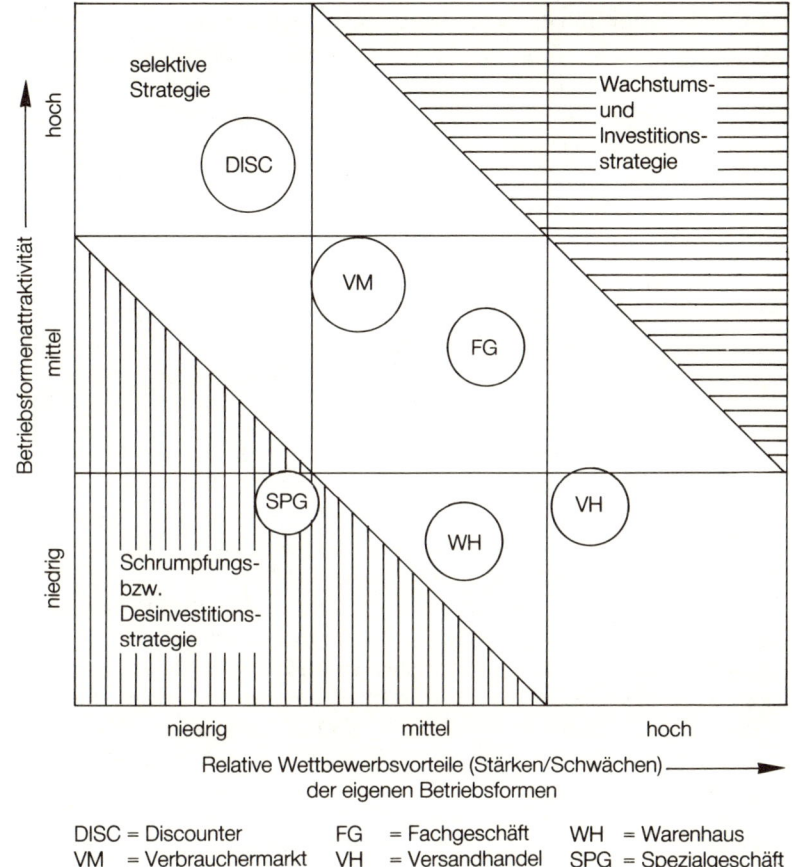

1.2 Kreation innovativer Betriebsformen

Zur strategischen Betriebsformenplanung gehört nicht nur das Reagieren und Kopieren, sondern auch die Schaffung neuer erfolgversprechender Angebotsformen. „Neu" bezieht sich dabei in aller Regel auf andersartige Kombinationen und Dimensionierungen bekannter Mix-Elemente, im wesentlichen also im Hinblick auf:

– Neuartige Sortimentierung von Waren und/oder Dienstleistungen,
– neuartige Warenpräsentationen,
– neuartige Kommunikation,
– neuartige Bestell- und Abwicklungsvorgänge
– neuartige Preisstellungen,

– neuartige Organisation der Kundenbeziehungen,
– neuartige Beratungsmethoden und neuartiger Service.

Die Kombinationsmöglichkeiten sind – mathematisch betrachtet – außerordentlich groß, der Versuch, gleichsam auf rechnerischem Wege erfolgversprechende Kombinationen zu finden, ist im Zeitalter des Computers ebenso naheliegend wie naiv. Gerade hierbei wird das Beharrungsvermögen der Verbraucher unterschätzt. Erfolgreiche Ideen sind in diesem Bereich dann meist auch von verblüffender Einfachheit und gingen in den letzten Jahren im wesentlichen über den günstigen Preis, weit weniger über „Erlebnis".

Enttäuschend sind z. B. – von Ausnahmen abgesehen – bisher die Versuche gelaufen, den Einkauf in die Freizeitbeschäftigung zu integrieren, aber immerhin hat sich – vor Jahren noch kaum vorstellbar – die Kombination mit gastronomischen Leistungen in einigen Bereichen zumindest gut angelassen.

Kaum erfolgreich waren ferner bisher im Grunde alle Versuche, die Verbraucher nachhaltig zur Telefon- oder BTX-Bestellung zu veranlassen, soweit sie eben nicht Versandkäufer sind. Und schließlich gilt das gleiche für die übrigen Variationen des Homeshopping mit Warenkommissionierung für den Kunden und Zustellung beim Kunden (vgl. Kap. F/V). Jede individuelle Händlerleistung ist nämlich inzwischen überdurchschnittlich teuer, ganz ähnlich wie beim Reparaturhandwerk, seit durch die Selbstbedienung das Preisniveau im Einzelhandel stark heruntergezogen wurde. Die erforderlichen Preisdifferenzen werden von den Verbrauchern bislang nicht honoriert, und es ist fraglich, ob dies bei zunehmender Freizeit und auch wachsender Mobilität in Zukunft stärker der Fall sein wird.

2. Strategische Sortimentsplanung

2.1 Grundsatzfragen und Sortimentsportfolio

Als erstes wurde die langfristige Betriebsformenplanung abgehandelt. Dies mußte notwendigerweise relativ abstrakt bleiben, denn die Frage nach der Betriebsform stellt sich in praxi ja immer nur und vor allem im Zusammenhang mit bestimmten Sortimentsvorstellungen. Die Sortimentspolitik wurde in Kapitel 2.A. ausführlich behandelt, so daß hier nur noch strategische Aspekte nachgetragen werden müssen. Das kann insofern auch entsprechend kurz erfolgen, als die gedankliche Abfolge im Grund die gleiche ist wie bei der strategischen Betriebsformenplanung. Langfristige Sortimentsüberlegungen werden von der Frage auszugehen haben, welche Waren bzw. welche Nachfragebereiche in Zukunft vermutlich wachsen, stagnieren oder sogar schrumpfen werden, und zwar bezogen auf Menge und Wert. Entsprechende Prognosen darüber müssen also vorliegen.

Gewisse strategische Vorentscheidungen leiten sich insofern aus deren Ergebnissen ab, als es im Prinzip erfolgversprechender ist, in wachsenden Märkten mitzuwachsen, als sich in stagnierenden oder rückläufigen behaupten zu müssen. Entsprechend verstärkt ist unter dem zunehmenden Druck des Wettbewerbs die Suche nach **Wachstumsfeldern** und **-nischen**. Wo solche erkannt oder vermutet werden, müssen bestehende Sortimente entsprechend ergänzt oder sogar in ihren Schwerpunkten verändert werden. Speziell Großunternehmen des Handels sind darüber hinaus inzwischen auch vielfach bemüht, das gesamte Warenspektrum auf solche Wachstumsfelder abzusuchen und – bei entsprechenden Perspektiven – solche Bereiche auszubauen, eventuelle sogar zu verselbständigen (branching out) oder sich dort einzukaufen. Gerade dieser Prozeß ist seit Jahren ja in vollem Gange, weil viele Unternehmen in ihrem traditionellen Metier sehr deutlich die Grenzen des Marktwachstums vor Augen haben, hier also allenfalls noch über Verdrängung expandieren können. Natürlich ist dabei der Firmenaufkauf in Wachstumsmärkten die attraktivere, spektakulärere, aber auch naheliegendere Strategie, weil, das zeigt die Erfahrung in der Vergangenheit, das eigene Know-how oft nicht ausreicht, um in branchenfremden Bereichen in vertretbaren Zeiträumen erfolgreich Fuß zu fassen. Ohnehin ist es oft noch schwer genug für die Käufer, die Risiken solcher Engagements abzuschätzen, zumal wenn dies in einem Klima einer preistreibenden Aufkaufeuphorie geschieht.

Doch nun von den Höhen der Diversifikationsstrategie zurück zu den Niederungen der langfristigen Sortimentsstrategien im Rahmen einer bestehenden Betriebsform und eines gegebenen Sortiments. Auch hier geht es – gleichsam als Daueraufgabe – um die bereits beschriebene Ausschau nach wachstumsträchtigen neuen Warenbereichen, natürlich mit allen Problemen der Sortimentsverträglichkeit und den dafür u. U. notwendigen Investitionen in Know-how und Einrichtungen. In erster Linie konzentrieren sich die Überlegungen jedoch auf die langfristige Anpassung des bestehenden Sortiments an die Zukunftserfordernisse; sie ist also eine Art perspektivistische Sortimentskontrolle.

Auch dazu läßt sich das Portfolio-Schema hilfreich verwenden und ergibt dann beispielsweise die in Darstellung 76 (S. 410) wiedergegebene Sortiments-Portfolio-Matrix mit ihren verschiedenen Warengruppen (WG).

Die Marktattraktivität mißt sich dabei an der Größe, dem weiteren (erwarteten) Wachstum der Warengruppe, aber auch an der gegebenen bzw. zukünftigen Wettbewerbsintensität. Ist also etwa zu erwarten, daß bedeutende Konkurrenten expansiver werden oder sogar neue in den Markt drängen?

Darstellung 76: Sortiments-Portfolio-Matrix

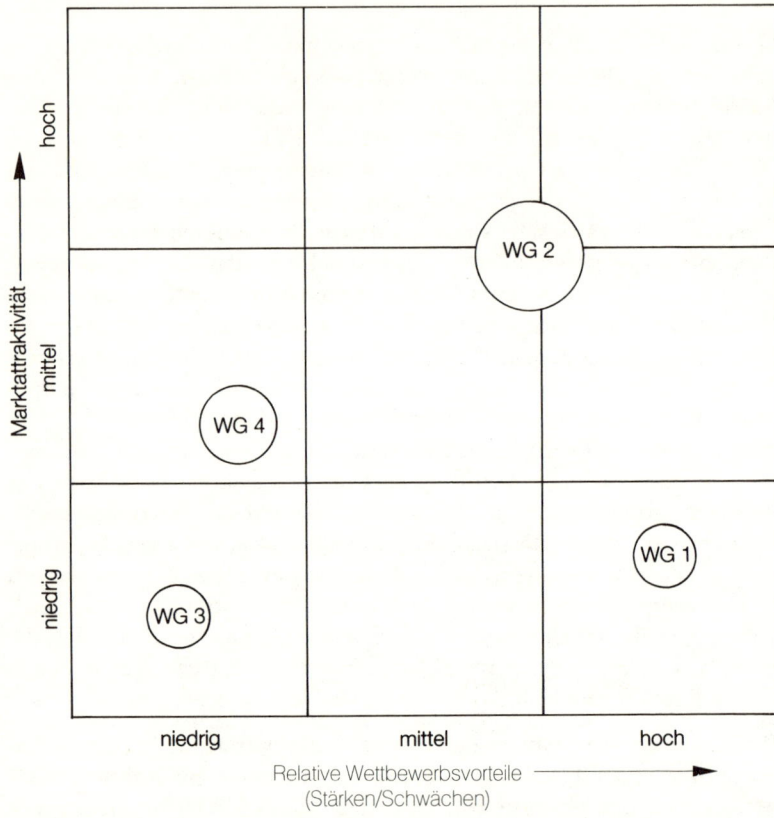

Die eigenen Stärken/Schwächen in den jeweiligen Warengruppen müssen dagegen vorwiegend abgeleitet werden von den bisherigen **Umsatzanteilen** im (lokalen) Markt, von ihrem **Kompetenzgrad** in den Augen der Verbraucher (z. B. „Führend bei ...") sowie aus betriebsinterner Sicht von den erzielten **Deckungsbeiträgen**, dem vorhandenen **Know-how** und gegebenenfalls von besonderen Vor- und Nachteilen im **Beschaffungs-** und/oder **Logistikbereich**.

2.2 Betrachtung des Gesamtzusammenhangs

Ehe vorschnell langfristige Entscheidungen getroffen werden, müssen die ins Auge gefaßten Änderungen des Warengruppen-Mix jedoch auf ihre Stimmigkeit bzw. ihre Interdependenzen bezüglich des Gesamtsortiments überprüft werden. Je nach Unternehmenskonzept bzw. Kundenzielgruppe(n), ist also etwa danach zu fragen, wie „vollständig" das Sortiment sein „muß". Wie schmal etwa darf ein Waren- oder Universalversandhaus-Sortiment werden, um überhaupt als ein solches noch attraktiv zu sein? Und auf welche Preislagen kann ein Modefachgeschäft gegebenenfalls langfristig verzichten, und wie hoch darf hier der Anteil an Stapelware sein? Und schließlich muß in diesem Zusammenhang erneut daran erinnert werden, daß Anbieter mit einem hohen Anteil an Verbundkäufen renditeschwache Warengruppen mit Rücksicht auf das Gesamtergebnis nicht einfach eliminieren können.

Die Darstellung der Probleme in Frageform deutet schon darauf hin, daß es hier weder eine generell richtige Antwort gibt noch einen methodischen Königsweg, der zu einer individuell richtigen Lösung führt.

Wesentlich handfester werden die Fragestellungen, oft auch die Lösungsmöglichkeiten, wenn in einem Unternehmen feststeht, daß man in bestimmten Warengruppen Marktanteile verliert, also in wachsenden Bereichen nicht wenigstens mitwächst und in schrumpfenden überdurchschnittlich viel verliert. Dann nämlich besteht nicht nur verstärkt Anlaß, nach den Gründen zu forschen, sondern vor allem auch die Möglichkeit, die erfolgreicheren Konkurrenten daraufhin zu analysieren, was sie offenbar besser machen. Natürlich muß dazu Vergleichbarkeit vorliegen, bei unterschiedlichen Betriebsformen ist das z. B. oft nur noch sehr bedingt der Fall.

Woran also kann es liegen, daß man in bestimmten Warenbereichen unattraktiver ist als die Konkurrenz? Die pauschale Antwort, die da lauten müßte „weil man offenbar weniger zu bieten hat in den Augen der Verbraucher", hilft hier wenig weiter, sondern muß stärker hinterfragt werden.

Eine erste Erklärung wären eine insgesamt zu geringe **Kundenzahl** bzw. **Käuferreichweite.** Dafür gibt es neben dem Sortiment noch viele andere, oft lang zurückliegende Gründe, die in einem mäßigen Gesamtunternehmensimage zum Ausdruck kommen. Auch bei einer geplanten Verbesserung oder Forcierung einzelner Warenbereiche müßte dieses Handikap also – zunächst wenigstens – in Rechnung gestellt werden.

Eine zweite Erklärung läge eventuell in der **Kundenstruktur;** setzte sich diese z. B. vornehmlich aus Kaufkraftschwächeren oder Älteren zusammen (was per se nicht negativ sein muß), so könnte darin die Stagnation in bestimmten Warenbereichen ihre Erklärung haben.

Schließlich stellt sich noch die Frage, ob das gegebene **Kundenpotential** schlechter **ausgeschöpft** wird als seitens der Konkurrenz. Warum also kaufen die Kunden in den jeweiligen Warenbereichen von ihrem Gesamtbedarf (z. B. an Oberbekleidung oder Gartenbedarf) nur so wenig? Ist die bisher gebotene Auswahl zu gering, liegt es an den Preisen, an der Werbung, am Service? Bevor langfristige Sortiments-Entscheidungen getroffen werden, bedarf es hier also einer möglichst genauen Analyse, denn möglicherweise liegt es eben auch nicht (nur) am gegebenen Sortiment, sondern (auch) an anderen Faktoren.

Zusammenfassend betrachtet, dürfte damit das strategische Planungsprocedure hinreichend klargeworden sein. Ausgangspunkt ist die Notwendigkeit, mit der globalen zukünftigen Entwicklung zumindest Schritt zu halten. Ständig Schrittmacher zu sein, wäre natürlich noch besser. Die richtige „Voraus"-Sicht der Marktentwicklung ist dabei ebenso entscheidend wie eine selbstkritische Stärken- und Schwächenanlyse. Die notwendigen strategischen Ableitungen erfordern eine ständige Rückkoppelung auf den verschiedenen Ebenen. Die „große Strategie" erwächst im Rahmen solcher Planungen also immer aus vieler ernüchternder Kleinarbeit und einem hohen Restrisiko.

Exkurs: Erfolgsforschung

Im Rahmen der (strategischen) Planung, aber auch des Controlling, existiert seit einiger Zeit ein neuer, typisch amerikanischer Forschungsansatz, die sog. excellence-research, also die Erfolgsforschung. Als Vorläufer dazu lassen sich alle Veröffentlichungen über erfolgreiche Unternehmer und Unternehmen interpretieren, denn zu allen Zeiten hat speziell die Fachleute das „Wie" und „Warum" interessiert, um daraus zu lernen. Einen neuerlichen Anstoß gab Anfang der achtziger Jahre das weltweit viel beachtete Buch von Peters und Waterman „In Search of Excellence" (Auf der Suche nach Spitzenleistungen), in welchem die beiden Autoren – ehemalige Mc Kinsey-Mitarbeiter – nicht nur Erfolgsstories schilderten, sondern dabei auch die firmenspezifischen, strategischen Schlüsselfaktoren des jeweiligen Firmenerfolges herausarbeiteten. Vereinzelte Kritiker an dieser Veröffentlichung fühlten sich zwar im Nachhinein bestätigt, als nämlich einige Jahre später ein nicht unbeträchtlicher Teil dieser hochgelobten Unternehmen in z. T. erhebliche Schwierigkeiten geriet, jedoch sollte dies wohl eher als eine erneute Bestätigung dafür aufgefaßt werden, wie schwer sich Erfolge konservieren lassen.

Mittlerweile hat sich auch die Wissenschaft dieses Themas vermehrt angenommen. Ahlert/Schröder geben in ihrem Arbeitspapier „Strategische Erfolgsforschung im Handel" einen guten Überblick über die einzelnen Forschungsansätze.

Müller-Hagedorn und Greune registrierten (1992) insgesamt 34 handelsspezifische Arbeiten zu diesem Thema, die auf empirischer Basis beruhen und mit statistischen Verfahren ausgewertet wurden, darunter 6 deutsche Studien. Überwiegend sind sie mit „strategischer Planung" betitelt, zu weiten Teilen ließen sie sich auch als Erfolgsfaktoren-(oder-determinante) Analyse bezeichnen.

Das Lernen aus den Erfolgen anderer, also die Partizipierung an deren (positiven) Erfahrungen, ist eine vielgeübte und von Pragmatikern bevorzugte Form der Erkenntnisgewinnung. Sie bietet sich vor allem dort an, wo das genaue Wissen um die Wirkungsmechanismen fehlt. Praktische Erfahrungen, manchmal auch nur Unerklärliches (Glück, Zufall u. ä.) zeigen dem Praktiker, daß etwas funktioniert, ohne daß er genau angeben könnte, warum das so ist. Zu Beginn steht hier also nicht die Fragestellung, „welche Voraussetzungen, Entscheidungen und Aktivitäten werden erforderlich sein, um ein bestimmtes (Erfolgs-)Ergebnis zu erreichen?", sondern sie lautet gerade umgekehrt: „Wie, d. h. durch welche Voraussetzungen, Entscheidungen und Aktivitäten wurde das betreffende (excellente) Ergebnis erreicht?"

Erkenntnisgewinn und Fortschritt haben sich stets aus beiden Ansätzen ergeben; im Bereich der sog. Erfahrungswissenschaften besagt die Bezeichnung schon, daß die Ergebnisse bzw. Erfolge primär aus praktischer Tätigkeit resultieren und weit weniger aus theoretisch-induktivem Vorgehen. Einfacher ausgedrückt, bestimmen also Vorbild und Nachahmung das Geschehen. Letztere wiederum hat dort ihre (Erfolgs-)Grenzen, wo sich die Erfolgskonstellation mittlerweile verändert hat, sodaß ein bloßes Imitieren zu Mißerfolgen führen muß.

Erfolgsforschung ist also keine Innovationsforschung; sie kann auch nicht nur auf die lapidare Einsicht hinauslaufen, daß man eben besser sein muß als die Mitbewerber. Diese Aussage wird auch kaum inhaltsschwerer, wenn dazu festgestellt wird, daß z. B. besonders erfolgreiche Handelsunternehmen über

– ein excellentes Vertriebskonzept
– eine excellente Umsetzung im Marketing
– ein excellentes Management in allen übrigen betrieblichen Leistungsbereichen

verfügen (sollten). Gegen die Formulierung solcher Idealforderungen läßt sich natürlich nichts sagen, die Erfahrungen zeigen lediglich, daß besonders erfolgreiche Firmen durchaus nicht in allen Bereichen (stets) gleich stark waren.

Leider verliert der Erfolgsansatz bei wissenschaftlicher Durchdringung schnell an Glanz, denn was vorher überzeugende Erfolgsstories und -konzepte waren, erweist sich bei tieferem Eindringen in die Materie als ein Geflecht von Teilaspekten mit schwer zu durchschauenden und zu messenden Zusammenhängen. Warum war oder ist ein gegebener Handelsbetrieb besonders erfolgreich? Naheliegend ist hier, an den Umsatz zu denken, aber bekanntlich gibt es auch andere Erfolgskategorien (etwa die Rendite) und diese wiederum unter zeitlichem Aspekt (in den letzten 30, 10, 2 Jahren?).

Hierzu ein paar mögliche Gründe:
- besonders hohes Engagement von Leitung und/oder Belegschaft
- besonders günstiger Standort
- viel mehr (oder bessere) Werbung
- seit langem führend am Platze
- geringere Raumkosten
- zielgruppenspezifische Sortimentsgestaltung.

Wie leicht vorstellbar ist, läßt sich der Katalog fast beliebig erweitern, und bei genauer Vorgehensweise wäre Vollständigkeit erforderlich. Auch „Hinter"-Gründe wie etwa bessere Kapitalausstattung oder bessere Finanzierungsmöglichkeiten könnten ja bekanntlich eine eminente Rolle spielen; ein finanziell „langer Atem" ließ schon manches Unternehmen besonders erfolgreich werden.

Auch andere Definitions- und Meßprobleme sind auf Anhieb erkennbar; Quantitative Dimensionen sind leicht erheb- und vergleichbar (viel Werbung : wenig Werbung), aber vielleicht beruht der besondere Erfolg auf der Werbe-Qualität (bessere/schlechtere) und nicht auf dem größeren Werbebudget. Ein Teil der übrigen Beispiele birgt ganz ähnliche oder noch schwierigere Beurteilungs- bzw.- Vergleichsmöglichkeiten.

Erfahrungsgemäß gibt es für den Erfolg wichtige und weniger wichtige Gründe. Auch excellente Unternehmen müssen nicht überall gleich gut sein. Andererseits ist vorstellbar, daß erst ein allgemein durchgängig hohes Niveau den ausgewiesenen Erfolg bewirkte, ebenso wie es umgekehrt sein kann, daß ein entscheidender Faktor (z. B. ein schlechter Standort) durch noch so gute Leistungen in anderen Bereichen nicht zu kompensieren ist.

Zur Erkenntnisgewinnung wäre es aus ökonomischen Gründen natürlich dienlich, die Fülle der möglichen Erfolgsdeterminanten nach ihrer Wichtigkeit zu staffeln, um sich möglichst auf sog. **Schlüsselfaktoren** beschränken zu können. So klar es auch erscheint, daß z. B. ein muffeliges Lehrmädchen nun nicht gerade den Erfolg vereitelt, so schwierig ist es jedoch andererseits, auf wissenschaftlich fundierte Weise solche Abstufungen bzw. Begrenzungen vorzunehmen, denn der Analytiker gerät damit in die aus der Betriebswirtschaftslehre hinreichend bekannte Verlegenheit der Erfolgsisolierung bzw. -bestimmung einzelner Faktoren, die ja bekanntlich auf ein abgestimmtes Zusammenwirken angewiesen und angelegt sind. Erst wenn das gelingen könnte, wäre eine fundierte Aussage möglich, die dann etwa lauten könnte: Der betreffende Handelsbetrieb ist deshalb so excellent, weil er zuvorderst sehr preisgünstig ist, gute Zufahrts- bzw. Parkmöglichkeiten bietet und ein zufriedenstellendes Sortiment bereit hält.

Doch genug der Probleme, die die Grenzen solcher Forschungsbemühun-

B. Einzelaspekte der strategischen Planung

gen aufzeigen. Erkenntnisse derart exakter Natur, daß sie nach Art eines Rezeptes nachvollziehbar sind und damit zum gleichen Erfolgsergebnis kommen, sind nicht zu erwarten. Doch hieße es, das Kind mit dem Bade auszuschütten, wollte man nicht auch bescheideneren Einsichten ihre Nützlichkeit zuerkennen. Genauere Analysen, basierend auf Betriebsdaten, Fremd-, und Eigenbeurteilungen, Verbraucherbefragungen u. ä. lassen es durchaus als möglich erscheinen, das Erfolgs-„geheimnis" bestimmter Firmen nachvollziehend hinreichend zu begründen.

Die Erfolgsforschung läßt sich auch auf andere Weise in Angriff nehmen. Ausgangspunkt ist nicht mehr der excellente Einzelfall, als Untersuchungsbasis werden vielmehr eine größere Zahl von vergleichbaren Betrieben zu Grunde gelegt. Das kommt einer wissenschaftlichen Bearbeitung ohnehin mehr entgegen, weil die Untersuchungsergebnisse auf einer breiteren Datenbasis beruhen, mithin also auch einen größeren Grad an Allgemeingültigkeit besitzen dürften.

Stehen also (möglichst repräsentative) Betriebsdaten vieler gleichartiger Handelsbetriebe zur Verfügung – z. B. aus dem Betriebsvergleich des Facheinzelhandels – so können durch entsprechende statistische Auswertungen u. U. wichtige Einsichten gewonnen werden. So läßt sich – tunlichst unterteilt nach bestimmten Umsatzgrößenklassen – herausfinden, ob sich die umsatzstärkeren Betriebe von den umsatzschwächeren durch eine unterschiedliche Dimensionierung in quantitativer Hinsicht unterscheiden. Haben sie z. B.. mehr Verkaufsfläche und/oder setzen sie mehr Personal ein oder arbeiten sie mit einem höheren Werbebudget? Möglicherweise findet sich bei dieser Art des Vorgehens auch eine typische Bestrelation bei den besonders Erfolgreichen.

Auch hier bleibt natürlich das Manko der Unvollständigkeit der in Frage kommenden Determinanten wie auch das der mangelnden Berücksichtigung von Qualitätsaspekten. Analoges gilt für die ergebnisbeeinflussenden unterschiedlichen Standortfaktoren wie Kaufkraft oder Konkurrenz.

Darüberhinaus bietet dieser Forschungsansatz auch die Möglichkeit, Erkenntnisse über die Marktreaktion einzelner Attraktivitätsfaktoren zu gewinnen. Hier Lösungen zu finden, gehört bekanntlich zu den Daueranliegen des Faches.

Nun besagt schon der gesunde Menschenverstand, daß ein ständiges Mehr z. B. an Verkaufsfläche, Personal oder Werbung nicht gleichmäßig und auch nicht endlos zu Umsatzzuwächsen führt; offenbar ist ihre Wirkung demnach also mal schwächer, mal stärker. Aber auch eine absolute Umsatzstagnation dürfte irgendwann einsetzen, so wie es umgekehrt zu beobachten ist, daß ein Faktoreinsatz offenbar absolut zu gering ist, so daß ein Unternehmen z. B. umsatzmäßig überhaupt nicht aus den Startlöchern herauskommt.

Vergleicht man also Betriebe unterschiedlicher Umsatzgrößen (-Klassen) miteinander, so ist u. U. erkennbar, daß bzw. wie die einzelnen Faktoreinsatzmengen unterschiedlich mitwachsen und Betriebe, die solche Einsichten offenbar nicht haben oder beherzigen, weniger erfolgreich sind. Bei isolierter Betrachtungsweise, also ohne Berücksichtigung all jener vorab beschriebenen Wenn's und Aber's, ließen sich als empirische Aussagen über die größenbedingten Erfolgsverläufe einzelner Faktoren unter Berücksichtigung ihres Gesamtzusammenhanges machen. Konkret hieße das, etwa zu erfahren, daß bei einem bestimmten Betriebstyp mit zunehmenden Umsätzen z. B. der Lagerbestand überproportional steigt, die Werbungsausgaben proportional mitwachsen, wohingegen die Vermehrung der Verkaufsfläche offenbar nur noch abnehmend zum Umsatzerfolg beiträgt. Die theoretischen Einsichten über die Wirkungsverläufe betrieblicher Einsatzfaktoren – meist als S-förmig angenommen bzw. dargestellt – sowie die Forderung nach einer Optimierung der (Mengen-) Kombination, wird auf diese Weise konkretisiert und gleichsam nachvollziehbar gemacht.

III. Markenprofilierung der Einkaufsstätte als strategische Entscheidung

1. Wesen und Bedeutung

Es liegt nahe, daß infolge stärkeren Wettbewerbs der Handel versucht, die von der Industrie so erfolgreich demonstrierte Markenprofilierung zu adaptieren, also die Einkaufsstätte(n) zu vermarkten, ähnlich wie ein Markenprodukt (Profil-Marketing).

Die Fragen, ob bzw. inwieweit das möglich ist und welche Besonderheiten es dabei zu berücksichtigen gilt, sollen nachfolgend beantwortet werden. Das Grundsätzliche zum Markenwesen selbst wurde im Kapitel „Handelsmarkenpolitik" bereits dargestellt.

Profilierungsbemühungen und -erfolge gegenüber vergleichbaren Mitbewerbern – nichts anderes ist ja das Ziel der Markenpolitik i. w. S. – hat es im Einzelhandel schon immer gegeben. Im Gegensatz zum Industrie-Produkt war der Einzelhandel in den Augen der Verbraucher ja nie anonym, sondern „markiert" in Gestalt zahlreicher Unterscheidungsmerkmale wie Firmenname, Standort, Sortiment, Räumlichkeit, Inhaber und Personal. Die Konsumgüterindustrie hat diese Individualisierung erst mittels Produktmarkierung und -gestaltung nachvollzogen und damit dem Einzelhandel, zumindest bezüglich seines Sortiments, einiges von seiner Individualität genommen. Dieser Prozeß hat sich durch den verstärkten werblichen Vorverkauf seitens der Industrie und eine geringere Erklärungsbedürftigkeit der Produkte noch verschärft. Die Einkaufsstätten sind also gerade hinsichtlich Sortiment und Bedienungsform austauschbarer geworden, und zwar vor allem dort, wo die (traditionell) wichtigste Profilierungsmöglichkeit, nämlich die persönliche Beratung, in Fortfall geraten ist.

Es ist klar, daß mit Wegfall bzw. Reduzierung der Beratung die Händler von drängenden Kostenproblemen erlöst werden, andererseits gibt man damit Funktionen preis, die z. B. durch großzügige Umtausch- oder Rückgabemöglichkeiten lediglich kaschiert werden.

Aber auch andere nachteilige Entwicklungen kommen hinzu: Durch die zunehmende Mobilität der Kunden hat sich deren Einkaufsstätten-Spektrum ganz erheblich erweitert. Es schwindet damit im Einzelhandel die traditionelle Standort-Rente, denn für jeden Händler hat die Zahl der Konkurrenten erheblich zugenommen, mit der Folge sinkender Einkaufsstättentreue. Dennoch, so darf wohl behauptet werden, wechselt der Verbraucher auch heute noch die Markenprodukte wesentlich häufiger und leichter als die Einkaufsstätte. Entsprechende Untersuchungen darüber liegen ja im Grunde vor, lassen sich so pauschal allerdings nicht vergleichen.

2. Maximen der Markenprofilierung

2.1 Herleitung der Maximen

Vor diesem Hintergrund sind die Bemühungen im Einzelhandel zu verstehen, die gefährdeten Kundenbindungen und Kundenpräferenzen verstärkt zu pflegen, indem ganz gezielt eine Individualisierung bzw. Personifizierung nachzubilden versucht wird, die früher der (erfolgreiche) mittelständische Händler allein schon durch seine Präsenz und durch das Kundenvertrauen in ihn fast unbewußt schaffen konnte. Nicht von ungefähr hat der Altmeister der Markenpolitik, H. Domizlaff, in seinem grundlegenden Werk einen Einzelhändler als Schöpfer einer Markenschokolade gewählt.

Im Prinzip ergeben sich aus den dargelegten Situationsbeschreibungen zwei Notwendigkeiten. Einmal muß der Händler ganz gezielt nach (Ersatz-)Profilierungsmöglichkeiten suchen, um dem Funktionsverlust selbst und der damit gegebenen Nivellierungsgefahr entgegenzuwirken, und zum anderen muß er mehr in Werbung investieren, um sowohl sein Profil zu verstärken als auch seinem (geographisch) erweiterten Kundenpotential Rechnung zu tragen.

Wiederum sind es zwei Maximen, die für eine erfolgreiche Markenpolitik ausschlaggebend sind, nämlich **Prägnanz** des Marktauftritts (= Profil), sowie **Konstanz**, also die Gleichheit und Nachhaltigkeit in der Durchsetzung des Konzeptes. Worum es bei der Prägnanz psychologisch geht bzw.

worauf es ankommt, hat der bereits erwähnte Domizlaff vor 40 Jahren schon wie folgt klar formuliert:

> „Das Gehirn der Masse kann nur ganz einfache Koppelungen oder Begriffsbildungen vornehmen ... Jede Zielformulierung muß eindeutig und beharrlich sein. Das Wort, „und" bedeutet für das Verbrauchergehirn eine Belastung, die einen sehr schnellen Gedächtnisschwund zur Folge hat ... Ganz starke Erfolge sind nur in der Beschränkung denkbar."

Und zur Maxime der Konstanz führt Domizlaff die folgenden Sätze an:

> „Nun stelle man sich einmal die Befremdung vor, wenn der Freund sich einen bisher getragenen Bart abnehmen läßt. Er ist anfangs kaum wiederzuerkennen – genauso verhält es sich mit dem Gefühl, das einen Verbraucher mit einer Marke unterbewußt verbindet."

2.2 Prägnanz

Ist dieses einfache Phänomen erst begriffen, stellt sich natürlich die Frage des „Wie". Gesucht sind also Vorteilhaftigkeiten in den Augen der Verbraucher, die sie im Idealfall zu der Feststellung veranlassen „das ... gibt es nur bei ...", egal, ob sich das nun auf die Ware, die Auswahl, die Preise, die Parkmöglichkeiten oder die anderen Attraktivitätsfaktoren bezieht.

Von daher sind z. B. die Bestrebungen sehr verständlich, die „unique selling proposition" (USP) durch Handelsmarken-Sortimente anzustreben oder eben durch solche Markenprodukte oder auch unmarkierte Produkte, die die Konkurrenz nicht führt.

Eine solche Alleinstellung ist selten (auf Dauer) zu erreichen, aber auch eine vorteilhafte Kombination bekannter Elemente kann ja präferenzbildend sein.

Im Markenartikelgeschäft ist das ja im Grunde nicht viel anders; zwar steht der Begriff Markenartikel vielfach synonym mit „Innovation", jedoch lassen sich zwei Handarbeitsgeschäfte sicherlich leichter differenzieren als zwei Pilsmarken, aber bei Bier gelingt es offensichtlich, die entscheidenden 20 bis 40 % Preisdifferenzierung herauszuwirtschaften.

Einkaufen bietet, was den Nutzen für die Verbraucher anbetrifft, scheinbar vergleichsweise Unbedeutendes, jedenfalls weit weniger Aufregendes, Gesünderes, Bequemeres, als das, was die Produkte oder zumindest die Werbung darüber vermitteln. Die Produkte mit den daran geknüpften Verwendungserwartungen stehen jedenfalls heute ganz im Vordergrund. „Einkaufserlebnis" bezieht sich nur auf Teilbereiche bzw. Teilsegmente, für sehr viele erscheint das Einkaufen als eine schlichte Notwendigkeit; so wie es viele Low-interest-Produkte gibt, so gibt es also auch viele Low-interest-Einkäufe bzw. -Einkaufsstätten.

Allerdings sind u. E. die psychologischen Aspekte des Einkaufens bisher weit weniger unter akquisitorisch umsetzbaren Einzelhandel-Gesichtspunkten untersucht worden, wie dies mit den Verwendungsaspekten seitens der Industrie geschieht. Wenn eine Kaffee- oder Waschmittelmarke mittels Werbung offenbar in der Lage ist, das Familienglück zu fördern, so müßte – überspitzt formuliert – der Gang zu einer Einkaufsstätte geradezu den Weg in die Glückseligkeit bedeuten.

Sofern es gelungen ist, einen attraktiven Angebotsschwerpunkt zu finden, so muß dieser zu einer leicht verständlichen und prägnanten Leitidee komprimiert werden. Für was will man in den Augen der Verbraucher gelten, was will man signalisieren? Das ganze Outfit des Unternehmens in all seinen Facetten muß danach „gestylt" werden. Dies ist beim Handel eminent wichtig, da die Kunden die Einkaufsstätte ja unmittelbar und ganzheitlich erleben. Möglichst stimmig sollte also alles sein, und es ist beileibe nicht so, als gäbe es dafür nicht auch Vorbilder im Handel, aber vor allem im engeren Dienstleistungsbereich.

Die Rolle der Werbung zur Markenprofilierung kann kaum überschätzt werden; in der Industrie ist das seit langem bekannt, im Handel wächst seit einiger Zeit zumindest die Einsicht in die Notwendigkeit, jedoch sind hier die ökonomischen Grenzen i. d. R. weit enger gezogen. Eines kann gleichwohl die Werbung in beiden Bereichen nicht, nämlich schlechte Leistungen auf Dauer erfolgreich verkaufen. Aber sie kann auf jeden Fall ganz ähnliche Leistungen besser erscheinen lassen gegenüber denjenigen, für die nicht geworben wird.

Doch nun zu den Werbeinhalten: Hier stellt sich die Aufgabe, das gewählte Leistungsprofil zu thematisieren und zu intensivieren. Das geschah und geschieht heute noch durch eine Werbegestaltung, die sich in Text und Aufmachung vielfach so wenig unterscheidet wie ein Ei vom anderen. Das gilt, wenn auch in abgeschwächtem Maße, ebenso für die Werbung der Großbetriebe des Einzelhandels wie für die „Schweinebauch-Anzeigen" der Lebensmittelhändler mit ihrer stereotypen Aufzählung von Sonderangeboten oder auch die Katalog-, Prospekt- und Beilagenwerbung. Kritik ist natürlich leicht geübt, denn was schließlich interessiert – zumindest bei vordergründiger Betrachtung – verbraucherseitig mehr als Produkte und Preise?

Deren Eleminierung kann deshalb auch gar nicht das Wort geredet werden, jetzt nicht und auch in Zukunft nicht, aber es muß zumindest nach zusätzlichen Profilierungsmöglichkeiten gesucht werden. Die erreicht z. B. ein Sportartikelhändler eben nicht allein dadurch, daß er Adidas-Schuhe auslobt und seine Konkurrenz drei Tage später das gleiche tut, wenn auch vielleicht zu einem billigeren Preis.

Die Werbung des Handels muß also – mit anderen Worten – wegkommen von der mehr oder weniger ausschließlichen Propagierung der Herstellerprodukte und/oder der Preise und mehr die spezifischen händlerischen Leistungen herausstellen, also artikulieren, wo man besonders gut bzw. besonders kompetent ist.

Vertrauen und Sympathie, also emotionale Aspekte, sind erforderlich, um die Kundenbindungen zu stärken, und hier gibt die Markenartikelwerbung ja genügend Beispiele her, wie weit der Bogen sog. unthematischer Informationen mit Erfolg geschlagen werden kann. Und dabei hat der Einzelhandel durch seine Kundennähe ja ohnehin die bessere Ausgangsposition, sich als Partner oder sogar als Anwalt der Verbraucher zu empfehlen als die „ferne" Industrie.

Die Dinge sind zweifellos in dieser Richtung bereits in Bewegung geraten, aber es ist für viele Einzelhändler noch immer nicht leicht, den Stellenwert solcher Werbung richtig einzuschätzen. Aber natürlich kann die Werbung auch nur dann markenbildend wirken, wenn der umworbene Kunde die Möglichkeit hat, in der Einkaufsstätte selbst von dieser werblichen Aussage auch etwas wiederzufinden.

Ein weiterer wichtiger Aspekt im Hinblick auf die Markenprofilierung einer Einkaufsstätte ist die **Kompetenz,** die einer Einkaufsstätte zugestanden wird.

Generell gilt, daß es einem Anbieter um so leichter fallen wird, einen USP entsprechend prägnant zu kommunizieren, je höher die Verbraucher im (lokalen) Markt die Einkaufsstätte etwa hinsichtlich Sortiment, Geschmack, Service u. ä. für „zuständig" halten. I. d. R. gelingt das einem Spezialgeschäft mit tiefem Sortiment und spitzer Ziegruppenausrichtung leichter als Anbietern mit breiten Sortimenten und einer unspezifischen Kundschaft. Einmal erworbene Kompetenz ist gleichsam ein Vertrauensbonus beim Verbraucher, der sich auch kommunikativ zur Markenbildung vorteilhaft einsetzen läßt.

2.3 Konstanz

Nun zur weiteren Maxime, der **Konstanz** in der Markenpolitik. Ganz generell gilt hier die Erfahrung, daß das Publikum erst dann beginnt, die Eindrücke nachhaltig zu verarbeiten, wenn die Werbung für den Werbetreibenden selbst schon tödlich langweilig geworden ist. Markenpolitik muß also langfristig angelegt sein, insbesondere die Werbung braucht einen langen Atem. Änderungen im Marktauftritt sind, soweit sie nicht unmerklich erfolgen können, dabei tunlichst zu vermeiden.

Das jedenfalls ist die eherne Devise im Markenartikelgeschäft, nach der zu verfahren im täglichen Ablauf nicht immer einfach ist, und speziell nicht für Handelsbetriebe.

Anders als ein Produkt ist eine Einkaufsstätte ein lebendiger Organismus. Es ist nicht nur verlockend, sondern oft auch unumgänglich, das Sortiment zu verändern. Die markenpsychologische Schmerzgrenze ist dann schnell überschritten, wenn das Publikum durch solche Veränderungen irritiert wird. Analoges gilt auch für die Preispolitik, deren möglichst klares Profil durch die Erfordernisse des Tages, aber auch durch grobe Dispositionsfehler untergraben werden kann. Man kann i. d. R. nicht ganz billig und gleichzeitig ganz teuer sein, jedenfalls schafft das kein Profil. In markenpolitischer Sicht ist es ohnehin ein Unding, daß sich die umsatzmäßig bedeutendsten Anbieter bzw. Betriebsformen im Handel in den letzten dreißig Jahren alle anfänglich über den Preis etabliert haben. Wer das als Markenartikler versucht, ist von vornherein zur Erfolgslosigkeit verdammt, denn Markenartikel wollen ja qualitativ besser sein als die übrigen Erzeugnisse der Gattung, und das muß auch verkaufspsychologisch durch einen entsprechend höheren Preis signalisiert werden.

Auf den Einzelhandel ist das aber nicht ganz übertragbar; gewiß gibt es hier auch ein negatives Billig-Profil, geprägt durch mindere Qualitäten, primitives Geschäftsambiente und niedrige Preise. Die positiven Beispiele von billig-, oder besser niedrigpreisigen Geschäften beziehen dagegen ihre Erfolge aus dem Vertrauen der Konsumenten in zufriedenstellende Warenqualitäten, wobei die Schlichtheit der Einkaufsstätte hier signalisieren soll, daß nicht an der Qualität, sondern eben an der Geschäftsausstattung – also gleichsam an der „Verpackung" – gespart wird. Es herrschen hier also etwas andere Preis--Qualitäts-Assoziationen als bei Produkten.

Die Angebotskonstanz ist beim Handel schließlich auch durch viel vordergründigere Ursachen oft in Frage gestellt. Da ist einmal das Verhalten des Personals mit seinen Imponderabilien und zum anderen aber auch das Publikum selbst, dessen Frequenz, dessen Niveau und Verhalten ja auch nur teilweise zu steuern sind, vor allem nicht in größeren Betrieben. Die Einkaufsatmosphäre als wichtigen Profilierungsfaktor hat der Händler also oft nicht voll im Griff.

2.4 Methodisches Vorgehen

Soll also trotz gewisser Schwierigkeiten und Andersartigkeiten eine markenpolitische Profilierung der Einkaufsstätte(n) erfolgen, so muß diese zu einer strategischen Zielsetzung erhoben werden, nach der die erforderlichen Maßnahmen mittels eines entsprechenden Konzeptes geplant und organisatorisch umzusetzen sind. Dies mit allen Vorteilen eines systematischen Vorgehens, aber auch den Nachteilen, die die Organisiertheit ursprünglich einmal persönlicher Beziehungen mit sich bringt.

Das methodische Vorgehen läßt sich wie folgt charakterisieren: Ausgangspunkt ist eine Einkaufsstättenananlyse, die auf lokaler, erforderlichenfalls auf regionaler oder nationaler Ebene das Einkaufsverhalten sowie die Einkaufsstättenimages der Verbraucher bezüglich der maßgebenden Konkurrenz und des eigenen Unternehmens im Vergleich erkennen läßt. Das ergibt z. B. unterschiedliche Imageprofile (vgl. z. B. Darst. 71, S. 383), die sich hinsichtlich relevanter Eigenschaften mit Hilfe von Positionierungsmodellen graphisch verdeutlichen lassen.

Aufbauend auf einer solchen Istanalyse folgt als nächster Schritt die Bestimmung der eigenen Zielsetzung, basierend auf der Frage, was man kann (Stärken/Schwächen), welche Nachfrage(zielgruppen) und Konkurrenzentwicklungen zu erwarten sind (Prognose), und was man mithin zu erreichen können glaubt bzw. erreichen will.

Nach der Umsetzung in eine kommunizierfähige Leitidee hat dann die konsequente und widerspruchsfreie Gestaltung der Attraktivitätsfaktoren (= Marketinginstrumente) in Richtung auf die angestrebte Markenprofilierung zu erfolgen.

IV. Internationalisierung als strategische Entscheidung

1. Grundlegende Aspekte

Bis in die achtziger Jahre war die „Internationalisierung" für deutsche Einzelhandelsunternehmen eigentlich kein Thema, da man sich, bis auf wenige Ausnahmen, auf den heimischen Markt beschränkte. Das entsprach und entspricht im übrigen einer weltweiten oder doch zumindest europäischen Praxis, denn weder in der Bundesrepublik noch in anderen Ländern haben ausländische Anbieter wesentliche Anteile am Einzelhandelsumsatz; in Deutschland etwa wird er gegenwärtig auf unter 2 % geschätzt. Das besagt natürlich nicht, daß ausländische Unternehmen in bestimmten Branchen bzw. Betriebsformen hier nicht durchaus nennenswerte Marktpositionen inne haben wie etwa Woolworth, Ikea, Hennes & Mauritz u. ä.

In umgekehrter Sichtweise ist die Situation nicht anders, denn bis in die jüngere Vergangenheit waren Auslandsengagements deutscher Einzelhandelsunternehmen ähnlich unbedeutend, wiederum auch hier von Einzelfällen abgesehen. Diese Feststellung gilt in besonderem Maße dann, wenn unter solchen Aktivitäten nicht lediglich die Beteiligungen an bzw. der Aufkauf von ausländischen Einzelhandelsunternehmen verstanden wird, sondern Aufbau und Führung von Verkaufsstätten nach eigenen Konzepten.

Sehr intensiv vollzog sich die Internationalisierung im Einzelhandel dagegen bisher bereits im Bereich des **Einkaufs**, und zwar z. T. seit Jahrzehnten. Die gemeinsame Beschaffung von Genossenschaften, freiwilligen Ketten u. ä. aus verschiedenen europäischen Ländern hat z. T. eine lange Tradition. Inzwischen mehren sich auch die länderübergreifenden Einkaufs-Zusammenschlüsse von Einzelhandels-Großunternehmen bzw. -Gruppierungen wie die European Retail Alliance (ERA), die AMS oder die Interbuy. Einer Erhebung des europäischen Verbandes der Markenartikel-Industrie (AMI) zufolge belief sich das Einkaufsvolumen der 1991 registrierten europäischen Handelszusammenschlüsse auf weit über 200 Mrd. ECU.

Nicht unerwähnt soll in diesem Zusammenhang bleiben, daß das länderübergreifende Beschaffungswesen auch durch die inzwischen fast durchgehend international beschickten Messen gefördert wird.

Doch zurück zum Kernanliegen, nämlich der Internationalisierung auf der Vertriebsseite. Hier mag auf Anhieb erstaunen, daß exportstarke Nationen wie etwa die Bundesrepublik, bislang hinsichtlich Einzelhandelstätigkeiten in ausländischen Märkten kaum in Erscheinung traten. Maßgebend dafür ist grundsätzlich, daß zum einen ja nicht einfach Waren exportiert werden, sondern die Einzelhandelsleistungen „vor Ort" erbracht werden müssen, was also entsprechende Betriebsstätten mit den damit verbundenen finanziellen und personellen **Investitionen im Ausland** erfordert. Ausnahmen machen hier lediglich Sonderformen wie der ambulante Einzelhandel oder der Versandhandel; grenzüberschreitende Versandhandelstätigkeit erscheint dabei zumindest auf Anhieb verblüffend einfach und für eine Internationalisierung geradezu prädestiniert, jedoch bestätigen die anteiligen Umsatzvolumina diese Annahme bislang keineswegs.

Der vergleichsweise schwache Internationalisierungsgrad im Einzelhandel beruht aber nicht nur auf dem Erfordernis entsprechender Direktinvestitionen im Ausland, sondern liegt im Wesen der Einzelhandelstätigkeit begründet. Die Attraktivität, Notwendigkeit und/oder Vorteilhaftigkeit von **Warenimporten** für ein Land liegt in der Regel am Mangel an vergleichbaren Inlands-Angeboten. Der ausländische Warenexporteur findet in solchen Ländern echte Angebotslücken. Nicht so der über die Grenzen expandierende Einzelhändler, denn es gibt kein Land ohne eine historisch gewachsene, nationale Einzelhandelsstruktur. Es existiert also in jedem Fall bereits eine etablierte Einzelhandelskonkurrenz mit allen Heimvorteilen bezüglich Lieferanten, Kunden, Kommunen usw.

Anders als bei exportierenden Warenproduzenten können auch keine evtl. vorhandenen exportland-bedingten Kostenvorteile wahrgenommen werden, denn Einzelhandelsbetriebe im Ausland müssen dort nun mal die gleichen Mieten, Löhne, Abgaben usw. zahlen wie ihre dortige Konkurrenz. Größere Wettbewerbsfähigkeit infolge komparativer Kostenvorteile sind hier für den ausländischen Anbieter nicht gegeben, es entstehen vielmehr nicht selten höhere Kosten durch die Auslandsbearbeitung.

Schließlich mag auch eine Rolle spielen, daß innovative Einzelhandelskonzepte vergleichsweise leichter nachzuvollziehen sind als z. B. komplizierte Fertigungsprozesse. Je einfacher also eine Konzeptimitation möglich ist, um so schneller sind auch in ausländischen Märkten die einheimischen Nachahmer bereits aktiv und schmälern dadurch die Marktchancen potentieller exportaktiver ausländischer Innovatoren. Zumindest in historischer Sicht spielte die Nachahmung eine dominierende Rolle; so sind fast alle modernen Einzelhandels-Betriebsformen ausländischen Ursprungs, ohne daß sich – von Woolworth und Ikea abgesehen – diese ausländischen Innovatoren in Deutschland auch engagieren konnten.

Etwa seit Ende der achtziger Jahre haben sich die Internationalisierungs-Aktivitäten auch im Einzelhandel spürbar verstärkt. Das Zusammenwachsen des europäischen Marktes und eine stärkere weltwirtschaftliche Verflechtung schufen bzw. schaffen einen gewissen Bewußtseinswandel und – durch den Zusammenbruch Osteuropas – auch eine gewisse Aufbruchs- bzw. Goldgräberstimmung. Die Befürchtung, zu spät zu kommen, spielt ebenso eine Rolle wie die Furcht vor dem Eindringen ausländischer Handelsunternehmen in den deutschen Markt.

Aus der überschaubaren Zahl der inzwischen erfolgten Auslands-Engagements deutscher Einzelhandels-Großunternehmen im (europäischen) Ausland stechen die Aktivitäten der deutschen Discounter, vor allem in den westlichen Anrainer-Staaten und in England besonders hervor. Hier gelingt es Aldi, Tengelmann, Lidl, Norma u. a. offenbar auf nennenswerte Weise, eine deutsche Betriebsformen-Spezialität zu exportieren, weil die Imitatoren in diesen Ländern offenbar nicht schnell bzw. konsequent genug waren. Analoges gilt im übrigen auch für das Cash- und Carry-Konzept von Metro im Bereich des Großhandels oder auch für den „Erfolgsschlager" der Franzosen, die Hypermarchés (SB-Warenhäuser), mit denen die beiden Branchenriesen, nämlich Promodès und Carrefour, vornehmlich in einigen Mittelmeerländern, aber auch in Südamerika reüssieren.

Neben dieser Art von „Betriebsformen-Export" wächst auch derjenige von bestimmten Fachbranchen-Konzepten. Wer in Deutschland in großem Stil und erfolgreich Drogeriewaren oder Parfüm oder Oberbekleidung oder Schuhe usw. vermarktet, bezieht inzwischen i. d. R. die Möglichkeit von grenzüberschreitenden Aktivitäten in seine Expansionsüberlegungen ein. „Grenzüberschreitend" ist dabei durchaus im engeren Sinne zu verstehen, denn man wählt bislang bevorzugt dazu die benachbarten Staaten. Umgekehrt ist zu beobachten, daß in der Bundesrepublik ausländische Fachgeschäfte und Fachmärkte mit Schmuck, Oberbekleidung, Spielwaren, Möbeln usw. vermehrt Fuß fassen, angelockt von einem 80 Millionen-Markt mit erheblicher Kaufkraft und inzwischen auch mit der Chance, sich damit den Einstieg nach Osteuropa zu verschaffen.

2. Anlässe und Ziele

Die Aussicht auf zusätzliche Umsätze, höhere Marktanteile, größere Einkaufsvolumina und damit mehr Macht auf den Absatz- und Beschaffungsmärkten und letztendlich höhere Gewinne sind – wenn auch von Fall zu Fall mit unterschiedlicher Gewichtung – die angestrebten Ziele für das „going international". Da das Auslandsgeschäft in aller Regel als schwieriger betrachtet werden muß als das Operieren im angestammten und vertrauten Inlandsmarkt, wird genau zu prüfen sein, ob sich weiteres Wachstum nicht leichter bzw. risikoärmer im Inland realisieren läßt. Das gilt sicherlich für das Gros der Einzelhändler, denn wer z. B. im Nürnberger Raum ein Tapetengeschäft betreibt, wird weitere Filialen wohl nicht gerade in Frankreich oder England gründen.

Stärker für ein Auslandsengagement sprechen demgegenüber Wachstumshemmnisse bzw. -grenzen auf dem Inlandsmarkt. Das Problem stellt sich etwa für solche deutschen Großunternehmen, denen das Kartellamt auf Grund ihres hohen Marktanteils weitere Unternehmens-Aufkäufe untersagt und damit deren schnelles Wachstum verhindert.

Schlechte Karten haben auch die Betreiber von großflächigen Betriebsformen, denn durch die Baunutzungs-Verordnung (vgl. S. 365 f.) ist zumindest in Westdeutschland die Neuerrichtung von Verbrauchermärkten, SB-Warenhäusern u. ä. fast zum Erliegen gekommen.

Weniger stringent sind demgegenüber die Wachstumsgrenzen durch Marktsättigung bzw. Marktausschöpfung. Zweifelsohne aber gibt es Arten von Anbietern, von denen infolge ihrer Exclusivität oder Spezialität eine Region oder ein Land nur eine sehr begrenzte Anzahl von Verkaufsstätten verträgt. Kommen als Standort etwa nur Großstädte über 500 000 Einwohner oder nur Seehäfen in Frage, ist ein entsprechender Einzelhandels-Filialist vergleichsweise schnell an seinen Wachstumsgrenzen angelangt. Häufiger sind aber die empfundenen Wachstumsprobleme durch stagnierende Inlands-Nachfrage, hohe Einzelhandelsdichte und ruinösen Preiswettbewerb bedingt und verbieten – oder lähmen zumindest – den Expansionswillen im Stammland. Unzufriedenheit, Ärger und Frust über die deutschen Verhältnisse etwa in bezug auf Bürokratie, Besteuerung, Lohnpolitik u. ä. können in die gleiche Richtung wirken.

Aber der Hang und Drang ins Ausland richtet sich inzwischen oft nicht mehr allein nach den Inlandsverhältnissen, denn das Denken in internationalen Kategorien – oder zumindest in europäischen – ist für die Großen im Einzelhandel nicht mehr ungewöhnlich. Die Zeiten, wo Zufallstreffer ungerührt zur Kenntnis genommen und Auslandsflops der Konkurrenz als verdiente Strafe für den Übermut des Managements betrachtet wurden, sind vorbei. Spätestens seit sich potente Mitbewerber mit Nachhaltigkeit und Systematik im Ausland engagieren, kommt bekanntlich Bewegung in eine Branche bzw. Wirtschaftszweig. Einmal reizen und ermuntern Konkurrenzerfolge zur Nachahmung, zum anderen können solche Aktivitäten der Anfang einer Neuverteilung in Auslandsmärkten sein, bei der man rechtzeitig dabei sein sollte, vor allem wenn es um Firmen-Aufkäufe geht. Auch wenn Rendite-Aspekte bei solchen Entscheidungen mitunter (nicht nur kurzfristig) auf der Strecke bleiben, einen Sinn hat dieser Wettlauf um Wachstum schon, sofern es zutreffen sollte, daß man anderenfalls als Großunternehmen auf Dauer im internationalen Wettbewerb abgehängt wird. Trotz des allseitigen großen Unbehagens über die Konzentration in der Wirtschaft zeigen viele Beispiele der Vergangenheit, daß dem leider tatsächlich so ist. Ob die vertriebsseitigen Synergieeffekte durch solche Expansionen nun wirklich stark zu Buche schlagen, sei dahingestellt, wesentliche Kostenvorteile versprechen sich die Großunternehmen des Handels jedenfalls beim Wareneinkauf, also im Beschaffungswesen. Längst wird nämlich erkennbar, daß die maßgebenden, ebenfalls international tätigen Hersteller solche Handelsunternehmen besonders honorieren, die ihrerseits ganze (Welt-)Wirtschaftsregionen – etwa Europa – flächendeckend versorgen. Bekanntermaßen treiben sich Hersteller und Handel so gegenseitig in immer höhere Konzentrationsgrade hinein.

3. Probleme der Länderwahl

Welche Auslandsmärkte kommen nun für ein Engagement in Frage? Geht man am besten nach China oder Polen oder Italien oder besser z. B. in die Benelux-Staaten? Die Beispiele zeigen die theoretische Bandbreite und erfordern deshalb – zumindest bei systematischem Vorgehen – eine grobe Vorauswahl, wie sie in jedem Lehrbuch für internationales Marketing nachzulesen ist.

Ein wichtiges Auswahlkriterium ist zweifellos die **wirtschaftspolitische Struktur** eines Landes und deren Entwicklung auf längere Sicht. Manche Risiken (z. B. Enteignung) haben durch den Zusammenbruch des Kommunismus zwar an Schrecken verloren, aber Problemländer gibt es bekanntlich dennoch zuhauf.

Vor diesem Hintergrund interessiert aus Einzelhandelssicht das **Nachfragepotential** der privaten Haushalte nach Umfang, Struktur und künftiger Entwicklung. Ist etwa Polen mit seinem unermesslichen Warenhunger jetzt bereits schon generell ein interessantes Land oder vielleicht erst in 10 Jahren? Und wie anders fällt das Urteil u. U. speziell unter bestimmten branchenspezifischen Gesichtspunkten aus?

Gleichsam von hautnahem Interesse sind natürlich die **Distributionsstrukturen** eines Landes; welche Rolle spielt der Großhandel und wie ist die Einzelhandels-Szenerie beschaffen? Erfahrungen haben gezeigt, daß trotz der mehr oder weniger genauen Statistiken die Verhältnisse aus der Ferne vielfach schwer zu durchschauen sind. Die Gefahr, über Dinge zu stolpern, die einem Deutschen erst gar nicht in den Sinn kommen, ist daher groß. Berühmt-berüchtigt in dieser Hinsicht sind in Fachkreisen z. B. die Gegebenheiten in Japan oder – näherliegend – die in Italien.

Hochentwickelte Industriestaaten, aber längst nicht alle, bieten i. d. R. mehr Transparenz; einmal in statistischer Hinsicht, zum anderen aber auch durch die bessere Überschaubarkeit bzw. Kalkulierbarkeit des Verhaltens von Verbrauchern, Lieferanten, örtlichen Behörden usw. Das ist eminent wichtig, denn ein Handelsunternehmen ist im Ausland ja wesentlich stärker involviert als etwa ein Exporteur.

Neben den vielen Einzelproblemen, die mit Aufbau und Führung von Verkaufsstätten im Ausland zusammenhängen, ist aus absatzwirtschaftlicher Sicht die Frage der **Sortimentierung** und auch die der **Logistik** von großer Bedeutung. Schlechterdings ideal wäre i. d. R., wenn die Sortimente des Heimatmarktes unverändert auch in den Gastländern geführt werden könnten. Von besonderen Fällen, also etwa deutschen Spezialitäten oder exclusiven Fabrikmarken abgesehen, ist das nicht der Fall, vielmehr sind Anpassungen an die landesübliche Nachfrage erforderlich und dies tendenziell um so stärker, je mehr diese eben landestypisch ist und sich nicht weltweit ziemlich uniform darbietet, wie etwa bei elektronischen Geräten, wo ohnehin die internationalen Erzeugnisse bzw. Marken dominieren. Auch einheimische (nationale) Markenprodukte können i. d. R. nicht ohne Einbußen eliminiert werden. Nicht zuletzt divergieren die Vorstellungen bzw. Erwartungen von Land zu Land vielfach auch im Hinblick auf den Sortimentsumfang; was in einzelnen Warengruppen als „gut sortiert" gilt, werden Franzosen oder Engländer vielfach anders beurteilen als deutsche Verbraucher.

Nur sehr beschränkt läßt sich das Ausmaß der erforderlichen Sortimentsanpassungen im vorhinein annähernd genau prognostizieren, folglich hilft dann nur ein zeitaufwendiges Experimentieren mit entsprechenden Anlaufverlusten. Naheliegend ist deshalb, mit Pilotläden zu beginnen und erst dann die gemachten Erfahrungen zu vervielfältigen.

Im Rahmen des internationalen (Hersteller-)Marketing wird dieses Problem unter dem Stichwort „Standardisierung oder Differenzierung?" seit langem diskutiert. Der aus ökonomischen Gründen verständliche Rat, soviel zu standardisieren wie möglich und so wenig zu differenzieren wie nötig, ist zwar ebenso eingängig wie wohlfeil, bietet aber eben doch nur schwache Entscheidungshilfen konkreter Art. Maßgebend ist, wieweit sich international die Bedarfs- und Einkaufsgewohnheiten bereits angeglichen haben bzw. wie schnell sie sich angleichen werden. Muß man sich also z. B. mit einem aus Deutschland stammenden Angebotskonzept sofort anpassen, um überhaupt Fuß fassen zu können oder besteht Chance, daß das fremde Konzept in überschaubarem Zeitraum von den ausländischen Verbrauchern in ausreichender Zahl akzeptiert wird? Vieles spricht international für eine Verbrauchsangleichung, andererseits sind die bestehenden Unterschiede, aber auch die Differenzierungstendenzen nicht zu übersehen. Zur Standardisierungs-Euphorie besteht – jedenfalls im Einzelhandel – derzeit noch kein Anlaß.

Ländermäßige Differenzierungen bedeuten für international tätige Anbieter erhebliche Belastungen; bei den Produktionsbetrieben durch vielfältige Produktvariationen, beim Handel durch vermehrte Belastungen im Rahmen von Einkauf und Logistik. Im Extrem bedeutet das ein völliges Nebeneinander bei der Bearbeitung der Märkte. Entsprechend gering sind damit die durch eine Internationalisierung angestrebten Synergie-Effekte.

Ohnehin wirft die Logistik speziell beim Aufbau von Auslandsmärkten erhebliche Probleme auf, soweit die Belieferung der Vertriebsstätten nicht direkt von den Lieferanten übernommen wird bzw. werden kann. Handelseigene Zentral- oder Regionalläger haben einen (ökonomisch) begrenzten Auslieferungs-Radius; Filialisten in Grenznähe mögen von diesen noch bedient werden können, ansonsten werden Auslieferungsläger im Ausland erforderlich, die in der Startphase des Filialausbaus natürlich nicht ausgelastet sein können.

4. Internationalisierungsstrategien

Die Strategieüberlegungen zum „going international" reichen i. d. R. weit über „reine" Fragestellungen des Marketing hinaus und sind vielmehr eine Angelegenheit der Unternehmensführung schlechthin.

Welche Vorgehensweisen generell in Frage kommen, lassen die folgenden Empfehlungen überblicksartig erkennen (BBE – Unternehmensberatung GmbH Köln):

- Start durch Übernahme vorhandener Unternehmen; keine „Schwächlinge" kaufen
- Start in „germanischen" Ländern – Niederlande, Dänemark, Österreich, Schweiz
- Start in Ländern mit hohem Wachstum, aber unterentwickeltem Handel

- Start mit einer Tochter-/Betriebs-Konzeption, die in Europa zur absoluten Spitze zählt
- Ausländisches Management einkaufen
- Franchise-Konzepte zur Risiko-Streuung nutzen
- Joint-Ventures mit starken Auslandspartner eingehen
- Joint-Ventures mit Inländern zum **gemeinsamen** Gang nach „draußen".

Zumindest einige dieser Empfehlungen sollten kommentiert bzw. ergänzt werden.

Der Erwerb von **Beteiligungen** an ausländischen Unternehmen, und hier speziell der Austausch von Minderheitsbeteiligungen, dient der gegenseitigen Einflußnahme und Unterstützung. Weiterhin läßt sich auf diese Weise, wenn auch nicht verhindern, so doch wenigstens steuern, daß man sich gegenseitig auf den einzelnen Märkten nicht allzu sehr in die Quere kommt.

Der **Aufkauf** ausländischer Einzelhandelsunternehmen ist – wie in anderen Wirtschaftszweigen auch – der vergleichsweise einfachste und sicherste Weg der Internationalisierung. Dies setzt allerdings voraus, daß man in der Lage ist, den Marktwert und die Marktchancen der Unternehmen richtig einzuschätzen. Solches ist, wie manche Beispiele zeigen, nicht leicht, da es häufig in einem fremden Markt an all den Informationen, vor allem informeller Art, mangelt, die einem im Inland oft fast unbewußt zugewachsen sind. Abgesehen von diesen Schwierigkeiten besitzen Aufkäufe natürlich den Vorteil, daß damit bereits vorhandene Markterfahrungen, Kundenbindungen und u. U. gutes Management-Know-how erworben werden, was natürlich das Risiko dieser Strategien erheblich vermindert.

Aus Marketingsicht am anspruchsvollsten und organisatorisch am schwierigsten ist natürlich der eigene **Aufbau** von Einkaufsstätten bzw. Filialbetrieben in ausländischen Märkten. Naheliegend ist dabei die Übernahme bereits im Inland bewährter Betriebsformen-Konzepte. Deren Erfolge lassen jedoch leicht vergessen, daß sie häufig das Ergebnis einer langfristigen, subtilen Anpassung an die Gegebenheiten des Ursprungslandes darstellen. Erforderlich wäre zur Abschätzung der Erfolgschancen eine sorgfältige Analyse der Akzeptanz aller Attraktivitätsfaktoren des zu internationalisierenden Konzeptes in den Zielländern. In der Praxis zeigt eine solche eingehende Analyse in aller Regel, daß zumindest eine Modifizierung der Konzeption hinsichtlich einzelner Attraktivitätsfaktoren angebracht ist, sofern es überhaupt zu nachhaltigen Erfolgen kommen soll.

Die letzte der Möglichkeiten, nämlich die Entwicklung gänzlich **neuer** Angebotsformen speziell für bestimmte Auslandsmärkte, gehört derzeit sicherlich noch zu den Ausnahmen, wenn „neu" hier im Sinne von „noch nicht dagewesen" verstanden wird. In praxi werden jedoch meist sog. Betriebsneuheiten eingesetzt, also Kopien bereits vorhandener Einzelhandelskonzepte, die anderenorts bereits existieren. So ist es naheliegend, daß sich die Betriebsformen der hochentwickelten Länder allmählich auch dort ausbreiten, wo die Einzelhandelsstrukturen bislang von vorindustriellen Lebens- und Einkaufsformen geprägt sind.

Einen ausführlichen, wenn auch nicht überschneidungsfreien Überblick über die relevanten Internationalisierungsstrategien und die damit verbundenen Inhalte, Ziele und Erfolgsfaktoren gibt die Darstellung 77.

Darstellung 77: Internationalisierungsstrategien im Einzelhandel

	Kooperationsstrategie	Beteiligungs- und Akquisitionsstrategie	Multinationale Strategie	Globalstrategie
Inhalt:	Kooperation von selbständigen nationalen Verbundgruppen oder Einzelhandelsunternehmen	finanzielle Beteiligung an ausländische Unternehmen oder komplette Übernahme	identische Basiskonzepte, aber nationalspezifische Anpassung	identische Multiplikation eines Konzeptes im Ausland unter Verzicht auf nationale Differenzierung
Ziele:	– Erzielung von Volumens- und Produktivitätsvorteilen in o Beschaffung o Produktion o Werbung – Know-how-Austausch	– Erschließung von Wachstums- und Ertragspotentialen – Streuung von finanziellen und politischen Risiken – Know-how-Erwerb	– Erschließung von Wachstums- und Ertragspotentialen – Streuung von finanziellen und politischen Risiken – Know-how-Transfer	– Erschließung von Wachstums- und Ertragspotentialen – Erzielung von Volumens- und Produktivitätsvorteilen in Beschaffung, Produktion, Distribution, Ladeneinrichtung, Werbung
Erfolgsfaktoren	– Nachfragebündelung – Synergienutzung – ähnliches Erscheinungsbild und Sortiment – gemeinsame Interessen vor nationalem Interesse	– Synergienutzung – Markt- und Management-Know-how im Tochter-Unternehmen – dezentrale Führung	– Nachfragebündelung – soviel Zentralisierung wie möglich, soviel Dezentralisierung wie nötig – Markt-Know-how im Tochter- und Management-Know-how im Mutterunternehmen	– identisches Design für klar abgegrenztes Marktsegment – Handelsmarken oder Eigenmarken – starke vertikale Integration – zentrale Führung – ausgeklügelte Logistik
Beispiele:	– Inter-Spar – Inter-coop – Euro-coop	– Tengelmann – Otto-Versand – ASKO – Vendex International	– IKEA – C & A – Hennes & Mauritz – Carrefour – Promodes	– Benetton – Laura Ashley – Body Shop

Quelle: Roland Berger & Partner

Hinsichtlich des praktischen Vorgehens müßten im absatzwirtschaftlich einschlägigsten Falle – nämlich der Übertragung der bisherigen Konzeption auf ausländische Märkte – im Prinzip alle in diesem Buch behandelten Aspekte unter der Fragestellung „Was ist im Zielmarkt anders?" analysiert werden.

Hieraus sollte sich ergeben, inwieweit die heimischen Erfolgskomponenten auch dort zum Tragen kommen können. Kann man etwa – im Vergleich zur Konkurrenz im Ausland – ähnlich preisgünstiger sein, bessere Qualitäten, bessere Sortimente, besseren Service usw. usw. bieten? Je eindrucksvoller die Vorteilhaftigkeiten für die Verbraucher tatsächlich gestaltet werden können, desto höher sind prinzipiell die Erfolgschancen – wenigstens auf längere Sicht.

Was für die Bedarfe relevant ist, gilt sicherlich ebenso für die Einkaufsgewohnheiten und Einkaufsstättenerwartungen. In diesem Zusammenhang sei beispielhaft auf die beträchtlichen Unterschiede zwischen Süd- und Nordeuropa hingewiesen, die indirekt, etwa durch die stark differierende Einzelhandelsdichte, zum Ausdruck kommen. Wie an anderer Stelle ausgeführt, ist es schwer, mittels Marktforschung im voraus zu ermitteln, wie stabil traditionelle Verhaltensmuster und Erwartungshaltungen tatsächlich sind, bzw. wie groß die Bereitschaft ist, neue Angebotsformen zu akzeptieren. Aber immerhin mehren sich inzwischen auch die länderübergreifenden bzw. -vergleichenden Untersuchungen über Verbrauchereinstellungen und Verbraucherverhalten, die erste Aufschlüsse vermitteln können.

Literaturverzeichnis

Literatur zum ersten Kapitel: Grundlagen zur allgemeinen Handelsbetriebslehre

Barth, K., Betriebswirtschaftslehre des Handels, 2. Aufl., Wiesbaden 1993.
Behrens, K.-Chr., Kurze Einführung in die Handelsbetriebslehre, 2. Aufl., Stuttgart 1972.
Buddeberg, H., Betriebslehre des Binnenhandels, Wiesbaden 1959.
Falk, B./Wolf, J., Handeslsbetriebslehre, 10. Aufl., Landsberg a.L. 1991.
Gümbel, R., Handel, Markt und Ökonomie, Wiesbaden 1985.
Hansen, U., Absatz- und Beschaffungsmarketing des Einzelhandels, 2. Aufl., Göttingen 1990.
Oehme, W., Handels-Marketing, 2. Aufl., München 1992.
Schär, J.F., Allgemeine Handelsbetriebslehre, 4. Aufl., Leipzig 1921.
Schenk, H.O., Marktwirtschaftslehre des Handels, Wiesbaden 1991.
Seÿffert, R., Wirtschaftslehre des Handels, 5. Aufl., Opladen 1972.
Tietz, B., Der Handelsbetrieb – Grundlagen der Unternehmenspolitik, 2. Aufl., München 1993.
Zentes, J. (Hrsg.): Strategische Partnerschaften im Handel, Stuttgart 1992.

zur Handelsgeschichte

Bauer, H.J., 7000 Jahre Handel – Eine Kulturgeschichte, Aarau 1982.
Bechtel, H., Wirtschaftsgeschichte Deutschlands, Vom Beginn des 16. bis zum Ende des 18. Jahrhunderts, München 1952.
Berekoven, L., Geschichte des deutschen Einzelhandels, 4. Aufl., Frankfurt a.M. 1988.
Berninghaus, W., Die absatzwirtschaftliche Ausrichtung des Kleinpreisgeschäftes, Diss. Köln 1960.
Brandel, F., Sozialgeschichte des 15. bis 18. Jahrhunderts, 2.Band: „Der Handel", München 1986.
Ehrlicher, H., Das Massenfilialsystem, Stuttgart 1931.
Gartmayr, E./Mundorf, H.-D., Nicht für den Gewinn allein. Die Geschichte des deutschen Einzelhandels, 2. Aufl., Frankfurt a.M. 1970.
Hasselmann. E., Die genossenschaftliche Selbsthilfe der Verbraucher, Hamburg 1960.
derselbe, Geschichte der deutschen Konsumgenossenschaften, Frankfurt a.M. 1971.
Hirsch, J., Der moderne Handel, 1. Aufl., Tübingen 1918, 2. Aufl., Tübingen 1925.
Kirchner, G., Versandhandel, Gestern – Heute – Morgen, Stuttgart/Wiesbaden 1974.
Kuske, B., Geschichte des Einzelhandels, in: Handbuch des Einzelhandels, Hrsg.: R. Seÿffert, Stuttgart 1932, S. 7-30.
Löffelholz, J., Handelsgeschichte, in: Handwörterbuch der Betriebswirtschaft, 3. Aufl., Band 2, Stuttgart 1958, Sp. 2553-2565.
Pasdermadjian, H., Das Warenhaus, Köln/Opladen 1954.
Rubens, W., Der Kampf des Spezialgeschäftes gegen das Warenhaus, Köln 1929.
Sédillot, R., Vom Tauschhandel zum Supermarkt, Stuttgart 1966.
Tiburtius, J., Der deutsche Einzelhandel im Wirtschaftsverlauf und in der Wirtschaftspolitik von 1925-1935, Jena 1935.

zum Handelsrecht, UWG und GWB

Aberle, G., Wettbewerbstheorie und Wettbewerbspolitik, Stuttgart et al. 1980.
Baumbach, A./Hefermehl, W., Wettbewerbsrecht, 17. Aufl., München 1993.
Batzer, E., Der Handel in der Bundesrepublik Deutschland, Ifo-Studien zu Handels- und Dienstleistungsfragen, Nr. 40, München 1991.

Bundesministerium für Wirtschaft (Hrsg.): Wettbewerbspolitik in der sozialen Marktwirtschaft, Bonn 1982.
Bunte, H.J., Wettbewerbs- und Kartellrecht, München/Wien 1980.
Emmerich, V., Das Recht des unlauteren Wettbewerbs, 3. Aufl., München 1991.
Falk, B./Wolf, J. (Hrsg.): Das große Lexikon für Handel und Absatz, 2. Aufl., Landsberg a.L. 1982.
Gamm, O.-F. von, Gesetz gegen den unlauteren Wettbewerb, 2. Aufl., Köln et al. 1981.
Greipl, E., Wettbewerbssituation und -entwicklung des Einzelhandels in der Bundesrepublik Deutschland, Berlin/München 1978.
Greipl, E./Singer, E., Analyse der Strukturen und Wettbewerbsverhältnisse in ausgewählten Märkten des Handels, Berlin/München 1978.
Hartmann, B., Das Diskriminierungsverbot – Die kartellrechtlichen Grundlagen aus betriebswirtschaftlicher Sicht, Freiburg i.Br. 1981.
Hefermehl, W., Wettbewerbs- und Kartellrecht, 9. Aufl., München 1983.
Hoppmann, E., Die Abgrenzung des relevanten Marktes im Rahmen der Mißbrauchsaufsicht über marktbeherrschende Unternehmen, Baden-Baden 1974.
Immenga, U./Mestmäcker, E.J., GWB – Gesetz gegen Wettbewerbsbeschränkungen, 2. Aufl., München 1992.
Kirschstein, F., Marktmacht und ihre Kontrolle, München 1974.
Marx, T., Wettbewerbsrecht, Berlin 1978
Möschel, W., Recht der Wettbewerbsbeschränkungen, Köln et al. 1983.
Nees, H./Beuth, F., Wettbewerbs- und Kartellrecht, Wiesbaden 1980.
Neiser, J., Die Praxis der deutschen Fusionskontrolle, Berlin 1981.
Niestrath, U., Nachfragemacht des Handels – Begriff, Theorie, Operationalisierung, Frankfurt a.M. et.al. 1983.
Rittner, F., Einführung in das Wettbewerbs- und Kartellrecht, Heidelberg/Karlsruhe 1981.
Schenk, H.O./Tenbrink, H./Zündorf, H., Die Konzentration im Handel – Ursachen, Messung, Stand, Entwicklung und Auswirkungen der Konzentration im Handel und konzentrationspolitische Konsequenzen, Berlin 1984.
Schultes, W., Rechtsprobleme der Nachfragemacht des Handels, Hamburg 1984.
Tietz, B./Müller-Hagedorn, L./Dahremöller, A./Böcker, F., Konzentration im Handel, in: Zeitschrift für Betriebswirtschaft, 57. Jg., 2/1987, S. 196-222.

zu mittelstandsspezifischen Gesetzen und Regelungen

Barrenstein, P., Der mittelständische Einzelhandel in der Bundesrepublik Deutschland – Entwicklung, Entwicklungsdeterminanten und gesamtwirtschaftliche Funktionen, Frankfurt a.M. 1980.
Clemens, R./Kayser, G., Mittelstandsförderungsgesetze und Mittelstandsförderung, Bonn 1979.
Happe, F., Staatliche Wirtschaftspolitik und mittelständische Unternehmen, Göttingen 1975.
Klein-Blenkers, F. (Hrsg.): Zur Lage mittelständischer Betriebe in der Bundesrepublik Deutschland und Maßnahmen zu ihrer Förderung, Göttingen 1977.
Treis, B., Der mittelständische Einzelhandel im Wettbewerb, München 1981.

zum Ladenschlußgesetz

Aengenendt, R., Ladenöffnungszeiten im Einzelhandel, Köln 1971.
dieselbe, Neue Materialen zur gesamtwirtschaftlichen Bedeutung der Ladenöffnungszeiten, Berlin 1978.
Gschwendtner, H. et al., Die volkswirtschaftlichen Auswirkungen des Ladenschlußgesetzes, Tübingen 1976.
Most, A., Handels-Marketing und Recht, Augsburg 1986.

Reichert, K., Das Ladenschlußproblem in der Bundesrepublik Deutschland, Diss. Wien 1971.
Schröder, H./Horst, J.P./Krönfeld, B., Dienstleistungsabend und Erlebnisorientierung im Einzelhandel, Bd. 1 der Reihe: Handelsforschung und Handelspraxis, Münster/New York 1992.
Stehn, J., Das Ladenschlußgesetz -Ladenhüter des Einzelhandels, Kieler Diskussionsbeiträge, 128, Institut für Weltwirtschaft, Kiel 1987.
Tietz, B., Ladenzeitordnungen im Umbruch, Stuttgart 1973.

zu den Grundlagen des Handelsmarketing

Algermissen, J., Das Marketing der Handelsbetriebe, Würzburg/Wien 1981.
Bürger, J.H./Berlemann, F.R., Merchandising, Die Hohe Schule des Handelns im Handel, Landsberg a.L. 1987.
Büttner, H., Die segmentorientierte Marketingplanung im Einzelhandelsbetrieb, Göttingen 1986.
Geisthövel, M.F., Handels-Marketing, in: Marketing-Journal, 21. Jg., 3/1988, S. 279-285.
Hansen, U., Absatz- und Beschaffungsmarketing des Einzelhandels, 2. Aufl., Göttingen 1990.
Hasitschka, W./Hruschka, H. (Hrsg.): Handels-Marketing, Berlin/New York 1984.
Küthe, E., Einzelhandelsmarketing, Stuttgart et al. 1980.
Lerchenmüller, M., Handelsbetriebslehre, Ludwigshafen 1992.
Marzen, W., Marketing der Handelsbetriebe, Wien 1986.
Müller-Hagedorn, L., Handelsmarketing, 2. Aufl., Stuttgart et al. 1993.
Oehme, W., Handels-Marketing, 2. Aufl., München, 1992.
Pepels, W., Die Beziehungen von Marketing-Interessen auf Hersteller- und Handelsstufe, in: Markenartikel, 50. Jg., 10/1988, S. 494-502.
Schenk, H.-O., Handelsmarketing, in: *Falk, B. (Hrsg.):* Dienstleistungsmarketing, Landsberg a.L. 1980, S. 29-58.
Tietz, B., Zur Emanzipation des Handels-Marketing vom Hersteller-Marketing, in: *Hasitschka, W./Hruschka. H. (Hrsg.):* Handels-Marketing, Berlin/New York 1984, S. 53-79.
Welzel, K., Marketing im Einzelhandel, Wiesbaden 1974.

Literatur zum zweiten Kapitel: Instrumente des Handelsmarketing

zur Sortimentspolitik

Baro, P., Die Bedeutung der EDV für die Sortimentsplanung im Einzelhandel, Diss. München 1969.
Barth, K., Systematische Unternehmensführung in den Groß- und Mittelbetrieben des Einzelhandels, Habilitationsschrift an der Universität zu Köln, in: Schriften zur Handelsforschung des IfH Köln, Nr. 52, Göttingen 1976.
derselbe, Rentable Sortimente im Handel, Zufall oder Ergebnis operabler Entscheidungstechniken, Göttingen 1980.
Bauer, H.H., Die Entscheidung des Handels über die Aufnahme neuer Produkte – eine verhaltenstheoretische Analyse, in : Schriften zum Marketing, Hrsg.: *E. Dichtl* und *F. Böcker,* Band 10, Berlin 1980.
Böcker, F., Die Bestimmung der Kaufverbundenheit von Produkten, in: Schriften zum Marketing, Hrsg.: *E. Dichtl* und *F. Böcker,* Band 7, Berlin 1978.
Böcker, F./Merkle, E., Die Analyse des Sortimentsverbundes, in: Erfolgskontrolle im Marketing, in: Schriften zum Marketing, Hrsg.: *E. Dichtl* und *F. Böcker,* Band 1, Berlin 1975, S. 179-191.

dieselben, Mantel „kauft" Bluse – Analyse des Sortimentsverbundes, in: Rationeller Handel, 18. Jg., 1/1975, S. 14-20.

Brandt, S., Die Überwachung der Sortimente in den Großbetrieben des Einzelhandels, Diss. Köln 1957.

Bürgi, W., Wege zum optimalen Sortiment, Zürich 1962.

Ebert, K., Warenwirtschaftssysteme und Warenwirtschafts-Controlling, Schriften zu Distribution und Handel, Hrsg.: *D. Ahlert,* Frankfurt a.M. 1986.

Flach, H.D., Sortimentspolitik im Einzelhandel, Diss. Köln 1966.

Fretz, J., Die Warengliederung als Führungsinstrument der Einzelhandelsunternehmen mit besonderer Berücksichtigung des Warenhauses, Diss. Winterthur 1971.

Gissinger. L., Methoden der betrieblichen Sortimentspolitik – insbesondere in Kauf- und Warenhäusern, Diss. Berlin 1964.

Gümbel, R., Die Sortimentspolitik in den Betrieben des Wareneinzelhandels, Köln/Opladen 1963.

Hauzeneder, R., Der Sortimentsverbund im Einzelhandel, Diss. München 1975.

Huxold, G., Handbuch der Betriebsorganisation, Planung und Kontrolle im Einzelhandel, Hrsg.: BBE, Köln 1971.

Kirchner, J./Zentes, J., Führen mit Warenwirtschaftssystemen – Neue Wege zum Informationsmanagement in Handel und Industrie, Düsseldorf/Frankfurt a.M. 1984.

Klein-Blenkers, F., Leistungsstärke im Facheinzelhandel durch wirtschaftlichen Einsatz des Betriebsfaktors Ware, in: Mitteilungen des IfH an der Universität zu Köln, 36. Jg., Nr. 7, Hrsg.: *E. Sundhoff* und *F. Klein-Blenkers,* Köln 1984, S. 90 ff.

Kuhn, H.E., Neuere Ergebnisse zur Sortimentsausdünnung im Handel, Folgen und Möglichkeiten, in: Markenartikel, 47. Jg., 1/1985, S. 34-39.

Lakaschus, C., Sucht der Verbraucher die breite Auswahl?, in: Centrale Marketinggesellschaft der deutschen Agrarwirtschaft mbH (Hrsg.): Polarisierung der Märkte, Dokumentation aktueller Handelstests, Verbraucherbefragungen und Referate, Oktober 1983, S. 3-46.

von Lanken-Schulz, H., Sortimentspolitik contra Markenpolitik?, in: Markenartikel, 40 Jg., 3/1978, S. 100-104.

Marzen, W., Die Sortimentspolitik als Instrument des Handels-Marketing, in Hasitschka, W./Hruschka, H. (Hrsg.): Handels-Marketing, Berlin/New York 1984, S. 177-193.

Merkle, E., Die Erfassung und Nutzung von Informationen über den Sortimentsverbund in Handelsbetrieben, in: Schriften zum Marketing, Hrsg.: *E. Dichtl* und *F. Böcker,* Band 11, Berlin 1981.

Meuser, R., Warenwirtschaftssysteme – Schlagwort oder betriebliche Notwendigkeit?, in: Dynamik im Handel, 29. Jg., 9/1985, S. 23-27.

Müller-Hagedorn, L., Das Problem des Nachfrageverbundes in erweiterter Sicht, in: Zeitschrift für die betriebswirtschaftliche Forschung, 30. Jg., 3/1978, S. 181-193.

Müller-Hagedorn, L./Heidel, B., Die Sortimentstiefe als absatzpolitisches Instrument, in Zeitschrift für die betriebswirtschaftliche Forschung, 38. Jg., 1/1986, S. 39-63.

Panzer, S., Branchenübergreifende Sortimentsveränderungen im Einzelhandel unter besonderer Berücksichtigung der Partievermarktung, Frankfurt a.M./Bern/New York 1987.

Ritter, H., Wie plane ich den Wareneinkauf? Limitrechnen – schnell und richtig, in: Schriften zur Berufs- und Betriebsförderung im Einzelhandel, Hrsg.: BBE, Heft 16/17, 3. Aufl., Köln 1975.

Schwarz, R., Anleitung für die kurzfristige Erfolgsrechnung im Einzelhandel, in: Schriftenreihe zur Berufs- und Betriebsförderung im Einzelhandel, Hrsg.: BBE, Band 54, 2. Aufl., Köln 1979.

Sertel, U., Universalsortimentsanalyse im Handel – Ein suchtheoretischer Ansatz, Diss. Krefeld 1982.
Seÿffert, R., Sortimentspolitik, Köln/Opladen 1962.
Stahl, P., Verbundwirkung im Sortiment – ein Beitrag zur Erforschung und Messung von Verbundwirkungen im Sortiment von Handelsbetrieben, Diss. Münster 1977.
Sturzenegger, M., Warenbewirtschaftungs-Systeme im Warenhaus, Bern 1974.
Villiger, R., Einzelhandel – Planung, Steuerung und Kontrolle des Warenbestandes, Bern/Stuttgart 1981.
Wiedemann, K.-P./Raffée, H., Gesellschaftsbezogene Werte, persönliche Lebenswerte, Lebens- und Konsumstile der Bundesbürger – Untersuchungsergebnisse der Studie Dialoge 2 und Skizze von Marketingkonsequenzen, Arbeitspapier Nr. 46 des Instituts für Marketing der Universität Mannheim, Mannheim 1986.

zur Handelsmarkenpolitik

Angehrn, O., Handelsmarken und Markenartikelindustrie, Freiburg i.Br. 1960.
derselbe, Handelsmarken und Herstellermarken im Wettbewerb, Stuttgart 1968.
Berekoven, L., Zum Verständnis und Selbstverständnis des Markenwesens, in: Markenartikel heute. Marke, Markt und Marketing, Wiesbaden 1978, S. 35-48.
Berekoven, L./Bernkopf, G., Die Handelsmarke in der Bundesrepublik Deutschland. Untersuchung zu Strategien und Chancen der Eigenmarkenpolitik des Handels, GWI Institut, München 1981 (Untersuchungsbericht).
Dichtl, E./Eggers, W. (Hrsg.): Marke und Markenartikel als Instrumente des Wettbewerbs, dtv-Verlag, München 1993.
Grafe, C., Handelsmarken von Einkaufsvereinigungen des Einzelhandels, Nürnberg 1991.
Huber, W., Die Handelsmarken. Eine international vergleichende Studie zum Problem der Markenbildung in größeren Handelsorganisationen, Diss. St. Gallen 1969.
Kus, J., Die Entwicklung der Marktvolumina bei Handelsmarken in: Markenartikel, H. 2/1989.
Metzler, F., Die Handelsmarke unter besonderer Berücksichtigung der Einzelhandelsbetriebe, Diss. Frankfurt a.M. 1967.
A.C. Nielsen Company, Handelsmarken in Europa. Dritte Nielsen-Studie 1984, Frankfurt a.M. 1985.
Poth, L.G., Handelsmarketing durch Handelsmarkenpolitik, Wiesbaden 1973.
Roux, G., Die Entwicklung der Hersteller- und der Handelsmarken im Schweizerischen Lebensmitteleinzelhandel zwischen 1960 und 1980, Diss. Freiburg/Schweiz 1982.
Schenk, H.O., Handelsmarken als Instrument strategischer Handelsbetriebsführung. Diskussionsbeiträge des Fachbereiches Wirtschaftswissenschaft, Universität-Gesamthochschule Duisburg, 2. Aufl., Duisburg 1986.
Whitefield, E.R.S., Konsumentenverhalten und Handelstrends. Strategien für die 90er Jahre, Hrsg.: mh-Management Horizons Ltd. Frankfurt a.M. 1987.

zur Qualitäts- und Qualtitätssicherungspolitik

Boeker, H., Qualitätspolitik in der industriellen Beschaffung, Bochum 1986.
Brandt, A./Hansen, U./Schoenheit, I/Werner, K. (Hrsg.): Ökologisches Marketing, Frankfurt a.M./New York 1988.
Bremme, Ch., Praktiziertes Umweltmanagement im Handel, in: Handbuch des Umweltmanagements, Hrsg.: U. Steger, München 1992.
Bruhn, M., Konsumentenzufriedenheit und Beschwerden, Frankfurt a.M./Bern 1982.
Deutsche Gesellschaft für Qualität e. V. (Hrsg.): Organisation und Qualitätssicherung im Unternehmen, Teil I: Aufbauorganisation, DGQ-Schrift Nr. 22, 3. Aufl., Frankfurt a.M. 1976.

Deutsche Gesellschaft für Qualität e. V. (Hrsg.): Qualität und Haftung, DGQ-Schrift Nr. 27, 2. Aufl., Frankfurt a.M. 1977.

Deutsche Gesellschaft für Qualität e. V. (Hrsg.): Qualitätskosten – Rahmenempfehlungen zu ihrer Definition, Erfassung, Beurteilung, DGQ-Schrift Nr. 17, Frankfurt a.M. 1978.

Deutsches Handelsinstitut Köln e. V. (Hrsg.): Verpackung und Umwelt im Handel 1990, Köln 1990.

Finck, G., Versorgungszufriedenheit. Ein Beitrag zur empfängerorientierten Versorgungsforschung, in: Schriften zum Marketing, Hrsg.: *E. Dichtl* et al., Band 31, Berlin 1990.

Günther, M., Die Weiterentwicklung und Sicherung von Qualitätsmerkmalen aufgrund ihrer Einflußgrößen, Diss. Ilmenau 1965.

Gütermann, Horst R., Wer hat die Qualität zu sichern? In: Markenartikel, 31 Jg., 5/1969, S. 274-226.

Hansen, U./Schoenheit, I. (Hrsg.): Verbraucherzufriedenheit und Beschwerdeverhalten, Frankfurt a.M./New York 1987.

Hansen, U., Umweltmanagement im Handel, in: Handbuch des Umweltmanagements, Hrsg.: *U. Steger*, München 1992.

Harke, D., Hersteller- und Handelsmarken im Lichte vergleichender Warentests, in: FfH-Mitteilungen, Nr. IX/4, S. 1-3.

Kawlath, A., Theoretische Grundlagen der Qualitätspolitik, Wiesbaden 1969.

Lisson, A., Verbraucherschutz durch Gütesicherung, 3. Aufl., Nürnberg 1977.

Lösenbeck, H.-D., Fördert der Warentest die Qualität? In: Markenartikel, 31. Jg., 5/1969, S. 270-272.

Mayer, E./Ruf, F., Elemente der Produktgarantie bei Lebensmitteln, in: Markenartikel, 31. Jg., 5/1969, S. 234-238.

Meya, C., Die beschaffungs- und absatzpolitische Aktivität der Großbetriebe des deutschen Versandhandels in jüngerer Zeit, Diss. Bern 1966.

Purtschert, R., Güte- und Qualitätszeichen – ihre wirtschaftlichen Möglichkeiten und Grenzen in der BRD und in der Schweiz, Diss. Frankfurt a.M. 1970.

Quelle, Großversandhaus (Hrsg.): Quelle-Qualitäts-Norm 2000, 3. Aufl., Fürth 1977.

Schröder, L., Qualitätskontrollen des Handels beim Hersteller, in: Markenartikel, 31. Jg., 5/1969, S. 261-263.

Schulz, H., Kostenorientierte Qualitätskontrolle bei vorgegebenen Kontrollanforderungen in den Bereichen Beschaffung, Produktion und Absatz in einem Industriebetrieb, Diss. Hamburg 1975.

Schwander, A./Horner, J., Qualitätssicherung – eine Antwort auf das Produkthaftungsrisiko, in: Industrielle Organisation, 48. Jg., 1979, S. 151-156.

zur Servicepolitik

Bleuel, W.H./Patton, J.D., Service Management – Principles and Practices, Pittsburgh (Pennsylvania) 1978.

Gerstung, F., Die Servicepolitik als Instrument des Handelsmarketing, Göttingen 1978.

Meffert, H. (Hrsg.): Kundendienst-Management, Frankfurt a.M./Bern 1982.

Melcher, P., Kundendienst im Kauf- und Warenhaus – Möglichkeiten und Probleme einer erfolgsorientierten Kundendienstpolitik, Stuttgart 1972.

Mollberg, H., Problematik einer Messung des Kundenserviceerfolges, Diss. Göttingen 1983.

Muser, V., Der integrative Kundendienst – Grundlagen für ein marketingorientiertes Kundendienstmanagement, Augsburg 1988.

Rau, B., Der technische Kundendienst als absatzwirtschaftliches Entscheidungsproblem – Eine theoretische und empirische Untersuchung, Diss. Berlin 1975.

Willerding, Th., Gestaltungsmöglichkeiten der Kooperation im technischen Kundendienst zwischen Hersteller und Handel, Bochum 1987.

zur Preispolitik

Diller, H., Das Preisinteresse der Verbraucher, in: Zeitschrift für betriebswirtschaftliche Forschung, 34. Jg., 1982, S. 315-334.
derselbe, Die Wirkung von Verkäufen unter Einstandspreisen im Lebensmitteleinzelhandel, in: Die Betriebswirtschaft, 41. Jg., 3/1981, S. 409-418.
derselbe, Preispolitik, 2. Aufl., Stuttgart et al. 1991.
derselbe, Strategische Grundlagen des Preis-Marketing im Einzelhandel, in: *Hasitschka, W./Hruschka, H.*, Handelsmarketing, Berlin/New York 1984, S. 237-251.
Graumann, J., Deckungsbeitragsmaximierung durch marktorientierte Preispolitik und flexible Preisstrategien, München 1986.
Hahnhart, E.W., Marktgerechte Koordination von Einkauf und Verkauf im Warenhaus, Bern 1967.
Huppert, E., Preis- und Markenabhängigkeit des Absatzes bei Sonderangeboten des Lebensmittelhandels, in: Die Betriebswirtschaft, 47. Jg., 2/1987, S. 184-190.
Kroeber-Riel, W., Konsumentenverhalten, 5. Aufl., München 1992.
Nieschlag, R./Dichtl, E./Hörschgen, H., Marketing, 16. Aufl., Berlin 1991.
o.V., Direkte Produkt-Rentabilität (DPR), in: Dynamik im Handel, 31. Jg., 2/1987, S. 136.
Schäfer, G., Rabattgesetz, in: *Falk, B.R./Wolf, J. (Hrsg.)*: Das große Lexikon für Handel und Absatz, 2. Aufl., Landsberg a.L. 1982, S 649-651.
Simon, H., Preismanagement, Wiesbaden 1982.
Tietz, B., Der Handelsbetrieb, 2. Aufl., München 1993.

zur Werbepolitik

Allgemein

Barth, K., Theis, H.-J., Werbung des Facheinzelhandels, Wiesbaden 1991.
Behrens, K.Ch., Absatzwerbung, 2. Aufl., Wiesbaden 1976.
Huth, R., Pflaum, D., Einführung in die Werbelehre, 4. Aufl., Stuttgart u. a.O. 1991.
Kaiser, A., Theorie und Praxis werblicher Beeinflussung, München 1980.
Schweiger, G., Schrattenegger, G., Werbung, 2. Aufl., Stuttgart/New York 1988.
Sundhoff, E. (Hrsg.): Die Werbung im Facheinzelhandel, Schriften zur Handelsforschung, Bd. 43, Göttingen 1970.

Anzeigenwerbung

Barton, B., Das Betrachten von Anzeigen – Forschungsergebnisse zum Blickverhalten, in: Interview und Analyse, 7.Jg., 6/1980, S. 254-257.
Happel, H., Erfolgreicher werben mit besseren Anzeigen, in: Dynamik im Handel, 31. Jg., 2/1987, S. 94-96.
derselbe, Die alten Todsünden der Handelswerbung, in: Lebensmittel-Zeitung, 40 Jg., Nr. 12, 1988, S. F 22-F 24.
Meyer-Hentschel, G., Erfolgreiche Anzeigen, Wiesbaden 1989.
Müller, S., Werbemittelgestaltung aus informationstheoretischer Sicht, in: Marketing ZFP, 4. Jg., 3/1981, S. 181-186.
Simon, H.J., Noch sind Anzeigen und Prospekte vielfach „Selbstgespräche", in: Marketing-Journal, 21. Jg., 4/1988, S. 376-379.

Anzeigenblätter

Fuchs, G., Anzeigenblätter. Im Kampf um eine Spitzenposition, Informationsschrift des BVDA, Bonn 1988.

Jarren, O., Kommunale Kommunikation. Eine theoretische und empirische Untersuchung kommunaler Kommunikationsstrukturen unter besonderer Berücksichtigung lokaler und sublokaler Medien, München 1984.

o.V., Die deutschen Anzeigenblätter – Situation und Perspektive, Informationsschrift des BVDA, Bonn 1987.

o.V., Lohnt sich Werbung in Anzeigenblättern? In: Der Einzelhandelsberater, 31. Jg., 8/1988, S. 562-563.

Ridder-Aab, C.-M., Anzeigenblätter 1985 – gebremstes Wachstum, in: Media Perspektiven, o.Jg., 8/1985, S. 634-643.

Sondermann, G., Lokale Wochenblätter und Anzeigenblätter im Wettbewerb mit lokalen/regionalen Tageszeitungen, in: Kommunikationspolitische und kommunikationswissenschaftliche Forschungsprojekte der Bundesregierung (1974-1978), (Hrsg. Presse- und Informationsamt der Bundesregierung), Bonn 1978.

Wöste, M., Anzeigenblätter – Überlegungen zu ihrer Expansion und Rolle im Bereich lokaler Kommunikation, in: Media Perspektiven, o.Jg., 6/1982, S. 373-383.

Beilagen

Happel, H., Anzeigen und Beilagen auf dem Prüfstand, in: dfz-Wirtschaftsmagazin, 17. Jg., 12/1988, S. 34-36.

Kersten, M., Märkte und Zielgruppen – Die Beilage als multifunktionales Werbemittel, in: Dynamik im Handel, 31. Jg., 2/1987, S. 90-93.

o.V., Fast 59 Prozent nutzen Beilagen, in: Werben & Verkaufen, o.Jg., Nr. 14, 1987, S. 70.

o.V., Beilagenwerbung, Kosten und Nutzen im Vergleich, in: Der Einzelhandelsberater, 30. Jg., 10/1987, S. 537-539.

Schaufenster

Nötzel, R., Zur Beachtung der Werbewirksamkeit von Schaufenster, in: Planung und Analyse, 15. Jg., 5/1988, S. 201-205.

derselbe, Zur Werbewirksamkeit von Vitrinen (Schaukästen) in Fußgängerzonen, in: Planung und Analyse, 15. Jg., 2/1988, S. 72-75.

Richter, Heinz, Die Schauwerbung, in: Werbeleiterhandbuch, Hrsg.: *P. Trauth,* München 1973, S. 1125-1148.

Richter, Helmut, Das Schaufenster als Instrument der Verkaufsförderung, in: Handbuch Verkaufsförderung, Hrsg.: *W. Disch* und *M. Meier-Maltek,* Hamburg 1980, S. 467-479.

derselbe, Die Gestaltung und die wirtschaftliche Bedeutung der Schauwerbung im Überblick, in: Die Werbung. Handbuch der Kommunikations- und Werbewirtschaft, Band II., Die Werbebotschaften, Die Werbemittel und die Werbeträger, Hrsg.: *B. Tietz,* Landsberg a.L. 1982, S. 1571-1588.

Außenwerbung

Agostini, J.-M., Reichweite und Kontakte durch Plakate, in: Vierteljahresheft für Mediaplanung, o.Jg., 1/1985, S. 20-25.

Fachverband Außenwerbung (Hrsg.): Verkehrsmittelwerbung, Frankfurt a.M. 1978.

derselbe, Ganzbemalung von Bussen und Straßenbahnen, Frankfurt a.M. 1987.

derselbe, Rumpfflächenwerbung an Bussen, Bahnen und Postautos, 2. Aufl., Frankfurt a.M. 1988.

Friedrich, R.O., Plakatanschlag, in: Lexikon der Werbung, Hrsg.: *D. Pflaum* und *F. Bäuerle,* 2. Aufl., Landsberg a.L. 1986, S. 232-236.

Infratest Medienforschung (Hrsg.): Effizienzkontrolle bei ausgewählten Kampagnen der Verkehrsmittelwerbung, München 1982.

Kopsch, H., Außenwerbung, in: Handbuch der Werbung, Hrsg.: *K.-Chr. Behrens*, Wiesbaden 1976, S. 587-612.
Mackenroth, M., Außenwerbung – Das wiederentdeckte Medium, München 1982.
Meier, W., Außenwerbung, in: Werbeträger-Handbuch für den Werbeträgereinsatz, Hrsg.: *M.W. Reiter*, 7. Aufl., Frankfurt a.M. 1987, S. 293-326.
Nötzel, R., Zur Werbewirksamkeit von Außenwerbung an Bussen, in: Zeitschrift Außenwerbung-Information, o.Jg., 1/1986, S. 12 ff.
Pflaum, D./Eisenmann, H., Einführung in die Handelswerbung, Stuttgart u. a. 1988, S. 109-127.
Scheele, W., Die wirtschaftliche Bedeutung der Außenwerbung, in: *Tietz, B. (Hrsg.):* Die Werbung, Bd. II, Landsberg a.L. 1981, S. 1410-1468.
Schumacher, K., Verkehrsmittelwerbung, in: Lexikon der Werbung, Hrsg.: *D. Pflaum* und *F. Bäuerle*, 2. Aufl., Landsberg a.L. 1986, S. 350-353.

Lokaler Hörfunk

Grefe, C., Werbung und Musikberieselung – Private Radios in Bayern, in: Media Perspektiven, o.Jg., 8/1986, S. 519-525.
Jarren, O./Widlock, P. (Hrsg.): Lokalradio für die Bundesrepublik Deutschland, Berlin 1985.
Kiefer, M.-L., Massenkommunikation 1964 bis 1985 – Trendanalyse zur Mediennutzung und Medienbewertung, in: Media Perspektiven, o.Jg., 3/1987, S. 137-148.
Röper, H., Einstieg in ein neues Radiozeitalter – Privater Hörfunk in der Bundesrepublik Deutschland, in: Media Perspektiven, o.Jg., 7/1985, S. 521-534.
Weissman, A./Haas, M., Radio-Werbung im Einzelhandel, in: Info-Dienst „Neue Medien", o.Jg., 4/1987, S. 38.

Direktwerbung

Dallmer, H., Erfolgsbedingungen der Kommunikation im Direct-Marketing, Wiesbaden 1979.
derselbe (Hrsg): Handbuch des Direct-Marketing, Wiesbaden 1975.
Gerardi, A., Einführung in die Direktwerbung, Pforzheim 1966.
Haberbeck, H., Möglichkeiten und Grenzen der Direktwerbung im Wettbewerb der Werbemedien, Winterthur 1968.
Haunss, P., Erfolgsbedingungen der Direktwerbung im Versandhandel, dargestellt am Beispiel von Versand- und Reaktionsmittel, in: Handelsforschung, Handelspraxis. Festschrift für *Walter Marzen* zum 65. Geburtstag, 1980, S. 169-189.
Heßhaus, W., Direktwerbung, in: Marketing-Journal, 17. Jg., 4/1984, S. 358-360 und 5/1984, S. 476-481.
Holland, H., Direktmarketing, München 1993.
Kunz, G., Was hat Einfluß auf die Wirkung von Direktwerbung? In: Direkt-Marketing, 23. Jg., 2/1987, S. 72-77.
Schaller, G., Direkt-Marketing-Manangement, Landsberg a.L. 1986.
Schneider, M., Erfolgreiches Direkt-Marketing, Gernsbach 1980.
Semsch, G., Ideen für erfolgreiches Direktmarketing, in: Direkt Marketing, 23. Jg., 2/1987, S. 51-58.
Töpfer, A., Grundlagen und Medien für erfolgreiches Direktmarketing, in: Thexis, 4. Jg., 2/1987, S. 16-21.
Töpfer, A./Greff, G. (Hrsg.): Direktmarketing mit neuen Medien, Landsberg a.L. 1987.

Kundenkarten und Kundenclubs

Arthen, H., Handel setzt auf Kundenkarten, in: Lebensmittel-Zeitung, 40. Jg., Nr. 5, 1988, S. 4.

Brunner, W., Konsumentenkredite, in: Das große Lexikon für Handel und Absatz, 2. Aufl., Hrsg.: B. *Falk*, und *J. Wolf*, Landsberg a.L. 1982, S. 416-419.

derselbe, Kredit- und Scheckkarte, in: Das große Lexikon für Handel und Absatz, 2. Aufl., Hrsg.: B. *Falk* und *J. Wolf*, Landsberg a.L. 1982, S. 447-451

Fricke, K., Die Kreditgewährung als absatzpolitisches Instrument im Einzelhandel – unter besonderer Berücksichtigung der Kreditkarte, Diss. München 1971.

G+J-Branchenbild Kreditkarten, Gruner + Jahr Marktanalysen, Register A, Hamburg 1987.

Hoffmann, J., Locken und Fangen, in: Wirtschaftswoche, 42. Jg., Nr. 19, 1988, S. 68-71.

Jürgens, T.-J. (Hrsg.): à la CARD – Das Kursbuch durch die Kartenvielfalt, Hamburg 1988.

Mohme, J., Der Einsatz von Kundenkarten im Einzelhandel, Schriften zu Distribution und Handel, Bd. 10, Frankfurt a.M. 1993.

o.V., Clubs für Kunden, in: Absatzwirtschaft, 29. Jg., 10/1986, S. 28-39.

o.V., Herties goldener Orden, in: Lebensmittel-Zeitung, 41. Jg., Nr. 13, 1989, S. J 12-J 15.

o.V., Kampf der Karten, in: Wirtschaftswoche, 41. Jg., Nr. 17, 1987, S. 48-65.

o.V., Karten, die Kunden binden, in. Absatzwirtschaft, 26. Jg., 1/1983, S. 32-37.

o.V., Kundenkarten, Soll auch der Fachhändler mitmischen? In: Einzelhandelsberater, 31. Jg., 7/1988, S. 456-459.

o.V., Noch sind die Karten nicht verteilt, in: Absatzwirtschaft, 30. Jg., 8/1987, S. 62-67.

Peters., M., Der Kundenclub als Selfliquidator, in: Absatzwirtschaft, 32. Jg., 2/1989, S. 52-54.

Sichau, I., Zwischen Plastikgeld und Clubausweis, in: Lebensmittel-Zeitung, 40. Jg., Nr. 11, 1988, S. F4 - F7.

Tietz, B., Wege in die Informationsgesellschaft, Szenarien und Optionen für Wirtschaft und Gesellschaft, Stuttgart 1987.

Homeshopping

Gusy, C., Öffentlich-rechtliche Bestimmungen für das Non-Store Marketing in der Bundesrepublik Deutschland, in: *Theuer, G./Schiebel, W.* (Hrsg.): Teleselling, Landsberg a.L. 1984.

Karl, A./Messing, R., Teleselling, Akzeptanzprobleme für den Verbraucher? Vor- und Nachteile der neuen Telekommunikationstechniken (insbesondere Bildschirmtext) für private Haushalte, in: *Theuer, G./Schiebel, W.* (Hrsg.): Tele-Selling, Landsberg a.L. 1984.

Salmon, W.J., Wie sieht die Zukunft des elektronischen Heim-Einkaufs aus? In: *Buzzell, R.D.* (Hrsg.): Marketing im Zeitalter der „Compunications", Neue Chancen durch Computer und Telekommunikation, Wiesbaden 1988.

Tietz, B., Elektronisches Marketing, elektronisches Shopping und elektronisches Banking, in: *Theuer, G./Schiebel, W.* (Hrsg.): Teleselling, Landsberg a.L. 1984.

zur Verkaufsförderungspolitik

A.C. Nielsen Company, Handelsbefragung 1987, Werbe- und Verkaufsförderungsaktivitäten im LEH, Frankfurt a.M. 1987.

Bernd, N., Die Verkaufsförderung des Supermarktes, in: Lebensmittel-Zeitung, 33. Jg., Nr. 23, 1981, S. F 2-F 5.

Bürger, J.H., Kundenzuwachs durch Verkaufsförderung mit Pfiff, Landsberg a.L. 1986.

Christofolini, P./Thies, G., Verkaufsförderung, Strategie und Taktik, Berlin/New York 1979.

Deutscher Fachverlag Marketing-Service-Abteilung (Hrsg.): Verkaufsförderung im Lebensmitteleinzelhandel III, Dokumentation Frankfurt a.M. 1985.
Dölle, V., Den Einkaufsstätten ein Profil geben, Verkaufsförderung im Handel ohne die Profilierung über den Preis, in: Blick durch die Wirtschaft, 9.91986, S. 3.
Eichholz, R., Atmosphäre geplant einsetzen, in: Absatzwirtschaft 23. Jg., Nr. 11/1980, S. 110-117.
derselbe, Aktuelle Mittel und Methoden der Verkaufsförderung im Handel, 2. Folge, Platzwahl, in: Rationeller Handel, 24. Jg., 1/1981, S. 46-48.
Glinz, M., Sonderpreisaktionen des Handels und der Hersteller, Wiesbaden 1978.
Linnert, P., Handbuch der Verkaufsförderung, Hamburg 1973.
Pflaum, D./Kunze, G.F., Moderne Verkaufsförderung, München 1973.

zur Verkaufsraumgestaltung und Warenpräsentation

Barth, K., Die Warenpräsentation in Einzelhandelsunternehmungen, in: Mitteilungen des Instituts für Handelsforschung an der Universität zu Köln, Hrsg.: E. *Sundhoff*, 27. Jg., Juli 1975, S. 93-97.
Baumgartner, R., Ladenerneuerung (store modernization), Diss. St. Gallen 1981.
Bellizzi, J.A./Crowley, A.E./Hasty, R.W., The Effects of Color in Store Design, in: Journal of Retailing, 59. Jg., Nr. 1, Spring 1983, S. 21-43.
Berger, S., Ladenverschleiß, in: Schriften zur Handelsforschung, Nr. 55, Hrsg.: E. *Sundhoff* und F. *Klein-Blenkers*, Göttingen 1977.
Bost, E., Die Wirkung der Ladenatmosphäre auf das Konsumentenverhalten am Einkaufsort, Diss. Saarbrücken 1986.
Chevalier, M., Increase in Sales Due to In-Store Display, in: Journal of Marketing Research, 12. Jg., November 1975, S. 426-431.
derselbe, Substitution Patterns as a Result of Display, in: Journal of Retailing, 51. Jg., Nr. 4, Winter 1975/76, S. 65-72.
CMA (Hrsg.): Wird Einkaufen wieder attraktiv? – Erlebnismärkte unter der Lupe, 6. ANUGA-Symposium, Dokumentation aktueller Handelstests, Verbraucherbefragungen und Referate, Bonn/Bad Godesberg, Oktober 1987.
Cox, K.C., The Effect of Shelf Space upon Sales of Branded Products, in: Journal of Marketing Research, 7.Jg., Februar 1970, S. 55-58.
derselbe, The Responsiveness of Food Sales to Shelf Space Changes in Supermarktes, in: Journal of Marketing Research, 1. Jg., Mai 1964, S. 64-67.
Cristofolini, P.M., Verkaufsförderung in der Praxis, Düsseldorf/Wien 1972.
Cristofolini, P.M./Thies, G., Verkaufsförderung, Strategie und Taktik, Berlin/New York 1979.
Dähne, H., Verkaufsflächeninterne Standortplanung, in: Schriftenreihe des Seminars für allgemeine Betriebswirtschaftslehre der Universität Hamburg, Band 9, Wiesbaden 1979.
Diller, H./Kusterer, M., Erlebnisbetonte Ladengestaltung im Einzelhandel – Eine empirische Studie, in: Forschungsstelle für den Handel (FfH) (Hrsg.): Handelsforschung 1986, Berlin 1987, S. 105-123.
Engel, R., Ihre Lücke – Spezialwissen über verkaufswirksame Warenplazierung, Köln 1975.
Gagnon, J.P./Osterhaus, J.T., Research Note, Effectiveness of Floor Displays on the Sales of Retail Products, in: Journal of Retailing, 61, Jg., Spring 1985, S. 104-116.
Gocha, L., Warenanordnung, Planung, Organisation, Kontrolle, in: Selbstbedienung und Supermarkt, 14. Jg., 11/1970, S. 10-15.
Häusel, H.G., Weg von den rechten Winkeln, in: Lebensmittel-Zeitung, 36. Jg., Nr. 26, 1984, S. F8 - F9.
Höller, W., Warenpräsentation – Theoretische Grundlagen und empirische Analyse im Lebensmitteleinzelhandel, Diss. Essen 1987.

ISB, Köln, Konzessionäre: Candy-Shops mit den höchsten Mieten je qm, in: dynamik im handel, H. 6/88, S. 2 ff.

Lönneker, W., Verkaufsförderung im Test, in: Rationeller Handel, 16. Jg., 2/1973, S. 40-45.

Medla, K., Shop-in-the-Shop. Ein Konzept der Angebotspräsentation im Einzelhandel, München 1987.

Milliman, R.E., Using Background Music to Affect the Behavior of Supermarket Shoppers, in: Journal of Marketing, 46, Jg., Summer 1982, S. 86-91.

Müller, H., Die Warenplazierung als absatzpolitisches Instrument im Selbstbedienungseinzelhandel, in: Schriften zur Handelsforschung, Nr. 66, Hrsg.: *E. Sundhoff,* Göttingen 1982.

Müller-Hagedorn, L./Heidel, B., Optimale Verkaufsflächennutzung in Handelsbetrieben. Arbeitspapier Nr. 10, Studienschwerpunkt Absatz – Markt – Konsum im Fachbereich IV Universität Trier, Trier 1986.

o.V., Das A und O: Solide Finanzierung, realistische Umsatzprognosen, in: Der Einzelhandelsberater, 30. Jg., 2/1987, S. 68-69

o.V., Was Sie für Ihr Geld erwarten können, in: Der Einzelhandelsberater, 30. Jg., 2/1987, S. 74-79.

Schulz, W., Die Nutzung der Verkaufsfläche im Lebensmitteleinzelhandel, Diss. Freiburg 1975.

Steinacker, P.H., Farbe im Handel, in: Dynamik im Handel, 18. Jg., 3/1974, S. 14-19.

Weinberg, P., Vom Preis- zum Erlebniswettbewerb, in: Absatzwirtschaft, 29. Jg., 3/1986, S. 87-91.

derselbe, Erlebnisorientierte Einkaufsstättengestaltung im Einzelhandel, in: Marketing •ZFP, 8. Jg., 2/1986, S. 97-102.

Wirtschaftsförderungsinstitut der Bundeskammer für Gewerbliche Wirtschaft (Hrsg.): Ladenbau, Wien 1976

zur Verkaufspersonalpolitik

Barth, K., Die Grundlagen der Personaleinsatzplanung im Einzelhandel, in: Distributionswirtschaft, Festgabe für *Rudolf Seÿffert,* Köln 1968, S. 199-220.

Bornträger, W., Der Kurs stimmt – Management-Fortbildung für Führungskräfte des Handels, in: Rationeller Handel, 24. Jg., 3/1981, S. 36-40.

Conz, B., Mehr Mut zu weniger Beratung – Verkaufsanalysen in vier Einzelhandelsbranchen, Hrsg.: Rationalisierungs-Gemeinschaft des Handels beim RKW e. V. (RGH), Köln 1986.

Deutsch, J., Modernes Verkaufstraining, Köln 1969.

Eckardstein, D. von, Personalmarketing im Einzelhandel, Berlin 1971.

Fontaine, J., Motivieren durch Leistungslohn – Moderne Systeme im Einzelhandel, Köln 1981.

Gaugler, E., Personalwesen in der Absatzwirtschaft, in: *Tietz, B.* (Hrsg.): Handwörterbuch der Absatzwirtschaft, Stuttgart 1974, Spalte 1599-1617.

Herder, H. von, Mehr Erfolg durch Bedienung; Trends, Kosten, Ergebnisse, Hrsg.: Rationalisierungs-Gemeinschaft des Handels beim RKW e. V. (RGH), Köln 1980.

Jessen, P., Verkaufstraining, in: Management Enzyklopädie, 5. Band, München 1971.

Kunz, M./Mehler, H., Wie Profis motivieren. Macht und Magie getesteter Motivationstechniken, Landsberg a.L. 1987.

Manager-Enquête, Managementlücken im Mittelstand, Ergebnisse einer empirischen Untersuchung. Wissenschaftl. Leitung: *M.E. Kamp,* Hamburg 1977.

Müller-Hagedorn, L., Grundlagen der Personalbestandsplanung, Opladen 1970.

o.V., Incentives, Doping oder Motivation, in: Absatzwirtschaft, 25. Jg., 2/1982, S. 32-43.

o.V., Lassen Sie sich nicht nur vom Gefühl leiten, in: Der Einzelhandelsberater, 28. Jg., 10/1985, S. 482-484.

o.V., Schaffen Sie Anreize für höhere Leistungen, in: Der Einzelhandelsberater, 28. Jg., 3/1985, S. 116-119.

o.V., Wie Sie ihre Mitarbeiter produktiver einsetzen, in: Der Einzelhandelsberater, 27. Jg., 2/1984, S. 59-61.

o.V., Wie Sie Fluktuationskosten planmäßig senken, in: Der Einzelhandelsberater, 29. Jg., 10/1986, S. 502-504.

Reinhold, E., Prämien mobilisieren Leistungsreserven, in: Der Einzelhandelsberater, 29. Jg., 3/1986, S. 108-110.

Röhrig, P., Organisation und Personal-Perspektiven zukünftiger Zusammenarbeit, in: Zeitschrift für Organisation, 3/1985, S. 153-159.

Stokes, C.J./Mintz, P., How many Clerks on a Floor? In: Journal of Marketing Research, 2.Jg., 11/1965, S. 388-393.

Strack, A., Incentive heißt: schlummernde Reserven wecken, in: Congress & Seminar, o.Jg., 2/1986, S. 40-41.

Wagner, D., Personalbeurteilungssysteme als Führungsinstrument, in: Zeitschrift für Organisation, 54 Jg., 2/1985, S. 109-114.

Waldrop, H., The rewards of noncash incentives, in: Sales & Marketing Management, o.Jg., April 1987, S. 110-112.

Wistinghausen, J., Personalpolitik, in: Der Filialbetrieb als System. Das Cornelius Stüssgen Modell, München 1972.

Wrabetz, W., Die Stellenbeschreibung, Wiesbaden 1973.

zur Standortpolitik

Batzer, F./Greipl, E., Standortanalyse im Handel, in: Marketing-Enzyklopädie, Bd. 3, München 1975

Behrens, K.-Chr., Der Standort der Handelsbetriebe. Köln/Opladen 1965.

Behrens, K.-Chr., Allgemeine Standortbestimmungslehre, 2. Aufl., Köln/Opladen 1971.

Bunge, H., Geplante Standorte für Einzelhandels- und Handwerksbetriebe, Bonn 1970.

Busch, J., Er- und Verarbeitung geeigneter Informationen zur rationalen Entscheidung über die Standortwahl von Warenhäusern, Diss. Köln 1971.

Curti, B., Aspekte der Standortbestimmung von Verbrauchermärkten, Zürich 1971.

Dt. Handelsinstitut Köln e. V. (Hrsg.): Standortpolitik des Einzelhandels, Köln 1991.

Fickel, F., Die ökonometrische Methode zur Marktgebietsabgrenzung von Einkaufszentren, in: Jahrbuch der Absatz- und Verbrauchsforschung, 25. Jg., 3/1979, S. 204-225.

Kotschedoff, M., Sozialphysikalische Modelle in der regionalen Handelsforschung, Berlin 1976.

Marschner, H., Handelsmarketing, Konsumentenverhalten und Nahversorgung, Wien 1982.

Nauer, D., Standortwahl und Standortpolitik im Einzelhandel, Stuttgart 1970.

Philippi, H., Standorteinflüsse im Einzelhandel, in: *Sundhoff, E.* (Hrsg.): Distributionswirtschaft, Festschrift zum 75. Geburtstag von *R. Seÿffert*, Köln/Opladen 1968, S. 28-54.

Ruppmann, R., Die Standortwahl im Einzelhandel als Koordinationsproblem von Unternehmung und Markt, in: *Jansen, H.R.* (Hrsg.): Unternehmung und Markt, Festschrift für *C.W. Meyer*, Berlin 1969, S. 351-367.

Schöler, H., Das Marktgebiet im Einzelhandel – Determinanten, Erklärungsmodelle und Gestaltungsmöglichkeiten des räumlichen Absatzes, Betriebswirtschaftliche Schriften H. 103, Berlin 1981.

Schütze, G./Schalaster, M., Standortfragen des Einzelhandels, Verbrauchermärkte –

Selbstbedienungswarenhäuser – Einkaufszentren, Hrsg.: Bundesarbeitsgemeinschaft der Mittel- und Großbetriebe des Einzelhandels e. V., Köln 1975.
Tietz, B., Die Standort- und Geschäftsflächenplanung im Einzelhandel, Schriftenreihe gdi Nr. 42, Rüschlikon/Zürich 1969.
Wotzka, P., Standortwahl im Einzelhandel. Standortbestimmung und Standortanpassung großstädtischer Einzelhandelsbetriebe, Hamburg 1970.
Wurth, R., Die Bewertung der Filialstandorte von Einzelhandelsfilialunternehmungen, Köln/Opladen 1970.

Literatur zum dritten Kapitel: Marktforschung

Becker, W., Beobachtungsverfahren in der demoskopischen Marktforschung, Stuttgart 1973.
Berekoven, L./Eckert, W./Ellenrieder, P., Marktforschung, 6. Aufl., Wiesbaden 1993.
Böhler, H., Marktforschung, Stuttgart et al. 1985.
Bost, E., Ladenatmosphäre und Konsumentenverhalten, Heidelberg 1987.
Green, P.E./Tull, D.S., Methoden der Marktforschung, 4. Aufl., Stuttgart 1982.
Heemeyer, H., Pschologische Marktforschung im Einzelhandel, Wiesbaden 1981.
Heinemann, M., Einkaufsstättenwahl und Firmentreue des Konsumenten, Wiesbaden 1976.
Henseler, R., Image und Imagepolitik im Facheinzelhandel, Frankfurt a.M./Zürich 1977.
Klein-Blenkers, F., Imagepolitik im mittelständischen Facheinzelhandel, in: Handelsforschung heute, Festschrift zum 50-jährigen Bestehen der Forschungsstelle für den Handel, Berlin 1979, S. 125-136.
zur Nieden, W., Marktforschung für den Handel, in: *Ott, W.* (Hrsg.): Handbuch der praktischen Marktforschung, München 1972. S. 739-764.
Rhein, E., Die Theorie des unvollkommenen Wettbewerbs und ihre Anwendung auf den Wettbewerb im Einzelhandel, in: Lehrbuch für Sozialwissenschaft, Band 11, Göttingen 1960, S. 65-93.
Schenk, H.O., Handelsforschung – Luxus oder Notwendigkeit?, in: Zeitschrift für betriebswirtschaftliche Forschung, 22. Jg., 3/1970, S. 155-170.
Schroer, P., Stand und Entwicklungstendenzen zur Marktforschung im Handel, Essen 1985.
Spiegel, B., Die Struktur der Meinungsverteilung im sozialen Feld. Das psychologische Marktmodell, Bern 1961.
Trommsdorff, V., Image der Einstellung zum Angebot, in: *Hoyos, C.E. et al.* (Hrsg.): Grundbegriffe der Wirtschaftspsychologie, München 1980, S. 117-128.
Weinberg, G.-M., Marktforschung im Handel, in: *Behrens, K.-Chr.* (Hrsg.): Handbuch der Marktforschung, S. 1227-1239.
Weissman, A., Verbraucherpanel-Informationen als Grundlage für Marketingentscheidungen im Einzelhandel, München 1983.
Wolf, J., Markt- und Imageforschung im Handel, Stuttgart 1981.
derselbe, Marktforschung, Landsberg a.L. 1988.

Literatur zum vierten Kapitel: Strategische Planung

Ahlert, D./Schröder, H., Strategische Erfolgsforschung im Handel – ein Forschungsprogramm, Arbeitspapier Nr. 15 des Lehrstuhls Prof. Ahlert, Universität Münster.
Barth, K., Systematische Unternehmensführung in den Groß- und Mittelbetrieben des Einzelhandels, Göttingen 1976.

Becker, J., Marketing-Konzeption, Grundlagen des strategischen Marketing-Managements, 5. Aufl., München 1993.
Bernhardt, P./Maximow, J., Strategisches Marketing im Handel, in: *Wieselhuber, N./Töpfer, A. (Hrsg.):* Handbuch strategisches Marketing, Landsberg a.L. 1986.
Büttner, H., Die segmentorientierte Marketingplanung im Einzelhandelsbetrieb, Göttingen 1986.
Dambmann, K., Strategische Planung im Einzelhandel, in: BAG-Nachrichten, o.Jg., 11/1986, S. 17-21.
Davies, G./Brooks, J., Positioning Strategy in Retailing, London 1989.
Drexel, G., Strategische Unternehmensführung im Handel, Berlin/New York 1981.
derselbe, Strategische Planung im Einzelhandel. Konzept, Methode und Erfahrungen aus der Praxis, in: Mitteilungen der Forschungsstelle für den Handel, 12/1982 und 1/1983.
derselbe, Ein Frühwarnsystem für die Praxis, in: Zeitschrift für Betriebswirtschaft, 54. Jg., 1/1984, S. 89-105.
derselbe, Strategisches Marketing in der Praxis. Dargestellt am Beispiel eines Einzelhandelsunternehmens, in: Die Unternehmung, 38. Jg., 2/1984, S. 101-119.
Glöckner-Holme, J., Betriebsformen-Marketing im Einzelhandel, Augsburg 1988.
Grimm, U., Analyse strategischer Erfolgsfaktoren, Wiesbaden 1983.
Hartmann, R., Strategische Marketingplanung im Einzelhandel: kritische Analyse spezifischer Planungsinstrumente, Wiesbaden 1992.
Heinemann, M., Betriebstypenprofilierung und Erlebnishandel, Wiesbaden 1989.
Hinterhuber, H.H., Strategische Unternehmensführung, 3. Aufl., Berlin/New York 1984.
Kuhlmeier, A., Betriebstypeninnovation als Bestandteil der Absatzpolitik im Einzelhandel, Göttingen 1980.
Mathieu, G., Betriebstypenpolitik – Strategie, Entwicklung, Einführung, in: absatzwirtschaft, 10/1980, S. 116 ff.
Meffert, H./Patt, J., Erfolgsfaktoren im Einzelhandelsmarketing, in: *Schöttle, K.H.* (Hrsg.): Jahrbuch Marketing, 4. Aufl., Essen 1987.
Müller-Hagedorn, L., Strategische Unternehmensplanung im Handel, in: *Trommsdorff, V.* (Hrsg.): Jahrbuch der Forschungsstelle für den Handel, Berlin 1987.
Müller-Hagedorn, L./Greune, M., Erfolgsfaktorenforschung und Betriebsvergleich im Handel, in: Mitteilungen des Instituts für Handelsforschung an der Universität zu Köln, Nr. 9, Sept. 1992.
Nagel, P., Konstitutive Entscheidungen im Einzelhandel, Hrsg.: *K. Bleicher* und *D. Hahn,* Gießen 1986.
Olbricht, R., Erfolgspositionen im Lebensmittelhandel, Forschungsbericht des Instituts für Handelsmanagement an der Universität Münster, Münster 1992.
Patt, P.J., Strategische Erfolgsfaktoren im Einzelhandel, Frankfurt a.M. u. a. 1988.
Porter, M.E., Competitive Advantage, New York/London 1985.
derselbe, Competitive Strategy, New York/London 1980.
Raffeé, H./Wiedemann, K.P., Strategisches Marketing, Stuttgart 1985.
Rosenbloom, B., Strategic Planning in Retailing. Prospects and Problems, in: Journal of Retailing, 56. Jg., 1/1980, S. 107-120.
Theis, H.J., Einkaufsstätten-Positionierung: Grundlagen der strategischen Marketingplanung, Wiesbaden 1992.
Trommsdorf, V. (Hrsg.): Handelsforschung 1991 – Erfolgsfaktoren und Strategien, Jahrbuch der FfH e. V., Wiesbaden 1992.
Wahle, P., Erfolgsdeterminanten im Einzelhandel, Bd. 12 der Reihe Marktorientierte Unternehmensführung, Frankfurt a.M./Bern u. a. 1991.
Wehrle, F., Strategische Marketingplanung in Warenhäusern, 2. Aufl., Frankfurt a.M. et al. 1984.

derselbe, Planung von Sortimentsstrategien mit der Portfolio-Methode, in: BAG-Nachrichten, o.Jg., 9/1981, S. 15-18.

derselbe, Strategische Marketing-Planung im Handel, in: *Schöttle, K.A.* (Hrsg.): Jahrbuch Marketing 1982/83, Essen 1982.

derselbe, Strategische Marketingplanung im Handel, in: Harvard Manager, o.Jg., 2/1982, S. 104-112.

Wieselhuber, N./Töpfer, A. (Hrsg.): Handbuch strategisches Marketing, Landsberg a.L. 1986.

zur Internationalisierung

Anders, H.-J., Wie europäisch ist der europäische Verbraucher? in: Markenartikel, 51. Jg., 8/1989, S. 414-421.

Bastuck, S., Den Erfolg exportiert, in: Lebensmittel-Zeitung, 40. Jg., Nr. 16, 1988, S. F 28-F 30.

Berekoven, L., Internationale Verbrauchsangleichung, Eine Analyse europäischer Länder, Wiesbaden 1978.

derselbe, Internationales Marketing, 2. Aufl., Herne/Berlin 1985.

George, G./Diller, H., Internationalisierung als Wachstumsstrategie des Einzelhandels, in: Forschungsstelle für den Handel e.V. (Hrsg.), Handelsforschung 1992/93, Berlin 1993, S. 165 ff.

Gobbers, A., Internationalisierung genossenschaftlicher Handelsvereinigungen, eine empirische Untersuchung, Göttingen 1992.

Hinrichs, W., Der deutsche Einzelhandel auf dem Weg zum Europäischen Binnenmarkt – Probleme des Mittelstandes, in: Markenartikel, 51. Jg., 6/1989, S. 260-268.

Kacker, M., Transatlantic Trends in Retailing – Takeovers and Flow of Know-how, Westport/Conn. 1985.

Kranich, G., 1992: Ist der Handel dabei? in: food + nonfood – EuroMagazin, 20. Jg., 10/1988, S. 9-16.

Kumar, B.N./Haussmann, H. (Hrsg.), Handbuch der internationalen Unternehmenstätigkeit, München 1992.

Overlack, C., Lebensmitteleinzelhandel in Europa, Frankfurt a.M. 1992.

o.V., Europäische Integration über den Ladentisch, in: Absatzwirtschaft, 32. Jg., 7/1989, S. 46-51.

o.V., In Europa rollt eine Discountwelle, in: LZ-Journal Nr. 8, 26.2.1993, S. J 4.

o.V., Europäische Handelszusammenschlüsse, in: Markenartikel , 7/1991, S. 332 ff.

Patt, P.J./Bauernfeind, J., Chancen für den Einzelhandel. Europa '92 Teil III – Internationalisierungs-Strategien und Konsequenzen, in: Lebensmittel-Zeitung, 41. Jg., Nr. 8, 1989, S. J14 - J16.

Theis, H.-J., Werbestrategien internationaler Handelsunternehmen, in: Jahrbuch der Absatz- und Verbrauchsforschung, 4/1994, S. 391–414.

Tietz, B., Die Dynamik des Euromarktes: Konsequenzen für die Neupositionierung der Unternehmen, Stuttgart 1989.

Trommsdorff, V. (Hrsg.): Handelsforschung 1990 – Internationalisierung im Handel, Jahrbuch der FfH e. V., Wiesbaden 1990.

derselbe, Handelsforschung 1992/93 – Handel im integrierten Europa, Jahrbuch der FfH e. V., Wiesbaden 1993.

Stichwortverzeichnis

Begriffe aus Text-Überschriften (vgl. auch das Inhaltsverzeichnis) wurden hier nicht mehr aufgeführt.

A
ABC- Analyse 112
Abonnementzeitung 231
Absatzhelfer 2
Absatzkette 5
Absatzwege 5
Absatzwirtschaft 1
Abschlagsspanne 112 f.
Affektive Komponente 385
Agenturvertrieb 37, 180
AIDA-Formel 240
Ankerpreis 189
Anpassungstheorie 19 f.
Arbeitsbewertung 331
Attraktivitätspotential 404
Aufschlagsspanne 112
Auslistung 87

B
Basement-Konzept 206
Bauleitplan 364
Baumarkt 10
Bebauungsplan 364
Bedarfsforschung 367
Bedarfsmarktkonzept 46
Bekleidungstypen 97
Beschwerdepolitik 163
Betriebsstätten-Profil 63
Bipolare Ratingskalen 381
Bruttoertragsrechnung 110 f.
Btx 226

C
Cash and Carry 9, 200 f.
Catalog-Showroom 283
Category-Management 71
Conjoint Measurement 146
Cost-plus-Preise 219

D
Delphi-Methode 402
Dienstleistungsabend 54
Direct Costing 116

Direktvermarktung 5
Discounter 9, 73
Diskriminierungsverbot 49
Distributionsforschung 368, 427
Drogeriemarkt 10
Duales System 158
Dynamik der Betriebsformen 18

E
Eigenmarken 92, 134, 155
Einheitspreisgeschäft 8
Einkaufsbetrag 128
Einkaufsstättenprofilierung 279
Einstellung 379
Einstellungsmessung 384
Einzelhandels-Branchen 24
Einzugsgebiet 355 ff.
Entscheidungsorientierung 17
Erlaubnispflicht 55
Erlebnishandel 279 ff.
Expansionsstop 8

F
Fachhandel 29 ff.
Fachmarkt 29
Faktorenanalyse 383
Fan-Club 258
Flächenexpansion 79
Flächennutzungsplan 364
Flächenproduktivität 80, 125
Flächenwertigkeit 291
Folgekauf 86
Funktionaler Ansatz 68 f.
Fusionskontrolle 47 f.

G
Ganzheitlicher Ansatz 19
Garantie 165
Generalklausel (UWG) 42
Generics 134
Gewerbefreiheit 55
Großhandel 5, 7
Gruppenprämie 339

H
Halo-Effekt 382
Handelshochschule 13
Handelsspanne 112 f.
Handelsvertreter 2, 7
Handlungskosten 220
Handwerkshandel 151
Handzettel 236
Haushaltspanel 392 f.
Homeshopping 268 ff.

I
Image-Analyse 379 ff.
Incentives 339 ff.
Indikatorartikel 189
Individualablauf 287
Individualpanel 378
Institutioneller Ansatz 16
Interior Design 285

K
Kalkulationsarten 217 ff.
Kalkualtionsplanung 108
Kartellverbot 43 ff.
Kaufhaus 7
Kaufkraftabfluß 357
Kaufkraftkennziffer 357
Kognitive Komponente 385
Kommerzienkunde 12
Kompensatorische Verknüpfung 385
Konsumgenossenschaft 7
Konzentration 10, 14
Kundenkarten-Dienste 262 f.
Kundenpotential 93
Kundenzufriedenheit 163

L
Ladenfront 309
Lagerumschlagshäufigkeit 80, 108, 113
Lebensstil 94 ff.
Lebenszyklus-Theorie 19
Leistungsbeurteilung 332
Leitbild 398
Leser-Blatt-Bindung 236
Lockvogelangebot 203

M
MADACOM 211
Mailings 253
Markenartikel 133 ff.
Markenarten 134 ff.
Markenware 132
Markenpiraterie 133
Marktanteilskonzept 48 f.
Marktbeherrschungsvermutung 48
Marktlückentheorie 18
Matrix-Organisation 71
Medienreichweite 231
Mehrstufiger Handel 5, 76
Merchandising 71 f.
Merkantilwissenschaften 12
Mikrogeographische Segmentierung 255 ff.
Minitel 267
Mißbrauchsaufsicht 46, 53
Modellanalytischer Ansatz 20
Mondpreis 191, 196
Monopolkommission 46 f.
Monosortiment 73, 83
Multiattributmodell 384 f.
Multimomentverfahren 325 f.
Multinationale Strategie 430

N
No-names 134
Normstrategie 405

O
Offertenblatt 234
One-stop-shopping 88, 100
Operating 70
Ordersatz 76
Organisationsprinzipien 68

P
Panel 378
Partiegeschäft 205
Partievermarktung 78, 210
Partnerschaftsmodell 66
Personalleistung 313
Plakat-Arten 243 f.
Plan-Lagerumschlag 108
Plazierungswettbewerb 60
Polaritätenprofil 381 f.
Portfoliomethode 104 ff., 403 ff.
Positionierungsmodell 104
Prämien-Mix 340
Preis-Absatz-Funktion 212
Preisbindung 9 f., 45 f., 177, 195
Preiselastizität 212
Preisgegenüberstellung 196 f.
Preisimage 183, 200, 206
Preislagenkauf 185
Preisorientierte Segmentierung 185 ff.
Preisschaukelei 191

Stichwortverzeichnis

Preisschwellen 190
Preisspielraum 139, 195
Produktionswirtschaft 1
Produzentenhaftung 162
Profilierung 143, 146, 268 f., 279, 416 ff.
Profilmarketing 63, 416

Q
Qualitätskompetenz 151
Qualitätskenntnis 187
Qualitätskosten 161

R
Räumungsverkauf 198
Regionaltypologie 256
Relaunch 91
Relevanter Markt 47

S
Sachmängelhaftung 170
SB-Warenhaus 9
Schwerkraftgesetz im Einzelhandel 349
Segmentation 94, 184, 255 ff.
Selbstbedienung 9, 78, 314 ff.
Sematische Färbung 191
Semantisches Differential 381 ff.
Shop Management 70 f.
Sichtzone 293
SINTOS 122 f.
Sonderangebot 206 ff.
Sonderplazierung 206 f.
Sonderveranstaltung 197 f.
Sortimentsbeziehungen 75 ff.
Sortimentskompetenz 90, 100, 103 f., 273
Sortimentsverbundarten 85
Sortimentspyramide 74
Sortimentstheorie 89
Soziale Marktwirtschaft 39
Soziale Schicht 184
Space Utilization 285
Space-Managementsysteme 300
Spartenorganisation 68 f., 71
Spezialversandhandel 7, 81, 224
Standort 80, 342 ff.
Standortübersetzung 352
Stärken/Schwächen-Analyse 400 f.
Stellenbeschreibung 331

Store-design 278
Strategische Gechäftseinheiten 406
Szenario-Technik 402

T
Theorie der Gegenmacht 20
Third Party Maintenance 175
Trommsdorff-Modell 387

U
Umwelt 163 f.
Unique Selling Proposition 418
Universalversender 9, 224
Unternehmenskultur 398
Unternehmensphilosophie 398

V
Variable (Kaufverhalten) 94 ff.
Verbrauchermarkt 9, 29, 224
Verbrauchertypologie 55
Verdrängungstheorie 18
Verkauf unter Einstand 42, 49
Verkaufsflächenproduktivität 125
Verkaufszonenwertigkeit 289
Verpackungsverordnung 155 ff.
Vertriebsbindung 36
Vertriebslinie 69
Vertriebssystem 91
Videotext-System 267

W
Wanderhandel 7
Warenanalytischer Ansatz 16
Wareneingangsprüfung 153 f.
Wareneinsatz 221 f.
Warengruppen-Management 71
Warenhaus 7, 29
Werbekostenzuschuß 228
Wertvorstellungsprofil 398

Z
Zentralisation 68
Zentralitätsziffer 348
Zielgruppe 93 f.
Zielgruppenmedium 249
Zugabeverordnung 172 f.
Zwangsablauf 287
Zwangsverbundkauf 88
Zweitplazierung 191

Weitere Buchveröffentlichungen des Verfassers

1. Die Werbung für Investitions- und Produktgüter. Nr. 16 der Schriftenreihe Marktwirtschaft und Verbrauch, München 1961.
2. Grundlagen der Vermietung mobiler Güter – Vermieten und Mieten als betriebswirtshaftliches Problem, Essen 1967.
3. Der Dienstleistungsbetrieb – Wesen, Struktur, Bedeutung, Wiesbaden 1974.
4. Zur Genauigkeit mündlicher Befragungen in der empirischen Sozialforschung, Frankfurt a.M./Bern 1975 (zus. mit *K.G. Specht, V. Waltheim* und *F. Wimmer*).
5. Die Absatzorganisation – Planung, Aufbau, Führung. In der Reihe Unternehmensführung in Forschung und Praxis (Hrsg.: O. *Schnutenhaus*), Herne/Berlin 1976.
6. Internationale Verbrauchsangleichung – Eine Analyse europäischer Länder, Wiesbaden 1978.
7. Langfristige Wandlungen und Perspektiven im Markenartikelgeschäft. Schriftenreihe der Gesellschaft zur Erforschung des Markenwesens e. V. (GEM), Wiesbaden 1978.
8. Betriebslehre für den Drogeriewaren-Fachhandel, Neu-Isenburg 1979.
9. Die Handelsmarke in der Bundesrepublik Deutschland. Untersuchungsbericht, GWI Institut für Wirtschaftsdokumentation GmbH, München 1981 (zus. mit *G. Bernkopf*).
10. Der Dienstleistungsmarkt in der Bundesrepublik Deutschland – Theoretische Fundierung und empirische Analyse. 2 Bände, Göttingen 1983.
11. No Names: Kaufverhalten, Einstellungen, Potentiale – Eine quantitative und qualitative Analyse aus Verbrauchersicht. Forschungsbericht, Nürnberg 1984 (zus. mit *J. Graumann* und *A. Weissman*).
12. Internationales Marketing. 2. Aufl., Herne/Berlin 1985.
13. Geschichte des deutschen Einzelhandels, 4. Aufl., Frankfurt a.M. 1988.
14. Grundlagen des Marketing – Darstellung, Kontrollfragen und Lösungen. NWB-Studienbücher Wirtschaftswissenschaften, 5. Aufl., Herne/Berlin 1993.
15. Marktforschung – Methodische Grundlagen und praktische Anwendung, 6. Aufl., Wiesbaden 1993 (zus. mit *W. Eckert* und *P. Ellenrieder*).